城市轨道交通土建工程
质量安全管理实务

北京建大京精大房工程管理有限公司　编著

中国建筑工业出版社

图书在版编目（CIP）数据

城市轨道交通土建工程质量安全管理实务 / 北京建大京精大房工程管理有限公司编著.—北京：中国建筑工业出版社，2019.11
ISBN 978-7-112-24402-7

Ⅰ.①城… Ⅱ.①北… Ⅲ.①城市铁路—轨道交通—土木工程—工程质量—安全管理 Ⅳ.① U239.5

中国版本图书馆CIP数据核字（2019）第245926号

责任编辑：戚琳琳 率 琦
责任校对：赵 菲

城市轨道交通土建工程质量安全管理实务
北京建大京精大房工程管理有限公司 编著
*
中国建筑工业出版社出版、发行（北京海淀三里河路9号）
各地新华书店、建筑书店经销
北京点击世代文化传媒有限公司制版
北京富诚彩色印刷有限公司印刷
*
开本：787×1092毫米 1/16 印张：37 字数：809千字
2020年1月第一版 2020年1月第一次印刷
定价：198.00元
ISBN 978-7-112-24402-7
（34891）

版权所有　翻印必究
如有印装质量问题，可寄本社退换
（邮政编码 100037）

《城市轨道交通土建工程质量安全管理实务》编委会

主　　编　田世文　赵　群

副 主 编　周兰芳（北京建筑大学）　段银茂　杨焕松　刘学红　耿培刚

顾　　问　周正宇（北京市交通委员会）
　　　　　　王　钢（北京市重大项目指挥部办公室）
　　　　　　杨和平（北京市住建委应急管理处）
　　　　　　鲁　屹　金　淮　韩学诠　韩少光　刘　鑫　张自太　贺农农

主　　审　刘　文

审核委员　谢四林　张京辉　乔　峰　马雪梅　刘永勤　陈　建　闫相林　耿　敏
　　　　　　马运康　张海波　司　磊　李　强　刘　丹　李贵林　姜宏勋　田万义

编　　委　田世文　周兰芳　段银茂　杨焕松　刘学红　李安清　杜新飞　武玉华
　　　　　　张　柏　高　松　杨　军　关立新　梁志刚　李永生　吴力刚　刘沄洲
　　　　　　龙向成　杨旭升　郑　刚　孙　亮

资料支持　于　珊　杜庆松　张之正　孙　浩　王秋月　陈雪萍　张　兰

参　　编　汪国锋　李　波　王宏斌　刘永旗（北京市轨道交通建设管理有限公司）
　　　　　　林　森　孟昆鹏（长春轨道交通集团有限公司）
　　　　　　耿培刚　曹小为（徐州市城市轨道交通有限责任公司）
　　　　　　付春青　毕　欣　王　青（北京住总集团有限责任公司）
　　　　　　杨志强　张　宏　马云新（北京建工集团有限责任公司）
　　　　　　卢艳伟　陈振溢（北京城乡建设集团有限责任公司）
　　　　　　宋海山（北京市政路桥股份有限公司）
　　　　　　王建锋（中交路桥建设有限公司）
　　　　　　孟德平（中铁一局集团有限公司）
　　　　　　徐公文（中铁三局集团第四工程有限公司）
　　　　　　郭晓峰（中铁十局西北公司）
　　　　　　曾恕辉　夏国松（中铁十一局集团城市轨道工程有限公司）
　　　　　　冯振鲁　孙　伟（中铁十四局集团有限公司）
　　　　　　李宏达　杨立伟　王　兵（中铁十六局集团有限公司）
　　　　　　刘新乐　郑新志　张　鹤（中铁电气化局集团有限公司）
　　　　　　刘双全　曾德光（北京城建设计发展集团股份有限公司）
　　　　　　张彦亮　刘晓雷（中铁建工集团铁工建设有限责任公司）
　　　　　　郑　印（内蒙古维盈工程咨询有限公司）
　　　　　　王铁铮（中国建筑一局集团有限公司）
　　　　　　郑俊杰（河南万安工程咨询公司）
　　　　　　彭　刚（郑州市工程质量监督站）

序

继 2015 年出版《地铁车站装饰装修工程质量管理实务》，时隔三年多，北京建大京精大房工程管理有限公司又组织编制了一套两本书，分别为《城市轨道交通土建工程质量安全管理概论》与《城市轨道交通土建工程质量安全管理实务》。三本书从城市轨道交通装修工程和土建结构本体工程着手，相互呼应形成城市轨道交通土建工程质量安全管理的姊妹篇。再次受邀为图书作序，我深感荣幸。

世界各大城市的发展表明，轨道交通是现代城市多层次、立体化综合交通体系的骨架，是破解大城市病的一剂良药。其在完善城市功能布局，拓展城市发展空间，带动社会经济发展，缓解地面交通拥堵等方面均发挥了重要作用。

近年来，随着社会经济的不断发展，我国轨道交通建设迎来高速发展期。截至 2017 年年底，中国内地共有 34 个城市拥有已运营的轨道交通，运营总里程达到 5032.7 公里，年度完成总投资达到 4762 亿元。同时，北京轨道交通建设也一直处于高速发展期。截至 2018 年年底，北京轨道交通运营线路达到 22 条，运营里程达到 636.8 公里。"十三五"末，北京轨道交通运营里程将超过 900 公里。按照《北京城市总体规划（2016～2035 年）》，2035 年北京轨道交通运营里程将超过 2500 公里。

轨道交通是百年工程。如此大规模、快速度、高投资推进的城市轨道交通建设，需要参建各方切实做好质量安全管理工作。相比较，城市轨道交通装饰装修工程体现线路、车站特色，为乘客提供舒适愉悦的乘车环境，是乘客对轨道交通的第一视觉感受。土建结构本体工程的质量安全则直接关乎每条线路的建设水平、效益和安全运营，是实现进度、功能、成本目标的前置条件，看不见，摸不着，但要经得起历史的检验。

此两本书以项目管理理论为基础，以政策法规、技术标准为依据，并结合部分案例论述，全书内容丰富，各章节逻辑关系符合施工规律，语言描述简练明了，图文对照，便于理解记忆。

《城市轨道交通土建工程质量安全管理概论》侧重宏观预控，首先，将庞大的城市轨道交通土建结构工程内容梳理得清晰有序，并对各主要工法做了简介，继而从项目生产组织活动视角系统地论述城市轨道交通土建工程质量、安全、风险的管理要点和各责任主体的职责，同时阐述了城市轨道交通土建工程的合同与信息化管理，最后从技术角度论述了各工法共同的测量及试验检测的专业管理内容，对各参建单位的管理人员提高专业理论和技术水平将起到促进作用。

《城市轨道交通土建工程质量安全管理实务》侧重施工现场的管理，分别论述不同工法的车站、区间及车辆基地和声屏障工程的施工质量安全管理要点及验收标准，具有较强的可操作性，对加强城市轨道交通土建工程质量安全管理具有指导作用。

城市轨道交通质量安全管理工作是一项系统工程，需要常抓不懈，需要在工程实践中不断总结和提升。相信这套书的出版，能够对城市轨道交通建设领域的从业人员有所帮助，为提高我国的工程质量安全水平作出贡献。

王 钢

2019年2月

前言

我国城市轨道交通的建设历经初期兴建和快速发展后,已进入稳健有序的发展阶段,更加注重质量和安全的提升,党和政府高度关注,近年来陆续出台并不断完善相关政策和法规;各主管部门相继推出和更新各层级的技术标准,补充了一些原有空白,准确、细化了条款,更便于现场管理;各参建单位不断创新工程项目的质量安全管理手段,全过程、全方位的安全质量管理氛围更加浓厚;地铁工程暗挖和盾构工法的新设备、新技术也陆续出台,在改善施工环境、提高机械化水平方面迈进了一步。

在这种利好形式下,编写《城市轨道交通土建工程质量安全管理实务》一书,可谓天时、地利、人和,也是高等院校企业的职业担当。

本书以最新标准为依据,总结和提炼各工法施工质量安全控制的要点,探索创新以供同行分享和借鉴,共九章,基本按照施工工法和有关技术标准所划分的单位工程分章。各章内基本按分部、子分部工程排列分节,对特别重要的少量分项工程单列为节。第一章是"地下水控制";第二、三、四、五章分别是"明挖工程"、"盖挖法车站"、"浅埋暗挖工程"以及"盾构区间工程";第六、七、八章分别是"地面及高架车站工程"、"高架区间工程"和"路基工程";第九章是"车辆基地工程"。各章叙述各工法施工准备、过程及验收阶段的质量安全管理。

本书编写时特别注意不再重复叙述《城市轨道交通土建工程质量安全管理概论》中的相关管理规定,只将相应内容具体化,各工法中相同的内容或合并叙述或注明相互引用,不再重复。同时注重与实践相结合,以我公司参与建设的某些工程作为案例,供参考借鉴。对某些技术标准中未有明确界定,或各自有规定但相互不统一的问题,在不改变标准原则的同时,结合实践普遍做法进行了调整,欢迎同行之间相互切磋和讨论。

本书针对众多工法施工质量安全管理的庞杂内容,力图做到章节内容无重复,相互关系符合施工逻辑,文字描述配以相应图片,使读者乐于阅读,易于理解。

本书受众对象,主要为城市轨道交通土建工程的建设、参建单位的管理者,特别是施工单位的技术管理人员,供其在工作中使用参考,或作为行业内企业对基层一线技术人员(专业工长、质检员、施工员)的培训教材,提高其理论水平和专业技能,以保证施工质量和安全。可作为入职人员的从业引导工具,也可供大专院校相关专业在校生阅读,或作为在读研究生课题研究的参考资料。

最后感谢与我公司合作过的城市轨道交通土建工程项目的设计和施工单位在本书编写过程中所给予的配合和支持,特别是中铁电气化局集团有限公司北京地铁16号线二期工程北安河车辆基地项目部、中铁十四局集团有限公司北京地铁 8 号线三期工程 03 标项目部和中铁建设集团有限公司青岛蓝色硅谷城际轨道交通工程项目经理部,他们不仅为我们调研和收集资料创造了方便条件,还对文中相关内容提供了技术要点、咨询意见和实际工程做法,强化了本书的技术性和可操作性。

本书编委会

目 录

序
前言

第一章　地下水控制质量安全管理　001

第一节　降水工程质量安全管理　002
一、降水工程施工质量管理　003
二、施工过程质量管理　003
三、分项工程验收管理　007
四、降水工程安全、职业健康和环境管理　010

第二节　止水工程施工质量安全管理　010
一、止水工程质量管理　010
二、止水工程安全、职业健康和环境管理　011

第二章　明挖工程质量安全管理　013

第一节　基坑围护质量管理　015
一、基坑支护桩质量管理　015
二、地下连续墙质量管理　022
三、土钉墙质量管理　026
四、横撑施工质量管理　029
五、锚杆（索）工程质量管理　037
六、桩间网喷混凝土质量管理　039
七、冻结法施工质量管理　042
八、土方开挖质量管理　047
九、土方回填质量管理　050
十、型钢水泥土搅拌墙（SMW桩墙）质量管理　051

第二节　地基处理质量管理　054
一、高压旋喷桩质量管理　055
二、注浆地基质量管理　057

		三、水泥土搅拌桩地基质量管理	058
第三节	防水工程质量管理		059
		一、施工准备管理	060
		二、水泥砂浆防水层质量管理	061
		三、卷材防水层质量管理	062
		四、涂料防水层质量管理	065
		五、膨润土防水毯（材料）防水层质量管理	066
		六、细部构造质量管理	067
		七、注浆防水质量管理	073
		八、质量检查和验收相关事项	073
第四节	主体结构工程质量管理		074
		一、混凝土结构质量管理	075
		二、砌体结构质量管理	086
第五节	装配式结构工程质量管理		089
		一、预制构件制作质量管理	090
		二、预制构件进场验收	091
		三、预制构件安装质量管理	092
		四、车站半装配式主体结构案例	097
		五、明挖车站全装配式结构案例	101
第六节	附属工程及其他工程质量管理		110
		一、出入口及通道质量管理	110
		二、风井、风道、风亭质量管理	111
		三、站前广场质量管理	112
		四、U形槽质量管理	112
第七节	明挖工程安全、职业健康和环境管理		114
		一、安全管理	114
		二、职业健康和环境管理	118

第三章 盖挖法车站质量安全管理　119

第一节	盖挖法基坑围护质量管理基本要求		120
		一、盖挖法基坑围护	120
		二、土石方开挖与运输	122
第二节	支承柱和柱基础工程质量管理		124
		一、钻孔灌注桩基础施工质量管理	124

  二、钢管柱加工安装质量管理　　126

第三节　盖板结构质量管理　　134
  一、盖板结构施工准备管理　　134
  二、支承梁、盖板加工制作的质量管理　　135
  三、支承梁吊装质量管理　　137
  四、盖板安装质量管理　　139

第四节　逆作法土模工程质量管理　　140
  一、基面平整施工过程质量管理　　141
  二、压实过程质量管理　　141
  三、土模制作质量管理　　141

第五节　混凝土结构和防水工程质量管理　　144
  一、混凝土结构施工质量管理　　144
  二、防水工程质量管理　　146
  三、施工监测质量管理　　149

第六节　盖挖车站的安全、职业健康与环境管理　　149
  一、安全管理　　149
  二、职业健康和环境管理　　151

第四章　浅埋暗挖工程质量安全管理　　153

第一节　工作井质量安全管理　　154
  一、施工准备管理　　155
  二、竖井施工质量管理　　156
  三、连通道施工质量管理　　159
  四、竖井和连通道安全、职业健康和环境管理　　161
  五、钻爆法质量安全管理　　162

第二节　开挖和支护质量安全管理　　167
  一、管棚施工质量管理　　168
  二、超前小导管施工质量管理　　170
  三、超前锚杆施工质量管理　　172
  四、注浆加固质量管理　　175
  五、土方开挖质量管理　　177
  六、格栅钢架、型钢施工质量管理　　179
  七、钢筋网施工质量管理　　181
  八、喷射混凝土施工质量管理　　183

	九、初支背后回填注浆质量管理	185
	十、开挖与支护安全、职业健康与环境管理	186
第三节	钢筋混凝土结构工程质量安全管理	190
	一、施工准备管理	190
	二、模板及支架施工质量安全管理	191
	三、防水/混凝土施工质量安全管理	195
	四、防水混凝土施工质量安全管理	200
	五、背后回填注浆工程质量安全管理	202
第四节	暗挖车站洞桩（PBA工法）施工质量安全管理	204
	一、施工准备管理	205
	二、PBA车站施工流程	206
	三、竖井、横通道及导洞施工质量管理	207
	四、上导洞内边桩施工质量管理	210
	五、边桩顶冠梁施工质量管理	212
	六、基础和底纵梁施工质量管理	213
	七、中柱（钢管混凝土柱）施工质量管理	215
	八、中柱顶纵梁施工质量管理	216
	九、初支扣拱施工质量管理	219
	十、防水施工质量管理	223
	十一、主体土方开挖及顶拱结构施工质量管理	224
	十二、主体结构施工质量管理	226
	十三、分项分部验收管理	229
	十四、PBA工法车站安全、职业健康和环境管理	229

第五章 盾构区间工程质量安全管理　　231

第一节	管片生产与验收质量管理	233
	一、施工准备的管理	233
	二、钢筋工程质量管理	234
	三、管片模具质量管理	235
	四、管片预制加工质量管理	237
第二节	盾构始发、接收竖井洞口段地层加固质量管理	241
	一、始发和接收竖井质量管理	241
	二、盾构始发、接收洞口段地层加固质量管理	243
第三节	盾构隧道工程质量管理	248

　　　　一、盾构掘进准备工作管理　　　　　　　　　　　　　　　　248
　　　　二、盾构始发的质量管理　　　　　　　　　　　　　　　　251
　　　　三、掘进过程的质量管理　　　　　　　　　　　　　　　　256
　　　　四、管片拼装质量管理　　　　　　　　　　　　　　　　　261
　　　　五、壁后注浆质量管理　　　　　　　　　　　　　　　　　262
　　　　六、盾构接收质量管理　　　　　　　　　　　　　　　　　264
　　　　七、成型隧道质量验收管理　　　　　　　　　　　　　　　266
　第四节　隧道防水工程质量管理　　　　　　　　　　　　　　　　267
　　　　一、施工准备管理　　　　　　　　　　　　　　　　　　　267
　　　　二、主要防水分项工程质量管理　　　　　　　　　　　　　268
　第五节　附属工程质量管理　　　　　　　　　　　　　　　　　　270
　　　　一、联络通道工程质量管理　　　　　　　　　　　　　　　270
　　　　二、泵房施工质量管理　　　　　　　　　　　　　　　　　276
　第六节　盾构施工安全、职业健康和环境管理　　　　　　　　　　277
　　　　一、安全管理　　　　　　　　　　　　　　　　　　　　　278
　　　　二、职业健康管理　　　　　　　　　　　　　　　　　　　282

第六章　地面及高架车站工程质量安全管理　　　　　　　　　　　285

　第一节　地基与基础质量安全管理　　　　　　　　　　　　　　　286
　　　　一、地面车站基础质量管理　　　　　　　　　　　　　　　286
　　　　二、高架车站灌注桩基础工程质量管理　　　　　　　　　　288
　　　　三、高架车站混凝土承台施工质量管理　　　　　　　　　　294
　　　　四、桩基础工程安全、职业健康和环境管理　　　　　　　　296
　第二节　高架车站的主体结构质量安全管理　　　　　　　　　　　297
　　　　一、高架车站的结构特点　　　　　　　　　　　　　　　　297
　　　　二、高架车站主体结构工程质量管理　　　　　　　　　　　300
　　　　三、主体结构工程安全、职业健康和环境管理　　　　　　　303
　第三节　建筑屋架及屋面质量安全管理　　　　　　　　　　　　　303
　　　　一、屋架结构施工质量管理　　　　　　　　　　　　　　　304
　　　　二、防水与密封质量管理　　　　　　　　　　　　　　　　309
　　　　三、金属板材屋面质量管理　　　　　　　　　　　　　　　313
　　　　四、细部构造质量管理　　　　　　　　　　　　　　　　　317
　　　　五、安全、职业健康和环境管理　　　　　　　　　　　　　318
　第四节　膜结构工程质量安全管理　　　　　　　　　　　　　　　319

	一、膜结构基本概念	320
	二、膜结构施工准备管理	325
	三、拉索和锚具制作质量管理	326
	四、膜及膜附件制作质量管理（膜单元及附件制作）	328
	五、膜支撑钢构件制作与安装质量管理	333
	六、拉索安装质量管理	335
	七、膜单元安装质量管理（膜单元及附件安装）	337
	八、膜结构子分部工程验收管理	340
	九、膜结构工程安全、职业健康和环境管理	341

第七章　高架区间工程质量安全管理　343

第一节	下部结构质量管理	345
	一、现浇墩台模板与支架施工质量管理	345
	二、预制钢筋混凝土桥墩安装质量管理	352
	三、钢筋混凝土盖梁质量管理	355
第二节	支座安装质量管理	356
	一、支座类型及安装准备管理	357
	二、各类型支座安装质量管理	361
	三、分项、分部工程验收管理	366
第三节	上部结构工程质量管理	367
	一、现浇钢筋混凝土（梁、板）结构工程质量管理	367
	二、预制钢筋混凝土梁（板）结构质量管理	371
	三、悬臂浇筑法（挂篮）施工质量管理	376
	四、预应力钢筋混凝土（梁、板）结构质量管理	378
	五、钢梁结构质量管理	394
	六、钢混叠合梁施工质量管理	402
第四节	桥面及附属结构质量管理	404
	一、变形缝质量管理	404
	二、桥面防水质量管理	406
	三、排水设施质量管理	408
	四、护栏施工质量管理	410
	五、高架区间子单位工程验收管理	412
第五节	地铁声屏障工程质量安全管理	413
	一、声屏障基础施工准备管理	413

　　　　二、路基声屏障基础的施工质量管理　　　　　　　　　　　　415
　　　　三、桥梁声屏障基础质量管理　　　　　　　　　　　　　　417
　　　　四、声屏障上部结构的质量管理　　　　　　　　　　　　　420
　　　　五、声屏障单位工程验收管理　　　　　　　　　　　　　　428
　　　　六、声屏障工程安全、职业健康与环境管理　　　　　　　　430
　第六节　高架区间工程安全、职业健康和环境管理　　　　　　　　431
　　　　一、高架区间工程安全管理　　　　　　　　　　　　　　　431
　　　　二、职业健康与环境管理　　　　　　　　　　　　　　　　436

第八章　路基工程质量安全管理　　　　　　　　　　　　　　439

　第一节　路堤工程施工质量管理　　　　　　　　　　　　　　　　441
　　　　一、软土路基处理的质量管理　　　　　　　　　　　　　　441
　　　　二、路堤填筑和边坡施工质量管理　　　　　　　　　　　　448
　　　　三、基床施工质量控制　　　　　　　　　　　　　　　　　451
　第二节　路堑工程施工质量管理　　　　　　　　　　　　　　　　454
　　　　一、路堑开挖与边坡施工质量管理　　　　　　　　　　　　454
　　　　二、基床施工质量控制　　　　　　　　　　　　　　　　　455
　　　　三、过渡段施工质量控制　　　　　　　　　　　　　　　　456
　　　　四、路堑子分部工程验收管理　　　　　　　　　　　　　　458
　第三节　路基支挡与防护和排水工程质量安全管理　　　　　　　　458
　　　　一、基坑施工质量安全管理　　　　　　　　　　　　　　　459
　　　　二、基础施工过程质量管理　　　　　　　　　　　　　　　459
　　　　三、挡墙身施工质量管理　　　　　　　　　　　　　　　　460
　　　　四、护坡施工质量管理　　　　　　　　　　　　　　　　　462
　　　　五、路基支挡及防护子分部工程验收管理　　　　　　　　　464
　　　　六、路基排水施工质量管理　　　　　　　　　　　　　　　466
　第四节　涵洞工程施工质量管理　　　　　　　　　　　　　　　　468
　　　　一、装配式涵洞施工质量管理　　　　　　　　　　　　　　469
　　　　二、现浇混凝土涵洞施工质量管理　　　　　　　　　　　　470
　　　　三、涵洞防水施工质量管理　　　　　　　　　　　　　　　471
　　　　四、附属工程质量管理　　　　　　　　　　　　　　　　　472
　　　　五、涵洞子分部工程验收管理　　　　　　　　　　　　　　472
　第五节　箱涵顶进工程施工质量管理　　　　　　　　　　　　　　473
　　　　一、工作坑及滑板质量管理　　　　　　　　　　　　　　　474

		二、后背施工质量管理	475
		三、箱涵制作的质量管理	476
		四、箱涵顶进质量管理	477
	第六节	路基工程安全、职业健康和环境管理	480
		一、路基工程安全管理	481
		二、职业健康与环境管理	482

第九章　车辆基地工程质量安全管理　　483

第一节	特殊构筑物质量安全管理	484
	一、电缆沟质量安全管理	484
	二、检查坑质量安全管理	486
	三、检修平台质量安全管理	488
	四、卸车平台质量安全管理	489
	五、车顶防护网质量安全管理	491
第二节	道路工程质量安全管理	492
	一、施工准备管理	494
	二、路基工程质量管理	494
	三、基层工程质量管理	497
	四、面层工程质量管理	499
	五、人行道工程质量管理	504
	六、分项分部工程验收管理	505
	七、道路工程施工安全、职业健康环境管理	506
第三节	劲钢混凝土工程质量安全管理	508
	一、施工准备管理	509
	二、型钢制作质量管理	511
	三、型钢焊接质量管理	514
	四、型钢与钢筋连接质量管理	518
	五、钢构件组装及预拼装质量管理	519
	六、型钢安装质量管理	521
	七、模板及支架质量管理	526
	八、混凝土工程质量管理	528
	九、劲钢混凝土工程安全、职业健康和环境管理	529
第四节	室外环境工程之场坪绿化工程质量安全管理	530
	一、管理目标及依据	531

二、绿化工程管理体系及管理职责　　532
　　三、施工准备管理　　533
　　四、施工过程质量管理　　534
　　五、分项工程验收管理　　546
　　六、场坪绿化工程安全、职业健康和环境管理　　550
第五节　车辆基地案例　　551
　　一、基本信息　　551
　　二、参建单位对本项目管理的重点工作　　556
　　三、采用区域网格化、信息网络化管理　　559
　　四、质量管理技术难点　　560
　　五、安全、职业健康及环境管理　　568
　　六、取得的成果　　573

参考文献　　575

第一章
地下水控制质量安全管理

地铁线路多数穿过城市繁华区域，地下埋深比较深，一般位于地下水位以下。地下工程施工保持作业面无水是保证安全和质量的先决条件。施工中一般采用降水或止水并结合排水的方式，达到无水施工的目的。

按照《地下铁道工程施工质量验收标准》GB/T 50299—2018 划分，地下水控制可分为降水和止水两个分项工程，其分项工程、检验批划分见表1-0-1。因明挖、盖挖、暗挖和盾构法施工的降水和止水施工质量控制基本相同，故均按该表划分。各分项工程质量验收标准及允许偏差均应符合《地下铁道工程施工质量验收标准》GB/T 50299—2018 的规定，若各地区的相关地标或企标严于该标准也可采用。

地下水控制分项工程、检验批划分　　　　表 1-0-1

分项工程	检验批
降水工程	轻型井点每 30～50 眼井
	管井每 20～40 眼井
	渗井每 20～40 眼井
	回灌井每进行回灌一次
	集水明排每处
	排水管线及检查井每 100m（含井）
	降水维护及监测每项
止水工程	地下连续墙帷幕每槽段
	桩式帷幕每 20 根桩
	注浆隔水每 20 延米
	冷冻法每处

第一节　降水工程质量安全管理

降水一般采用：轻型井点、管井、渗井、回灌井、集水明排、排水管线及检查井等多种型式，其中最常用管井降水。采用降水与排水时，不可避免地要对施工范围内一定区域的地下水位产生影响，可在工程施工结束后采取回灌等措施，减少轨道交通工程建设对地下水位的影响。

降水工程含多种方式，各种方式的概念可参考《城市轨道交通土建工程质量安全管理概论》。其准备工作的管理基本相同，故一并叙述。不同降水方式的施工质量控制分别叙述。

一、降水工程施工质量管理

（一）施工准备管理

施工单位应做好资源、技术、现场条件的准备，监理单位检查合格的同时做好自身准备工作。

1. 施工单位资质符合要求

降水工程为专业分包工程，施工单位可通过招投标选定分包单位，进场前，项目监理机构应严格审核其资质，满足降水工程的需求。

2. 物资、机械进场验收

1）降水采用的各类物资材料组织进场进行验收，应符合设计、相关规范要求，并应经监理工程师检查认可。

2）降水所用的施工机械现场验收，如钻机、汽车吊等应符合相关施工技术规程要求，状况良好。

3. 编制施工方案并履行审批程序。

4. 测量放线

应根据设计图纸及施工单位测放出的基坑平面位置施放井位；位置应准确，人工探坑挖至原状土，遇到管线后可适当调整井位，距基坑边缘不得小于1.5m。

5. 危大工程管理

按《危险性较大的分部分项工程安全管理规定》（住建部37号令）及建办质[2018]31号的规定，明挖基坑的深度超过5m，降水工程属于超过一定规模的危大工程，方案需经专家论证，总监理工程师严格审批后方可实施。

6. 现场条件准备

1）必须核对工程周边的管线、建筑物、构筑物等相关资料应与现场相符，必要时补充调查，以确保施工及工程周边环境的安全。

2）相关地下管线改移工作完成，加固保护措施到位。

二、施工过程质量管理

（一）轻型井点降水质量管理

1. 易塌、易缩孔的松软地层，可采用长螺旋钻机施工成孔，或采用清水或稀泥浆钻进或高压水套管冲击施工；

2. 井点管滤料符合要求；

3. 分节组装井点管；

4. 每一机组应根据泵型配用功率确定井点数量，并在井点管施工完毕后安装；

5. 集水总管与井点管连接；

6. 管路系统各部件连接；

7. 试抽水。

（二）管井降水质量管理

1. 应严格按设计或施工方案要求设置降水观测井。

2. 巡视检查

抽查单井出水情况、观测井水位变化情况、降水抽出的地下水含砂量，收集井点降水资料并分析水位变化规律。

3. 降水效果检查

从降水作业开始至结构施工（包括肥槽土方回填）期间，应多次检查降水效果（降水区域及地下水实际水位）应满足设计要求。

（三）渗井质量管理

渗井穿过不透水层，将上层地下水引入更深的含水层中，以降低上层地下水位或者全部排除。用于降低地下水位或拦截地下水。适用地层为黏性土、砂土，当地下水埋藏较深或有固定含水层时，宜采用渗井。

1. 渗井降水深度由下伏含水层的埋藏和水头条件确定。

2. 渗井施工宜采用螺旋钻、泵吸反循环钻机成孔。

3. 填充料

含泥量应小于 5%，按单一粒径分层填筑，不得将粗细材料混杂填塞。下层透水层范围内宜填碎石或卵石，上层不透水范围内宜填砂或砾石。井壁与填充料之间应设反滤层。

4. 不下管渗井

成孔直径为 300～600mm，直接填入洗净的砂、砾或砂砾混合滤料。

5. 下管渗井

成孔后置入无砂混凝土滤水管或其他滤水管，井周根据地下含水层情况确定填入滤料的粒径。

（四）回灌井工程质量管理

1. 回灌井结构

与管井相似，回灌井管选用应符合设计要求。

2. 回灌井间距

间距宜大于 10m，回灌井井径宜大于 600mm，井深应根据回灌目的层而定，一般应穿透目的层不小于 1m。

3. 回灌井成井后应进行简易抽水试验。

4. 回灌水

应采用清水，并在回灌前进行水质化验，回灌水应与回灌层水质基本一致，如出现有超过饮用水标准的毒理性指标，不允许直接回灌。如回灌层与降水层位一致，则降水抽出的水可直接用于回灌。

5. 回灌井井管外侧应下入一根观测管，以观测回灌水头变化。

（五）集水明排质量管理

1. 排水沟

宽度、深度、沟底纵坡应满足排水要求。集水井应比排水沟低 0.6～1.0m。

2. 开挖集水井

可回填粒径为 2～7cm 的滤料，必要时安装滤水管。采用污水泵抽水，水泵头应包设滤网，以防泥砂进入水泵。

3. 基坑侧壁如有渗水，应设置导管，将水导出。

4. 排水管接头处应连接严密。

（六）排水管线及检查井质量管理

1. 排水管线

应根据市政排水口的具体情况选用主联络管连接多个抽水井排水，或是每个抽水井埋设单根排水管就近与雨水井相接排水，但在接入前应征得市政管理部门的同意。

2. 排水管

宜暗埋于地面以下 800mm；排水管安装完后，应按原状恢复地面。

3. 临时排水管

采取防冻措施可布在地面，但不得影响交通或其他工程施工。

4. 检查井

1）砌筑用砖应符合设计要求，其强度等级应符合规范的规定。

2）砌筑检查井时，应随时检测直径尺寸，当四面收口时，每层收进不应大于 30mm。

3）砌筑至规定高程后，应及时浇筑或安装井圈，盖好井盖。

（七）降水维护及施工监测

明挖车站（区间）降水系统的使用时间跨度大，其维护及监测非常重要。

1. 降水维护

1）降水系统应设有备用电源。

2）应定期检测降水抽出的地下水含砂量，应符合规定，降水过程中巡视发现水质浑浊时，应分析原因，并及时处理。

2. 施工监测

1）地下管道渗漏水处，应增加观测点。

2）降水期间，应对地下水的水位、流量和各类降水设备运转情况进行观测，并做好记录。

3）观测水位时，应在降水前观测初始水位埋深（高程），以后定期观测，雨季应增加观测密度。代表性的观测结果应绘制 S-t 和 Q-t 曲线。

4）雨季施工时，地面水不得渗漏和流入基坑，遇大雨或暴雨时，必须及时将基坑内积水排出。

（八）暗挖隧道内地下水控制

暗挖隧道内由于作业空间环境所限，通常以地面管（井）封闭降水为主，再辅以洞内降水的方法。

1. 隧道内轻型井点降水施工质量管理

隧道内轻型井点真空降水，具有适用性强、操作简单的优点，一般分为水平和垂直两种方式，施工中主要应注意控制以下几点：

1）降水井点布置应根据隧道平面形状与大小、地质和水文情况、工程性质、降水深度、施工情况等进行。

2）井点管系统的布设

（1）井点管的埋设常用高压风成孔法、高压水冲孔法。当采用高压水冲孔法时，注意冲水管应保持垂直且上下一致。

（2）严禁在坍孔的情况下插入井管，凡遇到坍孔，要拔出井管重新钻孔。

3）井点管的使用

（1）井点降水应跟进开挖施工，保证降水施工要求。工作面后方应保证至少1~2组降水管工作，以隔断后方来水。

（2）施工期间抽水管可悬挂在封闭成环的隧道侧墙上，未成环的格栅上禁止悬挂水管，以防止格栅沉降，井点上方采用有孔钢板覆盖。

4）井点的保护及拆除后的处理

（1）降水井点完成后，隧道下部开挖时应采用小型挖机配合人工进行，严禁使用挖机直接开挖，施工时注意保护轻型降水井点。

（2）当下台阶钢格栅安装在井点位置时，应拆除此井点导管回收，及时按设计封闭井孔。

2. 集水管、沟排水的质量控制

当隧道内渗水点较少、分散，渗水量不大，降低地下水位以设盲管、明（暗）沟、集水井排水的方法最为简单、经济，且广泛采用。

1）处理隧道开挖后围岩渗水

（1）围岩局部的渗水点或渗水裂隙，采取盲管沿裂缝呈树枝状或沿隧道环向设置引排。

（2）环向盲管安装时应尽量与渗水岩壁紧贴、圆顺，并根据围岩渗水量大小调整纵向间距。

（3）纵向排水盲管应按一定的坡度安装，中间不得有凹陷、扭曲。

（4）排水盲管应固定牢固，环向排水管与下部纵向排水盲管应连接严密、通畅。

2）处理隧道初支后渗水

（1）边墙渗水较大，初钻孔后用钢管或软管导出，导管尺寸及长度视具体情况而定，周边封闭。

（2）墙脚的渗水可在边墙底设集水坑，放入潜水泵抽水，沿边墙吊挂引水管排水。

（3）拱顶渗水较大点，可在该处初支结构或拱架上固定悬吊容器接水，下部用软管连通排水。

（4）拱顶零星渗水点周围辅贴防水板或铁皮，在其最低点悬挂容器收集渗水后排出，或直接引至边墙沿纵向水沟排出。

3）隧道内纵向排水

（1）隧道内顺坡排水可采用边墙两侧排水沟，将水汇至集水坑或直接排至洞外污水池。

（2）集水坑间距一般按100m设置，可根据出水量适当加密；容量按该段的汇水量大小确定。

（3）隧道内反坡排水可设置多级泵站接力排水，根据洞内水量，配置抽水设备、排水管。

（4）水泵均设置自动排水装置，应有备用，并设置两条供电系统。

（5）洞外污水池内积水须经沉淀处理，水质达标后才能排入市政雨水管网。

三、分项工程验收管理

（一）降水工程质量验收标准

根据《地下铁道工程施工质量验收标准》GB/T 50299—2018，将各种降水方式的验收标准汇总于表1-1-1。

降水分项工程质量验收标准　　　　　表1-1-1

降水方式		质量验收内容	检验数量及方法
管井与井点	主控项目	以井底地层控制的井孔，深度应符合设计文件要求。轻型井点的井深应大于设计文件规定深度500mm	全数检验。测绳量测和检查施工记录
		滤料含泥量不应大于3%，滤料级配应符合设计文件要求	全数检验。抽样送检
		轻型井点真空度不应小于60kPa	全数检验。真空度表量测
	一般项目	以深度控制的井孔，深度的允许偏差应-200～1000mm	全数检验。测绳量测和检查施工记录
		井孔直径允许偏差应为±20mm	全数检验。钢尺量测
		管井、轻型井点的井位应符合设计文件要求，并应符合下列规定： 1. 以排桩或地下连续墙围护的明挖基坑，降水井与围护结构的净距离不应小于1.5m； 2. 以土钉支护的明挖基坑，降水井与坑边的净距离不应小于1m； 3. 降水井与矿山法施工的初支结构之间的净距离不应小于2m	全数检验。钢尺量测

续表

降水方式		质量验收内容	检验数量及方法
管井与井点	一般项目	钢管管井滤水管孔隙率不应小于20%，无砂水泥管管井滤水管孔隙率不应小于15%	全数检验。检查出厂质量合格证及质量证明文件
		管井、轻型井点的实际填料量不应小于计算量的95%	全数检验。现场称量或检查施工填料记录
		井管垂直度不应大于1%	全数检验。下管时垂球测量
		井管下管应居中，其轴线位置的允许偏差应为±5mm	全数检验。钢尺量测
渗井	主控项目	以井底地层控制的井孔，深度应符合设计文件要求	全数检验。测绳量测和检查施工记录
		渗井滤料含泥量不应大于3%，滤料级配应符合设计文件要求	全数检验。抽样送检
	一般项目	以深度控制的井孔，深度的允许偏差应–200~1000mm	全数检验。测绳量测和检查施工记录
		渗井直径允许偏差应为±20mm	全数检验。钢尺量测
		渗井井位应符合下列规定： 1. 以排桩或地下连续墙围护的明挖基坑，降水井与围护结构的净距离不应小于1.5m； 2. 以土钉支护的明挖基坑，降水井与基坑边的净距离不应小于1.0m； 3. 降水井与矿山法施工的初支结构之间的净距离不应小于2.0m	全数检验。钢尺量测
		渗井滤水管孔隙率：钢管不应小于20%，无砂水泥管不应小于15%	全数检验。检查出厂质量合格证及质量证明文件
		渗井实际填料量不应小于计算量的95%	全数检验。现场称量或检查施工填料记录
		渗井滤水管垂直度不应大于1%	全数检验。下管时垂球测量
		渗井滤水管下管应居中，其轴线位置的允许偏差应为±100mm	全数检验。下管时钢尺量测
回灌井	主控项目	以井底地层控制的井孔，井深应符合设计文件要求	全数检验。测绳量测和检查施工记录
		回灌井钢管滤水管孔隙率不应小于20%，无砂水泥管滤水管孔隙率不应小于15%	全数检验。检查出厂质量合格证及质量证明文件
		回灌井滤料含泥量不应大于3%；滤料级配应符合设计文件要求	全数检验。抽样送检
		回灌井实际填料量不应小于计算量的95%	全数检验。现场称量或检查施工填料记录

续表

降水方式		质量验收内容	检验数量及方法
回灌井	主控项目	回灌水质应优于回灌层水质或与其一致，毒理性指标应符合现行《生活饮用水卫生标准》GB 5749 的规定	全数检验。检查水质化验单和送样检验
		回灌井设备安装应符合设计文件要求，供水管路应密封	全数检验。观察检查
	一般项目	以深度控制的井孔，井深的允许偏差应为 ±200mm	全数检验。测绳量测和检查施工记录
		回灌层与非回灌层之间封填的黏土用量不应小于计算量的 95%	全数检验。检查回填黏土施工记录
		回灌井直径允许偏差为 ±20mm	全数检验。钢尺量测
		回灌井垂直度不应大于 1%。	全数检验。垂球测量
		回灌井滤水管下管应居中，其轴线位置的允许偏差为 ±100mm	全数检验。钢尺量测
集水明排	主控项目	排水沟、集水井的位置距坡脚不应小于 300mm	全数检验。钢尺量测
	一般项目	排水沟坡度允许偏差宜为 ±2‰	全数检验。高程测量、观察检查
		排水盲沟填料、集水井滤料应符合设计文件要求，实际填料量不应小于计算量的 95%	全数检验。检查检验报告和填料施工记录
		排水沟、集水井的宽度、深度的允许偏差应为 ±100mm	全数检验。钢尺量测
排水管线	主控项目	排水管线的管径应符合设计文件要求，并应满足排水量要求	全数检验。钢尺量测，观察检查
		排水管线的接头不应漏水	全数检验。观察检查
	一般项目	排水管铺设坡度不应小于 3‰，如为单井直排，排水管线可不设坡度	全数检验。水平尺、钢尺测量，检查施工记录
降水维护	主控项目	抽排水含砂量应符合下列规定： 1. 粗砂含量应小于抽排水总重量的 1/50000； 2. 中砂含量应小于抽排水总重量的 1/20000； 3. 细砂含量应小于抽排水总重量的 1/10000	3 个月取样检验 1 次。取样送检
	一般项目	应进行水位观测，观测读数应读到 cm	全数检验。测绳量测
		水位观测时间及频率应符合下列规定： 1. 降水前应统测一次自然水位； 2. 抽水开始后，在水位未达到设计文件规定的降水深度以前，应每天观测 1 次水位、水量； 3. 当水位已达到设计文件规定的降水深度且稳定时，宜每 5d 观测 1 次	全数检验。测绳量测，检查观测记录

（二）分层次验收

按程序组织检验批、分项工程验收。

四、降水工程安全、职业健康和环境管理

（一）安全管理

1. 做好降水措施，确保基坑稳定

地下水对基坑的危害与土质密切相关，当基坑处于砂土或粉土时，地下水更容易造成基坑坡面渗水、土粒流失、流砂，进而引起基坑坍塌。降水会引起基坑周围土体沉降。施工单位应根据在施工程设计方案做好降水工程。

2. 设备管理安全

1）降水维护中，主要检查降水设备必须合格。

2）降水设备的启用、关闭必须严格按施工方案执行，并有专人负责施工监测工作。

3. 做好安全防护

1）降水井、回灌井施工完成后，应做好井口安全防护工作；

2）降水期间做好降水设施用电安全工作；

3）已完成降水、回灌工作的降水井、回灌井必须按设计及施工方案要求回填处理。

（二）职业健康和环境管理

1. 各种降水井及回灌井所用泥浆及封填覆土应符合绿色施工标准。

2. 降水过程中，对超污染指标的含水层应严密封闭。

3. 经处理后的地下水应水清砂净，方可排入河、湖及市政雨水管道。

第二节　止水工程施工质量安全管理

按照划分表 1-0-1，止水方式包含地下连续墙帷幕、桩式帷幕、注浆隔水以及冷冻法等，施工准备工作基本内容同降水工程，此处从略。

一、止水工程质量管理

（一）施工过程质量管理

止水工程实质上与基坑支护工程是一体，既有围护作用又有止水（隔水）作用，关于地下连续墙帷幕、桩式帷幕、注浆隔水、冻结法隔水已在第二章明挖法中的第一节基坑围护中有详细论述，请参照相关内容。

（二）止水工程验收管理

1. 隔水帷幕验收标准

根据《地下铁道工程施工质量验收标准》GB/T 50299—2018，将各种降水方式的验收标准汇总于表1-2-1。

隔水帷幕质量控制　　　　　　　　　　　　　　　　　表1-2-1

隔水帷幕	主控项目	隔水帷幕桩的28d试件抗压强度、搭接宽度、桩长和桩径不应小于设计文件要求	每20根桩检查1次。钢尺量测，检查试验报告
		注浆隔水注浆体强度应符合设计文件要求，隔水体厚度和范围不应小于设计文件要求	每20延米检查一处。钻芯取样检查，钢尺量测
		基坑开挖前应分别在帷幕墙内外紧邻位置设置疏干井和水位观测井，基坑内疏干井抽水时，基坑外侧观测井水位不应下降	每个基坑沿帷幕墙每20m设置一组，且不宜少于3组。垂绳和钢尺量测
		基坑开挖时应检查坑壁的渗漏水情况，不宜有明流水，渗漏水对帷幕外地下水位的影响不应超出设计文件规定的变幅，不应有地层颗粒被水带出	全数检验。观察检查
	一般项目	隔水帷幕插入深度的允许偏差应为±100mm	全数检验。检查施工记录
		帷幕桩施工桩位偏差不应大于50mm，垂直度偏差不应大于1%	每20根桩检验1处。钢尺量测，检查施工记录
		帷幕桩桩径、搭接宽度的允许偏差应为±20mm	基坑开挖每层每侧数量不应少于2组。观察检查，钢尺量测

2. 地下连续墙帷幕、桩式帷幕、注浆隔水、冻结法验收标准

请参阅第二章第一节中的相关内容。

（三）分层次验收

按程序组织检验批、分项工程验收。

二、止水工程安全、职业健康和环境管理

基本同降水工程，同时还可参照明挖工法中基坑围护工程中的相关内容

第二章
明挖工程质量安全管理

明挖法修建的隧道和车站按照《地下铁道工程施工质量验收标准》GB/T 50299—2018 规定，可为单位工程或子单位工程。其下分为三个分部工程，其下再分为若干子分部和分项工程，见表 2-0-1。

明挖法分部及子分部工程、分项工程、检验批划分　　　表 2-0-1

分部工程	子分部工程	分项工程	检验批
基坑围护	有支护土方	灌注桩、水泥土搅拌桩墙	≤20 根
		地下连续墙	每施工槽段
		土钉墙	每一施工段
		旋喷桩、咬合桩	≤20 根
		桩顶冠梁	每一浇筑段
		横撑	每 10 根
		锚杆（索）	每 20 根
		桩间网喷混凝土	每 20 根桩间
		冻结法	每一浇筑段
		土方开挖	每一施工段
		施工测量	每一施工段
		监控量测	每一监测断面
		土方回填	每一回填段
	无支护土方	土方开挖、施工测量、土方回填	每一施工段
地基处理		灰土地基、砂石地基、土工合成材料地基、粉煤灰地基、夯实（强夯）地基、砂桩地基、预压地基、注浆地基、水泥粉煤灰碎石桩地基、夯实水泥土桩地基、旋喷、搅拌桩等	每一处理段
结构	混凝土结构	模板及支架	一个施工段
		钢筋	一个施工段
		混凝土/防水混凝土	一个浇筑段
		装配式结构	一个安装段
		施工测量	一个施工段
	钢管（劲钢）混凝土结构	钢管（劲钢）制作	每 10 根
		钢管（劲钢）焊接	每根
		螺栓连接	每 50 根
		钢管（劲钢）安装	每根
		混凝土	每根
	砌体结构	砖、石砌体	每一砌筑段
		混凝土小型空心砌块砌体	每一砌筑段
		填充墙砌体	每一砌筑段

本章分七节：第一节为基坑围护质量管理，第二节为地基处理质量管理，第三节为防水工程质量管理，第四节为主体结构工程质量管理，第五节为装配式结构工程质量管理，第六节为附属工程及其他工程质量管理，第七节为明挖工程安全、职业健康和环境管理。此中包含了划分表中的三个分部工程，还增加了四节，分别是：在主体结构分部工程中，根据实际工程的发展趋势将装配式分项工程单列第五节叙述；根据施工内容分别增加了第三节和第六节。

第一节　基坑围护质量管理

基坑围护结构是指围护桩（墙）、支撑（或土层锚杆）、围檩、止水帷幕等结构体系的总称。明挖车站中的基坑围护工程是为主体结构创造安全施工空间的临时性工程（在特定条件下也可作为主体结构的一部分），使用时间较长，从基坑土方开挖开始，到车站顶板上方回填土完成，时间可能长达数年，围护结构在此期间一直承受周围土体的水平荷载，即支挡基坑外侧土体、地下水及基坑侧向水压力、土压力，直到主体结构完成（基本不再拆除，视需要可有部分拆除）。明挖车站基坑一般为深基坑，基坑开挖深度按主体结构层数不同一般可达 15～40m（目前国内最深车站为重庆地铁 10 号线红土地站，埋深 94.467m）。采用深基坑围护，属于超过一定规模的危大工程，围护结构在施工期间发生安全、质量事故的可能性较高，应高度重视其施工质量，并保留完整的技术资料。

按照《地下铁道工程施工质量验收标准》GB/T 50299—2018 规定，明挖车站、区间中的基坑围护为分部工程，含有支护土方、无支护土方两个子分部工程，其下又划分为若干分项工程，见表 2-0-1。实际工程中基坑围护多为有支护土方，基坑围护的方式较多（基本是表中的分项工程），工程中大多组合成基坑支护体系，通常有混凝土钻孔灌注桩＋横撑＋桩间网喷混凝土，或再加旋喷桩，或混凝土钻孔灌注桩＋锚杆（索）支护＋桩间网喷混凝土，或地下连续墙＋横撑等支护形式。

本节重点论述基坑支护桩（包括该规范的灌注桩和水泥土搅拌桩墙、旋喷桩和咬合桩、桩顶冠梁）、地下连续墙、土钉墙、横撑、锚杆（索）、桩间网喷混凝土、土方开挖、土方回填等分项工程质量管理要点。根据工程需要特别增加型钢水泥土搅拌墙（SMW 桩墙）质量管理要点。

一、基坑支护桩质量管理

基坑支护桩主要有钻孔灌注桩、冲击沉桩、振动沉桩、静力压桩等。因钻孔灌注桩是城市轨道交通建设工程明挖车站、区间基坑最基本的支护桩，也有少量使用人工挖孔桩，较少采用另外几种桩型，故本书仅叙述钻孔灌注桩及人工挖孔桩质量管理要点。

（一）钻孔灌注桩

在基坑围护工程中，混凝土灌注桩与高架车站、区间的基础桩的区别在于两种桩的受力状况及功能不同，支护桩是承受水平荷载为围护基坑边坡的临时结构，基础桩是承受垂直荷载的主体承重的永久性结构。桩的布置、数量以及每根桩的截面尺寸、桩长等参数由设计图纸给定，其施工工艺流程、具体方法、质量控制要点基本相同，但相关规范的验收标准略有不同，基础桩较围护桩更为详细、严格。

1. 施工准备管理

施工单位做好常规准备工作；监理单位按规定履行审核、复核工作，同时做好自身的准备工作。

1）资源准备

（1）基坑支护为专业工程，施工单位若不具备该项施工资质，可通过招投标选定专业分包单位，进场前监理单位应审核企业资质、管理人员及各种专业工种人员的资格确保符合要求；

（2）完成材料进场验收，各种原材料、构配件有相应的质量检验合格证明，数量、品种、外观检查合格；进场钢筋应经抽检试验合格后才能使用，检验项目及方法见《城市轨道交通土建工程质量安全管理概论》第八章；

（3）所需主要机具、钻机，设备到位，工况良好。

2）技术准备

（1）施工单位编制的基坑围护及土方开挖专项施工方案中应包括钻孔灌注桩施工管理的相关内容及计算书，确保支护结构的刚度和稳定性。按规定履行审核、专家论证、审批手续。

（2）监理单位编制混凝土桩监理实施细则。

（3）检验批已划分，并经监理单位确认，一般按20根桩为一个检验批。

3）现场条件准备

（1）施工现场所需临时水、电供应到位，道路通畅、场地平整。

（2）施工区域已划分，施工围挡已按标准化要求搭设完毕。

2. 施工过程质量控制

基本内容同本书第六章"高架车站"第一节的桩基础，但应注意以下要点。

1）基坑深度超过5m时，围护桩施工按危大工程进行管理。

2）桩位测量放样的中心线应根据桩的施工误差、侧墙外防水层及其找平层的厚度等影响适当外放，精度满足设计及相关规范要求，监理单位已复核、确认。

3）施工过程中，控制桩位垂直轴线方向偏差、桩身垂直度，以避免桩身侵界。

4）混凝土试件留置：同配合比混凝土试件每5根不应少于1组；直径大于1m或单桩混凝土量超过$25m^3$的桩，每根桩应留置一组试件，直径小于或等于1m或单桩混凝土量不超过 25m³ 的桩，每灌注台班不应少于 1 组试件。

（二）人工挖孔桩质量管理

《地下铁道工程施工质量验收标准》GB/T 50299—2018 规范未将人工挖孔桩划分为分项工程，但实际工程由于围护桩基施工机械作业空间受限，还需要人工挖孔施工，故本节将按照北京市轨道交通建设管理有限公司的企标《轨道交通车站工程施工质量验收标准（修订版）》QCD-006—2018 有关内容叙述。

1. 施工准备管理

基本同灌注桩。施工单位应编制工程专项施工方案，按《危险性较大的分部分项工程安全管理规定》（住建部 37 号令）及建办质 [2018]31 号等相关文件规定，开挖深度 16m 及以上的人工挖孔桩工程，经专家论证，总监理工程师审批后方可实施。

2. 施工过程质量管理

1）深度超过 16m 首桩应按《住房和城乡建设部办公厅关于加强城市轨道交通工程关键节点风险管控的通知》（建办质 [2017]68 号）要求，建设单位（或委托监理单位）组织施工前条件核查。

2）桩位定位复核完成后，开挖前应埋设第一节预制护壁，护壁高出地面 200mm，及时将桩位十字护桩恢复到井口护壁上，作为下步开挖时桩位检查和中心投射依据。

3）应跳位开挖。每桩分段分节开挖，每节不超过 1m，及时安装护壁模板、钢筋，浇筑早强混凝土，应插捣密实，当混凝土强度达到规定强度后方可进行下段开挖。

4）应检查挖孔深度、孔径、护壁情况满足设计及规范要求。

3. 分项工程验收管理

1）质量验收标准

人工挖孔桩质量验收标准，详见表 2-1-1。

人工挖孔桩质量验收标准　　　　　　　　　　　　　　　　　　　　　表 2-1-1

分项工程		质量验收内容	检验数量及方法
人工挖孔桩	主控项目	人工挖孔桩的原材料和混凝土强度必须符合设计要求	按原材料进场的批次和产品的抽样检验方案检验；混凝土试件制作，同一配合比每班不少于 1 组。观察检查和检查材料合格证、试验报告
		人工挖孔桩的桩位必须符合设计要求，其允许偏差为：顺轴线方向 ±50mm，垂直轴线方向 +30mm，0	全部检查。经纬仪、用钢尺量或全站仪
		成孔深度必须符合设计要求，其允许偏差为 +300mm	逐孔检查。检验方法：用钢尺量
		人工挖孔桩的钢筋笼的制作必须符合设计的要求。其允许偏差为：主筋间距 ±10mm，箍筋间距 ±20mm，钢筋笼直径 ±10mm，长度 ±30mm	全部检查。观察、用钢尺量
		人工挖孔桩的桩径必须符合设计要求，允许偏差为：+50mm	全部检查。用钢尺量

续表

分项工程		质量验收内容	检验数量及方法
人工挖孔桩	主控项目	人工挖孔桩护壁的形式、节次和护壁混凝土的强度、长度、厚度等必须符合设计要求；护壁背后应填实	全部检查。观察、尺量，取样作混凝土抗压强度试验
	一般项目	桩身垂直度允许偏差为5‰	全部检查。吊线测量计算、测斜仪
		人工挖孔桩一次进尺应符合设计要求	全部检查。尺量
		人工挖孔时的施工安全防护和孔内通风等应符合设计、规范/规程/标准及相关文件等的要求	全数检查。观察

2）钢筋笼应进行隐蔽工程验收。

3）钢筋笼加工应进行首件验收。

4）按程序组织检验批、分项工程验收，同前。

（三）排桩围护墙质量管理

根据《建筑基坑支护技术规程》JGJ 120—2012 的术语，排桩是"沿基坑侧壁排列设置的支护桩及冠梁所组成的支挡式结构部件或悬臂式支挡结构"。

广义而言，排桩墙是以某种桩型，例如钻孔灌注桩、挖孔桩、预制桩、压浆桩、SMW 工法（型钢水泥土搅拌桩）及混合式桩等单排、连续或按队列式布置组成的地下基坑围护墙。明挖车站、区间基坑支护中，以混凝土钻孔灌注桩作为基本桩型，由支护桩、腰梁、冠梁组成桩墙，多与锚杆共同组成支护体系，见示意图 2-1-1。在排桩支护下进行明挖车站的土方开挖，见图 2-1-2。此处论述混凝土灌注排桩墙的质量管理要点，施工准备的管理要点同前述。

图 2-1-1　锚杆与排桩墙支护体系

图 2-1-2　基坑土方开挖

工程中常用的灌注桩排桩支护体系包含了挡土桩墙和止水帷幕。在明挖基坑支护中，多用单排分离式、咬合式，按受力特点又可分为悬臂式、拉锚式。其他形式很少使用，不予介绍。

双排桩是"沿基坑侧壁排列设置的由前、后两排支护桩和梁连接成的刚架及冠梁所组成的支挡式结构"。工程中较少应用。

1. 单排式桩墙

这是灌注桩排桩围护墙最常用形式，结构形式简单，地层适用性广，对于从软黏土到粉砂性土、卵砾石、岩层中基坑开挖深度不大于20m最为多用。在有隔水要求的工程中，灌注桩排桩外侧需另行设置素混凝土桩隔水帷幕，平面布置见图2-1-3。

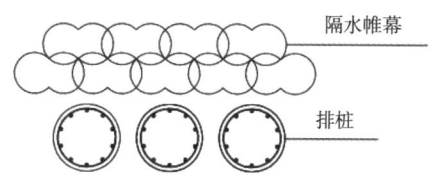

图2-1-3 单排式桩墙与隔水帷幕平面布置示意图

该工法特点：

1）施工工艺简单、工艺成熟、质量易控制、造价经济。

2）噪声小、无振动、无挤土效应，施工时对周边环境影响小。

2. 咬合式排桩墙

因场地狭窄等原因，无法同时设置排桩和隔水帷幕，可将两者之间按咬合一字形相切或搭接排列形成咬合式排桩围护墙。

采用素混凝土桩止水帷幕与钢筋混凝土桩间隔布置的钻孔咬合排桩墙，见图2-1-4。适用于淤泥、流砂、地下水富集的软土地区和邻近建构筑物对降水、地面沉降较敏感等环境保护要求较高的基坑工程。

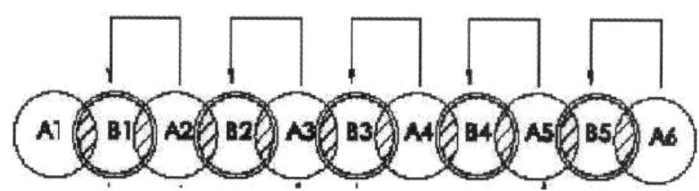

A1、A2…A6为素混凝土桩（先行桩）
B1、B2…B5为钢筋混凝土桩（后行桩）

图2-1-4 咬合式排桩平面示意图

该工法特点：

1）受力结构和截水结构合一，占用空间较小。整体刚度较大，防水性能较好。

2）施工速度快，工程造价低。机械设备噪声低、振动少，对环境污染小。

3）对成桩垂直度要求较高，施工难度较高。

3. 混凝土排桩墙施工过程控制

工艺流程：测量定位→钻孔成桩→桩基移位→形成排桩→冠梁→腰梁

1）灌注桩

各单桩的施工质量控制，详见上述相关内容，有下列不同之处，应做好控制。

（1）排桩中各桩应采用间隔法组织施工。

（2）当施工区域周围有需保护的建筑物或地下设施时，施工顺序应从被保护对象一侧开始，逐步背离被保护对象。

2）冠梁

排桩墙冠梁是设置在围护桩顶部的钢筋混凝土连梁，一般在排桩完成后、土方开挖前施工。可利用开挖土模或支设模板，铺设钢筋、浇筑混凝土，控制要点同常规。

3）腰梁

腰梁是设置在围护桩顶部以下传递围护桩与锚杆或内支撑支点力的钢筋混凝土梁或钢梁，按设计自上而下，随土方开挖深度陆续设置各道腰梁，控制要点同常规。

4）连接构造要求

围护桩与冠梁、腰梁的连接构造应满足支护结构体系的稳定性要求，达到限制桩体位移及保护周围环境的目的。

（四）分项工程验收的管理

1. 质量验收标准，见表 2-1-2。

预制桩、灌注桩、旋喷桩、水泥土桩墙和咬合桩质量验收标准

（参照《地下铁道工程施工质量验收标准》GB/T 50299—2018） 表 2-1-2

分项工程	质量验收内容		检验数量及方法
预制桩、灌注桩、旋喷桩、水泥土桩墙和咬合桩	主控项目	预制桩、灌注桩的混凝土强度应符合设计文件要求	1、围护结构预制桩、灌注桩的同一配合比混凝土试件每 5 根不应小于一组； 2、结构预制桩、灌注桩直径大于 1m 或单桩混凝土量超过 $25m^3$ 的桩，每根桩应留置一组试件，直径小于或等于 1m 或单桩混凝土量不超过 $25m^3$ 的桩，每灌注台班不应少于 1 组试件 检查抗压强度试验报告
		旋喷桩、水泥土桩墙和咬合桩的强度应符合设计文件要求	同一配合比每 20 根桩不应少于 1 组。 检查抗压强度试验报告
		桩顶冠梁混凝土强度应符合设计文件要求	同一配合比每次灌注、每 $100m^3$ 不应少于 1 组。 检查抗压强度试验报告
	一般项目	围护结构灌注桩顺轴线方向的桩位的允许偏差应为 ±100mm，垂直轴线方向的允许偏差应为 0～50mm	全部检查。 经纬仪和全站仪测量、钢尺量测
		灌注桩成孔深度允许偏差应为 0～300mm	逐孔检查。 测绳量测

续表

分项工程		质量验收内容	检验数量及方法
预制桩、灌注桩、旋喷桩、水泥土桩墙和咬合桩	一般项目	灌注桩的钢筋笼制作和安装方向应符合设计文件要求，主筋间距允许偏差应为±10mm；长度允许偏差应为±50mm	全部检查。观察检查，钢尺量测
		咬合桩的桩身垂直度偏差应小于3‰	全部检查。钢尺量测
		灌注桩桩身垂直度允许偏差应小于或等于1%	全部检查。吊线量测，测斜仪
		钢筋笼的直径的允许偏差应为±10mm，箍筋间距的允许偏差应为±20mm	全部检查。钢尺量测
		冠梁施工前，应将围护桩桩顶浮浆凿除清理干净，桩顶以上露出的钢筋长度应符合设计文件要求	全部检查。观察检查，钢尺量测
		旋喷桩允许偏差和检验方法应符合表2-1-3的规定	全数检查
		水泥土桩墙允许偏差和检验方法应符合表2-1-4的规定	全数检查
		水泥土搅拌桩墙型钢插入的时机、深度及标高应符合设计文件要求	全数检查。检查施工记录、测量检查
		灌注桩及咬合桩允许偏差和检验方法应符合表2-1-5的规定	全数检查

2. 相关允许偏差和检验方法，见表2-1-3 ~ 表2-1-5。

旋喷桩允许偏差和检验方法　　　　　　表2-1-3

检验项目	允许偏差（mm）	检验方法
钻孔位置	≤50	钢尺量测
钻孔垂直度	≤1.5%	经纬仪测钻杆或实测
孔深	±20	检验钻杆标记
注浆压力	按设计文件要求	检查注浆压力记录表
桩体搭接	>200	钢尺量测
桩体直径	≤50	开挖后钢尺量测
桩中心允许偏差	≤0.2D	开挖后桩顶下500mm处钢尺量测，D为直径

水泥土桩墙允许偏差和检验方法　　　　　　表2-1-4

检验项目	允许偏差（mm）	检验方法
桩位偏差	≤50	测量检查
桩墙厚度	大于设计文件规定的厚度	钢尺量测
孔深	±20	用测绳量测
垂直度	≤1%	经纬仪测钻杆或开挖后实测

灌注桩及咬合桩允许偏差和检验方法　　　　表 2-1-5

检验项目	允许偏差（mm）	检验方法
桩径	-20	开挖后钢尺量测
孔深	±20	用测绳量测
沉渣厚度	端承桩≤50 摩擦桩≤100 围护结构桩≤300	沉渣仪或重锤量测
混凝土充盈系数	>1	检查施工记录
套管的顺直度	10	挂线钢尺量测

3. 按程序组织检验批、分项工程验收，同前。

二、地下连续墙质量管理

（一）工法简介

根据《建筑基坑支护技术规程》JGJ 120—2012 术语，地下连续墙是指"分槽段用专用机械成槽、浇筑钢筋混凝土所形成的连续地下墙体。亦可称为现浇地下连续墙。"实际工程中，沿着深基坑工程的周边轴线，将整个地下连续墙分成若干槽段单元，成槽施工前，沿地下连续墙两侧设置混凝土导墙（埋深一般不小于 1.5m），导墙强度和稳定性应满足成槽机和顶拔接头管施工的要求。在泥浆护壁条件下，成槽机开挖出一条狭长的深槽，清槽后，在槽内吊放钢筋笼，然后用导管法灌注水下混凝土筑成一个单元槽段，如此逐段进行，在地下筑成一道连续的钢筋混凝土墙壁，作为截水、防渗、承重、围护结构。在相邻槽段之间用"接头"连接，接头管的作用是让相邻两槽段嵌接更完美，不出现渗水现象，同时为了钢筋笼的稳定，并保证混凝土扰流得到良好的控制。接头有多种形式，可由设计选定，设计未选定时，必须在施工方案中确定。

在明挖车站中基坑围护所用地下连续墙多与主体结构侧墙叠合或复合，其施工质量应满足《建筑基坑支护技术规程》JGJ 120—2012 和《建筑地基基础工程施工质量验收标准》GB 50202—2018 的规定。

（二）施工准备管理

基本内容同常规，应注意以下要点。

1. 专项施工方案

编制地下连续墙施工方案，除满足常规要求外，还应根据工程要求和施工条件减少槽段数量；槽段接缝应避开拐角部位。

2. 材料要求

地下连续墙应采用防水混凝土，供应厂家已选定，胶凝材料用量、水胶比、坍落度等指标应符合设计要求及相关规范规定。

3. 护壁泥浆配比

制备泥浆材料已进场,并符合要求,应通过现场试配确定泥浆配合比,性能应符合相关技术指标及地质要求。泥浆拌制后应充分水化后方可使用。

4. 施工机械设备

1)应根据地质条件的适应性等因素选择成槽设备,起重机械设备已验收。

2)泥浆循环系统所用仪器完好,运转正常。泥浆的供应及处理设备能满足成槽泥浆使用量的要求。

5. 导墙测量放样的中心线精度和标高误差符合要求。

6. 检验批划分:每一槽段为一检验批。

(三)施工过程质量控制

地下连续墙施工流程:导墙施工→泥浆制备→成槽施工→安放接头→钢筋笼制作与安装→灌注混凝土→墙体接头处理。

1. 导墙施工

1)导墙为钢筋混凝土结构,有预制及现浇两种。强度等级不宜低于C20,墙底面不宜设置在新近填土上,且埋深不宜小于1.5m,以满足施工稳定性要求,见图2-1-5和图2-1-6。

2)导墙施工过程中,检查模板及模板支撑体系,控制净空尺寸、墙面平整度与垂直度符合设计及规范要求。

3)检查沟槽土体土质及其稳定性符合要求。

图2-1-5 导墙钢筋绑扎

图2-1-6 导墙浇筑完成

2. 成槽

成槽前应施作成槽试验段,并应通过试验段调整、确定施工工艺及施工参数。

1)地下连续墙槽段分幅位置应正确,应采用间隔跳幅开挖。

2)成槽中应检查墙壁垂直度、沉渣厚度、泥浆比重等符合要求,护壁泥浆液面应高于导墙底面500mm。

3）成槽后应检查每段槽段成槽的宽度、深度及倾斜度符合要求。

4）钢筋笼安装后，检查沉渣厚度，若超标应做二次清孔，沉渣厚度应符合要求。

3. 安放接头

1）地下墙槽段间的连接接头多数为工厂预制构件，型式应符合设计要求，在吊放地下连续墙钢筋笼前，对槽段接头和相邻墙段的槽壁混凝土面进行清刷，槽段接头和混凝土面不得夹泥。

2）安放槽段接头时，应紧贴槽段垂直缓慢沉放至槽底，遇到阻碍清除后入槽。见图2-1-7和图2-1-8。

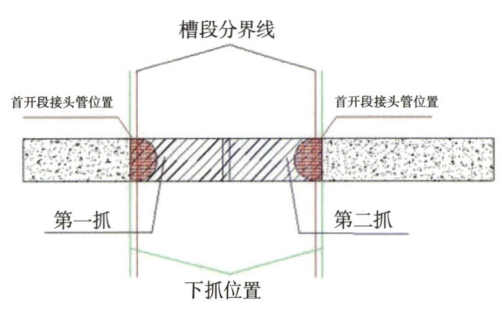
图 2-1-7　首开段接头管位置示意图

图 2-1-8　接头管安装

4. 钢筋笼制作与安装

1）钢筋笼在现场加工制作，其纵向受力钢筋的接头位置、连接方式和连接接头面积百分率应符合有关标准对板类构件的规定。预埋件规格、尺寸、位置应符合设计要求。

2）单元槽段的钢筋笼宜整体装配和沉放。需要分段装配时，宜采用焊接或机械连接，接头的位置宜选在受力较小处，并应符合相关规范要求。

3）钢筋笼应根据吊装的要求，设置纵横向起吊桁架，且应满足吊装和沉放过程中钢筋笼的整体性及骨架不产生塑性变形的要求。

4）钢筋笼吊放入槽后检查平面位置、标高与固定情况等均应符合要求，见图2-1-9。

5. 混凝土浇筑

1）现浇地下连续墙应采用导管法浇筑混凝土，导管拼接接缝应密闭。混凝土浇筑时，导管内应预先设置隔水栓。

2）槽段长度不大于6m时，宜采用两根导管同时浇筑；长度大于6m时，宜采用三根导管同时浇筑。每根导管分担的浇筑面积应基本均等。浇筑过程中，导管埋入混凝土面的深度宜在2.0～4.0m。

3）浇筑应连续且一次完成，浇筑面应高于地下连续墙设计顶面500mm。

4）浇灌过程中应采取防止混凝土产生绕流的措施。

5）混凝土抗压强度试件应按每一个单元槽段留置一组，抗渗试件每5个单元槽段留置一组。

图 2-1-9 钢筋笼吊放安装

6）采用叠合墙，地下连续墙与结构侧墙连接处应凿毛并清洗干净，必要时应做特殊防水处理。

7）地下连续墙如有裂缝、孔洞、露筋等缺陷，应采用聚合物水泥砂浆修补；槽段如有渗漏，应采用引排或注浆封堵。

（四）分项工程验收管理

1. 地下连续墙质量验收标准，见表 2-1-6。

地下连续墙质量验收标准　　　　　　　　　表 2-1-6

分项工程	质量验收内容		检验数量及方法
地下连续墙	主控项目	地下连续墙墙体混凝土抗压强度和抗渗强度等级应符合设计文件要求	每一单元槽段混凝土制作抗压强度试件一组，每五个单元槽应制作抗渗压力试件一组。检查试验报告
		地下连续墙的钢筋骨架和预埋件的安装应无变形，预埋件应无松动和遗漏，标高、位置应符合设计文件要求	按单元槽段全部检查。观察检查和钢尺量测
		地下连续墙的裸露墙面应表面密实、无渗漏。孔洞、露筋、蜂窝累计的面积不应超过单元槽段裸露面积的 5%	
		作为永久结构的地下连续墙垂直度允许偏差为 1/300，临时结构允许偏差应为 1/150	全部检查。开挖后吊线，钢尺量测，超声波测槽仪或成槽机上的监测系统
	一般项目	地下连续墙允许偏差、检验数量和检验方法应符合表 1-1-6 的规定	

2. 相关允许偏差、检验数量和检验方法，见表 2-1-7。

地下连续墙允许偏差、检验数量和检验方法　　　　表 2-1-7

检验项目		允许偏差（mm）	检验数量	检验方法
导墙尺寸	宽度	40	每个槽段 5 点	钢尺量测
	墙面平整度	≤5		2m 靠尺、塞尺量测
	导墙平面位置	±10		钢尺量测
沉渣厚度		≤100		重锤测或沉积物测定仪测
槽深		100		重锤测
钢筋笼尺寸	长度	±50	每片钢筋网上、中、下各 1 点	钢尺量测
	宽度	±20		
	厚度	0—10		
	主筋间距	±10	每片钢筋网 4 点	用钢尺量，任取一断面，连续量取间距，取平均值作为一点
	分布筋间距	±20		
	预埋件中心位置	±10	每件 1 点	钢尺量测
地下连续墙表面平整度		≤100	每段墙体 5 点	此为均匀黏土层，松散及易坍土层由设计单位确定
墙体的预埋件位置	水平向	≤10	每件 1 点	钢尺量测
	垂直向	≤20		水准仪测量

3. 按程序组织检验批、分项工程验收。

三、土钉墙质量管理

根据《建筑基坑支护技术规程》JGJ 120—2012 术语，土钉是"设置在基坑侧壁土体内的承受拉力与剪力的杆件。例如，成孔后插入钢筋杆体并通过孔内注浆在杆体周围形成固结体的钢筋土钉，将设有出浆孔的钢管直接击入基坑侧壁土中并在钢管内注浆的钢管土钉"。土钉墙是"由随基坑开挖分层设置的、纵横向密布的土钉群、喷射混凝土面层及原位土体所组成的支护结构"。土钉是设置在基坑侧壁土体内的承受拉力与剪力的杆件，依土钉的不同而分为两种类型。

钢筋土钉墙是将基坑边坡钻孔，将注浆管与钢筋土钉绑扎，同时插入孔内并由孔底注浆，在土钉周围形成固结体，见图 2-1-10 和图 2-1-11。

钢管土钉墙是用钢管直接击入基坑侧壁内注浆，随后，在边坡表面铺设钢筋网再喷射混凝土面层，使其和边坡相结合形成加固支护结构。

明挖车站、区间的土钉墙基坑支护一般采用钢筋土钉墙。此处仅介绍钢筋土钉墙支护结构的质量控制，此外，复合式土钉墙，在基坑支护中常被采用。它是将土钉墙与一种或几种单项支护技术或截水技术有机组合成的复合支护体系，复合要素主要有土钉、预应力锚杆、截水帷幕、微型桩等。其质量控制此处不再赘述，请参照相关技术标准或文献。

图 2-1-10 土钉墙

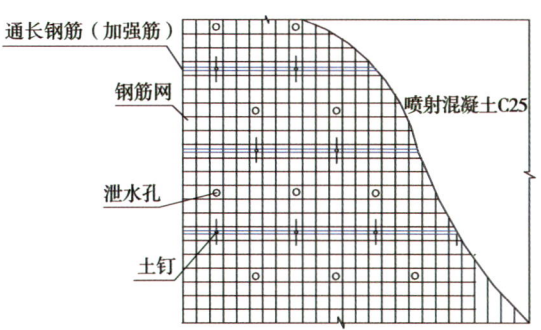

图 2-1-11 边坡土钉墙支护示意图

土钉墙施工流程：边坡开挖→边坡修整→定位放线→成孔→安装土钉→注浆→水平压筋安装→挂网→喷射混凝土→养护。

（一）施工准备管理

基本内容同常规，应注意以下要点。

1. 试验段

施工单位应选择具有代表性的地段安排试验段，当有地下水时，对易产生流砂或塌孔的砂土、粉土、碎石土等土层，应通过试验段施工确定土钉施工工艺和措施。

2. 钻孔

土钉墙钻孔施工可用洛阳铲、锚杆机等机具，喷射混凝土需用空压机、混凝土喷射泵、注浆设备、搅浆筒等，均应配备齐全，通过验收，状态良好。

3. 检验批已划分，每一施工段划分为1个检验批。

（二）施工过程质量控制

土钉墙施工过程控制要点如下，各环节的施作均应符合设计要求和《建筑基坑支护技术规程》JGJ 120—2012 的规定。

1. 边坡开挖及修整

1）基坑土方应分层、分段开挖，满足土钉及混凝土面层施工条件。在完成上层作业面的土钉及喷混凝土面层以前，不得进行下一层土方的开挖。

2）基坑坡面坡度应不大于设计值。边坡开挖后应采用人工清理、整平，基面应无松散物，无雨水冲沟，无冻结层。

2. 土钉定位放线，按设计图纸或施工方案要求布设孔位。

3. 成孔

1）多采用机械和人工配合成孔；对易塌孔的松散土层宜采用机械成孔工艺；成孔困难时，可采用注入水泥浆等方法进行护壁；

2）当成孔遇不明障碍物时，应停止作业，采取针对性措施后方可继续成孔。确需调整孔位时，不得影响支护安全；

3）应做好成孔记录，土质有偏差时应及时修改土钉的相关参数；

4）成孔后应进行清孔检查，对局部渗水塌孔或掉落松土应立即进行压浆处理，并及时安设土钉钢筋且注浆。

4. 土钉制作及插入

1）土钉直径、下料长度等应满足设计规定，钢筋连接宜采用搭接焊、帮条焊；

2）土钉置入前，应先在土钉上设置对中定位支架，保证钢筋处于钻孔的中心部位，支架断面尺寸应符合土钉保护层厚度要求；

3）成孔后应及时插入土钉，遇塌孔、缩径时，应在处理后再插入土钉。

5. 注浆

土钉孔注浆，充盈系数必须大于1，当浆液从孔口溢出后停止注浆。

6. 铺设钢筋网片

1）钢筋网片应按施工方案中的分块网格进行铺设，网格间允许偏差及每边的搭接长度应满足设计及规范要求；

2）钢筋网片保护层厚度不应小于3cm；

3）钢筋网片与土钉（或水平压筋）固定，在喷射混凝土时不应出现震动；

4）采用双层钢筋网时，第二层钢筋网应在第一层钢筋网被喷射混凝土覆盖后铺设。

7. 喷射混凝土

1）喷射混凝土配合比（粗骨料最大粒径、水灰比等）应符合规范规定并通过试验确定；

2）掺入外加剂调节早期强度，并应通过试验确定掺量及掺入方法；

3）喷射混凝土时，喷头与土钉墙墙面应保持垂直；

4）喷射作业应分段依次进行，同一分段内应自下而上均匀喷射；当面层厚度超过100mm时，应分层喷射；

5）终凝后及时养护，冬期施工应采取防冻措施；

6）喷射中如发现滞水，应将坡壁内滞水引出后再进行喷射支护。

8. 边坡局部坍塌预防措施

对易坍塌的土体必须采取防范措施，常用方法如下：

1）开挖前，沿开挖面垂直击入钢筋或钢管，或注浆加固土体；

2）在水平方向上分小段间隔开挖；

3）应先设置土钉，后清坡；

4）修整后的边坡及时喷射一层薄的砂浆或混凝土，必要时安装钢筋网，待凝结后再进行钻孔。

（三）分项工程验收管理

1. 土钉墙质量验收标准，见表2-1-8。

土钉墙质量验收标准 表 2-1-8

分项工程		质量验收内容	检验数量及方法
土钉墙	主控项目	土钉的布置形式应符合设计文件要求	全数检查。 观察检查,并核对设计文件
		钉孔锚固砂浆强度和喷射混凝土强度应符合设计文件要求	100m³ 砂浆或混凝土取试件 1 组,不足 100m³ 按 1 组计。 检查抗压强度试验报告
		土钉墙钢筋网的规格、尺寸、网与土钉的连接应符合设计文件要求	按网面积的 10% 进行检查。 观察检查,钢尺量测或检查焊接试验报告
	一般项目	土钉墙坡面平整度的允许偏差应为 20mm	全数检查。 2m 靠尺量测
		土钉孔允许偏差及检验方法应符合表 1-1-7 的规定	全数检查
		钢筋网网格的间距允许偏差应为 ±20mm	每次喷射混凝土检查 2 个断面。 钢尺量测,观察检查
		喷射混凝土面层厚度的允许偏差应为 ±20mm	每施工段检查 3 个断面,每个断面不少于 5 个点。 凿孔实测或预埋厚度标志
		喷射混凝土应与坡面、钢筋网紧密结合,表面应平顺、无裂隙、无露筋	全数检查。 观察检查

2. 相关允许偏差,见表 2-1-9。

土钉孔允许偏差及检验方法 表 2-1-9

检验项目	允许偏差(mm)	检验方法
孔深	不小于设计文件规定	钢尺量测成孔工具外露尺寸
孔距	±50	钢尺量测
孔径	±5	
长度	±50	钢尺量测钢筋外露长度
钻孔倾斜度偏差	<50	量钻杆角度

3. 按程序组织检验批、分项工程验收。

四、横撑施工质量管理

在《地下铁道工程施工质量验收标准》GB/T 50299—2018 中,横撑为一个分项工程,横撑多指基坑工程内支撑。根据《建筑基坑支护技术规程》JGJ 120—2012 术语,内支撑是"设置在基坑内的由钢筋混凝土或钢构件组成的用以支撑挡土构件的结构部件。支撑构件采用钢材、混凝土时,分别称为钢内支撑、混凝土内支撑"。

在明挖车站的深基坑围护工程中,多用钢构件的支撑体系,由钢支撑轴力和预加轴向压力抵御基坑边坡的水平荷载。其具有可回收再利用、施工进度快、经济性、环保性等优势。故本节以钢支撑为内支撑代表论述其施工质量安全管理。控制的主要依据是《基坑工程内支撑技术规程》DB 11/940—2012。

明挖车站基坑内支撑布置形式有水平和斜角撑两种，见图2-1-12和图2-1-13。按基坑深度分层设置，一般每层间隔5~8m，必要时还应增设换（倒）撑。

图2-1-12 基坑内钢支撑

图2-1-13 斜角撑

（一）钢支撑体系的组成

基坑钢支撑是由支撑、冠梁、腰梁和竖向立柱、连接件及附属构件等组成，架设在基坑内支撑基坑侧壁的结构体系，用于平衡基坑侧壁或邻边围护结构上的侧向水、土压力，是水平受压构件，垂直方向仅承受自重。适用于采用墙式和桩式的基坑。支撑构件有钢材、钢筋混凝土或其组合等多种。

1. 钢支撑构件

包括钢管或型钢、固定端、活络接头端。

1）钢支撑钢材可采用Q235或Q345钢。可采用圆形钢管、H型钢、工字钢、槽钢或其组合截面，宜选用圆形钢管。

2）活络头端是设置在钢支撑端部能够连结固定、拆卸和可调节长度的受力构件，钢支撑的一端应设置活络头，活络头分为轴心伸缩式和两侧伸缩式，宜选择轴心伸缩式；钢支撑构件以及活络端见图2-1-14~图2-1-16。

2. 冠梁（连系梁）

是连接围护结构顶部用于传力或增加围护结构整体刚度的水平梁式构件。

3. 腰梁（钢围檩）

是设置在支护结构顶部以下传递支护结构与内支撑支点力的钢梁。

1）钢腰梁（围檩）可采用H型钢、工字钢、槽钢或其组合截面等。型钢腰梁截面宽度不应小于300mm，当采用组合截面时，组合截面构件间应采用缀板连接。

2）明挖车站基坑平面尺寸较大，为吊运和施工方便，钢腰梁（围檩）一般在工厂制作成单节，在现场按需要长度拼装。

图 2-1-14 钢支撑构件

图 2-1-15 钢支撑活络端

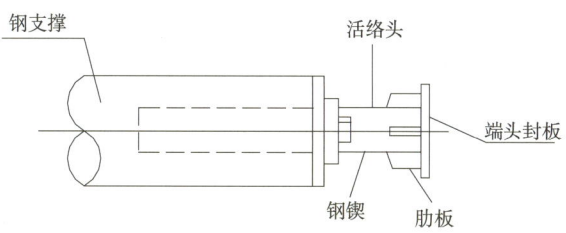
图 2-1-16 活络端节点图

3）腰梁（围檩）应连续、连接牢固且与桩体之间密贴，不密实处用不低于 C25 细石混凝土垫实。

4. 立柱

如基坑跨度较大，通常会设置立柱。安装立柱，可采用"地面拼接、整体吊装"的施工方法。

立柱基底以上部分宜采用格构式钢柱、钢管或 H 型钢，基底以下部分宜采用钢筋混凝土灌注桩。

5. 连接件及附属构件

1）斜（角）撑，是设置在基坑阴角，或基坑侧壁与支撑之间的水平受压杆件。宜由钢管、H 型钢、工字钢等构成。

2）抗剪蹬，是连接围护结构，抵抗斜角撑作用下腰梁产生顺向滑移的剪力传递构件。

3）倒（换）撑，由于有些车站的主体结构施做完底板和侧墙后，原支撑有碍其上方的施工，但基坑仍需必要的支护，故需施做倒撑替换原支撑，倒撑完成后再拆除原支撑，是一种不施加预压力，用以进行支撑替换的构件。

（二）施工准备管理

1. 资源准备

1）钢支撑架设应由具有相应资质的专业分包队伍实施，按程序审核其资质符合相关规定。

2）进入现场的钢支撑构件及辅助材料等，应履行进场报验手续。有关钢构件及材料的检验相关内容详见《城市轨道交通土建工程质量安全管理概论》第八章。

3）吊装钢支撑构件的起重机械已安装并完成验收。施加轴力用千斤顶已标定、校正符合要求。

2. 技术准备

1）编制基坑支护及土方开挖专项施工方案（包括钢支撑施工内容），施工、监理单位按程序审核，并按照规定组织超过一定规模危大工程的专家论证。

2）监理单位编制相应监理实施细则。

3）检验批已划分，每 10 根支撑为一个检验批。

3. 现场具备支撑材料存放与运输的条件

（三）钢支撑构件制作与验收

1. 控制制作质量

钢支撑活动端、固定端和标准段，及钢腰梁（围檩）和立柱等构件，由工厂按设计要求加工制作。

2. 构件质量验收

工厂制作的各种构件应经验收合格，方可出厂运至现场，构件进入现场时应履行验收手续，重点检查焊缝质量，应符合设计和相关规范要求。

（四）钢支撑安装质量控制

1. 测量定位

钢支撑安装前，应做好测量定位工作，保证支撑位置准确。

2. 现场拼装

1）安装前一般在现场先进行预拼装，验收通过后，即可进行全面拼装。

2）钢支撑长度应满足设计要求，可采用螺栓连接、焊接连接，连接质量应满足相应规范要求。

3）钢围檩的拼接

（1）围檩宜连续布置，需先行分段拼装，分段预制长度不应小于支撑间距的 2 倍。

（2）拼装节点位置不应设置在支撑点附近，并不应超过围檩计算跨度的三分之一。拼接点应满足截面等强连接要求。

3. 支架安装

无论何种支撑类型，支架安装均为必要的工艺流程。钢围檩多采用三角形支架（牛腿）支撑，支架与混凝土围护结构的连接可采用植筋、锚栓等形式。

4. 钢腰梁（围檩）安装

1）钢腰梁（围檩）与围护结构应密贴，若存在空隙，视空隙宽度，采用强度等级不低于 C30 的细石混凝土填充。

2）钢腰梁（围檩）安装在支架（牛腿）上，并临时固定，见图 2-1-17 和图 2-1-18。

钢支撑两端的钢腰梁（围檩）应保持同一水平位置。

3）钢腰梁（围檩）应根据土方开挖情况，同一层位分段安装；

4）角撑部位，按设计要求设置抗剪蹬，确保钢支撑与端承板成垂直关系。

5. 钢支撑安装

1）架设钢支撑前，应复核两侧腰梁体系与立柱（连系梁）的标高，保证三点标高一致；

2）吊装钢支撑并校准位置，钢支撑就位后，根据监控量测方案及时安装监测元器件，按设计及时施加轴力；

3）钢支撑的固定端与活动端纵向应逐根交替布设；

4）控制首层内支撑吊装、安装质量。

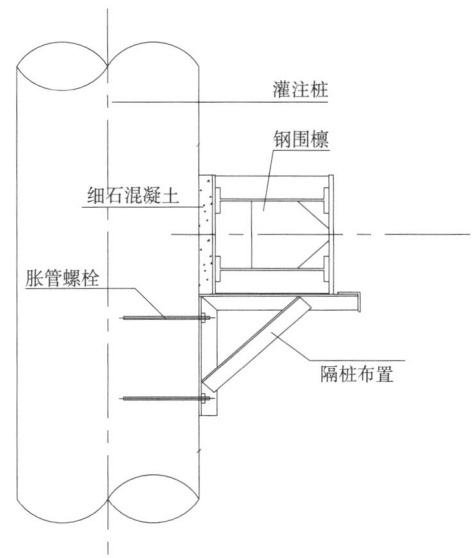

图 2-1-17 钢腰梁（围檩）架设方式

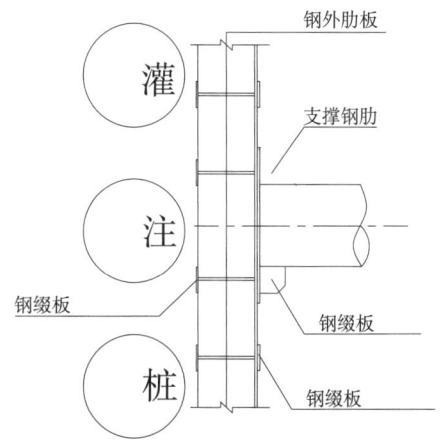

图 2-1-18 钢腰梁（围檩）支撑方式

检查钢支撑与连梁立柱、围檩的连接符合设计要求。并检查钢支撑安装平面位置、竖向位置、挠曲度变形等符合设计要求。

钢支撑端部必须与腰梁（围檩）密贴，见图 2-1-19。斜角撑抗剪措施应符合设计要求，见图 2-1-20。

5）首层支撑安装完成后，开挖至第二层支撑中心标高下 0.5m 处，安装第二层钢支撑，按此程序陆续安装其他层位的钢支撑。

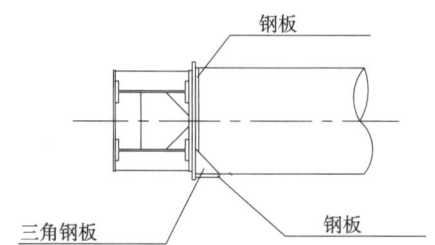

图 2-1-19　钢支撑端部固定方式示意图

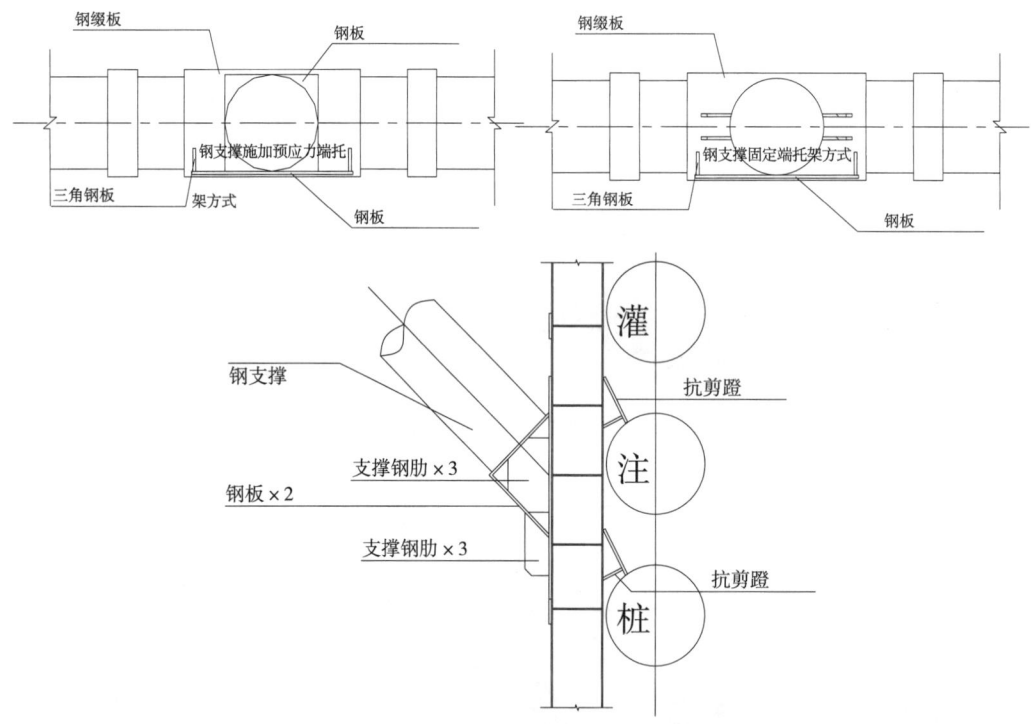

图 2-1-20　斜撑固定方式示意图

6）钢支撑及钢腰梁（围檩）安装架设完成后，按设计要求设置防坠落措施（如钢丝绳、钢托板等）；如设计无明确方案，应在专项施工方案中予以明确，并严格按方案施工。

6. 预加轴力

1）钢支撑就位经确认符合要求后，严格按设计要求及时分三步施加轴力，第一次施加设计文件规定轴力的50%，第二次施加至设计文件规定轴力的80%，第三次施加至设计文件规定轴力的110%。

2）在活络端用千斤顶逐级施加轴力，同时观察桩、墙体变形、上层支撑的状态。轴力达到设计值后，采用特制钢楔固定活络头。

3）轴力施加期间检查各连接部位的稳定性、牢固性。遇到异常情况，应立即停止，排除隐患后，继续作业。

4）轴力施加过程中，应做好记录，施加完成、锁定钢支撑后再拆除千斤顶。

5）对横撑不应施加竖向荷载。

6）按规定做好轴力的监测，根据监测情况，决定是否补充施加轴力。

7. 立柱安装

施工流程：测放桩位→钻孔、清孔→钢筋笼（制作）吊装→立柱（加工）与钢筋笼焊接→校核立柱垂直度→立柱下放至设计标高→灌注桩身混凝土→回填立柱孔洞。

1）控制立柱的定位和垂直度，对格构柱、H型钢柱，尚应同时控制方向偏差；

2）土方开挖后，及时架设立柱剪刀撑和水平支撑，确保立柱之间形成整体、稳定的支撑体系；

3）立柱穿过结构底板的部位，应按设计要求设置可靠的防水构造措施。

8. 土方开挖与支撑架设

1）钢支撑架设与基坑土方开挖必须紧密结合，支撑架设的时间、位置及预加轴力的大小直接关系到深基坑的稳定性，在土方挖到设计标高的区段内（支撑标高下0.5m）应及时架设支撑，施加轴力并固定牢靠后再进行开挖。

2）钢支撑为垂直受压构件，为保证受力稳定，构件的偏心量要受到严格控制。故钢支撑从架设至拆除的全过程，应加强基坑的监控量测和现场巡视，切实做到信息化施工，以保安全。

（五）倒撑施工

1. 利用主体结构代替倒撑

主体结构底板或中板混凝土强度应满足设计要求，设计无要求时，应达到设计值的70%，方可代替倒撑。实际施工中多采用此类倒撑。

2. 采用满堂红支架代替倒撑

（六）内支撑拆除

钢支撑是保持基坑稳定的关键构件，其安装、拆除的时机、顺序和结构施工的位置密切相关，必须严格管理。

1. 拆除条件

支撑拆除是将支撑轴力转至永久支护结构或其他临时支护结构的过程。主体结构混凝土应达到设计要求的强度，必要时按设计要求的部位加装临时支撑后方可拆撑，以避免主体结构构件开裂,影响使用寿命和结构安全。

2.拆除原则

内支撑拆除应遵循"先倒撑、后拆除"的原则,随车站主体结构施工进程分段分层、自下而上拆除。

(七)分项工程验收管理

1.验收标准

1)钢质横撑、围檩、活络头、斜撑牛腿等钢构件的制作和拼装质量验收应符合现行国家标准《钢结构工程施工质量验收规范》GB 50205—2001的规定。

2)混凝土支撑的钢筋、模板支架及混凝土的施工质量验收应符合《地下铁道工程施工质量验收标准》GB/T 50299—2018中的第5.11节和第5.13节的规定。

3)横撑的质量验收标准,见表2-1-10。

内支撑质量验收标准　　　　　　　　表2-1-10

分项工程		质量验收内容	检验数量及方法
横撑支护	主控项目	钢质横撑安装前应先拼装,拼装后两端支点中心线偏心不应大于20mm。安装后总偏心量不应大于50mm	全部检查。用细线找中线,钢尺量则偏心量
		钢质横撑应在土方挖至其设计文件规定的位置后安装,应按设计文件要求对坑壁施加预应力,施加预应力应两侧同步、对称、分级重复进行,预加轴力允许偏差应为±50kN,并应顶紧后固定。设有腰梁的横撑,腰梁应连续,并应连接牢固且与桩体之间密贴,不密实处应使用不低于C20的细石混凝土垫实,支撑的拆除顺序应符合设计文件要求	全部检查。观察检查,测量检查
	一般项目	横撑安装位置高程允许偏差应为±50mm,水平间距允许偏差应为±100mm	全部检查。测量检查
		钢或混凝土支撑安装的允许偏差及检验数量应符合表2-1-11的规定	测量检查,钢尺量测和检查施工记录

4)横撑安装允许偏差见表2-1-11

钢及混凝土支撑安装的允许偏差和检验数量　　　　　　　　表2-1-11

检验项目		允许偏差(mm)	检验数量
围檩标高		±30	每施工段5点
立柱位置	标高	±30	每立柱2点
	平面	±50	
开挖超深(开槽安设支撑不在此范围)		<200	每支护面1点
支撑安装时间		符合设计文件要求	每道支撑1点
混凝土支撑截面尺寸		±5	每道支撑2点

2.按程序组织检验批、分项工程验收。

五、锚杆（索）工程质量管理

根据《建筑基坑支护技术规程》JGJ 120—2012术语，锚杆是"由杆体（钢绞线、普通钢筋、热处理钢筋或钢管）、注浆形成的固结体、锚具、套管、连接器所组成的一端与支护结构构件连接，另一端锚固在稳定岩土体内的受拉杆件。杆体采用钢绞线时，亦可称为锚索"。

施工工艺流程：定位放线→成孔→锚杆（索）制作安装→注浆→预应力锚杆（索）张拉锁定→锚杆检测，见图2-1-21。

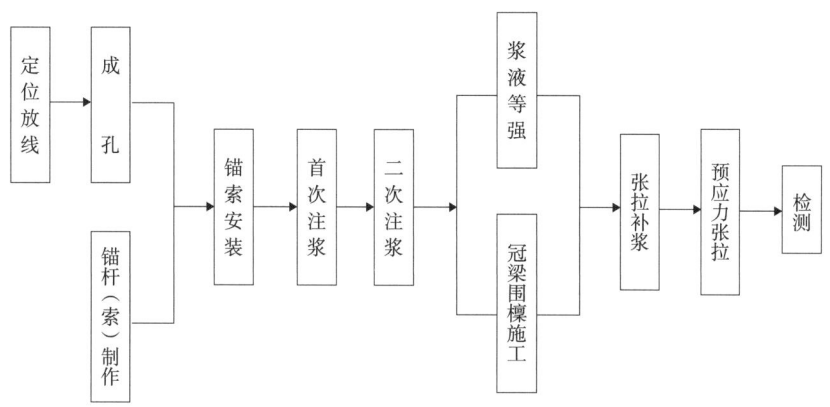

图2-1-21 锚杆（索）施工流程示意图

基桩锚杆支护，见图2-1-22。

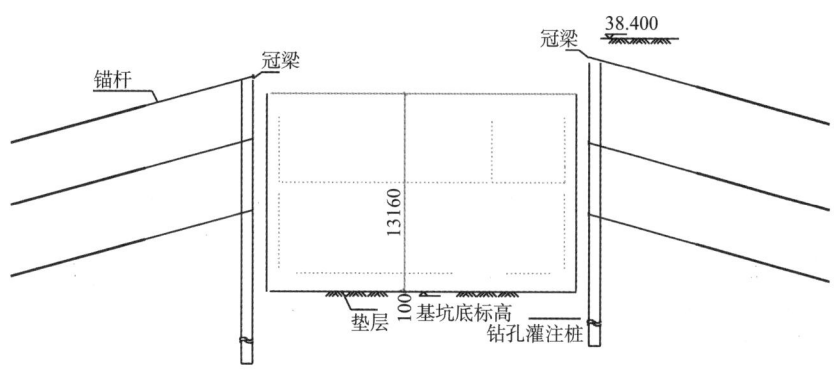

图2-1-22 基桩锚杆（索）支护剖面示意图

（一）施工准备管理

基本内容同常规，应注意以下要点。

1. 施工机具

钻孔施工所用洛阳铲、锚杆机等机具状态良好,张拉所用千斤顶的额定行程必须符合专项施工方案要求,使用前必须由有资质的试验检验部门进行标定、校正。

2. 专项施工方案

锚杆(索)各项施工工艺参数符合设计及相关规范要求,施工、监理单位按程序审批,已进行交底。

3. 检验批

已划分,每20根锚杆为一个检验批。

(二)锚杆(索)施工过程质量控制

锚杆(索)施工各环节的施作均应符合设计要求和《建筑基坑支护技术规程》JGJ 120—2012及《岩土锚杆(索)技术规程》(CECS 22—2005)的规定。

1. 工字钢腰梁

安装应平顺,与桩体接触应密贴。腰梁各段之间应做等强连接。

2. 锚杆(索)成孔

1)根据不同土质选择适宜的成孔护壁工艺;在地下水位以下时,不宜采用干成孔工艺。

2)钻杆的倾角应符合设计要求,经检查无误后方可钻进。

3)钻孔时遇有障碍物或异常情况应及时停钻,并采取措施处理。

3. 锚杆(索)的制作、安放

1)锚杆(索)下料长度必须考虑锚具厚度及张拉工作长度,非锚固段应用硬塑料布包裹。

2)锚杆(索)放入角度应与钻孔角度保持一致,应防止杆体扭压、弯曲,注浆管和止浆密封装置宜随锚杆(索)一同放入钻孔。

3)锚杆(索)安装到位后,检查锚杆(索)插入孔中长度应不小于设计长度,其外露部分应满足张拉的长度要求。

4. 注浆

1)止浆密封装置应设置在自由段与锚固段的分界处,并具有良好的密封性能。

2)浆体强度必须符合设计或施工方案要求。注浆从孔底开始,孔口溢出浆液或排气管停止排气时,可停止注浆。

5. 锚杆(索)张拉及锁定

张拉作业是锚杆(索)支护的关键工序,应严格按《岩土锚杆(索)技术规程》(CECS 22—2005)中相关规定执行。

1)锚固段浆体强度达到设计要求,方可进行锚杆(索)张拉。如设计无要求,强度应大于15.0MPa。

2)应按一定程序张拉,张拉顺序应考虑邻近锚杆(索)的相互影响。

3)正式张拉之前,应预张拉2次,张拉力取0.1~0.2设计轴向拉力值N_t。

4）张拉至 1.1 ~ 1.2Nt，持荷一定时间，然后卸荷至锁定荷载进行锁定作业。

5）张拉要有专人操作，做好张拉记录。

（三）分项工程验收管理

1. 锚杆（索）质量验收标准，见表 2-1-12。

锚杆（索）质量验收标准　　　　　　表 2-1-12

分项工程		质量验收内容	检验数量及方法
土层锚杆（索）	主控项目	锚杆的组装安放和注浆应符合设计文件要求	每检验批取试件 2 组，每组试件不少于 6 块。 检查抗压强度试验报告
		锚杆的张拉值及锁定值应符合设计文件要求	全部检查。 查看压力记录表
		锚杆注浆量、注浆压力应符合设计文件要求	全部检查。 检查施工记录
		锚杆应进行抗拉和验收试验，并应符合下列规定： 1. 抗拉试验锚杆的加荷方式应为设计文件规定荷载的 25%、50%、75%、100%、133%； 2. 验收试验锚杆的加荷方式应为设计文件规定荷载的 25%、50%、75%、100%、120%； 3. 验收试验锚杆总位移量不应大于抗拉试验锚杆总位移量	抗拉试件数量宜为总数量的 2%，且不应少于 2 根；验收试件数量宜为总数量 3%，且不应少于 3 根。 检查拉拔试验报告
	一般项目	锚杆杆体插入孔中长度的允许偏差应为 ±30mm	全部检查。 钢尺量测杆体外露标记
		锚杆允许偏差、检验数量和检验方法应符合表 2-1-13 的规定	

锚杆允许偏差、检验数量和检验方法　　　　　　表 2-1-13

检验项目	允许偏差（mm）	检验数量	检验方法
锚杆位置	±100	每个锚杆 1 点	测量检查
钻孔倾斜度	3%		测量钻杆角度
钻孔深度	0—100		钢尺量测钻杆外露长度
孔位高程	±50	每孔	水准仪

2. 按程序组织检验批、分项工程验收，同前。

六、桩间网喷混凝土质量管理

桩间网喷是用于地下工程的支护结构以及复合式衬砌初期支护的一种技术，其工作原理是用围护桩面层布设钢筋网片，使之与桩体相连成整体，即使挡土体系与坑壁原位土体牢固地结合在一起共同工作，提高桩间土的结构强度和抗变形刚度，减小土体侧向变形，增强边坡的整体稳定性。属于主动制约机制的支护类型。

桩间网喷混凝土主要工序为：土方开挖→桩间网喷及支撑施工→开挖两边土方台阶→安装钢筋网片→喷射混凝土。流程图及结构示意见图2-1-23和图2-1-24。

（一）施工准备管理

基本内容同常规，应注意以下要点。

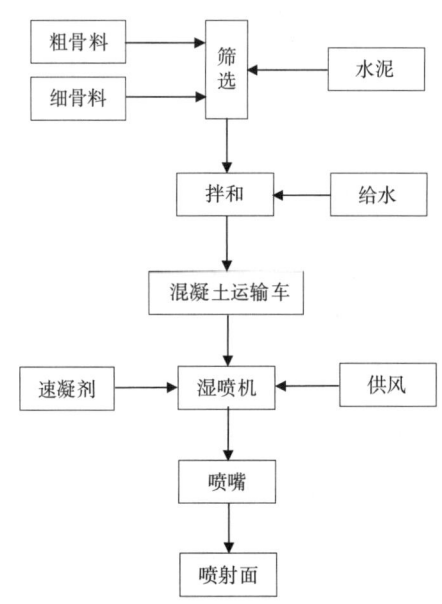

图2-1-23 桩间网喷混凝土流程图

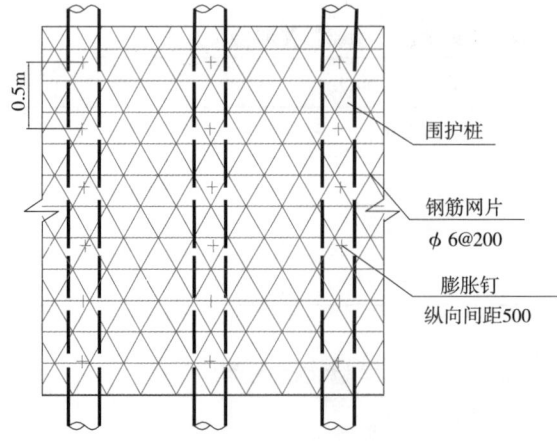

图2-1-24 桩间网喷混凝土示意图

1.材料准备

严格按照配合比搅拌喷射混凝土。使用喷射混凝土干拌料的，应按产品使用要求比例掺水。

2.机具准备

使用的机械喷射机、搅拌机、运输车辆及空压机（包括机械设备、风、水管路、输料管路和电缆线路）等数量足够，状况良好。

3.检验批已划分，每20根桩间为一个检验批。

4.试喷

按试验室喷射混凝土的配合比，喷射前先进行试喷，试喷合格后再投入喷射施工。

（二）施工过程质量控制

1.开挖

基坑开挖面应清理出围护桩混凝土面，桩间网喷厚度作好标志，防止喷射混凝土侵入主体结构外轮廓线。

2.布设钢筋网片

基本内容同土钉墙布设钢筋网片，应注意以下要点。

1）在布设钢筋网片前，必须初喷一层混凝土再铺设钢筋网，钢筋网片使用膨胀螺栓打入桩体或直接与桩体内主筋焊接，连接成整体。

2）在相邻钢筋网片铺设时保证有足够的搭接长度。

3.喷射混凝土

1）现场拌和的喷射混凝土应通过试验确定速凝剂掺量，并添加均匀，使用喷射混凝土干拌料的，应按生产厂家要求比例掺水拌和。

2）喷射方法要正确

喷头与受喷面保持垂直，距离宜为1.5～2m。如遇钢筋网片可稍微倾斜，并减小至受喷面的距离，保证钢筋网片保护层厚度，不小于3cm。

3）每次喷射完毕后，即时检查厚度，若厚度不足需补喷达到设计厚度。

4）分层喷射时，后一层在前一层混凝土终凝后及时喷射，若终凝后1h以上再次喷射时，受喷面应用风、水清洗。

5）喷射混凝土表面密实、平整，无裂缝、脱落、漏喷、空鼓、渗漏水等现象。桩间不得存在浮土。

（三）分项工程验收管理

1.桩间网喷混凝土质量验收标准，见表2-1-14。

桩间网喷混凝土质量验收标准 表2-1-14

分项工程		质量验收内容	检验数量及方法
桩间网喷混凝土	主控项目	喷射混凝土强度等级应符合设计文件要求	每500m²喷射混凝土留置抗压试件1组，不足500m²按1组计。 检查抗压强度试验报告
	一般项目	喷射混凝土厚度的允许偏差应为±10mm	每施工段每50m为一个断面，每个断面不少于5个检查点。 凿孔实测或预埋厚度标志

续表

分项工程		质量验收内容	检验数量及方法
桩间网喷混凝土	一般项目	钢筋网的制作、安装应符合设计文件要求,网格间距允许偏差应为 ±20mm	检查挂网面积的 5%。观察检查,钢尺量测

2. 按程序组织检验批、分项工程验收。

七、冻结法施工质量管理

按照《地下铁道工程施工质量验收标准》GB/T 50299—2018 划分表,冻结法被划分在明挖工程的有支护土方子分部工程中,实际上在暗挖、盾构工法中均有所应用。它是一种快捷有效的辅助工法,并不形成实体工程,其冻结壁一般作为临时承载结构,在地下结构形成支护强度之前,一直要承担围护结构及止水的作用。冻结法质量管理重点是冻结壁。与其他围护结构不同,随着环境、温度、暴露时间长短和地下水变化,冻结壁的厚度与强度会发生变化。需对其结构形成的情况进行检查,施工过程管理及质量执行该规范中的相关规定。

（一）冻结法施工准备管理

1. 资源准备

1）审核施工作业队伍资质和实力

由于冻结法施工专业性很强,施工单位应通过招标选择具有设计、施工资质的专业分包队伍实施。监理单位要求施工单位审查进场分包单位的资质满足要求,分包项目经理部的管理人员具有相应的上岗证书,并建立质量与安全管理体系,健全各项管理制度。

2）工程材料、构配件进场验收

（1）进行冻结施工所需的管路（冻结管及供应管）材质、焊接材料及构配件等进场验收,产品出厂合格证、质量证明书、检验和性能试验报告齐全有效,符合要求;其型号、规格和数量应符合设计要求,按规定进行复试,复试单位或实验室应具备相关资质,并出具检测报告,合格后方可使用。材料储备、备件、应急设备满足方案设计文件要求的种类和数量。

（2）监理单位如对验收合格存有异议（如认为产品合格证明及试验报告,不足以说明到场产品的质量符合要求）,可再行组织复检或见证取样试验。

3）所需的各种机械、设备、工具准备齐全

冻结站所需的机械设备如冷冻机组、冷却塔、盐水泵、清水泵等已准备齐全,状况良好。所需要的检测仪表如流量计、测温仪等准备充分。设备型号规格符合设计及有关标准的要求,质量证明文件齐全有效,并通过进场验收。

2. 技术准备

1）具有冻结工程设计施工专业资质的分包单位，根据土建设计作冻结专业设计，设计文件一般包括以下内容：

（1）冻结壁结构方案比较与选择；

（2）冻结壁的承载力和变形验算；

（3）冻结孔布置；

（4）冻结壁形成验算；

（5）冻结制冷系统；

（6）对冻结壁的监测与保护要求；

（7）可能对周边环境和建（构）筑物产生影响的分析；

（8）对周边环境和建（构）筑物的影响监视与保护要求等。

2）组织图纸会审，参加设计交底。

施工前，监理和施工单位参加图纸会审和设计交底，对发现的矛盾和疑难之处，提出意见和建议，以便于与各有关单位沟通，提前解决施工中可能遇到的问题。

3）技术文件的编制和审查

（1）专业分包单位应编制施工方案，内容中应突出冻结法的工艺参数、关键技术措施、环境保护，经施工单位审核后报监理单位审批，并向专业施工人员进行交底。

（2）施工前编制应急预案，分析主要风险源，对钻孔喷砂、冻结管断裂、开挖过程中意外停冻和冻结壁"开窗"漏水等施工安全问题和突发事件制定应急措施。

（3）单独编制临时用电专项方案，应经施工单位审核通过后，报监理单位审批。

（4）监理单位根据工程实施要点编制专项监理实施细则。

3. 现场条件准备

1）做好现场"三通一平"工作，特别注意做好临水、临电供应以及施工场区划分、物资用房的管理工作。

2）清理场地，划定冻结站设备安装场地和主管线安放场地。

3）现场应急物资应全部到位，应急线路通畅。

准备工作完成后，可进入冻结过程，这是土中自由水结冰，固体颗粒胶结成整体的物理变化过程，一般按其作用的阶段不同分为积极冻结、维护冻结、解除冻结三个阶段。以下分别论述其质量控制要点。

（二）积极冻结阶段质量控制

冻结系统运转正常后进入积极冻结阶段。

积极冻结是指满足设计要求、具备开挖条件之前的冻结过程。此阶段在施工地层中开展冻结作业，在冻结管周围产生降温，外侧土体形成以冻结管为中心的冻结圆柱，直至相邻的冻结圆柱叠合连接形成封闭的环形冻结壁并扩展到设计厚度，对拟开挖土体产生附加压力。此阶段控制要点如下。

1. 冻结孔

冻结孔是在待冻结的土层内钻凿的若干个用来安装冻结器供冻结媒介液（比如盐水）循环的钻孔。冻结孔的主要施工质量控制要点如下：

1）冻结孔的开孔位置、偏斜值、成孔间距及深度应满足设计要求及《旁通道冻结法技术规程》DG/TJ 08-902—2006 的有关规定。

2）可以采取在冻结孔成孔间距超限的两冻结孔中间增加布置冻结孔的方法使冻结孔成孔间距满足设计要求。

3）根据施工经验，总结出表 2-1-15 的检验方法，可按此表控制冻结孔及冻结管等的施工质量满足设计要求。

冻结孔与冻结管质量检验 表 2-1-15

检测部位	内容	设计要求	检验与控制方法
冻结孔	孔位	偏离设计孔位不大于 5cm	以隧道中心线和隧道轨面（或腰线）为基准，用钢卷尺测量放孔位。安装孔口管和成孔后对孔位进行复核
	孔深	比冻结长度大 0.5～1.5m	钻进时丈量钻杆或跟管钻套管长度。成孔后用钢管复测孔深
	偏斜	不大于 8‰	用陀螺测斜仪测斜，开孔段用经纬仪灯光测斜校核。钻进时每隔 10～20m 测量一次钻孔偏斜，并将测斜结果绘制在控制图上。设置冻结管后复测偏斜，并绘制钻孔偏斜透视图。施工完所有冻结孔后绘制冻结壁成环图。钻孔偏斜超标时使用扶正器纠斜
	终孔间距	不大于 2m	按冻结孔测斜资料计算终孔间距。为了控制冻结孔最大孔间距，应先隔一个冻结孔钻进，然后根据这两孔的偏斜情况，适当调整中间冻结孔的钻进偏斜
冻结管	规格	规格与钢号与设计一致	检查出厂合格证和检验报告
	长度	不小于设计冻结深度 0.5m	施工时对每截冻结管材进行丈量、编号。成孔后用钢管复测孔深
	耐压	在 0.8～1.2MPa 压力下稳压 30min	用泥浆泵或手压泵注水打压。为了保证冻结管的密封性，在冻结管丝扣处涂抹密封剂
供液管	规格	规格与设计一致	检查出厂合格证和检验报告
	长度	不小于冻结管长 0.5m	供液管安装到冻结管管底。安装供液管时用钢卷尺丈量供液管长度

2. 严格按照设计规定控制积极冻结时间

1）积极冻结的时间主要由设备能力、土质、环境等决定，一般为 40d 左右。

2）如在积极冻结期间发生短暂停冻，应按停冻时间的 2 倍相应延长积极冻结时间。

3. 控制冻结效果

1）在冻结过程中要经常排出管路中的空气，保证管路始终充满盐水而产生良好的冻结效果。

2）动态检查冻结系统运行记录，盐水干路、支路的去路、回路温度及温差、冻土帷幕扩展情况，做好盐水（比重）记录、盐水补给记录，必要时调整冻结系统运行参数。

3）核查冻结壁平均温度，以及冻结壁与隧道管片交界面温度，通过测温孔内埋设的电子温度感应器测得，一直保持在0℃以下，应符合设计要求。

4）检查测温孔的测温和降温情况并做好测温记录。

5）判断冻结壁已封闭成环并达到设计厚度，确保冻结壁与既有隧道的交接表面也达到冻结效果。

4.加强冻结阶段变形监测

报表及时报相关单位，及时提交卸压孔的压力读数记录和出水情况报告。

（三）维护冻结阶段的质量控制

维护冻结是指保持冻结壁一直处于设计要求的冻结状态。通过对冻结系统运行参数的调整，提高或保持盐水温度，降低或停止冻结的继续发展，维持结构施工的要求。维护冻结控制要点基本同积极冻结，特别注意之处简述如下。

1.试挖

冻土开挖前应先进行探孔试挖，确认冻土帷幕内土层无流动水后（饱和水除外）才可正式开挖，此时进入维护冻结阶段。关于土层开挖详见后述。

2.冻结时间

由结构施工的时间决定，一般贯穿于土体开挖和主体结构施工始终。

3.冻结盐水温度控制

一般在 –22 ~ –25℃之间，根据施工需要可进行调整。

4.在开挖期间不得停止或减少冻结孔供冷

如因施工需要停止个别冻结孔供冷时，应分析对冻结壁整体稳定性的影响，并制订相应技术措施，确保开挖与结构施工安全。

（四）解除冻结阶段及收尾工作的质量控制

此阶段是地下结构工程施工完毕，停止制冷使地温恢复原状的阶段，控制要点如下：

1.回填与注浆

由于受冻土体会膨胀，在解冻融化中会沉降，为了确保地表稳定，一般应及时进行回填和融沉注浆。

2.冻结站拆除

主体结构施工结束，混凝土强度达到设计要求后，方可停止冻结，拆除制冷设备和管路。拆除应有技术措施，设备、容器应清洗、防腐后入库。

3.冻结管填充

1）停冻后应尽快割除孔口管和冻结管，留下的孔口用速凝堵漏剂封堵，并预埋注浆管进行注浆堵漏，防止其周围冻结壁解冻漏水。

2）冻结结束后要对冻结管进行水泥浆或水泥砂浆充填，以免冻结管锈蚀后，向土层中引入地下水而影响土层密实和稳定。填充材料可以直接用砂浆泵从供液管泵入。

充填量按设计要求不应小于冻结管内体积的80%，充填材料应符合设计要求。

3）应排除遗弃在地层中冻结管内的盐水。

4）冻结管充填和封孔应有原始记录。

（五）冻结土方开挖

1.确认开挖条件

冻结法土方开挖，与自然条件下开挖不同，必须保证土体在可靠的冻结状态下，因此，除进行试挖外，还应在开挖前检查开挖条件符合下列要求：

1）核查施工单位估算的冻结壁厚度、平均温度和封闭性满足设计要求。

2）按照施工方案要求打探孔检查，发现有冻结异常时及时补孔进行测温检验。

3）远程视频系统以开通，并能对开挖过程正常监测。

4）建设单位组织开挖条件核查，施工（含分包）、设计单位、监理单位参加，提出核查意见，具备开挖条件后方可开挖。

2.土方开挖

土方开挖具体控制要点基本同暗挖工法，此处从略，应注意以下两点：

1）在开挖过程中要直接观察到冻结壁的情况，并量测暴露面的温度，使其确保冻结壁处于冻结状态。

2）开挖断面的尺寸需符合设计要求，冻结壁暴露时间一般不大于24h，暴露面收敛不大于20mm。

3）监理单位督促施工，分包现场管理人员到位监督，并对开挖过程旁站。

3.土方开挖施工监测

施工监测内容主要有：冻结系统监测、冻结壁温度场监测、冻胀力及冻结壁变形监测。

1）检查监测仪器和工具的精确度，变形监测读数精度限差在允许范围内。

2）各项监测内容均到位，监测频率、监测报告、监测数据填写均应符合施工方案要求。

3）维持冻结温度记录和测温频率应符合规定。

4）经常分析报表数据，尤其对超报警值的数据应提高警惕，发现问题及时与相关方沟通。

5）施工单位每天监测收敛、变形和支护层后冻土温度，发现支护变形或冻土融化及时分析原因，采取加强措施。

4.冻结壁的保温

开挖达到设计尺寸后应立即做冻结壁的保温层，随之施工防水、模板、钢筋、混凝土工程。

施作保温是因为冻结壁温度在0℃以下，在浇筑混凝土后，混凝土和冻结壁接触的内外温差较大易产生裂缝，同时其水化热也影响冻结壁的冻结质量，为保证冻结壁质量和混凝土强度，在冻结壁与混凝土之间应设置保温板或保温层。

（六）分项工程质量验收管理

1. 冻结法质量验收标准，见表2-1-16。

冻结法质量验收标准 表2-1-16

（摘自《地下铁道工程施工质量验收标准》GB/T 50299—2018）

分项工程		质量验收内容	检验数量及方法
冻结法	主控项目	采用冻结法施工的明挖结构，地层冻结设计应由具有资质的专业设计单位进行设计，并应编制专项冻结施工方案，按设计文件要求和方案进行质量验收	全部检查。查看设计文件和检查施工方案
		在开挖前和结构施工过程中，应检查冻结壁的厚度、深度、温度指标	按设计文件给定的数量检查。利用测温孔的温度记录，根据设计文件计算冻结的深度和厚度
		冻结壁暴露的时间应符合设计文件要求	全部检查。检查施工记录
		应检查施工设备完好情况，材料储备情况、备件储备情况、应急设备和材料齐备情况应符合施工方案的规定	全数检查。每天现场检查和检查施工记录
		结构施工时，与冻结壁接触的混凝土温度不应低于5℃	每20m²设一处测温孔。用温度计测量
		当停止冷冻作业时，混凝土强度和结构完成的情况应符合设计文件要求	全数检查。检查施工记录和核对设计文件
	一般项目	在开挖过程中，应检测开挖面的冻结壁温度、冻土进入开挖面厚度和冻结壁的变形情况	每段、每次开挖检查一次。现场检查、测温和测量仪器检查
		保温板或保温层的厚度允许偏差应为±5mm	抽查10%。钢尺量测

2. 按程序组织检验批、分项工程验收。

八、土方开挖质量管理

明挖法施工中，开挖与围护的工序交替进行，大量土方开挖在有支撑的基坑内实施，此处重点介绍围护桩、连续墙等支护方式的基坑土方开挖。

（一）施工准备管理

基本内容同常规，应注意以下要点。

1. 开挖所使用的机械应与基坑支护方式匹配，挖掘机、装载机、运输汽车等数量、规格满足工程需要。

2. 流水段划分合理，检验批已确定，一般以每一开挖段作为一个检验批。

3. 临时弃土地点已经落实，已办理相关手续，弃土线路畅通。

4. 环保设施已按相关要求设置。

5. 首层土方开挖前及时清除地表障碍物。

（二）开挖过程质量管理

开挖过程中，必须采取措施防止碰撞支撑、围护桩或扰动基底原状土。开挖应遵循"时空效应"理论，开挖原则和要点。

1. 严格按设计要求开挖和支护

开挖范围及开挖、支护顺序应与支护结构设计相一致。发生异常情况时，应立即停止挖土，并应立即查清原因与设计单位沟通，采取措施，正常后方能继续挖土。

2. 控制每层开挖深度

1）每层开挖深度不宜超过 2m，随开挖随喷护。
2）内支撑位置的土体开挖深度应控制在支撑下 0.5m，严禁超挖。

3. 复核地层状况

开挖中应注意观察实际土层与勘察报告的符合性并予以记录，必要时留取试验的土样，发现异常情况及时反馈。

4. 坑内积水的处理

采用排水沟、集水坑、疏干井等方式集中抽排、疏干基底残留积水。

5. 加强监控量测

开挖过程中，加强监控量测的统计、分析，随时注意基坑稳定情况，发现问题及时加固处理。

6. 基底开挖及基槽保护

1）机械开挖接近槽底设计标高时，预留一定厚度土层由人工清底，防止扰动基底土体。
2）局部超挖需经设计同意按方案进行回填夯实处理。
3）基坑挖至设计标高，须对槽底进行抄平、修整并做好保护避免暴晒、雨淋。

7. 验槽及垫层施工

1）监理单位应会同勘察、设计、建设、施工等单位共同验槽。
2）采用观察法及钎探法，检查基底地质情况，核对土质与承载力是否与设计相符，如承载力不足，需要对地基采取处理措施，以确保地基承载力达到设计要求。
3）验槽结束后，各方应及时会签验槽记录和归档，施工单位应立即组织垫层施工。

（三）分项工程验收管理

1. 土方开挖的质量验收标准，见表 2-1-17。

土方开挖与回填的质量验收标准 表 2-1-17

分项工程		质量验收内容	检验数量及方法
基坑开挖与回填	主控项目	基坑用机械开挖至基底应预留 0.2～0.3m 厚土层采用人工开挖，不应扰动基底土层，如发生超挖时应按设计文件要求处理	每个基坑全部检验。观察检查，钢尺量测
		基底应经过验槽后，方可进行结构施工	全部检查。观察检查，检查验槽记录

续表

分项工程		质量验收内容	检验数量及方法
基坑开挖与回填	主控项目	基坑回填土的土质、含水率应符合设计文件要求	回填土源全部检查。 检查土质试验报告，实地查看
		基坑回填宜分层、水平机械压实，压实后的厚度应根据压实机械确定，且不应大于 0.3m；结构两侧应水平、对称同时填压；基坑分段回填接茬处，已填土坡应挖台阶，其宽度不应小于 1.0m，高度不应大于 0.5m	全部检查。 观察检查，钢尺量测
		基坑位于道路下方时，基坑回填碾压密实度应符合现行行业标准《城镇道路工程施工与质量验收规范》CJJ1—2008 的规定	当机械碾压时，每层填土按基坑长度 50m 或基坑面积为 1000m² (不足 50m 或小于 1000m² 按 1 组计) 时取一组，当机械夯实时，每层填土按基坑长度 25m 或基坑面积 500m² (不足 25m 或小于 500m² 按 1 组计) 时取 1 组，每组取样点不少于 6 个，其中部和两边各取 2 个。 灌砂法或核子密度仪法
	一般项目	基坑开挖允许偏差、检验数量及检验方法应符合表 2-1-18 的要求	
		基坑基底平整度允许偏差应为 20mm	每 10m 一个断面，检查 5 点。 3m 靠尺检查
		基坑顶面标高的允许偏差应为 ±20mm，平整度允许偏差应为 20mm	每 10m 一个断面，检查 5 点。 水准仪测量，3m 靠尺检查
		基坑回填分层厚度应符合设计文件要求	按每层每 50m 抽查 10 点。 钢尺量测或检查施工记录

2. 土方开挖允许偏差，见表 2-1-18。

基坑开挖允许偏差、检验数量及检验方法　　表 2-1-18

检验项目	允许偏差（mm）	检验数量	检验方法
轴线位置	±5	纵横轴线 4 点	经纬仪或全站仪测量
长、宽	以轴线控制，不小于设计文件规定值，外放值符合设计文件规定	整个基坑 4 点	钢尺量测
基底标高	−20 ~ 10	每断面 5 点	水准仪测量
边坡	不陡于设计文件规定值	每 5 ~ 10m 测 1 点	坡度尺测量

3. 按程序组织检验批、分项工程验收。

九、土方回填质量管理

明挖车站的土方回填主要是车站主体顶板以上回填、少量围护结构与主体结构之间的肥槽回填和附属结构的土方回填由于其工序单一，技术难点少，尤其在赶工时期，往往为追求速度，施工质量易被忽视，不能严格按设计要求或施工规范施工，违规操作，易出现回填土质量不符合要求、破坏外包防水等质量问题。施工单位应加强管理。

（一）施工准备管理

1. 资源准备

1）选择符合设计及规范要求的回填材料，并保证回填材料数量充足，填料的试验报告齐全，履行材料报验手续。

2）土方回填使用挖掘机、压路机及平板夯、冲击夯等施工机械应报验，经检查合格后，可进场施工。

2. 技术准备

1）土方回填施工方案已编制，并通过审批。

2）检验批已确定，一般以每一回填段作为一个检验批。

3. 现场条件准备

1）回填前应将回填基面上的垃圾、砂浆、石子等杂物清理干净。

2）降排水系统能维持正常运转。

（二）回填过程质量管理

1. 基坑土方回填须在主体结构达到设计要求的强度后方可进行。

2. 严格按施工方案施工

1）控制分层厚度、压实遍数符合施工方案；

2）基坑回填高程不一致时，应从低处逐层填实。

3. 现场检测

回填土每层压实后，按规范规定采用环刀法或灌砂法检测回填土压实度，遇可疑处应增加取样点，回填土压实度达到要求后，再进行上一层的回填。

4. 修整找平

1）回填全部完成后，应进行表面抄高找平，凡不符合设计高程的地方，进行处理。

2）路面恢复时回填土的质量应符合现行行业标准《城镇道路工程施工与质量验收规范》CJJ 1—2008 的规定。

3）地下管线周围的回填土质量应符合设计文件及各专业管线的填土要求。

（三）分项工程验收管理

1. 质量验收标准

土方回填质量验收标准，详见表2-1-17。

2. 按程序组织检验批、分项工程验收。

十、型钢水泥土搅拌墙（SMW 桩墙）质量管理

在《地下铁道工程施工质量验收标准》GB/T 50299—2018 中并未将型钢水泥土搅拌墙（SMW 桩墙）列为分项工程，因在基坑围护施工中，常采用这种维护结构，故在此单列叙述。其质量控制依据为：《建筑地基基础工程施工质量验收标准》GB 50202—2018、《型钢水泥土搅拌墙技术规程》JGJ/T 199—2010。

（一）施工准备管理

基本内容同常规，应注意检查以下几点。

1. 原材料进场验收

1) 型钢水泥土搅拌墙施工前，应对进场的 H 型钢进行检验。所用型钢为工厂制作，进场时应附产品质量证明文件，进行外观检查，型钢材料、规格、尺寸应符合设计及施工方案要求；

2) 内插型钢可采用焊接型钢或轧制型钢。表面应除锈，保证平整、光滑，减摩剂必须加热至完全融化并在干燥条件下涂抹（厚度宜为 1～3mm），以利型钢拔出；

3) 焊接 H 型钢焊缝质量应符合设计要求和国家现行标准《钢结构焊接规范》GB 50661—2011 和《焊接 H 型钢》GB/T 33814—2017 的规定。

4) 制浆所需的水泥应进行进场验收，性能需满足设计要求，并做好储存、保管。

2. 机械设备状态良好

1) 搅拌桩机和供浆系统应预先组装、调试，并通过验收。

2) 采用起重机械吊装型钢，利用千斤顶组成的起拔器、振动锤、履带式吊车等机具拔出型钢，保证状态良好。

3. 检验批划分

每一单元墙为一个检验批。

4. 现场条件

机械设备和材料的运输路线、施工场地、作业空间等，应满足施工需要。

（二）施工过程质量管理

搅拌墙制作分为以下主要环节。各环节的施工均应符合设计要求和《型钢水泥土搅拌墙技术规程》JGJ/T 199—2010 的规定。

1. 导向沟、导墙

为了控制搅拌墙的水平和竖直方向的准确性，应先施作导向沟、导墙，导墙可预制或现场浇筑。

2. 水泥土搅拌桩施作

按设计桩位桩机就位应对中，平面允许偏差应为 ±20mm，立柱导向架的垂直度不应大于 1/250。

3. 成桩试验

施工前应通过成桩试验确定搅拌下沉和提升速度、水泥浆液水灰比、水泥浆用量、型钢插入时间等工艺参数；测定水泥浆从输送管到达搅拌机喷浆口的时间。当地下水有侵蚀性时，宜通过试验选用合适的水泥。

4. 每次制桩时水泥浆液配置

应按设计配比和拌浆机操作规定拌制，可根据实际情况加入相应的外加剂，并采取防止浆液离析的措施，以保证搅拌墙强度均匀。

5. 搅拌墙施作

1）桩的间距和垂直度应符合施工方案，保证成桩重叠尺寸连续成墙；

2）经常复测搅拌机座四周标高，确保机械处于水平状态。对搅拌轴进行纵横向同时校正和垂直度复测，确保其垂直。

6. 型钢的插入

1）插入前处理（在干燥条件下除锈、表面涂刷减摩材料）拟拔出回收的型钢，应检查其平整度和接头焊缝质量满足要求；

2）型钢宜在搅拌桩初凝前（施工结束后 30min 内）插入，必须采用牢固的定位导向架，宜依靠自重插入，当插入困难时可采用辅助措施下沉。严禁采用多次重复起吊、下落插入；

3）控制插入过程型钢垂直度，垂直度偏差应小于 1%；

4）插入后，检查型钢顶部高程，以确定型钢插入的深度，满足设计要求；

5）填写每组桩成桩记录表及相应的报表。

7. 起拔型钢

1）主体结构强度达到要求，其外墙与搅拌桩墙之间的空隙必须回填密实后，方可拔出型钢。边拔型钢边注浆充填空隙。

2）拔除前拆除支撑和腰梁。

8. 基坑开挖期间质量检查

1）应检查开挖面墙体的质量，腰梁和型钢的密贴状况以及渗漏水情况等；

2）施工期间，包括内插型钢拔除时，应对支护结构和周边环境进行监测。监测要求应符合《建筑基坑工程监测技术规范》GB 50497—2009 的有关规定；

3）型钢水泥土搅拌墙支护结构的基坑支撑（或锚杆）系统、土方开挖等分项工程的质量验收应按《建筑地基基础工程施工质量验收标准》GB 50202—2018 有关规定执行。

（三）分项工程验收管理

1. 质量验收标准，见表 2-1-19。

1）型钢水泥土搅拌墙中三轴水泥土搅拌桩的质量检验应符合表 2-1-19 的规定。

三轴水泥土搅拌桩截水帷幕质量检验标准 表 2-1-19

项	序	检查项目	允许值或允许偏差		检查方法
			单位	数值	
主控项目	1	桩身强度	不小于设计值		28d试块强度或钻芯法
	2	水泥用量	不小于设计值		查看流量表
	3	桩长	不小于设计值		测钻杆长度
	4	导向架垂直度	≤1/250		经纬仪测量
	5	桩径	mm	±20	量搅拌叶回转直径
一般项目	1	水胶比	设计值		实际用水量与水泥等胶凝材料的重量比
	2	提升速度	设计值		测机头上升距离和时间
	3	下沉速度	设计值		测机头下沉距离和时间
	4	桩位	mm	≤50	全站仪或用钢尺量
	5	桩顶标高	mm	±200	水准测量
	6	施工间歇	h	≤24	检查施工记录

2）截水帷幕采用渠式切割水泥土连续墙时，质量检验应符合表2-1-20的规定。

渠式切割水泥土连续墙截水帷幕质量检验标准 表 2-1-20

项	序	检查项目	允许值或允许偏差		检查方法
			单位	数值	
主控项目	1	墙体强度	不小于设计值		28d试块强度或钻芯法
	2	水泥用量	不小于设计值		查看流量表
	3	墙体长度	不小于设计值		测切割链长度
	4	垂直度	≤1/250		用测斜仪量
	5	墙厚	mm	±30	用钢尺量
一般项目	1	水胶比	设计值		实际用水量与水泥等胶凝材料的重量比
	2	中心线定位	mm	±25	用钢尺量
	3	墙顶标高	mm	≥-10	水准测量

3）截水帷幕采用高压喷射注浆质量检验标准　见表2-1-21。

高压喷射注浆截水帷幕的质量检验标准 表 2-1-21

项	序	检查项目	允许值或允许偏差		检查方法
			单位	数值	
主控项目	1	水泥用量	不小于设计值		查看流量表
	2	桩长	不小于设计值		测钻杆长度
	3	钻孔垂直度	≤1/100		经纬仪测量
	4	桩身强度	不小于设计值		钻芯法

续表

项	序	检查项目	允许值或允许偏差		检查方法
			单位	数值	
一般项目	1	水胶比	设计值		实际用水量与水泥等胶凝材料的重量比
	2	提升速度	设计值		测机头上升距离和时间
	3	旋转速度	设计值		现场实测
	4	桩位	mm	±20	全站仪或用钢尺量
	5	桩顶标高	mm	±200	水准测量,最上部500mm浮浆层及劣质桩体不计入
	6	注浆压力	设计值		检查压力表读数
	7	施工间歇	h	≤24	检查施工记录

4)内插型钢的质量检验标准　见表2-1-22。

内插型钢的质量检验标准　　表2-1-22

项	序	检查项目		允许值或允许偏差		检查方法
				单位	数值	
主控项目	1	型钢截面高度		mm	±5	用钢尺量
	2	型钢截面宽度		mm	±3	用钢尺量
	3	型钢长度		mm	±10	用钢尺量
一般项目	1	型钢挠度		mm	≤1/500	用钢尺量
	2	型钢腹板厚度		mm	≥-1	用游标卡尺量
	3	型钢翼缘板厚度		mm	≥-1	用游标卡尺量
	4	型钢顶标高		mm	±50	水准测量
	5	型钢平面位置	平行于基坑边线	mm	≤50	用钢尺量
	6		垂直于基坑边线	mm	≤10	用钢尺量
	7	型钢形心转角		°	≤3	用量角器量

2.分项工程验收

按程序组织检验批、分项工程验收。

第二节　地基处理质量管理

按照划分表,地基处理为分部工程,包括12个分项工程,见表2-0-1。在城市轨道交通明挖车站(区间)工程中,在不同地区地基处理方法应根据工程地点的地域特征、当地地质条件、地基承载力、施工可操作性、经济合理性进行优化选择，由设计单位给出地基处理方案。

在一般第四纪土层，地下水位较深，明挖车站或区间的埋深较深，底板多坐落在原状土上，若其地基承载力不足，则应进行（局部）换填的地基处理方式，主要采用砂石换填和灰土换填，方法简单操作方便，其施工过程的管理和验收标准可参照第八章路基工程第一节相关内容。

若在软土和富水地区常用的高压旋喷桩、注浆加固、水泥土搅拌桩等处理方法，本节分别介绍其质量管理要点。

一、高压旋喷桩质量管理

旋喷桩是指采取钻进成孔、喷浆、提升、复喷高压水泥浆切割土体并与土拌合成桩的施工方法。高压旋喷桩是利用高压射流作用切割掺搅地层，改变原地层结构和组成，同时灌入水泥浆或复合浆，将浆液与土粒强制搅拌混合，浆液凝固后，在土中形成一个圆柱状固结体，以达到加固地基或止水防渗的目的。

根据喷射方法的不同，喷射注浆可分为单管法、二重管法和三重管法。各种喷射注浆的方法及所需原材料、设备，限于篇幅，不予介绍。此处仅介绍最常用的单管旋喷桩的施工质量控制。

单管旋喷桩工艺流程，见图 2-2-1。

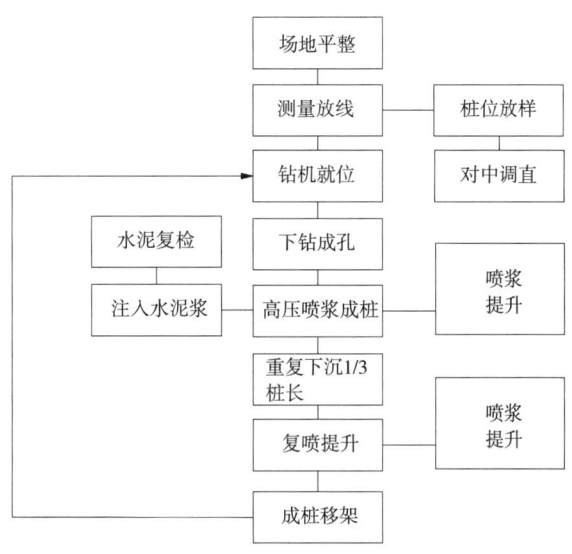

图 2-2-1　单管旋喷桩工艺流程图

（一）施工准备管理

基本内容同常规，应注意以下要点。

1. 施工机械

1）施工用钻机，配套设施含高压泵、注浆管等，应通过进场验收。

2）高压设备与管路系统应密封良好，符合安全要求，保证管路畅通。

3）查验压力设备计量标定必须合格，高压喷射设备的性能状况良好。

2. 检验批已划分，每≤20根为1个检验批。

3. 旋喷桩施工前，现场整平，确认无地下管线和架空线路影响。

（二）旋喷桩施工过程质量管理

旋喷桩施工过程控制要点如下，各环节的施作均应符合设计要求及《轨道交通车站工程施工质量验收标准（修订版）》QCD-006—2018的相关规定。

1. 试桩

旋喷桩成桩效果采用取芯检测，根据取芯结果判断成桩质量，检查桩径和止水效果。根据试桩确定各项工艺参数。

2. 桩位放线可划分若干施工区，定位准确。

3. 钻孔

严格控制钻杆垂直度，确保成桩误差不大于1.5%。钻孔深度必须符合设计要求。

4. 控制桩的有效长度。

5. 水泥浆喷射

1）复喷的位置必须正确；

2）当出现压力下降低于设计值或上升超过设计值、大量冒浆或完全不冒浆，表明注浆管出现异常，应立即停机，查明原因，采取相应措施；

3）钻头接近桩端时（1m），提前喷浆，防止因送浆距离较远不能准确到达桩底部，而导致桩长不足。

6. 保证桩体均匀性

每次作业中，应控制送浆，使桩身每个单位长度水泥浆用量相同，以保证桩身强度的均匀性。

7. 注意防治质量通病。

旋喷桩施工质量通病、原因分析及防治措施，见表2-2-1。

旋喷桩施工质量通病及防治　　　　　　　　表2-2-1

质量通病	原因分析	防治措施
桩位不垂直	钻机没有水平放置或基础下沉	钻进中保证钻机基础坚实、平整，控制好钻杆的垂直度
桩径不足	地质情况复杂、压力过小、提升和旋转速度过快	保证喷射压力满足要求，放缓提升和旋转速度
桩身有夹层、断桩	钻进中由于机械故障停止施工或注浆管不能一次提升完成需要多次卸管，喷射搭接长度不够	钻进中最好做到一次成桩，若出现问题造成不连续或多次拆管，应保证再喷射搭接长度不小于20cm

续表

质量通病	原因分析	防治措施
冒浆量过大	喷射范围与注浆量不相适应，注浆量大大超过旋喷固结所需浆液	提高喷射压力、加快提升速度、减小喷嘴孔径
流量不变、压力突然下降	可能由于机械局部出现泄露或注浆管密封性不好	经常检查注浆管密封性
不冒浆或断续冒浆	土质松软或附近存在空洞	若为松土可适当进行复喷，若附近出现空洞，则不应提升注浆管，应在浆液中掺加适当的速凝剂缩短凝固时间，增大注浆量，注浆直到冒浆为止
旋喷桩顶部收缩	当采用纯水泥浆进行喷浆时，在浆液与土粒充分搅拌混合凝固过程中，由于浆液析水作用，产生不同程度的收缩，在旋喷桩顶部出现凹穴	提高喷射压力，浆液中掺加微膨胀剂

8. 填写施工记录

准确记录施工中各种参数和喷射中各种现象。

（三）分项工程验收管理

1. 旋喷桩质量验收标准，可参阅基坑支护旋喷桩验收标准，详见表 2-1-2 中的相关内容。

2. 桩体质量检测

施工结束后，检验桩体质量，包括桩体强度及承载力等，应符合设计及规范要求，详见本书第五章。

3. 按程序组织检验批、分项工程验收。

二、注浆地基质量管理

注浆地基是利用液压、气压或电化学原理，通过注浆管把浆液均匀地注入基坑的地基中，浆液以填充原来松散的土粒或裂隙胶结成一个整体，形成一个结构新、强度大、防水性能好和化学稳定性良好的"结石体"，达到地基加固目的。

（一）施工准备管理

基本内容同常规，应注意以下要点。

1. 浆液

浆液由主剂（原材料）、溶剂（水或其他溶剂）及外加剂混合而成。水泥浆是以水泥为主的浆液，适用于岩土加固，是国内外常用的浆液。

2. 固化剂及外加剂

应根据室内试验确定需加固地基土的固化剂和外加剂的掺量，如果有成熟经验时，也可根据工程经验确定。

（二）注浆过程质量管理

1. 钻孔

1）钻孔接近地下水位时，密切观察钻孔进度，如发生涌水情况，应立即停止钻孔，先进行注浆止水（压力应达到 0.3 ~ 1MPa），并确认止水效果后，方可停止注浆，继续钻孔。

2）采取跳孔间隔法钻孔，减少施工对原状土的扰动。

2. 注浆

注浆施工具体操作可参照第四章浅埋暗挖工程中的相关内容。

3. 注浆效果检验

1）应在加固后 28d 进行；

2）可采用标准贯入、轻型静力触探法或面波等方法检测加固地层均匀性符合设计要求；

3）按加固土体范围每间隔 1m 进行强度或渗透性试验，其结果符合设计要求；

4）检验点数和合格率应满足相关规范要求，对不合格的注浆区应进行重复注浆。

（三）分项工程验收

1. 验收标准，详见第四章浅埋暗挖工程的相关内容。

2. 按程序进行检验批、分项工程验收。

三、水泥土搅拌桩地基质量管理

水泥土搅拌法利用水泥作为固化剂通过特制的搅拌机械，就地将软土和固化剂（浆液或粉体）强制搅拌，使软土硬结成具有整体性、水稳性和一定强度的水泥加固土，可采用单轴、双轴、三轴及多轴搅拌机或连续成槽搅拌机。具有诸多优点，最大限度地利用了原土，搅拌时无振动，无噪声和无污染，可在密集建筑群中进行施工，对周围原有建筑物及地下沟管影响很小，可灵活地采用柱状、壁状、格栅状和块状等加固形式，与钢筋混凝土桩基相比，可节约钢材并降低造价。

此法适用于加固淤泥质土和有机质土、素填土、粉土（稍密、中密）、粉细砂（稍密、中密）、中粗砂（松散、稍密）、饱和黄土等土层、pH 值小于 4 的酸性土、塑性指数大于 25 的黏土等。不适用于含有大孤石或障碍物较多且不易清除的杂填土、欠固结的淤泥和淤泥质土以及地下水影响成桩质量的土层。

施工准备管理基本内容常规，此处从略。

（一）施工过程质量控制

1. 必要时进行试验

当在腐蚀性环境中以及无工程经验地区使用时，必须通过现场和室内试验确定其适用性。

2. 正确选择施工方法和相应设备

水泥土搅拌法施工步骤由于湿法和干法的施工设备不同而略有差异。

（二）分项工程验收管理

1. 水泥土成桩质量检测

1）在成桩 3d 内，采用轻型动力触探检查上部桩身的均匀性。

2）在成桩 7d 后，采用浅部开挖桩头进行检查，开挖深度宜超过停浆（灰）面下 0.5m，检查搅拌的均匀性，量测成桩的直径。

3）作为重力式水泥土墙时，还应用开挖方法检查搭接宽度和位置偏差，应采用钻芯法检查水泥土搅拌桩的单轴抗压强度、完整性和深度。

2. 按程序组织检验批、分项工程验收。

第三节 防水工程质量管理

明挖车站（区间）是敞口开挖基坑后在基坑中修建的地下工程，其主体结构多位于地下水以下，地下水渗漏决定着区间和车站主体及各种各种机电设备安全、持久运行，站内人员和行车安全等诸多问题。因此，防水工程极为关键，做好防水工程是保证明挖结构寿命和实现功能的前提。

根据《地下铁道工程施工质量验收标准》GB/T 50299—2018 规定：地下车站、区间机电设备集中区段的防水等级为一级，标准要求不允许渗水，结构表面无湿渍；区间隧道及连接通道附属结构防水等级应为二级，标准要求是顶部不应有滴漏，其他部位不应有漏水，结构表面可有少量湿渍。

防水工程设计遵循"以防为主、刚柔结合，多道防线，因地制宜，综合治理"的原则。明挖法一般设置两道防线，结构防水体系以防水混凝土自防水为根本。以施工缝、变形缝、后浇带、穿墙管、预埋件、预留通道接头、孔口等细部结构防水为重点，明挖车站主体结构底板、侧墙和顶板采用防水卷材、膨润土防水毯、涂料等防水材料外包，通过全封闭包裹，地下水被阻隔，不与车站主体直接接触，从而起到防水的作用，达到结构的防水标准。

按照《地下铁道工程施工质量验收标准》GB/T 50299—2018，地下结构的防水为一个分部工程，含多个分项工程（即防水方式），详见表 2-3-1。其中有部分在暗挖工法和盾构法中使用，故在该章论述。本节论述明挖工法中常用的水泥砂浆防水层、卷材防水层、涂料防水层、膨润土防水毯、细部构造等分项工程的质量安全管理。验收标准均摘自《地下防水工程质量验收规范》GB 50208—2011。

防水工程划分表　　　　　　　　　表 2-3-1

分部工程	分项工程	检验批
地下结构防水	防水混凝土	每施工段
	水泥砂浆防水层	每施工段
	卷材防水层	每施工段
	涂膜防水层	每施工段
	塑料板防水层	区间或车站隧道每 20m
		明挖结构每施工段
	无机涂料防水层	每施工段
	金属板防水层	每 $10m^2$
	膨润土防水毯	区间或车站隧道每 20m
		明挖结构每施工段
	细部构造防水	每个细部
	地下连续墙防水	每个接缝
	管片衬砌环防水	每 50 环
	沉管隧道防水	每节沉管

一、施工准备管理

各分项工程的施工准备管理基本相同，在此一并叙述，然后分别叙述各分项工程的质量控制要点。

（一）资源准备

1.施工单位及人员资质符合要求

防水工程必须由持有资质的专业队伍施工，主要施工人员应持有防水专业岗位证书。进场后，监理单位审核确认。

2.作业所需各种机具齐全，状况良好。

3.进场材料已通过验收

1）各类防水材料及其配套材料的品种、规格、性能、数量等必须符合设计和产品标准要求，包括《建筑防水涂料中有害物质限量》JC 1066—2008 的规定，不得对周围环境造成污染。

2）防水材料必须经具备相应资质的检测单位进行抽样检验，并出具产品性能检测合格报告。监理试验人员应进行见证取样，详见《城市轨道交通土建工程质量安全管理实务》第八章。

3）采用高聚物改性沥青类防水卷材和合成高分子类防水卷材。所选用的基层处理剂、胶粘剂、密封材料等配套材料，均应与其匹配。

（二）技术准备

1.编制、审批专项施工方案

施工前，施工单位应编制专项施工方案，经监理单位审查批准后执行，并向作业人员交底。

2.项目监理机构应编制防水工程监理实施细则。

3.检验批划分，见表2-3-1。

（三）现场条件准备

1.控制施工条件

施工期间，必须保持地下水位稳定在基坑底部最底高程500mm以下，对采用明沟排水的基坑，应保持基坑干燥。

2.选择适宜天气

防水材料施工环境气温条件宜符合表2-3-2的规定，不得在雨天、雪天和五级风及其以上时施工。

防水材料施工环境气温条件　　表2-3-2

防水材料	施工环境气温条件
高聚物改性沥青防水卷材	冷粘法、自粘法不低于5℃，热熔法不低于-10℃
合成高分子防水卷材	冷粘法、自粘法不低于5℃，焊接法不低于-10℃
有机防水涂料	溶剂型-5～35℃，反应型、水乳型5～35℃
无机防水涂料	5～35℃
防水混凝土、防水砂浆	5～35℃
膨润土防水材料	不低于-20℃

二、水泥砂浆防水层质量管理

在环境条件满足时，适合于混凝土或砌体结构的基层上采用多层抹面的水泥砂浆防水层。不适用环境有侵蚀性、持续振动或温度高于80℃的明挖车站、隧道工程。应采用聚合物水泥防水砂浆、掺外加剂或掺合料的防水砂浆，各种原材料、外加剂的技术性能，应符合国家或行业有关标准的质量要求。

（一）施工过程质量控制

1.基层质量要求

1）基层表面应平整、坚实、清洁，并充分湿润，无明水。

2）基层表面的孔洞、缝隙应用与防水层相同的水泥砂浆填塞抹平。

3）防水层施工前应将埋设件、穿墙管预留凹槽内嵌填密封材料后，再进行水泥砂浆防水层施工。

2. 施工要求

1）分层铺抹或喷涂，铺抹时应压实、抹平和表面提浆压光。

2）防水层每层宜连续施工，必须留施工缝时应采用阶梯坡形槎，但离开阴阳角处不得小于200mm。

3）防水层的阴阳角处应做成圆弧形。

3. 养护要求

1）水泥砂浆终凝后应及时进行养护，养护温度不宜低于5℃并保持湿润，养护时间不得少于14d。

2）聚合物防水砂浆未达到硬化状态时，不得浇水养护或直接受雨水冲刷，硬化后应采用干湿交替的养护方法。

3）潮湿环境中，可在自然条件下养护。

（二）水泥砂浆防水层质量验收标准，见表2-3-3。

水泥砂浆防水层质量验收标准　　　　　　表2-3-3

分项工程		质量验收内容	检验数量及方法
水泥砂浆防水层	主控项目	防水砂浆的原材料及配合比应符合设计规定	全部检查。 检查产品合格证、产品性能检测报告、计量措施和材料进场检验报告
		防水砂浆的粘结强度和抗渗性能必须符合设计规定	全部检查。 检查砂浆粘结强度、抗渗性能检验报告
		水泥砂浆防水层各层之间必须结合牢固，无空鼓现象	施工面积每100m²抽查1处，每处10m²，且不得少于3处。 观察和用小锤轻击检查
	一般项目	水泥砂浆防水层表面应密实、平整，不得有裂纹、起砂、麻面等缺陷；阴阳角应做成圆弧形	施工面积每100m²抽查1处，每处10m²，且不得少于3处。 观察检查
		水泥砂浆防水层施工缝留槎位置正确，接槎按层次顺序操作，层层搭接紧密	全部检查。 观察检查和检查隐蔽工程验收记录
		水泥砂浆防水层的平均厚度应符合设计要求，最小厚度不得小于设计值的85%	施工面积每100m²抽查1处，每处10m²，且不得少于3处。 用针测法检查
		水泥砂浆防水层表面平整度的允许偏差为5mm	施工面积每100m²抽查1处，每处10m²，且不得少于3处。 用2m靠尺和楔形塞尺检查

三、卷材防水层质量管理

明挖车站和区间的卷材防水施工应严格按照防水专项施工方案进行，卷材防水层分项工程检验批的抽样检验数量，应按铺贴面积每100m²抽查1处，每处10m²，且不得少于 3 处。监理人员应全程旁站细部构造施工。

（一）施工过程控制

1. 铺贴方法

卷材铺贴一般有冷粘法、热熔法、自粘法，施工单位应严格按照设计图纸铺设，各在施部位施工工艺应满足相应的施工规程和施工方案要求。

2. 粘贴

施工过程中应根据下列各种防水卷材材料，选择符合规范及设计要求的粘贴方法和顺序。

1）弹性体改性沥青防水卷材；

2）改性沥青聚乙烯胎防水卷材；

3）自粘聚合物改性沥青防水卷材；

4）三元乙丙橡胶防水卷材；

5）聚乙烯丙纶复合防水卷材；

6）高分子自粘胶膜防水卷材（宜采用预铺反粘法施工）。

3. 基层要求

1）基面应干净、干燥，涂刷基层处理剂；当基面潮湿时，应涂刷湿固化型胶粘剂或潮湿界面隔离剂。

2）基层阴阳角应做成圆弧或 45° 坡角，其尺寸应根据卷材品种确定；在转角处、变形缝、施工缝，穿墙管等部位应铺贴卷材加强层，其宽度不应小于 500mm。

4. 搭接要求

搭接宽度应符合表 2-3-4 的要求。铺贴双层卷材时，上下两层和相邻两幅卷材的接缝应错开 1/3 ~ 1/2 幅宽，且两层卷材不得相互垂直铺贴。

防水卷材的搭接宽度　　　　表 2-3-4

卷材品种	搭接宽度（mm）
弹性体改性沥青防水卷材	100
改性沥青聚乙烯胎防水卷材	100
自粘聚合物改性沥青防水卷材	80
三元乙丙橡胶防水卷材	100/60（胶粘剂/胶粘带）
聚氯乙烯防水卷材	60/80（单焊缝/双焊缝）
	100（胶粘剂）
聚乙烯丙纶复合防水卷材	100（粘结料）
高分子自粘膜防水卷材	70/80（自粘胶/胶粘带）

5. 卷材防水层完工并经验收合格后应及时做保护层。

（二）卷材防水层质量通病及防治

卷材防水层质量通病及防治见表2-3-5。

卷材防水层质量通病及防治措施　　　　　表2-3-5

质量通病	原因分析	防治措施
气孔、气泡、起鼓	卷材铺粘时空气未排净。 基层有起皮或开裂，影响粘结。基层不干燥。 在湿度大，且通风不良的环境施工	卷材铺粘时将中间的空气排净。 基层表面应保证平整、坚实、无松动，不得涂砂、尘土，基层上的孔隙以基层涂料填补密实。基层应保证含水率在9%以下。 禁止在雨、雪、潮湿天气下施工
翘边	基层不干净。 表层涂料粘结力不强。 收面操作不细致，或密封处理不好	基层应保持洁净、干燥。 根据基层材质选择与其粘结力强的底层涂料。 施工作业操作要仔细，要注意做好排水，防止带水施工
破损	卷材防水层施工后，未注意保护，其他工序施工时碰坏，划伤，或过早上人，放置工具	加强成品保护措施，在防水保护层未施工前或养护期间不准在上放置物品、上人行走

（三）卷材防水层质量验收标准 见表2-3-6。

卷材防水层质量验收标准　　　　　表2-3-6

分项工程		质量验收内容	检验数量及方法
卷材防水层	主控项目	卷材防水层所用卷材及其配套材料必须符合设计要求	全部检查。 检查产品合格证、产品性能检测报告和材料进场检验报告
		卷材防水层在转角处、变形缝、施工缝、穿墙管等部位做法必须符合设计要求	全部检查。 观察检查和检查隐蔽工程验收记录
	一般项目	卷材防水层的搭接缝应粘（焊）结牢固，密封严密，不得有扭曲、皱折、翘边和起泡等缺陷	按铺贴面积每100m^{2}抽查1处，每处10m^2，且不得少于3处。 观察检查
		采用外防外贴法铺贴立面卷材时，立面卷材接槎的搭接宽度，高聚物改性沥青类卷材为150mm，合成高分子类卷材应为100mm，上层卷材应盖过下层卷材	按铺贴面积每100m^{2}抽查1处，每处10m^2，且不得少于3处。 观察和尺量检查
		侧墙卷材防水层的保护层与防水层应粘结牢固、结合紧密，保护层厚度应符合设计要求	按铺贴面积每100m^{2}抽查1处，每处10m^2，且不得少于3处。 观察和尺量检查
		卷材搭接宽度的允许偏差为 −10mm	按铺贴面积每100m^{2}抽查1处，每处10m^2，且不得少于3处。 观察和尺量检查

四、涂料防水层质量管理

涂料防水层适用于受侵蚀性介质或受振动作用的明挖车站与区间工程；有机防水涂料宜用于主体结构的迎水面，无机防水涂料宜用于主体结构的迎水面或背水面。

（一）涂刷过程质量控制

1. 材料要求

有机防水涂料应采用反应型、水乳型、聚合物水泥等涂料，无机防水涂料应采用掺外加剂、掺合料的水泥基防水涂料或水泥基渗透结晶型防水涂料。

2. 基面处理

有机防水涂料基面应干燥。当基面较潮湿时，应涂刷湿固化型胶结剂或潮湿界面隔离剂；无机防水涂料施工前，基面应充分湿润，但不得有明水。

3. 准确计量

多组分涂料应按配合比准确计量，搅拌均匀，并应根据有效时间确定每次配置的用量。

4. 涂刷均匀

涂刷应待前遍涂层干燥成膜后进行，分层涂刷或喷涂，涂层应均匀，每遍涂刷时应交替改变涂层的涂刷方向，同层涂料的先后搭茬宽度宜为 30～50mm。

5. 涂膜防水层的甩槎处接槎宽度应大于 100mm，涂刷前应将其甩槎表面处理干净。

6. 做好细部处理

采用有机防水涂料时，基层阴阳角处应做成圆弧；在转角处、变形缝、施工缝、穿墙管等部位应增加胎体增强材料和增涂防水涂料，宽度不小于 500mm。

7. 搭接符合规范要求

涂膜防水层中铺贴的胎体增强材料搭接宽度不小于 100mm。上下两层和相邻两幅胎体的接缝应错开 1/3 幅宽，且上下两层胎体不得相互垂直铺贴。

8. 及时施做保护层

涂料防水层完工并经验收合格后应及时做保护层。保护层施工要求与卷材防水层保护层要求一致。

（二）涂料防水层质量验收标准，见表 2-3-7。

参照《地下防水工程质量验收规范》GB 50208—2011 执行。

涂料防水层质量验收标准　　　　表 2-3-7

分项工程		质量验收内容	检验数量及方法
涂料防水层	主控项目	涂料防水层所用的材料及配合比必须符合设计要求	全部检查。检查产品合格证、产品性能检测报告和材料进场检验报告

续表

分项工程		质量验收内容	检验数量及方法
涂料防水层	主控项目	涂料防水层的平均厚度应符合设计要求，最小厚度不得小于设计厚度的90%	按涂层面积每100m² 抽查1处，每处10m²，且不得少于3处。用针测法检查
		涂膜防水层及其转角处、变形缝、穿墙管道等细部做法必须符合设计要求	全部检查。观察检查和检查隐蔽工程验收记录
	一般项目	涂料防水层应与基层粘结牢固，涂刷均匀，不得有流淌、鼓泡、露槎	按涂层面积每100m² 抽查1处，每处10m²，且不得少于3处。观察检查
		涂层间加铺胎体增强材料时，应使防水涂料浸透胎体覆盖完全，不得有胎体外露现象	按涂层面积每100m² 抽查1处，每处10m²，且不得少于3处。观察检查
		侧墙涂料防水层的保护层与防水层应结合紧密，保护层厚度应符合设计要求	按涂层面积每100m² 抽查1处，每处10m²，且不得少于3处。观察检查

五、膨润土防水毯（材料）防水层质量管理

膨润土防水材料防水层适用于PH值为4～10的地下环境中；应用于明挖法主体结构的迎水面。

（一）施工过程质量控制

1. 材料要求

1）膨润土颗粒应采用钠基膨润土，不得采用钙基膨润土。

2）所用材料的技术性能必须符合设计及有关标准规定，并有产品合格证与检测、复试试验报告，并有使用说明书。

2. 基面处理

基面应坚实、清洁、平整、无尖锐突出物，不得有明水；基面阴阳角应做成圆弧或坡角。

3. 膨润土防水毯的织布面或防水板的膨润土面，应与工程主体结构外表面密贴。

4. 有效固定膨润土防水材料

用水泥钉及垫片固定膨润土防水材料，水泥钉的长度应为27～40mm，钉孔呈梅花型布置。

5. 搭接

1）大面积防水毯的搭接不宜设在转角处，转角处防水毯应先铺500mm宽加强层，然后再铺大面积防水毯（板）。

2）立（斜）面上，防水毯（板）的搭接必须是上幅压下幅。搭接宽度应大于100mm。

6. 收口质量

收口部位应采用金属压条和水泥钉固定,并用膨润土密封膏覆盖。防水毯压向位置必须正确,立面压底板,顶板压立面。

7. 细部处理

1）转角处、变形缝、施工缝、后浇带等部位应设置宽度不小于500mm加强层,位置在防水层与结构外表面之间。

2）穿墙管件部位宜采用膨润土橡胶止水条、膨润土密封膏进行加强处理。

（二）膨润土防水材料防水层质量验收标准,见表2-3-8。

膨润土防水材料防水层质量验收标准　　　　表2-3-8

分项工程		质量验收内容	检验数量及方法
膨润土防水材料防水层	主控项目	膨润土防水材料必须符合设计要求	全部检查。检查产品合格证、产品性能检测报告和材料进场检验报告
		膨润土防水材料防水层在转角处和变形缝、施工缝、后浇带、穿墙管等部位做法必须符合设计要求	全部检查。观察检查和检查隐蔽工程验收记录
	一般项目	膨润土防水毯的织布面或防水板的膨润土面,应朝向工程主体结构的迎水面	全部检查。观察检查
		立面或斜面铺设的膨润土防水材料应上层压住下层,防水层与基层、防水层与防水层之间应密贴,并应平整无折皱	全部检查。观察检查
		膨润土防水材料应采用水泥钉和垫片固定；立面和斜面上的固定间距宜为400~500mm,平面上应在搭接缝处固定。膨润土防水材料的搭接宽度应大于100mm；搭接部位的固定间距宜为200~300mm,固定点与搭接边缘的距离宜为25~30mm,搭接处应涂抹膨润土密封膏。平面搭接缝可干撒膨润土颗粒,其用量宜为0.3~0.5kg/m。膨润土防水材料的收口部位应采用金属压条和水泥钉固定,并用膨润土密封膏覆盖	全部检查。观察和尺量检查
		膨润土防水材料搭接宽度的允许偏差应为-10mm	全部检查。观察和尺量检查

六、细部构造质量管理

为保证车站及区间结构防水施工质量,在结构施工过程中不仅要严格按照要求做好外包防水层的施工质量,还要重点处理好施工缝、变形缝、埋设件、预埋注浆管及车站与区间隧道接口处等薄弱环节的防水措施。

（一）细部构造防水施工过程质量管理

1. 原材料质量控制

1）均须按设计要求采用止水带、遇水膨胀橡胶腻子止水条等高分子防水材料和接缝密封材料，严禁有渗漏。

2）细部构造所用止水带、遇水膨胀橡胶腻子止水条和接缝密封材料应符合设计及现行《地下防水工程质量验收规范》GB 50208—2011附录A中的要求，应有出厂合格证、质量检验报告、进场抽样试验报告等质量证明文件。

2. 控制细部构造作法

变形缝、施工缝、后浇带、穿墙管道、埋设件等细部构造作法，均须符合设计要求，严禁有渗漏。

3. 接缝处理

接缝处混凝土表面密实、洁净、干燥，密封材料嵌填密实、粘结牢固，无开裂、鼓泡和下塌现象。

4. 变形缝的防水

1）止水条宽度和材质的物理性能均符合设计要求，且无裂缝和气泡；接头应采用热接，不得叠接，接缝平整、牢固，不得有裂口和脱胶现象。

2）变形缝设置中埋式止水带时，混凝土浇筑前应校正止水带位置，表面清理干净，止水带损坏处应修补；顶、底板止水带的下侧混凝土应振捣密实，边墙止水带内外侧混凝土应均匀。

3）中埋式止水带中心线应和变形缝中心线重合，止水带不得穿孔或用铁钉固定。

5. 施工缝的防水

1）防水混凝土应连续浇筑，宜少留施工缝。施工缝留置位置必须符合相关规范要求。

2）施工缝采用的遇水膨胀橡胶止水条，应牢固地安装在预留槽内。

6. 后浇带的防水

采用补偿收缩混凝土，其强度等级不得低于两侧混凝土，应在两侧混凝土龄期达到设计或相关规范要求后再施工。

7. 穿墙管道的防水

1）穿墙管外侧防水层应铺设严密，不留接茬；增铺附加层时，应按设计要求施工；

2）穿墙管与内墙角、凹凸部位的距离应大于250mm，相邻管与管之间的距离应大于300mm；

3）穿墙管采用主管直接埋入混凝土内的固定式防水法时，应预留凹槽，槽内用嵌缝材料嵌填密实；

4）当工程有防护要求时，穿墙管除应采取有效防水措施外，尚应采取措施满足防护要求；

5）穿墙管伸出墙外的部位，应采取有效措施进行保护。

8. 埋设件的防水

具体控制要求，见表2-3-9。

9. 密封材料

1）检查粘结基层的干燥程度以及接缝的尺寸，接缝内部的杂物应清除干净；

2）热灌法施工应自下向上进行并尽量减少接头，接头应采用斜槎；密封材料熬制及浇灌温度，应按有关材料要求严格控制；

3）冷嵌法施工应分次将密封材料嵌填在缝内，压嵌密实并与缝壁粘结牢固，防止裹入空气。接头应采用斜槎；

4）接缝处的密封材料底部应嵌填背衬材料，外露密封材料上应设置保护层，其宽度不得小于100mm。

（二）细部构造防水工程质量验收标准，见表2-3-9。

细部构造防水工程质量验收标准　　　　　　表2-3-9

分项工程		质量验收内容	检验数量及方法
施工缝	主控项目	施工缝用止水带、遇水膨胀止水条或止水胶、水泥基渗透结晶型防水涂料和预埋注浆管必须符合设计要求	全部检查。 检查产品合格证、产品性能检测报告和材料进场检验报告
		施工缝防水构造必须符合设计要求	全部检查。 观察检查和检查隐蔽工程验收记录
	一般项目	墙体水平施工缝应留设在高出底板表面不小于300mm的墙体上。拱、板与墙结合的水平施工缝，宜留在拱、板和墙交接处以下150~300mm处；垂直施工缝应避开地下水和裂隙水较多的地段，并宜与变形缝相结合	全部检查。 观察检查和检查隐蔽工程验收记录
		在施工缝处继续浇筑混凝土时，已浇筑的混凝土抗压强度不应小于1.2MPa	全部检查。 观察检查和检查隐蔽工程验收记录
		水平施工缝浇筑混凝土前，应将其表面浮浆和杂物清除，然后铺设净浆、涂刷混凝土界面处理剂或水泥基渗透结晶型防水涂料，再铺30~50mm厚的1:1水泥砂浆，并及时浇筑混凝土	全部检查。 观察检查和检查隐蔽工程验收记录
		垂直施工缝浇筑混凝土前，应将其表面清理干净，再涂刷混凝土界面处理剂或水泥基渗透结晶型防水涂料，并及时浇筑混凝土	全部检查。 观察检查和检查隐蔽工程验收记录
		中埋式止水带及外贴式止水带埋设位置应准确，固定应牢靠	全部检查。 观察检查和检查隐蔽工程验收记录
		遇水膨胀止水带应具有缓膨胀性能；止水条与施工缝基面应密贴，中间不得有空鼓、脱离等现象；止水条应牢固地安装在缝表面或预留凹槽内；止水条采用搭接连接时，搭接宽度不得小于30mm	全部检查。 观察检查和检查隐蔽工程验收记录
		遇水膨胀止水胶应采用专用注胶器挤出粘结在施工缝表面，并做到连续、均匀、饱满、无气泡和孔洞，挤出宽度及厚度应符合设计要求；止水胶挤出成型后，固化期内应采取临时保护措施；止水胶固化前不得浇筑混凝土	全部检查。 观察检查和检查隐蔽工程验收记录

续表

分项工程		质量验收内容	检验数量及方法
施工缝	一般项目	预埋式注浆管应设置在施工缝断面中部，注浆管与施工缝基面应密贴并固定牢靠，固定间距宜为 200～300mm；注浆导管与注浆管的连接应牢固、严密，导管埋入混凝土内的部分应与结构钢筋绑扎牢固，导管的末端应临时封堵严密	全部检查。 观察检查和检查隐蔽工程验收记录
变形缝	主控项目	变形缝用止水带、填缝材料和密封材料必须符合设计要求	全部检查。 检查产品合格证、产品性能检测报告和材料进场检验报告
		变形缝防水构造必须符合设计要求	全部检查。 观察检查和检查隐蔽工程验收记录
		中埋式止水带埋设位置应准确，其中间空心圆环与变形缝的中心线应重合	全部检查。 观察检查和检查隐蔽工程验收记录
	一般项目	中埋式止水带的接缝应在边墙较高位置上，不得设在结构转角处；接头宜采用热压焊接，接缝应平整、牢固，不得有裂口和脱胶现象	全部检查。 观察检查和检查隐蔽工程验收记录
		中埋式止水带在转角处应做成圆弧形；顶板、底板内止水带应安装成盆状，并宜采用专用钢筋套或扁钢固定	全部检查。 观察检查和检查隐蔽工程验收记录
		外贴式止水带在变形缝与施工缝相交部位宜采用十字配件；外贴式止水带在变形缝转角部位宜采用直角配件。止水带埋设位置应准确，固定应牢靠，并与固定止水带的基层密贴，不得出现空鼓、翘边等现象	全部检查。 观察检查和检查隐蔽工程验收记录
		安设于结构内侧的可卸式止水带所需配件应一次配齐，转角处应做成45°坡角，并增加紧固件的数量	全部检查。 观察检查和检查隐蔽工程验收记录
		嵌填密封材料的缝内两侧基面应平整、洁净、干燥，并应涂刷基层处理剂；嵌缝底部应设置背衬材料；密封材料嵌填应严密、连续、饱满，粘结牢固	全部检查。 观察检查和检查隐蔽工程验收记录
		变形缝处表面粘贴卷材功涂刷涂料前，应在缝上设置隔离层和加强层	全部检查。 观察检查和检查隐蔽工程验收记录
后浇带	主控项目	后浇带用遇水膨胀止水条或止水胶、预埋注浆管、外贴式止水带必须符合设计要求	全部检查。 检查产品合格证、产品性能检测报告和材料进场检验报告
		补偿收缩混凝土的原材料及配合比必须符合设计要求	全部检查。 检查产品合格证、产品性能检测报告、计量措施和材料进场检验报告
		后浇带防水构造必须符合设计要求	全部检查。 观察检查和检查隐蔽工程验收记录
		采用掺膨胀剂的补偿收缩混凝土，其抗压强度、抗渗性能和限制膨胀率必须符合设计要求	全部检查。 检查混凝土抗压强度、抗渗性能和水中养护14d后的限制膨胀率检测报告

续表

分项工程		质量验收内容	检验数量及方法
后浇带	一般项目	补偿收缩混凝土浇筑前，后浇带部位和外贴式止水带应采取保护措施	全部检查。观察检查
		后浇带两侧的接缝表面应先清理干净，再涂刷混凝土界面处理剂或水泥基渗透结晶型防水涂料；后浇混凝土的浇筑时间应符合设计要求	全部检查。观察检查和检查隐蔽工程验收记录
		遇水膨胀止水带、遇水膨胀止水胶、预埋式注浆管设置、外贴式止水带在变形缝与施工缝相交部位的设置、外贴式止水带在变形缝转角部位的设置、止水带埋设位置等同施工缝	
		后浇带混凝土应一次浇筑，不得留施工缝；混凝土浇筑后应及时养护，养护时间不得少于28d	全部检查。观察检查和检查隐蔽工程验收记录
穿墙管	主控项目	穿墙管用遇水膨胀止水条和密封材料必须符合设计要求	全部检查。检查产品合格证、产品性能检测报告和材料进场检验报告
		穿墙管防水构造必须符合设计要求	全部检查。观察检查和检查隐蔽工程验收记录
	一般项目	固定式穿墙管应加焊止水环或环绕遇水膨胀止水圈，并作好防腐处理；穿墙管应在主体结构迎水面预留凹槽，槽内应用密封材料嵌填密实	全部检查。观察检查和检查隐蔽工程验收记录
		套管式穿墙管的套管与止水环及翼环应连续满焊，并作好防腐处理；套管内表面应清理干净，穿墙管与套管之间应用密封材料和橡胶密封圈进行密封处理，并采用法兰盘及螺栓进行固定	全部检查。观察检查和检查隐蔽工程验收记录
		穿墙盒的封口钢板与混凝土结构墙上预埋的角钢应焊平，并从钢板上的预留浇注孔注入改性沥青密封材料或细石混凝土，封填后将浇注孔口用钢板焊接封闭	全部检查。观察检查和检查隐蔽工程验收记录
		当主体结构迎水面有柔性防水层时，防水层与穿墙管连接处应增设加强层	全部检查。观察检查和检查隐蔽工程验收记录
		密封材料嵌填应密实、连续、饱满，粘结牢固	全部检查。观察检查和检查隐蔽工程验收记录
埋设件	主控项目	埋设件用密封材料必须符合设计要求	全部检查。检查产品合格证、产品性能检测报告和材料进场检验报告
		埋设件防水构造必须符合设计要求	全部检查。观察检查和检查隐蔽工程验收记录
	一般项目	埋设件应位置准确，固定牢靠；埋设件应进行防腐处理	全部检查。观察、尺量和手扳检查
		埋设件端部或预留孔、槽底部的混凝土厚度不得少于250mm；当混凝土厚度小于250mm时，应局部加厚或采取其他防水措施	全部检查。尺量检查和检查隐蔽工程验收记录

续表

分项工程		质量验收内容	检验数量及方法
埋设件	一般项目	结构迎水面的埋设件周围应预留凹槽，凹槽内应用密封材料嵌填密实	全部检查。观察检查和检查隐蔽工程验收记录
		用于固定模板的螺栓必须穿过混凝土结构时，可采用工具式螺栓或螺栓加堵头，螺栓上应加焊止水环。拆模后留下的凹槽应用密封材料封堵密实，并用聚合物水泥砂浆抹平	全部检查。观察检查和检查隐蔽工程验收记录
		预留孔、槽内的防水层应与主体防水层保持连续密封材料嵌填同穿墙管	全部检查。观察检查和检查隐蔽工程验收记录
预留通道接头	主控项目	预留通道接头用中埋式止水带、遇水膨胀止水条或止水胶、预埋注浆管、密封材料和可卸式止水带必须符合设计要求	全部检查。检查产品合格证、产品性能检测报告和材料进场检验报告
		预留通道接头防水构造必须符合设计要求	全部检查。观察检查和检查隐蔽工程验收记录
		中埋式止水带埋设位置同变形缝	
	一般项目	预留通道先浇筑混凝土结构、防水层接槎、中埋式止水带和预埋件应及时保护，预埋件应进行防锈处理	全部检查。观察检查
		遇水膨胀止水带、遇水膨胀止水胶、预埋式注浆管设置、外贴式止水带在变形缝与施工缝相交部位的设置、外贴式止水带在变形缝转角部位的设置、止水带埋设位置等同施工缝	
		密封材料嵌填同穿墙管	
		用膨胀螺栓固定可卸式止水带时，止水带与紧固件压块以及止水带与基面之间应结合紧密。采用金属膨胀螺栓时，应选用不锈钢材料或进行防腐剂锈处理	全部检查。观察检查和检查隐蔽工程验收记录
		预留通道接头外部应设保护墙	全部检查。观察检查和检查隐蔽工程验收记录
孔口	主控项目	孔口用防水卷材、防水涂料和密封材料必须符合设计要求	全部检查。检查产品合格证、产品性能检测报告和材料进场检验报告
		孔口防水构造必须符合设计要求	全部检查。观察检查和检查隐蔽工程验收记录
	一般项目	人员出入口高出地面不应小于500mm；汽车出入口设置明沟排水时，其高出地面宜为150mm，并应采取防雨措施	全部检查。观察和尺量检查
		窗井的底部在最高地下水位以上时，窗井的墙体和底板应作防水处理，并宜与主体结构断开。窗井下部的墙体和底板应做防水层	全部检查。观察检查和检查隐蔽工程验收记录
		窗井或窗井的一部分在最高地下水位以下时，窗井应与主体结构连成整体，其防水层也应连成整体，并应在窗井内设置集水井。窗台下部的墙体和底板应做防水层	全部检查。观察检查和检查隐蔽工程验收记录

续表

分项工程		质量验收内容	检验数量及方法
孔口	一般项目	窗井内的底板应低于窗下缘300mm。窗井墙高出室外地面不得小于500mm；窗井外地面应做散水，散水与墙面间应采用密封材料嵌填	全部检查。 观察和尺量检查
		密封材料嵌填同穿墙管	

七、注浆防水质量管理

（一）注浆防水简介

注浆防水主要有预注浆、后注浆、结构裂缝注浆等方式。预注浆适用于工程开挖前预计涌水量较大的地段或软弱地层；后注浆适用于工程开挖后处理围岩渗漏及初期壁后空隙回填。结构裂缝注浆适用于混凝土结构宽度大于0.2mm的静止裂缝、贯穿性裂缝等堵水注浆。

注浆防水施工准备与施工过程管理基本同第四章浅埋暗挖工程，此处不再叙述。

（二）注浆工程质量验收标准，表2-3-10。

参照《地下防水工程质量验收规范》GB 50208—2011执行。

注浆工程质量验收标准　　　　表2-3-10

分项工程		质量验收内容	检验数量及方法
结构裂缝注浆	主控项目	注浆材料及配合比必须符合设计要求	按加固或堵漏面积每100m²抽查1处，每处10m²，且不得少于3处。 检查产品合格证、产品性能检测报告、计量措施和材料进场检验报告
		结构裂缝注浆的注浆效果必须符合设计要求	按加固或堵漏面积每100m²抽查1处，每处10m²，且不得少于3处。 观察检查和压水或压气检查，必要时钻取芯样采取劈裂抗拉强度试验方法检查
	一般项目	注浆孔的数量、布置间距、钻孔深度及角度应符合设计要求	按加固或堵漏面积每100m²抽查1处，每处10m²，且不得少于3处。 尺量检查和检查隐蔽工程验收记录
		注浆各阶段的控制压力和注浆量应符合设计要求	按加固或堵漏面积每100m²抽查1处，每处10m²，且不得少于3处。 观察检查和检查隐蔽工程验收记录

八、质量检查和验收相关事项

由于防水工程对明挖车站、区间的重要性和自身的隐蔽性，除对分项工程按相关规范进行验收外，过程中的控制格外重要，管理人员应特别注意以下几点。

（一）重视质量通病的预防

除结构自防水外，各种防水做法易出现如下通病，必须严格现场材料管理，施作过程中加强检查，及早纠正。

1. 常见防水材料弯折部位出现裂纹老化。
2. 止水带固定不牢，混凝土浇筑时跑偏。
3. 钢筋施工时保护措施不到位，损伤卷材，修补不及时。
4. 施工缝和变形缝清理不干净。
5. 注浆管埋设不连续。

（二）中间质量检查

1. 隐蔽工程验收

防水层施工隐检验收是防水质量的保障。防水基层完成后，应进行隐蔽工程验收，验收合格形成记录。

2. 首件验收

各分项工程及细部构造的防水工程，均应进行首件验收，由监理单位组织，专业分包、施工单位、设计单位防水专业负责人、建设单位代表参加，必要时聘请专家参加，合格后形成记录。

3. 分项工程验收

按程序组织检验批、分项工程验收。

4. 检查孔洞封堵

单位工程验收前，建设单位应组织相关单位进行结构外墙、板的孔洞封堵专项检查，发现问题，施工单位整改，监理单位验收通过，相关资料拍照留存。

（三）防水工程验收应提供的资料

防水工程验收除应提供常规的设计文件、材料质量证明、分包资质、施工记录外，特别应注意各类防水工程和防水细部构造均应拍摄验收影像资料，注明拍摄部位、时间、人员，并纳入工程竣工档案。

第四节　主体结构工程质量管理

按划分表2-0-1，主体结构为分部工程，含三个子分部工程，其中钢管（劲钢）混凝土工程在车辆基地内论述，本节仅论述混凝土结构和砌体结构的质量管理。质量验收除执行相关行业规范外，还应满足《地下铁道工程施工质量验收标准》GB/T 50299—2018相关规定。

一、混凝土结构质量管理

明挖车站（区间）主体结构中的混凝土结构子分部工程，含有 7 个分项工程，包括模板、钢筋、混凝土、防水混凝土、装配式结构和施工测量，分项工程，其质量验收标准均参照《混凝土结构工程施工质量验收规范》GB 50204—2015 执行。

（一）模板支架工程

车站主体结构多使用工具式及高大模板支架。其施工准备基本内容同常规，按楼层、结构缝或施工段划分为若干检验批。模板支架安装的质量控制应特别注意以下要点。

1. 严格按模板支架施工专项方案实施

1）墙柱根部、梁柱接头处预留清扫孔，以备封模前清除模板内垃圾，润湿模板表面，提高混凝土表面颜色一致性，保证混凝土结构外观质量。

2）预防轴线偏位超标

模板轴线测放后，组织专人复核验收，确认无误后才能支模；墙、柱模板根部和顶部必须采取可靠的限位措施；设竖向垂直度控制线；浇筑前，复核模板轴线、支架、顶撑、螺栓，发现问题及时处理。

3）预防标高偏差

车站每层底模设足够标高控制点，竖向模板根部须做找平；模板顶部设标高标记，严格按标记施工。

4）在混凝土浇筑过程中，施工单位质量检查员及监理旁站员要重点检查模板的工作状态，发现变形、松动现象及时要求施工人员予以加固调整。

2. 分项工程验收管理

1）模板安装质量验收标准，见表 2-4-1。

模板工程质量验收标准　　　　　　　　　　　　　表 2-4-1

分项工程		质量验收内容	检验数量及方法
模板安装	主控项目	模板及支架用材料的技术指标应符合国家现行有关标准的规定。进场时应抽样检验模板和支架材料的外观、规格和尺寸	按国家现行有关标准的规定确定。检查质量证明文件；观察，尺量
		现浇混凝土结构模板及支架的安装质量，应符合国家现行有关标准的规定和施工方案的要求	按国家现行有关标准的规定确定。按国家现行有关标准的规定执行
		后浇带处的模板及支架应独立设置	全数检查。观察
		支架竖杆或竖向模板安装在土层上时，应符合以下规定：土层应坚实、平整，其承载力或密实度应符合施工方案的要求；应有防水、排水措施；对冻胀性土，应有预防冻融措施；支架竖杆下应有底座或垫板	全部检查。观察；检查土层密实度检测报告、土层承载力验算或现场检测报告

续表

分项工程		质量验收内容	检验数量及方法
模板安装	一般项目	模板的接缝应严密；模板内不应有杂物、积水或冰雪等；模板与混凝土的接触面应平整、清洁；用作模板的地坪、胎模等应平整、清洁，不应有影响构件质量的下沉、裂缝、起砂或起鼓；对清水混凝土工程及装饰混凝土构件，应使用能达到设计效果的模板	全数检查。观察
		模板与混凝土的接触面应清理干净并涂刷隔离剂，其品种和涂刷方法应符合施工方案的要求。隔离剂不得影响结构性能及装饰施工；不得沾污钢筋、预应力筋、预埋件和混凝土接槎处；不得对环境造成污染	全数检查。检查质量证明文件；观察
		模板的起拱应符合现行国家标准《混凝土结构工程施工规范》GB 50666 的规定，并应符合设计及施工方案的要求。对跨度不小于 4m 的现浇钢筋混凝土梁、板，其模板应按设计要求起拱；当设计无具体要求时，起拱高度宜为跨度的 1/1000~3/1000	在同一检验批内，对梁，跨度大于 18m 时应全数检查，跨度不大于 18m 时应抽查构件数量的 10%，且不应少于 3 件；对板，应按有代表性的自然间抽查 10%，且不应少于 3 间；对大空间结构，板可按纵、横轴线划分检查面，抽查 10%，且不应少于 3 面。水准仪测量或钢尺量
		现浇混凝土结构多层连续支模应符合施工方案的规定。上下层模板支架的竖杆宜对准。竖杆下垫板的设置应符合施工方案的要求	全数检查。观察
		固定在模板上的预埋件和预留孔洞不得遗漏，且应安装牢固。有抗渗要求的混凝土结构中的预埋件，应按设计及施工方案的要求采取防渗措施。预埋件和预留孔洞的位置应满足设计和施工方案的要求。当设计无具体要求时，其位置偏差应符合规范的规定	在同一检验批内，对梁、柱和独立基础，应抽查构件数量的 10%，且不应少于 3 件。对墙和板，应按有代表性的自然间抽查 10%，且不应少于 3 间；对大空间结构，墙可按相邻轴线间高度 5m 左右划分检查面，板可按纵、横轴线划分检查面，抽查 10%，且均不应少于 3 面
		现浇结构模板安装检验标准应符合规范的规定	在同一检验批内，对梁、柱和独立基础，应抽查构件数量的 10%，且不应少于 3 件。对墙和板，应按有代表性的自然间抽查 10%，且不应少于 3 间；对大空间结构，墙可按相邻轴线间高度 5m 左右划分检查面，板可按纵、横轴线划分检查面，抽查 10%，且均不应少于 3 面
		预制构件模板安装检验标准应符合规范规定	首次使用及大修后的模板应全部检查；使用中的模板应抽查 10%，且不应少于 5 件，不足 5 件时应全数检查

（摘自《混凝土结构工程施工质量验收规范》GB 50204—2015）。

2）各相关项目检验标准

以下各项检验标准应满足《混凝土结构工程施工质量验收规范》GB 50204—2015 的有关规定。

（1）预埋件和预留孔洞检验标准。

（2）现浇结构模板安装检验标准。

（3）预制构件模板安装检验标准。

3）首件验收：第一施工段模板及支架制作、安装。

4）按程序进行检验批、分项工程验收。

（二）钢筋工程

1. 施工准备管理

基本内容同常规，应注意施工段划分合理。检验批可按进场批次、工作班、楼层、结构缝或施工段划分。

2. 钢筋工程质量控制

1）钢筋加工宜在常温状态下进行，加工过程中不应被加热。弯折应一次完成，不得反复弯折。

2）应根据设计及规范要求和施工条件选用适宜的钢筋连接方式。

3）构件交接处的钢筋位置应符合设计要求，设计无要求时，应优先保证主要受力构件和主要受力方向的钢筋位置。

4）钢筋安装应采用定位件固定钢筋的位置，并宜采用专用定位件。

3. 钢筋分项工程验收管理

1）验收标准，见表2-4-2和表2-4-3。

钢筋工程质量验收标准　　　　　表2-4-2

分项工程		质量验收内容	检验数量及方法
钢筋加工	主控项目	钢筋弯折的弯弧内直径应符合下列规定：光圆钢筋，不应小于钢筋直径的2.5倍；HRB400级带肋钢筋，不应小于钢筋直径的4倍；HRB500级带肋钢筋，当直径为28mm以下时不应小于钢筋直径的6倍，当直径为28mm及以上时不应小于钢筋直径的7倍；箍筋弯折处尚不应小于纵向钢筋的直径	同一设备加工的同一类型钢筋，每工作班抽查不应少于3件。用钢尺量
		纵向受力钢筋的弯折后平直长度应符合设计要求。光圆钢筋末端做180°弯钩时，弯钩的平直段长度不应小于钢筋直径的3倍	同一设备加工的同一类型钢筋，每工作班抽查不应少于3件。用钢尺量
		箍筋、拉筋的末端应按设计要求做弯钩，并应符合下列规定：对一般结构构件，箍筋弯钩的弯折角度不应小于90°，弯折后平直段长度不应小于箍筋直径的5倍；对有抗震设防要求或设计有专门要求的结构构件，箍筋弯钩的弯折角度不应小于135°，弯折后平直段长度不应小于箍筋直径的10倍；圆形箍筋的搭接长度不应小于其受拉锚固长度，且两末端弯钩的弯折角度不应小于135°，弯折后平直段长度对一般结构构件不应小于箍筋直径的5倍，对有抗震设防要求的结构构件不应小于箍筋直径的10倍；梁、柱复合箍筋中的单肢箍筋两端弯钩的弯折角度均不应小于135°，弯折后平直长度应符合规范规定	同一设备加工的同一类型钢筋，每工作班抽查不应少于3件。用钢尺量

续表

分项工程		质量验收内容	检验数量及方法
钢筋加工	主控项目	盘卷钢筋调直后应进行力学性能和重量偏差检验，其检验应符合规范规定。采用无延伸功能的机械设备调直的钢筋，可不进行本条规定的检验	同一厂家、同一类型、同一钢筋来源的成型钢筋，不超过30t为一批，每批中每种钢筋牌号、规格均应至少抽取1个钢筋试件，总数不应少于3个。检查抽样检验报告
	一般项目	钢筋加工的形状、尺寸应符合设计要求，其检验标准应符合规范规定	同一设备加工的同一类型钢筋，每工作班抽查不少于3件
钢筋连接	主控项目	钢筋的连接方式应符合设计要求	全数检查。观察
		钢筋采用机械连接或焊接连接时，钢筋机械连接接头、焊接接头的力学性能、弯曲性能应符合国家现行有关标准的规定。接头试件应从工程实体中截取	按现行行业标准《钢筋机械连接技术规程》JGJ 107—2016和《钢筋焊接及验收规程》JGJ 18—2012 的规定确定。检查质量证明文件和抽样检验报告
		钢筋采用机械连接时，螺纹接头应检验拧紧扭矩值，挤压接头应量测压痕直径，检验结果应符合现行行业标准《钢筋机械连接技术规程》JGJ 107—2016 的相关规定	按现行行业标准《钢筋机械连接技术规程》JGJ 107—2016 的规定确定。采用专用扭力扳手或专用量规检查
	一般项目	钢筋接头的位置应符合设计和施工方案要求。有抗震设防要求的结构中，梁端、柱端箍筋加密区范围内不应进行钢筋搭接。接头末端至钢筋弯起点的距离不应小于钢筋直径的10倍	全部检查。观察，尺量
		钢筋机械连接接头、焊接接头的外观质量应符合现行行业标准《钢筋机械连接技术规程》JGJ 107—2016、《钢筋焊接及验收规程》JGJ 18—2012 的规定	按现行《钢筋机械连接技术规程》JGJ 107—2016和《钢筋焊接及验收规程》JGJ 18—2012 的规定确定。观察，尺量
		当受力钢筋采用机械连接接头或焊接接头时，同一连接区段内纵向受力钢筋的接头面积百分率应符合设计要求；当设计无具体要求时，应符合下列规定：受拉接头，不宜大于50%；受压接头，可不受限制；直接承受动力荷载的结构构件中，不宜采用焊接；当采用机械连接时，不应大于50%	在同一检验批内，对梁、柱和独立基础，应抽查构件数量的10%，且不应少于3件；对墙和板，应按有代表性的自然间抽查10%，且不应少于3间；对大空间结构，墙可按相邻轴线间高度5m左右划分检查面，板可按纵、横轴线划分检查面，抽查10%，且均不应少于3面。观察，尺量
		当纵向受力钢筋采用绑扎搭接接头时，接头的设置应符合下列规定：绑扎搭接接头中钢筋的横向净距不应小于钢筋直径，且不应小于25mm；同一连接区段内，纵向受拉钢筋搭接接头面积百分率应符合设计要求，当设计无具体要求时，应符合下列规定：梁类、板类及墙类构件，不宜超过25%；基础筏板，不宜超过50%；柱类构件，不宜超过50%；当工程中确有必要增大接头面积百分率时，对梁类构件，不应大于50%	在同一检验批内，对梁、柱和独立基础，应抽查构件数量的10%，且不应少于3件；对墙和板，应按有代表性的自然间抽查10%，且不应少于3间；对大空间结构，墙可按相邻轴线间高度5m左右划分检查面，板可按纵、横轴线划分检查面，抽查10%，且均不应少于3面；对区间结构，侧墙可按纵向长度5m左右划分检查面，底板、顶板可按纵向长度5m划分检查面，抽查10%，且均不应少于3面。观察，尺量

续表

分项工程		质量验收内容	检验数量及方法
钢筋连接	一般项目	梁、柱类构件的纵向受力钢筋搭接长度范围内，应按设计要求配置箍筋。当设计无具体要求时，应符合下列规定：箍筋直径不应小于搭接钢筋较大直径的0.25倍；受拉搭接区段的箍筋间距不应大于搭接钢筋较小直径的5倍，且不应大于100mm；受压搭接区段的箍筋间距不应大于搭接钢筋较小直径的10倍，且不应大于200mm；当柱中纵向受力钢筋直径大于25mm时，应在搭接接头两个端面外100mm范围内各设置两道箍筋，其间距宜为50mm	在同一检验批内，应抽查构件数量的10%，且不应少于3件。观察，用钢尺量
钢筋安装	主控项目	钢筋安装时，受力钢筋的牌号、规格和数量必须符合设计要求	全部检查。观察，尺量
		钢筋应安装牢固。受力钢筋的安装位置、锚固方式应符合设计要求	全部检查。观察，尺量
	一般项目	钢筋安装检验标准应符合规范规定，受力钢筋保护层厚度的合格点率应达到90%及以上，且不得有超过表中数值1.5倍的尺寸偏差	在同一检验批内，对梁、柱和独立基础，应抽查构件数量的10%，且不应少于3件；对墙和板，应按有代表性的自然间抽查10%，且不应少于3间；对大空间结构，墙可按相邻轴线间高度5m左右划分检查面，板可按纵、横轴线划分检查面，抽查10%，且均不应少于3面

（摘自《混凝土结构工程施工质量验收规范》GB 50204—2015）

钢筋工程质量验收标准　　　　　　　　　　　　　　　表 2-4-3

分项工程		质量验收内容	检验数量及方法
钢筋工程	主控项目	主钢筋安装时，杂散电流腐蚀防护措施应符合设计文件要求，验收应符合现行行业标准《地铁杂散电流腐蚀防护技术规程》CJJ 49—92的规定	全数检查 仪表测试
	一般项目	当结构采用钢筋焊接片形骨架时，应按设计文件要求施焊，其尺寸允许偏差应符合表2-4-4。	抽查10%，且不少于3处 钢尺量测

（摘自《地下铁道工程施工质量验收标准》GB/T 50299—2018）

2）允许偏差，见表2-4-4。

钢筋焊接片形骨架尺寸允许偏差　　　　　　　　　　　表 2-4-4

项目	允许偏差	检查数量及方法
钢筋骨架高度	±5	抽查10%，且不少于3处钢尺量测
钢筋骨架宽度	±10	
主筋间距	±10	
箍筋间距	±10	
钢筋网片长和宽	±10	
钢筋网眼尺寸	±10	

3）钢筋隐蔽工程验收

4）按程序进行检验批、分项工程验收。

（三）混凝土/防水混凝土工程

明挖车站、区间的底板、侧墙、顶板等外围构件均使用防水混凝土。

1. 施工准备管理

1）施工单位可通过招标或考察、比选确定商品混凝土供货搅拌站，根据合同约定监理单位或施工单位派驻站监理工程师。

2）配合比经搅拌站试验室试配合格后，由施工单位申报，经监理单位审批同意后，方可使用。监理单位审批要点如下。

（1）各技术指标和参数符合设计要求及相关规定，包括混凝土抗压强度、耐久性能、最低水泥用量、胶凝材料总量、氯离子含量及各类材料的总碱量；

（2）外加剂除满足上述要求外还必须符合环保要求。

3）检验批以一个浇筑段（安装段）为划分标准。划入同一检验批的混凝土，其施工持续时间不宜超过 3 个月。

4）模架搭设高度 8m 及以上，或搭设跨度 18m 及以上，或施工总荷载 15kN/m² 及以上，或集中线荷载 20kN/m 及以上的混凝土浇筑应按建办质（2017）68 号的要求通过施工前条件核查。

2. 混凝土施工质量控制

防水混凝土浇筑过程的控制同普通混凝土，如运输、浇筑、振捣、养护必须符合规范要求，此处从略。取样和试验参照《城市轨道交通土建工程质量安全管理概论》第八章相关内容。

3. 防水混凝土浇筑特别应注意以下几点。

1）控制坍落度，坍落度试验详见《城市轨道交通土建工程质量安全管理概论》第八章。

（1）混凝土在浇筑地点和入泵的坍落度，每工作班至少检查两次，允许偏差应符合表 2-4-5 的规定。

防水混凝土坍落度允许偏差　　　　　表 2-4-5

检验时段	规定坍落度（mm）	允许偏差（mm）
浇筑地点坍落度	≤ 40	± 10
	50 ~ 90	± 15
	> 90	± 20
入泵时的坍落度	≤ 100	± 20
	> 100	± 30

（2）混凝土入泵坍落度宜控制在 120 ~ 160mm；当坍落度损失后不能满足施工要求时，应加入原水胶比的水泥浆或掺加同品种的减水剂进行搅拌，严禁直接加水。

2）宜采用高频机械振捣密实，掺有引气剂或引气型减水剂时，应采用高频插入式振捣器振捣。

3）由于养护对其抗渗性能影响较大，特别应做好早期湿润养护，保温保湿。

4. 梁、柱节点浇筑

1）该处主筋较为密集，混凝土浇筑时，应注意控制粗集料粒径、级配，振捣时不得漏振、过振，避免混凝土不密实、离析。

2）柱、墙混凝土强度等级高于梁、板时，浇筑措施：

（1）高出一级时，位于梁、板高度内的柱、墙混凝土经设计单位同意可采用与梁、板同等级的混凝土浇筑；

（2）高出两个等级及以上时，应在交界区域采取分隔措施。分隔位置应在梁、板构件中且距柱、墙构件边缘不应小于 500mm；

（3）宜先浇筑柱、墙混凝土，后浇筑梁、板混凝土。

5. 大体积防水混凝土施工

根据《大体积混凝土施工标准》GB 50496—2018 术语，大体积混凝土为：混凝土结构物实体最小几何尺寸不小于 1m 的大体量混凝土，或预计会因混凝土中胶凝材料水化引起的温度变化和收缩而导致有害裂缝产生的混凝土。据此，底板、侧墙、顶板为大体积混凝土构件，其施工质量控制要点如下。

1）材料选择：应合理选用混凝土配合比，采用低热或中热水泥并控制用量，宜掺加粉煤灰、磨细矿渣粉等掺合料；掺入减水剂、缓凝剂、膨胀剂等外加剂。

2）混凝土入模温度不宜大于 30℃，混凝土最大绝热温升不宜大于 50℃。

3）温度控制：施工时，采取降低原材料温度、减少混凝土运输时吸收外界热量等降温措施；混凝土内部预埋管道，进行水冷散热。混凝土降温速率不宜大于 2.0℃ /d。

大体积防水混凝土内部的热量散失较表面缓慢，容易造成混凝土内外温差过大，所产生的温度应力使混凝土开裂。施工时，应加强温度监测，控制混凝土中心温度与表面温度的差值在 25℃以内，且表面温度与大气温度差不超过 20℃，使混凝土硬化过程中产生的温差应力小于混凝土本身的抗拉强度，避免混凝土产生贯穿性裂缝。

4）强度评定

（1）结构构件的混凝土强度评定应符合现行国家标准《混凝土强度检验评定标准》GB/T 50107—2010 的有关规定。

（2）在设计许可的情况下，大体积掺粉煤灰混凝土设计强度等级的龄期宜为 60d 或 90d。

6. 冬施期间注意事项

冬期浇筑混凝土需采取保温措施，保证混凝土实体强度大于受冻临界强度，受冻临界强度规定如下：

1）当室外最低气温不低于 –15℃时，采用综合蓄热法、负温养护法施工的混凝土受冻临界强度不应小于 4.0MPa；

2）当室外最低气温不低于 –30℃时，采用负温养护法施工的混凝土受冻临界强度不应小于 5.0MPa；

3）对强度等级等于或高于 C50 的混凝土，不宜小于设计混凝土强度等级值的 30%；

4）对车站区间的外围结构有抗渗要求的混凝土，不宜小于设计混凝土强度等级值的 50%；

5）对车站出入口等部位有抗冻耐久性要求的混凝土，不宜小于设计混凝土强度等级值的 70%；

6）当施工需要提高混凝土强度等级时，应按提高后的强度等级确定受冻临界强度。

7.明挖车站与区间衔接部位结构误差

车站与区间可能为分期施工，为保证两者衔接部位的准确贯通，应严格控制各自结构位置和尺寸偏差，避免衔接处出现超限、错台。

8.分项工程验收管理

1）质量验收标准，参照《混凝土结构工程施工质量验收规范》GB 50204—2015 执行，其中防水混凝土质量验收标准参照《地下防水工程质量验收规范》GB 50208—2011 执行，见表 2-4-6。

混凝土/防水混凝土工程质量验收标准　　　　　　表 2-4-6

分项工程		质量验收内容	检验数量及方法
混凝土拌合物	主控项目	预拌混凝土进场时，其质量应符合现行《预拌混凝土》GB/T 14902—2012 的规定	全部检查。检查质量证明文件
		混凝土拌合物不应离析	全部检查。观察
		混凝土中氯离子含量和碱总含量应符合现行《混凝土结构设计规范》GB 50010—2010（2015 版）的规定和设计要求	同一配合比的混凝土检查不应少于一次。检查原材料试验报告和氯离子、碱总含量计算书
		首次使用的混凝土配合比应进行开盘鉴定，其原材料、强度、凝结时间、稠度等应满足设计配合比的要求	同一配合比的混凝土检查不应少于一次。检查开盘鉴定资料和强度试验报告
混凝土拌合物	一般项目	混凝土有耐久性指标要求时，应在施工现场随机抽取试件进行耐久性检验，其检验结果应符合国家现行有关标准的规定和设计要求	检查试件耐久性试验报告
		混凝土有抗冻要求时，应在施工现场进行混凝土含气量检验，其检验结果应符合国家现行有关标准的规定和设计要求	同一配合比的混凝土，取样不应少于一次，留置试件数量应符合现行《普通混凝土拌合物性能试验方法标准》GB/T 50080—2016 的规定。检查混凝土含气量试验报告

续表

分项工程		质量验收内容	检验数量及方法
混凝土施工	主控项目	混凝土的强度等级必须符合设计要求。用于检验混凝土强度的试件应在浇筑地点随机抽取	具体取样见第五章表5-2-11。检查施工记录及混凝土强度试验报告
	一般项目	后浇带的留置位置应符合设计要求。后浇带和施工缝的留设及处理方法应符合施工方案要求	全数检查。观察
		混凝土浇筑完毕后应及时进行养护,养护时间以及养护方法应符合施工方案要求	全数检查。观察,检查混凝土养护记录
防水混凝土	主控项目	防水层混凝土的原材料、配合比、坍落度必须符合设计要求	全部检查。检查产品合格证、产品性能检测报告、计量措施和材料进场检验报告
		防水混凝土的抗压强度和抗渗性能必须符合设计要求	具体取样见第五章表5-2-11。检查混凝土抗压强度、抗渗性能试验报告
		防水混凝土结构的施工缝、变形缝、后浇带、穿墙管、埋设件等设置和构造必须符合设计要求	全部检查。观察检查和检查隐蔽工程验收记录
	一般项目	防水混凝土结构表面应坚实、平整,不得有露筋、蜂窝等缺陷;埋设件位置应准确	混凝土外露面积每100m²抽查1处,每处10m²,且不得少于3处。观察检查
		防水混凝土结构表面的裂缝宽度不应大于0.2mm,且不得贯通	混凝土外露面积每100m²抽查1处,每处10m²,且不得少于3处。用刻度放大镜或塞尺检查
		防水混凝土结构厚度不应小于250mm,其允许偏差为+8mm,-5mm;迎水面钢筋保护层厚度不应小于50mm,二次衬砌钢筋保护层厚度不应小于35mm,其允许偏差为±5mm	混凝土外露面积每100m²抽查1处,每处10m²,且不得少于3处。用钢尺量检查和检查隐蔽工程验收记录

2)按程序组织检验批、分项工程验收。

（四）现浇结构工程

1.现浇结构质量控制

1)施工段划分合理。检验批以工作班、楼层、结构缝或施工段划分。

2)在拆模后、混凝土表面未作修整和装饰前,对现浇结构进行外观和尺寸质量验收,验收前不得采取修整、装饰等方式覆盖混凝土表面,应作出质量验收记录。

3)修整或返工的结构构件或部位,必须留有实施前的缺陷情况和缺陷等级的描述、处理方案、实施过程图像记录及实施后外观等文字及图像记录。

4)现浇结构的外观质量缺陷,由监理（建设）单位、施工单位等各方根据其对结构性能和使用功能影响的严重程度,按表2-4-7确定。

现浇结构外观质量缺陷　　　　　　　　　　表 2-4-7

名称	现象	严重缺陷	一般缺陷
露筋	构件内钢筋未被混凝土包裹而外露	纵向受力钢筋有露筋	其他钢筋有少量露筋
蜂窝	混凝土表面缺少水泥砂浆而形成石子外露	构件主要受力部位有蜂窝	其他部位有少量蜂窝
孔洞	混凝土中孔穴深度和长度均超过保护层厚度	构件主要受力部位有孔洞	其他部位有少量孔洞
夹渣	混凝土中夹有杂物且深度超过保护层厚度	构件主要受力部位有夹渣	其他部位有少量夹渣
疏松	混凝土中局部不密实	构件主要受力部位有疏松	其他部位有少量疏松
裂缝	缝隙从混凝土表面延伸至混凝土内部	构件主要受力部位有影响结构性能或使用功能的裂缝	其他部位有少量不影响结构性能或使用功能的裂缝
连接部位缺陷	构件连接处混凝土有缺陷或连接钢筋、连接件松动	连接部位有影响结构传力性能的缺陷	连接部位有基本不影响结构传力性能的缺陷
外形缺陷	缺棱掉角、棱角不直、翘曲不平、飞边凸肋等	清水混凝土构件有影响使用功能或装饰效果的外形缺陷	其他混凝土构件不影响使用功能的外形缺陷
外表缺陷	构件表面麻面、掉皮、起砂、沾污等	具有重要装饰效果的清水混凝土构件有外表缺陷	其他混凝土构件有不影响使用功能的外表缺陷

5）对发现的缺陷，应认真分析产生原因，对严重缺陷应制定专项修整方案，经论证审批后实施，不得擅自处理。

2. 现浇结构工程质量验收标准

1）主控项目、一般项目验收标准，见表 2-4-8。

现浇结构工程质量验收标准　　　　　　　　表 2-4-8

分项工程		质量验收内容	检验数量及方法
外观质量	主控项目	现浇结构的外观质量不应有严重缺陷。对已经出现的严重缺陷，应由施工单位提出技术处理方案，并经监理单位认可后进行处理；对裂缝或连接部位的严重缺陷及其他影响结构安全的严重缺陷，技术处理方案尚应经设计单位认可。对经处理的部位应重新验收	全数检查。观察，检查处理记录
	一般项目	现浇结构的外观质量不应有一般缺陷。对已经出现的一般缺陷，应由施工单位按技术处理方案进行处理。对经处理的部位应重新验收	全数检查。观察，检查处理记录

续表

分项工程		质量验收内容	检验数量及方法
位置和尺寸偏差	主控项目	现浇结构不应有影响结构性能或使用功能的尺寸偏差；混凝土设备基础不应有影响结构性能或设备安装的尺寸偏差。对超过尺寸偏差且影响结构性能或安装、使用功能的部位，应由施工单位提出技术处理方案，并经监理、设计单位认可后进行处理。对经处理的部位应重新验收	全数检查。量测，检查处理记录
	一般项目	现浇结构的位置和尺寸检验标准应符合规范规定。混凝土拌合物稠度应满足施工方案的要求	按楼层、结构缝或施工段划分检验批。在同一检验批内，对梁、柱和独立基础，应抽查构件数量的10%，且不应少于3件；对墙和板，应按有代表性的自然间抽查10%，且不少于3间；对大空间结构，墙可按相邻轴线间高度5m左右划分检查面，板可按纵、横轴线划分检查面，抽查10%，且均不应少于3面；对电梯井，应全数检查
		现浇设备基础的位置和尺寸应符合设计和设备安装的要求。其位置和尺寸检验标准应符合规范规定	全数检查
施工缝、变形缝、后浇带	主控项目	施工缝、变形缝、后浇带的型式、位置、尺寸、所使用的原材料应符合设计要求	全数检查。检查产品合格证、试验报告和观察
		后浇带的留置应在混凝土浇筑前按设计要求和施工技术方案确定，后浇带混凝土浇筑应按施工技术方案执行	全数检查。观察，检查施工记录
		施工缝、变形缝、后浇带的防水构造应符合设计的要求	全数检查。观察，检查施工记录
	一般项目	后浇带的留设位置应符合设计要求。后浇带和施工缝的留设及处理方法应符合施工方案要求	全数检查。观察
		变形缝填塞、后浇带的混凝土浇筑前，变形缝、后浇带内应清扫干净，不得有杂物和积水	全数检查。观察
		施工缝、变形缝的表面质量应达到缝宽均匀，变形缝应符合缝身顺直、环向贯通，填塞密实，外表光洁	全数检查。观察
		后浇带的接头钢筋的连接应符合设计和施工规范的要求	全数检查。观察

（摘自《混凝土结构工程施工质量验收规范》GB 50204—2015）

2）各相关项目检验标准

混凝土工程中以下各项检验标准应满足《混凝土结构工程施工质量验收规范》GB 50204—2015 的相关规定。

（1）混凝土结构尺寸检验标准
（2）混凝土设备基础尺寸检验标准。
3. 按程序进行检验批、分项工程验收。

二、砌体结构质量管理

城市轨道交通工程明挖车站中公共区及设备间的内墙一般为砌体结构。按划分表 2-0-1，砌体结构为子分部工程，分为 3 个分项工程，包括砖（石）砌体、混凝土小型空心砌块砌体、填充墙砌体，其中石砌体因原材料来源稀少，基本不用，本书不予论述。在明挖车站中也有采用配筋砖砌体等结构作为内墙。本书一并叙述其质量控制要点，因各分项工程的施工准备和施工过程的管理要点基本一致，故一并叙述。其质量标准应符合《砌体工程施工质量验收规范》GB 50203—2011。

（一）施工准备管理

基本内容同常规，应注意以下要点。

1. 严禁使用国家明令淘汰的材料。

2. 砌筑砂浆的使用

应执行国家和当地政府主管部门的规定。目前北京等城市为推广使用环保建筑材料，已规定不得在施工现场拌制砌筑砂浆。

3. 钢筋的防腐处理

在潮湿环境或有化学侵蚀性介质的环境中的砌体，灰缝内钢筋应防腐保护且涂刷均匀，无起皮脱落等。

4. 每一砌筑段划分为一个检验批。

（二）砌筑过程质量管理

1. 砌块不混用

蒸压加气混凝土砌块和轻骨料混凝土小型空心砌块，不应与其他块材混砌。

2. 砖应洒水湿润

普通砖、多孔砖和空心砖在气温高于 0℃ 条件下砌筑时，应适当浇水湿润。在气温等于、低于 0℃ 条件下砌筑时，可不浇水，但必须增大砂浆稠度。

3. 冬期施工

冬期施工中，每日砌筑后，应及时在砌筑表面进行保护性覆盖，砌筑表面不得留有砂浆。在继续砌筑前，应扫净砌筑表面。

（三）砌体分项工程验收管理

1. 砌体工程质量验收标准，见表 2-4-9。

砌体工程质量控制标准

表 2-4-9

分项工程	质量验收内容		检验数量及方法
砖砌体	主控项目	砖和砂浆的强度等级必须符合设计要求	按进场的批次和产品的抽样检验方案确定。 查砖和砂浆试块试验报告
		砌体灰缝砂浆应密实饱满。砖墙水平灰缝的砂浆饱满度不得低于 80%；砖柱水平灰缝和竖向灰缝饱满度不得低于 90%	每检验批抽查不应少于 5 处。 用百格网检查砖底面与砂浆的粘结痕迹面积，每处检测 3 块砖，取其平均值
		砖砌体的转角处和交接处应同时砌筑，严禁无可靠措施的内外墙分砌施工。在抗震设防烈度 8 度及 8 度以上地区，对不能同时砌筑而又必须留置的临时间断处应砌成斜槎，普通砖砌体斜槎水平投影长度不小于高度的 2/3，多孔砖砌体的斜槎长高比不应小于 1/2。斜槎高度不得超过一步脚手架的高度	每检验批抽查不应少于 5 处。 观察检查
	一般项目	砖砌体组砌方法应正确，内外搭砌，上、下错缝。清水墙、窗间墙无通缝；混水墙中不得有长度大于 300mm 的通缝，长度 200~300mm 的通缝每间不超过 3 处，且不得位于同一面墙体上。砖柱不得采用包心砌法	每检验批抽查不应少于 5 处。 观察检查。砌体组砌方法抽检每处应为 3~5m
		砖砌体的灰缝应横平竖直，厚薄均匀，水平灰缝厚度及竖向灰缝宽度宜为 10mm，但不应小于 8mm，也不应大于 12mm	每检验批抽查不应少于 5 处。水平灰缝厚度用尺量 10 皮砖砌体高度折算；竖向灰缝宽度用尺量 2m 砌体长度折算
		砖砌体尺寸、位置的允许偏差及检验应符合规范规定	外观应全部检查；径向刚度和抗渗漏性能的检查数量应按进场的批次和产品的抽样检验方案确定。 观察，检查质量证明文件和抽样检验报告
混凝土小型空心砌块砌体工程	主控项目	小砌块和芯柱混凝土、砌筑砂浆的强度等级必须符合设计要求	按进场的批次和产品的抽样检验方案确定。 检查小砌块和芯柱混凝土、砌筑砂浆试块试验报告
		砌体水平灰缝的砂浆饱满度，应按净面积计算不得低于 90%	每检验批不应少于 5 处。 用专用百格网检测小砌块与砂浆粘结痕迹，每处检测 3 块小砌块，取其平均值
		墙体转角处和纵横墙交接处应同时砌筑。临时间断处应砌成斜槎，斜槎水平投影长度不应小于斜槎高度。施工洞口可预留直槎，但在洞口砌筑和补砌时，应在直槎上下搭砌的小砌块孔洞内用强度等级不低于 C20 的混凝土灌实	每检验批不应少于 5 处。 观察检查
		小砌块砌体的芯柱在楼盖处应贯通，不得削弱芯柱截面尺寸；芯柱混凝土不得漏灌	全数检查。 观察检查
	一般项目	砌体的水平灰缝厚度和竖向灰缝宽度宜为 10mm，但不应大于 12mm，也不应小于 8mm	每检验批抽查不应少于 5 处。水平灰缝厚度用尺量 5 皮小砌块的高度折算；竖向灰缝宽度用尺量 2m 砌体长度折算

续表

分项工程		质量验收内容	检验数量及方法
混凝土小型空心砌块砌体工程	一般项目	小砌块砌体尺寸、位置的允许偏差应按规范规定执行	
配筋砌体工程	主控项目	钢筋的品种、规格和数量和设置部位应符合设计要求	全数检验。 检查钢筋的合格证书、钢筋性能试验报告、隐蔽工程记录
		构造柱、芯柱、组合砌体构件、配筋砌体剪力墙构件的混凝土及砂浆的强度等级应符合设计要求	每检验批砌体，试块不应少于1组，验收批砌体试块不得少于3组。全数检查。 检查混凝土或砂浆试块试验报告
		构造柱与墙体的连接应符合下列规定： 1）墙体应砌成马牙槎，马牙槎凹凸尺寸不宜小于60mm，高度不应超过300mm，马牙槎应先退后进，对称砌筑；马牙槎尺寸偏差每一构造柱不应超过2处； 2）预留拉结钢筋的规格、尺寸、数量及位置正确，拉结钢筋应沿墙高每隔500mm设2Φ6，伸入墙内不宜小于600mm，钢筋的竖向移位不应超过100mm，且竖向移位每一构造柱不得超过2处； 3）施工中不得任意弯折拉结钢筋	每检验批抽查不应少于5处。 观察检查和尺量检查
		配筋砌体中受力钢筋的连接方式及锚固长度、搭接长度应符合设计要求	每检验批抽查不应少于5处。 观察检查
	一般项目	构造柱位置及垂直度的允许偏差应符合规范规定	每检验批抽查不应少于5处
		设置在砌体灰缝中钢筋的防腐保护应符合相关规定，且钢筋防护层完好，不应有肉眼可见裂纹、剥落和擦痕等缺陷	每检验批抽查不应少于5处。 观察检查
		网状配筋砖砌体中，钢筋网规格及放置间距应符合设计规定。每一构件钢筋网沿砌体高度位置超过设计规定一皮砖厚不得多于一处	每检验批抽查不应少于5处。 通过钢筋网成品检查钢筋规格，钢筋网放置间距采用局部剔缝观察，或用探针刺入灰缝内检查，或用钢筋位置测定仪测定
		钢筋安装位置的允许偏差及检验方法应符合规范规定	每检验批抽查不应少于5处
填充墙砌体工程	主控项目	砖、小砌块和砌筑砂浆的强度等级应符合设计要求	按进场的批次和产品的抽样检验方案确定。 检查砖小砌块的生产合格证书、产品性能检测报告和砂浆试块试验报告
		填充墙砌体应与主体结构可靠连接，其连接构造应符合设计要求，未经设计同意，不得随意改变连接构造方法。每一填充墙与柱的拉结筋的位置超过一皮块体高度的数量不得多于一处	每检验批抽查不应少于5处。 观察检查
		填充墙与承重墙、柱、梁的连接钢筋，当采用化学植筋的连接方式时，应进行实体检测。锚固钢筋拉拔试验的轴向受拉非破坏承载力检验值应为6.0kN。抽检钢筋在检验值作用下应基材无裂缝、钢筋无滑移宏观裂损现象；持荷2min期间荷载值降低不大于5%	符合专业验收规范的要求。 原位试验检查

续表

分项工程		质量验收内容	检验数量及方法
填充墙砌体工程	一般项目	填充墙砌体一般尺寸的允许偏差应符合规范规定	每检验批抽查不应少于5处
		填充墙砌体的砂浆饱满度检验标准应符合规范规定	每检验批抽查不应小于5处
		填充墙留置的拉结钢筋或网片的位置应与块体皮数相符合。拉结钢筋或网片应置于灰缝中,埋置长度应符合设计要求,竖向位置偏差不应超过1皮高度	每检验批抽查不应少于5处。观察和用钢尺量检查
		砌筑填充墙时应错缝搭砌,蒸压加气混凝土砌块搭砌长度不应小于砌块长度的1/3;轻骨料混凝土小型空心砌块搭砌长度不应小于90mm;竖向通缝不应大于2皮	
		填充墙的灰缝厚度和宽度应正确。烧结空心砖、轻骨料混凝土小型空心砌块的砌体灰缝应为8～12mm;蒸压加气混凝土砌块砌体当采用水泥砂浆、水泥混合砂浆或蒸压加气混凝土砌块砌筑砂浆时,水平灰缝厚度和竖向灰缝宽度不应超过15mm;当蒸压加气混凝土砌块砌体采用蒸压加气混凝土砌块粘结砂浆时,水平灰缝厚度和竖向灰缝宽度宜为3～4mm	每检验批抽查不应少于5处。水平灰缝厚度用尺量5皮小砌块的高度折算;竖向灰缝宽度用尺量2m砌体长度折算

2. 相关允许偏差值

砌体工程中以下各项允许偏差及检验标准应满足《砌体工程施工质量验收规范》GB 50203—2011 的有关规定,限于篇幅,表格不再摘录。

1)小砌块砌体尺寸、位置的允许偏差;
2)构造柱尺寸允许偏差;
3)配筋砌体钢筋安装位置的允许偏差;
4)填充墙砌体一般尺寸检验标准;
5)填充墙砌体的砂浆饱满度检验标准。

3. 按程序进行检验批、分项工程验收。

第五节 装配式结构工程质量管理

根据《装配式混凝土结构技术规程》JGJ 1—2014 的术语,"由预制混凝土构件通过可靠的连接方式装配而成的混凝土结构,包括装配整体式混凝土结构、全装配混凝土结构等。在建筑工程中，简称装配式建筑；在结构工程中，简称装配式结构"。又根据《混凝土结构工程施工质量验收规范》GB 50204—2015 术语，"由预制混凝土构件或部件装配、连接而成的混凝土结构，简称装配式结构"。

中共中央国务院《关于进一步加强城市规划建设管理工作的若干意见》提出，力争用 10 年左右时间，使装配式建筑占新建建筑的比例达到 30%，《建筑产业现代化发展纲要》要求，到 2020 年，装配式建筑占新建建筑的比例达 20% 以上，到 2025 年，应提升至 50% 以上。它所显示出的节能、环保、高效等优越性将具有更强大的生命力。

装配式结构在建筑工程中早已广泛应用，近年来，在城市轨道交通车站主体结构中也开始应用，有半装配式以及全装配式两种结构，后者的车站主体结构基本都由装配式构件拼装完成，只有很少的现浇段，因而被业内人士称为"装配式车站"。它从诞生之日起就受到了广泛的关注，其结构设计遵循建筑工程中的装配式结构设计原则，但预制构件的空间形状具有特点，详见后述案例，需要注意的是，此工法还存在不足，尤其是结构施工接缝多、整体性差，防水效果不如整体现浇式结构；其次应用范围受限，装配式车站目前多为地下双层结构，只能在标准段（称其为拼装段）内实施，即拼装主体结构处的断面须基本相同。当结构断面有变化不规则时，仍需采用现浇结构。

但我们相信随着技术的进步，这些缺点将逐一解决，装配式结构是有广阔发展前景的工法之一。

在《地下铁道工程施工质量验收标准》GB/T 50299—2018 的工程划分中，装配式结构是主体结构分部工程中的一个分项工程，考虑到其重要性和发展潜力，本节将其单列一节叙述，并附案例，通过案例总结车站主体装配式混凝土结构安全质量控制要点，向同行推介这种工法，并相互切磋，有着积极的现实意义。质量控制依据为《混凝土结构工程施工质量验收规范》GB 50204—2015、《混凝土结构工程施工规范》GB 50666—2011 和《装配式混凝土结构技术规程》JGJ 1—2014。

一、预制构件制作质量管理

预制构件制作

装配式结构的构件为工厂预制，其制作质量由构件厂家控制，一般由建设单位委托监理单位进行驻厂监造。因其模板及预埋孔洞质量直接影响装配施工，故为驻厂监造的重点。

1. 模板安装及检验标准

应符合《混凝土结构工程施工规范》GB 50666—2011、《混凝土结构工程施工质量验收规范》GB 50204—2015 的规定，并应符合设计及施工方案的要求。

2. 预埋件

1）固定在模板上的预埋件和预留孔洞不得遗漏，且应安装牢固。有抗渗要求的混凝土结构中的预埋件，应按设计及施工方案的要求采取防渗措施。

2）预埋件和预留孔洞的位置应满足设计和施工方案的要求。当设计无具体要求时，其位置偏差应符合《混凝土结构工程施工规范》GB 50666—2011、《混凝土结构工程施工质量验收规范》GB 50204—2015 的规定。

二、预制构件进场验收

预制构件分项工程验收管理

1. 预制构件质量验收标准，见表 2-5-1。

2. 预制构件允许偏差

预制构件尺寸允许偏差应满足《混凝土结构工程施工质量验收规范》GB 50204—2015 的有关规定。

3. 分项工程验收

预制构件出厂时应经检验合格，并附有相应的质量证明材料。

装配式工程预制构件质量验收标准 表 2-5-1

分项工程		质量验收内容	检验数量及方法
预制构件	主控项目	预制构件的质量应符合本规范、国家现行有关标准的规定和设计的要求	全数检查。 检查质量证明文件或质量验收记录
		专业企业生产的预制构件进场时，预制构件结构性能检验应符合下列规定： 1. 梁板类简支受弯预制构件进场时应进行结构性能检验，并应符合下列规定： 1）结构性能检验应符合国家现行有关标准的规定及设计的要求，检验要求和试验方法应符合现行《混凝土结构工程施工质量验收规范》GB 50204 附录 B 的规定。 2）钢筋混凝土构件和允许出现裂缝的预应力混凝土构件应进行承载力、挠度和裂缝宽度检验；不允许出现裂缝的预应力混凝土构件应进行承载力、挠度和抗裂检验。 3）对大型构件及有可靠应用经验的构件，可只进行裂缝宽度、抗裂和挠度检验。 4）对使用数量较少的构件，当能提供可靠依据时，可不进行结构性能检验。 2. 对其他预制构件，除设计有专门要求外，进场时可不做结构性能检验。 3. 对进场时不做结构性能检验的预制构件，应采取下列措施： 1）施工单位或监理单位代表应驻厂监督生产过程。 2）当无驻厂监督时，预制构件进场时应对其主要受力钢筋数量、规格、间距、保护层厚度及混凝土强度等进行实体检验	同一类型预制构件不超过1000个为一批，每批随机抽取1个构件进行结构性能检验。 检查结构性能检验报告或实体检验报告
		预制构件的外观质量不应有严重缺陷，且不应有影响结构性能和安装、使用功能的尺寸偏差	全数检查。 观察，尺量；检查处理记录
		预制构件上的预埋件、预留插筋、预埋管线等的规格和数量以及预留孔、预留洞的数量应符合设计要求	全数检查。 观察

续表

分项工程		质量验收内容	检验数量及方法
预制构件	一般项目	预制构件应有标识	全数检查。观察
		预制构件的外观质量不应有一般缺陷	全数检查。观察，检查处理记录
		预制构件的尺寸偏差应符合规范的规定；设计有专门规定时，尚应符合设计要求。施工过程中临时使用的预埋件，其中心线位置允许偏差可取规范的规定	同一类型的构件，不超过100个为一批，每批应抽查构件数量的5%，且不少于3个
		预制构件的粗糙面的质量及键槽的数量应符合设计要求	全数检查。观察

（摘自《混凝土结构工程施工质量验收规范》GB 50204—2015）

三、预制构件安装质量管理

（一）安装准备管理

1. 资源准备

1）企业资质、作业人员资格符合要求。

2）预制构件进入现场后应履行验收手续，核对预制构件混凝土强度及预制构件符合设计文件要求，外观质量、尺寸偏差检查合格。

3）安装施工前，应检查复核吊装设备及吊具处于安全操作状态。

4）装配式车站结构拼装需使用拼装台车施工，应根据工程具体情况设计并制作。

2. 技术准备

1）装配式结构安装专项施工方案的编制和审核程序同常规。

2）应在已施工完成结构及预制构件上进行测量放线，并应设置安装定位标志；

3）拼装前，应复核构件装配位置、各构件的编号、连接配件型号、数量均符合设计要求。

4）划分检验批，以一个安装段为一个检验批。

3. 预制构件运输

1）预制构件自工厂运至现场过程中，车辆应满足构件尺寸和载重要求，支承位置应经计算确定。

2）运输线路应根据道路、现场的实际条件确定，场内运输宜设置循环线路。

3）装卸构件过程中，应采取保证车体平衡，防止车体倾覆的措施，采取防止构件移动或倾倒的绑扎固定措施。

4）运输细长构件时应根据需要设置水平支架。

5）构件边角部或绳索接触处的混凝土，宜采用垫衬加以保护。

4. 现场条件准备

1）场地应平整、坚实，水、电、路通畅，并应有良好的排水措施。

2）合理规划构件在基坑内的临时堆放场地，并采取保护措施。

3）构件堆放应满足下列要求。

（1）构件宜按安装顺序分类堆放，堆垛宜布置在吊车工作范围内且不受其他工序作业影响的区域。

（2）堆垛层数应根据构件与垫木或垫块的承载能力及堆垛的稳定性确定，必要时应设置防止构件倾覆的支架。

（3）应保证最下层构件垫实，预埋吊件宜向上，标识宜朝向堆垛间的通道。

（4）垫木或垫块在构件下的位置宜与脱模、吊装时的起吊位置一致。重叠堆放时，每层垫木或垫块应在同一垂直线上。

（5）预应力构件的堆放应根据反拱影响采取措施。

（二）安装过程质量控制

装配式结构安装应根据工期要求以及工程量、机械设备、现场条件，组织立体交叉、均衡有效的安装施工流水作业，执行《混凝土结构工程施工规范》GB 50666—2011 及各相关技术标准，按要求的数量检查其质量证明文件、施工记录及平行加工试件的检验报告等，装配式结构采用预应力构件时，预应力工程应满足规范相关规定。

1. 试安装

装配式结构正式施工前，宜选择有代表性的单元或部分进行试安装，并应根据试安装结果及时调整完善施工方案和施工工艺，经验收合格后进行正式安装。

2. 采取临时支撑固定措施

预制构件吊装应根据水准点和轴线校正位置，准确就位后应及时采取临时支撑固定措施，之后方可将预制构件与吊具分离。临时支撑应符合下列规定：

1）每个预制构件的临时支撑不宜少于 2 道；

2）对预制柱、墙板的上部斜撑，其支撑点距离底部的距离不宜小于板高的 2/3，且不应小于板高的 1/2；

3）构件安装就位后，可通过临时支撑对构件的位置和垂直度进行微调。

4）临时支撑的拆除应在装配式结构能达到后续施工承载要求后进行。

3. 预制构件钢筋套筒灌浆连接

1）预制构件就位前，应检查下列内容：

（1）套筒、预留孔的规格、位置、数量和深度。

（2）被连接钢筋的规格、数量、位置和长度。

（3）当套筒、预留孔内有杂物时，应清理干净，当连接钢筋倾斜时，应进行校直。连接钢筋偏离套筒或孔洞中心线不宜超过 5mm。

2）连接接头处应及时灌浆。灌浆作业应符合国家现行有关标准及施工方案的要求，并应符合下列规定：

（1）灌浆施工时，环境温度不应低于5℃；当连接部位养护温度低于10℃时，应采取加热保温措施；

（2）灌浆操作全过程应有专职检验人员负责旁站监督并及时形成施工质量检查记录；

（3）应按产品使用说明书的要求计量灌浆料和水的用量，并搅拌均匀；每次拌制的灌浆料拌合物应进行流动度的检测，且其流动度应满足本规程的规定；

（4）灌浆作业应采用压浆法从下口灌注，当浆料从上口流出后应及时封堵，必要时可设分仓进行灌注。

（5）灌浆料拌合物应在制备后30min内用完。

4. 预制构件钢筋焊接或机械连接质量

焊接或机械连接构件，应符合设计要求或国家现行有关钢结构施工标准的规定，特别应做到：

1）应对外露铁件采取防腐和防火处理。

2）采用焊接连接时，应采取避免损伤已施工完成结构、预制构件及配件的措施，防止因连续施焊引起的连接部位混凝土开裂。

5. 现浇混凝土或砂浆连接

预制构件可通过现浇混凝土或砂浆连接，其强度及收缩性能应满足设计要求。设计无具体要求时，应符合下列规定：

1）承受内力的连接处应采用现浇混凝土连接，混凝土强度不应低于连接处构件混凝土强度设计等级值的较大值；

2）非承受内力的连接处可采用混凝土或砂浆连接，其强度等级不应低于C15或M15；

3）混凝土粗骨料最大粒径不宜大于连接处最小尺寸的1/4。

4）浇筑前，应清除浮浆、松散骨料和污物，并宜洒水湿润。

5）连接节点、水平接缝应连续浇筑；竖向拼缝可逐层浇筑，每层浇筑高度不宜大于2m，应采取措施保证混凝土或砂浆浇筑密实。

6）混凝土或砂浆强度达到设计要求后，方可承受全部设计荷载，即可拆除临时支撑。

6. 受弯叠合构件的装配施工应符合下列规定。

1）应根据设计要求或施工方案设置临时支撑。支撑标高除应符合设计规定外，尚应考虑支承系统本身的施工变形。

2）施工荷载宜均匀布置，并不应超过设计规定，并应避免单个预制构件承受较大的集中荷载。

3）叠合式受弯构件的后浇混凝土前，应检查粗糙度及预制构件的外露钢筋，清理干净预制构件结合面疏松部分的混凝土，洒水润湿结合面，混凝土应振捣密实。

4）模板应保证后浇混凝土部分形状、尺寸和位置准确，并应防止漏浆。

5）同一配合比的混凝土，每工作班且建筑面积不超过1000m²应制作一组标准养护试件,同一楼层应制作不少于3组标准养护试件。

6)叠合构件应在后浇混凝土强度达到设计要求后,方可拆除支撑或承受施工荷载。

7. 墙、柱构件的安装应符合下列规定。

1)构件安装前,应清洁结合面。

2)构件底部应设置可调整接缝厚度和底部标高的垫块。

3)钢筋套筒灌浆连接接头、钢筋浆锚搭接连接接头灌浆前,应对接缝周围进行封堵,封堵措施应符合结合面承载力设计要求。

4)多层预制剪力墙底部采用坐浆材料时,其厚度不宜大于20mm。

5)外挂墙板的连接节点及接缝构造应符合设计要求;墙板安装完成后,应及时移除临时支承支座、墙板接缝内的传力垫块。

8. 构件搁置长度满足设计要求

安放预制构件时,其搁置长度应满足设计要求。预制构件与其支承构件间宜设置厚度不大于30mm坐浆或垫片。

9. 构件连接处防水满足要求

当设计对装配式结构的构件连接处有防水要求时,防水性能及施工质量必须符合设计要求和相关标准的规定。外墙板接缝防水施工应符合下列规定。

1)衬砌块拼装前检查防水密封条质量及粘贴效果,保证无破损及残缺等缺陷,并将板缝空腔清理干净;

2)应按设计要求厚度填塞防水密封材料,嵌填应饱满、密实、均匀、顺直、表面平滑。

(三)分项工程验收管理

1. 安装与连接质量验收标准,见表2-5-2。

构件安装与连接质量验收标准　　　　　表2-5-2

分项工程		质量验收内容	检验数量及方法
安装与连接	主控项目	预制构件临时固定措施应符合施工方案的要求	全数检查。 观察
		钢筋采用套筒灌浆连接时,灌浆应饱满、密实,其材料及连接质量应符合现行《钢筋套筒灌浆连接应用技术规程》JGJ 355—2015的规定	按《钢筋套筒灌浆连接应用技术规程》JGJ 355—2015的规定确定。 检查质量证明文件、灌浆记录及相关检验报告
		钢筋采用焊接连接时,其接头质量应符合现行《钢筋焊接及验收规程》JGJ 18—2012的规定	按《钢筋焊接及验收规程》JGJ 18—2012的规定确定。 检查质量证明文件及平行加工试件的检验报告
		钢筋采用机械连接时,其接头质量应符合现行《钢筋机械连接技术规程》JGJ 107—2016的规定	按《钢筋机械连接技术规程》JGJ 107—2016的规定确定。 检查质量证明文件、施工记录及平行加工试件的检验报告

续表

分项工程		质量验收内容	检验数量及方法
安装与连接	主控项目	预制构件采用焊接、螺栓连接等连接方式时，其材料性能及施工质量应符合现行《钢结构工程施工质量验收规范》GB 50205—2001 和《钢筋焊接及验收规程》JGJ 18—2012 的相关规定	按《钢结构工程施工质量验收规范》GB 50205—2001 和《钢筋焊接及验收规程》JGJ 18—2012 的规定确定。检查施工记录及平行加工试件的检验报告
		装配式结构采用现浇混凝土连接构件时，构件连接处后浇混凝土的强度应符合设计要求	按混凝土施工的规定确定。检查混凝土强度试验报告
		装配式结构施工后，其外观质量不应有严重缺陷，且不应有影响结构性能和安装、使用功能的尺寸偏差	全数检查。观察，量测；检查处理记录
	一般项目	装配式结构施工后，其外观质量不应有一般缺陷	全数检查。观察，检查处理记录
		装配式结构施工后，预制构件位置、尺寸偏差及检验方法应符合设计要求；当设计无具体要求时，应符合规范规定。预制构件与现浇构件连接部位的表面平整度应符合规范规定	按楼层、结构缝或施工段划分检验批。在同一检验批内，对梁、柱和独立基础，应抽查构件数量的10%，且不应少于 3 件；对墙和板，应按有代表性的自然间抽查 10%，且不少于 3 间；对大空间结构，墙可按相邻轴线间高度 5m 左右划分检查面，板可按纵、横轴线划分检查面，抽查 10%，且均不应少于 3 面；对电梯井，应全数检查。观察，检查处理记录

2. 相关项目检验标准

构件安装与连接位置和尺寸的允许偏差及检验方法应满足《混凝土结构工程施工质量验收规范》GB 50204—2015 的有关规定。

3. 分层次验收

1）隐蔽工程验收

装配式结构连接部位及叠合构件浇筑混凝土之前，应进行隐蔽工程验收，包括下列内容：

（1）混凝土粗糙面的质量，键槽的尺寸、数量、位置；

（2）钢筋的牌号、规格、数量、位置、间距，箍筋弯钩的弯折角度及平直段长度；

（3）钢筋的连接方式、接头位置、接头数量、接头面积百分率、搭接长度、锚固方式及锚固长度；

（4）预埋件、预留管线的规格、数量、位置。

2）按规定程序进行检验批和分项工程验收，同前。

四、车站半装配式主体结构案例

2016年开始施工的北京地铁7号线东延共设五个车站：黄厂村站、豆各庄站、云景东路站、小马庄站、高楼金站均为半装配式，其主体结构岛式车站为两层双柱三跨框架结构，并设置出入口、安全出入口、风道、风亭等附属结构，采用明挖法现浇＋预制拼装法施工。车站两端相临区间可采用盾构法、暗挖法施工。现简要介绍其施工特点及质量控制要点。

（一）结构设计概况

车站为2层，底板（底板梁）采用现浇，侧墙采用预制构件与现浇混凝土结构，框架柱采用预制构件，中板（梁）、顶板（梁）采用叠合构件，具体车站设计参数见表2-5-3。

半装配式案例车站设计参数表（表中面积单位为m^2，尺度单位为m）　　表2-5-3

车站名称及建筑内容	总建筑面积 / 主体建设面积	相邻区间类型	车站规模（长×宽×高）	覆土深度 / 底板埋深
黄厂村站	16039.35	盾构	295.25×21.9×13.05	2.8-3.4
	13475.68			16.3~18.2
豆各庄站	20176.57	盾构	343×21.9×13.50	3.1-3.7
	15279.92			16.6~18.5
云景东路站	16739.11	矿山（暗挖）		
	13879.86			16
小马庄站	15524.39	盾构、矿山（暗挖）	286×21.9×6.3	3.4
	12572			16~17
高楼金站	27791		325.9×29.9×13.7	3
	19644.3			
工程体育中心站	17877.76		300.755×21.9	3.304
	13646.518			16.704

装配式车站各个预制、现浇部位及拆分、连接方式，均为设计确定。

水平接头（接缝）构造

预制构件的连接部位设置在构件受力较小的部位。接头（接缝）处受力明确，采用可靠的受力钢筋连接方式。同时满足施工操作方便，经济合理等要求。各构件拆分、接头（接缝）及节点构造分述如下。

（二）侧墙拆分及接头（接缝）构造

1.侧墙预制构件尺寸

综合考虑运输、吊装、经济合理等因素，地下一层、二层侧墙分别设置一个构件单元。

见表 2-5-4。

侧墙预制构件尺寸及重量表　　　　　　　　　　　　　　表 2-5-4

连接方案	宽度	高度	单块重量
地下一层侧墙预制构件	混凝土块宽度 3.66m（含外露钢筋长度 4.3m）	5.83m	32t
地下二层侧墙预制构件		5.8m	32.28t

2. 预制侧墙与现浇混凝土底板结合

预制侧墙构件的顶面、底面和两侧面处理为粗糙面或者制作键槽，现浇底板表面处理为键槽或粗糙面。粗糙面的凹凸度大于 6mm；键槽的深度不小于 50mm，长度为 150～250mm。键槽端部斜面与侧边的倾角为 45°。

为保证车站结构的整体性，沿车站纵向每两块预制构件之间设置一段后浇带，尺寸 900mm，内设置暗柱，预制构件外露的钢筋与暗柱钢筋采用机械连接锚入暗柱内。

侧墙预制构件之间的钢筋采用灌浆套筒连接，侧墙与板（梁）之间应座浆，座浆宜采用高强灌浆料或干硬性水泥砂浆，厚度不大于 20mm。

（三）框架梁柱拆分及梁柱节点选型

1. 梁、柱预制构件尺寸

地下一层、二层框架柱分别设置一个构件单元；框架梁采用叠合梁，纵向一个柱跨为一个预制梁构件。见表 2-5-5。

梁、柱预制构件尺寸及重量表　　　　　　　　　　　　　　表 2-5-5

连接方案	截面（mm）	高度（长度）	单块重量（t）
预制中楼板梁	1200×750	7.9m（含外露钢筋 9.1m）	14.22
预制顶板梁	1200×1050	7.9m（含外露钢筋 9.1m）	24.9

2. 框架柱拆分原则

框架柱采用预制结构。相互之间的钢筋采用灌浆套筒连接，框架柱与板（梁）之间应座浆，座浆采用高强灌浆料，座浆厚度不大于 20mm。

3. 框架梁拆分原则

1）中楼板梁、顶板梁均采用叠合梁。

2）根据吊装需要及基坑支护结构平剖面布置，框架梁纵向柱跨为一构件单元，也可一个柱跨内分段预制。

3）对于设备区中楼板主次梁分布较密集处，采用现场浇筑。

4）其他主次梁交界处，主次梁与侧墙交接处采用现浇。

4. 梁柱节点选型

采用梁柱节点现浇或梁柱节点与框架柱预制为一体的设计方案：

框架柱单独预制，框架梁架设在柱上（按纵向柱跨设置一个梁构件单元）。梁柱节点现浇；梁下部钢筋在节点内焊接（或搭接），根据《混凝土结构设计规范》GB 50010—2010（2015版），钢筋在受压区，可不考虑50%钢筋接头率的要求。

5. 构造要求

1）叠合梁的下部纵向受力钢筋在梁柱节点区锚固。

2）叠合梁的箍筋采用封闭箍，梁上部纵向钢筋预穿在箍筋内。

3）预制梁端部接合面设置剪力键，剪力键的尺寸根据梁竖向接缝的抗剪计算确定。

4）采用预制柱及叠合梁的装配整体式框架中，柱的拼接缝设置在楼面标高处，节点区上表面应设置粗糙面或键槽，接缝符合下列规定：

（1）下柱纵向钢筋向上贯穿现浇节点区，与上柱纵向钢筋采用灌浆套筒连接。

（2）上柱底部与节点上表面之间应设置灌浆层，厚度宜为10~20mm，采用灌浆料填实。

（四）中板及顶板拆分

中楼板及顶板均采用叠合板。为保证预制板块在施工及运输、吊装时不产生影响使用的裂缝等，预制板块只能平行下吊。

1. 中楼板预制板块尺寸

纵向尺寸：根据基坑支护结构平剖面布置，桩撑支护体系中第二道钢支撑水平净间距只有3.66m，为保证吊装安全，中楼板预制板块纵向宽度应小于3.66m，结合纵向9.12m的柱跨，板宽选为3.040m（一个纵向柱跨分三块）。

1）横向尺寸：一个柱跨为一个构件单元。

2）厚度：根据叠合构件施工及使用阶段工况下的计算，中楼板预制构件厚度为150mm。

2. 顶板预制板块尺寸：

1）纵向尺寸：根据基坑支护结构平剖面布置，并结合运输、吊装的难易程度及费用等因素，板宽选为3.040m。

2）横向尺寸：一个柱跨为一个构件单元。

3）厚度：根据叠合构件施工及使用阶段工况下的计算，顶板预制构件厚度为200mm。

3. 叠合板构造要求

根据民用建筑装配式结构采用整体式接缝构造，板缝在250mm左右。

（五）预制构件制作、安装与施工

1. 预制构件制作质量

预制构件的外观质量不应有严重缺陷，不宜有一般缺陷。对已出现的缺陷，应按技术方案进行处理，并应重新检查。预制构件不得存在影响结构性能或安装、使用功能的尺寸偏差。

2. 预制构件吊装

本站预制构件中地下一层侧墙预制构件最重,约32t,考虑采用龙门吊进行预制构件的吊装施工。

对于竖向构件,钢筋采用灌浆套筒连接,因现浇结构表面不平整,预制构件与现浇板之间留出20mm的调整缝,缝隙采用与钢筋套筒一致的灌浆材料填允密实。在灌浆缝未达到强度前,应采用斜向临时支撑进行固定。

由于水平钢支撑的存在,预制板及预制纵梁构件在吊装时无法一次吊装至安装位置,需考虑换吊点进行二次吊装就位。

3. 受弯叠合构件的装配施工

受弯叠合构件的装配施工应符合下列规定:

1)受弯叠合构件的支撑应根据设计要求或施工方案设置;
2)施工荷载不应超过设计规定,并应避免单个预制楼板承受较大的集中荷载;
3)未经设计允许不得对预制楼板进行切割、开洞。

(六)拼装精度

预制构件尺寸允许偏差及检验方法,见表2-5-6(摘自《混凝土结构工程施工质量验收规范》GB 50204—2015)。

预制构件尺寸的允许偏差及检验方法　　表2-5-6

项目			允许偏差(mm)	检验方法
长度	楼板、梁、柱、桁架	<12m	±5	尺量
		≥12m且<18m	10	
		≥18m	20	
	墙板		±4	
宽度、高(厚)度	楼板、梁、柱、桁架		±5	尺量一端及中部,取其中偏差绝对值较大处
	墙板		±4	
表面平整度	楼板、梁、柱、墙板内表面		5	2m靠尺和塞尺量测
	墙板外表面		3	
侧向弯曲	楼板、梁、柱		l/750且≤20	拉线、直尺量测最大侧向弯曲处
	墙板、桁架		l/1000且≤20	
翘曲	楼板		l/750	调平尺在两端量测
	墙板		l/1000	
对角线	楼板		10	尺量两个对角线
	墙板		5	
预留孔	中心线位置		5	尺量
	孔尺寸		±5	

续表

项目		允许偏差（mm）	检验方法
预留洞	中心线位置	10	尺量
	洞口尺寸、深度	±10	
预埋件	预埋板中心线位置	5	尺量
	预埋板与混凝土面平面高差	0，-5	
	预埋螺栓	2	
	预埋螺栓外露长度	+10，-5	
	预埋套筒、螺母中心线位置	2	
	预埋套筒、螺母与混凝土面平面高差	±5	
预留插筋	中心线位置	5	尺量
	外露长度	+10，-5	
键槽	中心线位置	5	尺量
	长度、宽度	±5	
	深度	+10	

注：1. l 为构件尺寸；
2. 检查中心线、螺栓和孔道位置偏差时，沿纵、横两个方向量测，并取其中偏差较大值。

五、明挖车站全装配式结构案例

长春地铁 2 号线一期工程 BT01 标袁家店站为国内首座预制装配式地铁车站主体结构，现以之为例，对预制拼装结构进行简要介绍。

（一）长春地铁 2 号线袁家店站概况

1. 项目组织系统

工程名称：长春地铁 2 号线一期工程监理 BT01 标段（2 站 4 区间）

招标人：长春市地铁有限责任公司

建设单位：长春市地铁有限责任公司

设计单位：北京城建设计研究总院有限责任公司

勘察单位：中冶地勘岩土工程有限责任公司

监理单位：北京建工京精大房工程建设监理公司长春市城市建设咨询有限公司（联合体）

开工日期：2013 年 4 月

竣工日期：2015 年 6 月

工程质量：符合国家现行行业合格标准

2. 车站设计概述

长春地铁 2 号线一期工程袁家店站为拼装车站，总长 310m，为标准双层岛式车站，上层为站厅层，下层为站台层，设 4 个出入口，一个风道。

袁家店站主体结构由两端的现浇段和中部装配段组成，总长度310m，装配段，长188m，依据地基情况和车站主体结构总长及工期等综合因素确定，两端现浇段总长122m，长端部分长为105.6m，短端部分长为16.4m。

3. 车站基坑设计

本工程基坑开挖深度为22m，装配段边坡支护结构采用围护桩+竖向五道锚索锚拉的形式，基坑平面布置、横断尺寸及锚索布置面见图2-5-1和图2-5-2。

图2-5-1 基坑平面布置

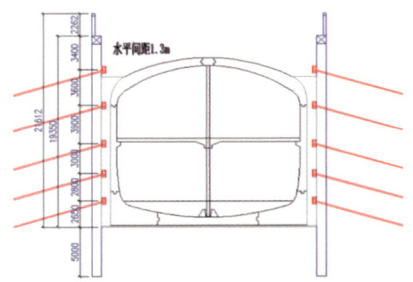

图2-5-2 装配段基坑支护图

4. 装配段空间构件设计

车站为双层，在空间结构的中部设有现浇混凝土中层板（F块），将结构分为两层，即站厅层及站台层。装配段共94环，每环长度2m，主体框架结构的空间由四周的上、下、左、右四个面（含顶板、底板、侧墙）7块预制块及中层板组成，预制块拼装成环后断面一般宽度约为20m以上，高度约为16m。空间型式参见图2-5-3（图纸编号A、B、C、D、E）。

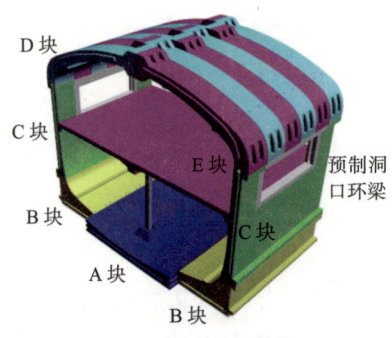

图2-5-3 装配式结构空间型式图

每一个拼装环的底板由三块预制件，即两块边角构件（B块）和一块中心板构件（A块）拼装而成，两面的侧墙各由一块平面预制件组成，若侧墙有出入口，则由一片带有预留口的特制预制块构成（C块），预留口部采用预制洞口环梁结构。顶板由两块曲面的预制块组成（D、E块）。

每一环七块构件（A到E）之间的连接方法为：顶板与侧墙、底板与侧墙构件采用高强螺栓连接，其余构件沿环向采用精轧螺纹钢连接。每个环由预制构件块采用榫槽与榫头连接成型，榫头内设置定位抗剪销（见图2-5-4）；若干环沿车站纵轴连线连接成拼装段，即通过现场拼装，完成，由预制块→环→车站空间结构的施工过程。拼装段与端部混凝土结构用现浇带连接成车站主体结构。

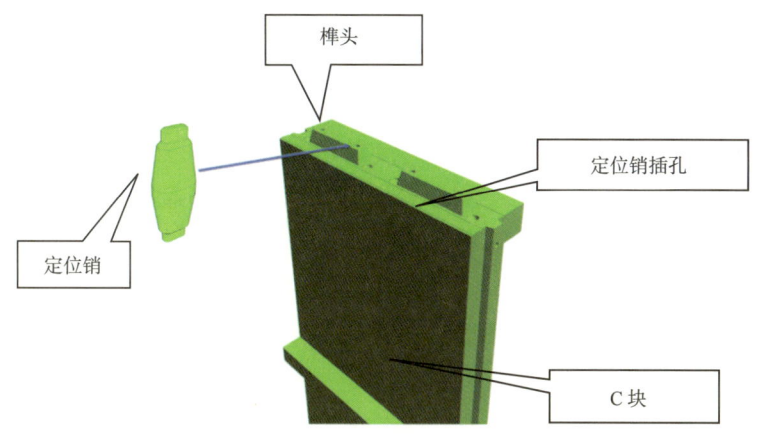

图2-5-4 定位销示意图

（二）装配施工的准备工作管理

由于车站装配式主体结构技术要求较高，加之目前尚无实践的先例，故准备工作格外重要，必须做好充分准备。

1. 资源准备

1）对工人技术培训

车站主体结构的装配施工应由具有资质的专业分包单位承担，因工法技术含量高，工艺做法细致，对工人的技术素质和操作技艺水平要求较高，如：出入口段预制块制作复杂，预留孔洞尺寸较小，工人操作空间受限，若达到尺寸精准、连结严密、装配无隙，工人必须有高超熟练的技能。施工前，应对作业人员进行培训和交底。

2）起重设备选择及安装

根据设计参数及现场条件起重设备选择龙门吊，龙门吊起重最大吨位为75t主梁长度29.5m高度2.64m，根据《起重机设计手册》规定30m以下跨度的龙门吊使用刚性支腿，经计算支腿高度定为18m，轨道设置在冠梁上跨度为23.1m。龙门吊结构形式见图2-5-5。根据现场施工情况调整龙门吊走行及起升速度，合理安排预制块存放场地，减少龙门吊走行距离保证施工效率。

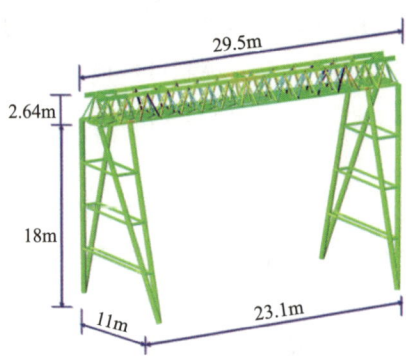

图 2-5-5　龙门吊结构形式

2. 技术准备

1）编制专项施工方案

方案的重点是按照设计确定的构件连接方式，制定临时支撑方案，保证构件连接的密实和防水等级及构件的安全。装配式结构构件间的钢筋连接采用焊接、机械连接、搭接及套筒灌浆连接等方式，钢筋连接施工应符合有关标准的规定，同时需要编制应急预案。拼装方案经过专家论证并经过监理单位审批后实施。

2）确定检验批（即一次拼装长度）划分

将装配段按工作量划分成若干个检验批进行装配，本工程设为每批 10 环，不足 10 环按一个检验批计。

3）预制拼装块进场验收

（1）所有预制构件均具有混凝土试验报告单，出厂质量证明，其强度、外观质量、构件外形尺寸偏差符合设计要求，见表 2-5-7。构件表面不能有贯通裂缝，较小裂缝宽度及深度必需满足设计及规范要求，构件表观不能存在面积较大的蜂窝麻面等质量缺陷。

单个预制块制作的允许误差　　　　表 2-5-7

名称	项目	允许偏差值（mm）
单个预制块制作	长度	−3.0 ~ +1.0
	高度	−2.0 ~ +1.0
	宽度	−1.5 ~ +1.0
	厚度	−1.0 ~ +3.0
	纵向、环向平整度	0 ~ 2
	榫槽尺寸	± 1.0
	芯棒、螺栓及定位销孔位中心距	± 1.0

（2）防水密封垫严格按照图纸设计参数选择有资质的生产厂家制作，进场验收应合格。

3. 现场条件准备

为保证第一环拼装时的牢固及抵消第二环拼装时预加应力的反向作用力,在第一环拼装块的端头位置,需安装钢结构反力架(属于临时施工措施),反力架下设混凝土基础,基础需埋设预埋件与上部的反力架相连接。反力架布置见图 2-5-6。

(三)拼装流程

装配式车站结构的拼装流程见图 2-5-7,将通过下面的案例分述如下。

1. 拼装块就位

严格按设计要求精度进行预制拼装块就位,确保后续衬砌环就位精度,衬砌环拼装过程中应对车站轴线和高程进行控制,超出设计允许误差后应及时进行调整,并及时通知设计单位进行核算。

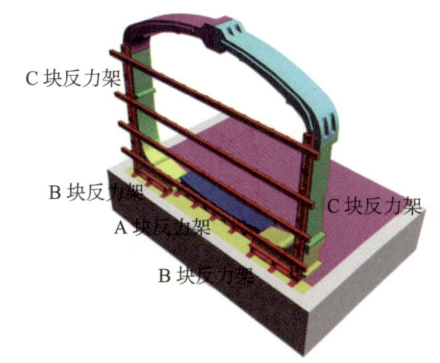

图 2-5-6 反力架布置图

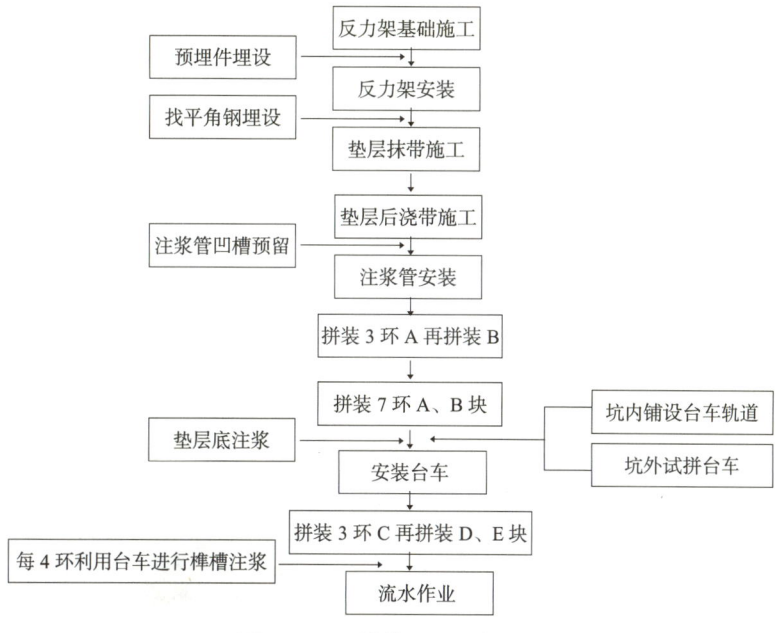

图 2-5-7 拼装流程示意框图

2. 浇筑垫层（精平带）

由于空间构件拼装成主体结构，荷载传递到地基持力层上，车站埋深较深，持力层一般为原状土，不需要再单独进行地基处理，基底只须经过整平浇筑混凝土垫层后即可直接拼装，因垫层精度要求较高简称精平带。

为保证垫层的精度，需先沿基坑纵向施作垫层抹带，作为标高控制带，宽度1m，间隔1～2m，待抹带达到强度后再浇筑中间的后浇带，连成完整垫层（精平带），在其上拼装。精平带的精确度误差控制在2mm以内。

3. 注浆管埋设

为填实垫层与拼装底板块之间的缝隙，达到防水的目的需同时预留出注浆管的凹槽，埋入注浆管。

4. 首次拼装

实际拼装中不是逐环连接，而是拼出阶梯状（坡状），自底板向上逐渐连接侧墙、顶板。

1）拼装底板（A、B块）

为满足下一步利用台车拼装的运行空间要求，并保证结构稳定。应先拼装七环的底板。中部底板构件为A块、两侧端部构件为B块，见图2-5-8和图2-5-9。

2）安装台车的轨道、台车

应保证拼装台车的整体精度、刚度及稳定性，在拼装好的底板块上安装台车的轨道，在轨道上安装台车，达到工作位置要求。门架及行走桁架结构形式见图2-5-10，台车工作位置见图2-5-11。

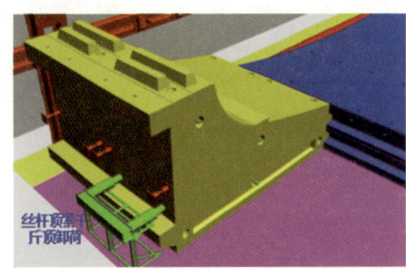
图2-5-8　A块与B块的拼装

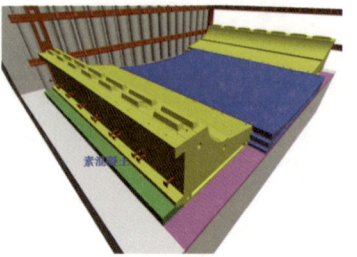
图2-5-9　7环底板拼装完成

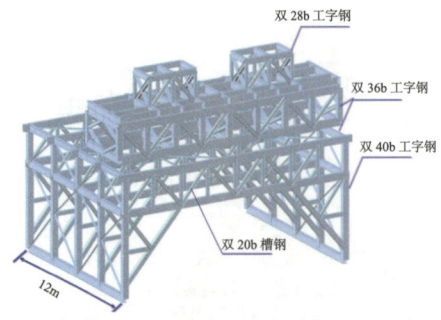
图2-5-10　台车结构形式图

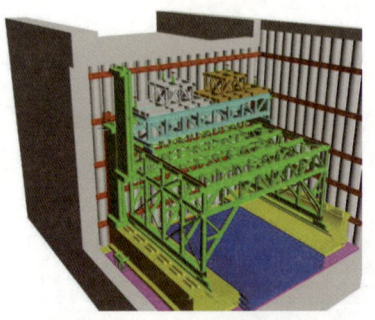
图2-5-11　台车工作位置

· 第二章 明挖工程质量安全管理 ·

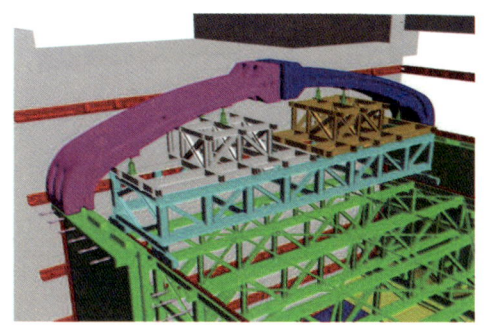
图 2-5-12 装配 D、E 块与 C 块连接，首环拼装完成

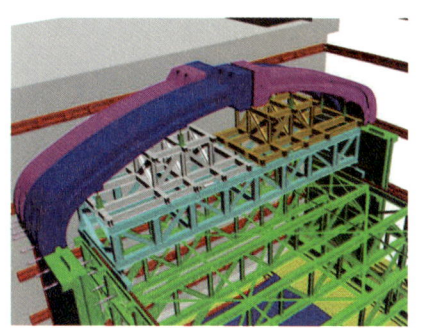
图 2-5-13 第二环拼装

3）安装侧墙（C 块）和顶板（D、E 块）

利用安装好的台车拼装侧墙及顶板即 C、D、E 块。见图 2-5-12 和图 2-5-13。

将 D、E 块初步组装后吊装到位，分别与 C 块连接，随之准确将 D、E 块合拢，完成首环拼装。

5. 拼装下一环

第二环的连接见图 2-5-14。沿车站纵轴线方向采用精轧螺纹钢张拉连接，用高强螺母锁紧，即每环上有张拉孔 26 个，采用 26 根精轧螺纹钢实现环与环间的连接。

拼装好一环后台车后退至下一环的位置，拼装下一环。如此循环完成一个检验批，再继续直至整个车站拼装段完成。

6. 控制锁紧装置

衬砌块拼装时应保证螺栓及预紧装置的连接质量，并严格按照设计要求的锁定值及偏差值进行双控锁紧，同时保证预制衬砌块侧向限位装置的连接质量及受力均匀，避免出现受荷载影响产生过大变形，确保台车行进时预制衬砌块能够形成稳定整体；

7. 回填素混凝土

对拼装环与基坑间的缝隙（肥槽）采用素混凝土回填密实以保证基坑安全和稳定，应边拼装边回填，直至装配段全部完成，回填至设计标高。回填采用分层对称的方式，一次回填高度不宜过高，以防侧压力过大引起结构失稳。

8. 控制缝隙注浆

1）垫层与拼装底板块之间缝隙注浆，应填充饱和，浆液硬化后应微膨胀或不收缩，确保预制衬砌环受荷载后受力均匀，无应力集中现象；

2）预制衬砌环榫头、榫槽缝隙及防水注浆槽均要严格按设计要求注浆，必需饱满，可根据出浆孔排除浆液及注浆压力、注浆量等因素综合进行判断，保证接缝整体受力效果；

3）浆液多采用环氧树脂浆料，应按设计配合比拌制，浆液的密度、稠度、和易性、杂物最大粒径、凝结时间、凝结后强度、浆体固化收缩率等均应满足设计要求，防水节点详见图 2-5-14a。

4）预制构件环向及纵向的接触面中部设计两道凹槽，并安装防水密封垫，见图

2-5-14b 防水节点及大样图；

9. 防水处理

由于多个构件的拼装，每个环的拼装块之间和每环之间，其连接处的缝隙将是水流通道，施工中必须做好环间缝隙防水处理以保证主体结构不受地下水的侵蚀。

1）粘贴密封垫前先彻底清理预制块表面灰尘，按照设计要求刷涂胶水及粘贴。粘贴12小时内不允许进行拼装。

2）施工过程中避免对防水密封条造成损坏，保证衬砌环拼装完成后接缝的全断面防水效果。

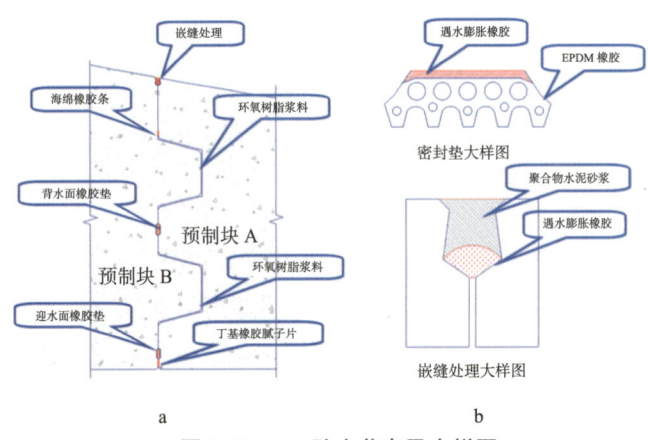

图 2-5-14　防水节点及大样图

（四）与现浇段连结

1. 现浇段施工

按设计要求将拼装段的纵向两端分别与现浇段连接后，方能组成完整的车站主体结构。

装配式标准段全部拼装结束后，进行两端的现浇段混凝土施工，可同时也可先后分别施工现浇结构，无论哪种方式，均需在拼装结构与现浇结构相接处留置后浇带。

2. 后浇带

为保证车站整体的防水质量，拼装段与现浇段采用后浇带的方式连接，后浇带按照施工规范要求施工，拼装构件在后浇带处要认真凿毛处理，以保证与现浇段连接密实起到良好的防水效果。

（五）装配式结构车站工程验收管理

1. 装配式结构安装分项工程验收标准

预制构件现场拼装强度必须达到设计强度的100%。由于长春地铁二号线BT01标袁家店车站为全国首例预制装配式车站，目前暂无相关施工质量验收标准可依据，仅在设计施工图中规定了允许误差，见表2-5-8，施工单位严格按此规定自检合格后报监理单位进行验收。

预制块整环拼装的允许误差　　　　　　表 2-5-8

名称	项目	允许偏差（mm）
预制块整环拼装	相邻环的环向间隙	10
	纵向相邻块间隙	6
	斜直螺栓锁紧轴线定位	±2.0
	环向、纵向预紧装置锁紧轴线定位	±5.0
	相邻环竖向高差	±2.0
	相邻环水平向	±2.0
	衬砌环相对车站中心线	±2.0

2. 分项、分部工程验收

1）首环验收，拼装段第一环完成后，监理部要及时组织建设单位、设计单位、施工单位四方进行首件验收，作为拼装段的标准。检查验收内容如下：

（1）轴线偏差

（2）整体拼装尺寸

（3）相邻构件缝隙及平整度

以上检查项目允许偏差参照表 2-5-13。

2）按程序进行检验批、分项工程、分部工程验收，并填写签署相关记录。

3）各参建单位将装配式结构分部工程验收全部资料及验收单整理组卷归档。

（六）装配式结构的施工安全管理

除应符合明挖工程中相关规定外，在预制构件安装过程中注意以下几点。

1. 承载力验算

各种施工临时荷载作用下构件支架系统和临时固定装置及吊具、索具应进行承载力验算；

2. 起吊过程注意事项

应严格控制瞬间起吊速度，避免瞬间冲击力过大造成起吊装置损坏而引起预制块脱落；

3. 对拼装就位的衬砌块应立即用钢架及千斤顶进行固定；

4. 对拼装台车、机具、吊具及索具要进行定期检查，确保安全；

5. 严格执行施工前条件核查

本工程对照文件，确定装配式车站关键节点，并拟定条件核查内容，见表 2-5-9。

装配式结构施工前条件核查表　　　　　　表 2-5-9

验收条件	内容	核查要点
主控条件	施工方案	装配方案已审批，拼装安全专项施工方案和起重机械安装、拆卸专项方案（包括应急预案）已完成编审、专家论证、审批，签署齐全有效； 测量及监测方案已审批，监测点布置符合要求，已测取初始值

续表

验收条件	内容	核查要点
主控条件	现场指挥	警示标志、信号指挥到位
	拼装环境条件	气象条件满足拼装要求。基坑验槽已完，验槽记录各方签字齐全有效。管线核查，针对性保护措施落实到位
	设备机具	各种起重设备进场验收记录齐全有效，特种设备安全技术档案齐全。安装稳固，防护到位
	反力架安装	反力架安装已到位
一般条件	材料及构配件	所需各种预制块型式、数量满足设计要求，质量证明文件齐全，复试合格
	分包管理	分包队伍资质、许可证等资料齐全，安全生产协议已签署，人员资格满足要求
	作业人员	拟上岗人员安全培训资料齐全，考核合格；特种作业人员类别和数量满足作业要求，操作证齐全有效。施工和安全技术交底已完成
	应急准备	应急物资到位，通讯畅通，消防器材符合要求

第六节　附属工程及其他工程质量管理

按照《城市轨道交通工程资料管理规程》DB11/T 1448—2017划分，在明挖车站中，附属工程为一个单位工程，含有附属土建工程、室外设施、附属建筑及室外环境、管道（线）工程、主变电站房屋建筑等5子单位工程，其中管道（线）工程、主变电站房屋建筑不属本书范围，故不再论述。附属土建工程含有出入口及通道、风井风道、风亭，换乘通道（厅），竖井及连通道，主体工程，附属工程安装5个分部工程，本节仅综合叙述出入口及通道、风井风道、风亭分部工程的质量控制（因所含分项工程划分在各相应工法中，此处不再重复叙述）。室外设施含有道路、边坡2个分部工程，本节仅叙述道路分部工程中的站前广场分项工程。

U形槽区间为区间工程的子单位工程，只含基坑围护、主体结构及附属工程3个分部工程，其所含的子分部及分项工程与明挖车站、区间基本相同。U形槽的工程体量较小，结构构成简单，工法单一（基本为明挖），故本节一并叙述。

一、出入口及通道质量管理

车站的出入口及通道是供乘客进、出车站的建筑设施，各分项工程的划分根据相应的工法确定，其质量控制在本章各节中有相应叙述，可参考，同时应注意以下几点。

（一）施工准备管理

1.基坑平面尺寸较小，工作面狭窄，土方开挖机械选择应与之相适应。

2. 管线二次改移

主体结构施工时改移的管线可能占压出入口及通道基坑位置，故管线调查、管线二次改移工作必须到位。

（二）施工过程质量控制

1. 基坑安全巡视

在车站主体施工过程中，出入口及通道位置的土体被多次扰动，基坑稳定性受到一定影响，应加强基坑安全巡视及施工监测。

2. 土方开挖时，由于受空间条件限制，不能拉槽施工，必须严格控制每层开挖深度。

3. 按时空效应理论，应严格按设计要求顺序及时架设钢支撑。

4. 结合部位防水质量控制

1）车站与出入口明暗挖结合部位施工时，应注意接口处防水材料甩槎长度不足的处理。

2）接口先施工部位的柔性防水层甩槎部分、中埋式止水带、外贴式止水带等与防水相关的预埋件应采取有效的保护措施，确保止水带、防水层甩槎清洁，预埋件不锈蚀。

3）车站与出入口明暗挖结合部位，防水层的过渡部位应设置在暗挖法结构内，并应在接口变形缝部位设置防水分区系统和注浆系统。不同防水材料搭接的质量控制应符合相关规范要求。

二、风井、风道、风亭质量管理

地下车站必须设置风井、通风道及地面通风亭，其作用是保证轨道交通车站具有一个安全、舒适的地下环境。

（一）车站、区间的风道

一般为暗挖法施工，质量控制要点可参考本书中第四章暗挖车站区间相应质量控制要点，此处不再赘述。风亭一般结构形式较为简单，多为钢筋混凝土结构或钢筋混凝土框架加砌体结构，其侧墙设有通风口（安装百叶窗）。风亭质量控制，可参考本章各节中相应部位质量控制。故此处仅论述风井质量控制要点。

（二）车站、区间的风井

一般为明挖法施工，各分项工程的划分根据相应的工法确定，施工准备管理同出入口及通道其施工质量控制在本章各节中有相应叙述，可参考，同时应注意以下几点。

1. 基坑

平面尺寸较小，深度较深，其基坑支护及土方开挖施工控制要点可参考本书暗挖车站区间的竖井施工。

2. 风井

土方开挖、基坑支护施工到风道拱顶部位时，应精确测设出风道进口位置。风井土方开挖、基坑支护到底后，从底部开始向上分段铺设防水层，分段施作风井二衬，完成风井施工。

3. 风道

在井口范围内，实施土方开挖及基坑支护的同时，做好风道井口超前支护打设工作。

三、站前广场质量管理

站前广场工程包括路面砖广场、水泥混凝土广场、沥青混合料广场、石材广场、人行道、盲道、路缘石、平石、栏杆扶手、挡土墙等分项工程。

（一）施工质量控制

1. 合理划分施工单元

施工中应合理划分施工单元，合理安排施工流水段，降低站前广场施工与车站施工交叉作业不利影响。

2. 控制面层铺装坡度

施工中，宜以站前广场中的雨水口及排水坡度分界线的高程控制广场面层铺装坡度。广场面层与周围构筑物、路口应接顺，不得积水，各种材料铺装质量验收标准详见《地铁车站装饰装修工程质量管理实务》中的相关内容。

（二）质量验收管理

站前广场工程路基、基层质量检验标准可参照本书第八至第九章路基工程与车辆基地工程中的相关内容。站前广场工程面层、人行道、盲道、路缘石、平石、栏杆扶手、挡土墙质量检验标准应参照《城镇道路工程施工与质量验收规范》CJJ 1—2018、《城市道路工程施工质量检验标准》DB11/T 1073—2014。

四、U形槽质量管理

U形槽是明挖区间的一种类型。结构通常为隧道区间由地下出地面的过渡段，多设在地下区间与高架区间衔接段或车辆段、停车场与站后折返线区间衔接段，两端分别与地下区间及路基相连，见图 2-6-1 和图 2-6-2。

U形槽为U形断面的钢筋混凝土结构，由底板和侧墙组成。在《地下铁道工程施工质量验收标准》GB/T 50299—2018 中，U形槽工程并未单独划分，在实际工程中可按其功能列为分部工程，包含基坑围护、主体结构、附属工程三个分项工程，其质量管理要点与明挖车站、区间相关内容基本一致，此处仅论述特别应注意之处。

（一）施工过程质量控制

U形槽施工流程为：围护结构（可采用土钉墙或围护桩及土钉墙结合）→基底地基处理→防水层施作→主体结构。

图 2-6-1　U 形槽结构图　　　图 2-6-2　U 形槽施工中

1. 基坑围护

1）土方开挖亦按照由最深处向浅处开挖的顺序进行，遵循"由上而下、竖向分层、纵向分段、先撑后挖"的原则。

2）基坑支护

（1）基坑支护方式发生变化处，注意衔接部位处理。

（2）雨季施工，应注意基坑内外排水，防止基坑被淹。

2. 基底地基处理

基坑开挖完成后，应由监理、勘察、设计、建设及施工单位共同进行基底验槽。当基底土质与勘察不符及地基承载力不符合设计要求时，要根据设计单位意见进行基底处理。

3. 防水

1）结构防水层施做质量管理要点详见本章第三节，尤其是与区间结合部位防水施工时，应注意接口处防水材料的处理及伸缩缝构造处理。

2）防止雨水倒灌，U 形槽结构部分在地表以下，为防止雨水倒灌，一般多在区间两侧设置排水沟，最低处设有集水坑，将 U 形槽渗入雨水集中收集后用泵排出，也可在 U 形槽上部加设阳光板、塑料棚等排水设施。

4. 主体结构质量管理

1）主体结构施工顺序为底板→侧墙（翼墙），其模板工程、钢筋工程、混凝土工程质量安全管理要点详见本章第四节。

2）为保证 U 形槽与区间、与车辆段、停车场轨道路基顺畅连接，在 U 形槽主体结构施工时，与区间及车辆段、停车场的轨道路基结合部位应严格控制结构尺寸偏差，避免在结合部位出现超过规范允许的错台。

3）做好成品保护工作。

（二）质量验收管理

U 形槽为明挖车站中的分部工程，各分项工程验收标准同明挖车站的相同工程，验收时应注意按规定的程序执行。

第七节　明挖工程安全、职业健康和环境管理

目前，全国各大城市轨道交通规划和建设正在有序进行，明挖基坑是城市轨道交通土建工程的重要组成部分，与一般的基坑工程相比，风险因素多，开挖中的安全问题更为突出，因其处于人口密集、紧邻建筑物和地下管线分布复杂等环境之下，因此安全管理面临更多的技术难点和更大的挑战。各参建单位管理人员都应熟悉明挖基坑的特征风险因素以及施工最佳条件，掌握解决常见的技术问题并提出有效的应对措施，做好各自的管理工作，确保施工安全。

一、安全管理

宏观安全管理的组织及技术措施，包括起重设备及大型机械、消防、临电工程及交叉作业等的安全管理，同《城市轨道交通土建工程质量安全管理概论》第四章相关内容，现只论述基坑开挖工程中的安全管理要点。

（一）明挖基坑的安全风险分析

明挖基坑安全风险主要是基坑坍塌和淹没，导致安全质量事故发生，对其进行有效防范是安全防范工作的重中之重，必须分析风险原因并采取有效措施。

1. 地质条件未知因素风险

基坑工程具有明显的地域性，设计单位根据工程地质、水文地质、场地和周边环境情况，给出了科学和可靠的支护方案，但在开挖之后发现地质情况和勘察报告存在较大的差异的情况时有发生，施工人员并未及时与设计沟通，做出调整，使开挖遭遇风险，故施工中应注意结合具体地质条件观察，及时报告。

2. 天气条件风险

施工单位都按设计方案编制了专项施工方案，并按其组织施工，若遇极端天气，如雨季暴雨，地表水及地下水急剧汇集，基坑的围护体就可能发生崩塌。应充分利用气象信息，并做好充分准备。基坑底及时封闭，雨天避免施工，并对开挖工作面进行覆盖，避免雨水对基坑边坡和基底的冲刷和浸泡，做好基坑周边的排水设施的维护。

3. 施工技术风险

施工技术差错，造成围护体锚入土体深度不足、围护结构施工质量未达到合格标准而降低了基坑的安全系数，最终造成围护体的崩塌。在南方多雨地区或者沿海沿江地区地下水含量较大，可能导致止水帷幕的构建失败，连续墙接缝夹泥，水砂涌入导

致基坑被淹，必须严格施工过程的质量控制。

4. 施工组织风险

明挖基坑的施工历时较长，易受各方面的因素影响导致工期延长，为了赶超进度，施工中便会存在工艺不合理、工序颠倒现象。譬如：在基坑超载、基坑侧壁渗漏水等情况下，将会造成支护体结构变形而导致地面沉降或者附近房屋开裂的严重后果。

（二）基坑支护工程安全技术措施

明挖基坑的支护体是安全施工的关键，必须做好安全技术管理，并采取有效的组织措施。

1. 施工前条件核查

依据建办质 [2017]68 号的附件关键节点分类清单（参考），明挖深基坑开挖（车站、附属工程、风井）的关键节点包括降水、支护结构、地基处理等，应按规定程序组织关键节点施工前条件核查，详见《城市轨道交通土建工程质量安全管理概论》第四章。

2. 关于危大工程的安全管理

根据住建部 [2018]37 号令、建办质 [2018]31 号文，其土方开挖、支护及降水属于超危大的分部分项工程，应按文件的要求进行管理。

3. 钻孔灌注桩、地下连续墙

1）在钻孔灌注桩混凝土灌注完毕后，在孔周围设置围挡及明显标识。

2）地下连续墙、钻孔灌注桩施工，为满足城市环境污染排放的要求，必须做好循环泥浆及废弃泥浆的处理工作，建议采用泥浆循环机。

4. 人工挖孔桩

施工安全防护和孔内通风、照明等应符合设计、规范及相关文件等的要求。

5. 钢质横撑及腰梁

1）防坠落、防失稳措施应符合设计和施工方案要求。

2）支撑架的设计和施工质量是支护体的关键点。当设置斜撑的地段围檩封闭不严密，支撑的轴力将无法平衡，会大大降低支撑架的稳定性，围檩一旦达不到预设的效果，将会导致立柱与支撑连接点的错位，进而发生一连串的技术参数不达标，最终造成支护体的破坏。

6. 加强基坑支护结构监测

地铁施工过程的有效监测控制非常重要。在实际的施工中，因为人员能力和仪器设备等各种主客观因素，将会出现检测和量控上的盲点，不利于应急处理。在施工现场，很容易出现监测信息缺失、对险情判断失误或者应急准备不足的问题。

对基坑支护体系、地下水位、周边土体及建（构）筑物等进行全方位、全过程的监控测量，通过及时反馈、分析监测信息来指导现场施工，将事故消除在萌芽状态。

1）基坑支护结构位移较大时，先停止挖掘，对围护结构进行临时支撑，以控制持续位移。

2）做好四周建筑物的跟踪保护。

3）按照具体的监测报告和位移情况，分析围护结构位移原因，并制定解决措施。

4）当降水效果满足设计要求及规范规定，且坑内外的加固土体达到设计强度后再进行土方开挖。

7.监管措施

1）强化勘察设计的安全监管

安全管理是地铁施工技术的重中之重，是地铁建设的前提条件。加强工程勘察和设计的管理，确保在工程前期就将安全风险降到最低，并使整个施工过程均处于有效的监控之下。

2）普及信息技术的运用

现代信息技术的普及和运用，信息化平台的实时跟踪和管控，对指导和管理明挖基坑工程的安全十分重要，可通过综合检测、视频监控，对支护工艺、地下水排出等过程控制，应在基层技术管理人员中普及信息化监测技术。

（三）土方开挖安全技术措施

1.基坑开挖时必须保证基坑的稳定

上覆土层放坡开挖时，坡度要满足抗滑稳定要求；基坑内采用支护开挖时，既要保证整个支护结构在施工过程中的安全，又要能控制支护结构及周围土体的变形，以保证基坑周围建筑物和地下设施的安全。

2.尽量减少基坑坑边堆载

基坑边缘堆置土方、建筑材料或沿基坑边缘移动运输工具、施工机械时，对放坡开挖的上覆土层会增加滑动力矩；对基坑支护结构，会增加作用于其上的荷载。基坑周边 2m 范围内严禁堆载，与基坑深度相同的坑边范围内的堆载，不能超过设计的指定值。

3.开挖过程加强巡视检查

注意基坑土壁应无漏水、渗水现象，挖掘中土坡必须稳定。

4.做好防护设施

严格按要求放坡，随时注意边坡稳定情况，发现问题及时加固处理。

1）深基坑四周设防护栏杆，高度不小于 1.5m。

2）人员上下设专用爬梯或马道，并按相关规定设置逃生通道。

5.加强隐患排查

明挖工程中安全事故的隐患主要包括基坑支护与拆除、围护结构（临河工程、软土地层围护桩间的渗流）、基坑周边堆载、钢筋笼吊放等。施工、监理单位在施工过程中必须重视隐患的排查与监督。

（四）防水工程安全技术措施

1.工程材料安全管理

1）防水卷材、防水涂料、辅助材料及燃料，应按规定分别存放并保持安全距离，设专人管理，发放应坚持领料登记制度。其中防水卷材应立放，汽油桶、燃气瓶必须分别入专用库存放。

2）材料堆放处、库房、防水作业区必须配备消防器材。

2. 施工作业安全管理

1）防水作业区特别是有限空间内必须保持通风良好。出入基坑必须走规定的坡道爬梯。

2）火焰加热器必须专人操作，严禁使用碘钨灯。禁止带故障使用。在加油、更换气瓶时必须关火，禁止在防水层上操作，喷头点火时不得正面对人并远离油桶、气瓶、防水材料及其他易燃易爆材料。

3）严禁使用220V电压照明和敞开式灯具。

3. 装配式车站施工

（五）主体结构工程安全技术措施

1. 加强高空、临边作业的安全检查。

2. 必须做好模板工程及支撑体系搭设及使用维护安全管理工作。

国内还处于起步阶段，尚无成熟经验，面对风险和一些未知因素，应编制应急预案。还应特别注意吊装设备状态，保证每次、每个构件吊装时设备运转正常、良好。制定设备定期检查制度，进入更新、淘汰期的设备必须更换。

（六）制定应急预案

1. 制定基坑坍塌、掩埋事故的应急预案

做好基坑支撑体系失稳、连续墙接缝涌水、基坑周边地面异常沉陷、恶劣天气影响、建构筑物管线变形和沉降超限的应急预案，并进行应急演练。防患于未然，最大限度地减小事故的恶化，减轻事故的后果。

2. 建立应急组织体系

组织有丰富经验的应急抢险队伍，保证在紧急状态时可以快速调动人员、物资和设备，并根据现场实际情况进行应急演练。配备足够的临时支护材料、堵漏材料、抽水设备等抢险物资和设备。

3. 根据信息监测系统数据，失稳前及早撤离现场。

基坑失稳破坏一般都有前兆，具体表现为监测数据的急剧变化或突然发展。因此，进行系统的监测，并对监测数据进行及时分析，发现工程隐患后及时整改，消除隐患。

4. 抢险支护与堵漏

1）支护结构渗漏是基坑施工中常见的安全隐患，如果渗漏水中含有土，会造成围护结构背后土体流失而引发沉降，严重时支护结构失去抗力造成基坑倾覆。根据渗流量及渗水性质采取相应的引流、封堵措施，如果渗漏严重，封堵困难，则应在坑内回填土封堵水流后，在坑外打孔灌注聚氨酯或双液浆等封堵，封堵后再开挖。

2）基坑支护结构出现变形过大或较为危险的"踢脚"变形时，可以采用坡顶卸载，适当增加内支撑或锚杆，被动土压区堆载或注浆加固等处理措施。

3）基坑坍塌或失稳征兆已经非常明显时，必须果断采取回填土、砂或灌水等措施，然后进一步采取应对措施，以防止险情发展成事故。

4）基坑出现整体或局部土体滑塌时，应在可能条件下降低土中水位，并进行坡顶卸载，加强未滑塌区段的监测和保护，严防事故扩大。

二、职业健康和环境管理

基坑围护、防水施工、车站及区间主体结构的施工会产生振动、噪声、焊接光污染、扬尘、泥浆排放等污染因素，对环境和工人职业健康有不利影响，管理措施基本同《城市轨道交通土建工程质量安全管理概论》第四章相关内容，不再重复，此处简要分述各项具体措施。

（一）基坑围护

1.钻孔灌注桩、地下连续墙施工

1）为满足城市环境污染排放的要求，必须做好循环泥浆及废弃泥浆的处理工作，建议采用泥浆循环机。

2）泥浆池的布置符合施工安全及环保要求。

2.扬尘控制

除常规采用的措施外，为落实国家保护生态和环境的政策，北京市住房和城乡建设委员会、北京市财政局、北京市发展和改革委员会、北京市环境保护局及北京市重大项目建设指挥部办公室联合颁布《关于推进轨道交通明挖基坑防尘隔离棚实施工作的通知》（京建发[2018]57号），该通知要求"我市轨道交通新开明挖基坑工程全部实现防尘隔离棚覆盖，轨道交通工程禁止露天施工"；"防尘隔离棚内设置立体化抑尘除尘设备设施，施工现场扬尘削减率（棚外与棚内扬尘污染物平均浓度的比值）达到合格标准"；"全面推进工程结构钢筋骨架和车站站内非结构受力部品部件工厂化预制、装配式施工，夯实施工现场减尘控尘基础，作业环境符合职业健康标准"；"自2018年5月1日起，全市所有新开轨道交通工程车站明挖基坑全部推行防尘隔离棚施工"。

目前防尘隔离棚主要有固定式、移动式钢结构和膜结构防尘隔离棚三类，在北京的地铁工程中使用。

各地的工程可根据自身情况采取相应措施。

（二）防水工程

1.防水工程所使用的防水材料（包括注浆材料）应无毒、低污染。

2.有限空间内做防水必须保持良好的通风。

3.施工方式不宜采用热熔法施工。

（三）主体结构施工

1.混凝土养护时，安装喷淋系统应采用节水、环保的设施。

2.做好作业人员职业健康和防止环境污染的培训工作。

3.采取防护措施

降低钢筋焊接、混凝土浇筑中引起的各类污染对作业人员的身体伤害和环境污染。

第三章
盖挖法车站质量安全管理

在城市繁华地带修建地铁车站，往往需要占用道路，影响交通，尤其当车站设在主干道上，要求交通不能中断，不能给城市交通运行带来压力，而且由于地下各种管线较多，若采用明挖法施工，需改移市政管线，施工较为困难。如选用盖挖法，既安全又不影响交通。

按《地下铁道工程施工质量验收标准》GB/T 50299—2018 划分，盖挖法可为一个单位或子单位工程，其结构分部所含的子分部工程、分项工程及检验批划分详见表 3-0-1。

盖挖法分部及子分部工程、分项工程、检验批划分　　　　表 3-0-1

分部工程	子分部工程	分项工程	检验批
结构	支承柱	钻孔灌注桩	每根桩
		钢管柱（加工、安装）	每根柱
	盖板结构	支承梁、盖板加工制作	每块
		支承梁安装	每榀
		盖板安装	每 5 块
	逆筑土模	基面平整、压实、土模制作	每一施工段

本章分为六节，第一节为盖挖法基坑围护质量管理基本要求；第二节至第五节依次为中间柱及柱基础、盖板结构、逆作法土模以及混凝土结构和防水等子分部工程的质量控制；第六节为盖挖车站的安全、职业健康与环境管理。

盖挖车站的施工质量验收应严格执行《地下铁道工程施工质量验收标准》GB/T 50299—2018 的规定，其他相关质量验收依据将在以下各分项工程质量验收中分述。

第一节　盖挖法基坑围护质量管理基本要求

盖挖法车站施工过程中针对盖挖基坑围护施工方案的特点，应注意以下几项施工内容，并结合工程实际条件进行重点控制。

一、盖挖法基坑围护

支护体系从受力角度分为水平支护及竖向支护两大类。水平支护体系以车站顶板为界分为车站主体结构基坑与覆盖土层两类，关于竖直支护体系在以下内容中结合具体工序叙述。

（一）基坑内支护

1. 控制地下水位

盖挖法施工，基坑围护结构内的地下水位必须保持稳定在基底 0.5m 以下，必要时应采取疏干措施。

2. 承载力与稳定性验算

1）应满足坑底抗突涌验算及坑底、侧壁抗渗流稳定要求。

2）支护和车站结构在底板未封闭前，必须验算其承载力和稳定性满足要求，必要时应采取加强措施。

3. 基坑内应采取通风、排烟、降尘、减噪、照明等措施。

4. 顶板和防水层施工完毕，应迅速恢复原道路交通。

（二）车站上部覆盖土层的开挖支护

覆盖土层开挖的支护均为明挖土石方工程，视其厚度及土质有下列两种方法，应按设计要求及时做好基坑的支护工作。

1. 护坡桩的支护

1）若覆盖土层较厚（5m 左右），则需要在车站基坑外围施作悬臂短桩，可自地表一定深度下打入，以缩小桩长。见图 3-1-1。

2）沿护坡桩向下开挖覆盖土层至车站顶板底部。

2. 放坡开挖及边坡加固

1）若覆盖土层较浅，施工场地较开阔，地层条件允许，可采用放坡开挖。

2）如边坡附近无重要建筑物，土质稍差，还需对开挖后的边坡喷射混凝土处理。

3）如附近有重要建筑物，对边坡开挖的土体应进行加固处理，可采取超前注浆、挂网喷射混凝土、土钉支护等方法。

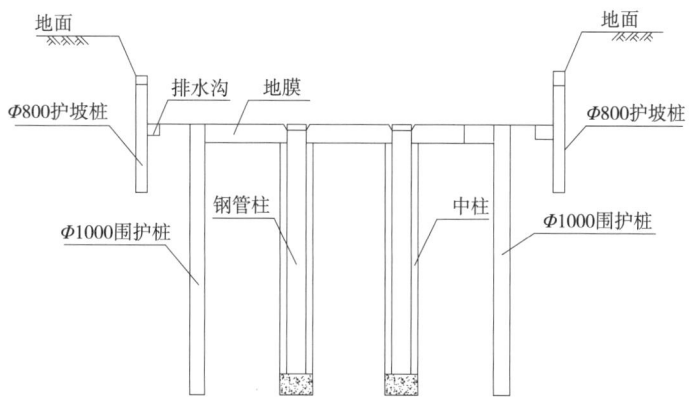

图 3-1-1　覆盖土层围护桩和车站基坑围护桩

（三）车站主体结构基坑支护体系（见图 3-1-1）

车站主体结构的施工，在覆盖土层护坡桩完成后，无论顺作或逆作，还需先施作基坑支护结构，多采用灌注桩、地下连续墙，施工方法及质量控制同第二章明挖工程相关内容，此处从略。实际工程中又分为两种情况。

1. 从车站顶板向下施作支护结构

质量管理要点应根据地层特性和地下水情况对支护排桩的桩间土体或地下连续墙墙段连接处进行防护。桩顶施作冠梁，桩后采用水泥土搅拌桩、旋喷桩、树根桩等阻水。此种结构形式较为经济，阻水效果较好。地下连续墙既可作为基坑的侧向支护结构，承受外侧的水土压力，也作为竖向承载结构，承受临时路面系统及逆作楼板结构的荷载，在软土地层或富水地层中，可优先采用地下连续墙。

2. 从地表施作基坑支护结构

如果车站顶板的埋深很浅，开挖覆盖土层可以不施作围护结构，直接从地表施作车站基坑支护结构，从基坑中部逐渐扩展开挖完后，从顶板标高处施作中柱，利用土模施作顶板，达到强度后，也可作为永久盖板，其上回填后可恢复交通。

（四）动态监测

应对盖板和支护体系、地下水位、周边土体、地下管线、邻近建（构）筑物进行动态监测并及时反馈。

二、土石方开挖与运输

土方挖运直接影响顶板的模板形式及侧墙水平位移大小，是控制逆作法施工进度的关键工序。此处所述为盖挖车站主体结构基坑内的土方开挖及运输。

（一）准备工作管理

1. 土石方开挖专项方案的编制及审核

施工单位应仔细阅读勘察报告和设计图纸，根据基坑的空间和地质条件编制开挖专项施工方案，并履行审批手续。选择适宜的开挖方法、开挖参数、支撑方式确定出土口、运输线路（人工挖运或是小型挖掘机），并经监理单位审批通过。

2. 开挖前，应对平面控制点、水准点加强保护，并应定期复测检查。

3. 现场设置挡水、排水设施

应结合历史降雨最高水位设置防倒灌措施，并应符合下列规定：

1）基坑、出入通道和出土口周边应设置混凝土挡水墙，其外侧宜设置排水沟；

2）放坡的挖运设备出入通道端部应设置截水沟，并应与通道两侧的挡水墙闭合；

3）排水管沟与地下工程接口处，应设置拍门。

（二）土石方开挖

盖挖法多利用土模浇筑顶板，一般开挖至顶板底部，而在软弱土层难以利用土模时，明挖土方可延续到顶板下，再按要求架设支撑、立模、浇筑顶板。

车站主体内的土方开挖，基本同暗挖工法，参见第四章相关内容，此处只列出盖挖开挖的特点。

1. 开挖作业

应在盖板结构达到设计要求的强度并经验收符合条件后进行。

2. 逆作法基坑开挖

下层土石方应随挖随清理上层结构底模，并应确保作业安全。

3. 开挖方法

1）土方应充分利用土台护脚支撑效应，采用中心挖槽法，先挖出支撑设计位置土体，架设支撑，再挖两侧土体。

2）材料机具、挖出的土方均通过临时出口运送，临时出口可单独设置或利用隧道的出入口和风道。

3）土石方开挖与结构施工交叉作业时，应确保运输通道的顺畅。

4. 爆破开挖

若需爆破开挖，应采用控制爆破方式，合理设计各种参数，逐层逐排爆破，确保基坑及周边环境的稳定、安全，同时避免对已经成型的永久结构造成损伤。详见第四章第一节。

（三）土石方运输

盖板下暗挖土石方运输，应根据结构形式、埋深并根据专项施工方案实施，施工工序等情况确定适宜的运输方式。

1. 出土口设置

应考虑对支撑结构的影响，并通过计算采取确保结构稳定的加固措施。出土口的布置应满足机械和工期要求。

2. 土石方挖运设备

1）运输设备的选型、配置应使装碴能力、运输能力与开挖能力相匹配，装运能力不应小于最大的开挖能力，且应采用环保设备。

2）水平运输应根据出土口尺寸、土石方开挖范围内的结构净空尺寸、柱间净距、柱与墙间净距、架设支撑后的开挖层净高等因素综合确定。

3）条件许可垂直运输应尽量采用车辆行驶至开挖面，通过坡道外运土石方；条件不允许，工程量较大时，尽量采用传送带或抓斗进行垂直提升；工程量较小时，尽量采用吊车进行垂直提升。

3. 弃土堆放

土方应随挖随运，在盖板上及基坑周边堆放弃土时，不得超过设计或经审批的施工方案的规定。

第二节　支承柱和柱基础工程质量管理

盖挖车站的支承柱即中间柱即车站主体结构中柱，是主要的受力构件，一般用钢管混凝土柱，即在钢管中浇筑混凝土，形成内部是混凝土外部是钢管的承载构件，使柱体具有承载力高（高于相应的钢管柱和混凝土柱的承载力之和）、耐火性、耐腐蚀性较强的特点，主要用于轴心受压构件，也可以通过格构模式形成双肢、三角形或矩形柱，作为超大型结构的支撑体系。

钢管的约束作用可延缓混凝土受压时的纵向开裂，提高其抗压强度，混凝土可有效地防止钢管发生局部屈曲。两种材料取长补短，使钢管混凝土柱的承载力高于相应的钢管柱承载力和混凝土柱承载力之和，此外钢管和混凝土的相互作用，使混凝土由脆性破坏转变为塑性破坏，构件的延性性能明显改善，耗能能力大大提高，具有优越的抗震性能。因其抗弯性能不显著，不能作为梁构件。

支承柱基础类型有条形基础或桩基础两种，后者多用，本节以桩基础为论述对象，关于条形基础请参阅第四章第四节暗挖工法中 PBA 工法车站施工中相关内容。

按照《地下铁道工程施工质量验收标准》GB/T 50299—2018 划分，支承柱为一个子分部工程，含有 2 个分项工程，即钻孔灌注桩和钢管柱（加工、安装）。

桩基及钢管柱施工流程图，见图 3-2-1。

施工单位应从资源、技术、现场三方面做好相应的准备工作，基本内容同常规，为节省篇幅，此处从略。每一根柱为一个检验批。

一、钻孔灌注桩基础施工质量管理

钻孔灌注桩基本内容同第一章明挖，此处仅介绍在盖挖法施工中的特别应注意之处。

（一）钻孔

1. 桩与柱一次成孔

盖挖工法中的钢管混凝土柱的基础为混凝土灌注桩，柱与桩一次成孔，柱直径小于桩直径，柱的混凝土浇筑需在钢套筒内进行，钢管柱与套筒间的空隙用砂充填密实。

2. 控制柱中心定位

测量定位时应特别注意，柱的中心线应与桩的中心线完全重合。

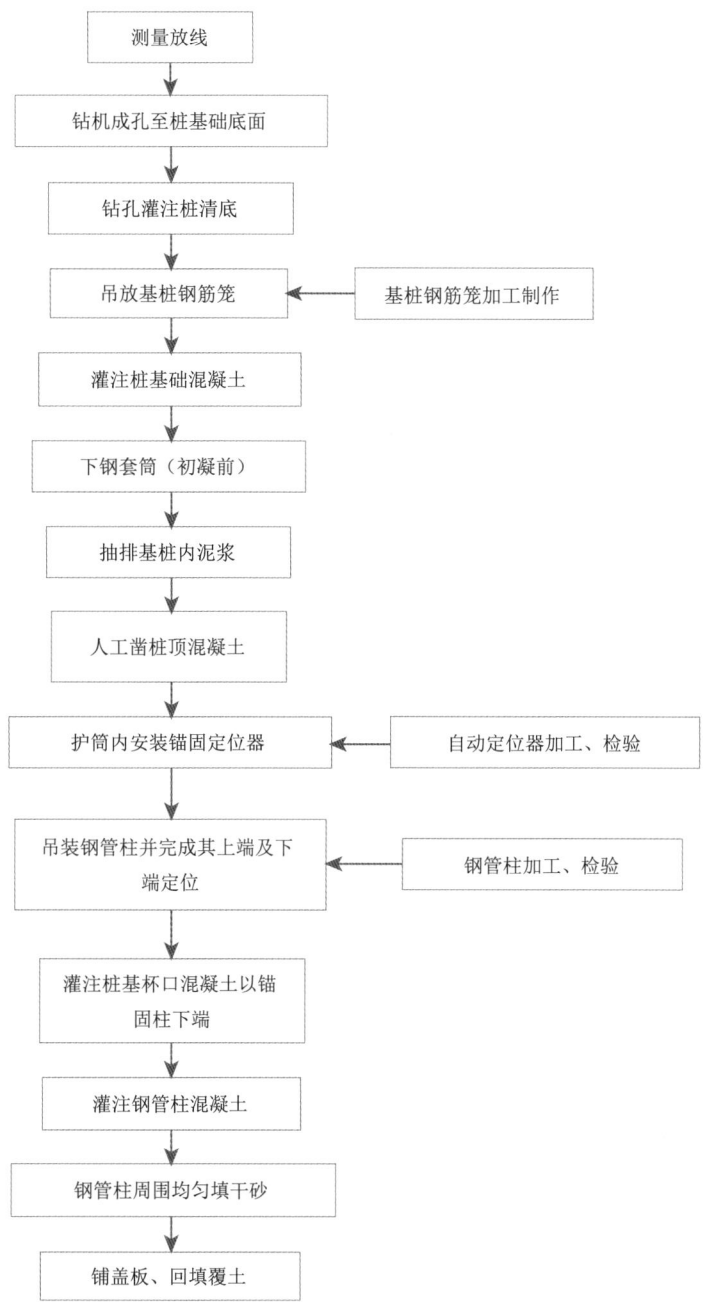

图 3-2-1 桩基及钢管柱施工流程图

3.钻孔时,开始应轻压慢转,钻头正常工作后,随地质条件调整转速。

(二)灌注桩钢筋笼制作及安装

内容同下述钢管柱钢筋笼制作及安装。

(三)灌注桩基础混凝土

1.混凝土采用导管浇筑,应建立泥浆循环系统,并在泥浆池中净化处理。

2.处理断桩

当出现断桩时,及时与设计单位沟通确定处理措施。

(四)钢护筒制作

1.钢护筒可在工厂或现场制作

钢管柱混凝土需在钢护筒内施工,护筒内径同桩径,采用钢板卷制焊接而成;护筒制作应进行抗压计算,能抵抗最不利土压力。

2.分节制作

为便于护筒吊装和回收利用,钢护筒可采用分节制作,分节长度可根据现场实际情况确定。

(五)钢护筒吊装

1.钢护筒吊装应在钻孔完成后进行,在桩基混凝土浇筑前完成。

2.控制护筒底端高程

最下节钢护筒底端一般低于桩顶混凝土高程下1m,以保证桩顶混凝土浮浆清除及防止地下水进入护筒的最小长度要求。

3.钢护筒定位应准确,以保证钢管柱施工时周边施工作业面稳定。

4.固定护筒

钢护筒在吊装完成后桩基混凝土浇筑前采取固定措施,防止钢护筒下沉。

二、钢管柱加工安装质量管理

钢管柱由施工单位经招标选定的专业工厂加工,加工过程应符合设计要求和相关规范规定,各工序包括下料和切割、零件矫正和边缘加工、钢板滚圆、焊合、制孔、焊接施工、组装、栓钉焊接、防腐防火层喷涂等均需保证精度和质量。施工验收以《钢结构工程施工质量验收规范》GB 50205—2001为标准。视合同约定由监理或施工单位驻场监造,监督其加工全过程符合要求,出厂时应有验收合格记录。

(一)材料和构配件要求

各种材料和购配件应符合设计及相关规范要求。

1.结构钢材

应优先采用螺旋钢管,无条件时,可用滚床自行卷制钢管,其质量标准应符合《碳素结构钢》GB/T 700—2006的规定。

2.焊条及焊剂

1)手工焊应采用符合《非合金钢及细晶粒钢焊条》GB/T 5117—2012及《热强钢焊条》GB/T 5118—2012规定的焊条。

2)自动焊接或半自动焊接采用的焊丝和焊剂,应与主体金属强度相适应,焊丝应符合《熔化焊用钢丝》GB/T 14957—1994的规定。

3. 螺栓

抗剪高强螺栓,应符合《六角头螺栓》GB/T 5782—2016 和《六角头螺栓——C 级》GB/T 5780—2016 的规定。

4. 圆柱下端焊钉（栓钉）

栓钉应满足《电弧螺柱焊用圆柱头焊钉》GB/T 10433—2002 的规定。

（二）制作加工要求

1. 单元构件划分原则

盖挖车站所用钢管柱,长度较长,在工厂应分节制作,即划分为单元,划分原则是：应尽量减少施工现场拼装、焊接工作量,同时满足制造车间的组装场地与起吊设备的最大许可重量,顺利通过从制造厂到安装现场的沿途路径。

2. 焊接要求

焊接时应采取相应措施,消除焊接应力与变形。

1）除非另外说明,所有对接焊缝采用全熔透对接焊缝,焊接方法、工艺参数应符合《钢结构焊接规程》JGJ 81—2011 的规定。

2）设计要求全焊透的一、二级焊缝,应采用超声波探伤进行焊缝内部缺陷检验,超声波探伤不能对缺陷作出判断时,应采用射线探伤检验。

3. 局部加固和焊接吊耳

1）钢管柱底部、拼接端口及变截面部分需进行必要加固,以免构件在运输、吊装过程中变形。

2）钢管柱出厂前,在其顶部对称焊接设置一对吊耳（其位置应经验算后确定）,同时在吊耳侧加焊肋板,以确保钢管柱处于最不利位置时,吊耳不发生侧翻破坏现象。

4. 质量检查

钢管柱质量应符合相关规范的规定,出厂时应由厂家提供产品合格证明文件,钢管柱尺寸、外观质量符合设计要求。

5. 出厂和运输

出厂时做好标记,在运输和安装过程中,应防止碰撞、变形以及捆绑时被钢丝绳勒伤,如有损伤,变形,应及时修补、校正。

（三）钢管柱定位器加工

由于钢管柱直径小于护筒,要保证钢管柱混凝土的轴线与桩基轴线重合,其就位和对中是质量控制关键。钢管柱需要上下两端同时定位,下端的就位和对中借助于定位器,上端用型钢或花篮螺栓调节定位。

定位器需预先在工厂制作,必须严格控制质量,保证定位器具有足够的强度、刚度及精确度,以确保钢管柱安装时,不发生破坏、变形。

1. 定位器构造

定位器呈十字锥形,锥底宽度比钢管内径略小。由钢板组焊而成,主要包括锥形引渡板、定位十字板、定位锥、定位轴套等构件。保证其中心位置误差在 3mm 以内,固定边与水平面所成的直角误差在1‰以内。

2.定位器作用

锥形引渡板实现对钢管柱的引渡功能,并控制钢管柱的垂直度、限定钢管柱的水平位移;定位十字板承托钢管柱,并控制钢管柱的水平位置及标高。可实现对钢管柱的引渡、限定、精确定位的功能。

(四)定位器安装

安装定位器是钢管柱定位的关键工序,需在安装套筒后浇筑桩头混凝土前进行。

1.测量定位

安装前施工单位应精准测量定位,并复核,其结果上报监理部审核并确认满足要求后进行安装。

2.吊放及埋设

用吊车吊至孔底,带钩进行标高、定位校准,质检人员精确校正其平面位置、高程和垂直度满足要求。定位器安装见图3-2-2和图3-2-3。

图3-2-2 定位器中心测量定位

图3-2-3 定位器安装完成

3.定位器锚固

钢管柱直径小于桩的直径,钢管柱下端与桩顶的连接节点为变截面构造,定位器锚固具体做法详见图3-2-4如下:

定位器下端设环形柱脚,柱脚锚入灌注桩基础,锚固长度部分的柱壁外侧焊有抗剪栓钉,应确保连接牢固可靠,防止定位器变形、移位,桩顶基面保证坚实、无杂物,定位器安装锚固后应重新进行测量定位,保证位置准确。

(五)钢管柱吊装

1.钢管柱进场验收

钢管柱进场后应由施工单位、监理单位进行质量验收,需逐根进行外观质量验收,抽查直径、长度、管口圆度、弯曲矢高等尺寸偏差均应满足设计要求,确认合格。

2.现场拼装

吊装前在现场将钢管柱单元构件拼装成整柱,拼接时,管内接缝处必须设置附加套管。

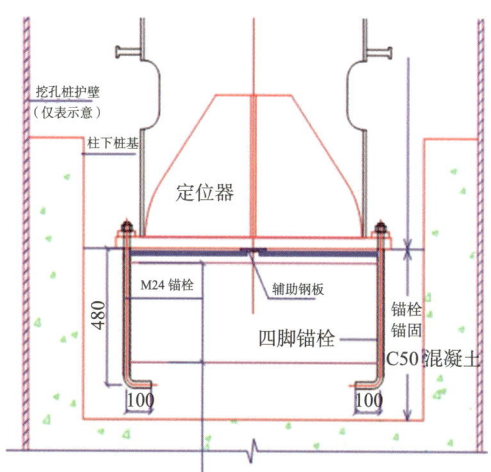

图 3-2-4　定位器锚固示意图

3. 整柱吊装

钢管柱应整柱一次吊装，宜采用两台吊车相互配合作业。一台主吊，另一台吊车辅助吊装。吊装前应检查吊耳和肋板的牢固度，确保在吊装满载下不变形。

1）吊装前作好安全措施，施工单位自检合格后报监理单位现场检验，合格后进行吊装作业。

2）控制钢管柱下端，起吊至孔口，对准桩孔口十字线中心点，缓慢下放。下放过程中，调整垂直度，随时观测中心偏移情况。待钢管柱下口套住引渡板后快速插入，见图 3-2-5。

3）钢管柱上端部应采用型钢等材料固定在护筒或地面上，所固定位置应保证钢管柱的稳定。在施工过程中应严格控制对钢管柱的扰动。

4. 吊装完成后复核

钢管柱吊装完成后（图 3-2-6），施工单位应全部校验定位点、垂直度，无误后报监理单位复核确认。

图 3-2-5　钢管柱吊装

图 3-2-6　钢管柱安装完成

（六）钢管柱钢筋笼的加工与安装

钢管柱内钢筋笼质量直接关系到钢管柱的强度和安装，故应严格控制钢筋笼加工和安装的精度和质量。

钢筋笼一般只在梁柱节点区域内布设，若需要，也可根据设计要求在全柱内布设。

钢筋笼全部在现场制作，为便于安装以及适应空间限制，全柱内的钢筋笼应分节制作，每根长度划分同钢管柱。

1. 材料和加工要求

钢筋笼所用钢筋品种、规格、数量应符合设计要求。受力钢筋的位置、锚固长度及与保护层厚度。钢筋骨架的成型和安装质量应符合规范要求。

2. 钢筋笼吊装与连接

1）只在节点处设钢筋笼时，最下和最上一节钢筋笼焊在钢管柱上，钢筋笼与钢管柱一起吊装。

2）全柱内布设钢筋笼时，安装分节的连接接头与钢管柱法兰盘连接接头应错开0.5m以上。采用直螺纹连接固定牢靠。

3. 钢筋笼的验收管理

1）钢筋笼验收项目和标准，见表3-2-1

钢筋笼制作允许偏差表　　　　表3-2-1

项目	允许偏差（mm）	备注
钢筋笼直径	±10	主筋外径
钢筋笼长度	±50	
主筋间距	±10	主筋中心直线距
箍筋间距	±20	

2）分层次验收

（1）隐蔽验收

钢筋笼隐蔽验收应包含：钢筋品种及数量、钢筋接头形式，钢筋笼长度、直径，保护层厚度等。

（2）检验批验收

每根钢管柱、每个钢筋笼为一个检验批，检验批验收资料同围护桩。

（3）当全部检验批完成验收后，按程序进行分项工程验收。

（七）钢管柱与桩基的连接

钢管柱作为车站竖向受力构件的重要组成部分，与桩基必须准确对接，以使荷载传递到地基中，定位器安装完成将钢管柱固定后，及时浇筑桩顶混凝土，高度约1m左右，以保证钢管柱与桩基的连接牢固稳定。

钢管内混凝土浇筑的质量控制应参照《钢管混凝土结构技术规范》GB 50936—

2014 执行。

1. 材料选择

钢管柱内宜浇筑自密实微膨胀混凝土，锚固段应采用高强微膨胀混凝土，其膨胀剂掺入量由设计确定，并由试验确定最佳配合比，以防止管内混凝土收缩。

2. 浇筑前工作

1）检查钢管安装准确、牢靠，确认管内油渍、杂物等已清除，以保证钢管柱内壁与混凝土粘结紧密。

2）钢管柱吊装完成后应在钢管柱与护筒间填充级配砂，以免灌注柱内混凝土过程中对柱体的扰动。

3. 浇筑过程质量管理

钢管柱内混凝土浇筑宜优先采用自密实混凝土，不需振捣，施工方便简捷，节省时间。浇筑控制要点同常规，应注意以下几点。

1）柱内浇筑混凝土时应对基面预铺砂浆。

2）浇筑振捣

（1）一般常规的方法包括：泵送顶升浇灌法、立式手工浇捣法及高位抛落无振捣法等。并应采用导管配合高抛无振捣法浇筑。

（2）采用高位抛落无振捣法浇筑，应控制抛落量（一般为 0.35～0.7m³）和抛落高度（一般为 4m 及以上），当抛落的高度不足 4m 时，可采用机械方法振捣，同时一次浇筑的高度不得大于 2m。

（3）钢管混凝土柱锚固段混凝土未达到设计强度前严禁浇筑混凝土或碰触钢管。

3）质量检查

管内混凝土的浇筑质量，可采用敲击钢管的方法进行初步检查，如有异常，则应用超声波检测，对不密实的部位，采用钻孔压浆的方法进行补强，再将钻孔补焊封固。

4）在护筒和钢管柱之间灌砂以维持钢管柱的稳定。

（八）钢管柱与梁节点连接

钢管柱与钢筋混凝土梁有三类节点，基本有两种连接构造，一种采用钢柱贯通型节点连接，在核心区内的钢管外壁处理应符合设计要求，设计无要求时，钢管外壁应焊接不少于两道闭合的钢筋环箍，环箍钢筋的直径、位置及焊接质量应符合施工方案的要求。一种采用钢柱非贯通型节点连接，钢板翘片、厚壁连接钢管及加劲肋板的规格、位置、数量与焊接质量应符合设计要求。三种节点的连接作法不同，应重点控制。

1. 顶节点连接

顶节点，即钢筋混凝土钢管柱和顶纵梁的连接节点。通常做法是在钢管柱上端焊环形柱帽，直接作为顶梁的支座。为加强梁柱连接及抗震性能，顶节点区钢管内设短钢筋笼，上部锚入钢筋混凝土梁内，顶梁在节点区及一定的外延长度范围内，梁箍筋加密。

2. 中间节点连接

中间节点，即钢管柱与钢筋混凝土中纵梁的连接节点。车站中节点的连接可采用前述的两种方式，较成熟的作法是采用钢筋混凝土双梁方案，即纵梁纵向主筋可全部从钢管柱两侧连续通过，纵梁在节点区的强度及刚度不受先期施工的钢管混凝土柱影响。

3.底节点连接

底节点，即钢管柱与钢筋混凝土底纵梁的连接节点。由于底纵梁受力较大，配筋量较多，梁宽度也较大，配筋方式有多种，必须严格按设计要求配置。

1）梁内纵向主筋尽量偏于两侧布置。

2）在节点区位于钢管柱宽度范围内的梁纵向主筋为单排筋，负钢筋与钢管柱上预先焊好的环形连接板焊接，正钢筋在环形抗剪牛腿支座范围内加强锚固。

3）位于钢管柱宽度范围外的梁纵向主筋为多排，从钢管柱两侧连续通过。

4）纵梁在节点区及一定的外延长度范围内，梁箍筋加密且连续设置。

4.节点钢筋布设

1）钢管混凝土柱与梁连接节点核心区的构造及钢筋的规格、位置、数量应符合设计要求。

2）梁纵向钢筋通过钢管柱核心区应符合下列规定。

（1）钢筋的位置、间距应符合设计要求。

（2）边跨梁的锚固长度应符合设计要求。

（3）宜直接贯通核心区，且连接接头不宜设置在核心区。

（4）钢筋的净距不应小于40mm，且不小于混凝土骨料粒径的1.5倍。绕过钢管布置的纵向钢筋弯折度应满足设计要求。

5.节点连接对梁、钢管柱的质量要求

1）钢管柱与梁节点处栓钉，在梁施工前应进行复查，如有损坏应及时进行加固和补充处理。

2）在梁节点位置应保证钢管柱无污染。节点位置不应涂刷防腐、防火层。

3）纵梁安装允许偏差

（1）梁中心线对柱中心线偏移允许偏差为5mm。

（2）梁标高允许偏差为±10mm。

（九）分项工程验收管理

1.质量验收项目和标准，见表3-2-2

竖向支承桩、墙和柱质量验收标准　　　　　表3-2-2

分项工程		质量验收内容	检验数量及方法
竖向支承桩、墙和柱	主控项目	支承柱灌注混凝土强度应符合设计文件要求	直径大于1m或单柱混凝土量超过25m³的柱，每根柱应留置一组试件，直径小于或等于1m或单柱混凝土量不超过25m³的桩，每灌注台班不应少于1组试件。检查抗压强度试验报告

续表

分项工程	质量验收内容		检验数量及方法
竖向支承桩、墙和柱	主控项目	支承柱的钻孔桩成孔垂直度的允许偏差不应大于0.3%	全数检查。测斜仪检查
		临时支承柱垂直度的允许偏差不应大于0.3%,作为结构永久立柱支承柱的垂直度允许偏差不应大于0.1%,且应小于15mm	全数检查。吊线坠用钢尺量测
	一般项目	临时钢支承柱制作允许偏差及检验数量应符合表3-2-3的规定	挂线后用钢尺量测
		临时钢支承柱安装允许偏差、检验数量及检验方法应符合表3-2-4中的规定	

临时钢支承柱制作允许偏差及检验数量　　　　　　　表 3-2-3

检验项目	允许偏差（mm）	检验数量
长度	±20	每根1点
截面几何尺寸	±20	每根2点
柱身弯曲矢高	20	每根1点
柱身扭曲	符合设计文件要求	每根1点

临时钢支承柱安装允许偏差、检验数量及检验方法　　　　表 3-2-4

检验项目	允许偏差（mm）	检验数量	检验方法
顶标高	±20	每根1点	水准仪及钢尺量测
位置偏差	±10	每根1点	拉线测量、钢尺量测
垂直度	0.3%	每根1点	吊线坠钢尺量测

2. 检验批验收

钢管柱检验批验收中应注意做好下述检测工作和资料归档。

1）钢管柱加工焊缝质量检测；钢管柱加工尺寸测量；栓钉安装检测；涂层前基面处理；各涂层验收。

2）定位器安装测量；钢管柱组装尺寸、安装定位测量；钢管柱内钢筋笼加工、安装；钢管柱内混凝土浇筑等资料。

3. 分层次验收

当全部检验批完成验收后，按程序进行分项、子分部工程验收。

第三节 盖板结构质量管理

按照《地下工程盖挖法施工规程》JGJT-364—2016术语,盖板体系是指"铺盖于基坑上方的结构体系,包括盖板、盖板梁和盖板路面。分为永久盖板体系与临时盖板体系"。作为承重结构,永久盖板是指"利用地下结构的顶板作为基坑上部支承的盖板"。临时盖板是指"铺设在基坑上部的作为盖挖临时支承的盖板"。有多种类型,应根据工程条件和周边环境,并结合地下结构设计选型,本节主要论述临时盖板体系。

如果车站顶板的埋深很浅,将顶板上覆盖土层开挖完后,利用土模施作顶板,达到强度后,也可作为永久盖板,其上回填后可恢复交通。永久盖板体系施工基本同第七章明挖车站中常规混凝土施工控制,不同之处在于,应按现行《混凝土结构工程施工规范》GB 50666—2011的规定起拱。盖板上的施工洞口应在施工结束前严密封堵并做防水处理。盖挖逆作时,盖板施工应设下置导墙,导墙高度不应低于500mm。盖板除应符合地下结构的要求外,尚应满足路面交通的需要。具体内容此处不再叙述。

设计明确了临时盖板上覆荷载大小、类型及负荷方式,盖板的形式和构造应同时满足工程使用要求,宜采取防渗漏、排水措施,设置横向及纵向排水坡,在车站施工完成后拆除,拆装灵活,可重复利用。

按划分表3-0-1,盖板结构为子分部工程,含支承梁、盖板加工制作、支承梁安装盖板安装3个分项工程。以下分别论述各分项工程施工质量控制内容,其准备工作管理要点基本相同,一并论述。

一、盖板结构施工准备管理

(一)资源准备

1. 选定加工厂

盖板主要有预制混凝土盖板和钢盖板两种,均在专业工厂加工。施工单位可通过招标选定厂家,盖板纵梁多采用型钢梁或钢桁架梁,可在专业工厂加工预制。

2. 吊装设备已经进场并验收合格,按照要求上报。

3. 各种材料、构件已经进场并通过验收,经复试合格。

(二)技术准备

1. 已完成盖板体系施工方案及钢桁架梁专项方案的编制,并完成审批;

2. 现场交底工作完成。

3. 检验批划分,见表3-0-1。

（三）现场条件

1. 周边围护桩已经完成，盖板施工前的各项准备工作完善；
2. 已经完成交通导改工作。

二、支承梁、盖板加工制作的质量管理

盖板实质上是指一个结构体系，即铺盖体系，承受路面交通荷载，如前所述，由支承梁、盖板和路面三部分组成。见图 3-3-1。

图 3-3-1　盖板体系

实际工程中基本构件分为地上、地下两部分。铺盖板作为地上构件，用于铺设路面（临时路面）。其支撑梁体系作为地下构件包括竖向支承，含铺盖板支承梁、承载桩（包括主桩和支承桩）；水平支撑含横撑、纵撑和水平连接梁和斜撑等。其中支承梁除了用于支承铺盖板外，还可用于地下管线悬吊；梁支承和主桩除了用做支撑结构外，还可用作围护挡土结构。

（一）支承梁制作的质量控制

支承梁包括纵梁、横梁，横梁可选用钢筋混凝土梁，多为现场浇筑。纵梁多用型钢梁或桁架梁，在加工厂制作，如合同约定监理单位需要驻厂监造，则应履行相应职责。各类梁应按设计图纸加工，并保证质量。

1. 支承梁设置规定

支承梁有条件宜单独设置，也可与首道支撑结合设置，当盖板梁兼作首道支撑时，应符合《建筑基坑支护技术规程》JGJ 120—2012 的规定，并满足结构体稳定与承载力要求，按使用功能的要求控制盖板梁挠度；挠度超过允许范围时，应加强梁体或设置中间立柱并进行设计荷载下的安全检算。

2. 现浇钢筋混凝土支承梁制作要求

1）梁上各类预埋件均不得遗漏，安装精度应满足设计要求。

2）宜一次浇筑成型。

3. 型钢梁制作要求

1）专业厂内加工与拼装应符合《钢结构工程施工质量验收规范》GB 50205—2001 的规定；进场时应通过质量检查验收。

2）安装前应按设计要求进行除锈防腐处理，除锈等级不宜低于 St2，当设计对涂层厚度无明确要求时，涂层干漆模总厚度不宜小于 150μm。

3）搭设在围护结构上的型钢梁，宜采用预埋螺栓连接，预埋螺栓位置要准确，埋置深度和数量应符合设计要求，螺栓位置应满足安装精度要求。

4）型钢梁采用焊接连接时，梁翼缘接缝处宜设置加强连接板。

4. 钢桁架梁制作要求

1）钢桁架梁在工厂预制，控制要点同型钢梁。

2）钢桁架梁的钢销、钢楔、螺栓、槽钢等配件应使用配套构件，自行加工时应满足受力要求；标准型构件不可直接替代加强型构件，当替代时应经计算复核并采取补强措施。

3）钢桁架梁拼装

（1）拼装前应逐个检查构件外观，不得使用变形、开裂、破损、脱焊及严重锈蚀的构件。

（2）拼装时应核对各构件的规格型号，其中标准型、加强型构件不得错用。

（3）连接钢销应安装牢固。

5. 支承梁验收

1）型钢梁、钢桁架梁

应进行外观检验，对支承梁的材质、尺寸、高程、轴线位置进行检验，符合设计要求。梁的安装与拆除应符合现行《钢结构工程施工质量验收规范》GB 50205—2001 中的规定。

2）钢筋混凝土梁的检查验收

应按现行国家标准《混凝土结构工程施工质量验收规范》GB 50204—2015 的规定执行。

（二）盖板加工制作质量管理

盖板在加工厂制作，如合同约定监理单位需要驻厂监造，则应履行相应职责。盖板加工质量满足下列要求。

1. 预制钢筋混凝土盖板

1）混凝土强度等级不应低于 C30，厚不宜小于 80mm。

2）盖板表面应采取防滑措施，经二次抹平后，沿横坡方向拉毛或采用机具压槽，拉毛和压槽深度应为 2～4mm。

3）预制盖板上预留的吊装孔或吊装环不应少于 2 个，设于纵向 1/4 跨处，以避开路面板主筋为宜；吊装环应采用 HPB300 级热轧钢筋，严禁使用冷加工钢筋；

4）平整度偏差应符合设计规定，并应满足路面使用要求。

5）应在混凝土达到设计强度 70% 以上，才可脱底模；达到设计强度 85% 以上才能堆放和运输。

6）盖板堆放时应在两端部垫物搁支，每块盖板上均应做标识及编号，不同规格类型的板分类码放，板的上、下面不得倒置，堆放层数不宜大于4层。

7）盖板四边宜设置角钢护角。

2. 钢盖板

1）宜由花纹钢板与型钢骨架焊接、拼装组成。

2）基本尺寸：长度 2.0～3.0m，宽度 1.0m，厚度 0.15～0.20m。

3）钢盖板表面应有防滑纹路或设置防滑层。

3. 其他类型盖板

若无法短期内大批量获取标准化路面系统的构件，也可选用混凝土栈桥板结构、钢板等代替。

4. 盖板现场验收

支承梁和盖板自工厂运至现场，应按程序进行验收，各类支承梁、盖板质量证明资料齐全，包括盖板按标准图或设计要求的试验参数及检验指标、结构性能检验报告书和产品合格证。还应分别进行下列检查。

1）盖板外观应符合产品说明书的各项相关规定，无破损。

2）施作面层之前，应在设计荷载作用下，检测钢盖板的强度和刚度，对盖板的承载、变形性能应做详尽的室内载荷试验，并进行校核。

三、支承梁吊装质量管理

支承梁吊装包括型钢梁和钢桁架梁的架设。

（一）型钢梁的架设

1. 型钢梁的安装与拆除应符合《钢结构工程施工质量验收规范》GB 50205—2001 中的规定，不再赘述。

2. 特别强调型钢梁构件不得进行切割、焊接、穿孔等作业，破损、变形的构件应通知厂家进行处理，不得自行修补。

（二）钢桁架梁架设

钢桁架梁除满足规范要求外，还需控制如下要点。

1. 钢桁架梁混凝土支座上的预埋件及螺栓位置应准确，允许偏差应为 ±3mm，螺栓的埋置深度和数量应符合设计要求。

2. 安装前，应复核已拼装成榀的钢桁架梁体中线，梁体的侧向弯曲矢高允许偏差应为梁长的 1/1000，且不应大于 20mm；

3. 应在支座上逐一放出钢桁架梁的定位轴线，严格按轴线进行架设安装，钢桁架梁纵向允许偏差应为 ±20mm，横向允许偏差应为 ±10mm；各构件弦杆在相邻节点间不平直度不应大于 5mm。

4. 钢桁架梁安装完毕，应有防止侧移的措施。

5. 钢桁架梁上宜设置监测点，定期对梁上、下弦杆的受力和变形值进行监测。

（三）贝雷梁架设

贝雷梁是指"由单销连接析架单元作为桥跨结构主梁的下承式桥梁"。

当采用贝雷梁结构梁体时，应符合《地下工程盖挖法施工规程》JGJ/T 364—2016 相关规定。

（四）六四式军用梁架设

六四式军用梁是指"于1964年设计定型的铁路桥梁抢修制式的全焊构架、销接组装、单层或双层的多片式、明桥面体系的拆装式上承钢桁架"。

当采用六四式军用梁结构梁体时，应符合《地下工程盖挖法施工规程》JGJ/T 364—2016 相关规定。

（五）盖板路面施工质量控制

盖板路面是指盖板上的铺装层。在划分表中虽未被划为分项工程，但是盖挖车站的实际施工中可能含有此项工序，因此在此单列叙述。

钢盖板路面一般不设置铺装层，表面作防滑处理，可直接拼装使用。混凝土盖板路面一般要设置铺装层。盖板路面应保证其上行车的安全性与舒适性，施工过程中也会短时间地使用，应给予保护，必须从施工和使用两方面做好管理。

1. 施工过程控制

1）铺装层可采用沥青、钢筋混凝土、钢纤维混凝土等，或采用工厂预制铺装产品。

2）当路面有减振、降噪和防渗防漏要求时，盖板应采取相应措施，如：

（1）盖板底部与盖板梁接触面应平整，盖板与梁之间宜设置橡胶垫；

（2）盖板路面宜铺设低噪声面层。

3）沥青铺装层路面，应有防裂缝措施，可在沥青层下铺设混凝土基层，盖板与混凝土基层间可采用土工布隔离。

4）六四式军用梁上盖板路面施工特定要求

（1）盖板两端应搁置在梁上弦杆的上缘，采用U形螺栓连接；

（2）盖板里面可用沥青麻丝填塞板缝；

（3）钢筋混凝土及钢盖板与军用梁间应设置厚度不小于10mm橡胶垫层。以减震、降噪和降低梁的磨损。

2. 路面使用规定

1）应设置限重、限速等交通标志；

2）当盖板有破损，板与板间的缝隙高差超出要求时，应对路面结构体系进行检修；

3）盖板路面承受的荷载不得超过设计荷载；

4）当盖板路面有坑洼不平及破裂时，应及时修复，应对临时盖板路面的排水系统进行维护。

（六）盖板体系标准化的发展趋势

目前盖挖法施工中，临时路面盖板体系，盖板梁，除预制混凝土盖板、钢盖板有基本要求和可取用的尺寸范围外，尚无各类构件体系规格、尺寸系列标准，设计技术方法以及支撑结构形式难免有不合理之处，制造及使用不够规范，有的工程使用军用梁和临时钢板在车站回填后就成为废品，还要进行破碎、外运弃置，造成浪费。如果将铺盖板等临时构件标准化，可以降低施工造价，促进地铁车站结构设计标准化，同时可以解决地下管线的标准化临时保护等问题，符合国家关于推进建筑装配式发展的策略，是临时盖板体系的发展趋势。

四、盖板安装质量管理

盖板吊装含有盖板梁及盖板两部分吊装，准备工作内容基本同常规，不另行论述，各类吊装除应编制施工方案并经审核批准，安装前准确测量复核定位外，特别应注意地下管线的保护。

（一）吊装前保护地下管线

当盖板体系下有管线可进行悬吊保护，应符合下列规定

1. 悬吊前调查

管线悬吊保护实施前，应了解管线的用途、材质、连接方式、标高、走向等情况，明确管线对盖板体系变形、位移或沉降的要求。

2. 警示与监测

应在管线周边设置醒目的警告标识，并应对悬吊管线进行监测，建立预警体系，制定应急预案。

3. 刚性管道的保护

钢管、铸铁管、混凝土管等刚性管道，不宜直接悬挂或承托在路面盖板钢梁上，应设置专门用于管线悬挂的托架。

4. 柔性管道的保护

电缆、光缆等管线与钢梁接触的地方应加套管或线槽保护。

（二）盖板吊装与铺设

1. 吊装

盖板吊装前应进行外观检查，不得使用有横向通缝的板。板缝间隙应均匀，不应大于20mm，并应进行封堵，整体平整度应满足使用要求。吊装机具应根据盖板最大起吊量确定，准确吊装到位。

2. 铺设

1）铺装前应进行除锈、防腐。

2）盖板路面应与相邻路面高度一致，保持顺坡连接，无铺装层路面盖板相邻高差不应大于2mm，有铺装层路面盖板相邻高差不应大于4mm。

3）相邻钢盖板应在侧边预留孔洞和卡槽进行锚固连接，钢盖板与盖板梁搭接处应采用螺钉与定位夹具板限制位移。

4）安装完成后，应将吊装孔封堵严密。

（三）盖板结构分项分部工程验收管理

盖板加工制作，验收和吊装三个分项工程应在每个分项工程完成后按程序进行验收。实际工程中多用分段施工，以满足现场工期需求，此时必须完成该施工段各幅的分项工程相关验收工作，手续完善后才允许进行下段作业。

1.质量验收标准，见表3-3-1（摘自《地下铁道工程施工质量验收标准》GB/T 50299—2018）。

盖板体系质量验收标准　　　　　　　　　　　　　　　　表3-3-1

分项工程		质量验收内容	检验数量及方法
盖板体系	主控项目	支承梁和盖板的结构形式、尺寸、安装方式应符合设计文件要求	全数检查。观察检查，核对设计文件，钢尺量测
		结构顶板的支架体系预拱应符合设计文件要求，并不应小于10mm	每段结构。钢尺量测
	一般项目	支承梁安装水平位置允许偏差应为±20mm，高程允许偏差应为±10mm，表面平整度允许偏差应为10mm	全数检查。水准仪量测，钢尺量测
		盖板表面平整度允许偏差应为10mm	全数检查。3m靠尺、钢尺量测
		临时路面标高应符合设计文件要求	全数检查。水准仪检查

2.分层次组织验收

应严格按照验收程序进行隐蔽工程、检验批、分项工程和子分部工程验收，同前述内容，此处从略。

3.盖板结构子分部工程验收

各段分项工程全部验收合格后，按程序组织盖板结构子分部工程验收，详见第二章相关内容。

第四节　逆作法土模工程质量管理

土模，是用成形的土岩层全部或部分代替现浇混凝土施工中的模板，适用于逆作法，一般在盖挖、PBA工法车站主体结构的顶板、中板和纵梁施工中采用。

按照划分表，逆作法土模工程为一个子分部工程，含有三个分项工程：基面平整、压实、土模制作。各分项工程的准备工作管理内容同常规，从资源、技术、现场条件做好准备，此处省略，有特别之处，将在施工质量控制中一并叙述。

一、基面平整施工过程质量管理

（一）土方开挖

1. 开挖方法

主要用机械开挖，至底面标高以上 0.2m 左右时，应停止机械开挖，改为人工清底至土模底标高（应考虑设置土模的预拱度和预留量）。

2. 控制开挖面标高

要严格控制开挖面标高，禁止超挖，不得扰动原状土，若有超挖或局部软弱地段应采用换填，并夯打密实。

（二）质量检查要点

1. 保证基底平整度

宜采用平板锹配合平板尺刮平，平整度应符合设计和规范要求。

2. 留置预拱度满足要求

土模应根据顶板沉降量的预测值，沿大跨度方向留置一定的预拱度，一般预留 1.5cm 的超高，作为顶板的预留下沉量，防止结构出现沉降变形后不满足要求。

二、压实过程质量管理

（一）保证基底承载力

1. 土方开挖到土模基面后，为保证土体的承载力，应尽可能减少基底扰动。

2. 应进行承载力验算

应对基底进行压实，为防止灌筑混凝土时土模两端土体隆起，土模垫层也需要碾压密实，并进行密实度检测，以利土模稳定和基底承载力满足要求。

（二）压实方法

1. 因地下空间较小，大型机械难以开展作业，一般采用蛙式打夯机夯实。

2. 基底夯实后应对基底平整度及标高进行重新测量，符合设计要求。

三、土模制作质量管理

盖挖车站逆作法土模施工技术准备中特别注意做好两点，一是土模的检验批划分应与结构施工段划分一致，有利于验收资料填写和核查；二是编制土模施工方案，应考虑雨季排水，防止土模浸泡的技术措施。

（一）各层板的土模

1. 铺设的水泥砂浆或细石混凝土垫层

严格按配合比拌制，表面进行赶光收浆处理，砂浆或细石混凝土层厚度及平整度应符合设计或规范要求。铺设砂浆时按横向分条施工。

2. 铺设隔离层

为保证结构面光洁度以及在中板以下土方开挖时顺利脱模并防止混凝土水分流失，待水泥砂浆或细石混凝土达到强度后，在其表面铺设一层隔离层并用铁钉固定牢固，板间接缝拼接严密、平整。

3. 涂刷脱模剂

为保证土模顺利脱落，砂浆抹光终凝后或在绝缘板表面应均匀涂刷非亲水性脱模剂，脱模剂不得用水冲洗，也不得遭水浸或雨淋，施工期间加强防排水措施，下雨时须搭设雨棚遮盖。板的土模制作见图 3-4-1。

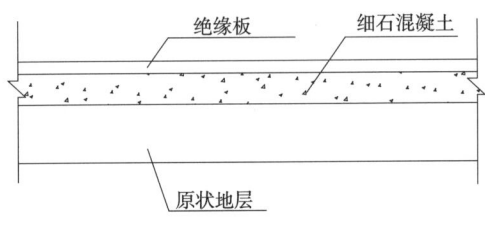

图 3-4-1　板土模施工图示

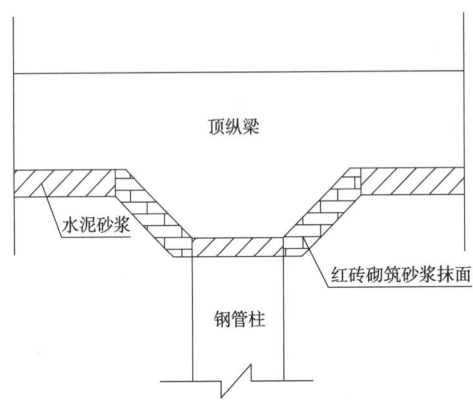

图 3-4-2　顶纵梁土模侧模图示

（二）纵梁侧模砌筑

顶纵梁、中纵梁施工时，侧模需用砌筑砖模，构造见图 3-4-2，尺寸应满足设计要求。

1. 砌筑前准备

中纵梁侧模采用加气砖砌筑时，砖应提前 1~2d 浇水湿润，砂浆随拌随用，水泥砂浆强度应符合设计要求。

2.砌筑质量要求

砖砌的灰缝应砂浆应饱满密实,横平竖直,厚薄均匀。水平灰缝厚度和竖向缝的宽度均宜为10mm,上下错缝,竖向灰缝不得出现透明缝、瞎缝和假缝。

3.注意做好各种做法之间的衔接。

(三)土模质量检测及保护

1.检测铺设质量

土模铺设完成后,检测标高、宽度、中线、平整度等项目,若满足设计要求,进行下道工序施工,若不满足要求,进行局部修整。

2.土模的成品保护

1)已铺完的土模上严禁堆放钢筋,钢筋绑扎时应加强对土模的保护,杜绝人为破坏。破损处及时修补,以免影响板体结构混凝土的外观质量。

2)混凝土浇筑过程中,设专人巡查土模的状态,松动处及时加固处理,振捣过程中严禁振捣棒触碰土模表面。

3.钢管柱位置处的土模应进行加强隔离处理,防止扰动钢管柱。

(四)分部分项工程验收管理

1.质量控制标准,见表3-4-1。

土模质量验收标准表　　表3-4-1

分项工程		质量验收内容	检验数量及方法
土模制作	主控项目	盖挖结构采用土模时,土模的承载力、土质、含水量及土模结构应符合设计文件要求	全数检查。观察检查和检查试验报告。
	主控项目	支承柱与梁板、逆筑墙与梁板等节点处的做法应符合设计文件要求,混凝土应密实、接缝整齐	全数检查。观察检查和检查施工记录。
	一般项目	土模的高程允许偏差应为±10mm,平整度允许偏差应为10mm	每200m²检查一处。水准仪测量及3m靠尺量测。

(摘自《地下铁道工程施工质量验收标准》(GB/T 50299—2018))

2.隐蔽工程验收

土模施工隐蔽工程验收包括:各结构的位置,土模标高、中线、宽度,基底密实度、平整度,侧模平整度、垂直度,砂浆层厚度、平整度,模板安装等。

3.分层次验收

按程序进行检验批、分项工程验收,全部检验批验收合格后,进行分项工程验收。

4.子分部工程验收

全部分项工程验收合格后按程序完成土模子分部工程验收。详见第二章相关内容。

第五节　混凝土结构和防水工程质量管理

盖挖车站的混凝土结构和防水质量控制与相关章节内容基本相同，本章不再重复。但盖挖车站主体结构施工缝、变形缝及防水工程施做有自身的施工特点，故在本节加以论述。

一、混凝土结构施工质量管理

车站主体混凝土结构的施工控制重点是侧墙，因其既承受侧向土压力，也承受其上部的垂直荷载，因混凝土量大，分次浇筑需留置施工缝（墙与墙连接、墙与板），其钢筋混凝土浇筑质量有明显特点。

（一）钢筋工程

盖挖逆作法钢筋施工管理同常规，符合《混凝土结构工程施工质量验收规范》GB50204—2015的规定，且应注意以下几点：

1. 施工缝钢筋连接宜采用机械连接，接头等级应为一级；
2. 下置导墙施工缝处留置钢筋长度应满足钢筋接头的要求；
3. 侧墙拉筋宜在水平施工缝凿毛后进行安装；
4. 当梁板钢筋遇到临时立柱无法穿过时，应有保证钢筋贯通的节点设计。

（二）模板工程

盖挖结构模板施工管理同常规，符合《混凝土结构工程施工质量验收规范》GB 50204—2015的规定，且应注意以下规定：

1. 模板及其支架应根据结构形式、荷载大小、施工设备和材料供应等条件进行设计；
2. 大型模板宜采用现场拼装；
3. 模板施工专项技术方案应规定模板及其支架拆除的顺序及安全措施；
4. 地模与结构混凝土间应设有隔离层；
5. 各施工单元的地模应在结构边缘外扩1.5m；
6. 跨度4m以上的梁、板结构，其地模应按结构的要求设置起拱；
7. 侧墙模板采用整体可移动模板时，应有防倾覆措施，可采用支撑或拉索等临时固定装置。

（三）采用叠合墙结构

1. 围护结构

位置、内侧表面平整度应符合设计要求，围护结构不应侵占内衬墙位置。

2. 内衬墙（结构墙）

1）施工前，应对围护结构结合面进行凿毛处理，并应在浇筑前清洗表面，涂刷素水泥浆或界面剂；

2）内衬墙钢筋绑扎前，应先完成围护结构表面的裂缝修补和渗水堵漏处理。

3）工具选择

在墙厚度大于400mm时，宜采用插入式振捣器，模板预留振捣口；墙厚度小于400mm时，宜采用附着式振捣器。

（四）施工缝划分及处理

1. 竖向施工缝

宜设置在剪力较小的部位，并应错开预留孔洞、楼梯口、电梯井等部位，即两柱净跨中间1/3范围内。

2. 留置墙体、板施工缝

板底下置导墙距离板底腋角底部500mm，宜与板同时浇筑，导墙宜设置倾角为20°～30°的斜向施工缝，见图3-5-1。

3. 表面处理

应在浇筑混凝土前对施工缝表面凿毛、清理干净，涂刷界面剂。

4. 施工缝浇筑

斜向模板内混凝土顶面应高出施工缝200mm以上，并在模板拆除后及时凿除，见图3-5-2。

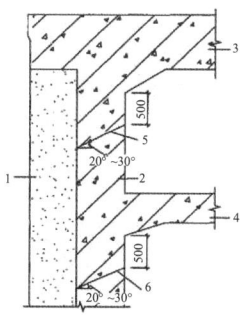

1-围护结构；2-侧墙；3-顶板；4-中板；5-顶板下置导墙斜面施工缝；6-楼板下置导墙斜面施工缝

图3-5-1 侧墙纵向斜面施工缝

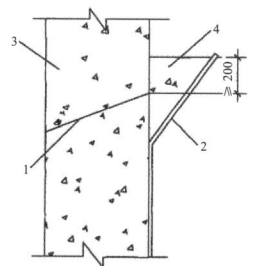

1-侧墙纵向施工缝；2-斜向模板；3-侧墙；4-施工缝处浇筑的混凝土

图3-5-2 侧墙斜面施工缝混凝土浇筑位置

5.施工缝处注浆

待混凝土浇筑完成未终凝前利用注浆管注水泥浆填充；待二次浇注混凝土达到设计强度后，利用已埋设注浆管，采用化学浆液进行高压注浆，浆液注满水平施工缝隙，使上下混凝土粘结成整体。

6.逆作结构下部混凝土浇灌成高出施工缝20cm的牛腿形式，以确保混凝土密实无空隙。

（五）地下连续墙接头

1.接头特点

地下连续墙的槽段接头是墙体受力的薄弱点，也是地下水渗漏的关键部位，故对其整体刚度及接头的防水抗渗性能提出较高要求，可采用钢筋混凝土预制桩接头。

2.混凝土预制桩接头

在工厂或工地预制，质量易于保证，在先期槽段浇注后，接头桩不必拔出，可连续进行后期槽段的操作，使各槽段完整结合成整体。

二、防水工程质量管理

盖挖顺作和逆作法的防水，主要是侧墙盖板、底板及其之间连接的防水，其施工均应执行《地下防水工程质量验收规范》GB 50208—2011和《地下工程防水技术规范》GB 50108—2008的规定。

（一）一般规定

1.结构的自防水混凝土

在满足抗渗等级要求的同时，还应满足抗裂和抗侵蚀性等耐久性要求。

2.防水材料

应为检测和鉴定合格的产品，性能符合国家现行有关标准规定，且应满足工程施工特点、气候条件、地质水文条件和变形要求，方便施工，并应满足抗微生物和耐腐蚀的性能要求。

3.复合墙

围护结构与内衬墙结构之间应设置柔性防水层，并应与结构的顶板、底板防水层形成整体封闭的外包防水体系。

4.叠合墙

围护结构与内衬墙结构之间宜设置刚性防水层。防水层应与顶板、底板所选的材料相适应，或有良好的连接处理措施。

（二）逆作结构的节点防水

逆筑法混凝土浇筑的侧墙、顶板中施工缝为"反缝"，施工缝处浇筑下部混凝土时，由于先浇筑的上部混凝土凝固收缩，很难浇筑密实而出现空隙，从而造成渗漏的质量缺陷和安全隐患，影响结构实体质量和正常使用。必须严格控制。

1. 侧墙施工缝处防水

1）采用"多道设防线、综合治理"原则，设双道遇水膨胀嵌缝胶与预埋注浆管等方法处理。

2）应安设遇水膨胀止水条（胶）和注浆管（见图 3-5-3），止水条应位置准确，固定牢靠，表面应坚实、平整、洁净。

2. 顶板施工缝防水

施工缝留设成台阶状或斜缝，以保证下层混凝土的浇灌密实，且应安放遇水膨胀止水条、注浆管（见图 3-5-4）。当板厚大于 500mm 时，台阶宽度不宜小于结构厚度的 1/2；当板厚小于或等于 500mm 时，台阶宽度宜设为 200～350mm。

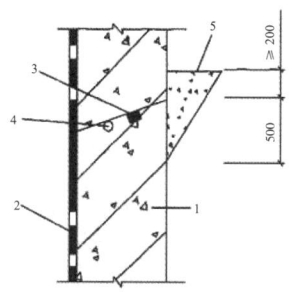

1- 侧墙；2- 侧墙防水；3- 遇水膨胀止水条；4- 注浆管；5- 浇筑口处混凝土

图 3-5-3　斜坡施工缝防水示意

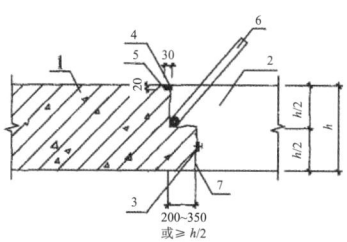

1- 先施工段；2- 后施工段；3- 缓膨型遇水膨胀止水条；4- 密封胶；5- 牛皮纸；6- 可重复注浆的注浆管；7- 表面凿毛

图 3-5-4　盖板（顶板）纵向施工缝节点做法

3. 盖板与围护结构连接部位的防水节点

1）当围护结构低于盖板，盖板直接搭在围护结构上，防水做法如下。

（1）围护结构支撑盖板处的界面应进行凿毛处理，清理干净后涂抹界面剂，顶端应设置两道遇水膨胀止水条（胶），见图 3-5-5。

（2）在阳角处应设置盖板附加防水层加强层，每边长度不应小于 250mm，且应延伸至围护结构与顶板接缝以下不小于 300mm 的长度。

（3）当采用卷材防水时，侧墙防水层与盖板防水层可连续铺设，保证卷材的搭接长度，见图 3-5-6，加强对其保护。

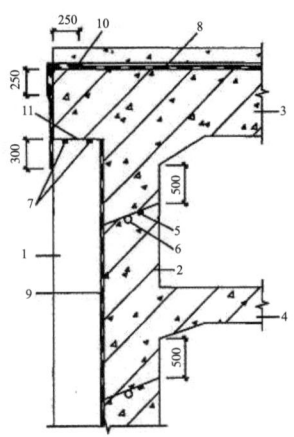

1-围护结构;2-结构侧墙;3-顶板;4-楼板;5,7-遇水膨胀止水条(胶);6-注浆管;8,9-附加防水层;10-附加防水层加强层;11-混凝土界面剂

图 3-5-5 顶端设置遇水膨胀止水条或止水胶示意

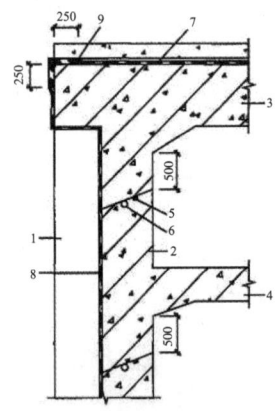

1-围护结构;2-结构侧墙;3-顶板;4-楼板;5-遇水膨胀止水条(胶);6-注浆管;7,8-附加防水层;9-附加防水层加强层

图 3-5-6 顶端设置防水卷材示意

2) 围护结构高于盖板,盖板搭设在部分围护结构上时,两者之间形成竖向施工缝,其防水层应与侧墙防水层连续铺设,盖板顶面与围护结构间应做附加防水层加强层。

4. 钢管柱穿底板防水作法

1) 底板附加防水层应折至钢管柱基础顶面,立面外侧应采用永久保护墙进行可靠保护,端头应采用密封材料封严,密封材料应与底板附加防水层材料相适应。

2) 钢管柱与底板连接节点处,增设附加防水层加强层,绑扎固定在钢管柱上,见图 3-5-7。

5. 盖板变形缝的设置

应满足设计要求,宽度不宜大于 30mm,采用的复合防水构造形式应符合现行国家标准《地下工程防水技术规范》GB 50108—2008 的规定。

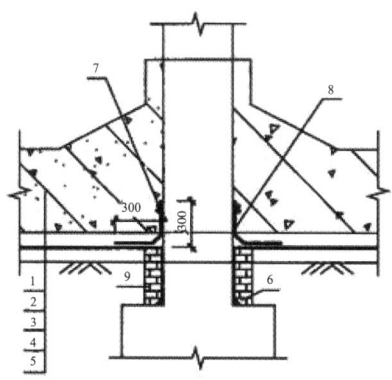

1-结构底板；2-细石混凝土保护层；3-防水层；4-水泥砂浆找平层；5-混凝土垫层；6-密封材料；7-防水固定件；8-附加防水层加强层；9-永久保护墙

图 3-5-7　钢管柱穿底板节点处防水构造

三、施工监测质量管理

盖挖法地下工程施工前应编制专项监测方案，施工过程中依据方案进行监测，并根据监测结果指导施工。因监测内容与明挖车站基本相同，故此处不再赘述，具体详见《城市轨道交通土建工程质量安全管理概论》第七章第二节内容。

施工监测成果应按现行国家标准《测绘成果质量检查与验收》GB/T 24356—2009 的规定执行。

第六节　盖挖车站的安全、职业健康与环境管理

盖挖车站工程施工属于明挖车站一类，但也有自身的施工环境特点，如，存在地下有限空间作业、有职业健康的危险因素和环境污染的作业，各分部分项工程的安全、职业健康和环境管理宏观管理详见《城市轨道交通土建工程质量安全管理概论》第四章有关内容，特别应做好如下几点具体工作。

一、安全管理

（一）风险评估

施工前应根据相关技术资料核查周边相邻建、构筑物、地下管线等情况，进行设计条件复核以及风险辨识和评估。实际施工条件与设计不符时，应提请设计单位校核或调整设计方案，还应针对重大风险源编制应急预案，开展应急演练，储备应急物资。

（二）关键节点条件核查管理

按照建办质〔2017〕68号的要求，在盖挖车站施工中，下列工序关键节点应进行施工前的条件核查，施工单位应按规定做好此项工作。

1. 起重吊装

龙门吊、塔吊等起重机械安装/拆卸，含起重量300kN及以上的其他起重设备采用非常规起重设备、方法且单件起吊重量在100kN及以上的起重吊装施工，含多台起重设备协同等吊装作业。

2. 模板工程及支撑体系

模架搭设高度8m及以上，或搭设跨度18m及以上，或施工总荷载15kN/m^{2}及以上，或集中线荷载20kN/m及以上的混凝土浇筑。

（三）钢管柱施工安全管理

盖挖车站中钢管柱施工，作业人员需要进入护筒内部进行凿除桩头混凝土、安装定位器等，属于有限空间作业，同时还存在高空物体打击等诸多安全风险，必须作为安全管理重点。

1. 采取组织措施

1）针对施工环境进行风险分析，确定危险源，并针对危险源制定管理措施。

2）施工人员下孔作业前必须向项目部进行申报，申报内容为下孔时间、人员、作业时间等，由项目部专职安全管理人员对申报人的安全设施进行检查，合格后方可下孔施工。

3）孔内有人作业时孔口必须有专人监护。发现涌水及有异味气体等时，应立即通知作业人员停止作业、迅速撤至地面，并报告施工负责人处理，在排除隐患后方可继续施工。

4）起吊作业孔口上方安排一名有经验的专业人员进行指挥，并设一名专业监护人员。

5）孔内设置专用对讲机，便于上下联系，确保通讯畅通。

6）桩孔内作业需要的工具应放在提桶内递送，上端用绳捆绑在起重机上，禁止向孔内抛掷杂物以防作业人员受到伤害。

2. 采取技术措施

1）配置一个活动吊挂钢爬梯，作为应急备用，并在爬梯下端距底部2m处，安放一个可翻转的开启的防护盖，用以对下面操作人员的防护。

2）孔内停止作业时，必须盖好孔口或设置不低于1.2m的防护栏杆，并将孔口封闭围住，且应设立醒目的警示牌。

3）操作人员上下孔口使用专用吊笼，上下物料配备专用物料斗。

4）孔上电线、电缆必须架空，现场所有设备和机具必须做好保护接地。

5）垂直运输起重设备的支架应牢固，应能承受一定的冲击力，不至翻倒，必须经检验合格后方可使用。

6）桩孔内作业照明，必须使用 36V 安全电压，灯具应符合防爆要求，孔内电缆必须固定并有防破损、防潮的措施。

二、职业健康和环境管理

（一）职业健康管理

1. 开挖前控制

土石方开挖前应探测开挖范围内有毒、有害气体情况，采取针对性防范措施，确认安全后，方可施工，保护作业人员。

2. 保证通风

1）钢管柱施工在有限的井孔空间内进行，为了预防有害气体中毒和孔井内缺氧，地面配备斜流风机向井下进行换风，防止底部缺氧造成事故，每天作业前必须先通风送氧，下井前进行检测。

2）强制通风设施应根据出土口的位置、间距、大小、数量等实际情况设置。

3. 用电和照明设施应根据施工进展设置

4. 作业人员做好自身防护

下孔必须佩戴安全帽，安全带，防滑鞋并配专用尼龙绳（一头挂安全带上一头固定在井口）。

（二）环境保护管理

1. 土石方运输应配置环保设备。

2. 施工现场标准化管理

盖挖施工作业面较小，应尽量做到施工场地的标准化管理，以达到有条不紊。

第四章
浅埋暗挖工程质量安全管理

浅埋暗挖法为矿山法施工中的特例,在一般厚度的第四纪土层中应用,根据《地下铁道工程施工质量验收标准》GB/T 50299—2018,浅埋暗挖车站、隧道可为单位或子单位工程,其土建施工应包含降水、止水、地层超前支护及加固、土石方工程、初支结构、钢筋混凝土主体结构工程、附属结构工程等部分,其中降水、止水见第一章地下水控制。其他各部分被划分为结构分部工程的两个子分部工程中的多个分项工程,见表4-0-1。

矿山法分部及子分部工程、分项工程、检验批划分　　　　　　　表4-0-1

分部工程	子分部工程	分项工程	检验批
结构	开挖与支护	管棚	每一加固段
		超前小导管	每一加固段
		超前锚杆	每一加固段
		注浆加固	每一加固段
		土方开挖	每一循环
		格栅钢架、型钢	每20延米
		钢筋网	每20延米
		喷射混凝土	每20延米
		背后充填注浆	每20延米
		施工测量	每40~60延米
		监控量测	每一监测断面
	钢筋混凝土结构	模板及支架	每一施工段
		钢筋	每一施工段
		防水/混凝土	每一浇筑段
		施工测量	每一浇筑段
		背后回填注浆	每一注浆段

本章共分五节,第一节为工作井,第二节为开挖与支护,第三节为钢筋混凝土结构,第四节为暗挖车站洞桩法(PBA工法)施工,分别论述其所含的主要分项工程的质量安全管理。第一节和第四节根据实际需要,特别增加了内容。由于每节内容较多,安全职业健康和环境管理的内容与施工过程紧密相关,故该部分内容分列于各节中。

第一节　工作井质量安全管理

地铁隧道暗挖施工时,首先要完成的部分是工作井即工作通道,包括竖井及连通道，其主要作用是为后续导洞开挖、主体土方开挖及结构施工提供出土、进料的作业面和运输通道。竖井是暗挖工程施工的垂直通道，连通道是指施工竖井与区间隧道以及两个独立平行的隧道之间的横向水平连接通道。隧道内施工设备、施工人员、材料和土石方通过竖井和连通道出入运输。在交通繁忙地区，为不影响交通，竖井多设于隧道线路一侧或两侧，若与通风道或车站出入口等永久建筑相结合，则更为经济合理。

一、施工准备管理

竖井和连通道各分项工程的施工准备管理要点基本一致，合并叙述，各分项工程的资源、技术和现场条件的准备同常规，应注意以下几点。

（一）机具准备

1. 提升系统的安装和调试已完成。

1）锁口圈梁上井架及提升设备应委托专业厂家生产安装拆除，施工单位应对其进行管理。

2）施工单位应督促并审核厂家制定的安装拆除方案。并上报监理单位审批。

3）井架采用隔声板将两侧和顶部全封闭。

4）提升系统全部安装完成并经调试可正常运行后，施工单位应上报特种设备安检部门进行验收和备案，验收通过后方可使用。

2. 施工所用测量设备、检测工具等已进场到位，状况良好。

（二）技术准备

1. 完成桩位交接并核对地质资料

1）竖井开挖前，已根据建设单位交付的测量资料进行桩位核对和交接并完成复测。

2）开挖前已核对地质资料，查明通道沿线地下管线、构筑物及地面建筑物基础等情况。

2. 已编制竖井和连通道专项施工方案

方案经施工单位内部审核按规定组织专家论证、方案修改，并经监理单位审核批准。对有关管理、操作人员进行安全技术交底。

3. 制定应急预案

1）制定了地下管线保护应急预案，完成地下管线、障碍物的改移，对竖井穿越地段的管线、人防、上部房屋等采取了保护措施。

2）已制定应防坍塌、涌砂、涌水等事故急抢险预案，并进行了演练，已备好抢险应急材料、设备，并在现场堆码整齐，不得擅自挪用。

4. 选择浆液、确定配比

1）已根据地质条件选择注浆浆液种类，并确定配比；

2）喷射混凝土配合比已通过试验确定，符合设计和规范要求。

（三）现场已具备作业条件

1. 现场保持无水条件

竖井和连通道开挖应保持在无水条件下施工。遇有地下水时，降水必须满足施工要求，开挖过程中降排水系统保持正常运转。

2. 临时弃土地点已落实，外运线已确定，渣土弃运手续已办妥。

3. 作业区有良好的通风和足够的照明装置。

4. 机械设备、风、水管路，输料管路、电缆线路等已进行全面检查，试运转正常。

二、竖井施工质量管理

竖井子分部工程含基坑围护、锁口圈梁、土方开挖、衬砌等分项工程。此处介绍锁口圈梁、钢格栅喷射混凝土、型钢支撑、竖井土方开挖、竖井衬砌与回填等分项工程的质量控制要点。

竖井施工工艺流程为锁口圈梁→基坑围护→边开挖边衬砌。

（一）锁口圈梁施工过程质量管理

锁口圈梁是竖井首先施工的分项工程，施工流程为：放线定位→开挖圈梁部位土方→绑扎钢筋→安装模板支撑→浇筑混凝土，待达到强度后，安装提升设备，方可进行竖井围护和开挖。

1. 定位及开挖

1）按照设计图纸要求定出锁口圈梁平面控制点、水准控制点及开挖控制线。

2）开挖前应先施作探沟，必须开挖至原状土或周边已探明最深管线的管底标高，确认无管线后才可开挖。

3）圈梁基底部分土层不得扰动，如松散必须夯实。

4）基坑开挖完成，经检查断面尺寸符合设计要求后，方可进行钢筋安装。

2. 圈梁钢筋、模板及支撑安装

应符合常规的混凝土工程相关要求外，还应满足以下要求。

1）向下预埋的竖向格栅连结筋长度等均应符合设计和规范要求。

2）选择模板类型及模板支撑体系，锁口圈模板可采用木模板或组合式钢模板，外模也可采用砖砌，但其内侧表面须用砂浆抹平。

3. 控制预埋件的安装

1）竖井施工中，临时用电、用水、电缆、通风、高压风管道、井口安全防护栏钢管等需要预埋，应注意各种预埋管道及设施不得遗漏。

2）提升井架基础螺栓、上下楼梯的型钢支撑等预埋件要按设计要求进行预埋，所有预留件均与圈梁钢筋焊接固定。

4. 圈梁混凝土施工

圈梁混凝土施工除应符合常规混凝土的施工要求外，还应满足以下要求。

1）锁口圈梁宜一次浇注完成。

2）浇筑时必须专人巡查，提升架预埋螺栓要保持竖直，保护完好。

5. 竖井锁口圈梁分项工程验收管理

各施工内容，均应符合设计图纸和相关规范要求。

1）钢筋隐蔽工程验收

同常规要求，参见第二章明挖工程中相关内容。

2）混凝土：结构截面尺寸；顶、底面标高；表面平整度、垂直度；表面蜂窝、麻面、孔洞、露筋情况等，均应满足设计和规范要求。

3）按程序进行锁口圈梁检验批、分项工程验收。

（二）竖井土方开挖质量管理

1. 竖井开挖应结合具体工程条件选择人工、机械等方法。

2. 开挖过程中不得超挖、欠挖，以保证初支净空断面尺寸及高程符合设计要求。

3. 开挖间距同钢格栅设计间距，随开挖随支护，及时打设锚管并注浆加固，及时封闭成环。观察地质情况；若发生小型塌方及时加固处理。

4. 全断面开挖

在正常情况下，先挖四周井壁，及时完成井壁支护，再开挖中部。在地质较差或有少水量渗漏水时，应对称、分块开挖及支护。

5. 分项工程验收管理

1）质量验收标准：施工竖井多采用有支护结构开挖，应符合明挖法相关规定。

2）分项工程验收

（1）隐蔽工程验收

钢格栅安装；防水工程（如有）。

（2）按程序进行检验批、分项工程验收。

（三）初期支护质量控制

1. 施工顺序

竖井随着向下开挖要及时施作初期支护并封闭成环，顺序为土方开挖→安装钢格栅网片→打设锚管→喷射混凝土→锚管注浆→架设支撑→下一循环开挖、支护，至井身墙体初支结构完成。

2. 安装格栅钢架

各支护工程的质量控制及验收标准与主体结构的初期支护相关内容相同，此处仅论述格栅钢架架设应注意之处。

1）在开挖至竖井横通道马头门上方时，应按设计要求密排格栅；加密马头门两侧的竖向连接筋或在格栅钢架之间设置暗梁。

2）如竖井作为永久性结构时，格栅钢架安装应严格控制其内轮廓尺寸，预留变形量，防止侵入衬砌净空。

3）竖井型钢支撑、楼梯及平台、风水电管道固定等预埋件，应与格栅钢架主筋焊接牢固。

4）竖井格栅安装完成后应及时进行封底施工，最后一榀格栅钢架应与封底格栅焊接牢固。

（四）型钢支撑质量控制

为防止竖井初期支护变形，应按设计要求施工竖井内临时支撑。一般采用工字钢加工而成，施工时应注意以下几点。

1. 型钢支撑焊接固定在初期支护预埋钢板上，焊接采用满焊，焊缝要饱满。

2. 控制施工工艺

1）预埋钢板背后应焊接数根锚固钢筋，钢板预埋时，锚固钢筋应与格栅钢架焊接牢固。

2）在喷射混凝土达到强度之后，应及时架设支撑，以免竖井结构变形。

3）竖井支撑两侧的预埋件、支撑托的高程应处在同水平。

4）加强对支撑的观测，若因侧压力造成支撑挠曲变形，必须及时采取措施，保证支撑受力稳定。

5）支撑架立后，严禁人员在上站立或行走，堆放材料物品，防止支撑受附加荷载及振动失稳、变形。

6）角撑及对撑根据施工步序及时架设。

3. 分项工程验收管理

1）竖井内支撑体系质量验收标准，见表4-1-1。

竖井内支撑体系质量验收标准　　　　表4-1-1

分项工程		质量验收内容	检验数量及方法
竖井内支撑体系	主控项目	内支撑系统所使用的原材料型号、尺寸及力学性能必须符合设计要求	施工单位、监理单位按有关规定进行检验。尺量、查产品合格证书
		倒撑使用的钢管/型钢横撑，检查应进行验收，验收合格后方可使用	施工单位、监理单位全数检查。观察检查，取样送检
		内支撑安装前应先拼装，拼装后两端支点中心线偏心应不大于20mm。安装后总偏心量应不大于50mm	施工单位、监理单位全数检查。观察检查
		内支撑应在土方开挖至其设计位置后及时安装，并按设计要求对坑壁施加预应力，预应力允许偏差为±50kN，顶紧后固定牢固。设有腰梁的横撑，其腰梁应与桩体水平连接牢固后，方可安装横撑	施工单位、监理单位全数检查。观察及测量检查
		内支撑安装位置允许偏差为：高程±50mm，水平间距±100mm	施工单位、监理单位全数检查。观察及测量检查
	一般项目	钢及钢筋混凝土支撑系统工程质量检验应符合规范规定	检验数量：施工单位全数检查，监理单位检查支撑数的20%

2）型钢支撑分项工程验收

（1）隐蔽工程验收

预埋钢板锚固筋的长度及焊接质量。

（2）按程序进行检验批、分项工程验收。

（五）竖井衬砌与回填质量管理

当竖井作为地铁的风井、出入口等永久结构时，其内部要进行防水及混凝土衬砌。

衬砌是竖井的一个分项工程，包含模板及支架、钢筋、混凝土等工序，施工质量管理要点与明挖主体结构相同，可见第二章有关内容，只需注意施工顺序。关于回填在划分表中未列入，但却是工程中不可或缺的一项，故在此增加相应内容。

1. 竖井衬砌混凝土

竖井衬砌前应根据施工需要自下而上分步拆除型钢支撑，拆除的高度应按设计要求或通过计算进行。初期支护与衬砌之间设防水层，其质量管理详见第二章的相关内容。

衬砌混凝土施工顺序为：竖井底板、由下向上逐段井身、待暗挖车站或区间正线施工完毕后施作顶板。

2. 竖井回填

当竖井作为永久结构，其顶板防水结构层完成后，上部要进行回填，当竖井为临时结构，待主体隧道施工完成、封堵混凝土达到设计强度，要对竖井进行回填，除满足常规的土方回填要求外，应注意控制以下几点。

1）由于竖井内面积有限，一般采用小型机械或人工进行夯实。

2）填至竖井以上时可使用大型机械碾压，不得碰撞结构及防水保护层。

3. 分项工程验收管理

1）竖井回填验收标准，见第二章表2-1-17。

2）分层次验收

（1）隐蔽工程验收

（2）按程序进行检验批、分项工程验收。

三、连通道施工质量管理

连通道是指施工竖井与区间隧道以及两个独立平行的隧道之间的横向水平连接通道。连通道为子分部工程，内含有10多个分项工程。其中超前小导管、地层加固注浆、管棚及注浆、初期支护背后回填注浆、洞身开挖、初期支护等分项工程将在以下第三节中叙述。当利用风道作为施工连通道时，则采用CRD法、双侧壁导坑法或其他工法施工。初期支护采用喷射混凝土＋格栅钢架＋钢筋网片。当通道作为永久性结构时，采用复合式衬砌结构，初支与二衬之间设全包柔性防水层，采用与主隧道相同的施工工艺。连通道的施工首先要在竖井井壁上开凿马头门，重点是马头门处的开挖及支护风险较大,故此处介绍。

(一)马头门开挖及支护质量管理

施工竖井与连通道连接处通称马头门,该处洞身较高,由多层临时仰拱分隔为多个洞室,一般采用台阶留核心土法开挖。

现以上下两个导洞的台阶法为例,叙述连通道马头门的开挖与支护的质量管理,施工工序,见图4-1-1。

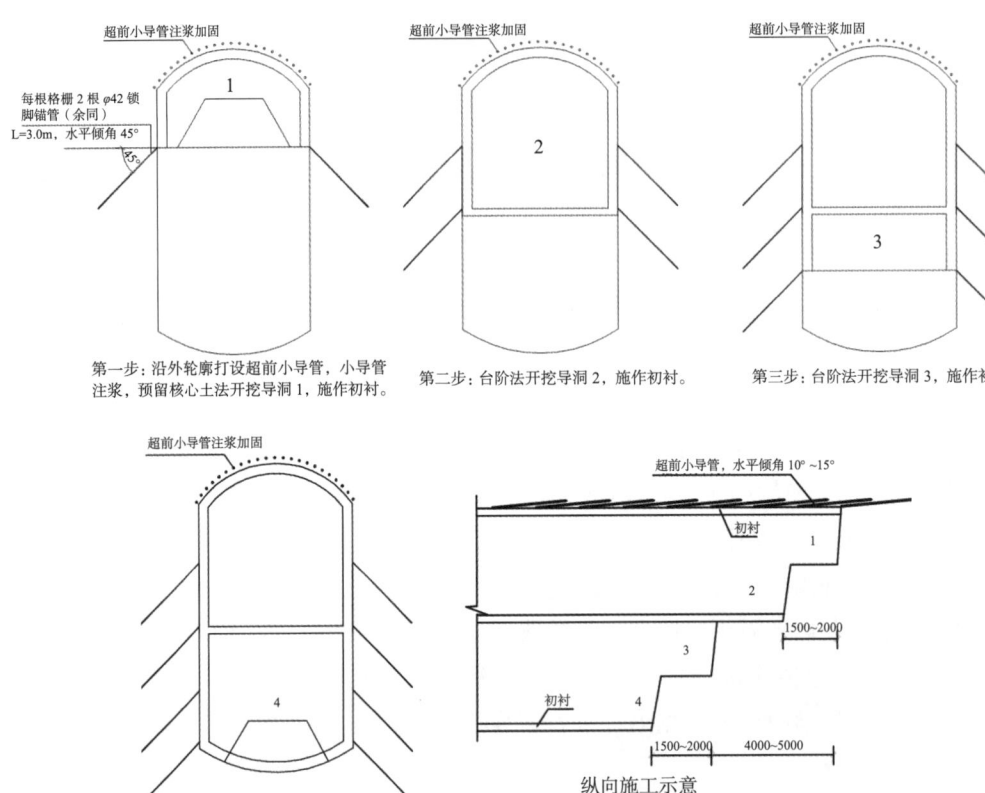

图 4-1-1 连通道台阶法开挖与支护施工工序示意图

1. 开挖原则

1)连通道各导洞开挖初支,要严格按照"管超前、严注浆、短开挖、强支护、勤量测、快封闭"十八字原则施工。

2)开挖时相邻导洞相互间拉开的步距必须满足设计要求。

2. 条件核查

按建办质[2017]68号文规定,马头门开挖属于风险关键节点。对于开口宽度小于6m的首次开挖前;开口宽度大于6m的全部开挖前,应进行条件核查。

3. 竖井井壁破除马头门

施工时要破除井壁混凝土,割除该处格栅钢架支护,导致结构受力发生变化,使洞口处出现应力重新分布，是结构受力的薄弱环节，最容易使该处土体失稳，因此，是施工质量控制的重点和难点。

1）拱部土体加固，应打设超前管棚或超前小导管并注浆加固，当地层较差时，两种措施可配合使用。

2）必须根据连通道开挖步序分段破除马头门部位的竖井结构（混凝土和钢格栅），并施做洞门，严禁大面积破除。

3）按照连通道拱部初期支护内外轮廓线，破除井壁喷射混凝土，破除范围具备架设连通道格栅钢架所需操作空间即可。

4）破除时，迎土面应留设一层混凝土，以保护掌子面土体不发生坍塌；中部留一定范围的混凝土不破除，以保证开挖时掌子面稳定。

4.格栅钢架安装

1）在马头门架拱范围内应用L形钢架把竖井格栅初支钢筋与通道首榀格栅钢筋焊接牢固，之后及时挂网喷射混凝土封闭。

2）破除横通道马头门上导洞上台阶范围内井壁混凝土，开挖一定进尺后，需连立3榀通道格栅，如通道断面高度较大，可在上导洞进尺3～5m后加设临时仰拱或临时横撑。

3）上台阶进尺2～3m后，应临时封闭掌子面，破除下台阶范围内井壁格栅，迅速施工下台阶首榀格栅，使上导洞洞门钢格栅成环。

4）上导洞施做5m左右后，同样，依次破除第二层导洞范围内井壁格栅进行开挖及支护。如此循环进行，相邻洞室间的格栅连接必须严密、牢固，并及时封闭成环，共同受力。

（二）连通道施工

连通道初支施工流程为：超前支护→土方开挖→拱架架设→打设锁脚锚管→喷射混凝土封闭成环→回填注浆，施工时需注意以下几点：

1.横通道可先开挖导洞，可采用上下台阶法进行开挖，第一层导洞预留核心土。

2.应在上台阶的拱脚及边墙格栅钢架节点处对称打设锚管，并焊牢在格栅上，按设计要求进行注浆。

3.连通道施工至正线连接处时，应采取加固措施。

四、竖井和连通道安全、职业健康和环境管理

基本内容同常规，应注意以下几点。

（一）安全管理

1.竖井开挖及初期支护

1）根据《建办质68号文》的规定，竖井开挖为风险控制的关键节点，应进行施工前的条件核查。

2）应在竖井入口处设置门禁管理系统，制定人员出入制度，并严格管理。

3）利用视频监控系统监视围岩稳定情况，按规范监测，数据异常时应立即封闭工作面停止施工。

4）井内出渣可采用吊斗吊运，装碴不得过满，垂直吊装时，待吊斗移出竖井范围或落稳时方可继续作业。

5）竖井步梯应随开挖深度及时安装，步梯宽度、栏杆高度要符合现场安全管理的规定，防护应封闭，并应设置护头棚。

2. 锁口圈梁

1）竖井口周边施工材料、设施或车辆荷载严禁超过设计荷载限值。

2）锁口圈梁周边砌筑的挡水防汛墙应高出地面0.5m以上，周围地面要进行硬化，排水通畅。

3）挡水墙外侧应安装安全防护栏杆及防护网，高度不低于1.2m。

3. 钢格栅喷射混凝土安全管理，详见本章第四节。

4. 连通道

1）应按建质办[2017]68号文的要求进行连通道各关键节点的条件核查。

2）各导洞在竖井出土（料）口处，应设置不低于30cm高度的挡掩；挡掩内设置高度不低于100cm的活动防护栅栏门，挡掩和防护门应与井壁或隧道主体联结牢固。

（二）职业健康和环境管理

竖井、连通道施工中的各分项工程的职业健康和环境管理的参见《城市轨道交通土建工程质量安全管理概论》第四章，其中超前小导管详见本章第二节，竖井钢格栅焊接、喷射混凝土对环境的污染和人员的职业健康影响较大，详见本章第四节。

五、钻爆法质量安全管理

（一）爆破施工准备管理

1. 熟悉管理依据

1）相关法律、法规

（1）《民用爆炸物品安全管理条例》（国务院令第466号，2014年7月29日国务院令第653号修正）；

（2）《北京市爆破作业项目安全管理实施细则》（北京工程爆破协会2016年6月1日发布）。

2）相关技术标准

（1）《土方与爆破工程施工及验收规范》GB 50201—2012；

（2）《爆破安全规程》GB 6722—2014；

（3）《爆破作业单位资质条件和管理要求》GA 990—2012；

（4）《爆破作业项目管理要求》GA 991—2012；

（5）《爆破作业人员资格条件和管理要求》GA 53—2015。

2. 爆破设计、施工企业及从业人员资质管理

1）爆破设计单位须持有有关公安机关核发的"爆破设计证书"；有符合规定数量、级别、作业范围的持有安全作业证的技术人员；有固定的设计场所。

2）爆破施工企业应取得"爆破施工企业资质证书"，或在其施工资质证书中标有爆破施工内容，该证书应标明允许承接爆破工程的范围和等级；资质未标明者只能从事一般岩土爆破。

3）从事爆破施工的企业，应设有爆破工作领导人、爆破工程技术人员、爆破段（班）长、安全员、爆破员，爆破作业人员的任职条件与职资应符合要求。

4）爆破企业应按允许的作业范围、等级从事经营活动，同时从事设计和施工的企业，应取得双重资质。

5）爆破企业、作业人员及其承担的重要爆破工程均应投购保险。

6）应持有由县级以上（含县级，下同）公安机关颁发的"爆炸物品使用许可证"，设立爆破器材库的，还应设有爆破器材库主任、保管员、押运员，并持有县级以上公安机关签发的"爆炸物品安全贮存许可证"。

3. 技术准备

1）参建单位人员熟悉和学习设计图纸、有关的合同和标准规范、技术资料。

2）爆破前必须编制爆破专项方案及爆破设计，经总监理工程师审批，工程当地公安部门同意后方可实施。

3）爆破参数依照浅孔、密布、弱爆、循序渐进的原则设计，并必须经现场试爆后确定。实际爆破效果根据现场情况及时修正有关参数。

4. 现场条件控制

1）提前做好爆破后破碎物清运准备工作，符合要求。

2）基坑支撑拆除爆破或在基坑中开展石方爆破前，建设单位应委托第三方监测单位进行基坑监测工作。

3）开挖断面以设计轮廓线为基准，考虑预留变形量、测量贯通误差和施工误差等因素适当放大。

（二）爆破过程安全控制

爆破工程的质量由设计决定，其关键工序的施工过程十分短暂，爆破过程的控制主要是爆破前、爆破及后续工序施作中的安全管理。

1. 岩石爆破前安全管理

1）施工单位应对现场的水准点、标高和轴线进行复检，应有建设单位、监理单位人员参加，复核无误后才可进行施工。

2）爆破施工企业爆破施工前做好爆破施工通告工作。

3）实施监控爆破安全允许距离。

2. 爆破过程中的安全控制

1）爆破过程中，应做好中间验收工作。

2）控制起爆方法，一般分为电力起爆、导爆索起爆、导爆管起爆，参与爆破的作业人员严格按照爆破设计规范的规定进行起爆。

3）严格控制爆破方案的落实，动态控制落实爆破方案，各项工作应达到规范规定。

3. 爆破监测

由于爆破对周边环境的影响较大，因此，做好爆破安全监测，确保周边建筑物、构筑物安全十分必要。北京地区的项目按照《北京市爆破作业项目安全管理实施细则》要求，复杂环境条件爆破需要安全监测单位与建设单位签订的安全监测合同，监测单位出具监测方案。其他地区项目可根据当地规定执行。具体要求如下：

1）监测单位应具有法定资质，应是独立的第三方，与委托和承担爆破工程施工的单位无从属关系。所使用的测试系统应满足国家计量法规的要求。

2）A、B级爆破、重要爆破以及可能引起纠纷的爆破，均应进行爆破效应监测。监测项目由设计和安全评估单位提出。

3）监测主要对象：爆破地震效应、空气或水中冲击波、爆破噪声、飞散物、有害气体、瓦斯以及可能引起次生灾害的危险源。

4）监测报告内容应包括：监测目的和方法、测点布置、测试系统的标定结果、实测波形图及其处理方法、各种实测数据、判定标准和判定结论。

4. 作好爆后检查

1）爆后检查等待时间

（1）露天浅孔爆破，爆后应超过5min，方准许检查人员进入爆破作业地点；如不能确认有无盲炮，应经15min后才能进入爆区检查。

（2）露天深孔及药壶蛇穴爆破，爆后应超过15min，方准检查人员进入爆区。

（3）露天爆破经检查确认爆破点安全后，经当班爆破班长同意，方准许作业人员进入爆区。

（4）地下矿山和大型地下开挖工程爆破后，经通风吹散炮烟、检查确认井下空气合格后，方准许作业人员进入爆破作业地点。

（5）拆除爆破爆后应等待倒塌建（构）筑物和保留建筑物稳定之后，方准许检查人员进入现场检查。

（6）洞室爆破、水下深孔爆破及本标准未规定的其他爆破作业，爆后的等待时间，由设计确定。

2）爆后检查内容

（1）确认有无盲炮；

（2）露天爆破爆堆是否稳定，有无危坡、危石；

（3）地下爆破有无冒顶、危岩，支撑是否破坏，炮烟是否排除；

（4）洞室爆破、拆除爆破及其他有特殊要求的爆破作业，爆后检查应按有关规定执行。

3）正确处理盲炮

（1）检查人员发现盲炮及其他险情，应及时上报或处理。

处理前应在现场设立危险标志，由爆破领导人定出警戒范围，并在该区域边界设置警戒，处理盲炮时无关人员不准许进入警戒区，发现残余爆破器材应收集上缴，集中销毁。

（2）盲炮处理应由爆破工程技术人员提出方案并经单位主要负责人批准，派有经验的爆破员处理。

（3）电力起爆发生盲炮时，应立即切断电源，及时将盲炮电路短路；

（4）导爆索和导爆管起爆网路发生盲炮时，应首先检查导爆管是否有破损或断裂，发现有破损或断裂的应修复后重新起爆。

（5）不应拉出或掏出炮孔和药壶中的起爆药包。

（6）处理后，应仔细检查爆堆，将残余的爆破器材收集起来销毁，在不能确认爆堆无残留的爆破器材之前，应采取预防措施。

（7）处理后应由处理者填写登记卡片或提交报告，说明产生盲炮的原因、处理的方法和结果、预防措施。

5. 爆后认真清运

1）爆破施工企业按照既定的清理、运输方案严格执行，如条件发生改变应调整方案的，必须重新制定方案，经批准后再实施。

2）按要求在工地出入口设置洗车槽和洗车设施，雇请证照齐全的运输车辆，安排专职余泥运输车辆监督员负责监督运输车辆的出入管理。

6. 爆破作业场所有下列情形之一时，不应进行爆破作业：

1）岩体有冒顶或边坡滑落危险的。

2）地下爆破作业区的炮烟浓度超过规定时的。

3）爆破会造成巷道涌水、堤坝漏水、河床严重阻塞、泉水变迁的。

4）爆破可能危及建（构）筑物、公共设施或人员的安全而无有效防护措施的。

5）洞室、炮孔温度异常的。

6）作业通道不安全或堵塞的。

7）支护规格与支护说明书的规定不符或工作面支护损坏的。

8）距工作面20m以内的风流中瓦斯浓度达到或超过1%或有瓦斯突出征兆的。

9）危险区边界未设警戒的。

10）光线不足、无照明或照明不符合规定的。

11）未按《爆破安全规程》的要求作好准备工作的。

7. 特定条件下的爆破安全管理

露天、水下爆破装药前，应与当地气象、水文部门联系，及时掌握气象、水文资料，遇以下特殊恶劣气候、水文情况时，应停止爆破作业，所有人员应立即撤到安全地点：

1)热带风暴或台风即将来临时。

2)雷电、暴雨雪来临时。

3)大雾天气,能见度不超过100m时。

4)风力超过六级,浪高大于0.8m时,水位暴涨暴落时。

(三)爆破施工职业健康安全、环境管理

爆破施工将产生振动、飞石、有害气体、粉尘、噪声、冲击波、涌浪等危害作业人员及周边环境的因素,对人员、生物及相关设施造成不利影响,施工单位和监理单位必须十分重视施工职业健康、环境管理,基本内容按照《土方与爆破工程施工及验收规范》GB 50201—2012的有关规定进行。

(四)爆破工程验收的管理

1.质量验收标准,见表4-1-2。

钻爆开挖质量验收标准 表4-1-2

分项工程		质量验收内容	检验数量及方法
钻爆开挖	主控项目	爆破孔的数量、位置、深度应符合爆破方案的规定	全部检查。测量并与爆破方案核对
		隧道不应欠挖,当围岩完整、石质坚硬时,岩石突出部分侵入衬砌不应大于5cm。仰拱以上1m断面不应欠挖	每开挖一循环检查一次。采用激光断面仪、全站仪、经纬仪量测周边轮廓断面,绘断面图与设计文件规定的断面核对
		隧道开挖过程中,每一次开挖后应及时观察工作面,进行地质素描工作,工程地质及水文情况复杂的情况下,应采用超前炮孔和超前预报方法查明隧道洞身周围和前方的地质状况	每一开挖循环检查一次。观察检查
	一般项目	爆破孔间距、深度的允许偏差应符合现行《土方与爆破工程施工及验收规范》GB 502012012的规定	全部检查。钢尺量测
		周边眼炸药的密度、爆速、猛度等指标应符合设计文件要求,宜采用25mm小直径药卷连续或空气间隔装药;周边眼应同时起爆。装药完毕后炮眼堵塞长度不宜小于200mm	全部检查。观察检查
		爆破眼的半孔残留痕率应符合下列要求: 1、硬岩应大于80%,中硬岩应大于60%,并在轮廓面上均匀分布; 2、两炮眼衔接台阶的最大尺寸不应大于150mm; 3、爆破后岩块尺寸最长边长度不应大于300mm	每一爆破开挖循环检查一次。检查钻爆方案,观察检查,断面仪测量

(摘自《地下铁道工程施工质量验收标准》GB/T 50299—2018)

2. 爆破总结

1）每次爆破后，爆破员应填写爆破记录。

2）每年度或一个较大爆破工程结束后，爆破工程技术人员应提交爆破总结，爆破总结应包括：

（1）设计方案、参数、评述，提出改进设计的意见；

（2）施工概况、爆破效果及安全分析，提出施工中的不安全因素和隐患以及防范办法，提出改善施工工艺的措施；

（3）经验和教训。

3）爆破记录及爆破总结，应整理归档。

3. 归档资料

爆破工程竣工后，应将下列资料按规定组卷归档。

1）土石方竣工图。

2）有关设计变更和补充设计的图纸或文件。

3）施工记录。

4）隐蔽工程验收记录。

5）永久性控制桩和水准点的测量结果。

6）质量检查和验收记录。

第二节　开挖和支护质量安全管理

按照《地下铁道工程施工质量验收标准》GB/T 50299—2018，暗挖车站、区间主体结构分部工程中的开挖与支护为一个子分部工程，含11个分项工程，分别是管棚、超前小导管、超前锚杆、注浆加固、土方开挖、格栅钢架（型钢）、钢筋网、喷射混凝土、背后充填注浆、施工测量、监控量测。本节将依次叙述前9个分项工程的质量安全管理内容，后2个分项工程可参阅《城市轨道交通土建工程质量安全概论》第七章相关内容。各分项工程的质量管理及验收标准均依据《地下铁道工程施工质量验收标准》GB/T 50299—2018。

暗挖车站、区间开挖作业前，应进行超前支护，应保证最大限度的减少对地层的扰动，提高周围地层自承作用和减少地表沉降，严格按照"管超前、严注浆、短开挖、强支护、勤量测、快封闭"十八字原则组织施工。

一、管棚施工质量管理

（一）施工准备管理

1. 资源准备

1）材料准备及检验

钢管、水泥、水玻璃、硫酸以及其他材料均已进场，并按规定检验各项内容均合格。

2）机具设备的准备

钻机、空压机、注浆机、浆液搅拌机以及其他机具设备均已进场到位，状况良好。

3）应配备与工艺相适应的注浆、搅拌及检验测试设备。所有计量仪器、仪表均应有产品合格证及检定合格证，以保证注浆质量。

2. 技术准备

1）施工单位已根据地质条件、设计图纸等编制施工方案满足规范要求，并履行审批手续。选择浆液种类，并确定配比。

2）导管布设测量放线工作已经完成，监理工程师已复核完毕。

3）检验批已划分，车站和区间隧道超前小导管施工每一加固段为一个检验批。

3. 应具备的作业条件

1）注浆机压力表性能良好，高压管畅通。注浆开始前，应进行压水或压稀浆试验，检验管路密封性。

2）隧道注浆前已进行降水作业，地层中无流动地下水。

应注意隧道内应有适合管棚作业的扩大断面，且向隧道内方向延伸一定长度。

（二）管棚施工过程质量控制

1. 钢管加工制作

1）钢管需在加工厂进行加工、制作，钢管结构见图 4-2-1。

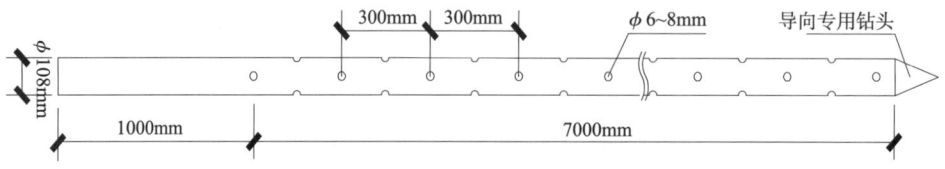

图 4-2-1 钢管结构示意图

2）钢管进场后应组织验收，规格、尺寸必须符合设计要求。进行外观检查，管材不得有弯曲，表面不应有裂纹、机械损伤等。

3）钢管连接形式可采用丝扣组合或内、外衬管焊接，严禁将管材直接对齐拼焊。

2. 管棚钻孔

管棚的施作方法可由钻孔后顶入、偏心潜孔锤带入、套管成孔放入等方法。常用钻孔后顶入法，见图 4-2-2 和图 4-2-3。控制要点如下：

第四章 浅埋暗挖工程质量安全管理

图 4-2-2 钻孔

图 4-2-3 部分成孔后图示

1）钻机作业平台平稳牢固，钻杆连接要牢固可靠，钻进时防止产生不均匀下沉、摆动、位移。

2）钻孔的孔口平面位置、倾角、外插角等要符合设计要求，并进行编号。

3）钻孔宜按照由高孔位向低孔位，隔孔顺序进行，并做好钻孔记录。

4）钻孔匀速中速钻进，经常量测孔的斜度，发现误差超限及时纠正，并遵守"勤纠少纠"的原则。

5）严格控制钻孔平面位置，管棚不得侵入隧道开挖线内，相邻的钢管不得相撞和立交。

6）钻进过程中应避免随意停钻，如遇障碍不得强行钻进，必须查明情况处理后方可继续钻进。

3. 注浆，见图 4-2-4。

1）管棚到位后及时注浆，防止出现塌孔及地表沉降。

2）隧道接近风险源处，宜选用止浆塞分段后退式注浆；开马头门或变换隧道断面时，采用全孔一次性注浆。

3）注浆浆液采用双液浆、水泥单液浆或水泥砂浆，浆液配比根据实际地质情况通过试验确定。

4）注浆施作宜采用二序跳孔间隔进行。

5）注浆量、注浆压力以及稳压时间应根据地层情况通过试验确定。

6）注浆时发生漏浆、串浆等异常情况时，应采取间歇注浆、封堵等措施处理，确保浆液有效注入。

7）注浆结束标准

单孔注浆、单循环注浆结束标准应符合规范要求。

4. 检查支护效果

开挖过程中应注意观察管棚支护效果，如管棚的间距、浆液充满钢管周围的空隙及地层渗水、流沙等情况，为下一循环改进提供参考。当检查发现未达到设计效果时，可在管棚之间增设小导管注浆。

图 4-2-4 注浆

（三）分项工程验收管理

1. 质量验收标准，见表 4-2-1。

管棚质量验收标准　　　　　　　　表 4-2-1

分项工程		质量验收内容	检验数量及方法
管棚	主控项目	管棚所用钢管的品种、级别、规格和数量应符合设计文件要求	全部检查。观察检查，钢尺量测
		管棚内的注浆材料、注浆量、配合比及注浆压力应符合设计文件要求	全部检查。检查注浆材料、注浆量施工记录及浆液配比单，观察检查
	一般项目	管棚钻孔允许偏差及检验数量应符合表 4-2-2 规定	仪器测量，钢尺量测
		管棚仰角、搭接长度及与受力拱架的连接应符合设计文件要求	全部检查。观察检查，钢尺量测

管棚钻孔允许偏差及检验数量表　　　　　　　　表 4-2-2

检验项目		允许偏差	检验数量	
			范围	根数
管棚	方向角	1°	每 10 根	3
	孔深	±50mm		
	孔口距	±30mm		

2. 隐蔽工程验收

包括：钢管长度、外插角度等。

3. 按程序进行检验批、分项工程验收

二、超前小导管施工质量管理

施工准备管理内容见前述管棚。

（一）小导管打设质量控制

在施作过程中严格执行施工方案。

1. 小导管制作

小导管一般采用钢管在加工厂制作，构造见图 4-2-5。

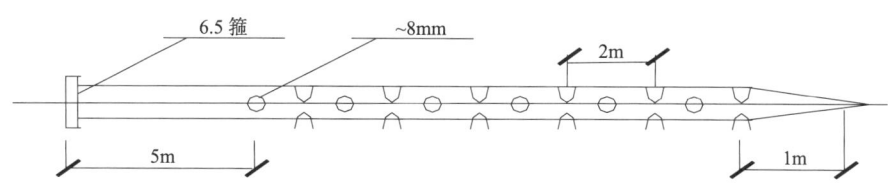

图 4-2-5　小导管结构示意图

小导管进场后应进行验收，材料、尺寸、工艺及花眼布置必须符合设计要求。

2. 小导管打设

1）打设前应将工作面封闭严密、牢固，清理干净，并测放出打设位置。

2）导管打设应按设计要求布置，当设计无明确要求时，平顶隧道一般设于顶部，拱形隧道一般布设于拱部 120°～150°范围。

3）打设顺序应隔孔施作，孔位由高到低，其外插角、孔距、孔深等应符合设计要求。

4）根据地层地质情况及小导管长度，可选择适宜的顶入或钻进方法，钻孔完成后应及时安装小导管，避免时间过长而发生塌孔。

5）小导管尾部外露一定长度，以便连接注浆管路，孔口封堵严实，以防喷射混凝土进入。

6）小导管安设后必须对工作面喷射混凝土进行封闭，喷射厚度应地质情况确定，但不宜小于 50mm。

（二）注浆质量控制

1. 选择注浆方法

注浆应根据土质条件选择渗入注浆法，挤压、渗透注浆法，劈裂或电动硅化注浆法以及高压喷射注浆法等，选择时应考虑注浆工艺简单、方便、安全等因素。

2. 选择注浆材料和设备

1）根据隧道所处的不同地质条件合理选用无污染的浆液，并经现场试验确定配合比。

2）应配备与工艺相适应的注浆、搅拌及检验测试设备。所有计量仪器、仪表均应有产品合格证及检定合格证。

3. 注浆时间和注浆压力应由现场试验确定，应严格控制注浆压力。

4. 注浆开始前，应进行压水或压浆试验，检验管路的密封性和地层的吸浆情况。

5. 注浆顺序

注浆施作宜采用二序跳孔间隔进行。

6. 观察及记录

注浆时要经常观测注浆压力和流量的变化,发现漏浆、串浆等异常情况时,应采取间歇注浆、封堵等措施处理,并做好注浆记录。

7. 注浆结束标准

1)单孔注浆、每循环注浆结束标准应按规范执行。

2)达不到结束标准,应补充、重新注浆直到满足要求为止。

8. 检查注浆效果

同时采用分析法和开挖直观检查两种方法,确认其达到设计要求。

(三)分项工程验收管理

1. 质量验收标准见表4-2-3。

超前小导管和超前锚杆质量验收标准　　　　表 4-2-3

分项工程		质量验收内容	检验数量及方法
超前小导管和超前锚杆	主控项目	超前小导管和超前锚杆所用钢材的品种、级别、规格和数量应符合设计文件要求	全部检查。查验材料检验报告及合格证,现场观察,钢尺量测
		超前小导管和超前锚杆注浆量、注浆压力、配合比应符合设计文件要求	全部检查。检查注浆施工记录及浆液配比单,观察检查
	一般项目	超前小导管和超前锚杆允许偏差及检验数量应符合表4-2-4的规定	仪器测量,钢尺量测
		超前小导管和超前锚杆纵向搭接长度、与支撑结构的连接应符合设计文件要求	全部检查。观察检查,钢尺量测

超前小导管和超前锚杆允许偏差及检验数量　　　　表 4-2-4

检验项目	允许偏差(mm)	检验数量
外插角	2°	每环3根
孔距	±50	
孔深		

2. 分层次验收

1)隐蔽工程验收包括:打设角度、长度、搭接长度、数量等。

2)按程序进行分项工程验收。

三、超前锚杆施工质量管理

超前锚杆是沿开挖轮廓线,以稍大的外插角向开挖面前方一定范围内安装的斜向锚杆,形成对前方围岩的预锚固(预支护),在提前形成的围岩锚固圈的保护下进行开挖、装渣、出渣和衬砌等作业。

由于超前锚杆的柔性较大、刚度较小，其对前方围岩的整体加固效果一般，加固范围有限，因此，超前锚杆主要适用于应力不大、地下水较少、岩体软弱破碎，开挖面有可能坍塌的地铁隧道中，如沙质地层、弱膨胀性地层、流变性较小的地层、裂隙发育的岩体、断层破碎带等围岩条件，以及浅埋无显著偏压的地铁隧道。一般打设完超前锚杆后，即将其与系统锚杆（隧道开挖后打设的径向锚杆）焊接后向钻孔和锚杆中注浆，形成联合支护，以增强其整体加固作用。超前锚杆支护见图 4-2-6。在应力较大的严重软弱破碎围岩中，因超前锚杆的后期支护刚度有些不足，不宜使用。

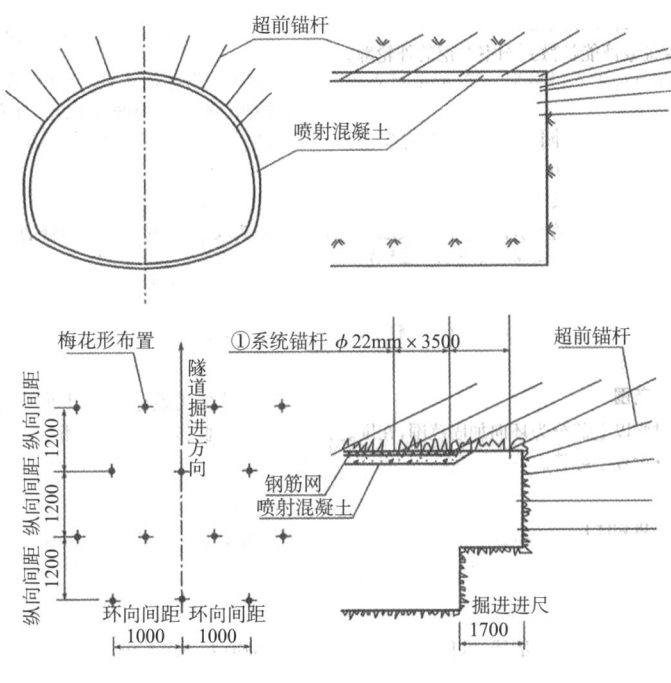

图 4-2-6 超前锚杆支护示意图

（一）施工准备管理

基本内容同管棚，结合超前锚杆施工具体要求做好准备。

（二）施工过程质量控制

施工单位应按施工方案施作，监理单位应控制施作过程，其控制要点如下。

1. 锚杆的制作及打设

1）锚杆的加工、制作必须符合设计要求。

目前，地铁隧道支护中常用的锚杆为成品，有中空和实心两种。

中空锚杆由工厂加工制造，材质多为钢管，实心锚杆可在工厂或现场制作，多采用不小于 $\phi 22mm$ 的螺纹钢筋，多为现场加工，两种成品锚杆构造，见图 4-2-7。锚杆材质、加工尺寸、质量必须符合设计要求。

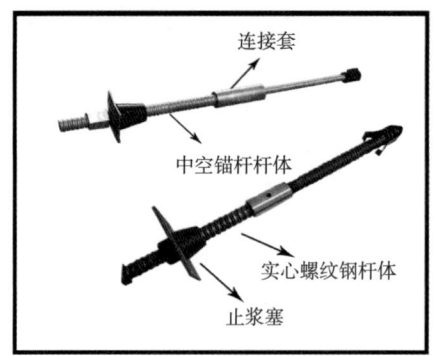

图 4-2-7 成品锚杆构件图

2）超前锚杆按照设计间距布置，定出锚杆孔位，作出标记。对于拱部设置范围宜为隧道拱部外弧全长的 1/6 ～ 1/2，同一层锚杆环向间距宜为 0.3 ～ 1.0m；相邻两层应环向错列，以便于与梅花形布置的系统锚杆相协调和连接。

3）钻孔机具应根据锚杆类型、规格及围岩等情况选择。

4）钻孔时严格按设计定出的孔位进行，钻孔过程中及时观察钻杆方向及外插角度，当发现方向及外插角偏差较大时应予以调整。钻孔时控制用水量，以防坍孔。

5）钻孔应圆而直，钻孔直径应大于杆体直径 15mm；钻孔深度应大于锚杆设计长度 10mm。

2. 锚杆打设

1）锚杆应在钻孔后尽快打设，锚杆在使用前应矫直和清除污锈并用水湿润，以保证和砂浆紧密结合。

2）钻孔结束检查孔位和深度后，需用高压风清孔，将虚渣及粉尘清理干净。

3）用人工或锤击将锚杆插入孔内，尾端外露长度适中，并与系统锚杆、网片或钢架外缘焊接，之后安装止浆塞，尽快施作喷射混凝土，以充分发挥它们的联合支护效应和封闭支护作用。

4）待注入砂浆强度达到 M20 时方可安装钢垫板和螺母，并拧紧螺母，使钢垫板紧贴岩面。

5）锚杆插入长度不得小于设计长度的 95%，且应位于孔的中心。

3. 注浆

锚杆打设完成后及时注浆，使锚杆与岩体紧密结合成整体。注浆液一般采用水泥砂浆，配合比应进行设计，并进行工程试验确定。砂浆强度等级、配合比应符合设计要求。

1）中空锚杆注浆

在外露锚杆头接上注浆嘴，注浆使用注浆罐及注浆管，直到孔口有浆液流出为止。孔口压力控制在 0.4Mpa 以内。

2）实心锚杆注浆

清孔后将注浆管应插入距孔底 5 ～ 10cm，启动高压风开始注浆，孔口压力控制在

0.4MPa 以内；随砂浆的注入缓慢拔出注浆管，直到孔口有浆液流出为止，停止注浆；迅速插入锚杆。

3）注浆深度和范围应符合设计要求。

4）砂浆未达到设计强度 70% 时，不得随意碰撞，4h 内不得进行爆破作业，3d 内不得悬挂重物。锚杆安装后，不得随意敲击。

5）水泥砂浆应拌合均匀，随伴随用，初凝前必须使用完，并严防石块、杂物混入。

（三）分项工程验收管理

详见上述超前小导管质量验收管理。

四、注浆加固质量管理

（一）施工准备管理

基本内容同管棚，但应注意以下几点.

1. 选择注浆方法

根据设计及隧道水文地质情况、周边环境、加固目的等方面选用适宜的方法。

2. 机具设备的准备

工程钻机、浆液搅拌机、高压注浆泵、泥浆泵及排污泵等机械，其他机具、检测仪器均已进场到位，工况良好。钻机操作平台已搭设，平台上已铺设枕木及木板。

3. 现场已选择具有代表性的地段进行试验，验证注浆工艺及参数。

（二）深孔注浆过程质量管理

1. 孔位布置

孔位可根据注浆范围和隧道开挖形式，设计为单排、双排或多排布置，施工单位按设计图纸布置。

2. 制作止浆墙

宜采用加筋喷射混凝土或模筑混凝土的方法施作，施作完成后要进行密封检查，确认无漏浆。

3. 钻机就位和校正

根据钻孔位置搭设钻孔平台，应平整稳固，开钻前定出钻孔角度，钻机对准孔位后，不得移位、起降。以后根据需要适时再次校正钻机。

4. 钻孔

1）按设计间距标识孔位；按照先上后下，先外后内，同一圈孔间隔施工。

2）钻孔时应保证转速均匀，及时进行纠偏；按注浆长度及注浆的范围，严格控制钻杆深度。

3）钻进时要密切观察溢水、出水情况，出现大量溢水时立即停钻，分析原因处理后方可继续施工。

4）钻孔过程中应做好钻探记录。

5. 注浆

1）注浆按从外圈到内圈、从下层到上层、由外侧到内侧、由上游到下游的顺序跳孔进行，长短管注浆相互弥补，注浆充分，不留盲区。

2）注浆前应检查注浆管路及连接件、孔口管、止浆塞等，并进行试压，应符合设计要求。

3）注浆压力应根据理论计算、经验类比和现场、室内试验综合确定，不应对邻近既有建构筑物及地表产生不良影响。

4）注浆过程中出现管路堵塞、跑浆、窜浆等问题，应及时分析原因并及时处理。

5）隧道开挖前，应进行注浆效果检查；开挖后，对注浆效果进行分析，对薄弱地带进行动态补充注浆。

6）注浆结束标准

单孔、单循环注浆结束标准应符合规范要求。

7）注浆孔未能达到设计孔深，应分析原因，可采用加强相邻周边孔注浆或补孔注浆的方法解决。

6. 注浆效果检查

1）确认注浆效果，已达到注浆目的，否则应采取补孔注浆等措施。

2）注浆效果检查评定的方法与标准应符合规范要求。

（三）分项工程验收管理

1. 质量检收标准

注浆加固质量验收标准，见表4-2-5。

注浆加固质量验收标准　　　　　　　　　表4-2-5

分项工程		质量验收内容	检验数量及方法
注浆加固	主控项目	注浆材料应符合设计文件要求	全部检查。 检查出厂质量证明或试验报告
		浆液配合比应符合设计文件要求，且浆液应充满钢管及周围的空隙	全部检查。 检查配合比试验报告、施工记录和观察检查
		注浆加固终凝后应进行注浆效果检查	每一加固段不少于一处。 开挖观察检查，取芯检验
	一般项目	注浆孔的数量、布置、间距、孔深应符合设计要求	施工单位全数检查，监理单位按施工单位检查数的30%作见证检验或平行检验。 观察检查和尺量检查
		注浆浆液达到一定强度后方可开挖	施工单位、监理单位全部检查。 开挖检查、观察

2. 分层次验收

1）隐蔽工程验收

包括：外插角度、长度、搭接长度等。

2）按程序进行检验批、分项工程验收

五、土方开挖质量管理

（一）施工准备管理

管理内容及要点基本同本章第一节工作井的洞身开挖，但应注意以下两点：

1. 洞身开挖专项方案

按程序进行洞身开挖专项方案的编制、论证和审核，但在方案中应考虑地质条件而采取必要的措施。

在不稳定的岩体中进行浅埋、大跨隧道施工时，应采用台阶法、环形留核心土法和分部开挖法相结合的方法施工。

2. 检验批已划分

车站和区间隧道洞身开挖每一循环为一个检验批。

（二）开挖过程控制

1. 暗挖车站、隧道的开挖必须保持在无水条件下进行。

2. 施工方法

1）应根据地质情况、覆盖层厚度、结构断面及地面环境条件等，经过安全、技术、经济比较后确定。

2）开挖应减少对围岩的扰动，保持开挖轮廓线圆顺，严格按照设计尺寸、高程和开挖步距进行，严格控制欠挖和局部超挖现象。

3）开挖应连续作业，因故停止开挖时，应及时对开挖面采取临时封闭措施。

4）开挖相距小于1倍洞径的两条平行隧道（包括导洞）时，掌子面开挖距离不应小于15m。

5）同一条隧道相向开挖，当两掌子面相距20m时应停挖一端，另一端继续开挖，并做好测量工作，及时纠偏。

3. 开挖断面尺寸

应以衬砌设计轮廓线为基准，考虑预留变形量、测量贯通误差和施工误差等因素作适当加大。

4. 开挖过程中监控量测

1）应对隧道围岩和初期支护进行观察和监控量测，按监控量测方案监测围岩变形、地表沉降和和地下管线变化情况，反馈量测信息指导设计和施工。

2）开挖过程中，应进行开挖面的地质素描和地质预报工作；当围岩情况发生变化时，及时调整开挖方法。

5.隧道竖井开启马头门应严格按照设计要求施工，开启马头门或变断面、交叉点等隧道开挖时，应采取地层加固措施。

6.开挖后应及时进行初期支护，封闭成环。

（三）分项工程验收管理

1.质量验收标准，见表4-2-6。

土方开挖质量验收标准　　　　　　　　　　　　表4-2-6

分项工程		质量验收内容	检验数量及方法
土方开挖	主控项目	开挖断面轮廓线、中线、高程应符合设计文件要求，隧道不应欠挖	每开挖一循环检查一次。激光断面仪，测量仪器和钢尺量测
		应核对边墙基础及隧底地层土质与设计文件符合情况，应无松散浮土	每开挖一循环检查一次。检查施工记录，观察检查
		隧底加固处理方法应符合设计文件要求	每开挖一循环检查一次。检查施工记录
		隧道贯通平面位置的允许偏差应为±30mm，高程的允许偏差应为±20mm	每一贯通面检查一次。仪器测量
	一般项目	开挖断面超挖允许值应符合表4-2-7的规定	每开挖一循环检查一次。采用激光断面仪、全站仪、经纬仪量测周边轮廓断面，绘断面图与设计文件规定的断面核对

开挖断面超挖允许值　　　　　　　　　　　　表4-2-7

隧道开挖部位	岩层分类							
	爆破岩层						土质和不需要爆破岩层	
	硬岩		中硬岩		软岩		平均	最大
	平均	最大	平均	最大	平均	最大		
拱部（mm）	100	200	150	250	150	250	100	150
边墙及仰拱（mm）	100	150	100	150	100	150	100	150

2.分层次验收

1）隐蔽工程验收

开挖断面的中线、高程（断面尺寸）；超挖、欠挖；地质情况；局部塌方的处理；隧道底加固处理情况等。

2）按程序进行检验批、分项工程验收。

六、格栅钢架、型钢施工质量管理

（一）施工准备管理

1. 资源准备

1）一般施工队伍为劳务分包，进场后应审查其单位资质，技术管理人员及特殊工种的人员岗位证书符合要求。

2）材料已进场，包括钢筋、水泥、砂、碎石、外加剂、焊接材料等，以及外加工的型钢、格栅、网片，并已验收合格。

3）喷射混凝土的施工配合比已通过试验确定并符合设计和规范要求。

2. 技术准备

已制定应防坍塌、涌砂、涌水等事故急抢险预案，并进行了演练，已备好抢险应急材料、设备，并在现场堆码整齐，不得擅自挪用。

3. 现场条件准备

1）作业区有良好的通风和足够的照明设施。

2）格栅钢架安装前工作面土方已根据设计要求开挖到位。

3）锁脚锚管安装前格栅钢架已安装完成。

4）喷射混凝土前钢格栅安装完成并经隐检合格；已埋设喷射厚度标志；受喷面的滴水、淋水已进行处理。

（二）施工过程管理

1. 格栅钢架的加工、制作、验收

1）格栅钢架一般在专业工厂采用模具加工，分节制作。

2）加工完成后，施工单位要组织首件验收，其外观质量、加工尺寸及轮廓、各部节点以及焊接质量等要符合设计和规范要求。验收合格后进行批量生产，出厂前应进行验收。

3）格栅钢架应分类存放、标识，并应采取防锈蚀措施；运输和存放过程中应采取防变形措施。

2. 钢架架设控制

1）钢架进场后应进行验收，质量证明文件齐全有效，外观质量检查合格，数量、规格符合设计要求。

2）钢架应在隧道开挖后或初喷混凝土后及时进行架设，安装前应清除钢架脚底虚渣及杂物。

3）格栅的安装中线和标高符合设计及规范要求，并应保证格栅内外两侧钢筋保护层厚度。

4）格栅应水平，纵向间距符合设计要求，在马头门进口处及挑高段应密排数榀格栅。

5）格栅连接板应密贴，螺栓拧紧上齐，并进行围焊；格栅节点钢筋需等强连接时，加帮焊筋直径与主筋相同，单边焊接。

6）每单元格栅钢架调整完毕后进行固定，并与上榀格栅用连接筋焊接牢固，连接筋的布设及环向间距符合设计要求。

7）当隧道作为永久结构时，格栅安装应严格控制其内轮廓尺寸，预留变形量，防止侵入二衬净空。

（三）分项工程验收管理

1.质量验收标准，见表4-2-8。

格栅钢架质量验收标准　　　　　　　　　　　　　　　　　　表4-2-8

分项工程		质量验收内容	检验数量及方法
格栅钢架	主控项目	钢架所使用的钢筋原材料进场检验应符合规范规定。型钢材料进场检验应符合现行《碳素结构钢》GB/T 700—2006的规定	同牌号、同炉罐号、同规格、同交货状态的型钢，每60t为一批，不足60t按一批计。每批抽检一次。检查产品合格证、出厂检验报告和进场复验报告
		制作钢架的钢材品种、级别、规格和数量应符合设计文件要求	全部检查。观察检查，钢尺量测
		格栅钢架钢筋的弯制、末端的弯钩及型钢钢架的弯制应符合设计文件要求，焊缝应符合设计文件要求，不应有焊渣，钢筋应无锈蚀	
		钢架安装的位置、接头连接、纵向拉杆应符合设计文件要求，钢架安装不应侵入二次衬砌断面，开挖面不应有虚渣和积水	
		格栅钢架主筋连接应在格栅接头处，应采用同一型号钢筋焊接，钢架与围岩间的间隙应采用喷射混凝土喷填密实	全部检查。观察检查
		钢筋、型钢、钢轨原材料应平直、无损伤，表面不应有裂纹、油污、颗粒状或片状锈蚀	
	一般项目	格栅钢架加工允许偏差和检验数量应符合表4-2-9的规定	钢尺量测
		钢架安装允许偏差和检验数量应符合表4-2-10规范规定	

格栅钢架加工允许偏差和检验数量　　　　　　　　　　　　　　表4-2-9

检验项目		允许偏差（mm）	检验数量	
			范围	点数
拱架（包括顶拱和墙拱架）	拱架矢高及弧长	0~±20	每榀	1
	墙架长度	±20		1
	墙架横断面尺寸（高、宽）	0~±10		2

续表

检验项目		允许偏差（mm）	检验数量	
			范围	点数
钢筋格栅	高度	±30	每榀	3
	宽度	±20		
	扭曲度	20		

钢架安装允许偏差和检验数量　　　　表 4-2-10

检验项目	允许偏差	检验数量	
		范围	点数
钢架纵向	±50mm	每榀钢架	3
钢架横向	±30mm		
高程偏差	±30mm		2
垂直度	1°		3
钢架保护层厚度	−5mm		

2. 隐蔽工程验收

格栅钢架应进行下列隐蔽工程验收：

接头连接、纵向连接筋、与围岩密贴情况、钢架纵横向偏差、高程、垂直度、保护层厚度等。

3. 按程序进行检验批、分项工程的质量验收。

七、钢筋网施工质量管理

施工准备工作详见前述格栅钢架、型钢。

（一）施工质量管理

1. 钢筋网片的加工、制作

钢筋网片一般在专业工厂加工应注意控制以下两点：

1）网片加工宽度应与格栅施工步距相同，

2）钢筋节点施焊应符合设计及焊接标准的规定，使用前要除锈、除油迹、浮土等。

2. 钢筋网片安装

1）网片进场后应进行验收，质量证明文件齐全有效，外观质量检查合格。

2）网片安装要求按表 4-2-11 的内容控制。

（二）分项工程质量验收管理

1. 质量验收标准，见表 4-2-11。

钢筋网片质量验收标准　　　　　　　　表 4-2-11

分项工程	质量验收内容		检验数量及方法
初期支护（钢筋网片）	主控项目	所使用的钢筋的品种、规格、性能应符合现行《钢筋混凝土用钢 第 2 部分热轧带肋钢筋》GB/T 1499.2—2018 和《冷轧带肋钢筋》GB 13788—2017 的规定	按同一厂别、同一炉罐号、同一规格、同一交货状态每 60t 为一验收批，当不足上述数量时，按一批计，每批抽样不应少于 1 次。检查产品合格证、出厂检验报告和进场复验报告
	一般项目	网格间距允许偏差应为 ±10mm，钢筋总根数不应小于设计文件要求，钢筋搭接长度允许偏差应为 ±15mm	每进场一批，随机抽样 5 片。钢尺量测
		宜在喷射一层混凝土后铺挂。采用双层钢筋网时，第二层钢筋网应在第一层钢筋网被混凝土覆盖及混凝土终凝后铺设	每循环检验 1 次。观察检查，检查施工记录
		搭接长度不应小于 200mm（或一网格）	每循环检验 1 次，随机抽样 5 片。钢尺量测
		钢筋应调直后使用，钢筋表面不应有裂纹、油污、颗粒状或片状锈蚀	每批检验 1 次。观察检查

2. 隐蔽工程验收

包括：网片间搭接、与钢格栅和纵向连接筋的连接。

3. 按程序进行检验批、分项工程质量验收

（三）锁脚锚管质量管理

锁脚锚管一般在上台阶开挖支护完成，开挖下断面前，于拱脚处斜向打入，并固定在格栅钢架上，既可稳定拱脚，又可对下半开挖起到超前支护作用。

1. 施工过程控制

1）锁脚锚管一般在专业加工厂加工、制作，进场时应进行验收，必须符合设计要求。

2）锁脚锚管打设前应调查地下管线和地下构筑物，并对其采取有效的保护措施。

3）锚管可采用钻孔、锤击法打入或钻机顶入，锚入土体深度应符合设计要求。

4）打设位置应在每榀格栅节点处或按设计要求实施。

5）必要时根据现场情况增加打设根数，确保钢架稳定。

6）打设后，尾部要与隧道格栅主筋焊接牢固，并封堵孔口，防止喷射混凝土时造成堵塞。

7）锚管注浆一般在无水条件下注水泥浆、水泥砂浆，有水时注水泥-水玻璃双液浆，可根据现场不同的地质条件选用，并经过现场试验确定配合比。

8）控制注浆压力

水泥砂浆液：0.5 ~ 1MPa；水泥浆液：0.5 ~ 0.7MPa；水泥-水玻璃双液浆：1.0 ~ 1.5MPa。

2. 分项工程验收管理

1）质量验收标准，见表 4-2-12。

锁脚锚管质量验收标准 表 4-2-12

分项工程		质量验收内容	检验数量及方法
初期支护（锁脚锚管）	主控项目	锚管所使用的钢管原材料进场检验符合规范规定	
		半成品、成品锚管的类型、规格、性能等应符合设计要求和规范规定	施工单位按进场的批次，每批随机抽样5%进行试验；监理单位按施工单位检验数量的30%见证取样检测。施工单位检查产品合格证、出厂检验报告并进行试验；监理单位检查全部产品合格证、出厂检验报告并进行见证检测
		锚管安装的数量应符合设计要求	施工单位、监理单位逐根清点。现场目测检查
		砂浆锚管采用的砂浆强度等级、配合比应符合设计要求	施工单位每作业段检查一次；监理单位按30%的比例见证取样检测。施工单位进行配合比设计，做砂浆强度试验；监理单位检查配合比和试验报告，进行见证取样检测
		锚管孔内灌注砂浆应饱满密实	施工单位全数检查，监理单位按30%的比例作见证检验。观察检查和检查施工记录
	一般项目	锚管的角度、方向、与格栅钢架的连接方式和打设时机应符合设计要求	施工单位全数检查，监理单位按施工单位检查数的30%作见证检验。观察检查
		锚管安装允许偏差应符合下列规定： 锚管孔位允许偏差为 ±15mm； 锚管孔深允许偏差为 ±25mm	施工单位按10%的比例随机抽样检查，监理单位按施工单位检查数的30%作见证检验或10%作平行检验。尺量检查
		锚管所用钢管应平直、无损伤，表面无裂纹、油污、颗粒状或片状老锈	施工单位全数检查，监理单位按施工单位检查数的30%作见证检验或10%作平行检验。观察检查

2）隐蔽工程验收

包括：安装数量、管内灌注砂浆的饱满度、打设方向、与格栅钢架的连接、安装偏差、外观等。

3）按程序进行检验批、分项工程验收

八、喷射混凝土施工质量管理

施工准备工作内容详见前述格栅钢架、型钢。

（一）施工过程控制

1. 喷射混凝土宜采用湿喷方式。

2. 喷射前检查开挖断面尺寸，清除开挖面、拱脚或墙脚处的土块等杂物，设置控制喷层厚度的标志。

3. 隧道基面有滴水、淌水、集中出水点时，应采用埋管等方法进行引导疏干。

4. 喷射混凝土作业应紧跟开挖工作面，喷射顺序、每次喷射厚度、分层间隔时间等应符合规范要求。

5. 对格栅连接位置、拱墙角等钢筋密集处应采取不同的喷射角度以保证混凝土密实。

6. 喷射混凝土施工完成后，隧道加固的净空尺寸应符合设计要求。

7. 喷射混凝土完成，应及时布设量测点，并获取数据，分析初期支护的变化情况，以便指导施工。

（二）分项工程验收管理

1. 质量验收标准，见表 4-2-13。

喷射混凝土质量验收标准　　　　　　　　　　　　表 4-2-13

分项工程		质量验收内容	检验数量及方法
初期支护（喷射混凝土）	主控项目	水泥进场应按批对其品种、级别、包装或散装仓号、出厂日期等进行验收，并应对其强度、凝结时间、安定性进行试验，其质量应符合现行《通用硅酸盐水泥》GB 175—2007/XG2—2015 的规定	同一生产厂家、同一等级、同一品种、同一批号且连续进场的水泥，散装水泥每 500t 为一批，袋装水泥每 200t 为批，当不足上述数量时，也按一批计。每批抽样不应少于 1 次。检查产品合格证、出厂检验报告，并进行强度、凝结时间、安定性试验
		所用的细骨料，应按批进行检验，其颗粒级配、坚固性、氯离子含量指标应符合现行《普通混凝土用砂、石质量及检验方法标准》JGJ 52—2006 的规定，细度模数应大于 2.5，含水率应为 5%~7%	同一产地、同一品种、同一规格且连续进场的细骨料，每 400m³ 或 600t 为一批，不足 400m³ 或 600t 按一批计。每批抽检一次。检查出厂检验报告和取样送检
		所用的粗骨料宜用卵石或碎石，粒径不应大于 15mm 且不小于 5mm，含泥量不应大于 1%。按批进行检验	同一产地、同一品种、同一规格且连续进场的粗骨料，每 400m³ 或 600t 为一批，不足 400m³ 或 600t 按一批计。每批抽检一次。检查出厂检验报告和取样送检
		喷射混凝土中掺用外加剂进场时验收应符合下列规定。 1. 质量应符合现行《混凝土外加剂》GB 8076—2008 和《混凝土外加剂应用技术规范》GB 50119—2013 的规定； 2. 速凝剂应进行水泥相容性试验及水泥净浆凝结效果试验，初凝时间不应超过 5min，终凝时间不应超过 10min； 3. 当使用碱性速凝剂时，不应使用活性二氧化硅石料	同一产地、同一品种、同一批号、同一出厂日期且连续进场的外加剂，每 50t 为一批，不足 50t 按一批计。每批抽检一次。检查产品合格证、出厂检验报告并进行试验
		喷射混凝土拌合用水应符合现行《混凝土用水标准》JGJ 63—2006 的规定	同水源的试验检查不应少于 1 次。做水质分析试验
		配合比应符合设计文件要求	对同强度等级、同性能混凝土检查一次。检查配合比试验报告
		喷射混凝土的强度应符合设计文件要求。用于检查喷射混凝土强度的试件，可采用喷大板切割制取	同一配合比，区间或小于其断面的结构，每 20m 拱和墙各取一组抗压强度试件，车站各取二组。检查混凝土强度试验报告

续表

分项工程		质量验收内容	检验数量及方法
初期支护（喷射混凝土）	主控项目	当设计文件要求为抗渗混凝土时，应留置抗渗压力试件	区间结构每40m取1组，车站每20m取1组。检查混凝土抗渗压力试验报告
	一般项目	喷射混凝土的厚度应符合下列规定： 1.大于和等于设计文件要求厚度的测点应在80%以上； 2.最小值不应小于设计文件要求厚度的80%； 3.厚度总平均值不应小于设计文件要求的厚度	车站每10m、区间每20m检查一个断面，从拱顶中线起，每2m检查一个点。检查控制喷层厚度的标志或凿孔检查
		喷射混凝土拌制前，砂、石含水率应符合混凝土配合比设计规定，并应符合现行《铁路隧道工程施工质量验收标准》TB 10417—2018 的规定	每工作班不应少于1次。砂、石含水率测试
		喷射混凝土原材料每盘称重的偏差应符合下列规定： 1.水泥重量的允许偏差应为 ±2%； 2.粗、细骨料重量的允许偏差应为 ±3%； 3.水、外加剂重量的允许偏差应为 ±2%	每工作班不应少于1次。称重检查
		喷射混凝土应密实、平整，应无裂缝、脱落、漏喷、漏筋、空鼓、渗漏水等现象。平整度允许偏差应为30mm，且矢弦比不应大于1/6	全部检查。观察检查，2m靠尺检查

2.按程序进行检验批、分项工程验收。

九、初支背后回填注浆质量管理

初期支护背后注浆是为了填充初期支护背后的空隙和加固土体，从而减少洞顶沉降，控制拱部变形，封堵洞顶渗水，一般选用 $\phi 32$ 钢管。施工准备管理内容及要点基本同前述各分项工程，不再赘述。

（一）注浆过程质量控制

1.初期支护背后填充注浆应随开挖工作面及时进行。

2.注浆管应沿隧道拱部及边墙梅花型布设。

3.注浆位置

宜距离开挖面未封闭处 3～6m。当地层软弱或隧道上方有重要建（构）筑物时，应适当缩短距离，但注浆前应喷射混凝土封闭开挖面，以避免漏浆。

4.注浆管长度

根据设计的初支厚度确定，当有超挖时应适当加长，并外露喷混面适当长度，以便接管注浆。

5.注浆管安装

在格栅安装时预先与格栅主筋焊接或绑扎牢固，并用棉纱或木塞封堵。

6. 注浆的控制

1）根据初支背后（或地层）孔隙大小或压水试验、渗水情况等选择浆液。

2）注浆宜采用全孔一次性注浆工艺，按单液注浆方式连接管路，并进行压浆试验。

3）注浆时从两边墙底部向拱顶交叉进行，从少水（或无水）向有水（大水）处；在多水地段应先两头后中间。

4）注浆时注意观察压力和流量变化以及串、漏浆等情况，并做好记录。

7. 注浆结束标准及后续工作

1）单孔注浆结束标准应符合规范要求；未满足时在孔旁边重新开孔检查补注，直到满足填充效果。初期支护表面无明显漏水点，一段隧道填充注浆完成。

2）单孔注浆结束后，应关闭孔口阀门或用棉纱塞紧孔口，以防浆液外溢。

3）应根据监测情况多次补充注浆，控制地表及管线沉降。

（二）分项工程验收管理

1. 质量验收标准，见表4-2-14。

初支背后回填注浆质量验收标准　　　　　表4-2-14

分项工程	质量验收内容		检验数量及方法
背后充填注浆	主控项目	注浆所用原材料应符合规范规定	
		浆液配合比应符合设计文件要求	每50m³检查一次。检查配合比试验报告
		背后注浆应密实	每10m检查一次，每个断面应从拱顶附近检查不少于3点。雷达探测无损检测
	一般项目	注浆压力、注浆量应符合设计文件要求	全部检查。检查注浆记录
		注浆孔数量、深度应符合设计文件要求	全部检查。观察检查和检查注浆记录

2. 隐蔽工程验收

包括：注浆管规格、长度；安装情况；注浆压力、注浆量等。

3. 按程序进行检验批、分项工程验收

十、开挖与支护安全、职业健康与环境管理

主体结构开挖与支护安全、职业健康和环境管理宏观管理内容参见《城市轨道交通土建工程质量安全管理概论》第四章相关内容，此处仅论述分项工程中安全、职业健康和环境管理的具体措施。

（一）安全管理

1. 控制各分项工程之间的衔接

做好洞身开挖、格栅安装、混凝土喷射工序的衔接和协调配合，减少交叉时间，及时封闭成环，保证隧道初支安全稳定。

2. 管棚施工

1）钻进时，严格按机械操作规程进行，严防机械伤人。

2）钻进中如遇卡钻，机架晃动、移动、偏斜和其他钻进异常情况，应立即切断电源，停止钻进，查明原因并处理后方可继续开钻。

3）注浆前严格检查机具、管路和接头的牢固程度，以防压力过大管路破坏伤人。

4）注浆孔管不得对准人体，防止高压浆液导致爆管，对人身造成伤害。

5）施工中要加强地面沉降和地下管线的监测。

6）施工时如遇特殊情况，在采取紧急处理措施的同时应按程序向上级及时汇报情况。

3. 超前小导管

1）钻孔和注浆作业中，设专人观察作业面、地（路）面、地下水等情况，采取必要措施防止注浆液溢出地面或超出注浆范围。

2）打管和注浆时应注意调查地下管线和地下构筑物，采取有效的保护措施，若发现前方有异物，查明情况制定措施后方可继续施工。

3）注浆所用的浓硫酸具有强烈的腐蚀性，必须加强安全管理，应存放在专门的仓库中，并有专人看管，严防丢失。

4）稀释浆液时，应先将浓硫酸缓慢倒入水中，严禁将水直接倒入浓硫酸中。

4. 超前锚杆

1）钻孔前应先清除作业区的危石，然后用喷射混凝土进行封闭，以保证施工人员的安全，施工机具应布置在安全地带。

2）施工用作业台架应牢固可靠，并应设置安全栏杆。

3）非施工人员不得进入正进行锚杆的作业区，施工中钻机前严禁站人。

4）钻孔和注浆作业中，应设专人观察作业面围岩变化以及地（路）面、地下水等情况，采取必要措施防止注浆液溢出地面或超出注浆范围。

5）锚杆打设和注浆时应注意调查地下管线和地下构筑物，采取有效的保护措施，若发现前方有异物，查明情况制定措施后方可继续施工。

6）施工过程中应密切注意观察锚杆变形及喷射混凝土层开裂、起鼓等情况，以掌握围岩动态，及时调整开挖及支护参数。如遇少量地下水出露，一般可钻孔引排，并针对突然出现的不良地质情况制订相应的应急处理方案。

5. 注浆加固

1）应调查地下管线和构筑物，采取有效的保护措施，若发现注浆前方有异物，查明情况制定措施后方可继续施工。

2）检查、调整钻机钻头等回转部件时，必须停车，并将操作手柄置于空挡位置。

3）装卸钻杆时，必须首先停机，由两人同时操作装卸钻杆，并应听从钻机操作人员指挥。

4）钻机与注浆操作人员密切配合，设备启动、停止应相互传递信息，严禁擅自开机作业。

5）注浆管连接时，应认真检查压力管、管接头等情况，防止使用过程中接头断开，软管破裂，导致浆液飞散、软管甩出等安全事故。

6）对隧道周边地面沉降点、收敛点及时进行监测，监测数据及时形成并上报，做到信息化施工。

7）监测数据如有异常立即汇报，并停止注浆，采取措施，待异常排除后方可继续注浆。

6. 土方开挖

洞身开挖除常规的土方开挖安全管理要点（前述各章相关内容）外，应特别作好下列工作。

1）经探查发现开挖面前方有不良地质情况时，应暂停施工，及时封闭掌子面，并采取注浆加固措施，避免塌方。

2）应设专人监视围岩稳定情况，发现局部坍塌、少量涌水时，及时按应急预案采取措施。严重塌方时，必须立即停止作业，人员、机具撤到安全处，待塌方处理经检查确保安全后方可继续施工。

3）开挖中发现地下管道、管线等构筑物、文物、不明物时，必须立即停止作业，并按要求进行处理或保护。

4）在现况电力、通信电缆2m范围内和现况燃气、热力、给排水管道1m范围内挖土时，必须在主管单位人员的监护下开挖。

5）风道、出入口等横洞与正洞隧道相连或变断面、交叉点等处隧道开挖时，应采取加强措施。

6）必要时应在各开挖面设置视屏监控系统并及时跟进，以掌握现场施工情况；照明设备采用安全电压。

7. 背后充填注浆

1）施工中应定期检查电源线路和注浆设备的电器部件，确保用电安全。

2）经常检查和清洗注浆管，防止堵塞，发现问题及时处理。

3）操作台架应牢固可靠。

4）制浆作业时，作业人员应使用防尘用具和胶皮手套。

5）当泵压出现异常增高，先松离合器，排除故障后方可继续施工。

（二）职业健康和环境管理

1. 管棚

1）浆液应统一配制，注浆现场设储浆池，废水、废浆液统一收集，集中处理后，方可排入市政管线。注浆作业后应及时清理现场。

2）钢管内注浆时，操作人员必须戴好口罩、眼镜和胶手套等防护用品。

2. 超前小导管

1）应优先选用对环境影响小的浆液，严禁使用有毒性污染的化学浆液。

2）配制浆液和注浆操作人员，应穿戴合格有效的防护用品，非专业配浆人员不得动用各种机具。

3）必须并防止压力突变导致化学浆液飞溅伤人。

4）浆液的配制量应计算准确，随拌随用，应采取有效措施防止浆液遗洒；剩余的浆液必须统一收集，统一处理，不得随意泼洒。

3. 超前锚杆

1）锚杆作业区应有良好的通风措施，作业区的粉尘浓度不得大于 $10mg/m^3$。

2）作业人员应戴防尘口罩、防护帽、防护眼镜、防尘面具等防护用具。

3）洞内施工作业时应具有良好的照明设施，以便观察围岩变化。

4）浆液随拌随用，防止浆液遗洒；剩余的浆液必须统一收集，统一处理，不得随意排放。

4. 土方开挖

1）隧道掘进应根据断面尺寸大小，采取适宜的通风措施，通风机运转中应采取消声措施，以降低扬尘和噪声污染。

2）洞内作业人员应定期体检，保障身体健康。

3）土方集中存放时，存放处四周应严密围挡，土方堆积不得超过规定高度，未及时清运土方应予覆盖。

5. 背后充填注浆

1）浆液配方不宜采用对环境有污染的化学外加剂。

2）配制浆液时，应穿戴合格有效防护用品，非专业配浆人员不得动用各种机具，应加强作业区的通风。

3）注浆前做好防、排水设施，对于现场产生的废浆、垃圾应按要求弃卸堆放，并采取防流失措施。

4）搅拌机前要有沉淀池，废水、废液要先排入沉淀池，经过二次沉淀后方可排入市政排水管线。

5）浆液应随配随用，采取有效措施防止浆液遗洒和漏浆，剩余的浆液不得随意弃置。

第三节　钢筋混凝土结构工程质量安全管理

暗挖地铁隧道开挖、完成初期支护后，为保证隧道投入运营后在使用年限内永久稳定、安全、美观，还需用混凝土或钢筋混凝土进行的再次衬砌统称二次衬砌防水，这同时也作为安全储备的一种措施。地铁暗挖车站、区间二次衬砌施工一般遵循"纵向分段、竖向分层、由上至下"的原则。

按划分表4-0-1，暗挖车站、区间主体结构分部工程中的钢筋混凝土结构子分部工程包括：模板及支架、钢筋、防水/混凝土、施工测量、背后回填注浆5个分项工程，其中钢筋工程与明挖相同，不再叙述。模板及支架、防水/混凝土工程的控制与明挖基本一致，只有少量区别。本节仅叙述这些不同之处及背后回填注浆的施工质量安全管理要点。施工测量详见《城市轨道交通土建工程质量安全管理概论》第七章相关内容。各分项工程的检验标准均采用《地下铁道工程施工质量验收标准》GB/T 50299—2018。

一、施工准备管理

各分项工程准备阶段管理要点与本章前述有关内容基本相同，合并叙述，应注意以下几点。

（一）资源准备及检验

1. 机具设备满足需求

1) 脚手架及配件已进场，经检验合格。

2) 衬砌施工所需的电焊机、调直机、切割机、钢筋弯曲机、钢筋直螺纹机床、输送泵、空压机、振捣器、全液压模板台车、注浆泵、风镐等机具均已到位，工况良好。

2. 原材料完成进场验收

1) 各分项工程所需的原材料已进场，并履行验收手续，产品质量合格证明和出厂检验报告齐全有效，规格、尺寸、形状、数量满足要求，施工单位已按规定抽取试件复检合格，通过验收。

2) 已考察选定预拌混凝土供应厂家，混凝土质量符合国家现行规范、标准及设计要求。供货合同已经签订，并进行书面技术交底。

（二）技术准备

1. 编制审核相关技术文件

1) 施工单位熟悉图纸和规范，编制各分项工程的施工方案，并按程序审批。

2) 对于超危大的模板支撑工程的专项施工方案已组织专家论证，并经监理机构审批

3）制定详细的隧道初支临时支撑结构破除专项方案，并按规定审批。

4）各类方案修改、审批后对作业人员进行安全技术交底。

2. 做好上道工序隐蔽验收

主体结构的侧墙、柱及拱顶部安装模板前，应进行钢筋隐蔽工程验收。杂散电流焊接完毕，基面清理干净。

3. 二次衬砌背后回填注浆的浆液种类、配比已确定。

4. 检验批划分见表4-0-1。

（三）现场已具备作业条件

1. 车站及区间隧道防水层已验收合格。

2. 定型模板支架和模板台车已验收合格，台车附出厂合格证和使用说明。

3. 现场有良好的通风和足够的照明装置，风、水、电、输料管路运转正常。

4. 在铺设防水板之前，围岩及初期支护变形已基本稳定。

5. 隧道中线、高程、净空等验收合格，已确保满足二次衬砌厚度及其净空。

6. 已完成条件核查。

二、模板及支架施工质量安全管理

隧道二次衬砌可采用拼装式模板支架或模板衬砌台车施工，并宜分段流水作业施工。

拼装式模板支架灵活性大，适用性强，在中小型地铁车站及隧道分部开挖时，使用较多，尤其适应曲线地段。但安装架设较费时费力，生产能力较模板台车低。

当暗挖隧道较长且断面尺寸基本不变时，可采用模板台车，特别是与混凝土输送泵的配套使用，可缩短立模时间，拱墙可连续浇筑，加快衬砌施工进度；基本上克服了渗漏水的质量通病，极大地提高了隧道的衬砌质量。而且使用方便，劳力投入较少，被广泛采用。

（一）拼装式模板支架

1. 拼装式模板支架的安装

1）安装拱墙模板及其支架体系时，底板混凝土强度应达到设计值75%以上，支架体系下部须铺设垫板。

2）拱部结构模板的安装应按设计要求预留沉落量，一般为10～30mm。

3）边墙模板应预留混凝土浇筑及振捣口；拱部模板除应留浇筑口外，还应在端头模板顶部位置设排气孔。

2. 模板支架拆除

1）仰拱、边墙混凝土强度≥2.5MPa、拱部不小于设计强度75%时，方可拆模。

2）拱部模板的拆除应由跨中向两端进行。

（二）衬砌模板台车

衬砌模板台车主要由模板、台车架、模板支撑调整机构（含液压系统）、行走机构、电气控制系统等五大部分组成，详见图4-3-1。

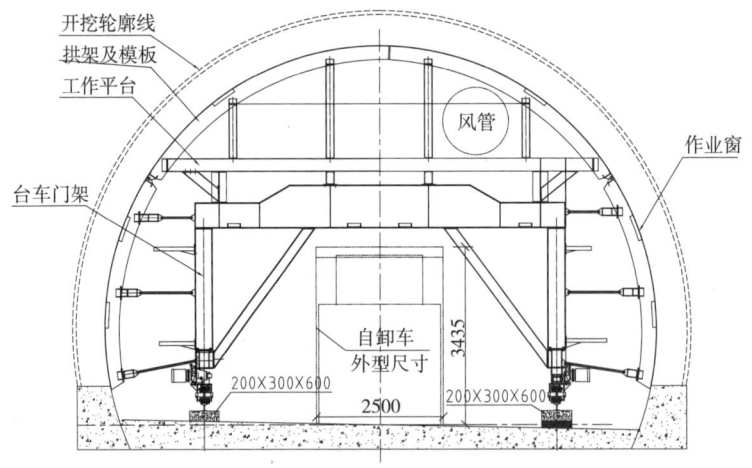

二次衬砌模板台车正立面示意图（单位：mm）

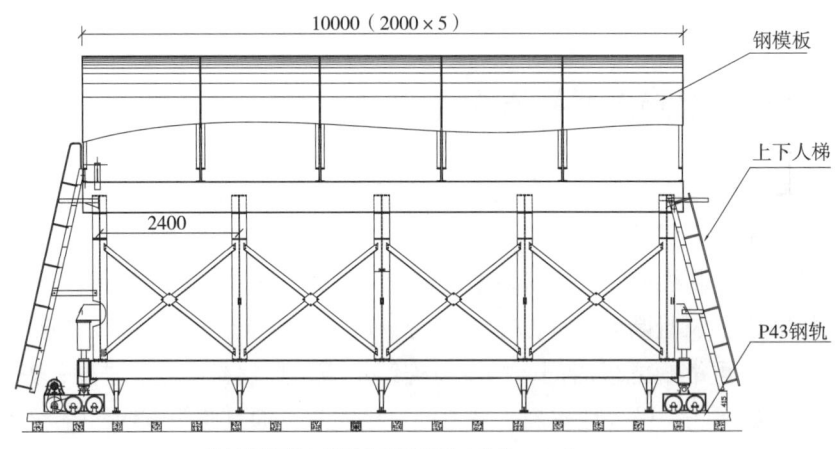

二次衬砌模板台车侧立面示意图（单位：mm）

图4-3-1 整体钢模衬砌模板台车结构示意

衬砌模板台车实例见图4-3-2。

1. 施工准备管理

1）模板台车由施工单位委托专业的厂家设计、加工制作，台车进场组装后，施工、监理单位应按程序组织验收，合格后使用。

2）对再次使用的台车，对各种伸缩构件、液压及电气控制系统进行调试，确保状态良好，外弧模板整修合格。

2. 模板台车使用管理

1）台车的就位

（1）就位前应先浇筑仰拱（底板）及导墙，混凝土强度应达到设计值75%以上。

（2）待浇段防水板、防水细部、钢筋安装等工作均应按设计要求完成，并通过监

图 4-3-2 衬砌模板台车实例图

理机构验收。

（3）台车就位后及时固定，防止溜车或钢筋骨架受偏力产生位移，引起跑、爆模。

（4）台车拱部模板应预留 10～30mm 沉落量，拱墙模板应预留混凝土灌注及振捣口。

（5）台车位置、尺寸、方向、标高、坡度、稳定性以及端头模板、止水带等经检查合格后方可浇筑混凝土。

2）台车脱模

（1）台车脱模时的混凝土强度同模板支架法。

（2）台车拆模时，回收油缸必须分次收缩，切忌一次性强制脱模。

（3）脱模后及时清理浮浆、涂刷脱模剂，表面变形、破损处进行处理，并对台车进行维修保养。

3. 衬砌模板台车施工安全管理

1）模板台车上禁止堆放易燃易爆物品以及垃圾，也不得存放其他材料、设备，保持台车的干净、整洁。

2）台车平台上应满铺木板并固定牢固，严禁搭设挑头板，未满铺木板部位应在台车下设置安全防护网。工作台及上下用的爬梯要安装安全防护栏，并有醒目的安全标识牌。

3）模板台车的组装，维修，拆卸等要使用氧气、乙炔切割、电焊等作业时，应注意安全防火。

4）台车供电控制配电箱应放置在隧道基面上，严禁安装在台车上，台车电源线必须经过漏电开关，台车电缆不应有接头，且台车应可靠接地。

5）台车上必须采用低压照明，所有通过台车的动力线、照明线与台车均应悬挂并有绝缘设施，禁止直接放在地面上，或者捆绑在台车构件上，甚至浸泡在水中。

6）台车行走时，应有专人指挥，移动应平稳缓慢，严禁生拉硬拽、强行移动。台车前后左右顶部均要设置防护岗。操作人员要听从指挥，严守工作岗位。

7）一个工作循环后要检查各部位状况，对各种联结件重新检查紧固，按期保养设备。

（三）二衬模板及支架验收管理

1. 验收标准，见表 4-3-1

二衬模板及支架质量验收标准　　　　　　　　　　　　　　　表 4-3-1

分项工程		质量验收内容	检验数量及方法
二衬模板及支架	主控项目	二次衬砌施工前应对初期支护及其净空测量验收，断面尺寸的允许偏差应为 5mm	每个施工循环 测量检查
		支架应进行稳定性检算，支承结构试压应符合设计文件要求	全部检查 检查施工记录
		模板支立前应清理干净并涂刷隔离剂，铺设应牢固、平整、接缝严密、不漏浆	全部检查 观察检查
		当围岩变形收敛前施做的拱墙模板拆除时，封顶和封口混凝土的强度达到设计文件要求的强度。当围岩变形收敛后施作的拱墙模板拆除时，封顶和封口混凝土的强度应达到设计文件规定要求的 70%	每一浇筑段拆模时检查一次 拆模前进行组同条件养试件强度试验
	一般项目	模板的接缝不应漏浆，在浇筑混凝土前，木模板应浇水湿润，模板内不应有积水	
		浇筑混凝土前，模板内的杂物应清理干净	
		相邻两块模板接缝高低差不应大于 2mm	全数检查 观察检查，钢尺量测
		边墙角、起拱线及拱顶结构的模板安装允许偏差及检验方法应符合表 4-3-2 的规定	全部检查
		顶板结构模板允许偏差应符合下列规定：高程应预留沉落量 mm +10mm；中线为 ±10mm；宽度应为 10mm 15mm	对同一检查项目不少于 3 个点 测量检查
		止水带不应穿孔或用铁钉固定。端头模板支立平面位置的允许偏差应为 ±10mm，垂直度的允许偏差应为 2%	检查项目检查不少于 3 个点 吊线钢尺量测，测量检查
		结构留置垂直施工缝时，端头应安放模板，如设置止水带，填缝板施作应符合 GB 50299 第 5.15 节的规定	全部检查 观察检查

边墙角、起拱线及拱顶结构的模板安装允许偏差及检验方法　　　表 4-3-2

检验项目	允许偏差（mm）	检验方法
边墙角	±15	钢尺量测
起拱线	±10	钢尺量测
拱顶	0 ~ +10	水准测量

2. 按程序组织检验批、分项工程验收。

三、防水/混凝土施工质量安全管理

暗挖防水工程级别及设计原则基本同明挖，区别之处有两点：一是区间隧道及连通道等附属的隧道结构防水等级为二级，顶部不允许滴漏；二是一般设置三道防线，即：以初期支护（基坑围护）及背后注浆为第一道，以防水板全包防水为第二道，结构混凝土自防水为第三道。地下水控制基本同明挖，包括细部结构防水（遇水膨胀止水条、止水带或止水胶、外贴式止水带、中埋式止水带、防水密封材料、水泥基渗透结晶型防水涂料），不再重复。此处仅论述暗挖工程中具有特色的塑料板防水层的质量安全管理要点。

（一）塑料板防水施工质量管理

暗挖车站、区间、附属工程一般采用 ECB、EVA、PVC、PE 等塑料防水板进行全包防水，防水板与基层间设置无纺布缓冲层，底板或仰拱防水板上加铺无纺布并浇筑细石混凝土保护层。防水工程施工期间，必须保持地下水位稳定在基底 0.5m 以下，并保持到二衬混凝土施工完毕，必要时应采取降水措施。对采用明沟排水的基坑，应保持基坑干燥。

1. 施工准备管理

基本内容同前述，应注意以下几点。

1）防水专业施工单位已确定，具有相应资质等级。

2）项目部施工管理人员持有建设行政主管部门颁发的资格证书或操作人员具有防水作业岗位证书。

3）塑料板完成进场检验，产品合格证和质量证明文件齐全，已按要求抽检试验，检测报告合格。PE 泡沫板、塑料垫圈等辅助材料亦准备齐全。

4）车站或区间隧道塑料板防水层每施工段或每 20m 为一个检验批。

5）防水施工过程中降排水系统能保持正常运转，工作面降水已满足防水施工要求。

6）暗挖隧道初期支护变形已基本稳定，混凝土强度达到设计要求，隧道中线、高程、净空等已验收合格，满足二次衬砌厚度及其净空。

2. 铺设过程的质量管理

1）塑料防水板正式铺设前，先做样板段，经验收合格后方可展开大面积施工。

2）防水层和缓冲层铺设应超前二衬混凝土的施工。

3）防水层基面处理基本同明挖，应注意之处：

（1）初期支护断面侵限处理（换拱）应编制专项施工方案并严格执行。

（2）拱墙基层有渗漏水时，应进行初支背后的注浆或表面刚性封堵处理。

（3）当仰拱或底板表面水量较大时，为避免铺设的防水板浮起，应设置临时排水沟和集水井,随集随排。

4)缓冲层铺设

(1)缓冲层应沿隧道环向铺设,尽量与基面密贴,不得拉得过紧或出现过大的皱褶,以免影响防水板的铺设。

(2)缓冲层一般用水泥射钉或膨胀螺栓牢固固定在基面上,固定点呈正梅花形布设,侧墙、顶拱部、底板、仰拱部的固定间距符合设计要求;仰拱与侧墙连接部位的固定间距要适当加密。

(3)相邻两幅搭接宽度、搭接方法符合设计要求。

5)塑料防水板铺设

(1)要依据铺设面的形状事先丈量,剪裁时应预留搭接长度。

(2)区间隧道一般环向铺设,长边与隧道纵向垂直,先拱后墙;车站内拱顶、顶纵梁以及仰拱、底板宜沿纵向铺设。

(3)防水板在阴阳角处和变形缝处应按设计要求做加强处理。

(4)用焊枪将塑料防水板与圆垫片焊接牢靠,见图4-3-3,其焊接温度与热合时间应经试验确定。

(5)两幅防水板长、短边的搭接宽度均不小于100mm。相邻两幅接缝错开,错开位置距离结构转角处不小于60cm。

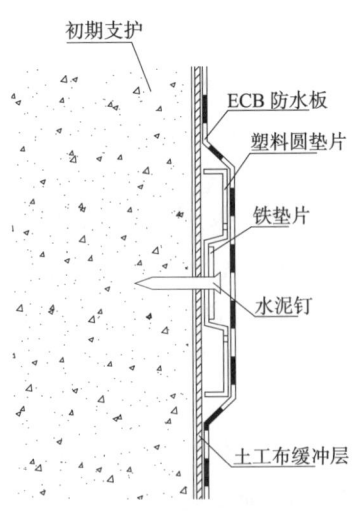

图4-3-3 防水板固定方法图

(6)采用双焊缝热熔焊接接缝,每道焊缝的有效宽度不小于10mm,焊接严密,不得出现漏、假焊、焊焦、焊穿等不良现象。见图4-3-4。

(7)对于无法使用热熔焊机焊缝的部位,采用手工热熔法或粘接法,其热熔或粘接宽度不小于80mm,并在焊(接)缝上接作增补层。在防水板丈量铺设时应考虑尽可能减少手工焊缝和T字形焊缝,并不得出现十字焊缝(即不得出现四层材料搭

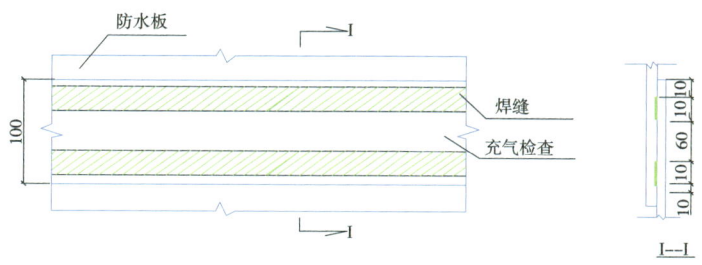

图 4-3-4 防水板搭接双焊缝示意图

接部位）。

发现破损部位及时补焊，补焊范围应大于破损边缘，满焊后不得有翘边空鼓部位。

（8）在防水板丈量铺设时应考虑尽可能减少手工焊缝和T字型焊缝，并不得出现十字焊缝（即不得出现四层材料搭接部位）。

发现破损部位及时补焊，补焊范围应大于破损边缘，满焊后不得有翘边空鼓部位。

（9）铺设的防水板应与基层固定牢固，与基面密贴，不得有下垂、绷紧现象。

（10）焊接完毕后按规范要求进行焊缝充气检测，查出漏气部位并进行补焊。

（11）结构断面变化或转弯处的阴阳角均按设计要求采用砂浆做成倒角。

（12）变形缝两侧各50cm范围内的基面应全部采用1：2.5水泥砂浆找平，便于背贴式止水带的安装。

（13）施工缝部位的防水板甩槎长度均应按设计要求超过预留搭接钢筋顶端，注意后期保护。

6）注浆系统的施工，为防止透过防水板的水在其与二次衬砌的接触面间形成"窜流"，将其限制在一定范围的"分舱"内，隧道内应按设计要求设置分区注浆系统。

（1）注浆系统的间距应符合设计要求，拱顶部位宜适当加密。

（2）施工缝和变形缝两侧各500mm的部位应设置注浆管路。

（3）注浆底座应与塑料防水板焊接牢固，焊接点应对称位于底座四周，不宜超过四处，每处连接面积不宜大于20mm×20mm。

（4）注浆导管与注浆底座应连接牢固、紧密。注浆导管埋入结构内的部分应牢固地固定在结构钢筋上。

（5）注浆导管端部应临时封堵保护。

7）防水层成品保护基本同明挖，应注意以下几点：

（1）已施工完成的底板或仰拱防水层，应及时施作细石混凝土保护层并采取有效的保护措施。

（2）二衬钢筋连接尽量采用直螺纹套筒或冷挤压技术，避免烧伤、刮破防水层。

（3）钢筋绑扎和焊接时应注意对防水层进行有效的保护，发现破损及时补焊。

（4）甩槎防水板部位初支破除时，应尽量采用人工凿除。

（5）二衬混凝土浇筑时，振捣棒不得直接接触防水板，防止破坏防水板。

（6）在安装和拆除混凝土端部堵头模板时，要保护此部位防水板。

8）在明暗挖、顶板与侧墙等部位出现不同防水材料（卷材、防水板、涂料等）的搭接，由于材料性能不一，通常会漏水，成为防水的薄弱环节。下列三种情况，应严格按设计图纸要求施作。

（1）膨润土防水毯与塑料防水板的过渡搭接；

（2）冷自粘防水卷材与塑料防水板相互之间的过渡搭接；

（3）塑料防水板相互之间的过渡搭接，即暗挖车站防水板 ECB 与区间防水板 EVA 之间的搭接。

3. 塑料板防水安全、职业健康和环境管理

基本管理内容同前述，但还应注意以下几点：

1）塑料防水板属于易燃物，存放处及施工现场均应严禁烟火，且需备有消防器材，防止发生火灾；

2）塑料防水板及缓冲层的施工废料应及时进行清理回收，统一处理，不得随意堆放或就地焚烧；

3）分区注浆作业对环境产生污染，应按规定进行防范。

（二）细部构造防水质量管理

1. 施工缝防水

暗挖车站、区间隧道二衬施工缝主要有水平纵向施工缝和环向施工缝，防水措施一般采用以下几种形式：遇水膨胀止水条、止水带或止水胶、外贴式止水带、中埋式止水带、防水密封材料、水泥基渗透结晶型防水涂料、预埋注浆管等。实际工程中可根据不同结构部位的施工缝和防水等级选用一至几种组合设防，并由设计确定。此处仅介绍预埋注浆管施工质量控制要点，其他各防水措施已在第二章叙述。

1）按设计要求沿施工缝通长设置，并每隔 5～6m 两端各引出一根注浆导管。注浆管安装，见图 4-3-5。

2）注浆材料按设计要求选用。

3）注浆过程

（1）注浆应在结构施工完毕、停止降水后进行；所有预埋的注浆管均应进行注浆封堵。

（2）注浆量应根据现场测试后确定；注浆压力宜控制在 0.3～1.2MPa。

（3）注至浆液从另一端导管流出后，将排气端封闭并继续注浆，浆液不再流入且压力计显示没有或者很少压力损失，维持至少 2min。

（4）确保注浆操作在注浆材料允许的使用或者固化时间之内。

（5）对注浆导管进行保护以备将来注浆使用。

2. 变形缝防水

暗挖车站变形缝一般设在暗挖车站与区间、出入口、风道相接处，主体与附属结

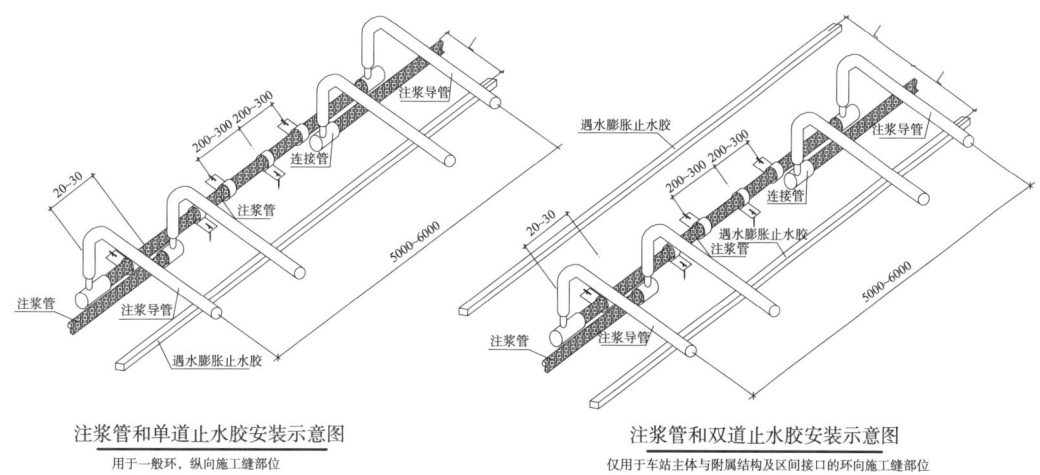

图 4-3-5 注浆管安装示意图

构相接处和明暗挖相接处设置,在暗挖车站结构主体全长范围不设。

暗挖区间每隔一定距离(按设计要求)、区间及风道的结构突变处,区间与联络通道、迂回风道结合部位以及区间人防段两侧设置变形缝。

暗挖隧道变形缝防水措施如下:

1)拱部及侧墙部位:外贴式止水带 + 中埋式钢边橡胶止水带 + 防水嵌缝密封材料 + 不锈钢接水槽。

2)底板:外贴式止水带 + 中埋式钢边橡胶止水带 + 防水嵌缝材料。

3. 其他细部防水

穿墙管道、埋设件、孔口的防水施工质量控制,见第二章表2-3-9。

(三)分项分部工程质量验收管理

1. 塑料板防水工程质量检收标准,见表4-3-3。

塑料板防水工程质量检收标准表　　　　表 4-3-3

分项工程		质量验收内容	检验数量及方法
塑料板防水层	主控项目	防水层所用塑料板及配套材料必须符合设计及规范要求	施工单位、监理单位全数检查。检查出厂合格证、质量检验报告和现场抽样试验报告
		塑料板的搭接缝必须采用热风焊接,严禁漏焊	施工单位、监理单位全数检查。双焊缝间空腔内充气检查
	一般项目	塑料板防水层的基面应坚实、平整、圆顺,无漏水现象;阴阳角处应做成圆弧形	施工单位、监理单位隐蔽前全数检查。观察和尺量检查
		塑料板的铺设应平顺并与基层固定牢固,不得有下垂、绷紧和破损现象	施工单位、监理单位在防水板隐蔽前全数检查。观察检查
		塑料板搭接宽度的允许偏差为 –5mm	施工单位全数检查,监理单位应按搭接缝数量的10%抽查,但不少于3条。尺量检查

续表

分项工程		质量验收内容	检验数量及方法
塑料板防水层	一般项目	仰拱或底板的塑料防水板应有砂浆保护层保护，边墙或侧墙塑料防水板应采取保护措施	施工单位、监理单位全数检查。观察检查

2. 分项工程验收

1）隐蔽工程验收

包括：防水层的基层；防水层（缓冲层、塑料防水板）；施工缝、变形缝、后浇带等防水细部构造；管道穿过防水层封固部位等。

2）防水层（缓冲层、塑料防水板）需进行首件验收。

3）检验批、分项工程按程序组织验收，同前。

3. 分部工程验收

各分项工程全部合格后按程序进行分部工程验收；若防水分部工程为分包施工时，分包单位应参加验收，合格后，应将防水分部工程有关资料交施工单位。

四、防水混凝土施工质量安全管理

暗挖车站、区间主体结构中，与围岩接触部分全部使用防水混凝土，内部构件使用普通混凝土，车站质量管理基本同明挖，区间与明挖有些区别，以及采用模板支架或台车浇筑，应该作好其控制。

（一）混凝土浇筑

1. 浇筑顺序

仰拱——边墙及拱顶，区别在于：其一是边墙及拱顶须同时浇筑，其二是顶拱浇筑时混凝土须从下顶入，应采用相适应的振捣方法，以保证混凝土的密实度。

2. 暗挖车站可根据设计要求采用逆作法，具体做法详见第三章盖挖法相关内容。

（二）模板支架与台车的使用

模板支架与台车的混凝土浇筑质量控制，除符合混凝土施工的一般规定外，还需控制如下特殊要点：

1. 二衬每次施工长度

使用模板支架施工时，其纵向施工长度结合施工缝位置确定，以 20~30m 为宜；使用模板台车时，应与台车长度相适应，以 6~12m 为宜。

2. 边墙混凝土

应从下部开始，由下向上，两侧对称、同时或交替分层浇筑，防止局部受力过大引起变形。严禁由拱顶的浇筑口直接浇筑。

3. 混凝土振捣

用插入式振捣器捣固，若需在模型板内侧安装使用附着式振捣器，应事先增加辅助支撑。浇筑过程中，应安排专人负责看护，保证混凝土内部密实。

4. 二衬混凝土浇筑

至墙拱交界面处，应间歇1~1.5h后方可继续浇筑。拱部混凝土先采取退出式浇筑，最后用压入式封顶。

5. 利用台车浇筑

应检查丝杠、千斤顶不得有松动，防止在浇筑时台车变形。

6. 有临时支护的隧道二衬施工

应按照设计要求采取横向分步、纵向分段、竖向分层的方法进行防水和二衬施工，当二衬强度达到设计要求后或利用其他支撑体系替换临时支护。

（三）分项工程质量验收管理

1. 混凝土施工质量验收标准，见表4-3-4。

二衬混凝土验收标准　　　　　　　　　　　　　　　表4-3-4

分项工程		质量验收内容	检验数量及方法
二衬混凝土工程	主控项目	衬砌结构应进行厚度检测，允许偏差应该符合GB/T50299—2018相关规定	100m连续检测一次，采用雷达探测无损检测
	一般项目	当结构变形缝设置嵌入式止水带时，混凝土浇筑应符合规定	全部观察检查，检查施工记录
		1. 浇筑前应矫正止水带位置，表面清理干净，止水带损坏处修补	
		2. 顶、底板结构止水带的下侧混凝土应振实，应将止水带压紧后在进行浇筑	
		3. 边墙处止水带应固定牢固，内外侧混凝土应均匀、水平浇筑，应保持止水带位置正确、平直、无卷曲现象	
		隧道结构应无露筋、露石，其各部位尺寸允许偏差、检验数量及方法应符合表4-3-5	

隧道结构各部位尺寸允许偏差、检验数量及检验方法　　　　　表4-3-5

检验项目	允许偏差（mm）							检验数量		检验方法
	内墙	仰拱	拱部	变形缝	柱	预埋件	预留孔洞	范围	点数	
平面位置	±10	—	—	±20	±10	±20	±20	每施工段	1	钢尺量测
垂直度（‰）	2	—	—	—	2	—	—		1	吊线、钢尺量测
直顺度	—	—	—	5	—	—	—		1	
平整度	15	20	15	—	5	—	—		3	3m靠尺检查
高程	—	±15	10-30	—	—	—	—		1	水准仪测量

注：1. 本表不包括特殊要求项目的偏差标准。
　　2. 平面位置以隧道线路中心为准进行测量。

2. 隐蔽工程验收

包括：施工缝的位置和处理、后浇带的位置及浇筑、表面质量情况及质量缺陷处理情况等。

3. 按程序进行检验批、分项工程验收

（四）安全管理

安全管理宏观措施同常规，但要注意在洞内施工潮湿、阴暗条件下的施工安全。

1. 作业转移

振捣设备电机电缆线要保持足够的长度和高度，严禁用电缆线拖、拉振捣器。

2. 使用平板振捣器

拉线必须绝缘干燥，移动或转向时，不得蹬踩电机，检修时必须拉闸断电。

3. 使用混凝土输送泵

地泵、泵管安装应平稳，牢固，接头安全阀必须完好，卡扣连接牢固。

4. 管道清洗

压力不超过规定的最高压力限值，所有人员应远离管口，管口处加设防护装置，以防混凝土从管中冲出，造成人员伤害事故。

5. 浇筑混凝土柱、墙

应搭设操作平台，铺满木板，严禁直接站在模板或支架上操作。

6. 浇筑混凝土使用小型工具

使用的溜槽、串筒节间必须连接牢固，操作部位应有护身栏杆，严禁站在溜槽上操作。

7. 模板、钢筋起吊前

应设置防脱装置，模板安装及钢筋绑扎时，脚手架应连接牢固。

五、背后回填注浆工程质量安全管理

背后填充注浆主要是填充二次衬砌混凝土收缩造成的空隙，使结构受力均匀，同时阻塞地下水通道，防止地下水沿隧道纵向流动。应在二衬混凝土强度达到 75% 以后进行。

（一）施工过程质量管理

1. 注浆管的布设

1）注浆孔应按设计要求布设，设计未要求时，应沿隧道拱部环向 3m、纵向 3～5m 间距呈梅花型布设。

2）注浆管应在衬砌浇注前预埋或采用钻孔埋设，钻孔时钻杆应有限深装置，防止钻破防水层。

3）混凝土施工前将注浆管填塞，二衬模板拆除后，及时清理，保证畅通。

2. 浆液的配置

1）浆液应采用水泥砂浆，有特殊要求的地段可采用微膨胀、强度高、流动性好的自流平水泥浆。

2）浆液应严格按照配合比连续、均匀拌制。

3）配制的水泥浆或水泥砂浆应在 2h 内用完。

3. 注浆工艺

1）注浆顺序纵向沿线路上坡方向，由低处到高处，隔孔循环注浆；横向应从两端拱脚开始向拱顶进行。

2）注浆压力一般不大于 0.2MPa，扩散距离 2～3m。注浆中要注意注浆压力、注浆量和二衬表面情况，并做好注浆记录。

3）注浆压力较低或压力上升缓慢而注浆量却特别大时，应停止注浆，检查是否有漏浆或串浆的现象，同时应减少水灰比或水泥浆掺入适量水玻璃或采用双液浆，以缩短凝结时间。

4）如出现压力迅速上升而浆液却不易注入或注入量很小时，应加大水灰比、降低浆液浓度，同时检查注浆管是否通畅。

5）注浆时衬砌表面如出现渗漏水，可改用注水泥—水玻璃或其他化学浆液进行注浆堵水。

4. 注浆结束标准及效果检查

1）当注浆压力稳定上升，达到设计终压并持续稳定，不进浆或进浆量很少，相邻孔出现串浆时，即可结束本孔注浆。注浆完成后，立即封堵注浆孔，防止浆液外流。

2）充填注浆完成后，进行注浆效果检查。对不符合要求的地段，必须进行补孔注浆。

（二）分项工程验收管理

1. 二次衬砌背后注浆质量验收标准，同表 4-2-14。

2. 分项工程验收

1）隐蔽工程验收

包括：注浆管规格、长度、安装情况、注浆压力、注浆量等。

2）按程序检验批、分项工程验收

（三）安全、职业健康和环境管理

1. 安全管理

1）注浆作业平台必须稳固并做好安全防护，在使用过程中应经常检查，以保证操作人员安全。

2）作业人员戴安全帽、防风镜，系好安全带；上下支架时要抓好扶稳；支架移动时，人员不能停留在支架上。

2. 职业健康和环境管理

1）水泥和其他易飞扬的细料，应安排在库房内存放，若露天存放时应采取严密遮盖措施。

2）浆液应随配随用，并采取有效措施防止遗洒和漏浆。

3）施工中的废水、废液等应先排入沉淀池中进行沉淀处理，不得随意排放。

第四节 暗挖车站洞桩（PBA 工法）施工质量安全管理

洞桩法又称 PBA（Pile 桩、Beam 梁、Arch 拱）工法，适用于在特大断面内（的）多层多跨暗挖车站施工。是将传统的地面框架结构施工方法和暗挖法进行有机结合，在对地层不产生大的扰动的情况下，在导洞内施作围护边桩、中柱（钢管柱）、底纵梁和顶纵梁、初支扣拱，共同构成地下的桩、梁、拱纵横向空间支撑框架体系，承受施工过程的外部荷载，然后在支撑体系的保护下，逐层向下分段开挖土体、施作车站主体结构，最终形成由基础、梁、柱、侧墙、顶拱和中板组成的车站，承受永久荷载。该工法操作的环境恶劣，但地表沉降值比侧洞法、中洞法小。

PBA 工法应用广泛，首先在北京地铁复八线天安门西站应用，随后在北京地铁 10 号线呼家楼站、4 号线黄庄站、6 号线花园桥站等多个地铁车站中采用。目前在施工程北京地铁 8 号线三期工程前门站采用机械成孔 PBA 工法。PBA 工法车站双跨结构断面示意见图 4-4-1。

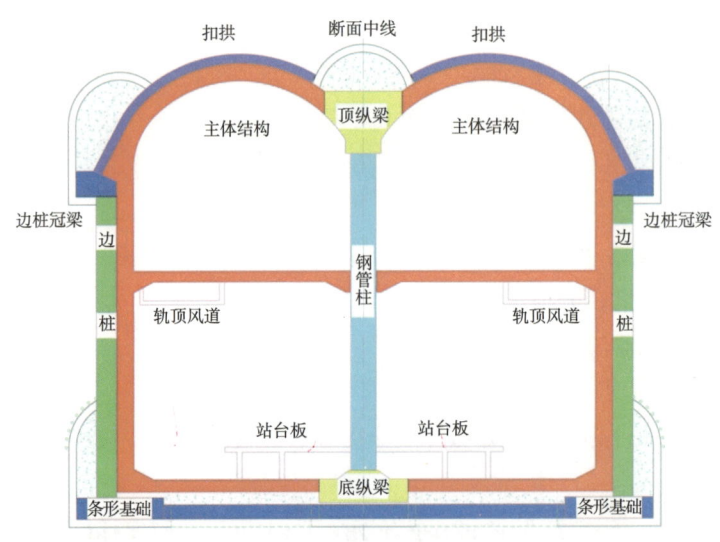

图 4-4-1 PBA 工法车站双跨结构断面示意图

洞桩法暗挖车站主体结构支护内容，见本章第二节，此处不再叙述。型钢（管）混凝土结构同第三章盖挖中的相关内容，此处从略，本节仅论述洞桩法车站具有特点的开挖施工质量、安全控制要点。

一、施工准备管理

洞桩法的施工准备即资源、技术、现场条件准备，基本内容同常规，但有如下特定的管理要求。

（一）资源准备

1. 劳动力

各工序所需各工种的作业人员数量足够，具有相应的上岗证，作业前都经过培训。

2. 材料

许多工序衔接紧密或者平行施工，所用材料种类繁多、持续用料，必须保证供应及时和充足，但由于现场场地狭小的条件限制，需提前做好供应计划，兼顾地上、地下材料运输的连续性，合理划分储存场地。

3. 机械设备

由于均在小导洞内施工，作业空间有限，机械设备的选择应格外注意，如选择钻机应满足边桩导洞净空尺寸，重量轻且移动方便；一般优先考虑反循环钻机，当穿砾、卵石地层时，钻机应带有冲击性能；必要时可对钻机进行改造。

（二）技术准备

1. 技术文件编制与审核

1）施工单位应编制施工组织设计，明确总体施工组织，根据多种工序平行或交错施工的特点，合理安排人力、物力，各工序紧前、紧后工作有效衔接，确保工程正常推进。

2）确定需要编制施工方案和专项施工方案的分部分项工程，在各工程施工前编制完成相应方案，并履行审批手续，监理单位审批后实施。

2. 进行风险分析并编制应急预案。

3. 监理单位编制相应的监理实施细则。

4. 检验批划分

参照车站主体结构所含各分项工程、检验批的划分标准进行。

（三）现场条件准备

1. 运输线路通畅

组织好地面上和洞内的运输线路衔接，保证运输通畅。

2. 洞内存料

在洞内需储存一定的原材料和构配件，但场地狭小，必须合理安排并做好保护，如钢管柱已经过防腐处理，在洞内应防止磕碰受潮。

二、PBA 车站施工流程

（一）PBA 条形基础车站施工流程见图 4-4-2。

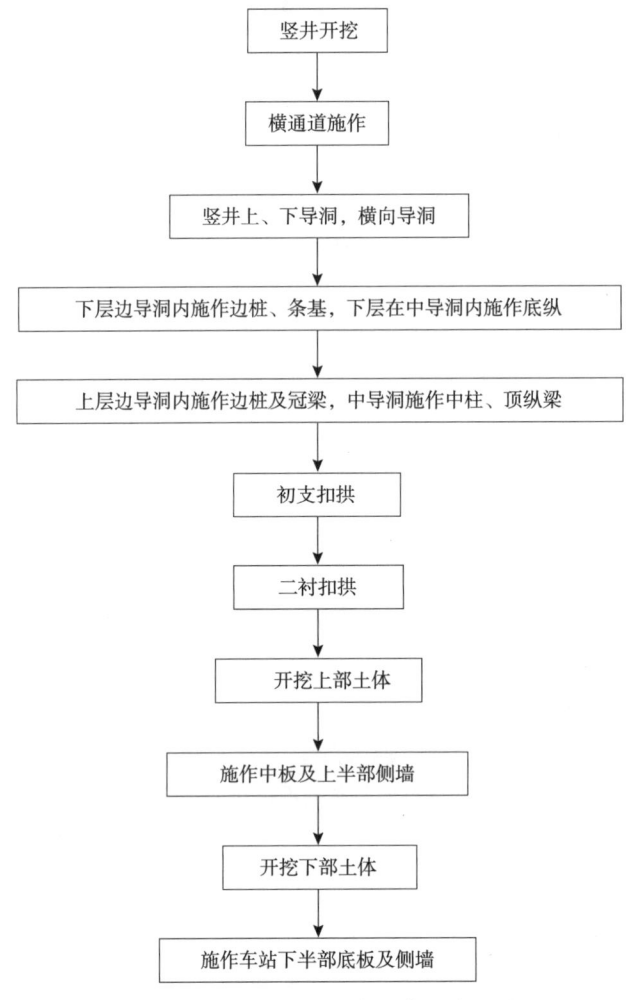

图 4-4-2　PBA 条形基础车站施工流程

该法上、下层导洞内的开挖可以同时作业，各作业面无交叉、无干扰，节省工期，但导洞内分别施工的部位，如边桩与条形基础、中柱与底纵梁必须按流程施作，以使结构得以连接。

（二）PBA 桩基施工流程

基本同图 4-4-2，若桩基采用机械成孔，则可省去下层导洞的工序，从上层中导洞直接施作桩基、中柱和顶纵梁。

三、竖井、横通道及导洞施工质量管理

（一）竖井、横通道及导洞的设置

1. 竖井及横通道作用

为后续导洞开挖、主体土方开挖及结构施工提供出土、进料的作业面和运输通道。

2. 导洞作用

在具有支护条件的小空间内施作车站主体结构的边桩、条基或中柱桩基，冠梁、顶纵梁和初支扣拱，钢管柱、底纵梁，形成一个完整的支护体系，以便安全地进行主体结构施工。

3. 竖井、横通道、导洞的布置方案

1）竖井及横通道的设置，条件允许时，可设置三座竖井，其中两座布置于车站两端头位置（可结合附属风道设置），一座布置于车站纵向中部附近，自竖井开挖横通道。从两端横通道向中间、中间横通道向两端对向布置纵向导洞，一般按照车站结构底板和顶拱高度布设，可为一层或二层（上、下层导洞对应），位于主体结构的两侧墙、中柱位置，可减少横导洞的开挖长度，同时兼顾车站端部及附属结构的施工，在导洞内形成车站主体结构支撑体系（边桩、中柱、梁）施工的空间，此种布置施工最为便捷，但造价较高。

实际工程中，上述布置形式较少，设计单位将综合考虑实际工程地形、地质条件及造价，选择适宜方式布置，如竖井可设置一座在车站中部，开挖横通道，背向两侧布置小导洞；也可设置两座竖井，分别在车站两端开挖横通道，相向开挖小导洞，此时纵向小导洞开挖较长，作业、运输都较为不便；若竖井位置距离车站端部较远，难以设置端部通长横通道，只能开挖一段横通道，则可先开挖邻近边导洞，并转向延续开挖横导洞以替代横通道，从横导洞内依次开挖中柱下导洞和另一侧边导洞，直至车站另一端。

现以双层三跨车站为例介绍竖井、横通道及导洞的布置，平面、立面见图4-4-3和图4-4-4。

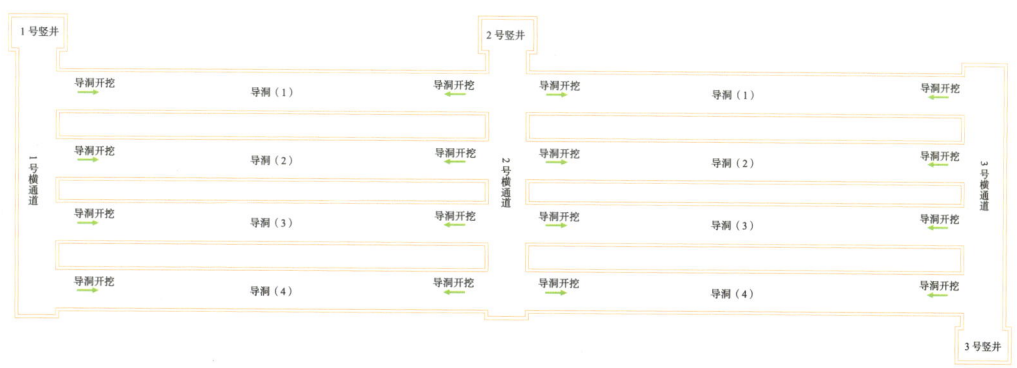

图 4-4-3　竖井、横通道及导洞布置平面图

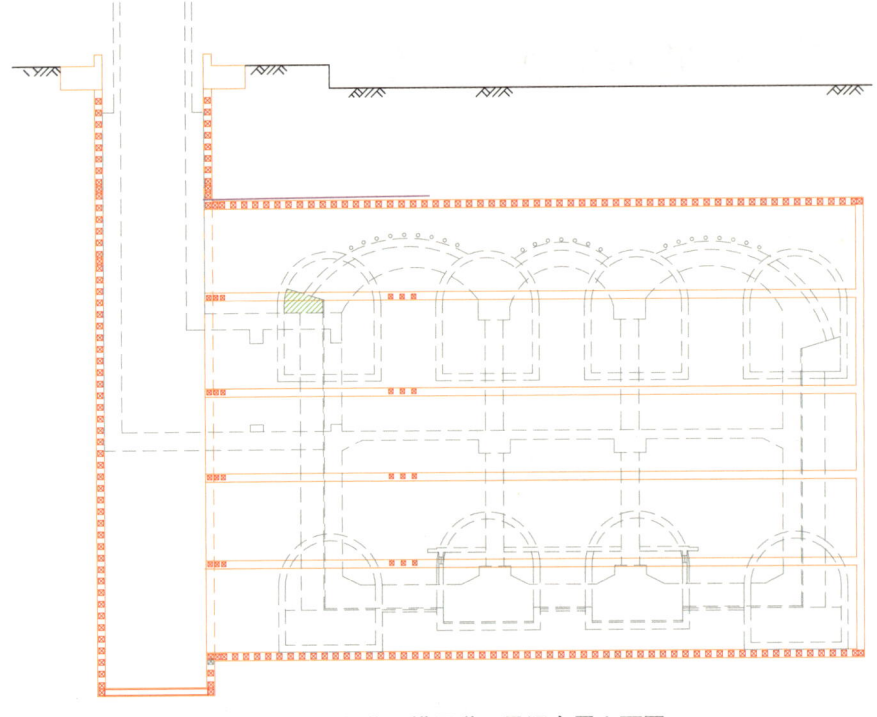

图 4-4-4　竖井、横通道、导洞布置立面图

2）导洞的设置，机械成孔的桩基只需上层一层导洞，但若受条件限制采用人工挖孔桩，为了施工人员的安全，减少挖孔深度，多设计为上、下二层导洞，每层可设置四个导洞，导洞布置的横、纵剖面见示意图 4-4-5 和图 4-4-6。

图 4-4-5　导洞布置横剖面图

图 4-4-6 导洞布置纵剖面图

（二）竖井、横通道开挖

必须严格按设计图纸开挖，遇有特殊情况，应暂停施工，待设计人员给出变更方案，再行开挖。自地面开挖至上导洞底面高程以下 2m 后，开挖上层横通道、上层小导洞。继续向下开挖竖井，采用人工开挖，此时需暂停上导洞开挖。竖井开挖至底部设计标高，开挖下层横通道、下层小导洞，此时上层作业可以恢复，竖井及横通道施工质量管理要点详见本章第一节"工作井质量安全管理"。

（三）导洞施工

导洞数量较多、距离较近，开挖过程中相互影响较大，处理不当会造成地表沉降过大，严重影响地下管线及周边环境安全，为确保施工安全，必须做好质量控制。

1. 开马头门

在横通道侧壁上开马头门，可参照本章第一节"竖井及连通道"中的相关内容，但应注意以下几点。

1）为减少群洞效应，必须错洞开挖，按工序进行。

2）开口处应施作加强梁，实现开口部位的受力转换。

3）在洞口四周做超前支护，并经条件核查合格后方可开挖。

2. 导洞开挖顺序

采取"先上后下、先边后中、错洞开挖"的原则进行，以减小地表沉降、拱顶下沉、水平收敛及支护结构变形，降低群洞效应。

3. 开挖方法

导洞一般采用台阶法、预留核心土开挖，严格按设计格栅间距控制开挖进尺，台阶长度一般 3～5m 为宜，施工中应根据监测数据及围岩稳定情况，动态调整台阶长度。

4. 导洞掌子面相互错开

上、下层导洞及同层相邻导洞的掌子面应按设计要求错开一定距离，避免导洞周边土体失稳。

5. 及时施做初期支护及回填

导洞开挖完成后尽早按设计施作初期支护封闭成环，完成后应及时回填注浆，以减少地表沉降和变形。

6. 加强施工过程中监控量测，及时反馈信息指导施工。

四、上导洞内边桩施工质量管理

导洞内边桩承受拱顶竖向荷载和侧向土压力,与桩间土体支护(挂网喷混凝土或锚喷)共同组成车站主体侧向围护结构。

边桩成孔方式主要有人工挖孔和机械成孔两种。机械成孔,省去下层小导洞,工人避免了在恶劣环境中作业,安全性更高,同时自上导洞内一次成孔至桩底,造价低、进度快,目前采用较多。当水文条件不利或遇特殊地层(例如漂石和直径较大的砂卵石层),则可采用人工挖孔桩。

(一)钻孔灌注桩施工

钻孔灌注桩除应符合地面上钻孔桩施工的规定(详见第一章明挖、第四章高架车站内相关内容)外,还要根据地下洞内的情况做好以下工作。

1. 做好泥浆排放系统

因洞内工作面有限,应做好泥浆排放及合理循环利用,钻机与泥浆系统见图4-4-7。

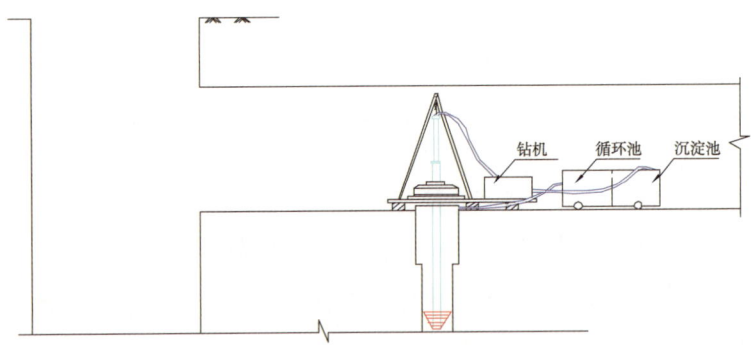

图 4-4-7 钻机与泥浆系统示意图

2. 混凝土地泵布置

一般采用在洞外地面布置混凝土地泵,见图4-4-8。在洞内布置具有漏斗与导管的灌注架,通过卷扬机在门式滑架上提升导管。

3. 二次清孔

由于受到洞内高度限制,钻杆拆除、钢筋笼吊装连接及导管下放等工序时间较长,因此必须进行二次清孔。

4. 桩顶混凝土浇筑高度

桩顶设计标高10cm、机械成孔应为50~100cm。

(二)人工挖孔桩施工

人工挖孔桩除应符合地面上挖孔桩施工的规定外,还要根据洞内的情况符合以下要求。

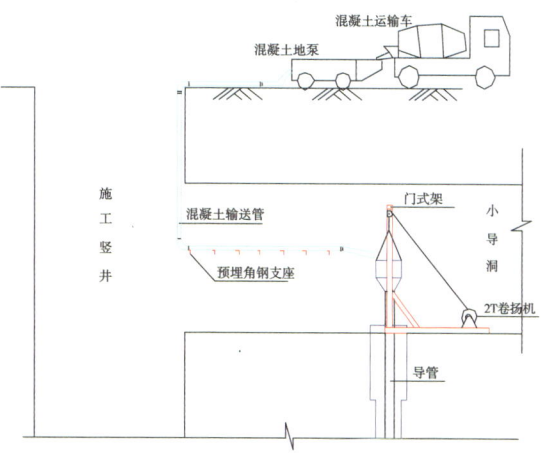

图 4-4-8 钻孔桩泵送混凝土示意图

1. 准确定位

钻孔前精确测量放出中线,并放出十字线,供开挖和护壁使用,监理单位应复查无误,见图 4-4-9。

2. 破除上层导洞底板初支并加强孔口。

桩定位后,破除上导洞底板初支混凝土,割除孔内部分钢筋格栅。在孔口安装加强梁钢筋与格栅钢架焊接,第一节护壁竖向钢筋与格栅主筋及环向钢筋焊接固定。上孔口加强见图 4-4-10。

图 4-4-9 人工挖孔定位

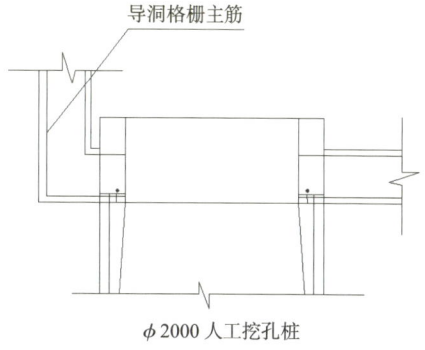

图 4-4-10 挖孔桩上孔口加强示意图

3. 破除下导洞拱部初支并加强孔口

桩孔开挖至下导洞拱部时,破除该部位导洞初支混凝土,将护壁钢筋与下导洞格栅主筋绑扎或焊接,浇注护壁混凝土连接成一体后再割除桩孔内格栅钢筋。挖孔桩下孔口加强施工见图 4-4-11。

4. 钢筋笼制作及安装

钢筋笼分段制作,长度要根据上层导洞净空尺寸划分,一般每段长度 2.5~3m,

分段后的主筋在导洞内采用机械连接，桩成孔后必须立即安装钢筋笼，采用简易提升架吊装，桩孔内钢筋笼示意见图4-4-12。

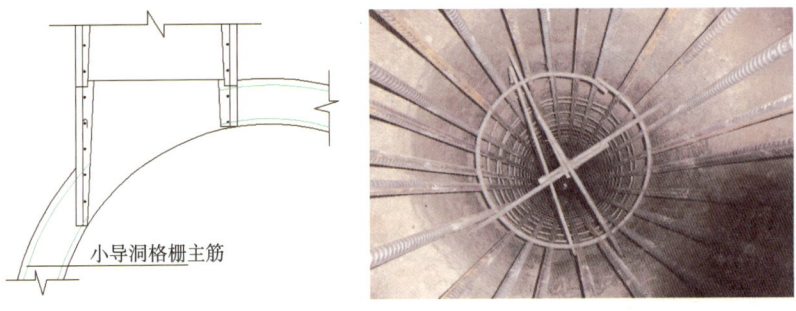

图4-4-11 桩下孔口加强示意图　　图4-4-12 桩内钢筋笼示意

5.浇筑混凝土

下部无导洞时采用水下混凝土浇筑，有导洞时采用一般混凝土浇筑方法。

五、边桩顶冠梁施工质量管理

（一）施工流程

上导洞边桩施工完成后施工冠梁，流程见图4-4-13。

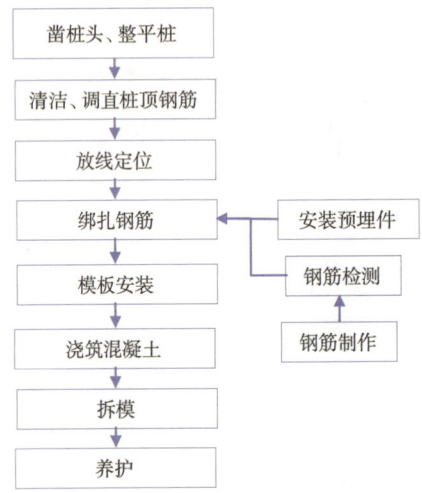

图4-4-13 桩顶冠梁施工流程图

（二）施工过程管理

1.钢筋绑扎

冠梁钢筋绑扎同常规，应注意以下几点：

1）提前预埋主拱初支格栅,埋入冠梁深度满足规范要求。
2）钢筋应与边桩预留的连接接头焊接良好。
3）钢筋绑扎时安装中拱边导洞内预埋钢筋。

2. 模板安装

模板安装同常规,可采用钢模配合木模、竹胶板,应注意以下几点。

1）顶冠梁浇筑前,检查模板架的稳固性应满足要求。
2）施工缝位置采用木板配合方木现场制作组合模板,安装时应预留孔洞以便于顶冠梁主筋穿过。

3. 混凝土浇筑

混凝土浇筑同常规,应注意通过U形托和小导洞初支侧墙进行对撑。浇灌混凝土到短边高度位置,待初凝后即可浇筑斜面,斜面采用顺斜面方向满布钢丝网,缓慢浇筑,人工抹平。

4. 施工缝设置

一般每 20~30m 设置一道施工缝。

六、基础和底纵梁施工质量管理

（一）基础施工

PBA工法车站,视地基的承载力和兼顾地基沉降因素由设计决定基础的形式,一般情况下,若地基承载力足够,双层单跨车站,可不单独设计基础,直接由车站底板将荷载传入地基,见图 4-4-14,实际工程中单跨车站应用较少。多层多跨车站一般可在边桩和中柱下设计条形基础,若车站荷载较大,地基承载力较差,则应在中柱下设计桩基础,见图 4-4-15。

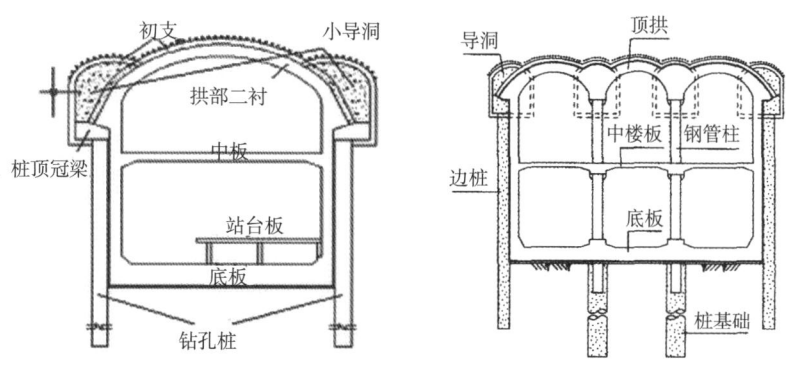

图 4-4-14 双层单跨暗挖车站基础示意　图 4-4-15 PBA工法车站桩基础示意

1. 条形基础施工

条基法是在下层小导洞内施作条形基础,边桩下条形基础在底板的下层,中柱下条基与底板结合,底板结构完成前,独立承担施工过程的荷载,待底板结构完成后作为底板结构的一部分与其共同承担荷载。边桩下的条形基础,不仅承受基坑外侧向土压力的作用,还承受拱部通过边桩向下传递的竖向荷载。

边桩下条形基础应在下导洞施工完成后施作,其钢筋、模板、混凝土质量控制要点同常规,应注意钢筋施工时预留出与桩连接的钢筋。下导洞内条基钢筋施工,见图4-4-16。

图 4-4-16　下导洞内条形基础钢筋绑扎

2. 桩基础施工

桩基础布置在中柱下,直接在上层小导洞内机械钻孔后施作桩基础,因此桩身较长,也称长桩法,其施工流程及质量控制要点基本同上导洞内边桩施作。

(二)底纵梁施工

底纵梁实质上是中柱桩基础顶部的连梁,与底板结合设置,其质量控制同常规钢筋混凝土工程,应注意以下几点。

1. 模板安装

底纵梁为倒角形状,施工缝挡头板采用胶木板和方木,用短钢管或方木支撑到导洞两侧初期支护上。其模板支撑体系见图4-4-17。

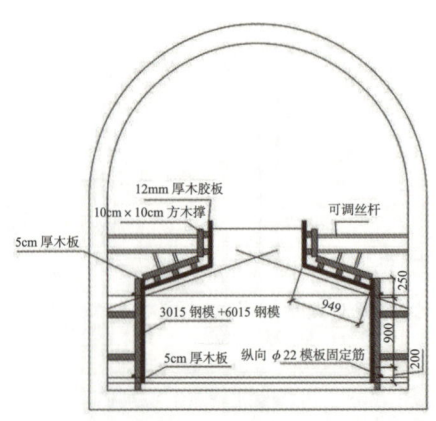

图 4-4-17　底纵梁模板支撑体系示意图

2. 钢筋绑扎

钢筋绑扎时注意防止钢筋骨架挠度过大，确保受力钢筋的保护层厚度。

3. 预埋件定位准确、防止移位

底纵梁施工同时，预埋钢管柱定位器，底纵梁顶要准确预埋连接法兰并固定，防止浇筑混凝土时移位。

4. 大体积混凝土施工

底纵梁结构体积较大，其混凝土浇筑应严格按大体积混凝土施工进行控制，如采用低水化热水泥、掺加外加剂、优质粉煤灰等措施，详见第二章相关内容。

5. 防水施工同常规做法。

七、中柱（钢管混凝土柱）施工质量管理

钢管混凝土柱作为中柱，是 PBA 工法修建地铁车站的主要承重构件，施工精度要求很高，其施工质量将直接影响到车站施工期及竣工后主体结构的安全和运行，施工质量控制与盖挖法的中柱基本相同,可参照第八章相关内容,但因具有在小导洞内施工，空间狭小，施工难度较大，不易吊装及控制精度等特殊之处，应特别注意。

（一）施工工艺流程

钢管柱需在上导洞内钻孔后安装，其成孔方法与边桩相同，详见前述。工艺流程见图 4-4-18。

（二）施工过程控制

1. 底纵梁混凝土强度达到设计强度的 75%，开始钢管柱的安装。

2. 准确定位钢管柱的中心

施工底纵梁时，调整定位器，确保柱的中心位置满足设计要求，并固定钢管柱。柱下端与底纵梁预留调平基板连接，上端用设在柱上的定位器定位，确认柱的位置。

3. 分节吊装连接钢管

受导洞空间限制，钢管柱分节吊装，各节钢管之间采用高强螺栓连接。

钢管安装后，通过投点仪和激光测距仪测量钢管柱的垂直度，确认柱基中心和柱中心重合，达到精度要求。

4. 填充钢管外侧与管孔缝隙

钢管吊装完成后用型钢初步固定,然后用砂及低强度素混凝土充填管、孔之间缝隙，充填应密实，防止钢管柱浇筑混凝土和后续的顶纵梁以及扣拱施工中的桩顶发生位移。

5. 吊放钢筋笼

钢筋笼应按施工方案分节吊放，同前述人工挖孔桩。

6. 浇筑混凝土

1）采用导管灌注泵送混凝土。为确保钢管柱混凝土的密实，在混凝土中添加微膨胀剂，严格控制水灰比，并加强振捣。

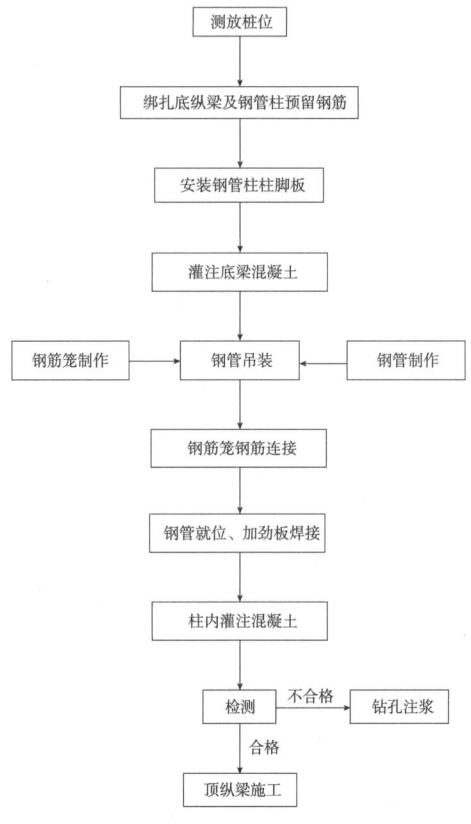

图 4-4-18 钢管柱施工工艺流程

2）钢管柱上柱脚与顶纵梁的连接、下柱脚与底纵梁或条形基础的连接宜采用端承式，柱与结构之间的约束作用为铰接。

7. 防止偏压

在初支扣拱和二衬扣拱施工过程中，要注意左右对称施工，防止偏压过大造成钢管柱和顶纵梁移位。

八、中柱顶纵梁施工质量管理

中柱顶纵梁作为车站主体钢管混凝土柱顶的连系梁，是 PBA 工法车站的主要承重结构，断面为异形，呈倒葫芦状。顶纵梁在上层中导洞内施作。

（一）施工流程

顶纵梁施工流程见图 4-4-19。

（二）施工过程管理

1. 施工段划分与施工缝设置

1）顶纵梁采取分段施工，在该段钢管柱混凝土达到设计强度后进行，分段部位取纵向梁跨 1/4 的位置，施工缝垂直于顶纵梁。

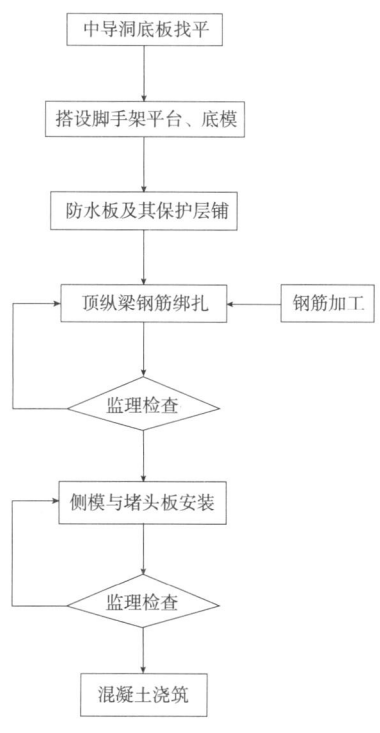

图 4-4-19 顶纵梁施工工艺流程图

2）顶纵梁施工缝是渗漏水最多的位置。因导洞空间较小，顶纵梁施工缝仅能留置在垂直于拱圈轴线的接缝面。为保证其防水效果，宜采用较大断面的导洞，施工缝宜设置为齿状，但其模板支撑体系复杂，混凝土振捣难度较大。

2. 搭设操作平台、施作底模

1）根据各横通道施工进洞情况，先整平导洞基面，搭设多功能可调脚手架操作平台，应编制专项施工方案且履行审批手续。

2）一般搭设满堂脚手架施作顶纵梁，搭设质量应满足相关规范要求。

3）顶纵梁底模用钢模、木模。

3. 施作防水

铺设拱顶防水层及防水保护层，应作好施工缝处防水板及止水带的保护。

4. 钢筋工程

质量控制除同常规外尚应注意以下几点：

1）为便于下步与二次衬砌钢筋的连接，应在顶纵梁纵向施工缝、顶纵梁与拱顶施工缝处应预留钢筋,采取机械连接。顶纵梁,两侧预留锚入钢筋的直螺纹套筒连接接头，并填充 10～20cm 厚硬质泡沫。

2）绑扎顶纵梁钢筋的同时进行钢管混凝土柱柱顶预留锚固钢筋连接。

5. 模板工程

质量控制除同常规外应注意以下几点：

1）顶纵梁模板应搭设支架安装，见图4-4-20，应保证模架体系牢固稳定，施工单位应编制专项施工方案，并履行审批手续。

2）为了防止梁跨中浇筑混凝土时下沉，根据规范要求设置预拱度，设计无要求时，一般按跨度的1/1000~3/1000设置。

3）侧模为曲线，采用组合钢模板，注意其形状应满足设计要求，应在侧模上设置混凝土振捣窗口。

4）梁顶处应用木模板，预留钢筋处制作木盒凹槽，使钢筋穿过。

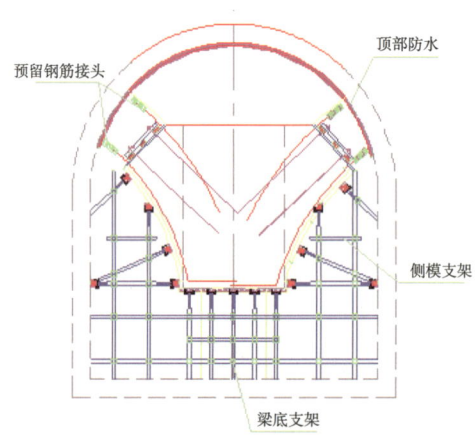

图4-4-20 顶纵梁模板支架示意图

5）模板及支撑经监理单位检查合格后浇筑混凝土。

6.混凝土浇筑

顶纵梁混凝土为防水混凝土，采用高性能自密混凝土，混凝土浇筑质量控制同常规，需注意以下几点。

1）浇筑前在端头板上部安装混凝土灌注管，连接输送管后利用输送泵浇筑，在纵梁侧面上方间隔埋设排气管。

2）采取分段灌筑，尽量少设环向施工缝，施工缝位置确定在钢管柱纵向柱间距的1/3处，其截面与梁中心线垂直。施工缝部位混凝土待拆模后，表面做凿毛处理。

3）顶纵梁断面大、钢筋密，操作空间狭小，必须保证混凝土一次浇筑至梁顶（回填区底标高），振捣密实，以防止多次浇筑使混凝土开裂和导致钢管混凝土柱发生偏移。

7.导洞内二次回填

纵梁混凝土达到设计强度后，其上部应用混凝土进行二次回填，并采用水泥砂浆填充未填满的空洞。混凝土达到3d强度后开始拆模养生。

8.注浆填实

由于顶纵梁顶部混凝土回填时和收缩均产生空隙，拆模后利用预埋注浆管压入水泥砂浆，填充梁顶与小导洞拱顶之间的空隙。

九、初支扣拱施工质量管理

通过边导洞内和导洞间的初支扣拱,在车站断面内形成整体拱顶,作为主体结构土方开挖的支撑,再继续施作二次衬砌,即形成车站主体结构的拱顶。初支扣拱的形成过程及受力较为复杂,施工风险及引起的地层变形也较大,是洞桩法车站施工的关键工序,其中节点的连接是扣拱质量控制的要点。每种节点必须严格按照设计和施工方案的规定,确保节点连接牢固,以形成整体受力体系,完成受力从小导洞到初支扣拱的转换。

为图示清晰,现以单跨车站初支扣拱为例叙述质量控制,要点为各种节点的连接扣拱与导洞之间形成的三角区域的沉降。

(一)质量控制要点

1. 导洞初支与拱顶扣拱初支的节点连接必须牢固

扣拱节点分为 A、B、C 三类,见图 4-4-21。

1)初支格栅拱架与冠梁的节点(节点 A);
2)分段搭设的初支格栅钢架之间在小导洞内的节点(节点 B);
3)初支格栅钢架之间在小导洞外的节点(节点 C)。

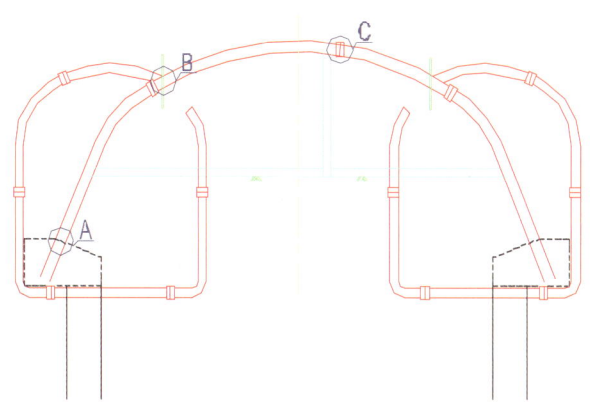

图 4-4-21　初支扣拱钢格栅节点分布图(A、B、C 节点)

2. 扣拱与导洞之间形成的三角区域的沉降。

在三角区域设置回填注浆管,及时进行壁后回填注浆加固,严格控制地面沉降。

(二)边导洞内扣拱 A、B 节点的连接

在边桩顶冠梁施工时,在导洞内依次进行初支扣拱格栅的架设,自导洞里侧向外侧施作。严格控制格栅的间距,同时保护好预留钢筋接头,施作格栅主筋连接。

1. 节点 A 的连接(初支格栅拱架与冠梁的节点连接),大样见图 4-4-22。

1)在冠梁内预埋格栅钢架主筋,锚固长度 ≥ 35d(d 为主筋直径)。

2）将初支格栅与其焊接牢固，保证初期支护结构同冠梁连接的整体性。

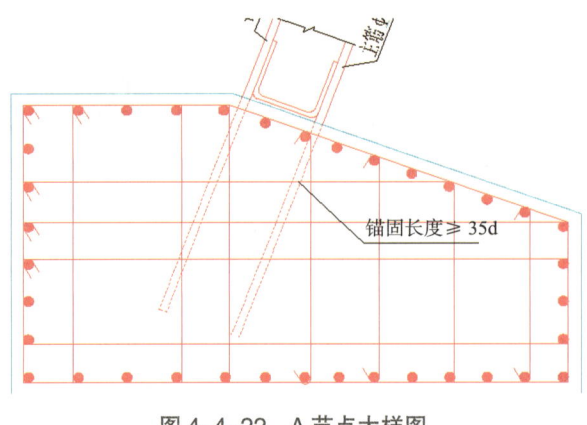

图 4-4-22　A 节点大样图

2. 节点 B 的处理（分段搭设的初支格栅钢架之间在小导洞内的节点连接），大样见图 4-4-23。

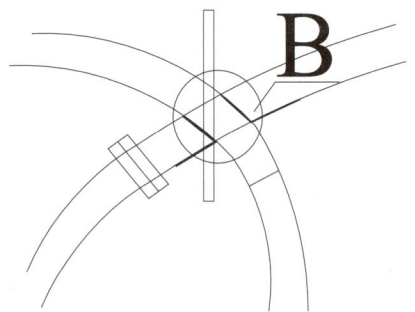

图 4-4-23　B 节点大样

1）小导洞开挖时提前预留扣拱格栅节点。
2）在小导洞内按设计要求，节点部位先破除导洞混凝土，注意保留其格栅钢筋，将节点位置准确定位后再行切割，并与洞外扣拱格栅钢筋牢固连接，连接端头采用连接钢板与预留钢板对接，若出现螺栓孔眼错位，则将角钢四周与预埋钢板满焊，见图 4-4-24。
3）最后割除土方开挖底面以上的钢筋，同时预埋背后注浆管，随后注浆加固交叉部位土体。
4）超前支护与导洞内土体开挖

导洞内初支扣拱必须紧跟导洞开挖施作，一般采用台阶法留核心土，当跨度较大时，为了施工安全，可采用 CD 法开挖。

为防止在扣拱时出现坍塌，应对拱部地层进行超前支护加固。

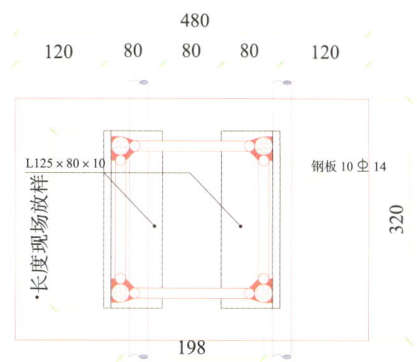

图 4-4-24 节点板焊接示意图

（三）导洞间扣拱节点 C 的连接

导洞间扣拱自导洞一侧向另一侧方向进行，随车站拱顶土方开挖及时跟进。

1. 扣拱顺序

边跨与中跨土体的开挖顺序不同，导致扣拱顺序不同。对于三跨结构形式顺序如下：

1）拱部开挖顺序是先中跨，边跨落后不小于 20m 距离，在两侧边跨扣拱时应注意同步。

2）两边跨开挖面间距应小于 5m，以防止出现偏压现象。

2. 节点 C 的连接（初支扣拱格栅钢架之间导洞外的节点连接），大样见图 4-4-25。

1）结构拱顶部分变形最大，开挖极易塌方，为确保施工安全，节点 C 的水平位置应离开拱顶处 1m，以避开拱部变形最大处。

2）导洞间扣拱采用的格栅利用上层边导洞格栅中预埋主筋，与车站格栅主筋搭接焊，焊接长度 10d。

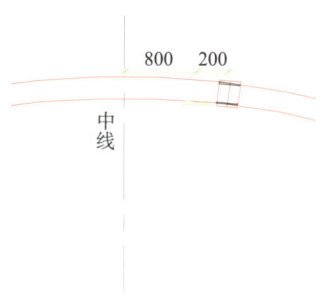

图 4-4-25 C 节点大样

3. 节点③④连接

对于两跨或三跨车站初支扣拱在中柱顶纵梁上还有节点③④需要连接。见图 4-4-26 和图 4-4-27。

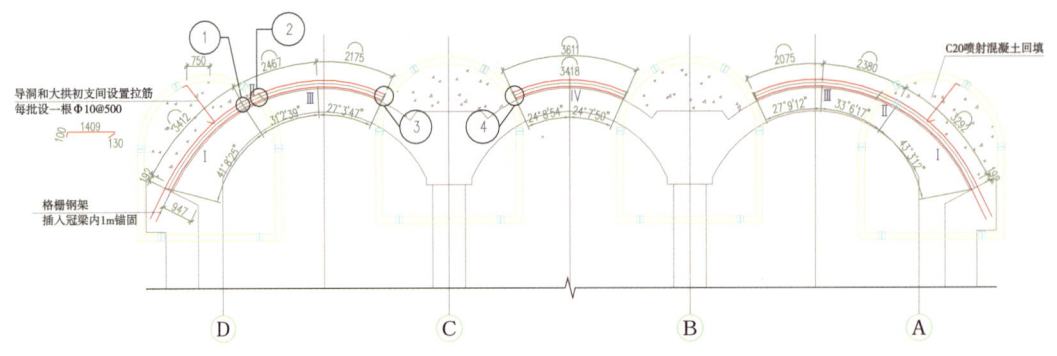

图 4-4-26　车站拱顶扣拱断面示意图

两跨之间扣拱格栅需解决节点③、④的连接，导洞间扣拱采用的大拱格栅端头一端为螺栓连接，一端采用"U"形筋与预埋钢板焊接，做到格栅可调，保证在因施工误差导致导洞格栅出现错位的情况下扣拱成功。

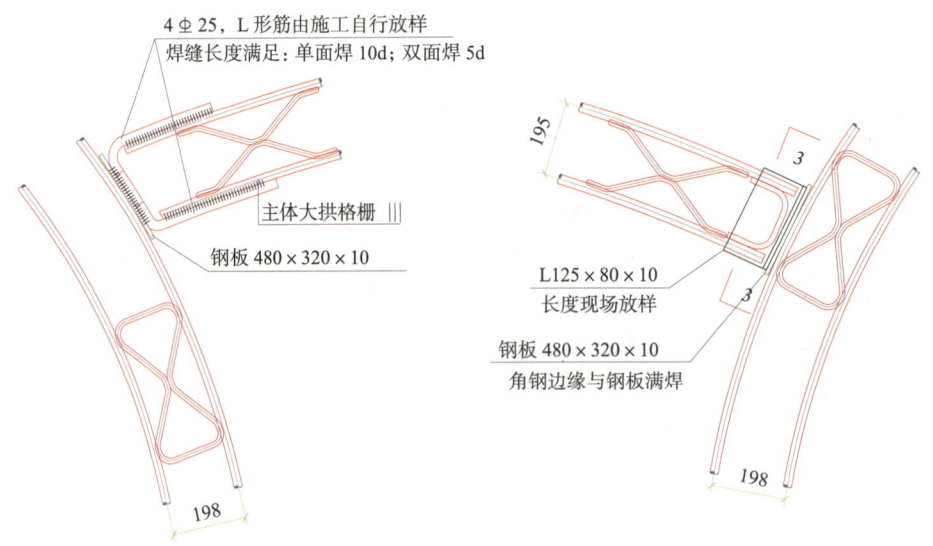

图 4-4-27　导洞洞间③、④节点扣拱示意图

（四）导洞内回填及注浆

1. 回填混凝土

导洞边桩及洞内扣拱施工完毕后，将导洞上方的空间回填混凝土，确保密实，达到支撑作用。

2. 注浆填充

边桩、扣拱与导洞初支之间的间隙应注浆填充密实，以保证初支所受的土压力能顺利的传到车站的整个支撑体系。具体质量控制及其验收标准详见第三节相关内容。

3. 全部空隙回填完毕后，方可进行土方开挖。

十、防水施工质量管理

PBA 车站的防水主要采用结构混凝土自防水及全包防水层，其施工质量控制要点基本同第二章明挖工法防水，此处从略。但 PBA 工法经过多次受力转换，由小洞室逐步扩大成大断面结构，混凝土施工缝多，防水层的铺设也随之由多个小块连接为整体，造成接头多、防水层保护困难、防水细部构造处理复杂的特点，应格外注意防水层关键节点做法及结构细部处理，防水工程应验收合格。

（一）拱顶纵梁与二衬扣拱连接部位防水层铺设

此部位呈凹槽状，地下水在此汇集不易排泄。柔性防水层在此设接头，接头不当或成品保护不到位造成接缝漏水，是防水的薄弱环节，应采取如下措施：

1. 防水层按设计要求和专项施工方案施工

1）施工前划分好拱圈施工流水段，根据跳段施工的先后次序设置防水板的长度和搭接接头叠放次序。

2）在拱圈二衬跳段施工时，凿除临时支撑的长度应考虑留出防水板接头搭接和拱圈二衬钢筋连接甩头的长度，一般至少要留 1m，且防水板铺设也不宜过于绷紧，要留有一定的余度，防止防水板在反折处撕裂。

2. 严格执行操作工艺

1）中跨及边跨扣拱施工缝处防水板双道焊缝，防水面无破损，满足充气试验要求。

2）应特别考虑后期小导洞的拆除对甩茬防水的破坏，故应做好保护措施，一般采取木板固定在小导洞初支结构与防水板之间。两侧通过预留钢筋与车站二衬相接，梁下通过锚入筋与钢管柱连接。

（二）底板防水层

底板防水一般多用土工布缓冲层、防水板、保护层方式施作，要保证防水板接头质量，对施工缝进行凿毛处理，设置止水带（条），埋设注浆管，具体做法同本章第三节。

（三）侧墙防水层做法

侧墙采用混凝土自防水，其外侧应铺设防水层。为保证下部墙体在施工缝部位混凝土能够浇筑密实，加强对防水板甩头的保护，提高防水性能，采取如下措施。

1. 墙顶施工缝及杯口处混凝土浇筑

当混凝土即将浇筑到墙顶施工缝时，停止浇筑 1h，然后从墙体一端向另一端顺序浇筑接缝部位混凝土，边浇筑边用插入式振捣器振捣。侧墙模板顶端设置杯口构造，浇筑过程中应始终保持杯口处混凝土面高于墙体施工缝 15～20cm。

2. 逆筑法墙体施工缝处理

1）为减少施工缝同时方便施工，在站厅层中板地模施工前或施工时，施作站台层部分边墙，并为站台层防水及钢筋预留接头条件。

2）考虑边墙主筋连接接头要求，需挖一定深度的槽，车站内一侧砌筑厚砖墙作为站台层上部墙体的模板，以确保墙槽稳定。

3. 防水板连接

此处防水板上部与边墙的防水板连接为一体，下部长出混凝土浇筑范围≥0.5m，向内折平铺在槽底，上下采用土工布和木板保护，然后用砂回填。

4. 钢筋处理

1）侧墙的竖向主筋采用直螺纹套筒连接，上部与拱圈预留接头连接，下部钢筋接头预拧直螺纹套筒并插入墙体槽内砂中。

2）纵向分布筋接头亦采用直螺纹套筒连接，接头相互错开布置。

（四）细部构造防水

施工缝、变形缝等细部连接是PBA工法防水的薄弱环节，施工质量管理重点如下。

1. 拱部与墙体连接部位施工缝

2. 纵向、环向施工缝防漏措施

1）在混凝土基面涂刷水泥基渗透结晶材料，并沿纵向粘贴遇水膨胀止水胶和安装注浆管。

2）尽量提高施工速度的同时采取引、排水措施使施工缝干燥，避免施工缝长时间被水侵润，使其遇水膨胀类材料提前膨胀而失效。

3）当施工缝发生渗漏时，采用预埋注浆管注浆。

4）楼板施工缝用止水条。

3. 细部处理措施

在暗挖车站内浇筑拱部混凝土因受工艺限制很难避免浇筑不实、拱顶部位存在空隙，应采取必要的措施。

1）在拱部铺设防水卷材时应加密防水板固定点，一般固定点间距不超过50cm，使防水板和隧道初期支护形成一个整体，避免其下沉与隧道初期支护结构间形成空腔。

2）为保证防水混凝土密实，对于跳段施工的拱部结构，当两侧都设置端模时，应观察到封端模板板顶溢浆；当一端或两端都有已施工的结构时，可在拱顶位置设置排气管并兼做注浆管，浇筑时应观察到溢浆。

3）对于拱顶空隙回填的自密实混凝土，适当加大混凝土的塌落度。当其强度达到设计强度后，应采用水泥浆进行注浆填充。

十一、主体土方开挖及顶拱结构施工质量管理

土方开挖需在顶拱结构（二衬扣拱）混凝土达到设计强度的100%后方可进行。

（一）主体土方开挖

土方开挖采用"竖向分层、横向分块、纵向分段、中间拉槽、随挖随喷"的方式进行。

1. 站厅层土方开挖

1）采用人工配合机械开挖，小导洞及临时通道用液压破碎锤破除，土方采用小型

车运输。

2）竖向根据小导洞高度分两层对称开挖，即由中间向两侧开挖，以平衡土压力对墙体的压力。

3）必须及时对车站两侧的边桩桩间土体进行挂网喷混凝土，确保桩间土体稳定。

4）开挖至中层板设计标高以上0.2m处，停止机械开挖，采用人工开挖，开挖至设计标高后，人工清底至土模底标高，若有超挖或局部软弱地段应采用人工换填，并夯打密实。

2. 站台层土方开挖

1）应待上一层逆作梁板结构混凝土强度达到设计强度后才能进行。

2）开挖时，不能紧挨中间钢管柱单边开挖，应沿钢管柱四周平衡开挖，以减少土方对钢管柱产生偏压力而变形。

3）土方开挖全过程应对基坑的围护体系、周围环境、地下结构本身进行监测，及时反馈信息，调整开挖的方法、速度和开挖方向。

（二）顶拱结构施工

顶拱为钢筋混凝土结构，其施工过程控制同常规，但有其特别应注意的关键点，如下述。

1. 顶拱施工顺序

对于三跨结构，一般采用先施工中跨，再对称施作边跨，以消除中、边跨拱脚推力差对中柱产生的不利影响，纵向采取分段施工。

2. 破除小导洞

采用跳槽逐段拆除小导洞边墙，破除时受力将转换到初支扣拱上，为保证安全，拆除长度应符合设计及规范规定，并根据监测数据调整拆除长度。

3. 铺设防水层

4. 钢筋绑扎

5. 架设模板

边跨、中跨拱部设模板支撑体系，见图4-4-28和图4-4-29，对其管理同前述。模板采用钢膜，异形处或小狐部位采用异形钢模板，用自制钢拱架作为钢模的支撑骨架。端头板埋设回填注浆管兼排气管。边跨及中跨也可采用模板台车施作。

6. 浇筑拱部混凝土

采用高性能免振混凝土，在拱部设置两个浇筑口，对称浇筑，高差不得超过50cm，以免产生偏压。直到预留的排气孔向外冒浆时，确认为混凝土灌注密实。

7. 混凝土达到设计强度后方可拆模、养护，模板应对称拆除。

8. 初砌背后回填注浆

拱部结构封闭后，通过预埋注浆管注高强无收缩水泥浆，注浆管布置在拱顶，注浆压力为0.1～0.3MPa。

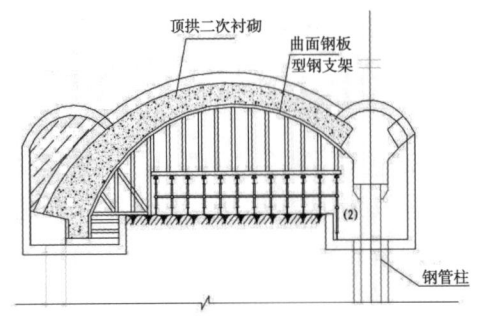 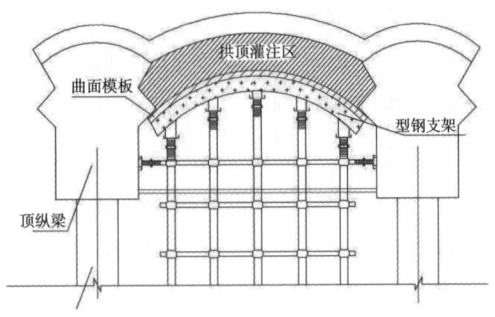

图 4-4-28　边跨拱部模板支撑体系图　　图 4-4-29　中跨拱部模板支撑体系示意图

十二、主体结构施工质量管理

主体结构的施工多选用逆作法施工，顶拱施工已在上文中叙述，其他构件均为钢筋混凝土结构，其各分项施工质量控制同常规，现依次简述各构件施工质量控制应注意之处。

（一）站厅板（中板）及中纵梁施工

站厅板与中纵梁一并施工，组成整体，承受并传递其上的竖直荷载。

1. 流水段划分

为保证不留施工缝和避免出现"冷缝"，需根据浇筑速度纵向合理分段。

2. 站厅板模板

逆作法施作的站厅层中板及中纵梁和次梁采用土模，中纵梁侧模采用加气砖砌筑时，砂浆随拌随用，水泥砂浆强度应符合设计要求。砖砌的灰缝砂浆应饱满密实，横平竖直，厚薄均匀，灰缝厚度上下错缝。若采用顺作法则可采用满堂红脚手架模板体系。

土模施作剖面见图 4-4-30，其施工流程及质量控制要点同第三章盖挖，此处从略，要精确测量出地模标高、中纵梁、各种预留口、边墙下延位置以及轨顶风道的位置。

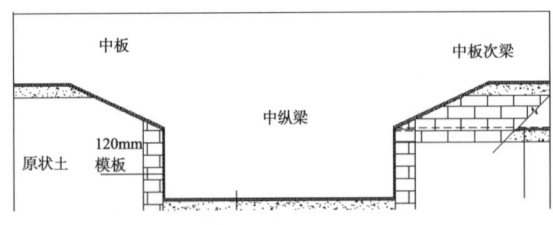

图 4-4-30　站厅板（中板）土模施工图

1）应考虑土模的厚度以及设置的预拱度和预留量。

2）为保证基底土体的承载力，其密实度和平整度应符合设计和规范要求。

3）土模铺设完成后，检测标高、宽度、中线、平整度等，若满足设计要求，进行垫层施工，若不满足要求，进行局部修整。

3. 铺设垫层

垫层用水泥砂浆或细石混凝土铺设，严格按配合比拌制，表面赶光收浆处理，厚度及平整度应符合设计或规范要求。

4. 钢筋安装

1）钢筋安装的顺序是先繁杂后简单，先下层后上层，即先梁后板；先柱、墙节点连接点甩筋。

2）钢筋接头采用机械连接和搭接。

3）侧墙底预留挖深，中板与侧墙相交位置预留1m左右局部挖深（主筋连接接头长度），满足上、下层侧墙竖向主筋焊接或机械连接尺寸要求。然后用砂回填，中板上层侧墙的竖向主筋向下插入砂坑槽内，以备与下层筋对齐牢固连接，确保侧墙上下层钢筋保持整体垂直。

5. 预留预埋

1）各种预留孔洞采用木模或钢模，较大孔洞也可用砖模，砂浆罩面；中层板周边的边墙、端头墙采用木胶板做面模。

2）穿过站厅板的各种管线预留孔采用PVC管预埋并固定牢固，构造柱纵筋应锚入结构板内≮35d。

3）浇筑混凝土前，必须检查确认各种预留、预埋的数量及位置的准确并牢固，严防漏、错、偏。

6. 钢管柱剪力板连接

钢管柱是车站主要受力构件，在钢管柱与站厅板的连接处应采取加强环及加劲板的抗剪、抗拉措施。

1）为不影响站厅板的施工进度，在该部位土方开挖时，应提前挖出工作坑。土方开挖距站厅中板≤2m时，即可进行工作坑的开挖。以钢管柱为中心，开挖底面为该部位中板底面标高以下1.0m。

2）采取人工配合机械开挖，根据土层稳定情况适当放坡。基底预留30cm左右人工清底。

3）工作坑开挖后，及时对该部位钢管柱除锈，表面应光洁，满足焊接要求。

4）加劲板焊接时，首先进行底焊，再进行补强焊，直至达到设计要求。施焊应间歇进行，以免局部过热影响钢管柱混凝土的质量。

5）焊接后清理焊渣、焊皮，并按设计要求对焊缝进行超声波无损检测，确认合格，检测完毕及时用彩条布包裹，防止污染。

7. 浇筑混凝土

1）浇筑时按分块范围采用"循序推进、一次到顶"的连续浇筑方法。

2）输送管布设至最远的浇筑点，钢管管口接一定长度的软管，以方便进退。混凝土浇筑向前推进，振捣器随时跟上，确保整个梁板混凝土密实。

3）站厅板混凝土强度达到75%以上时，方可通行及进行边墙模板组装施工。

（二）车站侧墙结构施工

1. 施工流水段划分

在侧墙施工时，可根据混凝土裂缝的形成与控制相关规定，结合混凝土浇筑条件和能力划分施工流水段。实践验证，侧墙环向施工缝的间距以15~20m为宜。因混凝土浇筑后初期收缩最大，所以每段墙体施工速度也应适当控制，以7d一个循环为宜。

2. 模板支撑体系

1）侧墙混凝土在中板混凝土浇筑完成后施工。衬砌模板采用组合钢模板、型钢背衬及型钢支撑组合体系。

2）侧墙模板固定，除使用型钢支撑外，水平向设置对拉螺栓固定。

3）模板施工时，在侧向堵头模板顶每隔5m设一个浇筑口，并埋设回填注浆管兼作排气管，注浆嘴竖贴上层混凝土底面与墙的竖筋焊牢固定。

4）站厅板以上边墙模板采用定型三角架分侧支撑施工，支架平面间距不大于800mm布置。站厅板上预埋地脚螺栓做定位顶撑，模板支撑体系见图4-4-31。

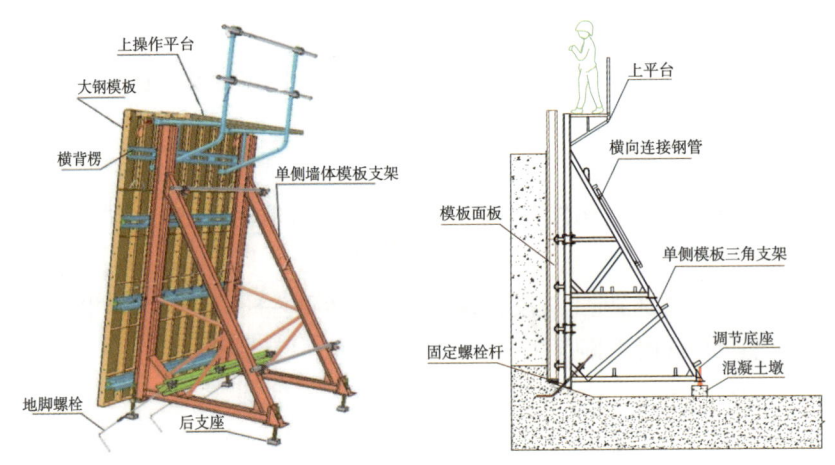

图4-4-31 侧墙混凝土模板三角架支撑体系

5）支架拆除

外墙混凝土浇筑完毕，试块强度符合设计及规范要求后，可先松动支架后支座，后松动埋件部分。待强度达到75%后，彻底拆除埋件部分，并分类码放保存，然后吊走单侧支架，模板继续贴靠在墙面上，临时用钢管支撑；最后混凝土达到拆模强度后拆模板。

3. 钢筋、预埋地脚螺栓

1）钢筋绑扎应满足设计要求。

2）提前预埋地脚螺栓，以备模板支架所用。应注意：地脚螺栓水平间距按设计要求布置，并在同一直线上，牢固焊接在钢筋上，防止移位。预埋前保护螺纹，保证螺纹全部裸露在混凝土外。

3）侧墙处逆做时预留的直螺纹接头，必须符合设计及规范要求，且接头必须填砂保护，防止混凝土包裹丝头。

4. 混凝土浇筑

采用泵送商品混凝土，现场合理布置泵车及管路，严格控制到场的混凝土质量。采用插入式振捣器，控制好混凝土浇筑速度和每层厚度。

（三）站台层底板施工

1. 前置条件

底板采取纵向分段施工，做好杂散电流及综合接地，并经验收合格。

2. 混凝土垫层

底板施作前需进行基面处理，有一定承压水时，采取排水减压措施后浇筑封底混凝土及垫层，必须保证其表面平顺、干净、干燥，并通过验收合格。

3. 钢筋、模板

1）边墙衬砌施工时要求主筋与底板的预留钢筋连接牢固。

2）底纵梁与底板钢筋接头采用机械连接。

3）底板侧面用普通钢模支设，方木顶撑加固。在底板钢筋上放出侧墙倒边线，测设出板顶标高，并做好标记。方木顶撑一般用焊接牢固的钢筋桩作为受力点。

4）侧墙倒角模板支设完成后检查垂直度和截面尺寸以及支架的稳定，钢筋、模板分项工程应验收合格。

4. 底板混凝土

采用混凝土输送泵泵送，插入式振捣器振捣，应通过分项工程验收。

（四）主体结构施工中的监控

1. 浇筑混凝土时全程录像，记录浇筑过程。

2. 加强温度控制

主体结构中有部分构件为大体积混凝土，为防止其裂缝的发生与开展，应加强测温工作，派专人按设计要求进行测温工作。

十三、分项分部验收管理

PBA 工法车站是一个子单位工程，应按程序进行分项、分部工程验收，合格后进行子单位工程的验收，验收程序标准同前。

十四、PBA 工法车站安全、职业健康和环境管理

PBA 工法为暗挖工法之一，其安全、职业健康和环境管理的内容，基本同暗挖和《城市轨道交通土建工程质量安全管理概论》第四章相关内容，应特别关注之处如下。

（一）安全管理

1. 编制风险专项方案

PBA车站工程覆盖土层较浅，一般存在多条地下管线，包括电力、通讯光缆、市政管线，开挖对其运行有较大风险，同时容易扰动其上覆地层，引起地层的沉降和受力状态变化，进一步影响道路交通及管线的沉降变形。因此应编制风险专项方案，制定相关措施和应急预案，并履行审批手续。

2. 施工中不得破坏管线，必要时提前做好迁移，把管线和道路的被动变形控制在允许范围内。

3. 导洞内作业

1）作业时设置通风换气装置，保持空气流通，并采取降尘措施；

2）作业必须采用24伏以下低压照明；

3）作业时应随时检查环境及围岩情况，清除松散及危险的土石块。

4. 竖井井口作业

1）井口上下分别安排信号工，佩戴安全袖标，随时监控并指挥竖井内的提升作业。在竖井出土进料时告知井下作业人员。

2）竖井周边设置防护栏，并布密目网，在防护栏上挂设相对应的安全警示牌。

3）在竖井周边做一道高50cm的挡水台以防雨水以及石块落下。

4）设置封闭的隔离网，使上下通道与出土进料完全隔离；并在上下的通道上方设抗坠落安全网。

5. 混凝土浇筑安全管理

主体结构各部位的混凝土，采用地泵、泵车或二者组合的方式浇筑，与常规的地面建筑浇筑不同，应注意地上、地下运输、输送的安全，各种设备与基坑壁、顶部高压电缆的安全距离应满足相关规定。

6. 加强监控量测

为确保施工期间支护结构、周边建（构）筑物、地下管线、道路和其他设施的安全及正常使用，施工期间必须制定主体施工监测专项方案。加强监控量测，掌握围岩、支护结构、场区周围建（构）筑物的动态，并及时分析、预测和反馈信息，以指导施工，确保施工安全。

（二）职业健康和环境管理

1. 降低、减少各种污染源

PBA工法施工，各种污染因素对地面上的环境和人群直接危害较少，但对洞内作业人员的职业健康损害较大，应设法降低、减少各种污染源，如选用低噪音设备开挖、设置通排风系统等，以保护作业人员的身体健康。

2. 引导作业人员做好自身防护

在地下施工空间狭小，空气流通较差，作业人员必须做好自身防护，如导洞内作业必须佩戴防尘口罩、护目镜、防护面罩等防护用品，作业时身体不得裸露。

第五章
盾构区间工程质量安全管理

关于盾构工程施工质量验收国家标准先后发布了两个,一是《盾构法隧道施工及验收规范》GB 50446—2017,二是《地下铁道工程施工质量验收标准》GB/T 50299—2018,前者内容专业化更强,条款更加细化,但此规范中未涉及盾构工程分部、子分部、分项工程及检验批的划分;后者明确了盾构工法的划分,见表5-0-1。本章兼顾这两本标准内容编写,涵盖了上述划分表中的主要内容,质量验收标准应同时满足上述两本规范要求分节叙述其主要分项工程质量安全管理。此外,根据实践经验增加了某些重要环节或工序的管理,它们对盾构施工全过程有很大作用,如第一节的管片生产与验收、第五节的附属工程质量管理。

盾构法分部及子分部工程、分项工程、检验批划分 表 5-0-1

分部工程	子分部工程	分项工程	检验批
始发和接收竖井	盾构始发、接收洞口段地层加固	注浆加固	每一洞口加固段
		冷冻法加固	每一洞口加固段
		旋喷桩加固	每一洞口加固段
		搅拌桩加固	每一洞口加固段
		洞门预埋钢环制作、安装	每一洞门
盾构隧道		管片进场验收	每10环
		盾构掘进及管片拼装	每10环
		壁后注浆	每10环
		成型隧道	每10环
		监控量测	每一监测断面
		施工测量	每10环
		成型隧道贯通测量	整条隧道
防水工程		管片自防水	每10环
		管片接缝防水	每10环
		螺栓孔防水	每10环
		柔性接头	每一处
		变形缝等特殊结构处防水	每道变形缝

(摘自《地下铁道工程施工质量验收标准》GB/T50299—2018)

本章分六节,第一节为管片生产和验收。第二、三、四、五节分别为盾构始发、接收洞口段地层加固;盾构隧道;隧道防水工程和附属工程的施工质量管理,第六节为施工安全、职业健康和环境管理。

盾构法施工质量控制及安全管理的依据除国家和地方相关法律、法规,工程设计文件以及施工合同文件外,主要是相关技术标准,按照国家、行业、地方标准的层次分列如下。

1.《盾构法隧道施工及验收规范》GB 50446—2017,以下简称《盾构规范》。

2.《地下防水工程质量验收规范》GB 50208—2011。
3.《地下铁道工程施工质量验收标准》GB/T 50299—2018。
4.《预制混凝土衬砌管片》GB/T 22082—2017。
5.《盾构隧道管片质量检测技术标准》CJJ/T 164—2011。
6.《城市轨道交通隧道工程注浆技术规程》DB 11/1444—2017。
7.《地铁隧道工程盾构施工技术规范》DG/TJ 08-2041—2008。

第一节 管片生产与验收质量管理

盾构管片是盾构施工的主要装配构件，形成盾构隧道的永久衬砌结构承担着抵抗土层压力、地下水压力以及一些特殊荷载的作用。盾构管片质量直接关系到隧道的整体质量和安全，影响隧道的防水性能及耐久性能。管片有两类：钢筋混凝土管片和钢管片，常用的为预制钢筋混凝土管片，钢管片应用范围有限，仅用于盾构区间联络通道开口处，限于篇幅，不予论述。

按照《盾构法隧道施工及验收规范》GB 50446—2017，管片制作包含钢筋、模具、管片预制三个分项工程。本节叙述管片制作及进入施工现场验收的质量控制要点。

一、施工准备的管理

管理内容基本同前述章节，需要注意以下几点。

（一）对生产厂家的管理

1. 选定厂家

管片在预制厂加工，建设单位或施工单位应通过招标对选定厂家进行管理。

2. 对生产厂家的管理要求

1）应具有健全的质量管理体系、质量控制和检验制度，并应制定安全生产和绿色生产制度。

2）生产操作人员应进行技术培训，合格后方可上岗，特殊工种应持证上岗。

3）生产设备和设施应满足生产要求，并应定期对主要设备进行检定或测试。

4）应编制生产技术方案，经施工单位审核、监理单位审批后执行，并向作业人员交底。

3. 驻厂监造

一般情况监理合同约定监理单位驻场监造，此时，监理机构应按规定履行监理职责。有时，建设单位另行委托监理公司专门负责管片监造，此种情况下，监理单位只负责管片进场质量验收。

（二）原材料质量管理

1. 进场验收

管片生产所使用的各种原材料、钢筋和焊接材料等，其品种、规格、数量均应符合设计要求，防水橡胶止水胶条具备产品质量证明文件，履行进场验收，确认合格。

2. 复试检测

钢筋应按批抽取试件做力学性能（屈服强度、抗拉强度和伸长率）和工艺性能（冷弯）试验，其质量必须符合现行国家标准的规定和设计要求。防水材料应按规定进行复试检测，并合格，详见《城市轨道交通土建工程质量安全管理实务》第八章。

3. 预埋件规格和性能应符合设计要求。

二、钢筋工程质量管理

（一）钢筋骨架制作质量控制

管片结构配筋是根据周边地质情况、埋深、隧道形状、直径等因素设计，其特点是以弧形钢筋为主，构件底面下的配筋组成钢筋骨架，可以对管片混凝土起到约束的作用，提高其抗弯、抗剪能力。

1. 钢筋加工应符合规定

1）应按设计尺寸下料，进行钢筋切断或弯曲。

2）弧形钢筋加工时应防止平面翘曲，成型后表面不得有裂纹，并应验证成型尺寸。

3）当设计允许受力钢筋设置接头时，可采用焊接或机械连接，接头质量应符合现行行业标准《钢筋焊接及验收规程》JGJ 18—2011 或《钢筋机械连接技术规程》JGJ 107—2016 的规定。

4）钢筋加工允许偏差和检验方法应满足《盾构规范》的有关规定。

2. 钢筋骨架加工应符合规定

1）当钢筋骨架连接时，应核对钢筋级别、规格、长度、根数及胎具型号。

2）当采用焊接连接时，焊接前应对焊接处进行检查，不应有水锈、油渍、焊接后不应有焊接缺陷。

3）应进行试焊，并在确定焊接参数后，方可批量施焊；焊接骨架的焊点设置应符合设计要求，当设计无规定时，宜采用对称跳点焊接。

4）同一钢筋骨架不得使用多于 2 根带有接头的纵向受力钢筋，且不得相邻布置。

3. 弧形钢筋和钢筋骨架存放时，不应发生变形。

4. 钢筋骨架安装

骨架入模时，注意不应对模具造成损坏，入模后骨架各部位的保护层应符合设计要求。

（二）钢筋（骨架）分项工程验收管理

钢筋分项工程验收，通常安排在钢筋（骨架）入模后混凝土浇筑前。

1. 验收标准

钢筋骨架允许偏差和检验方法应满足《盾构规范》的有关规定。

2. 首件验收

盾构首个钢筋骨架应进行首件验收，见图 5-1-1。

图 5-1-1　管片钢筋骨架首件验收

3. 隐蔽工程验收

1）钢筋隐蔽验收内容同常规，但应特别检查受力钢筋和箍筋的弯钩和弯折应符合规范规定。

2）固定在模板上的预埋件的规格、数量、位置等符合设计要求，各种预留孔和预留洞均不得遗漏，且应安装牢固。

三、管片模具质量管理

管片模具，专用于生产隧道的预制钢筋混凝土管片模具，用模具钢制造精度很高，由一块底板、四块侧板、两个上盖组成，见图 5-1-2。它是管片生产及质量保证的首要条件，一般由管片生产厂家向专业加工厂订购，施工单位若自己组建管片生产厂，也应专门采购模具，质量管理主要有以下三个环节。

图 5-1-2　管片模具样式图

（一）模具初验管理

模具制造成型后一般由监理单位组织对模具进行初步验收，建设、设计、施工单位共同参与，共同确认模具符合要求。

1. 检查质量证明资料

1）模具应具有足够的承载力、刚度、稳定性和良好的密封性能，逐一检查每套模具，应具有原始出厂合格证明（包括原材及各项性能检测证书）。

2）模具材料应满足质量要求，焊条材质应与被焊物的材质相适应。

2. 外观质量检查

应满足管片尺寸和形状等要求，便于安装、拆卸和使用。

3. 每批模具宜配备检测工具。

4. 试生产

模具安装后应进行初验，符合设计要求后可试生产管片，并按设计每环所需的管片数量随机抽取组成3环，进行水平拼装检验，详见《城市轨道交通土建工程质量安全管理概论》第八章试验与检测的相关内容，合格后方可通过验收，正式投产。

（二）模具定期检验

模具在使用过程中可能出现变形或损坏，当出现下列情况之一时，应对模具进行检验，检验结果应满足钢筋混凝土管片的质量控制要求。

1. 模具每周转100次；

2. 模具受到重击或严重碰撞；

3. 钢筋混凝土管片几何尺寸不合格；

4. 模具停用超过3个月，投入生产前。

（三）合模与开模的注意事项

在加工管片时，模具经常需要开、合，无论在预制厂或施工现场生产管片，都应做好此项工作，以提高盾构施工质量。

1. 合模前应清理模具各部位，内表面不应有杂物和浮锈。

2. 涂刷脱模剂

模具内表面应均匀涂刷薄层脱模剂，模板夹角处不应漏涂，且应无积聚、流淌现象，钢筋骨架和预埋件严禁接触脱模剂。

3. 预埋处密封

螺栓孔预埋件、注浆孔预埋件以及其他预埋件和模具接触面应密封良好。

4. 合模与开模应按使用说明书规定操作，并应保护模具和管片；

5. 合模后应核对快速组装标记，模具接缝处不应漏浆。

四、管片预制加工质量管理

（一）管片混凝土

混凝土的质量直接关系到钢筋混凝土预制管片的整体质量，生产厂家应按批准的生产技术方案投产，施工单位及监理单位按照各自的职责，严加控制原材料，动态监督生产过程。

1. 原材料的管理

同常规要求。

2. 混凝土浇筑

1）浇筑前熟悉施工图及生产方案的要点，包括：

（1）每种类型的管片的尺寸；

（2）钢筋、预埋螺栓大样图；

（3）混凝土浇筑、养护和管片运输及堆存的详细施工进度计划。

2）应检查模具的连接和紧密性，以保证管片精度和防止漏浆。

3）模具表面应在浇筑混凝土前彻底清洁。

4）当混凝土浇筑时，不应扰动预埋件。

5）混凝土浇筑成型后，应在混凝土初凝前再次进行压面。

3. 振捣

1）使用振捣棒时不得直接接触模具。

2）混凝土分层、浇注振捣频率应符合生产方案及操作规程的要求；

3）混凝土坍落度不宜大于70mm，运输、浇筑及间歇的全部时间不应超过混凝土的初凝时间。

4. 养护

1）混凝土浇筑成型后至开模前，应对混凝土进行保湿；

2）当采用蒸汽养护时，应经试验确定养护时间，并应监控和记录温度变化；冬期施工宜采用低温蒸养，管片脱模后可涂刷养护剂。

3）管片出模后应进行养护，养护时间不少于7d。

4）养护的效果用同条件养护试块检验。

5. 控制拆模与现场搬运存放

1）应通过试验确定拆模时间。

2）管片在工厂内应小心搬运及堆放，注意做好成品保护。

6. 驻场监造过程检测

为了保证预制管片能够达到设计要求，需要对管片进行拼装前的检测和质量验收，通常包括两种：专业检测机构的检测和驻场监造检测，此处仅介绍后者，检测管理要点如下：

1）混凝土的配合比设计应由施工单位在试验室内进行，并报监理工程师批准。

2）应测定水泥的实际组分以保证其符合规范要求和质量控制试验的要求，并将测定结果报监理工程师批准。

3）应通过试拌和混凝土试块的强度试验来检查配合比，必须满足要求。

4）每套钢模每生产200环须做一次水平拼装检验。

（二）管片成品

钢筋混凝土管片质量应满足下列规定：

1. 应按设计要求进行成品的结构性能检验

检测项目：1）吊装孔拉拔试验；2）盾构管片水平三环拼装；3）管片检漏试验，检验结果符合设计要求后方可使用。详见《城市轨道交通土建工程质量安全管理概论》第八章第三节。

2. 混凝土强度等级和抗渗等级等性能应符合设计要求。

成品管片出厂时，厂家提供混凝土强度等级可抗渗等级检测报告，检测结果应符合设计要求。详见《城市轨道交通土建工程质量安全管理概论》第八章第二节，盾构工法试验管理

3. 中心注浆孔预埋件

应进行抗拉拔试验，试验结构应符合设计要求；当设计无要求时，抗拉拔力不应低于管片自重的7倍。

4. 管片的外观质量

不应有严重缺陷；当出现一般缺陷时，应采取技术措施进行处理。

管片外观质量缺陷等级划分，应满足规范规定，见表5-1-1规定。

钢筋混凝土管片外观缺陷等级划分　　　　表5-1-1

名称	缺陷描述	缺陷等级
露筋	管片内钢筋为被混凝土包裹而外露	严重缺陷
蜂窝	混凝土表面缺少水泥砂浆而形成石子外露	严重缺陷
孔洞	混凝土中出现深度和最大长度超过保护层厚度的孔穴	严重缺陷
	混凝土中有少量深度和最大长度未超过保护层厚度的孔穴	一般缺陷
夹渣	混凝土内夹有杂物且深度达到或超过保护层厚度	严重缺陷
	混凝土内有少量杂物且深度小于保护层厚度	一般缺陷
疏松	混凝土局部不密实	严重缺陷
裂缝	从管片混凝土管片表面延伸至内部且超过设计给出的允许宽度或深度的裂缝	严重缺陷
	其他少量不影响管片结构性能或使用功能的裂缝	一般缺陷
预埋部位缺陷	管片预埋件松动	严重缺陷
	预埋部位存在少量麻面、掉皮或掉角	一般缺陷

续表

名称	缺陷描述	缺陷等级
外形缺陷	外弧面混凝土破损到密封槽位置	严重缺陷
	存在少量且不影响结构性能或使用功能的棱角磕碰、翘曲不平或飞边凸肋等	一般缺陷
外表缺陷	密封槽及平面转角部位的混凝土有剥落缺损	一般缺陷
	其他部位的混凝土表面有少量麻面、掉皮、起砂或少量气泡等	一般缺陷

（摘自 GB50446—2017）

5. 钢筋混凝土管片的允许误差值

1）管片几何尺寸和主筋保护层厚度允许偏差应满足《盾构法隧道施工及验收规范》GB 50446—2017 的有关规定。

2）管片水平拼装检验允许偏差应满足《盾构法隧道施工及验收规范》GB 50446—2017 的有关规定。

6. 成品管片在预制厂出厂前的验收

1）施工单位及监理单位的质量检查人员对管片进行出厂前验收。应用必要的工具（卡尺、塞尺等）逐片检查管片尺寸和形状，见图 5-1-3，应符合设计要求。

图 5-1-3 管片在预制厂家首件验收

2）对存在缺陷的管片，应按照经批准的修补方案进行修补。

3）混凝土管片强度达到设计要求方可运输到工地。

（三）管片进入施工现场的验收及储存管理

此环节虽不属分项工程，但在实际工程中是重要的一环，施工单位和监理单位必须认真履行各自的质量管理职责。其检查检测的内容是对前述的厂家管片出厂验收的复核。

1. 管片进场初验

1）管片进入现场应有生产单位合格证或规定批次的质量证明文件，规格、型号、数量符合要求。

2）对管片进行外观逐环检查，管片的内弧面角部须喷涂标记，包括生产单位、管

片型号与编号、模具编号生产日期,以保证其质量的可追溯;该标记在盾构施工现场组装结束之前不得消失,不得难以识别;

3)外观质量完好,颜色一致,美观,无缺边掉角现象,对损坏粘贴止水带凹槽的管片应返回生产单位。

4)现场抽检及复检,混凝土管片的尺寸偏差应符合规范规定;

管片成品应定期进行检漏试验,检漏频率和结果符合设计和规范要求。详见《城市轨道交通土建工程质量安全管理概论》第八章相关内容。

2.管片的质量验收标准 见表5-1-2。

管片的质量验收标准　　　　　　　　　　表5-1-2

分项工程	质量验收内容		检验数量及方法
管片预制	主控项目	钢筋混凝土管片进场时的混凝土强度、抗渗等级等性能和管片结构性能应符合设计要求	符合现行国家标准《混凝土结构工程施工质量验收规范》GB50204—2015的规定或设计要求。检查混凝土试件的强度和抗渗等性能试验报告、管片结构性能检验报告和出厂合格证
		钢筋混凝土管片外观质量不应有严重缺陷	全数检查。观察或尺量
	一般项目	存在一般缺陷的管片数量不得大于同期生产总数的10%;对于一般缺陷,应由生产单位按技术要求处理后重新验收	全数检查观察,检查技术方案
		各种允许偏差符合规范要求	每200环抽查一环。尺量

(摘自《盾构法隧道施工及验收规范》GB 50446—2017)

3.按程序组织分项分部工程验收。

1)首件验收

管片钢筋骨架、管片成品外观应进行首件验收。

2)检验批分项工程的验收

管片预制验收的检验批,一般按厂家的技术方案规定划分。对每一检验批进行资料和实体验收,均合格,则管片预制分项工程验收合格。

3)钢筋(骨架)、模具、管片预制三个分项工程验收合格后,可进行管片制作分部工程的验收,合格后可使用。

4.管片现场存放管理

1)管片贮存场地必须坚实平整,管片应按型号分别码放,堆放高度应经计算确定,一般不应超过六层。

2)现场管片应堆放在混凝土地坪,堆放场地内应设置人员安全通道,见图5-1-4。

3)特殊环管片应单独堆放,并有明显标记。

图 5-1-4 施工现场管片存放

4）内弧面向上码放或单片侧立，管片间应有两条垫木，上下对齐，不得倾斜，堆放限量为 4 块。

5）在管片翻转、吊装和运输过程中，应采取防护措施。

第二节 盾构始发、接收竖井及洞口段地层加固质量管理

盾构隧道施工含有若干工序（可划分为分项工程），掘进全过程施工可划分为始发、掘进和接收阶段，但前期必须完成始发与接收工作竖井的施工，并验收合格。其中需控制的内容较多，本节仅论述盾构始发和接收竖井及进出洞段地层加固的质量管理。

一、始发和接收竖井质量管理

盾构的始发和接收竖井虽并未含在划分表中，却是盾构始发的前置条件，故本节中增加此部分内容，包含基坑围护、竖井开挖、衬砌、后背加固、地下水控制、防水工程，大部分均在暗挖、高架车站中叙述。但竖井开挖中也有与暗挖工程不同之处，盾构进出洞段地层加固也有自身的特点，故本节对该两部分的质量管理内容的质量控制稍加论述。

（一）竖井开挖及衬砌施工准备管理

1. 图纸会审

除按常规审核内容外，特别应复核工作井的布置。

1）盾构始发工作井不仅用于组装调试盾构机，还用于施工期的垂直运输通道，运送管片设备其他材料出碴及工作人员的上下，因此其尺寸必须满足一定的要求，即始发工作井的长度应大于盾构主机长度 3m，宽度应大于盾构直径 3m。盾构机的两侧各留出 1.5m 的安装操作空间。盾构机的前后应留出洞门拆除初期推进时出碴、管片运输

和其他作业所需的空间。

2）接收工作井的平面内净尺寸应满足盾构接收、解体的要求。即宽度应大于盾构直径 1.5m，长度大于盾构主机 2m。

3）始发、接收工作井的井底板应低于始发和接收洞门底标高，并应满足相关装置安装和拆卸所需的最小作业空间要求。

4）工作井预留洞门直径应满足盾构始发和接收的要求。具体计算公式参阅《盾构规范》4.5.1 条。

2. 检验批的划分

1）如果是利用车站端头井作为工作井，按照车站主体结构划分。

2）如果单独设置工作井，则要按照工序及项目划分。

3. 现场条件准备

洞门圈、密封及其他预埋件等应在盾构始发或接收前按要求完成安设，并应符合质量要求。

4. 条件核查

竖井开挖为深基坑开挖属于风险控制关键节点，其中降水、围护结构、地基处理等开挖准备，均应按照建办质 68 号文的规定进行条件核查，详见《城市轨道交通土建工程质量安全管理概论》第四章第一节，满足条件后，方可施工。

（二）施工过程的质量控制

井筒施工工序为：井筒土方开挖、钢筋绑扎、模板支设、井壁混凝土浇筑等，每道工序都必须经监理人员检查验收合格。

1. 竖井开挖

盾构竖井开挖的控制和暗挖竖井开挖相似，重点控制开挖的顺序、方法符合相关规范要求，无超欠挖，开挖面满足初支要求，详见第四章暗挖中的相关内容。

2. 基坑围护

基坑围护的形式及使用的材料应满足设计要求，格栅的连接及焊接的质量应满足设计及规范要求，锁脚锚杆已经安装完成，且验收合格后进行喷射混凝土，施作中应避免背后产生空洞，混凝土表面平整度及厚度满足设计要求。

3. 内支撑

盾构隧道竖井视需要可加设内支撑，如竖井有衬砌无需内支撑，若不设衬砌时，可加设钢支撑，见图 5-2-1 和图 5-2-2。

4. 竖井衬砌

单独设立的竖井作为盾构始发井，将按照设计施作钢筋混凝土衬砌，质量控制要点基本与暗挖竖井相同，此处从略。对关键的分项工程和工程的关键部位实行全过程的质量跟踪监督检查，如：衬砌混凝土浇筑，在井下工作面检查混凝土振捣、分层浇筑厚度和对称浇筑的顺序；在井上检查搅拌站混凝土的配料和搅拌，操作系统应准确无误，保证衬砌施工全过程完全处于受控状态。

图 5-2-1 竖井有衬砌无内支撑　　图 5-2-2 盾构竖井钢支撑体系实图

二、盾构始发、接收洞口段地层加固质量管理

按划分表,该部分为一个子分部工程,含 5 个分项工程,即四种加固方式(注浆、冷冻、旋喷桩、搅拌桩)及洞门预埋钢环制作、安装。

盾构进出洞段施工风险较高,规范规定"当洞口段土体不能满足盾构始发和接收对防水、防坍塌等安全要求时,应采取加固措施"。为满足进出洞段施工安全,确保始发及接收的顺利进行,应加固改善该部位地层条件。盾构进出洞口加固范围及方法,由设计单位根据地层情况确定,通常纵向加固长度应大于盾构机的长度,加固范围为隧道周围上、下及左右各 3.0m。

(一)施工准备管理

基本内容同前述,应特别注意以下几点。

1. 正确选择地层加固方法

盾构进出洞段的地层加固以地表注浆和旋喷桩两种方式为主,还可选用搅拌桩、SMW 桩、冻结法(详见第四节附属工程)、降水等方法或组合加固,以达到止水和土体密实的目的,稳定围护结构外侧土体。施工单位应根据洞口附近隧道埋深、工程地质和水文地质条件、盾构类型、盾构外径、地面环境等条件确定。采用不同方法或组合加固后均需达到设计要求的强度,起到防坍、防水的作用。

2. 编制和审核施工方案

施工单位应编制盾构进出洞段地层加固专项施工方案,并履行内部审批手续后报监理单位。方案中应阐明加固方法及风险防范,并有应急预案。明确加固范围,当洞口处于砂性土或有承压水地层时,应采取降水(当地政策允许)、堵漏等防止涌水、涌砂措施。项目经理部应向施工作业人员进行安全技术交底。

监理单位应审核施工方案,尤其注意方案中风险分析和防范措施具有合理性和可行性,确认符合要求后批准执行。

3. 检验批划分

每一个进、出洞段各为一个检验批

(二)主要加固方法的质量管理

请参阅前述明挖、暗挖章节的相应内容,此处仅提出注意事项。监理单位督促施工单位按照施工方案实施，施工过程中可能出现因地质条件与原勘察文件有所差异，需改变工法的情况，如桩位位置、加固深度发生变化等，应办理相关变更手续，有相应的施工记录。

1. 注浆加固

多用深孔注浆加固。如北京地铁八号线三期工程（前—珠区间）见图 5-2-3。

2. 旋喷桩控制

对于加固的水平旋喷桩钻孔位置进行复核，钻孔位置无地下管线后才能开钻。孔位允许偏差为 ±40mm，垂直度允许偏差为 1%，并确保桩体相互搭接。

3. 控制地基加固养护龄期

旋喷桩应达到规定护龄期（28 天），取芯检测，达到合格要求。

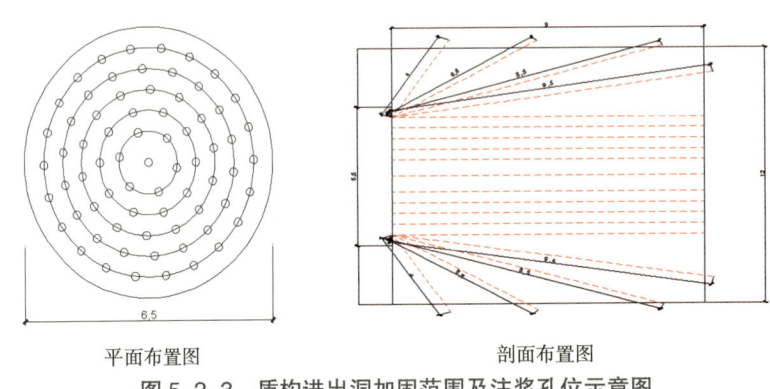

平面布置图　　　　　　　剖面布置图

图 5-2-3　盾构进出洞加固范围及注浆孔位示意图

4. 控制加固效果

1）加固体强度、抗渗指标等各类检测指标和检测项目应经现场取样试验确定，其结果都必须达到设计要求。当达不到要求时，应分析原因并采取措施补强，以保证盾构始发和接收的安全。

2）取芯位置应避开推进轴线，取芯后应及时进行封孔填充处理。

关于冷冻法、搅拌桩法加固详见第二章明挖工程中相关内容。

（三）洞门预埋钢环制作、安装的质量管理

盾构隧道施工时一般需要在盾构机始发接收洞口处设置盾构钢环，钢环一般为圆环形，其作用是确定盾构机挖掘的起始方位和终止方位，同时也可支撑洞口土体，以保证始发段的安全。预埋钢环的制作和安装精度影响盾构始发与接收的姿态，以及洞口段管片的拼装质量，必须加强管理。

1. 钢环制作

1）一般在工厂制作，现场具备条件时也可加工。多用厚度 ≥ 10mm 的 A3 钢板制作，由于运输和安装的需要，钢环分成四块等份制作，每等分圆弧之间采用高强螺栓或焊接连接。具体尺寸见设计图纸。

2）环板上焊有锚筋，一般为三排，钢环外侧和内侧分别加焊圆弧法兰或加强肋板。钢环构造见图5-2-4和图5-2-5。

图5-2-4 钢环外侧钢筋布置

图5-2-5 钢环内侧加固肋板

3）钢环出厂，进入现场应分别履行验收手续，合格后方可安装。检验方法和验收标准见表5-2-1。

2. 钢环试拼装及吊装

在地面进行试拼装，钢环调运至车站端头井或盾构井之前应在地面上进行试拼装，保证分块之间准确对接。见图5-2-6。

将钢环分为上下两个半圆吊装，由履带式起重机逐块吊运下井，为保证吊装时不变形，在现有支撑上加焊角钢加固。见图5-2-7。吊运过程中应有专人看护，防止钢环磕碰围护结构支撑从而引起变形。

图5-2-6 钢环地面试拼装

图5-2-7 半圆钢环吊装

3. 钢环安装

钢环在车站端头井安装，在浇筑车站主体结构二衬混凝土时应在洞口位置按设计图纸施做环梁，并预留与钢环连接的钢筋。由于车站围护结构内支撑的影响，端头井处内衬墙须采用分段分层浇筑，因此，盾构钢环的安装要分两次进行，首先安装钢环下半环，待内衬墙下半层钢筋混凝土施工完毕后，再安装上半环。流程如下：

洞门中心测量定位→钢环轮廓测量定位→围护结构上三角定位钢板焊接→下半环钢环下井拼装定位→测量复核检查→下半环两块钢环接缝焊接→下半层内衬墙施工→上半环钢环下井拼装定位→测量整环复核检查→上、下半环接缝焊接连接→安装完成。

钢环安装工艺管理要点如下：

1）根据工程特点编制洞门盾构钢环安装工程施工方案，并经监理机构审批后执行。对所有施工人员进行作业前技术交底。

2）从事焊接、起重机械、电工、钢结构等施工人员必须持证上岗。采用的钢板和焊条符合设计和规范的要求。

3）钢环下半圈安装前，测量复核洞门中心标高，确保钢环安装位置准确。分块定位前，测量人员应事先做好测量准备，确定好钢环中心十字线的位置。钢环的中心与隧道中心要吻合。见图 5-2-8。

4）将钢环外侧及边缘的锚筋与内衬环梁钢筋焊接成整体。焊缝应饱满、平整不翘曲。

5）安装钢环的上半圈，方法同下半圈，钢环安装完成见图 5-2-9。

6）钢环安装接缝处根据设计要求，应保证焊接强度，焊接一般采用 E50 型焊条，定位三角钢板与钢环要焊接牢固，防止成环时变形，确保钢环平面和高程符合要求。

7）洞门钢环施工完成后的实际中心位置与洞门钢环的设计中心位置不一定重合，所以有必要对施工完成后的洞门钢环的实际中心坐标进行准确测定和计算。

图 5-2-8　钢环安装位置测量复核

图 5-2-9　钢环安装完成

4. 混凝土浇筑

钢环安装到位后，及时浇筑钢环周边混凝土。其质量管理同常规。

（四）分项工程验收管理

根据《盾构规范》及《地下铁道工程施工质量验收标准》GB/T 50299—2018 两本规范综合如下。

1. 主控项目

1）盾构始发和接收洞口段地层加固或止水处理的范围应符合设计文件要求。

2）加固范围内加固体的强度和渗透系数指标应符合设计文件要求。

以上两项每个加固段检查三点检查施工记录或钻孔取样抽检。

2. 一般项目

1）隧道洞门预埋钢环制作拼装的允许偏差应符合规范规定，见表 5-2-1

隧道洞门预埋钢环制作试拼装允许偏差、检验方法和检验数量　　　　表 5-2-1

检验项目	允许偏差（mm）	检验方法	检验数量	
			钢环数量	每环点数
钢环内径	+5 ~ +10	尺量	全数检验	内弧面正交直径上 4 点
钢环外端面平整度	±5	尺量	全数检验	外端面正交直径上 4 点

2）隧道洞门预埋钢环定位安装允许偏差见表 5-2-2

隧道洞门预埋钢环定位安装允许偏差、检验方法和检验数量　　　　表 5-2-2

检验项目	允许偏差（mm）	检验方法	检验数量	
			钢环数量	每环点数
钢环内径	+10 ~ +20	尺量、全站仪测量	全数检验	内弧面正交直径上 4 点
钢环垂直度	±10	吊线、全站仪测量	全数检验	外端面竖径上下 2 点
钢环横向倾斜度	±10	尺量、全站仪测量	全数检验	外端面横径左右 2 点
钢环平面位置	±10	全站仪测量	全数检验	1 点
钢环高程	±10	水准仪测量	全数检验	1 点

3）隧道洞门轴线允许偏差见表 5-2-3

隧道洞门轴线允许偏差、检验方法和检验数量　　　　表 5-2-3

检验项目	允许偏差（mm）	检验方法	检验数量	
			洞门数量	每处点数
平面位置	±50	全站仪测量	全数检验	1 点
高程	±50	水准仪测量	全数检验	1 点

4）盾构始发接收前应按设计文件要求安装洞门密封装置，密封装置应完整无缺损，安装应牢固。应全数观察检验。

5）按程序组织检验批、分项工程验收。

第三节 盾构隧道工程质量管理

盾构掘进准备、盾构始发、掘进过程、盾构接收、管片拼装、壁后注浆、成型隧道等工序的施工质量控制。施工单位应根据各阶段施工特点及质量、安全和环境保护要求采取针对性施工技术措施。

一、盾构掘进准备工作管理

盾构掘进的准备包括：基座安装、盾构机的吊装下井、反力架安装、盾构机井下组装和现场调试验收等工序，常规盾构下井流程见图 5-3-1，吊装下井过程见图 5-3-2 和图 5-3-3。以下分别论述各工序的管理要点。对于小型盾构机一般盾尾整机下井，不必分块。

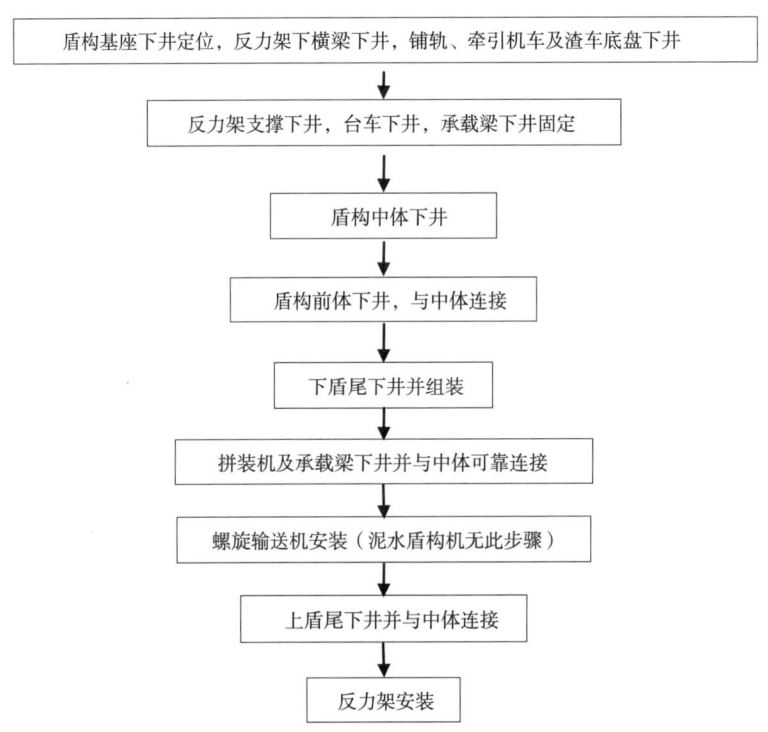

图 5-3-1 常规盾构机下井组装流程图

图 5-3-2　作业人员安装吊具　　图 5-3-3　盾构机吊入竖井

（一）盾构机组装

盾构机是通过工作竖井将各部件吊装下去组装成整机，吊装及组装应由专业施工队伍完成。

1. 盾构组装前应完成场地和技术条件的准备

1）根据盾构部件情况和场地条件，施工单位应编制吊装专项方案，针对盾构部件的分解形式确定设备吊运方式，报监理审核后再组织专家论证，通过后方可执行。

2）根据部件尺寸和重量选择组装设备。

2. 吊装场地、工具应满足的要求

1）对周边环境的要求

在吊装区域范围内若有管线（如水管、电线、煤气管线等）、上空的高压线、电线，或有线缆槽、地下建（构）筑物应当采取有效的保护措施或迁移。

2）对地基的要求

清理地面，必须平整夯实、硬化。由于盾构机自重较大，停放地及吊装作业区的地基承载力应满足要求，若不满足要求时，应对承载土体实施加固或加铺路基、钢板等措施。

3）对吊耳、钢丝绳、卡环的要求

吊耳、钢丝绳、卡环的安全系数要满足规范要求。吊耳焊接计算应符合要求，焊缝均为一级，需经无损检测合格并出具相应的检测报告。

3. 条件核查

盾构机吊装属于安全风险控制关键节点，应进行条件核查，满足条件后，方可试吊装。

4. 试吊装

在吊装前，检查吊车及吊具的性能，完全符合要求后，先进行起重试吊。开始起吊时，应先将构件吊离地面 200～300mm 后停止起吊，并检查起重机的稳定性、制动装置的可靠性、构件的平衡性和绑扎的牢固性等，待确认无误后，方可继续起吊。已吊起的构件不得长久停滞在空中。

1）依盾构机种类、型号、现场条件的不同，盾构机部件及后配套设备吊装顺序有所区别，应严格按盾构机吊装方案吊装下井。

2）要有完整的安全保证措施及应急预案。

5. 盾构机在竖井内组装（见图5-3-4）。

应按作业安全操作规程和组装方案进行，需注意下列内容：

1）结构件、动力线的连接螺栓需按紧固扭矩的要求拧紧；

2）连接销安装到位并紧固；

3）液压管线保持清洁；

4）电线、电缆连接牢固。

图5-3-4　盾构机吊装下井组装

6. 现场应配备消防设备，明火、电焊作业时，必须有专人负责。

（二）盾构调试

盾构组装完成后按要求进行调试，调试内容包括：

1. 分系统空载调试

先进行各系统的空载调试，使其满足设计功能要求。

2. 整机空载调试

各系统的空载调试合格后，进行整机空载调试，检测工作性能，操作性能，动力指标及安全性能，使盾构整体处于正常状态，以确保始发掘进的顺利进行。

（三）盾构现场验收

盾构机组装调试完成后，由盾构设计、制造和使用方共同对照约定的验收考核内容和指标进行评估，满足技术要求后履行手续通过验收。在实际工程中，一般是施工单位在组装成型后，经过调试后形成验收表，提请监理单位审核并由总监理工程师组织，建设单位、设计、设备、施工、第三方检测等单位参加的现场验收，并报请质量监督单位现场监督。

1. 验收主要项目

盾构现场验收应满足盾构设计的主要功能及工程使用要求。

1）盾构壳体：外径和长度符合设计要求，壳体和盾尾内的表面应平整。

2）刀盘：连接使用的高强度螺栓按盾构厂家的设计配置，扭力扳手达到设计扭矩值，采用焊接的符合设计要求，刀具装配牢固，无松动、无裂纹。

3）管片拼装机：空载测试和负荷测试时各系统工作压力正常。

4）螺旋输送机（土压平衡盾构）：在掘进过程中验收，包括各系统的工作压力及相关传感器灵敏度符合设计要求。

5）皮带输送机（土压平衡盾构）：空载测试时皮带不跑偏，负载测试时各系统运行平稳。

6）泥水输送系统（泥水平衡盾构）：各泵压力、流量符合设计要求，电气系统操作灵敏、可靠、安全。

7）泥水处理系统（泥水平衡盾构）：满足设计要求，处理能力满足盾构掘进和环保要求。

8）同步注浆系统：搅拌机安装完毕，管路布置合理。

9）集中润滑系统：管路布置合理，润滑部位无油脂溢出，循环开关动作次数达到设计值。

10）液压系统：管路配管布置合理，各系统的工作正常。

11）铰接装置：配管线路、阀组等布置合理，状态正常，工作压力及密封装置正常工作。

12）电气系统：通电前验收，包括电气型号、高、低压箱柜、电气安装、电气接地、电气和电缆绝缘电阻均符合要求。通电后操作系统灵活、可靠，无异常，线圈和接线端子温度不超规定值。

13）渣土改良系统：泡沫泵及积压式输送泵性能正常，管路布置连接正确。

14）盾尾密封系统：密封刷安装质量和密封油脂注入泵性能符合设计要求，运转正常。

现场验收除以上内容外，还可根据图纸和说明书的内容进行补充。

2. 盾构机有关操作的其他验收

盾构机通过验收后，还需对与操作相关的内容进行验收，以方便对具体操作的控制管理。

1）安全操作、维修、保养规程。

2）人员培训情况。

3）易损件（密封件、过滤器等）备件库存。

4）专用工器具。

3. 验收记录和评估

应记录运转状况情况，附有调试记录履行相应手续。

4. 当盾构各系统验收合格并确认正常运转后，方可进行盾构始发施工。

二、盾构始发的质量管理

盾构始发是指盾构从组装调试后，到盾构完全进入区间隧道并完成试掘进为止的施工过程。需要结合具体工程条件确定盾构始发方式，一般分为整体始发和分体始发两种。施工单位应对始发技术的重要性及关键技术应有充分的认识，盾构始发的施工难度很大，施工环节多而复杂，只要某一环节控制不当，带来的危害无法估量。是盾构法施工技术的关键，也是盾构施工成败的一个标志，必须要全力做好始发的准备工作和过程管理。

（一）始发的准备管理

1. 做好相关的技术准备

技术准备的重点是：编制盾构始发专项施工方案并组织专家论证。经监理审批后执行。

2. 现场条件准备

现场条件准备，包括洞口地层加固（见前述）、洞门的探孔及破除、洞门密封、盾构基座和反力架安装等，均应满足现场施工要求。

1）洞门的探孔及破除，见图5-3-5。

若盾构始发区围护结构是玻璃纤维筋围护桩或玻璃纤维筋地连墙结构，可通过探孔探明无异常后直接掘进；若围护结构是钢筋混凝土围护桩时，始发推进前需凿除洞口的围护结构，凿除后的土体在一定的时间段内必须保持自稳，不能有水土流失，应作好以下控制工作。

（1）盾构掘进前的破除洞门，应在关键节点条件核查后进行。

（2）破除洞门前应将专项方案要求向作业人员进行安全技术交底。

（3）破除洞门须按要求先行探孔，探孔过程中如发现有异常，如渗水、泥、砂等，应根据实际情况先行做出相应处理，再进行洞门凿除作业。

（4）洞门分块根据洞门实际情况来确定数量和位置。

2）洞门密封 见图5-3-6。

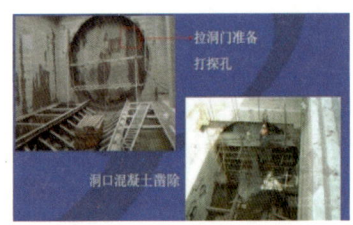

图 5-3-5　洞门破除、探孔

图 5-3-6　洞门密封

洞门密封是盾构始发之前最重要的一项工序，安装洞门密封装置为防水做好准备。

（1）搭设脚手架平台：平台搭设必须牢固，防止倾覆。

（2）及时清理预埋在洞门钢环上的螺栓孔，保证孔内无杂物，螺杆能顺利旋入预计位置。

（3）安装帘布橡胶板，应做到帘布橡胶板孔位与洞门预埋钢板孔位一一对应，紧贴洞门，防泥水流失，板上的安装螺栓必须齐全紧固，防翻卷装置加工牢固。

（4）安装铰链板折页压板、垫圈，垫圈压紧折页压板。铰链板折页压板的长度以及铰链板的固定螺栓拧紧深度等应符合施工规范要求，底部下半圈铰板安装后，必须再进行支撑加固以防侧封闭洞门注浆时压板及帘布外翻。

（5）盾构始发时，刀盘周边和洞门密封装置涂抹黄油，防止刀盘旋转损坏洞门密封装置。

3）盾构基座、反力支撑体系

盾构基座、反力支撑体系是工作井内的主要支撑系统，盾构基座是用于保持盾构始发、接收等姿态的支撑装置，必须有足够的强度和稳定性；反力支撑体系就是为盾构机始发掘进提供反力的支撑装置，需有受力运算，并经专家论证。以使盾构开始掘进后保持良好的姿态及顺利掘进。控制重点如下：

（1）盾构始发基座、反力架、洞口钢环按照设计加工、定位安装；

（2）基座、反力架支撑体系刚度、稳定性、加固支撑、定位（复测数据）应满足盾构机安全始发条件。

（3）盾构机下井前应明确刀盘距离洞圈井壁的位置，满足洞门破除要求。

（二）盾构始发的条件核查

按照《住房和城乡建设部办公厅关于加强城市轨道交通工程关键节点风险管控的通知》（建办质〔2017〕68号），盾构始发为风险控制关键节点，施工前建设（或委托监理）单位应组织参建单位及专家进行条件核查，根据文件精神和现场施工经验，核查内容见表5-3-1。

盾构始发的条件核查表 表5-3-1

内容	核查内容	核查要求
相关设计交底已经完成	区间盾构隧道各类设计交底文件	1. 区间地质勘查报告交底已完成； 2. 设计交底及图纸会审已完成； 3. 风险设计交底已完成； 4. 排版图、防水图已完成
技术文件	施工单位各类报告、文件、方案 监理实施细则	1. 风险源评估报告、周边环境调查报告已完成。 2. 盾构区间施工组织设计完成审批；临时用电方案审批完成。 3. 危大工程专项施工方案均已通过专家论证并完成审批，包括： 1）超过30t龙门吊安装方案； 2）盾构始发、接收方案； 3）监测方案； 4）盾构下穿或侧穿危大风险源（已完成轨道、建筑物、雨污水管或其他构筑物） 4. 专项施工方案已通过内部审批，监理审核，包括：洞门破除，盾构掘进（包括通风设施、有害气体检测设施等），二次注浆，运输方案（水平、垂直），端头加固等。 5. 监理单位实施细则编制并审核完成

续表

内容	核查内容	核查要求
施工培训及交底	拟上岗人员安全培训；特种作业人员类别和数量、施工和安全技术交底	盾构机司机具有上岗证明； 安全教育培训交底已完成
分包管理	分包队伍的资质文件及审核程序	盾构施工各专业分包队伍资质完成审批。许可证等资料齐全、合格，安全生产协议已签署，人员资格满足要求。分包合同已签订并备案。渣土运输许可证已办理
应急准备	综合应急预案及专项预案、应急物资通信、应急照明、消防器材、应急演练等	1. 综合应急预案已完成备案；专项应急预案（洞门破除、始发接收、涌水涌沙、穿越施工等）已审批完成； 2. 应急物资、设备（钻机、注浆泵、水泥、水玻璃、聚氨酯等）数量齐全； 3. 应急照明、消防器材符合要求，通信畅通； 4. 应急演练已按计划完成
设备机具	进场验收记录、特种设备安全技术档案	1. 龙门吊安装及备案已完成； 2. 配套运输系统（电瓶车、渣斗、浆车、平板车等）已完成报验； 3. 进场验收记录齐全有效； 4. 特种设备安全技术档案齐全。安装稳固，防护到位
材料及构配件	进场材料的相关手续	1. 防水材料进场报验及复试已完成，全部合格； 2. 注浆材料（水泥、砂子、粉煤灰）进场报验及复试已完成； 3. 管片螺栓进场报验及复试已完成，全部合格
测量	盾构位置	1. 洞门、始发托架、反力架完成复测及监理审核； 2. 盾构机姿态完成复测及监理审核； 3. 导线点完成联系测量
洞口土体加固	加固范围及参数指标	1. 洞口端头加固完成，加固效果检测报告合格； 2. 洞门探孔已完成，无渗水
洞门密封	洞门密封止水装置外观质量及完整性	洞门止水帘布已安装完成，符合《重点环节实施细则》洞门止水装置验收要求
盾构机现场验收始发托架、反力架及导轨	始发前盾构机的状态 始发托架及反力架的状态	盾构机适应性安全评估、组装调试后始发前安全评估已完成，通过。 始发托架、反力架安装完成，并通过监理部验收
管片	现场盾构管片质量、数量	管片进场数量满足始发需求，质量合格、通过监理验收
浆液	浆液制作设施	1. 搅拌站已完成安装及进场报验； 2. 搅拌站计量系统标定已完成
监控量测	监测方案、监测点的布置，初始值数值的采集、监测人员资格	1. 监测方案已通过专家论证； 2. 基准点布设及复测已完成； 3. 监测点布设、验收已完成，测点初始值采集已完成； 4. 监测人员资格、数量、监测仪器满足要求
安全监控	盾构机安全监控系统和远程视频的状态	1. 盾构机已安装安全监控系统，具备后续接入监控平台条件； 2. 远程视频监控各点位（操作室、管片拼装区、螺旋输送机出土口）摄像头已安装完成，并能接入监控平台
现场其他条件	施工现场的风、水、电	施工风、水、电满足施工要求

（三）始发开始段推进的质量管理

盾构在条件核查完成后立即进行始发推进，始发阶段的姿态及地面沉降的控制比正常推进阶段更困难；也会存在因车站结构不具备整机始发的条件，而只能分次始发。施工时应特别注意应满足以下要求。

1. 盾构机掘进前应具备的条件

1）洞门破除后，盾构机应迅速靠上洞口土体。

2）观察洞口有无渗漏，如有，应及时注浆封堵。

2. 安装临时（负环）管片拼装成环。

盾构始发时，在始发工作竖井里，盾构机的后端是一个反力架（提供反力的后背），在反力架和盾构千斤顶之间安装环状管片，一般5~10环，以给盾构机掘进向前推进的作用力，直到盾构正常掘进一定距离（一般不小于50环），管片自身摩阻力足以提供掘进反力，临时管片可以拆除。

3. 严格控制负环管片的真圆度

第一环负环管片安装时应检查其位置、真圆度等，达到要求后方可进行下一环负环管片拼装。

4. 始发阶段盾构机主体在始发导轨上不得进行调向。

5. 试掘进

1）盾构始发后，在起始段50~200m（通常取前100环）内首先试掘进，并应通过验收。其目的是更好地掌握盾构的各类参数，验证盾构适应性能和施工规律。

2）施工人员应注意采集、统计掘进参数，分析地面沉降与施工参数之间的关系，争取在较短时间内掌握盾构机械设备的操作性能，确定盾构推进的施工参数设定优化范围，从而控制好整个隧道掘进的质量和安全。

3）应记录试掘进运转状况和掘进情况应进行评估和试验段总结，确定掘进的各项参数。

6. 盾构姿态监控

盾构姿态是："盾构主机的空间状态，通常采用横向偏差、竖向偏差、俯仰角、方位角、滚转角和切口里程等参数描述"。

控制盾构姿态是为实现管片拼装允许偏差要求，其控制指标可参考《盾构法隧道施工与验收规范》GB 50446—2017 第16.0.3条的规定。当地铁隧道平面曲线半径小于等于350m、其他隧道小于等于40D（D为盾构外径）时，盾构宜配备铰接系统和超挖刀系统，控制要点如下。

1）应通过调整盾构掘进液压缸和铰接液压缸的行程差控制盾构姿态。

2）应实时测量盾构里程、轴线偏差、俯仰角、方位角、滚转角和盾尾管片间隙。

3）应对盾构姿态及管片状态进行测量和复核，并记录。

4）纠偏时应控制单次纠偏量，应逐环和小量纠偏，不得过量纠偏。当偏差过大时，在较长距离内分次限量逐步纠偏。纠偏时需防止损坏已拼装的管片和盾尾漏浆。

5）根据盾构的横向和竖向偏差及滚转角，调整盾构姿态可采取液压缸分组控制，或使用仿行刀适量超挖和反转刀盘等措施。

6）为准确复核盾构进洞前的姿态和拟定进洞段掘进轴线，监理单位应对施工单位平面导线控制点及高程水准基点做复核测量，发现偏差，及时纠正，应控制在允许范围之内，从而正确的指引进洞段盾构推进的方向，确保盾构姿态的正常，形成盾构稳定的掘进参数。

7）盾构掘进临近工作竖井一定距离时，应控制其出土量并加强线路中线及高程测量。距封门 500mm 左右时停止前进，拆除封门后连续掘进并拼装管片。

三、掘进过程的质量管理

常见的盾构掘进有土压平衡和泥水平衡两种掘进方式。土压平衡模式就是在盾构开挖时，利用土仓内的土压或加注辅助材料产生的压力来平衡掌子面的土压及地下水压力，以避免掌子面坍塌或地层失水而引起地表下沉的一种掘进模式；泥水平衡盾构法施工，指在盾构开挖面的密封隔仓内注入泥水，通过泥水加压和外部压力平衡，保证开挖面土体的稳定，盾构推进时开挖下来的土进入盾构前部的泥水室，经搅拌装置进行搅拌，搅拌后的高浓度泥水用泥水泵送到地面，泥水在地面经过沉淀、分离，泥土外运泥水循环利用。两种盾构掘进施工流程基本一致，见图 5-3-7。

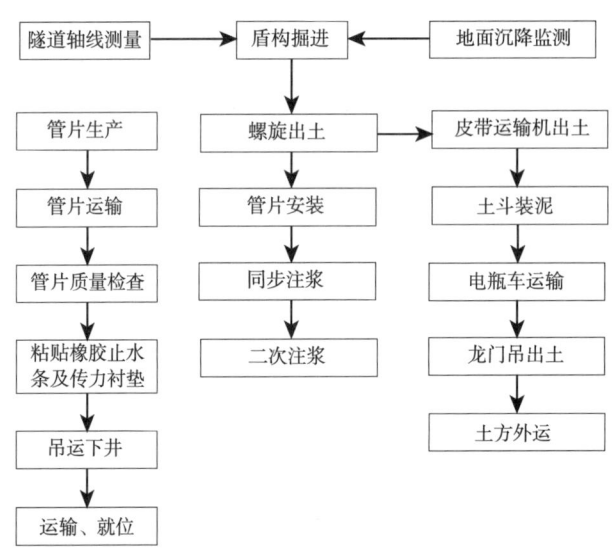

图 5-3-7　盾构掘进流程示意图

始发试掘进通过验收后，进入盾构机掘进期间，管理要点如下。

（一）掘进阶段的通用质量管理

1.掘进施工应控制排土量、盾构姿态和地层变形。

2. 管片拼装时应停止掘进，并应保持盾构姿态稳定。

3. 掘进过程中应对已成环管片与地层的间隙充填注浆。

4. 掘进过程中

盾构与后配套设备、抽排水与通风设备、水平运输与垂直运输设备、泥浆管道输送设备和供电系统等应能正常运转。

5. 掘进过程中遇到下列情况之一，应及时处理：

1）盾构前方地层发生坍塌或遇到障碍；

2）盾构壳体滚转角达到3°；

3）盾构轴线偏离隧道轴线达到50mm；

4）盾构推力与预计值相差较大；

5）管片严重开裂或严重错台；

6）壁后注浆系统发生故障无法注浆；

7）盾构掘进扭矩发生异常波动；

8）动力系统、密封系统和控制系统等发生故障。

6. 在曲线段施工时，应采取措施减小已成环管片竖向位移和横向位移对隧道轴线的影响。

7. 掘进应按设定的掘进参数沿隧道设计轴线掘进，并应进行记录。

8. 根据横向、竖向偏差和滚转角偏差，应采取措施调整盾构姿态，并应防止'蛇形'纠偏。

9. 当停止掘进时，应采取措施稳定开挖面。

10. 应对盾构姿态和管片状态进行复核测量。

1）检查盾构机掘进的实际参数

包括千斤顶推力、刀盘扭矩、泥仓土压、千斤顶行程、刀盘转速、推进速度、盾构机仰俯角等。

2）检查衬砌管片，包括安装前的成品检查及洞内拼装效果（错台、缝隙、渗漏水、螺丝拧紧程度、管片破损等）。

3）同步注浆及二次注浆前，检查粉煤灰、水泥、水玻璃等材料的检测结果，材料配合比应与方案或试验段一致。注浆过程中检查注浆量、注浆压力，应符合方案或试验段参数。

4）加强中线、高程人工测量，发现问题及时纠偏，保证掘进方向正确。

5）注意收集整理地面监测点的沉降情况，发现异常及时处理。

（二）土压平衡的掘进管理

应确保盾构连续正常地从非土压平衡工况过渡到土压平衡工况，以达到控制地面沉降，保证工程质量等目的。

1. 设定掘进参数

应根据隧道工程地质和水文地质条件、埋深、线路平面与坡度、地表环境、施工监测结果、盾构姿态以及始发掘进阶段的经验,设定盾构刀盘转速、掘进速度和土仓压力等掘进参数。严格控制盾构推进速度,在加固区前的推进速度在 3～4cm/min,进入加固区以后推进速度控制在 1cm/min。

2. 防止盾构机头异位

严格控制盾构正面平衡压力,及推进千斤顶的使用情况,防止盾构机扎头或上飘。

3. 注入添加剂

应根据土层情况,向刀盘前方及土仓注入添加剂,改良渣土使之处于流塑状态。

4. 开挖渣土应充满土仓

土仓压力应与刀盘开挖面外的水土压力平衡,并应使排土量与开挖土量相平衡。

5. 掘进中应监测和记录

盾构运转情况、掘进参数变化和排出渣土状况应及时记录并监测,据此分析反馈,调整掘进参数和控制盾构姿态。

（三）泥水平衡盾构掘进的控制

1. 泥浆压力与开挖面的水土压力应保持平衡,并应根据掘进状况进行调整和控制。

2. 根据工程地质条件,经试验确定泥浆参数,应对泥浆性能进行检测,并实施泥浆动态管理。

3. 设定掘进参数

根据隧道工程地质和水文地质条件、隧道埋深、线路平面与坡度、地表环境、施工监测结果、盾构姿态以及盾构始发掘进阶段的经验,设定盾构刀盘转速、掘进速度、泥水仓压力和送排泥水流量等掘进参数。

4. 泥水管路延伸和更换,应在泥水管路完全卸压后进行。

5. 泥水分离设备

应满足地层粒径分离要求,处理能力应满足最大排渣量的要求,渣土的存放和运输应符合环境保护要求。

（四）空推、过站、掉头的管理

1. 盾构调头、过站管理

1）调头和过站前应进行施工现场调查、编制技术方案及现场准备工作,调头和过站设备应满足安全要求。调头和过站时应有专人指挥,专人观察盾构的移动状态,避免方向偏离或碰撞。调头和过站后应完成盾构管线的连接工作,之后进行各系统直至整机的空载调试。

2）过站应进行条件核查。

2. 盾构空推应符合下列规定

1）导台或导向轨道的承载力及水平和竖直方向的精度应满足设计要求;

2）控制盾构推力、速度和姿态,并应监测管片变形;

3）采取措施挤紧管片防水密封条，并应保持隧道稳定。

4）空推段属于风险控制关键节点，空推前应进行条件核查，满足条件后，方可施工。

（五）开仓作业管理

盾构在推进中由于地质条件的变化和不可预见性，需要开仓作业，开仓作业可在常压和气压条件下进行。开仓作业时，应注意作好下列工作。

1. 气压作业前的准备工作

1）对带压开仓作业设备进行全面检查和试运行，以确保安全运行。

2）制定专项方案与安全操作规定，方案中应包括开仓作业的地点和方法，开仓作业地点宜选择在工作井、地层较稳定或地面环境保护要求低的地段。

3）配置备用电源和气源，保证不间断供气、供电。

2. 开挖面稳定性判定

当在不稳定地层开仓作业时，应采取地层加固或带压开仓等措施，确保开挖面稳定。

3. 通过计算和试验确定开挖仓内气压

1）气压作业前，需要通过计算和保压试验确定合理气压值。作业时，开挖仓内气压应与开挖工作面土侧压力相适应，以保证开挖面稳定和防止地下水渗漏。

2）土压平衡盾构在开仓前，进行渣土输出，同时加入气体进行置换。

3）泥水平衡盾构，应采用优质泥浆置换开挖仓泥浆。若供气量大于供气能力的50%，则停止气压作业。具体方法和合格条件详见《盾构法隧道施工与验收规范》GB 50446—2017 相关内容。

4. 开仓条件核查

盾构开仓属于风险控制关键节点，施工前应进行条件核查，并经专家论证，满足条件后，方可进行开仓作业。

5. 气压作业应符合下列规定

气压作业具有较高的危险性，一旦处理不当将造成严重后果，必须做好下列工作：

1）为了保证开挖仓内气压不会随作业时间而降低，造成失稳，刀盘前方的地层、开挖仓、地层与盾构壳体间应满足气密性要求。

2）应按施工专项方案和安全操作规定作业。

3）应由专业技术人员对开挖面稳定状态和刀盘、刀具磨损状况进行检查。

6. 开仓作业应进行记录，包括仓内情况、刀具原状和更换工作情况等。

为避免安全事故发生，做好应急预案及预防措施。详见本章第六节。

（六）特殊地段施工的控制

1. 特殊地段采取的施工安全措施

盾构施工设计时已考虑到尽量避免特殊的地段，但施工中局部出现特殊情况难以避免，应及时判明。以下地段为特殊地段，应采取安全措施。见表5-3-2。

特殊地段采取相应施工安全措施　　　　表 5-3-2

特殊地段	施工措施
浅覆土地段（覆土厚度不大于盾构直径）	控制掘进参数和盾构姿态
小半径曲线地段	控制推进液压缸行程差、盾尾间隙等参数； 控制推进反力引起的管片环变形、移动等； 当使用超挖装置时，应控制超挖量； 壁后注浆应选择体积小、早期强度高、速凝型注浆材料； 提高施工测量频率； 防止后配套设备脱轨或倾覆的措施； 防止管片错台过大或开裂
大坡度地段（坡度大于30%）	选择牵引机时，应进行必要的计算，车辆应采取防溜车措施； 上坡时，应加大盾构下半部分推力，对后配套设备应采取防脱滑措施； 下坡时，应加强盾构姿态控制，可利用辅助液压缸等防止盾构栽头； 壁后注浆宜采用收缩率小、早期强度高的注浆材料
地下管线和地下障碍物地段	应查明地下管线和地下障碍物的类型、位置、允许变形值等，并应制定专项施工方案； 对受施工影响可能产生较大影响的管线，应根据具体情况进行保护； 应及时调整掘进速度和出渣量； 当从地面处理地下障碍物时，应选择合理的处理方法，处理后应进行回填； 当在开挖面拆除障碍物时，可选择气压作业或加固地层的施工方法，应控制地层的开挖量，并应配备所需的设备及设施
建（构）筑物地段	施工前，应对建（构）筑物地段进行详细调查，评估施工对建（构）筑物的影响，并应采取相应的保护措施，控制地表变形； 根据建（构）筑物基础与结构的类型、现状和沉降控制值等，可采取加固、隔离或托换等措施； 应加强地表和建（构）筑物变形监测及反馈，及时调整盾构掘进参数； 壁后注浆应使用快凝早强注浆材料
隧道净间距小于 0.7 倍盾构直径的地段	施工前，应分析施工对既有隧道的影响，或隧道同时掘进时的相互影响，并采取相应的施工措施； 施工时，应控制掘进速度、开挖仓压力、出渣量和注浆压力等； 对既有隧道应加强监测，根据反馈调整盾构掘进参数； 可采取加固隧道间的土体，在既有隧道内支设钢支撑等辅助措施控制地层和隧道变形
水域地段	应查明工程地质、水文地质条件和河床状况，并应设定适当的开挖面压力，应加强开挖面管理与掘进参数控制； 应配备足够的排水设备与设施； 应采取快凝早强注浆材料，加强壁后同步注浆和二次注浆； 穿越前，应对盾构密封系统进行全面检查和处理； 应根据地层条件预测刀具和盾尾密封的磨损，制定更换方案； 应采取防止对堤岸和周边建（构）筑物影响的措施

续表

特殊地段	施工措施
地质条件复杂地段、砂卵石地段以及岩溶地段	应根据穿过地段的地质条件，合理选择刀盘形式和刀具形式及组合方式和数量； 应在掘进中加强刀具磨损的检测，并应采取刀具保护措施； 应根据地质条件、地下水状况和地表沉降控制要求等选择掘进模式，掘进模式的转换宜采用局部气压模式作为过渡模式，并应在地质条件较好地层中完成； 当采用土压平衡盾构通过砂卵石地段时，应进行渣土改良； 当采用泥水平衡盾构通过砂卵石地段时，应根据砾石含量和粒径确定破碎方法和泥浆配合比； 当在软硬不均地层掘进时，应采取措施控制地表变形； 当在富水砂层掘进时，应加强注浆控制和渣土改良，并快速通过； 当通过断层破碎带时，可采取超前加固措施，并加强对地下水的控制； 当遇有大孤石影响掘进时，应采取措施处理； 对掘进施工影响范围内的岩溶和洞穴，应采取注浆等措施处理
存在有害气体地段	施工前应对盾构密封系统进行全面检查和处理； 施工中应加强通风换气，必要时可采取提前排放等措施； 应对有害气体进行检测和预警； 当存在易燃易爆气体地段施工时，相关设备应满足防爆要求

2. 条件核查

穿越重大风险或复杂环境属于风险控制关键节点，施工前应进行条件核查，满足条件后，方可进行施工。

四、管片拼装质量管理

盾构管片拼装是将每一片管片按设计要求用拼装机在隧道开挖面上拼装成环，形成盾构隧道的整体衬砌，是盾构隧道成型的重要环节，管片进入现场的验收已在第一节中叙述。

（一）管片拼装准备管理

1. 检查进场的管片，满足设计要求。

1）管片不得缺损，止水胶条粘结应牢固、平整。

2）管片不得有内外贯穿裂缝、宽度大于 0.2mm 的裂缝及混凝土剥落现象。

2. 管片应按拼装的顺序存放，存放场地基础条件应满足承载力要求。

3. 对拼装工作面的要求

应对工作面进行清理，特别是底部盾壳上不得留有泥沙等杂物。

（二）管片拼装的质量管理

1. 按图拼装

严格按管片设计排序图进行管片拼装，每日对拼装成环管片进行质量检查，作好记录，对存在的和可能出现的质量问题提出整改意见和预防措施。

2. 管片之间的连接螺栓质量及拧紧度应符合设计要求。

3. 管理封顶块拼装质量

每一环的管片封顶块插入到位后，应严格控制与两邻近块前沿端面的平整度，确保下一环拼装时，邻接块角部不受剪切损坏。

4. 管片拼装过程中应对隧道轴线和高程进行测量，符合设计要求。

5. 拼装成品的质量要求

1）管片拼装后，丁字缝应对齐，相邻管片不应出现错台。

2）用于管片纠偏的楔子厚度尽量不超过3mm，特殊情况下，最厚不得超过5mm。超过3mm时，应在框型弹性密封垫上加贴遇水膨胀橡胶薄片，以防止引起环缝及纵缝内漏浆、漏泥。

（三）管片拼装验收管理

管片拼装的验收标准为《盾构规范》和《地下铁道工程施工质量验收标准》GB/T 50299—2018。

施工管理人员应注意拼装过程中的检验与成型隧道的验收有些项目相同，但控制值不同。根据上述两本标准综合如下，其他要求详见《地下铁道工程施工质量验收标准》GB/T 50299—2018。

1. 主控项目

隧道轴线平面位置和高程允许偏差均为±50mm。利用全站仪测量，每环一点。

2. 一般项目

管片拼装允许偏差和检验方法，见表5-3-3。

管片拼装允许偏差和检验方法　　　　表5-3-3

检查项目	允许偏差	检验方法	检查数量 环数	检查数量 点数
衬砌环椭圆度（%）	±5	断面仪、全站仪测量	每10环	—
衬砌环内错台（mm）	5	钢尺量测	逐环	4点/环
衬砌环间错台（mm）	6	钢尺量测	逐环	4点/环

五、壁后注浆质量管理

根据术语"盾构壁后注浆是用浆液填充隧道衬砌与地层之间空隙的施工工艺"，因为刀盘开挖直径大于管片外径，开挖扰动、超挖，脱出盾尾的管片与地层之间出现空隙，加之盾构管片拼装好后，管片外与土体之间也存在一定的间隙，需要通过壁后及时注浆将空隙填充密实，以保证管片衬砌与土体紧密粘结，使管片注浆成为永久工程的一部分。壁后注浆可起到防止沉降、处理渗漏水和由于隧道变形引起的管片、注浆材料、地层产生的剥离等问题。壁后注浆有多种形式，以同步注浆和二次注浆为主。也能使管片受力均匀，约束其变位，保证早期稳定性，同时在管片外层形成防水隔层，增强隧道防水性能。

（一）壁后注浆准备的管理

1. 编制审核注浆方案

方案应包括注浆方式、浆液配合比、注浆量、压力等，施工单位编制完成并履行内部审批手续后，报监理工程师批准方能执行。

2. 选择注浆材料与参数

1）根据注浆要求，应对壁后补注浆原材料、浆液配比、注浆压力和注浆量等参数进行设计，并经现场试验进行调整。浆液配合比设计应报监理单位审批，浆液应为无污染材料。

浆液应按设计配合比拌制，上料必须有计量设备，不得随意向拌机内放料。

可按地质条件、隧道条件和工程环境选用单液或双液注浆材料。

2）注浆材料的强度、流动性、可填充性、凝结时间、收缩率、结石率和环保等应满足施工要求。

（二）壁后注浆过程质量控制

1. 注浆准备及试运行

注浆前，应根据注浆施工要求准备拌浆、储浆、运浆和注浆设备，对注浆孔、注浆管路和设备进行检查，并应进行试运转。

2. 壁后注浆过程中，应采取减少注浆施工对周围环境影响的措施。

3. 注意监测

1）壁后注浆施工必须按专项方案实施，并应随时监测地面构筑物、地下管线、地表、隧道变形等指标是否满足设计要求，出现异常情况，要及时报告、解决。

2）地表隆陷控制必须符合设计要求，当设计无要求时，地表沉降不得超过30mm，地表隆起不得超过10mm，注浆压力均匀地作用在衬砌上，不能危及结构安全。

4. 注浆充填

注浆量、充填系数应根据地层条件、施工状态和环境要求确定，充填系数宜为1.30～2.50。

5. 同步注浆管理要点

1）管片与地层间隙应填充密实。注浆作业应连续进行。作业后，应及时清洗注浆设备和其他配套设施。

2）应根据注浆量和注浆压力控制同步注浆过程，注浆速度应根据注浆量和掘进速度确定。

3）同步注浆压力应根据地质条件、注浆方式、管片强度、设备性能、浆液特性和隧道埋深等因素确定。

4）为保证盾尾的密封性能，在盾构推进的同时，应向盾尾均匀足量注入密封油脂。

5）严禁在同步注浆系统堵塞情况下进行盾构掘进。

6. 二次补注浆管理要点

1）二次注浆的注浆量和注浆压力应根据环境条件和沉降监测结果等确定。

2）二次注浆前应对注浆孔、注浆管路和设备进行检查，并将盾尾封堵严密。注浆过程中严格控制注浆压力，完工后及时将管路、设备清洗干净。

3）可采用地质雷达扫描对填充质量进行检测。

4）施工单位应填写二次注浆记录。

（三）分项工程验收管理

1. 注浆质量控制标准详见第七章。

2. 分层次验收

1）隐蔽工程验收。

2）首件验收。

3）按程序组织检验批、分项工程验收。

六、盾构接收质量管理

盾构接收是指盾构沿设计线路，自区间隧道贯通前100m掘进至区间隧道贯通后，然后从预先施工完毕的洞口处进入车站或竖井内的整个施工过程，以盾构主机推出洞门到达接收小车托架、后配套与盾构主机分离为止。盾构接收可分为常规接收、钢套筒接收和水（土）中接收，常规接收是指盾构正常进入接收工作井的施工工艺。钢套筒接收是指在接收井内安装钢套筒装置，接收时盾构整体进入钢套筒的施工工艺。水（土）中接收是在接收井内回填土（灌水），接收时盾构进入回填土（灌水）的施工工艺。

（一）接收前的准备管理

1. 接收端洞门土体加固

盾构接收前，应对洞口段土体进行质量检查，合格后方可接收掘进，具体工作同始发。

2. 接收井内的要求

1）盾构接收井施工完成后，接收井内洞门混凝土凿除和洞门封堵材料等各项工作必须全部准备就绪。

2）确认洞门位置的方位和坐标测量，安装盾构接收基座。在盾构和洞门圈之间要布置合适的导向轨。

3. 盾构位置姿态复合测量

盾构复合测量是复核盾构所处的方位、确认盾构姿态、评估盾构进洞时的姿态，以使盾构在此阶段的施工中始终按预定的方案实施。

4. 洞门密封装置

1）由于橡胶帘布和扇形压板通过它与管片的密贴防止管片背注浆时的浆液外流，

所以安装时螺栓必须进行二次旋紧。

2）防止安装扇形压板时损坏橡胶帘布。

5. 盾构接收前的条件核查

盾构接收前，需进行接收条件核查，满足验收条件后方可实施盾构接收，盾构接收条件核查具体内容参见始发条件核查表格 5-5-1。

（二）接收段推进的质量管理

盾构在条件核查完成后马上进行接收推进，同始发段。

1. 当盾构到达接收工作井 100m 时

1）应对盾构姿态进行总结和评估，必要时进行调整。为了达到隧道贯通误差的要求，使盾构准确进入工作井已设置的洞门位置，在盾构到达前 100m，对盾构姿态轴线进行复测与调整。

2）应控制掘进速度和土仓压力等。

2. 当盾构到达接收工作井时，应使管片环缝挤压密实，确保密封防水效果。

3. 控制盾构掘进速度、开挖面压力

当开挖面离洞门 10m 起保证出土量，应控制掘进速度、开挖面压力，以防止由于盾构推力过大以及盾构开挖面前方土体挤压而损坏工作井洞口门结构，当开挖面离洞门结构 30～50cm 时盾构停止掘进，并使开挖仓压力降到最低值，以确保洞门破除施工安全。同始发一样，如为围护结构为玻璃纤维筋可不破除。

4. 盾构接收时

由于盾构开挖仓压力降低，管片间压紧力也相应减小，一般采用隧道纵向拉紧装置使环缝挤压密实。

5. 盾构主机进入接收工作井后

应及时密封管片环与洞门间隙。及时进行洞门封堵，二次注浆。

（三）盾构解体的管理

盾构隧道施工完成后，在工作井内按照拆机方案对盾构机进行解体拆卸并吊装出井，施工中要注意：

1. 盾构机解体前

1）应制定解体方案，并应准备解体使用的吊装设备、工具和材料等。

2）应对各部件进行检查，并应对流体系统和电气系统进行标识

2. 对已拆卸的零部件应进行清理。

（四）盾构保养与维修的管理

盾构机作为隧道掘进设备，必须保持良好的安全运行与备用状态，才能更有效地发挥设备的效率。为此除必须正确操作外，保养和维护必不可少，防止各种不正常故障的出现。施工单位应建立保养维护管理制度，制定人员、保养维护方法等。由于盾构机设备复杂，涉及专业水平较高，多委托厂家来指导维护或由厂家直接定期保养。

1. 原则

盾构的保养与维修遵循预防为主,状态检测、强制保养、按需维修、养修并重的原则。

2. 保养与维修的种类包括:

1)日常保养与维修,即在每施工班组作业前后及设备运转时进行。

2)定期保养与维修,按规定的运转周期或掘进长度对主机和后配套设备维修检查,可分周、月、季、半年、年保养。

3. 盾构的保养与维修应由专业人员负责。

4. 制定计划

根据盾构相关技术文件,制定并实施保养与维修计划各项保养内容按照盾构机的运行情况参照规范制定。

5. 当出现下列情况之一时,应对盾构及时保养与维修。

1)超过正常负荷水平长时间运行。

2)通过特殊地段(重大风险源)前。

3)调头或过站期间。

4)发生故障或运转不稳定。

5)长时间停机或拆机贮存期间。

6. 保养与维修工作应及时记录并总结

总结应形成周期分析报告,内容应包括情况统计、原则分析、改进建议等。以便及时调整掘进参数、更新设备,确保盾构施工效率和质量。

七、成型隧道质量验收管理

成型隧道实质上是前述各分项工程的成果,当盾构掘进完成并经同步注浆和二次补注浆后,隧道成型,达到了质量验收的条件,为此本分项工程的质量管理即是按程序组织该分项工程的验收。

(一)验收标准,见表5-3-4。

成型隧道验收标准　　　　　　　　　表5-3-4

分项工程		质量验收内容	检验数量及方法
隧道成型	主控项目	管片结构表面应无贯穿性裂缝、无缺棱掉角,管片接缝应符合设计要求	全数检验; 观察检验,检查施工记录
		隧道防水质量应符合设计要求。渗水情况应符合设计的防水等级要求	逐环检验; 观察检验,检查施工记录
		隧道轴线平面位置和高程偏差符合要求: 平面:±100mm 高程:±100mm	平面:全站仪;10环; 高程:水准仪;10环
		衬砌结构严禁侵入建筑限界	每5环检验1次; 全站仪和水准仪

续表

分项工程		质量验收内容	检验数量及方法
隧道成型	一般项目	隧道允许偏差符合下列要求	
		衬砌环椭圆度（%）：±6	断面仪、全站仪测量；10环
		衬砌环内错台（mm）：10	尺量；10环；4点/环
		衬砌环间错台（mm）：15	尺量；10环；4点/环

（摘自《地下铁道工程施工质量验收标准》GB/T 50299—2018）

（二）按程序组织检验批、分项工程验收。

第四节 隧道防水工程质量管理

盾构隧道的防水的质量直接关系着隧道结构的使用性能和耐久性，参建各方均应高度重视。盾构的防水包含：管片自防水、管片接缝防水、螺栓孔防水及柔性接头、变形缝等特殊结构处防水等方式。在《盾构法隧道施工及验收规范》GB 50446—2017质量控制的相关规定中，将钢筋混凝土管片中的螺栓孔防水一并列入特殊部位防水工程内。管片和管片环接缝是隧道渗漏水的主要通道，是隧道防水的重点，其堵漏方案、材料和施工等可参考现行国家标准《地下工程防水技术规范》GB 50108—2018的相关规定，还应符合《地下铁道工程施工质量验收标准》GB/T 50299—2018第十二章中盾构法防水的相关规定。由于各种防水的施工准备管理基本一致，故将其管理要点合并叙述，随后按照国标三个分项工程的施工质量控制分别予以叙述。

一、施工准备管理

（一）资源准备

1. 备齐所需机具

施工单位应备齐所需机具，且保证状态良好。

2. 防水材料进行进场验收

1）所采用防水材料主要有管片橡胶密封垫、遇水膨胀橡胶密封垫。

应有产品出厂合格证、产品技术性能检测报告并附使用说明，对于进口材料，还应有产品检疫合格证、进口材料商检合格证；所有材料必须符合环保要求。

2）防水材料品种、规格、数量符合设计要求

3）遇水膨胀防水材料在运输、存放和拼装前应采取防雨、防潮措施。

4）按规定进行复试和见证取样检测。

（二）技术准备

1. 编制技术文件

施工单位编制的盾构施工专项方案中应包含防水质量、安全管理的相关内容。施工前向作业人员进行安全技术交底。

2. 检验批的划分

防水检验批按照施工段、工作班组划分。

二、主要防水分项工程质量管理

（一）管片自防水质量控制

管片自防水主要依靠管片自身的质量保证，因此管片制作必须满足如下要求。

1. 制作的管片，要保证混凝土密实度、抗裂性能和制作精度，必须达到设计要求的防水作用。

2. 管片的抗渗性能必须符合设计要求。

3. 管片防水密封

粘贴前应将止水槽内清理干净，粘贴应牢固、平整、严密、位置正确，不得有起鼓、超长和缺口等现象。

4. 管片防水密封垫应满足下列要求。

1）框型弹性密封垫应和管片四角对齐，粘结牢固。

2）框型弹性密封垫的防霉、析出物、老化等指标检验符合规范要求。

（二）管片接缝的防水

为了防止管片的接缝部位渗漏水，采用防水密封条（止水带，在管片的环缝、纵缝面设有一道弹性密封垫槽及嵌缝槽），满足防水构造的要求。通过螺栓和拼装管片成环后盾构千斤顶反力（压力、顶力）挤压密贴达到防水目的。

管片拼装成环后，应检查接缝是否密贴和有无渗水，见图5-4-1。并采取再次紧固螺栓方法处理，对于严重渗漏处可采用二次补强注浆的方法处理。

图5-4-1　施工人员检查管片接缝漏水图

1. 控制防水材料的选择

防水材料应按设计要求选择,施工前应分批进行抽检。接缝防水密封条的构造形式、材料性能与截面尺寸必须符合设计要求。

2. 控制防水密封条粘贴

管片拼装前应检查防水密封条粘贴,防水密封条粘贴应符合下列规定:

1)应按设计要求及管片规格选用。

2)密封条在密封槽内应套箍和粘贴牢固,拼装时不得损坏,并严防脱槽、不得有起鼓、超长或缺口现象,且不得歪斜、扭曲和移位,必要时使用减摩剂。

3. 当采用遇水膨胀橡胶密封垫时,应按设计要求粘贴。

4. 控制嵌缝材料及作业时间

当采用嵌缝防水材料时,应清理管片槽缝,并应按规定进行嵌缝作业,填塞应平整、密实。

5. 变形缝、柔性接头等接缝防水的处理应符合设计要求。

(三)特殊部位防水

隧道特殊部位的防水包括柔性接头、变形缝、沉降缝、螺栓孔及注浆孔等部位的防水,应按设计要求进行施工。

1. 当采用注浆孔注浆时,对壁后注浆孔一般采用有密封垫圈的注浆孔塞防水。

2. 注浆孔及螺栓孔处密封圈应定位准确,并应与密封槽相贴合

3. 隧道与工作井、联络通道等附属构筑物的接缝处,应按设计要求进行防水处理

隧道沉降稳定后,应及时进行嵌缝防水处理,嵌缝作业时间根据施工方法、隧道稳定性、施工进度以及现场测试资料等确定,且在无明显渗水后进行,嵌填防水材料时,先刷涂基层处理剂,嵌塞应表面平整、密实、连续、饱满、牢固。盾构隧道工程防水效果必须符合设计要求。

(四)分项工程验收的管理

1. 防水工程质量控制标准,见表5-4-1。

防水工程质量控制标准 表5-4-1

分项工程	质量验收内容		检验数量及方法
防水工程	主控项目	盾构隧道衬砌所用防水材料必须符合设计要求	检查产品合格证、产品性能检测报告和材料进场检验报告
		钢筋混凝土管片的抗压强度好抗渗性能符合设计要求	检查混凝土的抗压强度、抗渗性能的检验报告和管片单块检漏测试报告
		盾构隧道衬砌的渗漏水量必须符合设计要求	观察检查和检查渗漏水检测记录
	一般项目	管片接缝密封垫及其沟槽的断面尺寸应符合设计要求	观察检查和检查隐蔽工程验收记录

续表

分项工程		质量验收内容	检验数量及方法
防水工程	一般项目	密封垫在沟槽内应套箍和粘贴牢固，不得歪斜、扭曲	观察检查
		管片嵌缝槽的深宽比及断面构造形式、尺寸应符合设计要求	观察检查和检查隐蔽工程验收记录
		嵌缝材料嵌填应密实、连续、饱满，表面平整，密贴牢固	观察检查
		管片的环向及纵向螺栓应全部穿进并拧紧；衬砌内表面的外露铁件防腐处理应符合设计要求	观察检查

（摘自 GB 50208—2011）

2. 分层次验收

1）隐蔽工程验收。

2）按程序组织检验批、分项工程验收。

第五节　附属工程质量管理

按《地下铁道工程施工质量验收标准》GB/T 50299—2018 的划分表 5-0-1 中并未列出附属工程，但在实际工程中确有此部分内容。按照《城市轨道交通工程资料管理规程》DB11/T 1448—2017 工程划分及代码表，联络通道为附属分部工程的一个子分部工程，其所含有的 9 个分项工程基本同《地下铁道工程施工质量验收标准》GB/T 50299—2018 中的矿山法开挖与支护子分部工程，故此处不再分述各分项工程的质量安全管理，只按联络通道施工工序综合叙述其质量管理。

盾构区间附属工程含有联络通道，泵房、风井、风道、轨排井等，此处仅叙述联络通道和泵房两个工程的质量安全控制。

一、联络通道工程质量管理

联络通道也称旁通道，是用于联络上、下行两条地铁隧道或安设隧道泵站的短隧道和洞室，其作用是便于区间隧道内发生意外事故时，乘客能通过联络通道安全疏散。一般由水平通道（可称标准段）、集水井和水平通道与地铁隧道连接的喇叭口三部分组成。一般在隧道线路最低点处设有一条，必要时可设置几条。联络通道为直墙圆拱型结构。集水井设在通道的最底部。

在盾构区间施工联络通道一般按照设计要求在隧道内与联络通道连接部位做好预留或用钢管片，以便于破除后开挖，或对常规管片在设计位置切割后再进行开挖，掘进方向一般是单向掘进，特殊情况如联络通道较长可能采用双向掘进。

（一）施工准备的管理

1. 资源准备

1）施工单位应具备专业资质，可选用主隧道开挖的企业施工，项目部管理人员具备相应的岗位资格证书，配备足够的作业人员，且已进场培训。

2）所用设备品种、数量必须足够、状况良好。

3）原材料通过进场验收，合格证、检测报告齐全有效，外观、型号、数量、品种符合设计要求。

2. 技术准备

1）施工单位应编制联络通道专项施工方案，完成内部审查程序后，上报监理单位审批，并向作业人员交底。

2）监理单位编制相应的监理实施细则。

3. 现场条件准备

1）由于通道较短，可不进行施工通风，必要时采用鼓风机局部通风。

2）施工废水可自排到区间隧道内，通过隧道的排水系统排出，必要时采用潜水泵排水。

3）施工用水、用电从盾构隧道供应接入；凿岩、喷混凝土用高压风采用空压机供风；进料、出碴运输通过电瓶车完成。

4. 条件核查

区间联络通道开口施工属于风险控制关键节点，施工前应进行条件核查，满足条件后，方可施工。

（二）联络通道施工过程质量管理

联络通道施工流程，见图 5-5-1。

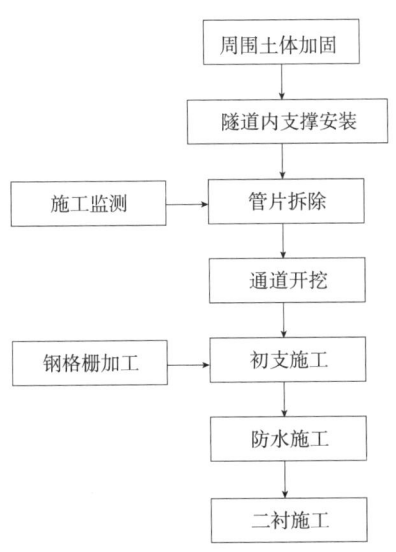

图 5-5-1　联络通道施工流程图

1. 通道周边土体加固

可采用多种方法（如：注浆）对其周边土体进行加固，使施工区域形成有良好自立性和密封性的隔水帷幕，也可采用冻结法施工，施工过程管理及质量执行《旁通道冻结法技术规程》DG/TJ 08-902—2016 中的相关规定。

2. 复核通道开口处相关参数

在上下行线隧道施工时，监理单位应对联络通道开口处管片里程位置、轴线偏差、隧道高程进行复核确认。

3. 洞门处（隧道与联络通道的连接处）隧道加固

为避免联络通道施工时对已处于稳定（受力平衡）状态的成型盾构区间造成较大的影响，施工联络通道管片切割前，需对盾构区间隧道洞门处进行加固。

1）进一步紧固隧道联络通道口附近 20 环范围管片连接螺栓，确保管片间连接紧密。

2）开洞门前打开管片注浆孔，检查盾构隧道壁后回填情况，必要时进行补注浆回填。

（1）注浆范围为联络通道轴线前后各 3 环。注浆浆液为水泥＋水玻璃双液浆（C-S），注浆结束标准采用双重指标控制，当注浆压力和注浆量均达到设定值后即可停止注浆。

（2）为掌握注浆过程的管片位移情况，应全过程进行管片变形观察和监控。

（3）浆液凝固后方可进行下一步作业。

4. 安装钢支撑

联络通道部位的管片在拆除前，应在盾构隧道内设钢支撑支架，其各支点应与管片紧密接触，并具有较高的刚度，以防管片拆除后应力释放使隧道变形和破坏。

如某工程采用 25b 和 40b 工字钢对联络通道两侧 3 环内管片进行支撑。隧道工字钢加固布置见图 5-5-2 至图 5-5-4。

5. 洞门破除、管片拆除

1）洞门破除重点工序是切割管片，按施工方案分块切割。

2）切割前标识管片的切割范围，严格按标识线从上到下切割。

3）将切割下来的管片运出隧道，然后清理管片切割面。

6. 联络通道开挖

在进口处破除管片为联络通道的开挖最为危险的工序，易发生塌方应特别注意，详见下述。

1）上部管片切割完毕后，进行联络通道上部土方开挖，挂设钢筋网，密排钢格栅，搭设琐脚锚杆，喷射混凝土，形成上台阶后封闭掌子面；然后切割下部混凝土管片，进行下部土体开挖及初衬施工。

2）联络通道开挖施工步骤见表 5-5-1。

第五章 盾构区间工程质量安全管理

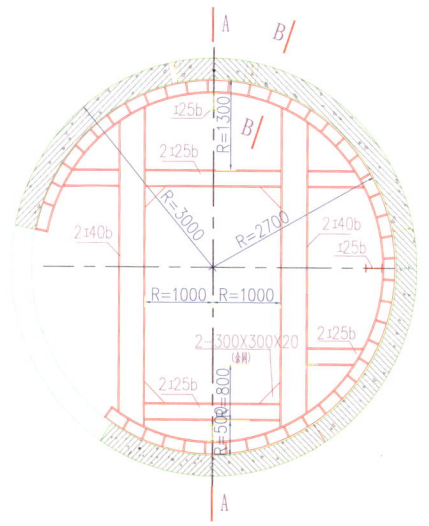

图 5-5-2 通道口处隧道内临时内支撑设置图 图 5-5-3 相邻环临时内支撑设置图

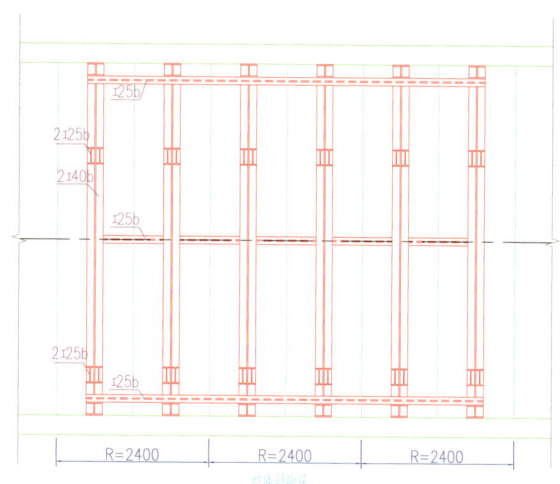

图 5-5-4 钢支撑纵向布置图

注:1. 支架设置在每环管片的中部,纵向每隔 1.2m 设置 1 榀,共设 9 榀,其中,特殊衬砌环设置 3 榀,其前后 3.6m(3 环)各设置 3 榀。
2. 所有杆件之间的连接均采用焊接。
3. 机车通过支架时,必须限速行驶,以避免碰到支架。

联络通道开挖施工步骤　　　　　　　　　　　表 5-5-1

说明	图示
1. 对开挖影响范围土体加固(开挖前准备好通道照明用灯、线,通风用风机)	

续表

说明	图示
2. 通道采用上下台阶法开挖，开挖步距为 0.45m 后铺设木背板、架设型钢支架完成封闭。为确保内净空尺寸开挖时外放按 5cm 考虑	上台阶 / 下台阶
3. 依次循环进行，完成整个通道的初期支护，并喷射混凝土	初期支护
4. 初期支护完成后，铺设防水层，施作正常断面的二次衬砌，二衬分两次浇筑完成（先施工底板及以上侧墙约 30cm 的部分，后施工底板约 30cm 以上及拱顶部分）	
5. 泵站施工：通道正洞二衬结构施工完成后进行泵站开挖施工，每次开挖深度为 0.45m 后架设型钢支架并喷射混凝土、进行防水施工、二衬施工并完成泵房的施工	

3）洞门处土层注浆加固

开洞门后通过拱顶打设超前小导管对洞门处地层采用后补注浆进一步加固，以保证联络通道入口区域土方开挖的安全。

4）入口处土方反扩开挖

根据设计，开口尺寸在联络通道衬砌界限内，开口后上方、两侧均需外扩，达到联络通道的设计尺寸，由于在开洞门时注浆有一定的死角，所以在一定的长度内进行土方的反扩施工，即对于洞门处拱顶及侧壁的土体要通过两次开挖达到扩大断面的开挖效果。

（1）首先在洞门处沿一定角度向上开挖、向两侧开挖，并设置临时性过渡钢格栅，开挖到位及时施做初支。

（2）设置扩挖位置钢格栅

在入口段施作反向超前小导管，达到加固效果后，且初衬达到 70% 的强度后，破除拱顶的初衬混凝土，拆除临时性过渡钢格栅，进行反扩开挖。每完成一步，及时架设钢格栅，喷射混凝土，再进行下一步的土体开挖。开挖顺序为：先拱顶，后下部。

7. 防水工程

联络通道的防水材料采用无纺布、防水板，其铺设质量控制详见第四章暗挖工程。防水层铺设时应注意控制喷射混凝土基面处理、防水板收口、搭接以及热熔施工、焊缝检查、防水板修补及保护；特别应做好细部如施工缝、洞口防水层收口等的处理，见图 5-5-5 ~ 图 5-5-7。

1）洞口防水层收口处须打设遇水膨胀止水胶。

2）施工缝处须打设遇水膨胀止水胶，并固定注浆管和注浆导管，浇筑洞口环梁混凝土

3）确保二衬混凝土自身防水主要应抓好两个环节：一是密实度要好，二是控制二衬混凝土的开裂。

8. 二次衬砌

防水层完成后进行联络通道的二次衬砌施工，顺序为：底板→侧墙→拱顶。

二次衬砌的施工管理要点同第二章明挖工程。但需注意下述部位的注浆及细部防水的施工质量。

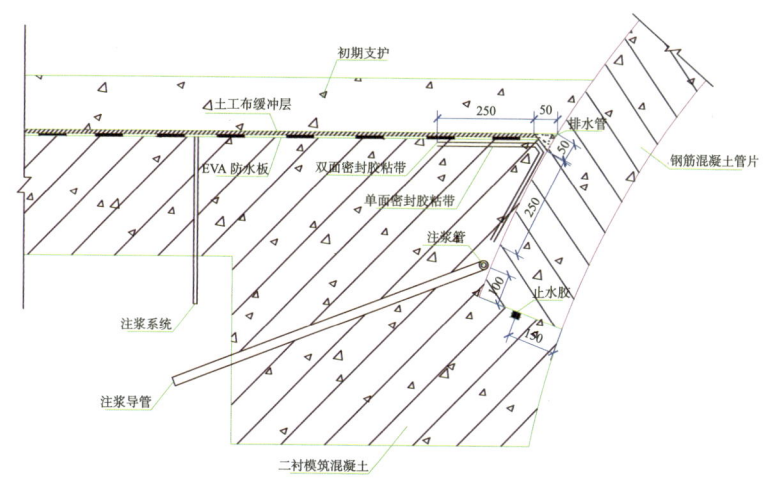

图 5-5-5 联络通道节点防水图

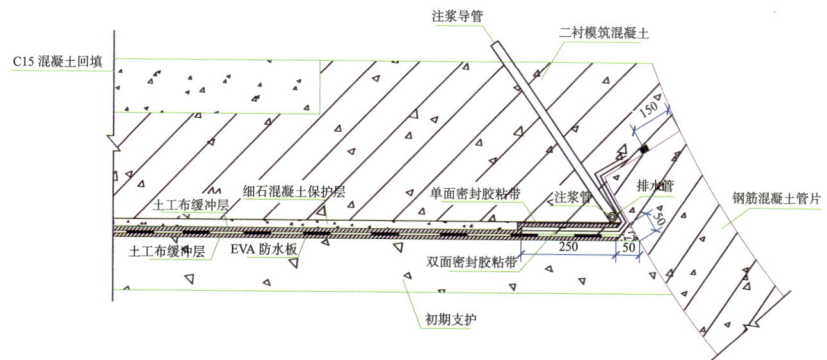

图 5-5-6 盾构洞口防水层收口做法

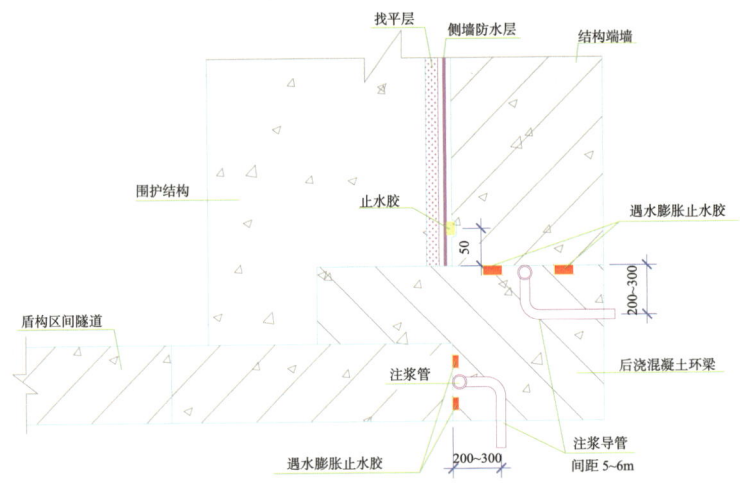

图 5-5-7 盾构联络通道收口做法图

1）永久结构与临时支护间残留的空隙应注浆充填。

2）喇叭口部位可借用管片吊装孔埋管注浆。

3）其他部位预埋注浆管注浆，如在正洞与联络通道连接处设置注浆管和注浆导管，具体布置如上述3图所示。

4）注浆时间为浇筑混凝土后一周，注浆终压为 0.5MPa。

（三）分项分部工程验收管理

联络通道分项工程验收标准及程序，同本章前述相关内容。

二、泵房施工质量管理

盾构区间内泵房是隧道重要的组成部分，主要作用是排除结构渗水、冲洗隧道及消防废水；作为土建施工的一部分，与主体结构同步进行，开挖及结构施工同明挖工程，此处不多赘述。

地铁隧道内的排水泵站（房）一般设置在线路实际坡度最低点，每区间设置一座，每座泵站所担负区间长度，单线不宜大于 3km，双线不宜大于 1.5km。泵站也可设在联络通道内。

区间的泵房和车站排水泵房共同组成地铁区段内的排水提升系统。车站排水泵房的压力排水管宜通过风道或人行通道接入城市排水系统。

（一）泵房施工质量管理

泵房一般为钢筋混凝土结构，从联络通道底面向下开挖，自下而上施做钢筋混凝土结构，并按照设计在泵房内安装相应的设备、排水管道。

1. 泵房土方开挖

1）应重视地下水控制，为确保结构无水施工，泵房土体开挖前常使用前进式或后退式注浆处理。

2）开挖过程中，可以采用小导管注浆作为地下水控制辅助措施。

3）根据含水层的情况，注浆材料可采用水泥水玻璃或水泥浆液。

4）分步开挖随开挖随支护。

2. 必须做好泵房与联络通道或区间隧道接口处防水处理。

（二）泵房验收管理

泵房验收和隧道同步进行，结构验收同主体结构。排水管道及房内设备的验收参见相应的专业验收规范。

第六节 盾构施工安全、职业健康和环境管理

建筑业与矿山业都是安全管理的重点行业，隧道施工具有建筑业和矿山业的共同特点，施工风险程度更大，安全隐患众多。虽然盾构隧道施工开挖面处在盾构体的保护下，可以最大程度地避免土体失稳或冒顶带来的人身伤亡事故，是一项先进的技术，但其自身的作业环境和结构的特点，仍然存在着一定的危险作业和许多风险关键节点，由于盾构机及配套设备的可靠性、勘测探孔的局限性、地质变化的不确定性，开挖面地层有可能失稳引发地质灾害，造成重大安全事故。据不完全统计自2014～2018年我国部分城市的轨道交通工程发生的16件事故，其风险等级可分为两类，见表5-6-1。

盾构施工安全事故分类　　　　表5-6-1

事故一级分类	盾构机可靠性	掘进及地表沉降					用电	有害气体	负环、0环拆除	开仓作业	
二级分类	刀盘破裂	溜车	中线偏差	透水、涌水涌砂	击穿覆土	盾构机运输	10kV高压电	气体爆炸	0环拆除	火灾	坍塌

隧道空间狭小，属于有限空间作业，盾构机仅推进系统就要消耗1000 kW的功率，当岩石较硬或具有很高的耐磨性时，其机内的温度很高，最多可超过50℃，尤其是在夏季施工，外界温度高，湿度大，尽管盾构机配备了送风系统，减低了温度，仍处于28℃左右。在盾构机推进时，噪声往往超过80dB，高温、高湿、闷热、噪声的施工环境不仅对作业人员和管理人员的身体健康有一定伤害，还使其极易疲劳，从而诱发安全事故，因此对盾构施工的安全、职业健康和环境管理，施工单位必须加大投入，监理单位加大力度。安全、职业健康和环境管理宏观管理内容基本同《城

市轨道交通土建工程质量安全管理概论》第四章，本节仅论述针对盾构施工特点应采取的措施。

一、安全管理

（一）盾构施工安全风险管理主要依据

1.《地铁及地下工程建设风险管理指南（试行）》建质[2007]254号。

2.《城市轨道交通工程安全质量管理暂行办法》建质[201015号。

3.《城市轨道交通工程质量安全检查指南（试行）》建质[2016]173号。

4.《城市轨道交通地下工程建设风险管理规范》GB 50652—2011。

各城市不同程度地开展了风险管理制度体系（办法）构建、设计阶段静态风险评估、专项安全计算评估、施工风险动态评估与预警管理服务、风险管理系统（含盾构、视频）等工作。

（二）盾构施工重大风险工程管理

1. 制定风险应对措施

针对上述风险，施工单位项目安全管理组织机构，与企业的安全管理部门形成有效的指挥体系。项目经理部编制各级施工组织设计文件均应制定（或另行编制）安全专项方案，单独编制应急预案，经监理部审批后执行。项目技术人员必须对作业人员进行安全技术交底。尤其应提高工人的技术水平操作，操作中对工序的熟悉程度直接关系着对外界环境存在风险的辨识快慢，熟练程度高的技术工人在同样的条件下，面临同样的风险，在风险来临时能及时化解。

盾构施工中同步作业、交叉作业较多，应提前互相联系协调，作业中经常性保持沟通，必要时一方应停止作业，并要经常检查施工中所有设备，保持设备的完好和安全，避免造成相互影响。

2. 关键节点的条件核查

根据建办质〔2017〕68号《住房城乡建设部办公厅关于加强城市轨道交通工程关键节点风险管控的通知》中的规定，盾构施工中有很多风险控制关键节点，具体见表5-6-2。关键节点均应进行施工前条件核查，满足条件后，方可施工。

关键节点验收表　　　　　　　　表5-6-2

类别	关键节点名称	备注
盾构	深基坑开挖（始发井、接收井）	降水、围护结构、地基处理等开挖准备
	盾构始发	
	盾构到达	
	盾构开仓	

续表

类别	关键节点名称	备注
盾构	盾构机吊装	
	空推段	
	穿越重大风险或复杂环境	穿越既有铁路、地铁隧道、高速公路、江河湖海、密集建筑群、重要建筑物、文物、重要管线（中压及以上的燃气管道、高压输油管及大体量雨水箱涵、大直径污水管等）、有毒有害气体地层、高架桥等
	工程自身重大风险	叠落隧道上洞施工、覆土厚度不大于盾构直径的浅覆土层地段、平行盾构隧道净间距小于盾构直径70%的小净距地段、大坡度（大于3%）等特殊地段施工
	区间联络通道开口施工	

在盾构施工中，对表中提到的工序，在开始施工前要进行条件核查（关键节点验收），为此要做好下列安全管理工作。

1）盾构穿越重大风险工程影响范围界定

轴线方向：穿越前盾构刀盘距风险工程一倍隧道埋深，穿越后盾尾距风险工程一倍隧道埋深。

径向方向：隧道轮廓两侧各两倍隧道洞径。

2）盾构穿越重大风险工程前，施工单位应对盾构设备情况进行全面评估，并报监理单位审查。

3）穿越过程中，盾构推进速度宜控制在 20~60mm/min，工程进度宜控制在 8~12 环/d。

4）穿越过程中，出现下列情况时，监理单位应立即下发工程暂停令，并督促整改。

（1）发现同步注浆和二次补浆浆液质量不合要求；

（2）同步注浆量低于控制范围；

（3）二次补浆不及时或补浆位置不合理。

5）穿越过程中，出现下列情况时，监理单位应立即下工程暂停令，总监理工程师组织施工标段项目经理、项目总工、盾构施工副经理、第三方监测项目技术负责人及盾构咨询组主要负责人等召开专题分析会，制定处理措施，并报项目管理单位备案：

（1）土压力持续 5min 或 10cm 隧道长度范围内低于最低控制值。

（2）连续 2 环同步注浆量高于控制范围，注浆压力低于控制范围。

（3）含水地层螺旋输送机发生喷涌。

6）穿越过程中，施工和监理单位应建立主管领导 24h 值班制度。

（三）施工用电管理

盾构隧道施工环境潮湿，因此用电风险更加突出，除应满足常规临时用地相关操作规定外，还必须满足下列要求。监理单位监督施工单位作好各项管理工作。

1. 严格执行"四个一"

盾构机掘进用电一般是采用双回路专供的电缆，供电电压达 10kV，必须采用三级配电，二级保护，尤其要配备足够的分配电箱，电箱要用铁皮制作，不能用木板或胶板等其它材料代替。拆接线路必须由专职电工操作，严禁非操作人员操作。

2. 注意电器选用

盾构向前不断推进，如刀盘内潮湿，水气大，随着温度的升高会发生雾化，对电器、电线绝缘性能要求高。

3. 高压电缆连接、挂设

高压电缆要经过多次连接，接头要选用优质的专用接驳器，电缆、电线必须挂设整齐，固定牢靠严禁拖地、浸水。有破皮等缺陷必须进行包扎处理。并留有一定活动余地，悬挂高度合适，防止运输车辆脱轨后击断电缆，造成严重后果。

（四）盾构掘进中安全管理

1. 进出段洞口

进出段洞口应预先对土体加固，可采取注浆或洞内加支撑等办法，在洞门圈加密封止水装置，防止岩土掉块对作业人员的伤害。

2. 洞门钢环预埋

1）由于钢环分块吊装下井在端头井口作业，井口周围应设两道护身栏杆。

2）整个作业过程中，由专职安全员进行全过程监督，杜绝安全事故隐患，确保人身安全。

3）对起重设备进行严格检查，吊索具使用合格产品，钢丝绳根据用途保证足够的安全系数，凡表面磨损、腐蚀、断丝超过标准的不得使用。要有防止脱钩的保险装置，卡环在使用时，应使销轴和环底受力。

3. 开仓作业

开仓作业是指工人需进入刀盘内的操作，分为带压作业和不带压作业，是盾构安全管理的重点。舱内作业条件差，尤其是带压作业为重大风险源，是必须注意的危险源。带压作业压力较高，刀盘内环境密闭，温度很高，湿滑、下部充满了泥土或者是泥浆，压入的空气质量也可能含有一定的杂质，大多先进的盾构机均配备了压气系统，即通过密封刀盘和盾构前体的通道（减压舱）注入空气，使其压力升高，最大可达到 $3 \sim 4 kg/cm^2$ 以平衡外侧土体压力。操作人员极易出现不适，此时需要经过一定时间减压过渡后才能得到医疗，为保证操作人员的身心健康，必须做好以下工作：

1）尽量减少或不用压气作业，尽可能地在基本可以自稳的地层中进行开舱作业，尤其是更换刀具时要有预见性。避免在不良地质条件下进入刀盘内，要根据地质条件的变化，选择适当的时机，提前或推迟进入刀盘内。

2）由带高压氧舱科室的医院对进仓作业人员进行身体适应状况检查，体检合格并经过专业培训后方可进仓施工。确保作业人员对恶劣环境具有适应能力。

3）进仓人员作业时间应符合国家现行标准《空气潜水减压技术要求》GB/12521 和《盾构法开仓及气压作业技术规范》CJJ 217—2014 的规定，一般一天不宜超过 4h。

4）作业期间应保持开挖面和开挖仓通风换气，要选用无油型空压机，向刀盘内注入无油空气，确保压入的空气质量，减小环境污染。

5）准备好通信工具，与作业人员无间断地保持联络。

6）做好应急准备，必要时在减压舱内抢救伤员，并与有关医院签好急救协议。有条件的要配备专用的流动医疗舱，以便在送往医院的过程中，保持伤员所受体外压力基本一致。

4. 盾构刀具更换

盾构掘进过程中需要根据盾构机型更换相应的刀具（刮刀、削刀、滚刀），进入刀盘内更换刀具是开仓作业之一。当操作人员必须进入盾构机前体刀盘内作业时，如果盾构机前方或上方的土体不能自稳，上体可能通过刀盘的开口处进入刀盘内，威胁作业人员的安全，此外，作业人员在搬运刀具中遇意外物体打击极易失衡，轻则将刀具掉入刀盘内，要花费相当时间才能打捞上来；重则易被滚刀碰伤，甚至有可能滑入刀盘底部，被滚刀二次击伤，造成严重后果，必须采取措施预防。

1）施工单位必须编制刀具更换的专项施工方案，需经过专家论证并履行审批手续。

2）滚刀一般是背卸式，重量大、边缘光滑、不宜固定，搬运困难、安装和拆卸比刮刀、割刀难得多，应尽量借助机械装置安装和拆卸，如，合理运用葫芦等起重装置和滑轨等移动装置，以及支架等固定装置，操作时要倍加小心。

3）应选派技术精、能吃苦、体质好的作业人员更换刀具，尤其相互之间要配合娴熟，尽量缩短盾构机停止时间，防止土体失稳。如有土体严重失稳，可分次完成刀具更换，一般这时土体强度不大，盾构机可掘进数环后再更换另一批刀具。软土地层中盾构机停止时间以不超过两天为宜。

4）刀盘飞起转动伤人在盾构施工过程中屡有发生，因此，重新启动盾构机时一定要再三确认土舱内没有操作人员和工具材料已全部回收，最好能实现安全本质化，即在盾构设计或改造时，锁定原操作室的控制开关，在入闸口增设控制开关，并实行重复挂牌清点制度。

5）需要对该段地层采取必要的加固措施，同时做好其他准备工作，如对刀盘内的积土或淤泥和泥浆进行清理，尽量保持刀盘内作业空间，搭设稳固的临时支架和作业平台，提供充足的照明，包括行灯等局部照明工具。

（五）注浆作业的安全风险管理

1. 防治注浆管堵塞

盾构机开挖直径一般比管片（环）外径要大 200~400mm，在掘进过程中需要对管片外侧的环形空隙中注入浆液体，包括盾构机盾尾的注浆和管片中二次补浆，浆液以水泥、砂子、水为主要成分。在盾壳内埋设刚性管道作为出口段，注浆过程存在极大的安全隐患，注浆管都易堵管难清理，造成压力表失效，形成"盲"注或仅凭经验注浆，造成超压，轻者管片错台、开裂和漏水，重者压脱管片掉入隧道中，后果不堪设想。注浆时不可突然急剧加压，必须逐步缓慢加压，以防止浆液聚集堵管。

2. 防止砂浆喷射

当用具有弹性的硬质钢丝疏通堵塞，管道突然畅通时，管道内的砂浆将会高速喷出，砂浆在高压下可击穿或顶开一些临时防护编织物，喷射伤人，尤其是伤害眼部。故必须要选用结实、坚固的编织物或加帆布，并用铁丝绑扎固定牢固，以防脱落喷射。

3. 注浆施工现场易产生积水和淤泥等，作业时注意防滑跌。

（六）隧道内运输的安全风险管理

隧道内施工运输引起的安全事故较多，应引起高度重视，采取必要的风险防范措施。

1. 临时轨道运输的风险

中小直径的盾构隧道均采用轨道水平运输系统。目前国内单线地铁隧道盾构机的后配套设备一般有 70～80m 长，它的轨道虽然比碴土运输车宽，但二者间的距离最窄不过 100mm，盾构机的掘进速度很快，产渣量大，运输车辆一般设计得较长，渣土斗也很大，占用了隧道很大空间。当任意一条轨道变形，或盾构机上的配套设备发生位移时，运输车辆易倾倒或相撞。运进管片时，因车辆其底部为圆弧形，对轨枕的稳定性有一定影响，容易脱轨，尤其是碰到盾构机专用高压电缆时，后果不堪设想。特别是在盾构机位置，电瓶车与盾构机之间几乎没有空隙，非常狭窄，稍不注意，人员易被挤卡在中间，后果严重。

2. 应采取的防范措施

1）施工轨道要严格按有关技术规范执行，监理工程师对轨距、轨道高差、弧度、接缝等重要参数要重点检查，轨枕要保证足够的刚度，并和管片用螺栓固定牢靠或焊接，避免滑动变形。

2）严禁各类人员搭乘管片车进出隧道，或挤在操作室内。如隧道距离较长，应设计专门的人员运输车辆，外设围栏，严禁车辆未停稳前上下车。

3）垂直运输应根据安全需要采取稳定措施，垂直运输通道内不得有障碍物。

4）应设置水平运输车辆限速及防溜车装置。

5）操作人员应按指令作业，物件吊运应平稳。

二、职业健康管理

盾构施工中会产生大量固体、液体、气体污染物，不仅对作业人员产生职业健康的危害也会污染环境，建设单位、施工单位和监理单位按照各自企业的职业健康、环境管理贯标规定做好项目的相应管理工作，随着盾构施工技术在我国的不断应用和发展，在盾构施工技术提高的同时，职业健康和环境管理工作也要同步提高。

（一）做好主要职业病危害及其防范

盾构施工由于环境恶劣，存在多个职业病的危害因素，职业病种较多，以尘肺病、电焊工尘肺、电焊弧光刺激引发的眼病、职业性耳聋、高温中暑、紧张焦虑等最为明显，现将采取的具体防范措施列于表 5-6-3 中，供参考。

盾构施工职业病及其防范措施表　　　　　　　　　　表 5-6-3

职业病种类、环境危害因素	防治措施		
	施工企业	作业场所及设施	操作人员
尘肺病 电焊工尘肺	控制各种粉尘，引起的尘肺病预防控制措施。检查作业场所、扬尘防护措施个人扬尘防护措施的落实，进行注浆作业前必由带班操作手或副队长对防尘措施和个人防护措施进行检查，并指导施工作业人员减少扬尘的操作方法和技巧	加强水泥等易扬尘的材料的存放使用的扬尘防护，任何人不得随意拆除包装，在易扬尘部位设置警示标志。为电焊工提供通风良好的操作空间	施工作业人员参加如注浆、焊接等相关岗位的安全教育，佩戴扬尘防护口罩，杜绝超时工作
眼病 电焊弧光刺激	检查落实工人作业场所的通风情况，个人防护用品的佩戴，8 小时工作制，及时制止违章作业	为电焊工提供通风良好的操作空间。注浆后先卸压才能拆卸管路/接头，严禁在注浆过程中或没有卸压的情况下进行拆卸管路/接头等作业	电焊工必须持证上岗，作业时佩戴有害气体防护口罩、眼睛防护罩，杜绝违章作业，采取轮流作业，杜绝超时工作。拆卸时注意防止浆液溅入眼睛或口中，一旦溅入，应立即用清水冲洗
职业性耳聋 噪声 接触噪声引起	检查落实作业场所的降噪声措施，工人佩戴防护耳塞，安排操作工人的工作时间不超时	在作业区设置防职业病警示标志，对噪声大的机械加强日常保养和维护，减少噪声污染	施工操作人员应佩戴企业提供的劳动防护耳塞，采取轮流作业，杜绝超时工作
高温中暑 长时间在高温环境中作业	夏季施工，检查落实饮水、防中暑物品的配备，工人劳逸适宜，并指导提高中暑情况发生时，职工救人与自救的能力。检查盾构隧道内的通风情况，检查风机维保情况，保证隧道内通风	在高温期间，为职工备足防暑饮料和药品、器材。加强盾构隧道和盾构机内的通风	减少工作时间，尤其应延长中午休息时间
精神长期过度紧张焦虑 长期超时、超强度地工作	安排工人劳动强度适宜，工作时间不过长，贯彻 8 小时工作制，即使抢工期也必须安排充足的人员能够按时换班作业。及时发放工人工资，稳定工人情绪。开展有益身体健康的文体活动。在条件允许时，配备心理医生为工人进行心理疏导	提高机械化施工程度，为职工提供良好的生活、休息、娱乐场所，加强施工现场的文明施工管理和标准化建设，创建良好的施工环境	不盲目抢工期。树立维权意识，加强体育锻炼，保持良好心态，正确对待困境，必要时参与心理咨询

（二）职业健康管理要求及措施

1. 盾构施工应满足的现场条件

监理单位要督促施工单位相关，尽力改善现场的作业条件，达到规范规定的以下环境条件。

1）施工前，应根据盾构设备状况、地质条件、施工方法、进度和隧道掘进长度等条件，选择通风方式、通风设备和隧道内温度控制措施。

2）施工通风应符合下列规定：

（1）宜采取机械通风方式。

（2）按隧道内施工高峰期人数计，每人需供应新鲜空气不应小于 3m^3/min，隧道最低风速不应小于 0.25m/s。

3）隧道内空气温度不应高于 32℃。

4）施工作业环境气体应符合下列规定：

（1）空气中氧气含量不得低于 20%（按体积计）。

（2）甲烷浓度应小于 0.5%（按体积计）。

（3）有害气体允许浓度应符合：一氧化碳不应超过 30mg/m^3；二氧化碳不应超过 0.5%（按体积计）；氮氧化物换算成二氧化氮不应超过 5mg/m^3。

5）当存在可燃性或有害气体时，应使用专用仪器进行检测，并应加强通风措施，气体浓度应控制在安全允许范围内。

6）隧道内作业场所应设置照明和消防设施，并配备通信设备和应急照明。

7）隧道内作业位置与场所应保证作业通道畅通。

8）隧道内噪声不应大于 90dB。

2. 冻结法

施工单位应提供个人劳保用品和作业场地的保温措施，施工人员应做好自身防护，防止低温冻伤。

（三）环境管理

1. 盾构施工

1）生产中产生的废渣和废水等应及时处置，并应设置足够的排水设备。

2）施工中，应采取措施避免施工噪声、振动、水质和土壤污染及地表下沉等对周边环境造成影响。

3）泥浆、污水等处理和排放必须按施工方案及技术交底进行，严禁随意排放污染环境。

4）加强通风，降低粉尘、焊接烟雾浓度，达到环保要求。

5）盾构现场标准化建设

关于盾构作业现场的标准化建设，应按《城市轨道交通土建工程质量安全管理概论》第四章的相关要求布置各种设施，施工单位特别要消除因场地局促而忽视标准化建设的倾向，应结合盾构施工的特点和现场条件，做好现场的标准化建设。以使狭小的现场井然有序，既提供安全保障，又提高施工工效和文明程度。

2. 冻结法施工

1）选用无污染、效率高、体积小、重量轻、制冷量大、安装运输方便的螺杆冻结机组作为制冷系统的主机。以适应地铁施工场地小、工期紧的需要。

2）盐水污染

冻结站拆除时，宜回收盐水，严禁任意排放污染环境。

第六章
地面及高架车站工程质量安全管理

高架车站是高架结构中的一部分，按照划分表 7-0-1，是高架结构中的一个分部工程，只包含了主体结构相关的分项工程。但高架车站按照车站划分原则也可为一个单位或子单位工程，故在此增加相应内容，当然包括地基基础，故本章将地基与基础、主体结构的质量安全管理，分列为第一节、第二节。划分表中未将屋架单独列出，而实际工程中这是重要的分项工程，故将建筑屋架及屋面的质量安全列为第三节。故在此增加相应的内容。膜结构作为一种新型结构单列为第四节叙述。

第一节　地基与基础质量安全管理

地面及高架车站工程的地基与基础为一个分部工程，其基坑围护为无支护土方子分部工程，所含三个分项工程质量安全控制基本与第二章明挖车站相同，地基处理分部工程所含的分项工程与第二章明挖车站也基本相同，此处从略。基础结构含有的混凝土和砌体结构在第二章已有描述，劲钢混凝土基础在第八章车辆基地中叙述，本节仅论述地面车站的浅埋基础和高架车站的桩基础中常用的混凝土灌注桩基础的质量安全控制要点。

一、地面车站基础质量管理

由于地面车站规模小，层数少，多采用天然地基，若地基承载力不足，需根据设计方案进行处理。处理后的地基承载力应符合设计文件要求，其质量管理详见第二章明挖工程相关内容。

（一）基础类型及应用

在天然地基和处理后的地基上首先施作混凝土垫层，在其上按设计施作浅埋基础即扩大基础。

1. 混凝土垫层

地面车站的浅埋基础施工前，天然地基或经处理的地基应通过验收，整平后在其上施作混凝土垫层，一般厚度为 10cm 左右，采用素混凝土，强度等级一般为 C15。

2. 扩大（浅埋）基础

根据车站层数多采用独立基础、刚性条形基础及筏板基础，如北京地铁 8 号线回龙观东大街站，总建筑面积为 6017.77m²，为双层 3 跨矩形框架结构，站台宽 8.4m，车站总长为 120.4m，车站主体建筑总宽为 15.65m，檐高 5.500m。地上、地下各一层，地上为站房层，地下为站厅层。站台上方及入口雨棚为轻钢结构。车站分为三段，两端为框架结构、现浇钢筋混凝土挡土墙与框架合建，中段采用交叉梁式筏板基础，东、西段为刚性条形基础与独立柱基础，三段间设两条沉降缝。

独立柱下刚性条形基础可为砌体工程或素混凝土工程，质量控制同常规，限于篇幅，不予论述。还可有配筋扩大基础，其钢筋、模板、混凝土的控制同常规钢筋混凝土工程，详见第二章相关内容。

3. 桩基础

地面车站当浅层地质条件差时，也可采用钢筋混凝土钻孔灌注桩基础。如北京地铁 13 号线回龙观站，总建筑面积为 6968.68m²，为二层双岛三线式车站，车站总长为 120.8m，主体建筑总宽为 27.8m，站房檐高 9.365m。地上两层，首层为站厅层，二层为站台层，共设两个站台。桩基础质量管理基本同高架车站桩基础，详见下述。

（二）基础质量验收管理

1. 混凝土垫层质量验收标准

混凝土垫层质量验收标准参照《轨道交通车站工程施工质量验收标准（修订版）》QCD-006—2018 执行，详见表 6-1-1。

混凝土垫层质量验收标准　　　　表 6-1-1

分项工程		质量验收内容	检验数量及方法
混凝土垫层	主控项目	原材料及配合比必须符合设计要求	按原材料进场的批次和产品的抽样检验方案确定。检查产品出厂合格证、检测报告
		强度应满足设计要求。应无蜂窝、麻面、脱皮、裂缝、石子外露，表面平整	全数检验。观察、检查试验报告
	一般项目	厚度允许偏差：+10mm、-5mm	每施工段检验点不少于 4 点。用钢尺量
		标高允许偏差：±10mm	每施工段检验点不少于 4 点。用水准仪测量
		表面平整度允许偏差：10mm	每施工段检验点不少于 4 点。用 2m 靠尺检查
		平面位置允许偏差：2/1000 且 ≥ 30mm	每施工段检验点不少于 4 点。以线路中线为准测量

2. 浅埋基础工程验收标准

1）钢筋、模板、混凝土及砌体的验收标准，详见第二章相关内容。

2）扩大基础允许偏差，见表 6-1-2

扩大基础允许偏差　　　　表 6-1-2

检验项目		允许偏差（mm）	检查数量
平面尺寸		±50	长宽各检查 3 处
基础底面高程	土质	±50	检查 5 点 ~ 8 点
	石质	-200 ~ +50	

续表

检验项目	允许偏差（mm）	检查数量
基础顶面高程	±30	检查5点~8点
轴线偏位	±25	纵横各检查2点

注：水准仪检查，钢尺量测。

3. 按程序组织检验批、分项、分部工程的验收。

二、高架车站灌注桩基础工程质量管理

高架车站基础结构形式多采用桩基础，本节仅选常用的泥浆护壁成孔混凝土灌注桩分项工程论述其质量安全管理。其他形式的基础，限于篇幅此处从略。

对高架车站，有效控制基础沉降是重点考虑的问题。国内外工程实践和理论研究表明：桩基础是首选基础形式。桩基可将上部荷载有效地传递到压缩性小的深层土层中，以满足上部结构物对基础承载力和变形要求；还可有效地承受横向水平荷载，其抗震及抗动载性能好。经验表明，在设计中选择合适的桩基持力层以及桩径、桩长、桩间距等参数，可使各桩基总沉降量大致相等，沉降时程曲线基本相同，而且车站横梁对各立柱沉降能起调节作用。所以桩基础的沉降差，能被控制在很小范围内。

桩基础的分类形式很多，按承载性质不同分为摩擦型桩和端承型桩。在摩擦型桩中，以混凝土灌注桩的运用最为广泛。按其成孔方法不同，可分为钻孔灌注桩、沉管灌注桩、人工挖孔灌注桩、爆扩灌注桩等。各种桩基础的质量管理要点基本相同，略有差异，高架车站的桩基础以泥浆护壁钻孔桩最为多用，故本节论述其质量、安全管理要点，其他桩基础的质量管理参见相关资料，此处从略。桩基础是重要的隐蔽工程，其施工质量的优劣将决定高架车站工程整体质量的成败，施工、监理单位必须足够重视。

钻孔灌注桩根据钻孔机械的钻头是否在土的含水层中施工，分为泥浆护壁成孔和干作业成孔两种施工方法。

干作业成孔灌注桩施工工艺流程：测定桩位→钻孔→清孔→下钢筋笼→浇筑混凝土。

泥浆护壁钻孔灌注桩是边钻孔边注入泥浆，以保护孔壁不致坍塌，桩机在泥浆护壁条件下慢速钻进，并将碎渣随泥浆排出，成孔后再利用水下混凝土浇筑方法将泥浆置换出来制成桩。是国内最为常用的成桩方法，在高架车站基础中应用广泛。可用于各种地质条件，各种大小孔径（300~2000mm）和深度（40~100m），护壁效果好，成孔质量可靠；施工无噪声，无振动，无挤压；机具设备简单，操作方便，费用较低。但此法成孔速度慢，效率低，用水量大，泥浆排放量大，污染环境，扩孔率较难控制，适用于地下水位较高的软、硬土层，如淤泥、黏性土、砂土、软质岩等土层。

（一）施工准备管理

施工单位做好如下主要准备工作，监理单位按规定履行审核、复核工作，同时做好自身的准备工作。

1. 人、机、料等资源备齐

1）施工企业资质、管理人员及各种专业工种人员的资格符合要求；

2）施工项目部建立健全质量安全管理体系及各种管理制度；

3）完成材料进场验收，各种原材料、构配件有相应的质量检验合格证明，数量、品种、外观检查合格；进场钢筋应经抽检试验合格后才能使用，检验项目及方法见《城市轨道交通土建工程质量安全管理概论》第八章。

4）所需各种机具设备到位，工况良好。

2. 技术准备充分

1）做好图纸会审参与设计交底

施工及监理单位技术管理人员均要做好此两项工作。熟悉地质勘察报告、水文地质情况，掌握设计图纸主要内容，包括桩基础各项设计参数和技术要求等，发现不足和矛盾之处，做好会审记录，及时办理洽商，以利正确选择钻孔机具、钻进速度、泥浆。

2）施工单位编写混凝土灌注桩基础施工方案，履行内部审批手续，上报监理单位。监理单位审核确认，内容和内部审批程序符合要求，批准后执行，并向作业人员交底。

3）桩基各分项工程的检验批已划分，一般按20根桩为一个检验批。

4）确定桩基检测方案。应将选定的检测单位的资质及桩基检测方案报监理单位审批，批准后严格执行。

5）监理单位编制混凝土灌注桩基础监理实施细则，并向施工单位交底。

3. 现场作业条件已准备充分

1）施工现场所需临时水、电供应到位，道路通畅、场地平整；

2）施工区域已划分，满足施工所需。一切准备工作就绪，施工单位填报开工报告，交监理部，总监理工程师认真审查后，报建设单位批准后，总监理工程师签发开工令。

（二）泥浆护壁成孔灌注桩施工过程质量管理

施工单位首先要明确桩基础施工应控制的要点及其达到的标准，监理工程师按相关规定进行监理。

施工工艺流程：测定桩位→埋设护筒→制备泥浆→成孔→清孔→钢筋笼制作及安装→混凝土浇筑。

1. 测定桩位

控制桩位和钻孔尺寸。桩位测量放样后监理工程师必须认真复核，偏差必须符合规范要求，钻孔时若发现桩孔偏位应及时采取处治措施，可设十字法保护桩；孔径和孔深、桩顶标高、成桩中心坐标必须符合设计、规范要求。

2. 埋设护筒

桩位定好后，应在孔口位置埋设护筒，以固定桩孔位置，保护孔口以免塌孔，防止地面水流入增加孔内水压力，并在成孔时引导钻头的方向。

1）钢护筒应具有足够的刚度，一般采用4～8mm厚钢板卷制，其内径应大于桩身设计直径100mm，其上部宜开设1～2个溢浆孔。焊接质量必须合格。

2）护筒埋设应准确、稳定、深度应超过杂质填土埋藏深度，中心位置、筒顶标高及埋设深度应符合《建筑桩基技术规范》JGJ—2008要求。

3）开挖埋设的护筒周围应用粘土分层回填夯实，并随填随观察，防止填土时护筒位置偏移，护筒埋设好后应复核校正。

3. 制备泥浆

1）控制泥浆指标符合规范要求。泥浆过浓将致使摩擦桩承载力降低，较稀则容易造成扩孔、坍孔、钻头被埋等事故。

2）控制泥浆池设置。其位置、大小等均应符合施工技术要求及当地环保部门规定。

4. 成孔

1）控制钻孔支架平稳。钻孔支架不稳可能造成钻孔支架（钻孔平台）不均匀沉降、偏位，导致钻杆不垂直，使成孔不垂直，桩体不合格。

2）控制钻进速度及钻进方向。钻孔过程中采用减压钻进以使钻杆竖直，钻进回转平稳，并应根据实际地质情况及时调整钻进速度，土松要慢速，有变化应减速。在钻进过程中应认真观察、检查桩孔是否垂直，如发现倾斜时应及时加以修正处理。

3）控制孔深、孔径、倾斜度达到设计要求，施工单位应及时填写钻孔记录，在土层变化处捞取渣样，判明土层，以便与地质剖面图核对，准确了解实际地质变化。

5. 清孔

1）选择适宜的清孔方法，根据设计要求、钻孔方法、机具设备条件和地质情况选择恰当的清孔方法。

2）控制沉渣厚度，无论采用何种方法清孔，清孔排渣时必须注意保持孔内水头，以防坍孔；清孔质量符合要求，钢筋笼安装后应检查孔底沉渣厚度，不符合要求，再次清孔。

3）控制泥浆性能指标，应符合设计、规范要求；如必要可进行二次清孔。

4）混凝土灌注前，应从桩孔、顶、中、底部分别提取泥浆试样进行性能指标试验。

6. 钢筋笼制作及安装

1）钢筋骨架应分段制作，其质量符合设计、规范要求。

2）控制声测管及检测管的设置符合设计要求，声波管接头应做好密封，检测管接头焊接质量应符合规范要求。

3）控制钢筋骨架隐蔽工程验收，焊接两节以上钢筋骨架时，焊接好后必须经施工单位班组自检、质检工程师、监理工程师验收，各项参数符合设计要求，合格后才能吊入，做好相关记录。

4）控制钢骨架吊装，钢筋骨架采用吊机入孔，吊装注意对准中心，平稳、垂直，避免晃动、碰撞孔壁，放入后定位固定，允许偏差应符合规范要求。

5）吊装前应按建办质 68 号文进行条件核查，详见后述。

7.控制混凝土浇筑

1）混凝土一般由搅拌站供应，应考察其资质合格。

2）控制混凝土配制保证混凝土主要技术性能指标稳定并符合设计强度要求。

3）现场施工设备及电力供应满足工程需要，供应稳定，配备备用发电机组。

4）混凝土到现场应按规定做坍落度试验，符合要求方可浇筑。在变截面处应调整浇筑速度和坍落度。

5）控制导管安放位置准确、首批混凝土浇筑数量应能满足导管首次埋置深度（≥1.0m）和填充导管底部的需要，后续灌注导管的埋置深度一般应控制在 2～6m。

6）浇筑时控制钢筋骨架的稳定，避免上浮。

7）控制钢护筒内的水位稳定，保证护筒底部始终应在混凝土面以下。

8）混凝土运输车及泵车有能力满足连续浇筑；相邻浇筑时间不得超过前批混凝土初凝时间，必要时加缓凝剂，确保混凝土浇筑质量达标，均匀、致密，无夹层、断桩。

9）准确、详细地做好施工记录，尤其发生异常现象、缺陷或事故处理过程，不得遗漏或隐瞒。

10）控制灌注间隔顺序。严禁相邻两桩同时浇筑，跳桩浇筑应符合设计要求。

8.断桩事故处理

灌注过程发生断桩或其他故障时，施工单位都必须及时通知建设、监理单位等有关部门，共同确定处理方案后再予以实施，常用的方法如下：

1）断桩处于桩的下半部分或刚开始灌注不久，可返工重做，钻进至孔底标高后清孔、灌注；

2）断桩在接近地面处，则停止灌注，改用挖孔桩方式下挖至混凝土顶，将有夹泥的顶层混凝土凿除，然后采用普通灌注方法灌注至设计标高；

3）断桩在桩身中段，可压入钢护筒，抽干孔内泥浆，凿除顶层不合格混凝土，冲洗桩孔，然后采用普通灌注方法灌注。若当时能及时排除故障，可采用第二次剪球、封底方法继续灌注水下混凝土，但必须做断桩缺陷处理，并经检测合格后才能使用；

4）若以上三种处理方法均不能排除缺陷，则必须按废桩处理；凿除或冲毁后重新灌注。

9.控制混凝土试件留置，完成试验检测

1）施工单位留取足够组数的混凝土试件以完成试验检测。

2）监理单位应监督施工单位完成上述工作，同时抽检试件，一般按规定为 10%～20%，但考虑到桩基是重要的承重、隐蔽工程，为确保其承载力达到设计值，可要求每根桩都要抽检一组试件，具体工程项目要求可能有所不同。监理工程师应到现场随机取料、独立制作和养护试件。

3）应至少留取一组试件用于检查 7d 龄期混凝土强度，至少留取一组试件作为应急备用。

10.完成实体检测

按设计、规范要求对桩体完整性及承载力进行检测，检测方法、检测标准详见《城市轨道交通土建工程质量安全管理概论》第八章。

（三）分项分部工程验收管理

1.钻孔灌注桩质量验收标准，根据《地下铁道工程施工质量验收标准》GB/T 50299—2018（见表 6-1-3），其中施工单位与监理单位的检验数量参考了北京市《轨道交通车站工程施工质量验收标准》QCD-006—2018；对于作为基础承重的端承桩而言，按《建筑基桩检测技术规范》JGJ 106—2014 对桩基承载力和桩身完整性检测数量作了补充；钻孔灌注桩根据成孔方式不同，有不同的验收标准，可参考《建筑地基基础工程施工质量验收标准》GB 50202—2018 相关规定。基础桩的成孔允许偏差表 6-1-4。施工及监理单位质检人员必须正确选择所对应的在施车站灌注桩的标准进行验收。

钻孔灌注桩质量验收标准　　　　　　表 6-1-3

分项工程	质量验收内容及标准	检验数量及检验方法
主控项目	钻孔灌注桩的原材料和混凝土强度必须符合设计要求	检验数量：混凝土试件制作，围护结构同一配合比混凝土试件每 5 根不应少于 1 组；结构桩直径为 1m 或单桩混凝土方量大于 25m^3，每根桩应留置一组试件，直径小于等于 1m 或单桩混凝土方量不超过 25m^3，每灌注台班不应少于留置一组试件。施工单位按原材料进场的批次和产品的抽样检验方案检验，监理单位见证或平行检查施工单位检查数量的 30%。 检验方法：检查抗压强度试验报告
主控项目	桩基承载力应符合设计文件要求，其检测应符合现行行业标准《建筑基桩检测技术规范》JGJ 106—2014 的规定（其中又规定了施工完成的工程桩应进行单桩承载力和桩身完整性检测）	检验数量： 1.桩身完整性检测方法： 对设计等级为甲级或地质条件复杂，成桩质量可靠性低的灌注桩，抽检数量不应少于总数的 30%，且不应少于 20 根；其他桩基工程的抽检数量不应少于总数的 20%，且不应少于 10 根；对混凝土预制桩及地下水位以上且终孔后经过核验的灌注桩，检验数量不应少于总桩数的 10%，且不得少于 10 根；每个柱子承台下不得少于 1 根。 2.承载力检验： 对于地基基础设计等级为甲级或地质条件复杂，成桩质量可靠性低的灌注桩，应采用静载荷试验的方法进行检验，检验桩数不应少于总数的 1%，且不应少于 3 根，当总桩数少于 50 根时，不应少于 2 根。 检验方法：桩基承载力试验报告
一般项目	围护结构灌注桩的桩位必须符合设计要求，其允许偏差为：顺轴线方向 ±100mm，垂直轴线方向 0～+50mm	施工单位、监理单位全数检查。 经纬仪和全站仪测量、钢尺量测
一般项目	成孔深度允许偏差为 0～300mm	施工单位、监理单位逐孔检查。 用测绳量测

续表

分项工程	质量验收内容及标准	检验数量及检验方法
一般项目	钢筋笼的制作和安装方向应符合设计文件要求，主筋间距允许偏差应为±10mm，长度允许偏差应为±50mm，直径允许偏差为±10mm，箍筋间距允许偏差应为±20mm	施工单位全部检查，监理单位见证或平行检验施工单位检查数量的30%或10%。 检验方法：用钢尺量测
	围护结构灌注桩桩身垂直度允许偏差应小于或等于1%	施工单位全部检查。 检验方法：吊线量测，测斜仪
	钻孔灌注桩基础桩的成孔允许偏差，另见表6-1-4	施工单位全部检查。 检验方法：测量检查，钢尺量测

（摘自《地下铁道工程施工质量验收标准》GB/T 50299—2018）

2. 灌注桩基础的成孔允许偏差

基础桩的成孔允许偏差　　　　　　　　　　　　　　　表 6-1-4

检验项目	允许偏差	检验数量及方法
桩位（mm）	群桩：100；单桩或排桩：50	每桩检查 测量检查，钢尺量测。
孔深（mm）	摩擦桩：不小于设计文件规定值；端承桩：-20～+50	
孔径（mm）	不小于设计文件规定值	
垂直度（%）	≤1	
沉渣厚度（mm）	不大于设计文件规定值；且摩擦桩 不大于300，端承桩不大于100	
清孔后泥浆指标	相对密度：1.10～1.20；黏度：20s～25s；含砂率：<4%	
钢筋骨架底面高程（mm）	±50	

（摘自《地下铁道工程施工质量验收标准》GB/T 50299—2018）

3. 分层次组织验收

桩基础工程为子分部工程，应按程序进行检验批、分项、子分部工程的验收，验收中应注意做到以下两点。

1）隐蔽工程验收，钢筋笼制作与吊装完成均应按程序进行隐蔽工程验收。

2）首件验收

地面、高架车站工程将钻（挖）孔桩钢筋笼加工制作及第一段桩顶冠梁钢筋绑扎作为首件验收项目。

三、高架车站混凝土承台施工质量管理

按划分表承台属于地基与基础分部工程中的子分部工程,包含钢筋、模板、混凝土三个分项工程。承台位于地表以下,应对基坑进行围护,按基坑开挖与支护结构设计方案(详见第二章第一节)完成后,方可进行承台施工。

一般高架车站承台结构属于大体积混凝土,见图6-1-1。

图 6-1-1 承台示意图

(一)施工准备管理

施工准备管理同前述,应注意以下几点。

1. 资源准备

1)混凝土供应能力应满足连续浇筑的要求,不宜低于单位时间所需量的1.2倍。

2)混凝土养护所用保温材料应备齐,并派专人负责测温管理。

3)用于混凝土浇筑的设备,浇筑前应全面检修和试运转,其性能和数量应满足连续浇筑的需要。

4)混凝土测温监控设备宜按规范规定配置和布设,标定调试正常。

2. 技术准备

1)承台施工前应进行图纸会审。

2)制订专项施工方案,方案中应提出混凝土综合抗裂措施,履行相关的审批手续。

3)承台施工前,应对工人进行专业培训,并逐级进行技术交底。

3. 现场条件准备

1)施工现场的供水、供电应满足混凝土连续施工的需要,当有断电可能时,应有双路供电或自备电源等措施。

2)混凝土的场内、外运输条件已具备。

(二)承台施工质量控制

1. 钢筋、模板

钢筋、模板各工序的施工同常规,见图6-1-2,详见第二章。但应注意车站站厅层框架柱预留钢筋的位置、数量、规格、型号。

2. 混凝土

承台大体积混凝土质量管理要点详见第二章明挖车站与区间中相关内容。应特别注意振捣方法及浇筑顺序，振捣搭接宽度应足够，确保大体积混凝土的密实。承台应分部浇筑，顺序见图 6-1-3。

图 6-1-2 承台钢筋模板

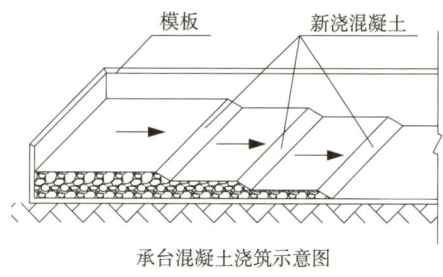

图 6-1-3 承台混凝土浇筑示意图

（三）承台验收管理

1. 验收标准，见表 6-1-5（摘自《地下铁道工程施工质量验收标准》GB/T 50299—2018）

承台与墩台质量验收标准　　　　　　　　　　　　表 6-1-5

分项工程		质量验收内容	检验数量及方法
承台与墩台	主控项目	混凝土表面应平整，棱角平直，不应有露筋和空洞	全数检查 观察检查
		蜂窝麻面面积不应超过单面面积的 0.5%，深度不应超过 10mm，混凝土的裂缝控制应符合现行国家标准《混凝土结构工程施工质量验收规范》GB 50204—2015 的规定	全数检查 观察检查、钢尺量测
	一般项目	承台的允许偏差及检验数量应符合表 6-1-6 规定	测量检查、钢尺量测
		墩身、台身的允许偏差及检验数量应符合表 6-1-7 规定	测量检查、钢尺量测
		墩帽、台帽和盖梁的允许偏差及检验数量应符合表 6-1-8 规定	测量检查、钢尺量测

2. 允许偏差

承台的允许偏差及检查数量　　　　　　　　　　　　　　　表 6-1-6

检验项目	允许偏差（mm）	检验数量
断面尺寸	±20	检查 2 个断面
顶面高程	±10	检查 8～10 处
轴线偏位	±15	纵横各检查 2 点
结构高度	±20	检查 8～10 处
平整度	8	每 20m² 检查 1 处

墩身、台身允许偏差及检验数量　　　　　　　　　　　　　表 6-1-7

检验项目	允许偏差（mm）	检验数量
断面尺寸	±10	检查 3 个断面
垂直度	0.25%H 且不大于 25	检查 2 点
顶面高程	±10	检查 3 处
轴线偏位	±10	检查 2 点
错台	5	检查 4 处
平整度	5	每 20m² 检查 1 处

墩帽、台帽和盖梁的允许偏差　　　　　　　　　　　　　　表 6-1-8

检验项目	允许偏差（mm）	检验数量
断面尺寸	-10～+20	检查 3 个断面
轴线偏位	±10	检查 2 点
顶面高程	±10	检查 3 处

四、桩基础工程安全、职业健康和环境管理

施工单位与监理单位按照各自企业的贯标文件，建立健全项目部安全职业健康及环境管理机构、体系，履行合同文件及规范规定的各项职责。临时用电、动火、塔吊、大型机械使用等的安全管理，以及相关职业健康和环境管理各项措施详见《城市轨道交通土建工程质量安全管理概论》第四章，特别应注意的要点如下。

（一）安全管理

1. 保护地下管线

按照相关规定，施工前施工单位应对施工区域内各种地上/地下管线及建（构）筑物情况进行摸查，对邻近地上/地下管线及建（构）筑物制定安全保护方案，报监理单位审批，监理单位督促落实方案，尤其是应检查安全保护措施的实施。

2.履行桩工机械的报验

施工桩工机械、钢筋加工机械等不仅进场应向监理单位进行报验，施工过程中还应定期检查机械设备安全使用情况，做好定期保养维护，确保正常使用。

3.吊装前的条件核查

根据《住房和城乡建设部办公厅关于加强城市轨道交通工程关键节点风险管控的通知》《建办质68号文》规定，灌注桩使用大型起重设备若符合文件规定条件，吊装属于风险控制关键节点，施工前应进行条件核查，通过核查后方可吊装。核查的具体内容、要求详见《城市轨道交通土建工程安全管理概论》第四章第一节。

4.若桩基采用人工挖孔工艺，也应按《建办质68号文》进行条件核查。

（二）职业健康和环境管理

1.若采用人工挖孔桩施工，职业健康管理应按有限空间作业相关规定执行。

2.节能和环保

施工中使用桩工机械消耗大量资源、能源，施工中产生噪声，使用泥浆均为污染源，应采取各项节能和环境保护措施，确保各种废弃物排放及噪声排放达标。控制泥浆排放，不得污染环境。

3.标准化施工

高架车站在施工现场的各种作业区面积不大，应按照标准化图集做好作业区布置，以求在有限的面积内有序布置各种设施。

以上具体措施详见《城市轨道交通土建工程安全管理概论》第四章相关内容。

第二节 高架车站的主体结构质量安全管理

高架车站的主体结构，按划分表为高架结构中的分部工程，包括混凝土结构、钢结构、砌体，以及施工缝、变形缝，后浇带等子分部工程，下含若干分项工程。钢筋混凝土结构和砌体结构质量安全管理均在第二章明挖中论述，钢结构中的部分内容已在第九章车辆基地论述，故本章不再重复。本节仅论述混凝土结构的质量安全管理。

一、高架车站的结构特点

（一）"桥建分离"车站

桥建分离车站指主体建筑与轨道桥梁的结构完全分开，轨道桥梁从车站建筑旁穿过的车站结构，如图6-2-1，也称"站桥分离"车站。该种结构类型受力分析比较清晰，车站内行车梁部分即原高架区间的桥梁结构（一般经济跨径为30m），承担列车荷载，而行车梁以外的车站部分为框架结构，其内布置站台、站厅层，属于房建结构体系（一般经济跨径为10～12m），承担除列车荷载之外的一切荷载。

该类型车站的优点是：结构体系传力途径明确，受力简单，可分别按桥梁和房建规范设计；振动和噪声对周围环境影响小，结构耐久性好；便于处理与区间接口；基础不均匀沉降和车站建筑振动问题可得到解决。缺点是：建筑平面布局不灵活，对车站功能布置有影响。又因桥梁与房建结构分开布置，车站柱可能较大或较多，车站体量显得较大。

（二）"桥建合一"车站

桥建合一车站指行车轨道梁支承在车站框架横梁上，车站结构与桥梁结构结合共同受力，即盖梁、墩柱、基础为桥梁结构和房建结构共有，桥梁横向框架与房建结构纵向梁板整体浇筑，形成空间框架体系，见图6-2-2，也称"站桥合一"车站。

高架车站主体多采用钢筋混凝土现浇框架结构，行车轨道梁采用节段拼装预应力简支梁，一层为站厅层，一层为站台层。轨道梁与框架横梁结合部位设置盆式橡胶支座。车站主桥墩采用双柱墩。车站基础采用与区间桥梁相同的桩基础，车站围护结构多为弧形钢结构，铝镁锰合金屋面板与百叶结合，解决车站通风采光的要求。

该类型车站优点是，柱网布置、结构受力合理，整体性、稳定性好，车站建筑布置灵活。缺点是，列车振动对站房影响明显，空间框架结构计算复杂，结构传力途径不太明确，框架结构受载不均匀，易造成基础不均匀沉降，特别是在地质条件较差时，一旦发生，将损坏结构，且修复困难。

"桥建合一"结构在高架线路上应用较多，根据主体结构横向墩柱受力形式（单柱或者双柱、三柱或三柱以上），以及轨道结构与主体结构连接方式（刚接、支座铰接）可分为以下四类，见表6-2-1。

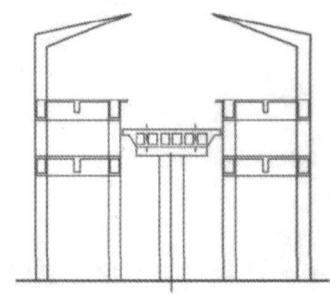 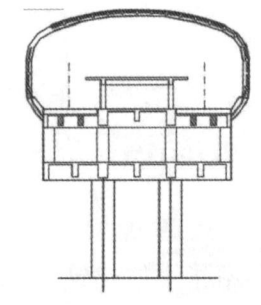

图6-2-1 "桥建分离"车站　　图6-2-2 "桥建合一"车站

第六章 地面及高架车站工程质量安全管理

桥建合一车站结构分类表　　表 6-2-1

车站类别	横向墩柱数量（个）	轨道结构连接方式	应用
纯桥支承式	<3	铰接	
以桥为主式	<3	刚接	
以建为主式	≥3	铰接	是目前最常用的一种类型
纯建支承式	≥3	刚接	应用不多，只有当站台层高程严格受限时，方采用此类型，如北京地铁 14 号线张郭庄站等车站。高架车站先形成以空间框架为主的建筑结构，再在其上形成连续楼板，承轨台直接作用其上

（三）高架车站结构应用示例

青岛蓝色硅谷交通配套项目（即 11 号线）起点为苗岭路和深圳路交口处，终点为即墨市大桥盐场，全长 59.2km。全线共设 22 座车站，包括 4 座地下站及 18 座高架站，地下站全部为暗挖施工，高架站为"桥建合一"框架结构车站。

钱谷山站位于 S297 省道与 S293 省道交叉口以西约 250m 处，车站呈东西向布置，周围规划地块为填海造地。

本站为标准地面二层（局部有地下一层）侧式站台车站，为"桥建"合一的 4 柱 3 跨式二层现浇混凝土框架结构，车站站台层与高架区间一端采用预制 U 形梁相接，另一端采用现浇箱梁连接。

车站总长度 118m，总宽度约 23.2m，总高度约 7.85m，纵向 10 跨，柱跨度为 9m。屋盖采用轻钢结构 + 金属屋面，实体及剖面见图 6-2-3 和图 6-2-4。

车站地上一层分为两大区域，西端为公共区，即站厅层，是乘客进出车站的主要通道；东端为设备及管理用房区，如车站控制室、通信信号设备用房、供电设备用房等，电缆夹层、消防水池、雨水泵房等位于设备及管理用房的下面，即局部地下一层。

车站地上二层为站台层，包含站台、轨行区和附属用房（设置在站台两端），两侧站台分别设置扶梯、楼梯及直梯。

图 6-2-3 "桥建合一"车站实体图

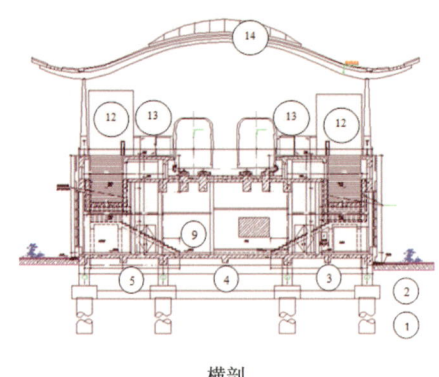

横剖

纵剖

图例：① 桩基 ② 承台 ③ 消防水池 ④ 雨水泵房 ⑤ 电缆夹层 ⑥ 墩柱 ⑦ 盖梁 ⑧ 预制 U 形梁 ⑨ 设备用房 ⑩ 站厅层 ⑪ 现浇连续梁 ⑫ 站台附属用房 ⑬ 站台层 ⑭ 钢结构屋面

图 6-2-4 车站结构剖面图

二、高架车站主体结构工程质量管理

现以钱谷山高架车站为例，综述主体结构施工控制要点。

（一）施工准备管理

施工准备管理基本内容同前，需要注意几点。

1. 熟悉结构施工图，正确运用规范。

施工技术管理人员应特别注意，高架车站的结构为两类结构同时施工，施工及质量检查、验收应执行两种规范，不可混淆。

"轨道梁、支承轨道梁的横梁、支承横梁的柱等构件及基础承受列车动荷载，应满足《铁路桥涵设计规范》TB 10002—2017（简称《桥规》）的要求；其余的车站建筑结构构件，应满足《建筑结构设计规范》（简称《建规》）的要求"。

2. 专项施工方案

高架车站的结构施工，脚手架及模板支架的安装和拆除至关重要，按规定属于危大、超危大的分项分部工程，也是风险关键节点之一，施工单位编制专项施工方案，可与高架区间方案合并，方案中应包含脚手架及模板支架设计，施工、监理单位应按程序履行审核、论证、审批手续。

3. 现场条件准备

高架车站施工现场应布设施工便道，需分层碾压，浇筑30cm厚C40混凝土，以便于预制梁架设及现浇连续梁施工。

（二）施工过程质量管理

高架车站的主体结构施工，应紧随桩基承台之后，依次完成站厅层（首层）、站台层（二层）的框架柱、梁、板的钢筋混凝土工程及屋面结构，随后完成附属工程的施工。

高架车站主体结构中的混凝土结构所含钢筋、模板、混凝土等分项工程的施工质量控制基本同明挖车站，详见第二章相关内容。此处综合叙述应注意之处。

1. 脚手架及模板支架的架设

高架车站距地面较高，浇筑前必须搭设脚手架，应合理选择脚手架支撑体系和模板类型，严格按照批准的专项施工方案搭设及拆除本工程脚手架的选择为：

1) 首层和二层的框架楼板均采用满堂红碗扣脚手架作为整体支撑。

2) 首层脚手架支撑基础底面为3:7灰土分层夯实，二层脚手架基础为首层顶板结构，确保脚手架基础稳固。

2. 车站主体结构防水工程

高架车站的防水，主要是±0.000以下结构部位，如电缆夹层、电梯井、废水坑和消防水池、消防泵房等，防水方式可为外包和内防水。其中，电缆夹层为重要设备房间，防水等级多为一级。此外在±0.000以上的站厅层内的涉水房间，如卫生间、饮水处、消防泵房等也需做防水。高架车站站台层的屋面结构也应施作防水。各部位参见图6-2-4所示。

防水的等级和做法按设计图纸的要求执行，具体控制措施同第二章明挖工程相关内容。

3. 预留孔洞及预埋件

主体结构混凝土施工中，注意各预留孔洞及预埋件的预留。施工单位要认真核对建筑图与结构图，不得漏留，且应控制其位置、尺寸符合设计要求。

4. 混凝土浇筑高度

混凝土应分层浇筑，在施工方案中合理确定每次浇筑的高度，浇筑时严格执行，见图6-2-5。

站桥合一高架车站施工形象部位见图6-2-6。

5. 正确处理框架横梁与框架柱之间的节点

"桥建合一"车站存在支承轨道横梁（轨道行车梁）与框架横梁连为一体的框架柱设计问题。框架横梁与框架柱作为框架结构的一部分，一方面要满足工民建规范的框架空间计算及抗震计算和构造要求，另一方面，框架横梁作为轨道梁支座，而框架柱作为框架横梁支承点，直接承受列车活载，还需满足桥梁规范要求，两者之间的结点处理更为重要，框架横梁与框架柱都必须满足两种规范要求。

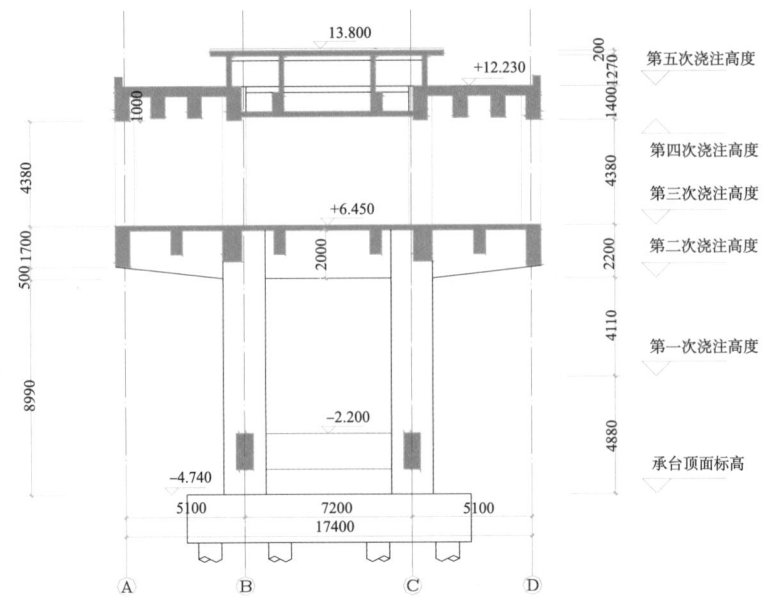

图 6-2-5　车站主体结构混凝土分层浇筑示意图

图 6-2-6　站桥合一高架车站施工形象部位图

（三）分项、分部验收管理

1. 质量验收标准

车站框架结构现浇连续梁的混凝土质量验收标准，同第二章明挖车站中相关标准。

2. 隐蔽工程验收

防水、钢筋工程应进行隐蔽工程验收。

3. 按程序组织检验批、分项工程验收。

4. 按程序组织主体结构分部工程验收

说明：区间上部U梁结构、轨道行车梁结构由专业队伍施工和验收，不属本书范围，此处从略。

三、主体结构工程安全、职业健康和环境管理

高架车站主体结构施工安全、职业健康和环境管理各项相关客观管理，如大型机械使用、临时用电、脚手架的搭设与拆除，特别是高空作业防坠落等安全措施以及施工中各种污染的防护措施，详见《城市轨道交通土建工程质量安全管理概论》第四章，特别应注意的要点如下。

（一）安全管理

1. 加强危大工程管理

起重机械安装、拆卸作业、起重机械使用、脚手架工程、模板支架等属于危险性较大的分部分项工程，应严格遵守《危险性较大的分部分项工程安全管理规定》（住建部令第37号）的规定。

2. 模板支架搭设管理

支架搭设前，必须按施工方案要求做好地基处理，并由项目部安全、技术人员进行专项验收合格，报监理审核后方可施工。支架搭设完成，必须经项目部技术、安全部门自检合格后，报监理工程师验收，合格后张挂验收牌方可进行下道工序施工。

3. 对道路及路基的要求

大型机械通行的路径和作业位置的地基必须坚实平整，防止倾覆。

（二）职业健康和环境管理

高架车站上部结构施工中，有焊接光污染、混凝土振捣噪声、金属屋面防腐和防火涂装造成的化学污染等。针对它们对施工人员的身体健康和环境的影响，应采取相应的防治措施。

第三节　建筑屋架及屋面质量安全管理

按建设工程划分，地面及高架车站工程建筑屋面为分部工程，含6个子分部工程：基层与保护、保温与隔热、防水与密封、瓦屋面与板面、隔热屋面、细部构造等，其下又含若干分项工程。在城市轨道交通高架车站建筑中，常用板状材料保温层、金属板材屋面，一般不设置隔热屋面。以下论述防水与密封和细部构造施工质量。根据实际工程需要本节增加建筑屋架工程。

一、屋架结构施工质量管理

屋架是承受屋面荷载和支撑屋面体系的结构,并将屋面荷载传给其下的结构,一般荷载作用于屋架的构件及节点上。屋架上依次敷设保温隔热层、防水层和屋面。以下简述钢屋架和金属屋面板的制作安装质量控制。

(一)钢屋架基本概念

1. 屋架结构及分类

按材质可分为钢筋混凝土或钢结构,城市轨道交通工程中的车站多用后者。按受荷的大小,适用的跨度,截面及构造将屋架分为三类:普通钢屋架、钢管屋架和轻钢屋架。

按结构形式分为平面结构和空间结构(网架结构)。

按构造可分为两类,一是无檩体系,大型屋面板直接铺在屋架上,通过屋面板肋上预埋件与屋架焊接连接;二是有檩体系,先放檩条,再放屋面板,檩条和屋面板可用挂钩螺栓相连。当檩条跨度大时,屋面板一般采用压型钢板。当压型钢板或压型铝板与檩条进行可靠连接后,能有效地传递屋面纵横方向的水平力,提高屋面的整体刚度。

2. 钢屋架结构的构成与外形

通常包括:钢屋架,托架,天窗架,檩条,屋面板,屋架与主体结构柱简支连接或刚接连接。当柱距较大,檩条或屋面板跨度大,则截面大,不经济,故设托架,托架上设屋架托架在纵向排架内托架的上弦和屋架的下弦在一个平面上。钢屋架常用外形有:三角形,梯形,平行弦及曲线形等多种型式。

(二)钢屋架的安装

关于钢屋架构件的制作、工厂内的预拼装等质量控制按照《钢结构工程施工质量验收规范》GB50205—2001中单层或多层钢结构安装相关规定执行,此处省略。屋架用焊接或栓接方法空间连接各构件成整体钢屋架。

现仍以钱谷山车站为例,其首层站厅层为钢筋混凝土框架结构,二层站台层为轻钢结构,其柱为箱型钢柱上接Y形柱,高度约为6m,主梁为弧形钢梁,长度30.6m,次梁为箱形钢梁、H型钢梁,长度约为9m。构件截面大布置难度大,精度要求高。屋架构造从下向上依次敷设主檩、次檩、镀铝锌压型钢板。钢屋架构件的吊装流程为:钢柱——主梁——次梁——焊接。钢架安装前准备工作同常规。安装过程管理如下。

1. 钢柱安装

1)钢柱吊装工艺流程,见图6-3-1。

在站厅层楼板上安装预埋钢板,其上安装第一节柱、二节Y形柱,组成站台层的钢结构框架柱,见图6-3-2。

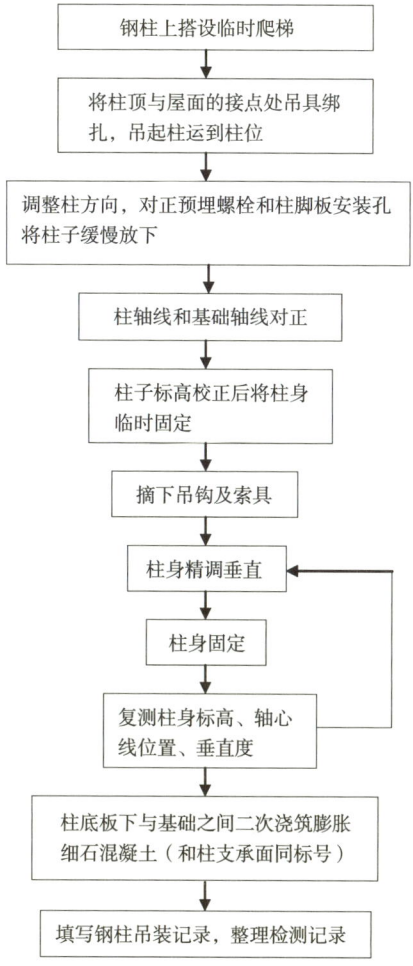

图 6-3-1　钢柱吊装工艺流程图

图 6-3-2　站台层一节柱安装

2）Y 形钢柱安装

（1）安装前在地面上以钢柱中心线为基准，向两侧放好两斜柱上端口垂直地面点，钢柱安装完后，用经纬仪检测 Y 形柱两端口中心点对准地面点。Y 形钢柱两斜柱之间依据图纸尺寸做好临时支撑。

（2）待整体结构安装校正完毕后，才能拆除临时支撑。

2. 主钢梁安装

1）弧形梁地面拼装：先在地面做好拼装胎具，按图纸尺寸放样抄平，拼装时按设计要求预留弧形梁拱高，为防止起吊时弧形梁变形，在弧形梁两端与中间点做两道临时支撑。见图 6-3-3。

2）吊装固定弧形主梁就位，主梁两端吊装至 Y 形柱两斜拉顶上，焊接或栓接固定。

3）依次吊装弧形钢梁，第一榀弧形梁安装后用两组 $\phi16$ 揽风绳，每组两根，四个 3t 倒链，固定见图 6-3-4。检测其标高、垂直度、拱高符合设计要求后固定，再安装第二榀弧形梁，同法固定。

4）弧形梁安装检测：用水准仪检测其挠度，用经纬仪检测其垂直度，均应满足设计与规范要求。

3. 次梁安装

1）吊装箱形次梁在两榀弧形主梁之间就位，焊接连接端点，形成一个刚性单元，屋架主、次梁焊接，见图 6-3-5 和图 6-3-6，屋架安装效果，见图 6-3-7。

2）依次安装其后续主梁、焊接次梁并涂装，见图 6-3-8。

4. 天窗安装

主梁与箱形次梁栓接、调整完成后，在每两榀主梁之间吊装天窗管桁架，箱型次梁预留耳板插入管桁架两端预留孔，调整完成后安装两侧 H 次梁，H 次梁高强螺栓紧固后开始焊接桁架两端接口、箱型次梁与主梁接口。

图 6-3-3　主梁地面拼装

图 6-3-4　首根主梁吊装

· **第六章** 地面及高架车站工程质量安全管理 ·

图 6-3-5 屋架主、次梁焊接

图 6-3-6 屋架主、次梁节点焊接

图 6-3-7 部分主梁、次梁安装后效果

图 6-3-8 屋架主、次梁焊接涂装完成

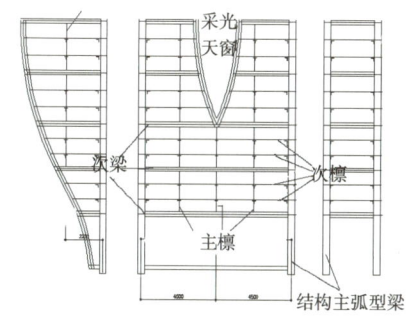

图 6-3-9 梁、檩、天窗构造平面图

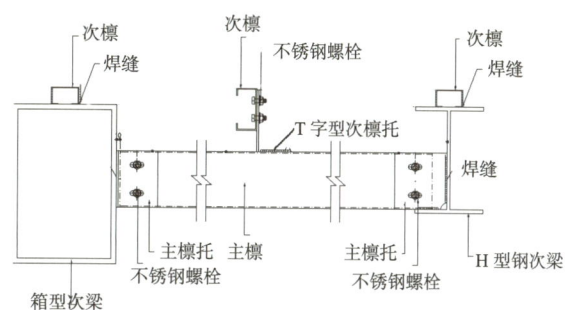

图 6-3-10 主檩、次檩安装图

5. 主檩条和次檩条的安装

主檩安装方向与主梁平行，与次梁垂直，采用檩托与次梁连接；檩托按设计位置与次梁焊接，与主檩栓接；次檩安装方向与次梁平行，与主檩垂直；次檩与次梁以焊接形式连接，与主檩通过檩托螺栓连接。见图 6-3-9 和图 6-3-10。

6. 钢屋架安装检验与验收

1）钢屋架栓接验收标准，见表 6-3-1。

钢结构栓接（紧固件）分项工程按照普通螺栓连接和高强度螺栓连接的内容进行验收。

钢结构栓接（紧固件）分项工程质量验收标准　　　　表 6-3-1

分项工程		质量验收内容	检验数量及方法
普通螺栓连接	主控项目	普通螺栓作为永久性连接螺栓时，当设计有要求或对其质量有疑义时，应进行螺栓实物最小拉力载荷复验，其结果应符合现行国家标准《紧固件机械性能 螺栓、螺钉和螺柱》GB 3098.1—2010 的规定	每一规格螺栓抽查 8 个。检查螺栓实物复验报告
		连接薄钢板采用的自攻螺、拉铆钉、射钉等其规格尺寸应与连接钢板相匹配，其间距、边距等应符合设计要求	按连接节点数抽查 1%，且不应少于 3 个。观察和尺量检查
	一般项目	永久普通螺栓紧固应牢固、可靠、外露丝扣不应少于 2 扣	按连接节点数抽查 10%，且不应少于 3 个。观察和用小锤敲击检查
		自攻螺栓、钢拉铆钉、射钉等与连接钢板应紧固密贴，外观排列整齐	按连接节点数抽查 10%，且不应少于 3 个。观察或用小锤敲击检查
高强度螺栓连接	主控项目	钢结构制作和安装单位应按规范规定分别进行高强度螺栓连接摩擦面的抗滑移系数试验和复验，现场处理的构件摩擦应单独进行摩擦面抗滑移系数试验，其结果应符合设计要求	检查摩擦面抗滑移系数试验报告和复验报告
		高强度大六角头螺栓连接副终拧完成 1h 后、48h 内应进行终拧扭矩检查，检查结果应符合规范要求	按节点数检查 10%，且不应少于 10 个；每个被抽查节点按螺栓数抽查 10%，且不应少于 2 个
		扭剪型高强度螺栓连接副终拧后，除因构造原因无法使用专用扳手终拧掉梅花头者外，未在终拧中拧掉梅花头的螺栓数不应大于该节点螺栓数的 5%。对所有梅花头未拧掉的扭剪型高强度螺栓连接副应采用扭矩法或转角头进行，终拧掉的扭剪型高强度螺栓连接副应采用扭矩法或转角法进行终拧并用标记	按节点数抽查 10%，但不应少于 10 节点，被抽查节点中梅花头未拧掉的扭剪型高强度螺栓连接副全数进行终拧扭矩检查
		高强度螺栓连接副的施拧顺序和初拧、复拧扭矩应符合设计要求和国家现行行业标准《钢结构高强度螺栓连接技术规程》JGJ 82—2011 的规定	全数检查资料。检查扭矩扳手标定记录和螺栓施工记录
	一般项目	高强度螺栓连接副拧后，螺栓丝扣外露应为 2~3 扣，其中允许有 10% 的螺栓丝扣外露 1 或 4 扣	按节点数抽查 5%，且不应少于 10 个。观察检查
		高强度螺栓连接摩擦面应保持干燥、整洁，不应有飞边、毛刺、焊接飞溅物、焊疤、氧气铁皮、污垢等，除设计要求外摩擦面不应涂漆	全数检查。观察检查
		高强度螺栓应自由穿入螺栓孔。高强度螺栓孔不应采用气割扩孔，扩孔数量应征得设计同意，扩孔后的孔径不应超过 1.2d（d 为螺栓直径）	被扩螺栓孔全数检查。观察检查及用卡尺检查

续表

分项工程		质量验收内容	检验数量及方法
高强度螺栓连接	一般项目	螺栓球节点网架总拼完成后,高强度螺栓与球节点应紧固连接,高强度螺栓拧入螺栓球内的螺纹长度不应小于1.0d(d为螺栓直径),连接处不应出现有间隙、松动等未拧紧情况	按节点数抽查5%,且不应少于10个。普通扳手及尺量检查

2)钢屋架安装形成刚性单元后必须对钢结构框架进行检测,其要求如下:

(1)由于运输、堆放和吊装等造成的钢构件局部变形以及涂层脱落已矫正和修补,构件表面干净,无焊疤和污垢。

(2)车站轴线、基础标高、地脚螺栓、混凝土强度符合设计和国家规范要求。

(3)钢构件中心线和标高基准点等标记完备清楚。

(4)主体结构总高偏差符合设计要求。

(5)检验合格后方可进行焊接。

(6)轻型屋面,坡度要大些,大型屋面板,因为刚度大,坡度可以小,以满足排水要求。

(7)满足要求的前提下,尽量较少节点数,且要合理。

二、防水与密封质量管理

地面及高架车站的防水与排水工程的质量直接关系到车站的使用寿命和使用功能。防水工程质量不仅受外界气候变化和周围环境的影响,而且还与地基不均匀沉降和主体结构的变化密切相关。为保证防水效果,应做好屋面防水与密封的各个环节。

(一)施工准备管理

施工准备管理内容基本同常规,应注意以下要点。

1. 审核施工单位及人员资质

屋面防水工程为专业分包施工,施工单位可通过招标择优选定,进场时将资质报监理单位,审核专业防水分包资质满足要求。防水作业人员应持有当地建设行政主管部门颁发的上岗证。

2. 检验批划分

屋面工程各分项工程检验批划分宜按屋面面积每 500 ~ 1000m² 划分为一批,不足 500m² 的为一个检验批。

(二)施工过程质量管理

施工单位严格按照防水施工方案监督分包实施,监理单位对关键控制点、防水细部构造处理进行监理旁站,要点如下。

1. 基层检查

屋面杂物全部清理,排气道敷设完成,屋面基层牢固干净,无松动、起砂、空鼓、脱皮等缺陷;表面平整光滑、均匀一致,阴角为平整光滑的圆弧,阳角为钝角。

2. 找平层

屋面（含天沟、檐沟）找平层的排水坡度必须满足设计要求，基层与突出屋面结构的交接处和基层的转角处应做成圆弧，找平层的平整度、外观质量、分隔缝的位置和间距均应符合规范及设计要求。

3. 保温层

按照保温层设计铺贴的方式（松散、散装或整体板式）重点控制含水量、坡度、厚度及平整度。

4. 卷材防水层

重点控制卷材防水层的搭接缝、搭接宽度、收头处理、细部做法（转角部位包括阳角、阴角及三面角、管根以及天沟、檐口、女儿墙、落水口、变形缝等防水构造处理等）的施工质量。

5. 涂膜防水层

除了涂刷厚度及涂膜与基层的粘接牢固性及外观质量外，应重点控制天沟、檐沟、檐口、水落口、泛水、变形缝和伸出屋面管道的防水构造处理的质量。

6. 细石混凝土防水层

这是刚性防水的主要防水形式，重点控制防水层厚度、平整度、外观质量及各细部构造处理质量，详见前述。

7. 钱谷山车站保温层及防水层施工质量管理

1）保温层为50mm厚岩棉，必须铺平、无翘边、折叠，缝隙间挤紧严密，边角部位填充饱满，外形保持完好；保温岩棉应与屋面板充分紧贴，相互间不得出现空气间层，防止屋面结构层中间空气流动，导致金属屋面保温效果降低。

2）防水层由防水隔汽膜、防水透气膜、直立锁边铝镁锰屋面板及其他密封材料组成。防水隔汽膜的作用主要是防止车站内的水汽在屋面板上形成结露，防水透气膜的作用一是防水，二是及时排除屋面结构层中间的空气。防水隔汽膜、防水透气膜应铺贴平整，搭接长度≥100mm；

3）屋面板固定方式为隐含式直立锁边咬合连接，机械咬边。

4）屋面板安装完成后，需修剪边沿处的板边，以保证屋面板边缘整齐、美观。对檐口和天沟处的板边进行修剪，保证屋面板伸入天沟的长度与设计的尺寸一致，以防止雨水在风的作用下吹入屋面夹层中。

（三）防水各分项工程验收管理

1. 建筑屋面防水工程质量验收标准，见表6-3-2（摘自《轨道交通防水工程施工质量验收标准》QCD-006—2018）。该表适用于普通建筑物屋面保温及防水层做法，对于地铁车站屋面保温、防水做法应根据设计图纸进行，其质量除了应按照相关国标进行验收外，还应参考相应的行标及图集进行验收，如金属屋面参考《压型金属板设计施工规程》YBJ 216—88；《压型金属板建筑构造》17J925等。

建筑屋面防水与密封相关分项工程质量验收标准　　　　表 6-3-2

分项工程		质量验收内容	检验数量及方法
屋面找平层	主控项目	找平层的材料质量及配合比必须符合设计要求	施工单位、监理单位全数检查。 检查出厂合格证、质量检验报告和计量措施
		屋面（含天沟、檐沟）找平层的排水坡度必须符合设计要求	施工单位、监理单位全数检查。 用水平仪（水平尺）、拉线和尺量检查
	一般项目	基层与突出屋面结构的交接处和基层的转角处均应做成圆弧形，且整齐平顺	施工单位全数检查，监理单位按施工单位检查数的10%进行抽查。 观察和尺量检查
		水泥砂浆、细石混凝土找平层应平整、压光，不得有酥松、起砂、起皮现象；沥青砂浆找平层不得有拌合不匀、蜂窝等现象	施工单位全数检查，监理单位按施工单位检查数的10%进行抽查。 观察检查
		找平层分格缝的位置和间距应符合设计要求	施工单位全数检查，监理单位按施工单位检查数的10%进行抽查。 观察和尺量检查
		找平层表面平整度的允许偏差为 5mm	施工单位全数检查，监理单位按施工单位检查数的10%进行抽查。 用2m靠尺和楔形塞尺检查
屋面保温层	主控项目	保温材料的堆积密度或表观密度、导热系数以及板材的强度、吸水率必须符合设计要求	施工单位、监理单位全数检查。 检查出厂合格证、质量检验报告和现场抽样复验报告
		保温层的含水率必须符合设计要求	施工单位、监理单位全数检查。 检查现场抽样复验报告
	一般项目	保温层的铺设应符合下列要求： 1. 松散保温材料：分层铺设，压实适当，表面平整，找坡正确。 2. 板状保温材料：紧贴（靠）基层，铺平垫稳，拼缝严密，找坡正确。 3. 整体现浇保温层：拌合均匀，分层铺设，压实适当，表面平整，找坡正确	施工单位全数检查，监理单位按施工单位检查数的10%进行抽查。 观察检查
		保温层厚度的允许偏差：松散保温材料和整体现浇保温层为 +10 -5%；板状保温材料为 ±5%，且不得大于 4mm	施工单位全数检查，监理单位按施工单位检查数的10%进行抽查。 用钢针插入和尺量检查
卷材防水层	主控项目	卷材防水层所用卷材及其配套材料，必须符合设计及规范要求	施工单位、监理单位全数检查。 检查出厂合格证、质量检验报告和现场抽样复验报告
		卷材防水层严禁有渗漏或积水现象	施工单位、监理单位全数检查。 雨后或淋水、蓄水检验
		卷材防水层在天沟、檐沟、檐口、水落口、泛水、变形缝和伸出屋面管道的防水构造，必须符合设计要求	施工单位、监理单位全数检查。 观察检查和检查隐蔽工程验收记录

续表

分项工程		质量验收内容	检验数量及方法
卷材防水层	一般项目	搭接缝应粘(焊)接牢固，密封严密，不得有皱折、翘边和鼓泡等缺陷，收头应与基层粘结并固定牢靠，缝口封严，不得翘边，卷材防水层上的撒布材料或浅色涂料保护层应铺撒或涂刷均匀，粘结牢固；水泥砂浆、块材或细石混凝土保护层与卷材防水层间应设置隔离层；刚性保护层的分格缝留置应符合设计要求	施工单位、监理单位全数检查。观察检查。施工单位全数检查，监理单位按每施工段抽查1处，每处10m²，且不得少于3处。观察检查
		排气屋面的排气道应纵横贯通，不得堵塞，排气管应安装牢固，位置正确，封闭严密	施工单位全数检查，监理单位按每施工段抽查1处，每处10m²，且不得少于3处。观察检查
		卷材的铺贴方向应正确，搭接宽度允许偏差应为5mm	施工单位全数检查，监理单位按搭接缝数量的20%抽查。尺量检查
涂膜防水层	主控项目	防水涂料和胎体增强材料必须符合设计及规范要求	施工单位、监理单位全数检查。检查出厂合格证、质量检验报告和现场抽样复验报告
		涂膜防水层严禁有渗漏或积水现象	施工单位、监理单位全数检查。淋水、蓄水和雨后观察
		涂膜防水层在天沟、檐沟、檐口、水落口、泛水、变形缝和伸出屋面管道的防水构造，必须符合设计要求	施工单位、监理单位全数检查。观察检查和检查隐蔽工程验收记录
	一般项目	涂膜防水层涂抹应均匀，平均厚度、最小厚度应符合设计要求	施工单位全数检查，监理单位按每施工段抽查1处，每处10m²，且不得少于3处。针测法或割取20mm×20mm实样用卡尺测量
		涂膜防水层应与基层牢固粘结，表面平整，无流淌、皱折、鼓泡、露胎体和翘边等缺陷	施工单位全数检查，监理单位按每施工段抽查1处，每处10m²，且不得少于3处。观察检查
		涂膜防水层上的撒布材料或浅色涂料保护层应铺撒或涂刷均匀，粘结牢固；水泥砂浆、块材或细石混凝土保护层与涂膜防水层间应设置隔离层；刚性保护层的分格缝留置应符合设计要求	施工单位全数检查，监理单位按每施工段抽查1处，每处10m²，且不得少于3处。观察检查
细石混凝土防水	主控项目	细石混凝土的原材料和配合比必须符合设计要求	施工单位、监理单位全数检查。检查出厂合格证、质量检验报告、计量措施和现场抽样复验报告
		细石混凝土防水层严禁有渗漏或积水现象	施工单位、监理单位全数检查。雨后或淋水、蓄水检查
		细石混凝土防水层在天沟、檐沟、檐口、水落口、泛水、变形缝和伸出屋面管道的防水构造，必须符合设计要求	施工单位、监理单位全数检查。观察检查和检查隐蔽工程验收记录
	一般项目	细石混凝土防水层表面平整、压实抹光，不得有裂缝、起壳、起砂等缺陷	施工单位全数检查，监理单位按每施工段抽查1处，每处10m²，且不得少于3处。观察检查

续表

分项工程		质量验收内容	检验数量及方法
细石混凝土防水	一般项目	细石混凝土防水层的厚度和钢筋位置应符合设计要求	施工单位全数检查，监理单位按每施工段抽查1处，每处10m²，且不少于3处。观察和尺量检查
		细石混凝土防水层分格缝的位置和间距应符合设计要求	施工单位全数检查，监理单位应按分格缝数量的10%抽查。观察和尺量检查
		细石混凝土防水层表面平整度的允许偏差应不大于3mm	施工单位全数检查，监理单位按每施工段抽查1处，每处10m²，但不少于3处。用2m靠尺和楔形塞尺检查
密封材料嵌缝	主控项目	密封材料的质量必须符合设计要求	施工单位、监理单位全数检查。检查出厂合格证、配合比和现场抽样复验报告
		密封材料嵌填必须密实、连续、饱满，粘结牢固，无气泡、开裂、脱落等缺陷	施工单位、监理单位全数检查。观察检查
	一般项目	嵌填密封材料的基层应牢固、干净、干燥，表面应平整、密实	施工单位、监理单位全数检查。观察检查
		密封防水接缝宽度允许偏差为±10%，接缝深度为宽度的0.5～0.7倍	施工单位、监理单位全数检查。尺量检查
		嵌填的密封材料表面应平滑，缝边应顺直，无凹凸不平现象	施工单位、监理单位全数检查。观察检查

2. 屋面工程隐蔽工程验收

主要应包括以下各项：

1）卷材、涂膜防水层的基层；

2）保温层的隔汽和排汽措施；

3）保温层的铺设方式、厚度、板材缝隙填充质量及热桥部位的保温措施；

4）接缝的密封处理；

5）瓦材与基层的固定措施；

6）檐沟、天沟、泛水、水落口和变形缝等细部做法；

7）在屋面易开裂和渗水部位的附加层；

8）保护层与卷材、涂膜防水层之间的隔离层；

9）金属板材与基层的固定和板缝间的密封处理；

10）坡度较大时，防止卷材和保温层下滑的措施。

3. 按程序组织检验批、分项工程验收。

三、金属板材屋面质量管理

金属屋面是覆盖在钢结构屋架上的围护结构，是一种采用金属板材作为屋盖材料，承受屋面荷载，将结构层和防水层合二为一的一种屋盖形式，可谓建筑物的"外衣"，能够充分体现建筑之美。见图 6-3-11 和图 6-3-12。

图 6-3-11　金属屋面板施工

图 6-3-12　金属屋面完成后示意图

20 世纪 70 年代末，建筑用压型钢板新材料、新技术从国外引进。随着改革开放经济发展的深入，金属屋面在我国发展迅速，各地大型体育场馆、机场航站楼、剧院以及展览馆等建筑大量采用金属屋面；近 10 多年也广泛用于高铁车站以及城市轨道交通车站建筑，金属屋面为城市景观增添了色彩。

金属屋面或因设计欠妥，或因施工质量差，易发生被大风掀起、建筑内部漏水等质量问题，严重影响美观、形象和使用功能，近年来多有报道，如 2010 年冬，北京地铁房山线广阳城站金属板被大风掀掉约 300～400m²，此后该线又有其他地铁站屋面金属板被大风掀掉，给后期的运营管理带来很大的安全质量隐患。现正进行重新改造，原设计、施工、监理单位均参与。这提醒我们在注重建筑物美观的同时，必须认真对其质量进行监管。

目前有部分工程采用直立锁边铝镁锰合金金属屋面系统，该系统针对大跨度屋面板块的连接方式用其特有的铝合金固定支座，板块与板块的直立锁边咬合形成密合的连接，完全由机械自动完成，该连接方式可解决因热胀冷缩所产生的板块应力对变形的影响。又因整个屋面没有钉孔，杜绝了由系统螺钉固定方式所造成的漏水隐患，可做成超长板面而无需断开，具有较强的防风、防雨功能。

（一）金属屋面板施工准备管理

施工准备内容同常规，应注意以下几点。

1. 检验批划分

压型金属板的制作和安装工程可按变形缝、楼层、施工段或屋面、墙面、楼面等划分为一个或若干个检验批。

2. 压型金属板安装应在钢屋架安装工程验收合格后进行。

3. 施工机械准备

金属屋面面板制作所需机械,如压型机、锁边机、剪板机、折弯机、电焊机等准备齐全,状况良好。

4. 施工现场条件准备

1)若在现场制作金属屋面板,应对施工现场进行整体布置,规划出材料存放、屋面板成型区。

2)屋面作业面已移交完毕,检验合格。

(二)金属屋面施工过程质量管理

1. 压型金属板现场加工

压型金属板(基板)一般由专业厂家制作,运至现场需按屋面尺寸加工成型,基板加工成型后应对其性能进行再次评定、验收,可观察和用放大镜检查。

压型金属板现场制作加工 质量应符合表 6-3-3 的验收标准。

压型金属板制作质量验收标准 表 6-3-3

分项工程		质量验收内容	检验数量及方法
金属压型板制作	主控项目	压型金属板成型后,其基板不应有裂纹	按计件数抽查 5%,且不应少于 10 件。观察和用 10 倍放大镜检查
		有涂层、镀层压型金属板成型后,涂、镀层不应有肉眼可见的裂纹、剥落和擦痕等缺陷	按计件数抽查 5%,且不应少于 10 件。观察检查
	一般项目	压型金属板的尺寸允许偏差应符合规范规定	按计件数抽查 5%,且不应少于 10 件。用拉线和钢尺检查
		压型金属板成型后,表面应干净,不应有明显凹凸和皱褶	按计件数抽查 5%,且不应少于 10 件。观察检查
		压型金属板施工现场制作的允许偏差应符合规范规定	按计件数抽查 5%,且不应少于 10 件。用钢尺、角尺检查

2. 泛水板、包角板等配件

大多数处于建筑物边角的显要部位,其良好的造型将加强建筑物立面效果,检查其现场制作的偏差,包括折弯面宽度和折弯角度是保证建筑物外观质量的重要指标。

3. 压型金属板安装质量控制

压型金属板安装过程应按验收标准中的主控项目和一般项目进行。

1)压型金属板安装验收标准,见表 6-3-4。

压型金属板安装质量验收标准 表 6-3-4

分项工程		质量验收内容	检验数量及方法
压型金属板安装	主控项目	压弄金属板、泛水板和包角板等应固定可靠、牢固,防腐涂料涂刷和密封材料敷设应完好,连接件数量、间距应符合设计要求和规范规定	全数检查。观察检查及尺量
		压型金属板应在支承构件上可靠搭接,搭接长度应符合设计要求和规范规定	

续表

分项工程		质量验收内容	检验数量及方法
压型金属板安装	主控项目	组合楼板中压型钢板与主体结构（梁）的锚固支承长度应符合设计要求，且不应小于50mm，端部锚固件连接可靠，设置位置应符合设计要求	沿连接纵向长度抽查10%，且不应少于10m。观察和用钢尺检查
	一般项目	压型金属板安装应平整、顺直、板面不应有施工残留和污物。檐口和墙下端应吊直线，不应有未经处理的错钻孔洞	按面积抽查10%，且不应少于10m²。观察检查
		压型金属板安装的允许偏差应符合规范规定	檐口与屋脊的平行度：按长度抽查10%，且不应少于10m。其他项目：每20m长度应抽查1处，不应少于2处。用拉线、吊线和钢尺检查

2）组合楼盖中的压型钢板是楼板的基层，高架车站的屋面采用压型金属板，其在支承构件上必须可靠搭接，搭接长度应满足规范要求，见表6-3-5。在该搭接范围内有足够紧固件将压型金属板与支承构件连接成为一体。

压型金属板在支承构件上的搭接长度（mm） 表6-3-5

项目		搭接长度
截面高度>70		375
截面高度≤70	屋面坡度<1/10	250
	屋面坡度≥1/10	200

3）防水部位的密封材料应敷设良好，保证板间不漏水。重点控制金属板材的连接及密封处理质量。

4）保护金属屋面表面涂层的完整，以保证压型金属板的使用寿命。

（三）金属板材屋面分项工程验收管理

1.质量验收标准见表6-3-6。

金属板材屋面质量验收标准 表6-3-6

分项工程		质量验收内容	检验数量及方法
金属板材屋面	主控项目	金属板材与辅助材料的规格和质量必须符合设计要求	施工单位、监理单位全数检查。检查出厂合格证和质量检验报告
		金属板材的连接和密封处理必须符合设计要求，不得有渗漏现象	施工单位、监理单位全数检查。观察检查和雨后或淋水检验
	一般项目	金属板材屋面应安装平整，固定方法正确，密封完整；排水坡度应符合设计要求	施工单位、监理单位全数检查。观察和尺量检查
		金属板材屋面的檐口线、泛水段应顺直，无起伏现象	施工单位、监理单位全数检查。观察检查

2. 按程序组织检验批、分项工程验收。

四、细部构造质量管理

细部构造按划分表为一个子分部工程，所含分项工程较多，但因其均为常规项目，工序简单，施工准备的管理基本同前，不再赘述。故仅将其验收标准综合于下表，施工过程按表中相关要求进行控制即可。

（一）细部构造施工质量验收标准，见表6-3-7。

涉及天沟、檐沟、檐口、水落口、泛水、变形缝和伸出屋面管道的防水构造处理，全部为主控项目，是屋面防水质量控制的薄弱环节，要求施工单位及分包单位认真施作和检查，监理工程师全过程旁站。

细部构造施工质量验收标准　　　　　　　　　　　　　　　　表6-3-7

分项工程		质量验收内容	检验数量及方法
细部构造	主控项目	天沟、檐沟的防水构造应符合下列要求： 1. 沟内附加层在天沟、檐沟与屋面交接处宜空铺，空铺的宽度不应小于200mm。 2. 卷材防水层应由沟底翻上至沟外檐顶部，卷材收头应用水泥钉固定，并用密封材料封严。 3. 涂膜收头应用防水涂料多遍涂刷或用密封材料封严。 4. 在天沟、檐沟与细石混凝土防水层的交接处，应留凹槽并用密封材料嵌填严密	施工单位、监理单位全数检查。 用水平仪(水平尺)、拉线和尺量检查
		檐口的防水构造应符合下列要求： 1. 铺贴檐口800mm范围内的卷材应采取满粘法。 2. 卷材收头应压入凹槽，采用金属压条钉压，并用密封材料封口。 3. 涂膜收头应用防水涂料多遍涂刷或用密封材料封严。 4. 檐口下端应抹出鹰嘴和滴水槽	施工单位、监理单位全数检查。 观察检查和检查隐蔽工程验收记录
		女儿墙泛水的防水构造应符合下列要求： 1. 铺贴泛水处的卷材应采取满粘法。 2. 砖墙上的卷材收头可直接铺压在女儿墙压顶下，压顶应做防水处理；也可压入砖墙凹槽内固定密封，凹槽距屋面找平层不应小于250mm，凹槽上部的墙体应做防水处理。 3. 涂膜防水层应直接涂刷至女儿墙的压顶下，收头处理应用防水涂料多遍涂刷封严，压顶应做防水处理。 4. 混凝土墙上的卷材收头应采用金属压条钉压，并用密封材料封口	
		水落口的防水构造应符合下列要求： 1. 水落口杯上口的标高应设置在沟底的最底处。 2. 防水层贴入水落口杯内不应小于50mm。 3. 水落口周围直径500mm范围内的坡度不应小于5%，并采用防水涂料或密封材料涂封，其厚度不应小于2mm。 4. 水落口杯与基层接触处应留宽20mm、深20mm凹槽，并嵌填密封材料	

续表

分项工程		质量验收内容	检验数量及方法
细部构造	主控项目	变形缝的防水构造应符合下列要求： 1. 变形缝的泛水高度不应小于 250mm。 2. 防水层应铺贴到变形缝两侧砌体的上部。 3. 变形缝内应填充聚苯乙烯泡沫塑料，上部填放衬垫材料，并用卷材封盖。 4. 变形缝顶部应加扣混凝土或金属盖板，混凝土盖板的接缝应用密封材料嵌填	
		伸出屋面管道的防水构造应符合下列要求： 1. 管道根部直径 500mm 的范围内，找平层应抹出高度不小于 30mm 的圆台。 2. 管道周围与找平层或细石混凝土防水层之间应预留 20mm × 20mm 的凹槽，并用密封材料嵌填严密。 3. 管道根部四周应增设附加层，宽度和高度均不应小于 300mm。 4. 管道上的防水层收头处应用金属箍紧固，并用密封材料封口	

（二）细部构造分项工程验收管理

1. 隐蔽工程验收

各细部构造处防水工程完成后应进行隐蔽验收。

2. 分项工程验收

按照划分表，细部工程中所含的各分项工程，按程序组织检验批、分项工程验收，全部验收合格后，方可进行子分部工程验收。

（三）子分部工程质量验收合格条件

防水密封及细部构造是建筑屋面中的两个子分部工程，其验收除满足相关规范标准外，应特别注意以下两点：

1. 对必要的部位进行抽样，安全与功能检验，项目如下。

1）淋水试验

检查屋面渗漏、积水和排水系统的通畅，应在雨后或持续淋水 2h 后进行，并应填写淋水试验记录。

2）蓄水试险

具备蓄水条件的檐沟、天沟应进行蓄水试验，蓄水时间不得少于 24h，并应填写蓄水试验记录。

3）对安全与功能有特殊要求的建筑屋面，尚应按合同约定和设计要求进行专项检验（检测）和验收。

2. 观感质量要符合《屋面工程质量验收规范》GB 50207—2012 要求。

五、安全、职业健康和环境管理

（一）安全管理

结合建筑屋面施工的特点，安全控制重点应为动火作业、临边洞口防护、高空作业、起重吊装，安全管理人员要做好现场安全巡视，及时排查隐患，相关宏观管理措施参见《城市轨道交通土建工程安全质量管理概论》第四章相关内容，应注意的安全措施与防护如下。

1. 安全通道

为保证施工人员的上下安全，在屋面施工前在站厅的两侧各搭设一条安全楼梯，便于施工人员及相关检查人员上下。

2. 高空作业安全防护设施

1）根据施工的先后顺序及结构特点，在天窗两侧的每榀钢梁上设置通长横向的安全绳，两端用卡扣卡紧，将天窗两侧的下层钢梁设置成施工安全临时通道，保证施工人员行走时方便系挂安全带。

2）安装底板前在钢屋架下方设置水平兜网，每四跨为一单元，并按规范规定进行水平兜网拉结，水平兜网设置应经监理验收后方可施工。兜网随安装完成移动至下一单元，在没有设置兜网的单元上不允许有人施工。

3）檐口部位坡度较大，除要拉设防护安全绳外，每个施工人员必须单独挂设安全绳，且安全绳的长度应当控制在（安全绳＋安全带保险绳的长度小于（等于）安全绳固定点到檐口临边施工点的距离）安全范围内，防止施工人员在坡度较大的位置施工中滑动。

4）焊工在高处进行焊接作业时，在地面设置监火员，同时在焊接下方设置接火盘。

3. 洞口设置警示标识

屋面洞口部位是现场施工中的重点部位，也是施工中经常忽视的位置，所以在施工前，就必须在屋面所有孔洞位置拉设安全警示标志和护栏。

4. 安装用的门型脚手架平台

用钢管做好平台水平及纵向的加固拉结，并使二、三组脚手架平台间连接固定，作业层满铺脚手板，四周做好栏杆围护。

（二）职业健康和环境管理

建筑屋面的施工，对作业人员的职业健康有一定的危害和对环境产生一定的污染（如防水施工），施工单位和作业人员均应采取防护措施，具体详见《城市轨道交通土建工程安全质量管理概论》第四章相关内容相关内容。

第四节　膜结构工程质量安全管理

在《地下铁道工程施工质量验收标准》GB/T 50299—2018 中，并无膜结构的工程划分，因其在城市轨道交通土建工程中有所应用，故增到本节叙述。按《城市轨道交通工程资料管理规程》DB11/T 1448—2017 的工程划分，网架和索膜结构是地面及高架车站主体结构分部工程所属的子分部工程，含有 9 个分项工程，其中 4 个网架结构、5 个索膜结构，索膜结构包括膜支撑构件制作、膜支撑钢构件安装、索膜安装、膜单元及附件制作、膜单元及附件安装等。《膜结构施工质量验收规范》DB11/T 743—2010 中的划分基本同上述，名称略有差异，如称索系膜安装为拉索安装，且增加了拉索与锚具制作，故本节综合该 2 个技术标准，分述各分项工程的质量安全管理要点。

膜结构的施工及其质量控制依据除上述规范外，还参照了《膜结构技术规程》CECS 158：2015、《索结构技术规程》JGJ 257—2012。

一、膜结构基本概念

（一）膜材分类与特点

建筑膜材可以分为织物类和非织物类两大类，使用方可根据建筑物的功能、防火要求、设计寿命和经济能力进行选择。

1. 织物类膜材

膜材由基材和聚合物涂层构成。基材是"由玻璃纤维或合成纤维等织成的高强度织物，是织物类膜材的主要受力部分"；涂层是"涂敷在基材上，主要起保护基材作用的聚合物层"；除此，尚有面层，是"保护基材和涂层免受紫外线侵蚀并使膜材具有自洁等性能的表面附加涂层"。织物类膜材主要又可分为以下两种：

1）PVC 膜材

由聚酯纤维基材和聚氯乙烯涂层复合而成，面层宜选用聚偏氟乙烯树脂（PVF）、聚二氟乙烯树脂（PVDF）、聚丙烯树脂（ACRYLIC）、硅树脂等。PVC 膜材料的厚度应大于 0.5mm。

2）PTFE 膜材

由玻璃纤维织物基材、聚四氟乙烯树脂涂层复合而成的膜材。

2. 非织物类膜材

由高分子化学材料（乙烯-四氟乙烯）共聚物构成的热塑性膜材，是近年发展起来的新型膜材，ETFE 有透光优势，并无明显受力优势，大型体育馆、游客场所、候机大厅等建设多有采用。目前生产厂商只有 ASAHI（日本旭硝子）（AGC）、德国科威尔米乐等少数几家公司，研发和应用在国外发达国家也不过十几年的历史。

3. 膜材料优点

1）耐候性能好，包括使用寿命、耐老化、自洁性以及强度衰减等，清洁周期大约为 5 年。PTFE 膜的抗紫外线、耐老化、耐腐蚀等化学特性优于 PVC 膜，其使用寿命可达 25 年以上，一般用于永久性建筑。

2）光学性能优良，透光性好，号称"软玻璃"，且能滤除大部分紫外线。透射光在结构内部产生均匀的漫射光，无阴影，无眩光，无显著方向性，光线柔和均匀。

3）质量轻，加工性能好，ETFE 薄膜可在工厂预制成薄膜气泡，方便施工和维修。

4. 膜材料缺点

1）不具备受压、受弯性能，易受锐物刺、划损坏，维护费用高等。

2）声学性能较差，回声和吸声特性综合决定了膜结构建筑内空间音响品质和隔声效果。膜材织物对声波振动的反射性，增加膜结构建筑内部的噪声水平。需要采取相应的措施改善声学环境。

3）保温隔热性能较差，膜面内部容易冷凝结露。

（二）膜结构的分类与选型

根据《膜结构技术规程》CECS 158：2015，膜结构可分为四种类型：整体张拉式、骨架支承式、索系支承式和空气支承膜结构，或由以上形式组合成的结构。膜结构的类型应根据建筑造型需要和支承条件等，通过综合分析确定。本书仅论述整体张拉、骨架支承和索系支承式的膜结构工程。

1. 整体张拉式膜结构

可由桅杆等支承构件提供吊点，并在周边设置锚固点，通过预张拉形成稳定的体系。适用于独立的小型构筑物，如城市景观的建筑小品。武汉地铁 2 号线入口，白色的"风帆"造型的膜结构引人注目，寓意扬帆起航、催人奋进，见图 6-4-1。

在世博会上，世博轴上许多景观小品均采用了膜结构，为世博会增添了靓丽风景。

2. 骨架支承式膜结构

由钢构件或其他刚性构件作为承重骨架，在骨架上布置按设计需要张紧的膜材。即指膜面支承于刚性构件（如拱、刚架）框架结构上的结构体系。

多用钢结构、混凝土结构、木结构等框架作为承重骨架，在骨架上布置膜材，即固定在精致钢材、空间桁架或其他坚固的构架上形成膜结构，主要起围护作用。

奥运会国家体育馆鸟巢工程地下 1 层为混凝土结构，地上 7 层为钢筋混凝土框架，外部围护结构与屋顶为钢结构，屋顶钢结构上覆盖了双层膜的膜结构，上表面为一层 ETFE 膜，下表面为一层用于吸声及美观的 PTFE 膜，可在任何气候条件下满足各项国际赛事要求。95% 以上的自然光能够透入体育场内，满足草坪的自然生长，见图 6-4-2。同时考虑屋面排水，以保证屋面系统设计的统一。膜材上印有不同密度的圆点以降低透光率，减少紫外线透射对观众的伤害。该工程规模为当年世界最大，由世界上最大的生产 ETFE 膜材的厂家供应材料，并承担膜结构的设计施工，当时 ETFE 膜在国内罕有采用，国内、国外均没有统一的质量检验标准，参建单位共同制定了膜结构的质量检验标准，即《膜结构施工质量验收规范》DB11/T 743—2010。

2019 年北京世园会开闭幕式主会场——妫汭剧场为异型建筑，是全国首个多色彩 ETFE 拼图膜结构建筑，与鸟巢、水立方都是单色的 ETFE 膜相比，妫汭剧场使用了深红、深绿、橙色、蓝色、红色、绿色共六种色彩，这些鲜艳的色彩不会随着时间的推移或者风霜雨雪的侵蚀而褪色，而是常看常新，始终鲜亮如初。整个建筑既有钢结构骨架，又有膜结构的绚丽外衣,在拉索钢绞线的张拉下呈现出"蝴蝶展翼"的造型,见图 6-4-3,其吊顶设计为铝合金丝勾花网,可呈现出栩栩如生的蝴蝶脉络,充分展现了花开蝶舞的美景。

图 6-4-1　武汉 2 号线中山公园站出入口膜结构　　　图 6-4-2　鸟巢屋盖结构

钢结构屋面由 26 榀伞状排布的悬挑钢桁架支撑而成,总面积 5440m²,按单元总共划分为 873 块,其中最大的单块膜最大边长为 8.235m,面积为 309m²,最小单块膜最短边长为 0.359m,面积为 9m²。ETFE 膜厚度小于 0.22mm、呈透明形态的超薄膜,最大特点是透光率较高,可起到"透光不透视"的作用。

ETFE 膜必须在 4℃以上的温度环境中安装,在屋面中架设索网,以 1.4m 作为一个索间距,将膜结构划分为 32 个单元,每个单元至少由 3 种颜色组成。由于每一榀钢桁架的标高和弧度均不同,在两榀钢桁架之间的膜的尺寸和弧度也各不相同,需要先在高空中测出点位,根据得到的坐标在电脑中利用 BIM 技术建模,再根据建模后的尺寸数据到工厂裁剪,工厂加工时,先根据设计图纸上的颜色排布,焊接出一个一个的多彩单元膜,然后在屋面上进行现场组装,一个膜单元的安装,至少需要 15 个工人齐心协力完成。铝合金丝勾花网总面积 9850m²,共有 52000 个扎带,用三维立体建模的新技术测量定位,用人工编织,充分体现了"工匠精神"。

妫汭剧场膜结构是建筑艺术与现代、传统手工艺结合的结晶。

图 6-4-3　妫汭剧场鸟瞰图

3. 索系支承式膜结构

由空间索系作为主要承重结构，在索系上布置按设计要求张紧的膜材。

由膜材、张拉索（边索、谷索、脊索和柱地索）及支承结构（桅杆、支柱、拱或其他刚性构件）、锚固体系及部分之间连接节点组成。通过支承结构或钢索张拉成型，给膜结构施加适当的预张力，使膜材具有设计需要的空间形状，并产生一定的刚度，得以正常工作。与索穹顶结构经常联合使用，形成完美的大跨度结构体系，以英国的"千年穹顶"最为经典。

此类结构中，拉索重要作用是对桅杆等支承结构提供附加支撑，保证不会因膜材的破损而造成支承结构的倒塌。同时作为膜材的弹性边界，将膜材划分为一系列膜片，从而减小了膜材的自由支承长度，使薄膜表面更易形成较大的曲率。有文献指出，膜材的自由支承长度不宜超过 15m，且单片膜的覆盖面积不宜大于 500m²。

在此，膜不仅仅是屋面的覆盖材料，兼作结构膜。膜材为张拉主体，并与撑杆、拉索结构依靠张拉预应力形成的刚度，共同组成相互平衡的结构体系。张拉膜结构具有形象的可塑性和结构的高度灵活性及适应性。最能展现膜结构精神特性，其美在于"力"与"形"的完美结合，具有丰富的表现力，可实现创意美观的造型。但施工精度要求高，结构性能强，造价略高于骨架式膜结构。

北京地铁昌平线西二旗站是一个换乘车站，半地下一层、地上二层、四柱三跨框架式高架车站，为北京地区地铁车站首次应用索膜结构，主体采用双四边形截面通长形体，侧式站台，屋盖结构（含屋面）和外立面均为 PTFE 索膜结构覆盖，采用脊谷式空间张拉折纸式膜结构体系，外立面造型设计独特简洁，与结构形式达成完美统一，室内外看不到钢结构骨架，是一座个性化车站。已成为城市景观之一。见图 6-4-4 和图 6-4-5。

图 6-4-4 北京地铁西二旗站网架索膜结构

图 6-4-5 北京地铁西二旗站网架索膜结构

4. 空气支承式膜结构

充气类膜结构即气承式膜结构，具有密闭的充气空间，并应设置维持内压的充气装置，借助内压保持膜材的张力，形成设计要求的曲面。它是用 PVDF 膜材制成的薄膜做建筑外壳，将膜材固定于结构（屋顶、墙体）周边，利用室内空压自动调节系统和智能化的机电设备，向单个膜构件内充气，使其保持足够的内压，多个膜构件进行组合可形成一定形状的一个整体受力体系，靠内外部压力差（一般在10～30mm 水柱之间）使膜布可抵抗外力，要求膜材自身的气密性很高，需不断地向膜构件内充气，及时调整室内气压，以适应外部荷载的变化。并产生一定的预张应力，保证体系的刚度。

奥运场馆国家游泳中心——水立方是规模庞大的膜结构工程，屋顶和外墙均采用了 ETFE 充气膜结构，见图 6-4-6。一般由 ETFE 的充气单元——气枕、气枕夹具、供气及控制系统以及中间层构成。基本原理是将两层甚至更多层的 ETFE 膜通过热熔焊接到一起形成气枕，周边加持在铝合金或者其他材料制成的边框内，边框固定在建筑主体结构上。

图 6-4-6　水立方外观图

（三）膜支撑钢构件及膜附件

安装膜结构需支撑构件和各种连接件，主要为以下几种（摘自《膜结构施工质量验收规范》DB11/T 734—2010）。

1. 膜支撑钢构件

是指与膜单元成形相关的钢构件的统称，包括独立构件、连膜钢板、连膜钢管等。

1）独立构件是指膜支撑钢构件中不与支承结构相焊（连）接的单独钢构件，如桅杆、飞柱、浮动环等。浮动环指由钢索和膜单元固定其空间位置的环形独立构件。

2）连膜钢板是指焊于支承骨架上的条形扁钢带，上有螺栓孔，用于连接膜单元。

3）连膜钢管是指焊于支承骨架上的通长钢管，用于连接膜单元边界。

2. 膜附件

是指膜单元与膜支撑钢构件及拉索连接的转接件，包括三元乙丙胶条、铝合金夹具及紧固件等。

二、膜结构施工准备管理

膜结构的施工准备管理，包括资源、技术和现场条件三方面的准备，管理要点如下。

（一）资源准备

1. 企业资质与人员资格管理

1）膜结构为专业分包项目，国内膜结构施工企业一般均具有膜结构的设计、制作和安装的能力，但其水平参差不齐，目前政府主管部门尚未出台资质等级划分规定，故建设单位或施工单位应做好市场调查，根据在施膜结构的规模和特点，通过招投标择优选定具有相应能力的专业分包队伍。

2）专业分包单位的技术管理人员和加工操作人员具有相应的技术资格，上岗证书。

3）膜材加工厂家可通过招标选定，其加工车间应在密闭、洁净且满足一定温湿度条件，承放膜材的工作平台应干燥无污物，整个加工制作过程应保持膜材清洁。

2. 机械设备准备

1）膜结构制作应采用专用设备，主要使用 PTFE 焊熔机、超音波黏合剂、锁边机、PTFE 现场热合、角向砂轮机、工业缝纫机。

2）膜结构安装以使用小型手工工具操作为主，吊装机械设备为汽车吊、平板车、拉紧器、卷扬机等，均应备齐，工况良好。

3. 原材料和构配件通过进场验收

膜结构所需主要材料及构配件为：

1）膜材；

2）膜支撑钢构件以及其他特殊材料；

3）拉索及零部件；

4）铝合金型材；

5）三元乙丙胶条；

6）紧固件。

其品种、规格、尺寸、色泽、数量等，均应符合设计和相应技术标准要求，按程序履行进场验收，不合格的产品一律不准入场。验收标准详见后述。

（二）技术准备

1. 完成深化设计

1）国内建筑工程设计单位一般不具备膜结构施工图设计能力，但应进行膜结构方案性的建筑设计，或提出要求。

2）膜结构专业分包单位应根据膜结构建筑方案或设计要求进行施工图深化设计，包括拉索和膜裁剪设计、膜支撑钢构件、膜附件、膜节点等内容。

2. 参加图纸会审及设计交底

施工单位、专业分包单位和监理单位均需参加总设计与膜结构深化设计的图纸会审与设计交底，并整理相关记录、纪要，归档。

3. 专项施工方案的编制和审核

1）膜结构分包单位编制每个分项工程的专项施工方案，并经施工单位审批后，上报监理单位，批准后方可实施。

2）对于大型和大跨度膜结构工程，应根据安装方案和安装工艺的要求对各施工阶段进行施工模拟试验。

3）应对作业人员进行施工方案交底。

4. 监理单位应编制相应监理实施细则，并向施工单位交底。

5. 检验批划分

膜结构制作、安装分项工程应按具体情况划分为一个或若干个检验批。

（三）现场条件准备

1. 现场具备操作场地

膜结构工程有时需要在现场加工部分膜单元，施工单位应提供必要的场地，以布置膜结构加工设备和操作。

2. 制作操作平台

膜结构专业分包单位根据现场的安装作业条件和作业顺序制作安全可靠的作业平台。

3. 与相关专业施工单位沟通

膜结构安装过程中将与钢结构、机电安装专业施工有较多的交叉作业，施工单位应组织各专业分包单位沟通，共同确定最终的安装顺序，减少相互影响。

三、拉索和锚具制作质量管理

拉索和锚具均在工厂制作，是否需要驻厂监造，由监理委托合同约定，建设、监理单位或施工单位派人进行拉索和锚具的出厂成品验收工作。

（一）拉索制作

1. 拉索材料

拉索是"具有一定预张力的线状柔性受拉构件"。可采用钢丝拉束、钢绞线或钢丝绳，也可根据具体情况采用钢棒等。各种拉索材料质量应符合《膜结构技术规程》CECS 158：2015 的相关规定。

2. 拉索的加工制作

钢索的制作一般经下料、编束、预张拉及防护等工序，各工序均应符合国家现行有关标准的规定。

1）钢丝绳下料前应抽检外观、外形尺寸、抗拉强度等，并出具相应的检验报告，确认符合设计要求，应进行预张拉，详见第七章高架区间预应力的相关内容。

2）索的下料长度应将理论长度加长至支撑边缘，再加上张拉工作长度和施工误差等，索长度的加工允许偏差应符合《膜结构技术规程》CECS 158:2015 的相关规定。

3）下料时还应实际放样以校核下料长度的准确性。

4）在每束钢索上应标明所属索号和长度，以供穿索时对号入座。

5）钢索悬挂完成后，其表面需要进行防护，方法应根据钢索所在的部位、使用环境及具体的施工条件选用。防护前均应做好除污、除锈工作，具体方法如下：

（1）灌水泥浆法

（2）涂油裹布法

（3）涂油包塑法

（4）PE 料包覆法

（5）多层防护做法

（二）锚具加工制作

锚具是指固定拉索端头于支承面（地面、屋面结构等）上的关键构件，种类较多，包括钢丝束的墩头锚具、浇铸式（冷铸锚、热铸锚），钢绞线的压接式或挤压式、夹片式锚具等，按是否施加预应力，又分为张拉端与非张拉端锚具。施工单位应按设计要求采用。

1. 材料应符合相应的技术标准规定。

2. 对重要的工程，应采用铝合金或不锈钢夹板、夹具（应做电化学阳极氧化处理）和不锈钢紧固螺栓；对其他工程可采用钢制夹板、夹具（应进行防腐处理）和镀锌紧固螺栓。

3. 在制作之前应进行索的初次拉伸，并保证达到设计要求。

（三）分项工程验收管理

1. 拉索和锚具制作质量验收标准，见表6-4-1。

拉索和锚具制作质量验收标准 表 6-4-1

分项工程		质量验收内容	检验数量及方法
拉索制作	主控项目	成品拉索出厂前应经过超张拉检测，超张拉载荷为拉索标称破断载荷的45%～60%	全数检查。检查超张拉检测报告
	主控项目	成品拉索交货长度偏差应符合设计要求。当设计无要求时应拉索长度允许偏差应符合下列规定： 1. 拉索长度 L ≤ 50m：±10mm； 2. 拉索长度 50m < L ≤ 100m：±15mm； 3. 拉索长度 L > 100m：±20mm	全数检查。检查产品质量证明文件
	一般项目	拉索的弹性模量：钢丝绳拉索弹性模量不应低于 1.2×10^5 MPa；钢绞线拉索弹性模量不应低于 1.5×10^5 MPa；半平行钢丝束拉索弹性模量不应低于 1.9×10^5 MPa	全数检查。检查产品质量证明文件

续表

分项工程		质量验收内容	检验数量及方法
拉索制作	一般项目	钢丝绳下料前必须进行预张拉。预张拉值为索体标称破断载荷的0.55倍，荷载持续时间不小于1h，预张拉次数不少于2次	全数检查。检查预张拉记录
		拉索的索体挤包护层时，各规格索体的挤包外径应符合标准规定，索体外径公差应为：(+2mm, -1mm)	全数检查。检查检验记录
		拉索的表面应良好完整，不应有深于1mm的划痕，两端锚具不得有损伤	全数检查。观察检查
锚具	主控项目	锚具的索头长度、销轴直径、锚头开口及深度等关键部位加工尺寸及误差，应符合国家产品标准和设计要求	按10%比例抽检，资料全数检查。钢尺和游标卡尺等测量和检查质量保证资料
		锚具中主要受力构件的无损探伤应符合国家产品标准和设计要求	全数检查。检查探伤报告
	一般项目	锚具表面的防腐处理应符合国家产品标准和设计要求	全数检查。检查质保资料

2. 按程序进行检验批、分项工程验收。

四、膜及膜附件制作质量管理（膜单元及附件制作）

膜和膜附件加工工序包括，膜材裁剪、热合、成品标记、包装以及验收等，控制重点包括原材料检验、工艺参数确定、成品标记以及成品检验等。

（一）膜材及附件原材料质量控制

同一膜结构工程宜使用同一厂家的膜材，同一膜单元宜采用同一卷膜材，膜材进场时应按程序组织验收。通过验收的膜材应储存于干燥通风处，且不宜与其他物品混放。不应接触对其性能有危害的化学溶剂和易褪色的物品。

1. 主要膜材料的验收标准，见表6-4-2，各地区的工程可执行相关国标或工程当地有关标准。

索膜结构材料质量验收标准　　　　表6-4-2

分项工程		质量验收内容	检验数量及方法
膜材	主控项目	膜材的断裂强度、撕裂强度应符合设计及相关标准的要求；复验应根据项目规模按生产批次进行；膜展开面积小于等于1000m²时，可不做复验；大于1000m²小于等于5000m²时，可按一个检验批进行抽查复验；膜展开面积大于5000m²时，应按生产批次作为检验批进行抽查复验	全数检查。检查复验报告
		膜材防火性能复验，按设计要求确定是否进行复检。如需复检，则按照膜材类别进行复检	全数检查。检查复验报告

续表

分项工程		质量验收内容	检验数量及方法
膜材	一般项目	购进膜材应开箱检查，检查时应由分包、总包和监理单位共同进行，开箱资料应包括厂家提供的每卷膜材的重量、幅宽、力学性能参数、防火等级、弹性模量、应力应变参数等	全数检查。外观检查、查验开箱资料
		膜材料的规格允许偏差要求： 1）膜材重量：标称值 ±5%； 2）膜材厚度：标称值 ±10%； 3）膜材幅宽：不得存在负公差。 注：根据标称值考核膜材的重量、厚度和幅宽，偏差率% =（100×（测试值－标称值）/标称值	详见 3~5 条
		当设计对膜材料的透光率有特殊要求时，应进行复检，膜材料的光学性能参数允许偏差为标称值 ±3%	全数检查。检查复验报告
		膜材厚度应均匀一致，其厚度的允许偏差为标称值 ±10%	全数检查。用测厚仪检查
		膜材的单位重量应与厂家提供的数据一致，其允许偏差为标称值 ±5%	每个检验批抽查 3 卷；用秤称量每捆膜材重量，再除以每捆材料的面积
		膜材幅宽应不得存在负公差。	每个检验批抽查 3 卷，每隔 10m 测量一次。用钢卷尺测量
		每批膜材之间观感无明显色差，且膜材表面光滑平整。膜材不得局部无涂层、基层裸露、明显且无法消除的污渍等严重缺陷。防水膜材不得有通透孔眼，每卷（以 50m 计）的局部涂层较薄、麻点、油丝等轻微缺陷不得超过五处，且每处缺陷面积小于 100m²	全数检查。观察检查或使用分光计检查
拉索	主控项目	拉索锚具采用的钢材，其化学成分、力学性能应符合设计要求和现行国家标准《优质碳素结构钢》GB/T 699—2015、《低合金高强度结构钢》GB/T 1591—2018、《合金结构钢》GB/T 3077—2015、《一般工程用铸造碳钢件》GB/T 11352—2009、《重型机械通用技术条件－锻件》JB/T 5000.8—2007 和《不锈钢棒》GB/T 1220—2007 的规定	全数检查。检查产品的质量合格证明文件及检验报告等
		半平行钢丝束拉索索体制造用镀锌钢丝应符合《桥梁缆索用热镀锌钢丝》GB/T 17101—2008 的规定	全数检查。检查产品的质量合格证明文件及检验报告等
		半平行钢丝束拉索索体护层用聚乙烯护套材料应符合《桥梁缆索用高密度聚乙烯护套料》CJ/T 297-2016 的规定	全数检查。检查产品的质量合格证明文件及检验报告等
		钢绞线拉索索体可选用镀锌钢绞线、高强度低松弛预应力热镀锌钢绞线、铝包钢绞线、涂塑钢绞线、无粘结钢绞线和不锈钢绞线，并应分别符合《镀锌钢绞线》YB/T 5004—2012、《高强度低松弛预应力热镀锌钢绞线》YB/TI 52—99《铝包钢绞线》YB/TI 24—2017、《预应力混凝土用钢绞线》GB/T 5224—2014 和《无粘结预应力钢绞线》JG 161—2016 等标准的有关规定	全数检查。检查产品的质量合格证明文件及检验报告等
		钢丝绳拉索索体技术条件应符合《钢丝绳通用技术条件》GB/T 20118—2017、《重要用途钢丝绳》GB 8918—2006、《粗直径钢丝绳》GB/T 20067—2017 和《不锈钢丝绳》GB/T 9944—2015 的规定	全数检查。检查产品的质量合格证明文件及检验报告等

续表

分项工程		质量验收内容	检验数量及方法
拉索	主控项目	热铸锚锚内铸体材料应选用低熔点锌铜合金,应符合《公路悬索桥吊索》JT/T 449—2001 的规定	全数检查。检查产品的质量合格证明文件及检验报告等
		冷铸锚锚内铸体材料应由环氧树脂、铁砂、矿粉、固化剂、增韧剂等组成,各种物料均应符合相关的标准	全数检查。检查产品的质量合格证明文件及检验报告等
	一般项目	半平行钢丝束拉索索体制造用绕包带采用纤维增强聚酯带,带宽30～50mm,抗拉强度应不低于250N/cm	全数检查。检查产品的质量合格证明文件及检验报告等
		拉索制作用其他材料,其品种、规格、性能等应符合现行国家产品标准和设计要求	全数检查。检查产品的质量合格证明文件及检验报告等
铝合金型材	主控项目	型材材料的化学成分应符合《变形铝及铝合金化学成分》GB/T 3190—2008 的有关规定。型材质量应符合《铝合金建筑型材 第1部分:基材》GB/T 5237.1—2017 的规定,型材尺寸允许偏差应达到高精级	按检验批抽查10%,且不应少于3件。检查产品的质量合格证明文件及检验报告等
		采用阳极氧化进行表面处理,应符合《铝合金建筑型材》GB/T523规定和设计的有关要求	按检验批抽查10%,且不应少于3件。检查产品的质量合格证明文件及检验报告等
	一般项目	铝合金型材表面应光滑、无毛刺、无油污等缺陷	按检验批抽查10%,且不应少于3件。观察检验
三元乙丙胶条	主控项目	胶条应符合《工业用橡胶板》GB/T 5574—2008 的规定	全数检查。检查产品的质量合格证明文件及检验报告等
紧固件	主控项目	膜结构连接用紧固件及螺母、垫圈等标准配件,其材质、品种、规格、性能等应符合现行国家标准和设计要求	全数检查。检查产品的质量合格证明文件及检验报告等
	一般项目	膜结构连接用紧固件,应按包装箱配套供货,包装箱上应标明批号、规格、数量及生产日期,不应出现生锈和沾染脏物,螺纹不应损伤	按包装箱数抽查10%,且不应少于3箱。观察检查

(摘自《膜结构施工质量验收规范》DB11/T 743—2010)

(二)膜材的裁剪

裁剪包括裁剪的设计和加工,裁剪设计是指将空间曲面划分为若干可展开平面的深化设计过程;裁剪加工是指按照设计要求,将膜材加工成膜片的过程。

1. 裁剪设计

1)设计人员进行裁剪分析,必须考虑初始预张力和膜材徐变特性的影响,应根据所用膜材的材性,合理确定各膜片的收缩量并进行调整。

2）采用测地线法和平面相交法确定膜结构在空间曲面上的裁剪线，充分考虑裁剪线布置的美观性；根据膜材幅宽，尽量有效利用材料，适应膜材正交异性的特点，使膜材的纤维方向与计算的主受力方向一致。

3）骨架式及张拉式膜结构宜根据实测结果进行裁剪施工图设计。

4）设计的裁剪片应预留搭接宽度。

2. 裁剪加工

膜材的裁剪、热合等制作过程应采用专用设备进行。

（三）膜片连接成膜单元

膜片是指经裁剪后形成的单片平面膜材。膜单元是指"将数块膜片经过连接后形成的能适应一定支承结构边界的膜材单元"。设计单位根据建筑体型、支承结构位置、膜材主要受力方向以及美观效果等因素综合确定膜片连接方式。主要受力缝宜采用热合连接，其他连接缝也可采用粘结、缝合、搭接或对接方式。

1. 接缝设置

1）膜片之间连接缝。

2）对骨架支承式膜结构，膜材间的接缝可设在支承骨架上，并以夹具固定。当支承在直径较小的钢索上时，可在膜片与钢索间设置加强膜片。

3）接缝附近和可能产生应力集中的部位宜用斜向增强片进行加强。避免接缝的交叉和叠合。

2. 热合连接控制要点

热合连接是最常用的连接方法，是指通过专业设备在高温下将膜片熔合连接的过程。

1）采用搭接热合膜片应先打磨表面涂层，打磨后不应对热合处膜材造成损伤。

2）热合前进行试验，膜片热合处的拉伸强度应不低于母材强度的80%，在完成焊缝代表样品上使用干扰探测灯测试质量较差的接缝，确认符合要求后方可正式进行热合加工。

3）在热合过程中应严格按照试验参数进行作业并做好记录。

（四）膜单元成品包装和运输

1. 包装前清洗膜片表面。

2. 根据膜片的特性选择包装方式

1）PVC或ETFE膜单元成品可折叠包装，但折叠层数不宜过多。G类膜单元成品需专用卷轴包装，严禁出现伤害玻璃纤维基材的包装褶皱。

2）立体加工后的完成膜材，将空隙进行适当填充，不能有晃动现象，要成卷状拿取。

3. 包装袋要求

应结实、平滑、清洁，其内表面应无色或不褪色，与膜成品之间不得有异物且应严密封口，包装袋醒目位置上应有标识，标明膜单元的编号、包装方式和展开方向。

4. 运输要求

1）运输工具应专用，其上铺垫层，并采取措施确保膜单元与运输工具之间不发生相对移动和撞击。

2）膜单元不得与其他货物混装。

（五）膜单元的验收管理

膜单元的验收应分别在加工厂和在施工现场进行，对膜成品按程序组织检验批分项工程验收。

1. 在加工厂验收几何尺寸

因为在施工现场无法对膜面尺寸进行测量，必须在加工厂检查膜面的几何尺寸。膜单元加工完成后施工单位或监理单位派人进行出厂前验收，确认膜面的尺寸符合设计要求，产品合格。折叠、装箱，运到现场。

2. 现场的验收

1）膜单元运至现场后，施工单位、专业分包单位、监理单位应对其进行外观验收。现场检查包装应完整，确认包装在运输过程中有无损坏，开包后，膜单元成品应经专业分包单位验收合格。膜片标记清晰，确认无误签收，妥善堆场码放，并派专人保管。

2）必须检查膜面和接缝质量，膜面上不能有划伤或破洞。如发现问题，应分清责任，要求膜面供货或安装单位进行赔偿或修补。

3. 膜（单元）及膜附件制作质量验收标准，见表6-4-3。

膜及膜附件制作质量验收标准　　　　表6-4-3

分项工程		质量验收内容	检验数量及方法
织物类膜单元制作	主控项目	膜片放样工作应由专职放样工按照图纸进行，要求放样精确、标号醒目、膜片清洁，放样尺寸允许偏差：±1.0mm	全数检查。观察检查和用钢尺检查
		膜片裁剪工作应由专职裁剪工按照图纸进行，裁剪下料尺寸允许误差：±2.0mm	全数检查。用钢尺检查
		热合前，应根据膜材的特点进行热合工艺评定试验，通过试验确定膜材的膜片连接方式、搭接或对接宽度、热合机的工艺参数、热合层数和热合形式等热合参数。具体试验方法见本规范附录A	根据材料、作业环境、加工工艺确定热合试验数量，且应征得监理同意。检查试验报告
		膜片的热合，应进行过程及成品热合质量检验，并做好试验记录。记录表格见《膜结构施工质量验收规范》DB11T743—2010附录B，具体试验方法见规范附录A	按检验批进行抽检10%。需要监理见证，检查试验报告
		热合后的膜单元，各向尺寸允许偏差不应大于2mm；周边尺寸与设计尺寸的允许偏差，G类膜材不应大于0.5%，P类膜材不应大于1.0%	全数检查。用钢尺和钢卷尺检查
		膜单元的打孔尺寸：膜单元边长大于1.5m时，允许偏差为边长值的±2%，膜单元边长小于等1.5m时，允许偏差为边长值的±3.5%	全数检查。用钢尺和钢卷尺检查
		膜片搭接方向应与设计方向一致	全数检查。观察检查

续表

分项工程		质量验收内容	检验数量及方法
织物类膜单元制作	一般项目	热合缝均匀饱满，线条清晰。膜材周边加强部位应平整，热合后不得有污渍、划伤、破损等现象	全数检查。观察检查
		热合缝饱满度在大于90%时，不得出现漏焊、面料融化、面料热合部位不熔合及热合后面料露出布基等现象	全数检查。观察检查
		热合缝的宽度误差值不应超过5%，且应满足±2mm	每隔4m测量一次。用钢尺检查
		膜单元应整洁，无明显污点、尘土、脏渍及划伤表面涂层的现象	全数检查。观察检查
热塑类膜单元制作（泛指ETFE等无基材的薄膜类膜材）	主控项目	膜片放样工作应由专职放样工按照图纸进行，操作之前必须检查原材料。要求放样精确，标号醒目，膜片清洁，放样尺寸允许偏差：±0.5mm	全数检查。观察检查和用钢尺和游标卡尺检查
		膜片裁剪工作应由专职裁剪工按照图纸进行，裁剪下料尺寸允许偏差：±1.0mm	全数检查。用钢尺测量
		在热合前的工艺评定试验、热合过程及热合缝外观质量均同织物类膜单元制作	同上
		膜片热合成型后，其尺寸应符合设计要求。 1）边长尺寸允许偏差应不大于0.00125X边长， 2）对角线允许偏差（mm）应满足下列要求： （1）对角线长度（L≤2000）：±5.0； （2）对角线长度（2000＜L≤4000）：±10.0； （3）对角线长度（L＞4000）：±20.0	按检验批进行抽查。测量检查
	一般项目	膜片热合缝宽度符合设计要求，允许偏差±1.0mm	每隔4m测量一次。用直尺和游标卡尺检查
膜附件制作	一般项目	铝合金夹板加工质量应符合《铝合金建筑型材》GB/T 5237的相关规定和设计要求，允许偏差（mm）应满足下列规定： 1）长度：0，-2； 2）宽度、厚度、孔间距：-1，+1； 3）平面度：1.5	按检验批进行抽查10%，且不应少于3件。钢尺检查
		铝合金夹板表面应光滑，无毛刺，无油污等	按检验批进行抽查10%，且不应少于3件。观察检验

4. 按程序进行检验批、分项工程验收。

五、膜支撑钢构件制作与安装质量管理

（一）工厂加工制作

监理单位是否派人驻厂监造由合同约定，但建议施工单位或监理单位应进行构件出厂前验收。

1. 需在工厂一并制造的钢构件

1）需焊接在独立构件上的连膜钢板、连膜钢管、张拉螺栓连接板（件）等边缘支撑钢构件，宜随同支承骨架在工厂一并加工制作，保证精度。

2）耳板与支承结构或独立构件直接连接应在工厂一并加工。

2. 钢构件质量要求

1）所有钢构件的表面必须打磨光滑，不得有尖角毛刺，以防划伤膜面。

2）直接焊在支承骨架上应平滑顺直、不得有错台。

3. 根据工程条件，亦可在支承骨架安装完毕并检验测量合格后，在现场焊接。

（二）膜支撑钢构件现场安装

安装应在构件进场验收合格后进行。监理、施工单位特别要督促专业分包单位安排好膜结构和主体钢结构施工顺序，协调相互间的进度、场地。

1. 构件安装前的测量

应测量其支承结构连接固定形成稳定单元后实际位形，包括几何尺寸和焊缝，为防止膜面安装后起皱，并保证设计所需的张力，要求控制支承结构的平行度、对角线等相关尺寸的误差尽可能小，焊缝必须打磨平整，以防划破膜面。

2. 控制施工荷载

安装时，必须控制作用在屋面、支承钢结构等部位的施工荷载，严禁超过梁、桁架、屋面板等的承载能力。

3. 控制预埋件安装及校正

预埋件安装完毕并验收合格后，方可将相关的支撑钢构件焊接在基础预埋件上。

（三）分项工程验收管理

1. 质量验收标准 见表6-4-4。

膜支撑钢构件安装质量验收标准　　　　　　　　　　　　表6-4-4

分项工程		质量验收内容	检验数量及方法
膜支撑面与基础预埋件	主控项目	柱及拉索锚座在基础上平面位置和标高应符合设计要求。 如设计无要求，应符合下列要求： 1）基础上柱及拉索锚座的定位轴线允许偏差1.0mm； 2）基础上柱底及拉索锚座的标高允许偏差±2.0mm	按柱基和锚座数量抽查10%，且不应少于3件。 用经纬仪、水准仪、全站仪和钢尺现场实测
		基础顶面直接作为柱的支承面和基础顶面预埋钢板或支座作为柱的支承面时，其支承面、地脚螺栓位置的允许偏差（mm）应符合下列规定： 1）支承面：标高±3.0；相邻高差3.0；水平度1/1000； 2）地脚螺栓中心偏移：5.0； 3）预留孔中心偏移：10.0	按柱基和锚座数量抽查1090，且不应少于3件。 用经纬仪、水准仪、全站仪、水平尺和钢尺实测
		预埋张拉螺栓的规格及其紧固应符合设计要求，其位置允许偏差（mm）应符合下列规定： 1）预埋张拉锚栓中心偏差：5.0 2）预埋张拉锚栓外伸角度偏差：锚栓外伸长度/100； 3）预埋张拉锚栓对角线长度相对偏差：10.0mm	按柱基和锚座数量抽查10%，且不应少于3件。 用经纬仪、水准仪、全站仪和钢尺现场实测

续表

分项工程		质量验收内容	检验数量及方法
膜支撑面与基础预埋件	一般项目	预埋张拉锚栓的螺纹应进行保护。预埋张拉锚栓露出长度及螺纹长度允许偏差（mm）为（0.0，+30.0）	按柱基和锚座数量抽10%，且不应少于3件。用钢尺现场实测
安装和校正	主控项目	连膜钢板上相邻两螺栓孔间距的允许偏差(mm)应符合下列规定： 1）螺栓孔孔距范围≤500：±1.5； 2）螺栓孔孔距范围501～1200：±2.0； 3）螺栓孔孔距范围1201～3000：±2.5； 4）螺栓孔孔距范围>3000：±3.0	按同类构件数量抽查10%，且不应少于3件。用钢尺检查
		连膜钢板、连膜钢管在支承结构上的角度偏差（mm）应符合下列规定： 1）连膜钢板角度b/50； 2）连膜钢管角度b/50	按同类构件数量抽查10%，且不应少于3件。用钢尺检查
		焊于支承结构的连接耳板，其销孔位置的允许偏差应符合：在X、Y、Z三个方向上的偏差值均不超过5mm	按同类构件数量抽查10%，且不应少于3件。用水准仪、全站仪、水平尺和钢尺现场实测
	一般项目	膜附属钢构件应符合设计要求和本规范的规定。运输、堆放和吊装等造成的钢构件变形及涂层脱落，应进行校正和修补	按同类构件数量抽查10%，且不应少于3件。用拉尺、钢尺现场实测或观察
		立柱、桅杆等主要构件的中心线及标高基准点等标记应齐全	按同类构件数量抽查10%，且不应少于3件。观察检查
		膜附属钢构件表面应干净，构件主要表面不应有焊渣、焊瘤、泥沙等污垢	按同类构件数量抽查10%，且不应少于3件。观察检查

2. 按程序进行检验批、分项工程验收。

六、拉索安装质量管理

（一）安装前准备管理

1. 编制专项施工方案

履行内部审核程序后，报监理单位审批。

2. 拉索及零配件应进行进场验收

检验项目包括出厂报告、产品质量保证书、检测报告以及品种、规格、色泽、数量等，均符合要求。其质量验收标准见表6-4-2。

3. 放索前

应清理施工现场的钢筋等硬尖物，地面应铺设光滑辊道，并设立竖向保护辊道，确保索体不被地面硬物划伤。

（二）拉索的锚锭

锚锭系统可根据在施工程情况从重力锚、盘型锚、蘑菇型锚、摩擦桩、拉力桩、阻力墙等类型中选定。

1. 拉索锚锭的抗拔承载力

应根据锚锭形式、地基条件等，经现场勘查和土质试验确定。

2. 拉索与锚锭连接

均应满足《膜结构技术规程》CECS 158：2015 相应规定。

（三）拉索安装

1. 拉索牵引过程

必须使用专用吊装夹具及牵引工具，严禁直接使用钢丝绳捆扎在拉索护层表面，避免拉索与其他钢构件磕碰如有较大转角时，应设置拉索转向架。

2. 拉索安装

需防止安装机械碰撞拉索以免破坏拉索护层。

3. 索孔灌浆和端头封裹

灌浆和封裹是保证在边缘构件内的孔道与钢索形成有效粘结，改善锚具受力状况，使钢索的防腐措施有效持久，从而保证钢索的安全与寿命。必须灌浆饱满、封裹密实。

4. 作好成品保护

当下道工序或相邻工程开始施工时，对已安装完成的拉索必须采取防止损坏措施，无有效保护措施时，严禁在拉索周边和上部2m范围内进行焊接、切削作业。

（四）分项工程验收管理

1. 拉索安装质量验收标准，见表6-4-5。

拉索安装质量验收标准　　　　　　　　　　　表6-4-5

分项工程		质量验收内容	检验数量及方法
拉索安装	主控项目	根据结构的位置和拉索的受力状态，调整索力，达到设计要求，拉索张拉时应作施工记录；对于索系支承式膜结构，环索、谷索、脊索等重要部位的拉索应进行索力和位移的双控。对于其他膜结构类型中的拉索，应以施力点的位移值作为控制标准。各阶段张拉力值及位移允许偏差为 ±10%	按检验批抽查10%，且应不少于3处。检查施工记录和测力仪检查
	一般项目	拉索安装完成后，钢索索体护层应无破损、无明显污垢，保护层表面应圆整，光洁，且颜色一致；锚具、销轴及其它连接件表面应无损伤	全数检查。观察检查

续表

分项工程		质量验收内容	检验数量及方法
拉索安装	一般项目	索力、位移调整后,拉索索端的锚具连接螺纹、索端的锚固螺纹旋合丝扣数量和螺母外侧丝扣数量应满足设计和安全要求	全数检查。观察检查

2. 按程序进行检验批、分项工程验收。

七、膜单元安装质量管理(膜单元及附件安装)

膜结构作为围护结构或覆盖结构,需要安装在支承结构上,它是"膜单元的承重结构体系,可为钢结构、混凝土结构、木结构等多种结构体系",其安装流程,见图6-4-7。

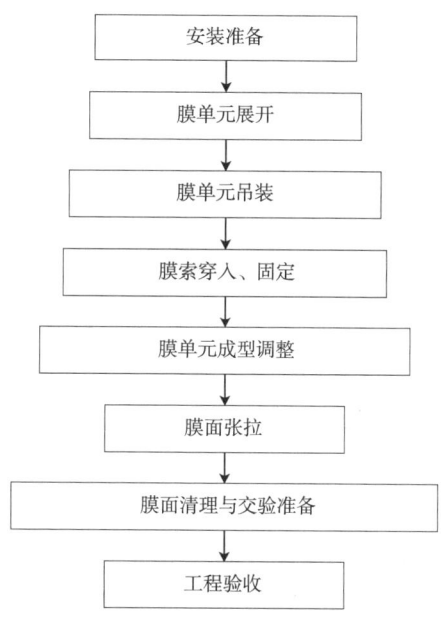

图6-4-7 膜单元安装流程示意图

(一)安装前的准备管理
1. 应对膜安装人员进行系统的培训,考核合格后,方可上岗操作。
2. 合理划分施工段
膜结构要安装在屋面支承结构(钢结构或索系结构)上,屋面钢结构面积大,杆件多,为便于膜单元安装,为提早插入施工创造条件,应将屋面结构合理分区、分块,做好统一编号,按顺序流水安装。
3. 编制并评审施工方案
分包单位应编制膜单元安装的施工方案,施工单位应组织项目有关人员对方案进行评审,确定详细的安装作业与安全技术措施,报监理单位审批后执行,向作业人员交底。

(二)安装过程的管理

膜单元安装是指其边缘与支承结构边缘的连接,应在全部钢结构和外装饰工程完工后,按设计单位提供的膜单元总装图和分装图进行,膜体安装包括膜体展开、连接固定、吊装到位和张拉成形四个工序。

1. 对所有预埋件进行检查验收,应符合相关标准。

2. 复测支承结构及支撑钢构件符合设计要求。

3. 膜单元展开

1)核对膜片的加工尺寸,若与设计值偏差过大,应对该膜片进行返工。

2)展开和吊装膜单元时,防止膜材受到污染或损伤。可使用临时夹板,但安装过程中应避免膜单元与临时夹板连接处产生撕裂。

3)应按照编码方向的要求进行展开,确保准确无误。

4. 膜单元吊装

1)吊装前,应先确定膜单元的准确安装位置。

2)宜连续安装就位,否则应采取可靠的临时固定措施。

3)膜单元之间可采用编绳连接、夹具连接或螺栓连接,节点图详见《膜结构技术规程》CECS 158:2004。

4)注意天气条件

气温低于4℃时,不宜进行膜单元安装。应尽量避免冬期施工,若不得已时,分包单位应编制冬期施工方案,并经施工、监理单位审批通过后方可实施。

5. 膜边索、脊索等穿入、固定

膜材展开后,按照图纸所标示的索具,分别摆放到位。在平台上将边索、脊索用U型卡分别安装到膜材上。

6. 膜材与支承骨架、钢索、边缘构件的连接

各种连接的构造均应满足《膜结构技术规程》CECS 158:2015 相应规定,特别注意以下几点。

1)可采用绳边和夹具,绳边夹在夹具之间。夹具宜用铝合金材料或镀锌钢板制成。紧固件宜用不锈钢材料或镀锌钢板。节点图详见《膜结构技术规程》CECS 158:2015。

2)安装过程中发生膜面破损,必须立即修补。安装完毕后,应对膜体内、外表面进行清洁。

3)金属连接件应采取可靠的防腐蚀措施,在支承构件与膜材的连接处不得有毛刺、尖角、尖点。

7. 膜单位成型调整

膜面安装后要确保膜材与钢构件的外型符合,紧密贴合。

1）复核支承结构的尺寸，使每个控制点的安装误差均在设计和规范允许范围内；

2）检查膜单元外观应无破损、褶皱；热熔合缝无脱落；螺栓、铝合金压条、不锈钢压条无拉伤或锈蚀；索和锚具涂层完好。

（三）膜面张拉

膜面张拉是一个关键的施工环节，通过张拉使其与边缘构件整合成为完整的结构体系。应边安装边张拉，直至达到设计要求。

预张力是为实现膜结构的成形和抵抗外部作用，施加于索或膜单元上的张力，张力值由设计单位确定。

预张力技术贯穿膜结构设计、施工和使用的全过程，预张力的分析与控制是膜结构的核心技术。可以根据不同的结构形式和施工条件，选择不同的施工方法，主要有：顶升支撑杆法、分阶段张拉法和分方向张拉法，张拉过程控制要点如下。

1. 通过集中施力点施加预张力

在施力前应将支座连接板和所有可调部件调节到位。

2. 仪器设备

应采用专用机具施加预张力，其测力仪表均应事先标定，测力误差不得大于 5%。

3. 施力位置、位移量、施力值应符合设计和相关规范的规定。

4. 防止主体钢结构侧向失稳

膜面张拉不可一次到位，应分块、分步张拉到位，各步的间隔时间宜大于 24h。到位后，监理单位将会同施工单位、分包单位质检人员按照设计的膜面张力值、测试部位对膜面张力进行检查验收。同时检查压板螺栓应无漏装、漏拧。

5. 膜结构的施工监测及检验

由于膜材并非绝对满足设计的有关假设，在张拉过程中可能出现与设计不吻合的问题，导致结构变形、膜材翘曲，甚至撕裂，因此在张拉过程中，施工人员必须利用先进的设备实时监测和检验，施加过程和施加数值的记录均应作为质量检查资料，妥善保管、归档。

6. 工程竣工两年后宜第二次施加预张力。

7. 密封以防漏水

1）屋面膜片宜搭接，搭接接缝应考虑防水要求。

2）在膜片的连接处、膜面与天沟、膜面与膜结构的结合部位较易发生漏水，应严格控制密封性，及时检查发现漏点，配合设计提出整改方案，达到密封要求。

3）膜材在防雨盖口等现场热合部位应无漏水、渗水现象，且表面应平整美观。

4）对可能出现的渗漏处可以进行局部淋水试验，试验的水流及时间要求可根据具体工程确定。

（四）分项工程验收管理

1. 质量验收标准 见表6-4-6。

膜单元安装质量验收标准　　　　　　　　　　　表6-4-6

分项工程		质量验收内容	检验数量及方法
膜单元安装	主控项目	膜附件的材质、规格、数量、质量及安装位置等应符合设计要求	全数检查。观察检查和检查质量保证资料
		膜单元安装前，应检查膜片表面状况，不得有破损和影响外观效果的明显污点	全数检查。观察检查
		膜单元安装前，宜在地面按设计要求施加预应力，将膜边拉伸至设计长度	全数检查。用钢卷尺测量
		膜结构整体观感质量应达到：膜片间平滑过渡，颜色一致；膜体平整、整洁；膜面外观整洁，可视面无明显污渍、串色现象，无破损、划伤、明显褶皱等	全数检查。观察检查
	一般项目	膜单元外观质量应整体整洁，无影响建筑外观质量的褶皱、污点、尘土、脏渍等现象	全数检查。观察检查
膜预应力施加	主控项目	预张力施加应以施力点位移达到设计值为控制标准，位移允许偏差为±10%。对有代表性的施力点还应进行张力值抽查，张力值允许偏差为±10%。施力点应由设计单位、监理单位和施工单位共同选定	按检验批抽查10%。用钢尺和应力测试仪检查
	一般项目	膜结构张拉完成后，整体观感质量应满足设计要求	全数检查。观察检查

2. 按程序进行检验批、分项工程验收。

八、膜结构子分部工程验收管理

在前述的各分项工程验收合格的基础上进行，程序同分部工程，详见《城市轨道交通土建工程质量安全管理概论》第三章。

（一）膜结构子分部工程验收合格标准

膜结构工程验收包括结构的安全和外观效果两方面内容，合格的标准如下。

1. 膜结构的支承结构和各项连接件应符合设计要求。

2. 防水要求

膜面排水、防水应全部进行检查。膜面排水坡度、排水槽、天沟、檐口等做法应符合设计要求。膜表面应无积水凹坑，采用自然或人工淋水试验检查膜面应无渗漏、排水通畅。

3. 膜面外观

全面检查膜面，应无明显污渍、串色，无破损、划伤，无明显褶皱。

4. 膜面的张力值应符合设计要求。

（二）验收资料

验收时，应具备下列资料，符合规范相关要求：

1. 膜结构（含支承结构、索等）施工图、竣工图、设计变更文件、工程洽商文件及其他技术文件；

2. 技术交底记录、施工组织设计（施工方案）；

3. 膜材、钢材、索材及其他材料的产品质量保证书和检测报告；

4. 膜单元、钢构件、索和其他部件制作过程的质量检验记录；

5. 膜单元安装和施加预张力过程的施工记录或质量检验记录；

6. 膜支承结构、索等验收资料；

7. 专业操作人员上岗证书；

8. 膜结构使用保养维修手册；

9. 重大质量问题的处理方案和验收记录；

10. 其他必要的文件和记录。

（三）各分项、检验批工程质量验收记录

应按《膜结构施工质量验收规范》DB11/T 743—2010 规定执行。

九、膜结构工程安全、职业健康和环境管理

膜结构工程的安全、职业健康和环境管理基本内容同《城市轨道交通土建工程质量安全管理概论》第四章相关内容，但有其特点，特别注意针对不同部位不同形式的膜结构，采取具体安全防护措施。

（一）安全管理

1. 安装前应对现场可能伤及膜材的物件做相应处理，以保护膜材。

2. 钢屋架采用内外双层膜结构

安装外层膜时，可在上层主钢结构上挂一层超强韧性的棉质安全网，操作人员直接在网上安装（慕尼黑体育场膜结构安装时，先安装一层透明膜，膜有一定的强度及韧度，安装人员在膜上操作）；安装内层膜时，可使用移动吊篮挂在下层主钢结构上，随时移动。

3. 墙体膜结构安装

在墙体两侧支设双排脚手架，与主钢结构箍紧，两侧脚手架通过钢结构空隙，每隔 3m 对拉。

4. 在户外安装拉索

风力不宜大于三级，同时应采取安全防护措施。避免拉索发生过大振动。

5. 搭设脚手架和临时设施

1）对大型的张拉膜结构，应根据场地条件和施工方案搭设膜体展开平台，安装安全网。展开前要收集安装期间的气象信息，应避开不利气候或采取必要的防护措施。

脚手架搭设要点参照《城市轨道交通土建工程质量安全管理概论》第四章第一节相关内容。

2）安装过程中要密切注意风向和风速，避免膜体发生颤动。当风力大于三级，不宜进行膜单元安装。在强风或大雨天气要及时停工，并采取相应的安全防护措施。

（二）职业健康和环境管理

1. 职业健康管理

膜结构施工的职业健康危害主要因素是焊接作业和交接作业，施工单位应做好工作场所及生产过程的防护与管理，采取有效的职业病防护设施，为劳动者提供符合要求的职业病防护用具、用品。

2. 环境管理

施工单位除了常规的管理措施以外，应对各种天气预警及时响应，增加对焊烟除尘设备的投入，制定空气重污染应急预案，减少焊接作业对环境的污染。

第七章
高架区间工程质量安全管理

按照《地下铁道工程施工质量验收标准》GB/T 50299—2018 的工程划分，高架结构为单位工程或子单位工程，含有 6 个分部工程，均属于土建类，其下又划分为若干子分部、分项工程。见表 7-0-1。

需要说明的是高架区间是高架结构中的一种类型，包含了除车站主体结构外的 5 个分部工程。

高架结构的划分 表 7-0-1

分部工程	子分部工程	分项工程	检验批
地基基础	土方开挖及围护	围护结构、基坑开挖、回填	每个基础
	桩基础	成孔、钢筋、混凝土	每根桩
	承台	模板及支架、钢筋、混凝土	每个承台
	扩大基础	模板及支架、钢筋、混凝土	每个基础
下部结构	—	模板及支架、钢筋、混凝土、预应力结构	每个墩台
支座	—	支座安装	每个支座
上部结构	现浇梁	模板及支架、钢筋、混凝土、预应力	每浇筑段
	预制梁	模板及支架、钢筋、混凝土、预应力、安装	每片梁
	悬臂浇筑梁	模板及支架、钢筋、混凝土、预应力	每浇筑段
	悬臂拼装梁	模板及支架、钢筋、混凝土、预应力、梁段拼装	每安装段
	钢桁架	杆件拼装、涂装	每施工段
	钢梁	制作、安装、涂装	每施工段
	叠合梁	钢梁拼装、涂装、模板及支架、钢筋、混凝土、预应力、桥面板安装	每安装段
	钢管混凝土拱	拱肋制作、拱肋拼装、拱肋混凝土、拱肋涂装、吊杆、系杆、梁部	每安装段
	钢拱	杆件拼装、涂装	每安装段
	顶推梁	模板及支架、钢筋、混凝土、预应力、顶推	每施工段
	索塔	模板及支架、钢筋、预应力、混凝土、锚固段	每施工段
	斜拉索	斜拉索	每安装段
桥面及附属	—	变形缝、防水、排水、护栏、声屏障、锥坡	每跨或每段
车站主体结构	混凝土结构	模板及支架、钢筋、混凝土	每施工段
	钢结构	制作、拼装、涂装、连接件	每安装段
	砌体	砌块	每施工段
	施工缝、变形缝、后浇带	模板及支架、钢筋、混凝土	每道缝

地基基础分部工程中，土方开挖及围护质量安全控制内容与第二章明挖工程相关内容相同。桩及承台与第六章高架车站的相关内容相同，均不再重复。

本章共分六节：第一节为下部结构质量安全管理；第二节为支座安装质量管理；第

三节为上部结构工程质量安全管理；第四节为桥面及附属结构质量安全管理；第五节为地铁声屏障质量安全管理；第六节为高架区间工程安全、职业健康和环境管理。

高架区间质量安全管理依据主要为：

《地下铁道工程施工质量验收标准》GB/T 50299—2018

《钢结构施工质量验收标准》GB 50205—2001

《混凝土结构工程施工质量验收规范》GB 50204—2015

《铁路桥涵工程施工质量验收标准》TB 10415—2018

《铁路混凝土工程施工质量验收标准》TB 10424—2018

《城市桥梁工程施工与质量验收规范》CJJ 2—2008

《公路桥涵施工技术规范》JTG/T F50—2011

《公路工程质量检验评定标准》JTG-F 80/1—2017

《轨道交通桥涵工程施工质量验收标准》QGD-009—2018（修订版）

第一节　下部结构质量管理

下部结构主要是钢筋混凝土墩、台分部工程，包括模板与支架、钢筋、混凝土和预应力4个分项工程。钢筋、混凝土工程的质量安全控制同前述相关内容，不再重复。预应力工程的质量安全管理详见下述第二节上部结构。此处仅对模板（模架）工程质量、安全管理重点论述。

桥墩作为下部结构主要受力构件，承受自身荷载、上部结构（含施工荷载）和行车荷载，其高度由几米至几十米，截面尺寸较大，如此巨大的、临空的混凝土作业，必须有足够强度的模板及模架体系作为支撑。故模板支架的方案选择、设计和制作的质量控制是钢筋混凝土墩、台质量的关键。本节按实际工程中的现浇与预制两种工艺叙述。

一、现浇墩台模板与支架施工质量管理

（一）施工准备管理

模板工程含模板及模架两部分，施工准备工作基本内容同常规，包括人、机、料等资源准备，技术和现场条件准备，注意如下几个要点。

1.检查资质

1）模架施工队伍应具有与工程规模相适应的专业分包资质。

2）检查模架作业人员特殊工种证书，操作工人应持证上岗。

2. 模架体系原材料应符合要求

模架使用的钢管、钢梁、扣件、木板、方木等各种材料，其种类、型号、规格、数量应符合专项方案的要求，进场时施工单位和监理单位按规定进行初验、复试及见证取样检测，合格后方可使用。

3. 编制模架专项施工方案

1）高架桥下部结构的模板模架体系，按照规定属于危大和超危大的分部分项工程，专项方案的编制及报审程序，详见《城市轨道交通土建工程质量安全管理概论》第四章第一节。

2）方案中应对模架进行单独设计，这是专项施工方案的核心，是施工、监理单位质量、安全管理的重点，其内容应满足诸多方面的要求，故单列叙述，详见下文。

3）每个墩台为一个检验批。

4. 现场条件充分

1）高架区间线路长、孔跨多。应根据设计图纸、现场实际及施工进度安排，进行施工区段划分。

2）施工顺序及施工安排

根据现场条件、工期安排、施工的连续性，在每个施工区段内合理安排工作面，以利组织模板搭设的流水施工。

3）场地周围已设置临时排水设施。

4）地基处理经验收合格，承载力满足施工要求。

（二）模板模架的设计及审核

1. 选择模架方案

根据《建筑施工脚手架安全技术统一标准》GB 51210—2016，模板模架为承重架体，分为多种类型（详见《城市轨道交通土建工程质量安全管理概论》第四章第一节的相关内容），高架区间下部结构的模架按墩台构造分为支柱式、梁式、梁柱式和万能杆件拼装式。立柱式模架构造简单，可用于陆地或不通航河道以及桥墩不高的小跨径桥梁施工；梁式模架根据跨径不同可采用工字钢、钢板梁或钢桁梁，用于有通行要求或地形较复杂情况；梁柱式模架用于桥梁较高、跨径较大或在模架下有通行或通航需求情况。施工单位应结合工程具体情况及本单位施工经验，选择适宜的模架方案。

2. 模架施工图设计

施工单位根据高架桥墩台型式、跨径、荷载大小、地基土类别、混凝土浇筑流程进行模架施工图设计，对模板模架结构按受力工况分别验算其强度和刚度及稳定性，且应满足要求，挠度变形值不得超过允许值。应能抵抗在施工过程中有可能发生的偶然冲撞和振动。

为了保证较高的桥墩、桥台混凝土的密实度及外观质量，混凝土一般分层浇筑，其模板及模架体系应分层设立。

以高架区间Y形桥墩为例，按其高度和形状可分为墩身底节、Y形撑与墩身连接部分、Y形撑两肢三部分分次浇筑。墩身底节、Y形撑与墩身连接部分直接立模板浇筑，Y形撑两肢采用模架浇筑。墩身及墩顶箱梁浇筑见图7-1-1。

Y形桥墩必须在两侧设计模架，以满足两肢斜撑与墩顶箱梁的混凝土浇筑。墩身模架采用钢管、型钢模架，靠近墩身位置的钢管桩支撑在承台上，远离墩身位置的钢管桩采用钻孔桩基础。模架总体布置详见图7-1-2。

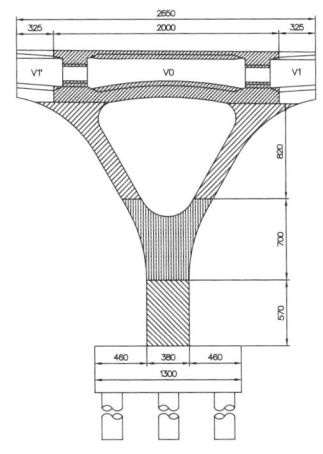

图7-1-1 墩身混凝土浇筑分步示意（单位：mm）

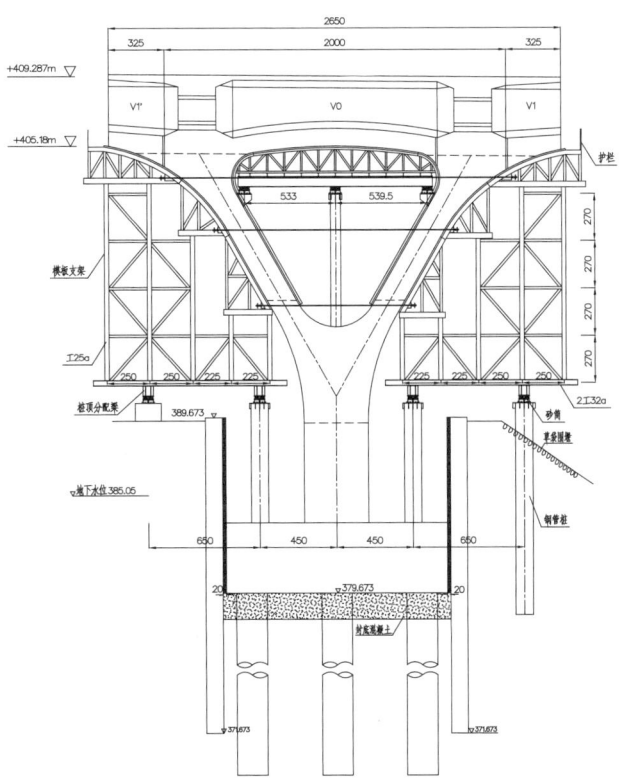

图7-1-2 墩身及箱梁模板模架布置图（单位：mm）

3. 选择模板的配置

下部结构所用模板，有组合钢模板、木（竹）模板、硬铝模板、塑料模板、各类纤维材料板。为获得良好的清水混凝土的观感质量，多选用定制钢模板并周转使用，在满足结构物的外观要求的同时获取最大的经济效益。模板主要的技术要求是应有足够的强度、刚度和稳定性，满足使用要求。

1）桥墩模板

（1）在高架区间工程中，应根据桥墩形状、截面尺寸和高度，成套定制，包括特殊部位。对墩身模板还应考虑有效立模高度，合理配置模板节数。

（2）采用大块钢模板时，特殊部位要制作特型模板，模板排列规则有序，线条美观，缝隙严密、支撑牢靠。模板的全长及跨度要考虑反拱度及预留压缩量。

（3）各种模板均应能够承受施工过程中可能产生的各项荷载及震动作用。确保墩台各部位结构尺寸及预埋件的位置准确，且具有能经多次反复使用不产生变形的刚度。

2）承台模板

高架区间下部结构坐落在桩基础的承台上，因承台一般不外露，外观质量要求没有墩柱、盖梁要求高，形状比较规则，适合使用木模板，但目前承台采用钢模板也较为常见，钢模板强度刚度高，可周转次数多，周转使用时打磨修补时间少，节省工期，适合在高架区间长、承台数量多的工程中使用。其数量应保证各个工作面的承台施工周转使用，规格应满足各尺寸承台的立模要求。

（三）模架质量管理

1. 加工制作

1）模架宜采用标准化、系列化、通用化的定型构件产品拼装。

2）以钢构件组成的钢排架，其纵、横向距离应根据计算书的成果结合实际情况进行合理选择，以保证结构的整体性；并应设置足够的斜撑、扣件和缆风绳，以保证排架的稳定。

2. 安装

1）下部结构支撑体系和模板的施工，按规定均应进行施工前的条件核查，详见《城市轨道交通土建工程质量安全管理概论》第四章第一节。

2）支架地基必须进行妥善处理，避免产生过大沉降，尤其是不均匀沉降。应加强斜向连接与支撑，以保证模架的整体稳定。

3）支架立柱必须安装在有足够承载力的地基上，立柱底端应设垫木以分布和传递压力，并保证浇筑混凝土后支架的沉降量不超过允许值。

4）行人或车辆通道的两边模板应加设防护措施，夜间应采用灯光标明行驶方向。施工中易受漂流物冲撞的河中模架应设坚固的防撞设施。

5）应按设计要求和相关规范规定预留施工拱度和沉落值。

3. 全面检查和观测

1）模架安装完毕后，应对其平面位置、顶部标高、节点联接及纵、横向稳定性进行全面检查，符合要求后，方可进行下一工序。

2）对安装完成的模架宜采用等载预压消除模架的非弹性变形，并观测模架顶面的沉落量。

（四）钢模板制作质量管理

钢模板制作一般选择有经验的工厂定制化加工生产，确保加工质量及精度符合技术要求。木模板制作通常在现场加工，不再论述。

1. 选定模板厂家并定制

1）各种钢模板及配件根据下部结构每类构件（如不同的墩身）单独制作，均由选定的厂家按批准的加工图定型制作。模板加工数量宜适当留有余量。

2）宜采用标准化的组合模板，其拼装应符合《组合钢模板技术规范》GB 50214—2013。各种螺栓连接件应符合标准。

2. 进场验收

1）模板进场后施工单位和监理单位按规定进行质量验收，合格后方可使用。

2）大块钢模板，应对零部件的几何尺寸进行全面检查，合格后方可进行组装，各种连接形式的焊缝应符合外观质量标准。面板及整体刚度应符合规范规定。

（五）模板安装

高架区间下部墩、台结构一般高度下其模板安装可使用常规方法，不再赘述。当墩、台比较高时，模板安装可用滑动、提升、爬升及翻转模板等多种方法，施工单位应结合工程具体情况，选择适宜的安装方法。

1. 滑动模板

滑动模板是一种机械化工具式模板，一般由模板系统、操作平台、提升系统和垂直运输设备四部分组成，是现浇混凝土连续成型施工工艺，用于现浇的高桥墩等。

滑动模板节省模板、进度快、操作简单。但滑模施工投入较大，且不便于在施工和养护期间对桥墩混凝土进行保温和养护。在城市轨道交通高架区间应用很少，采用滑动模板时，其安装应执行《滑动模板工程技术规范》GB 50113—2005 的相关规定。

2. 提升模板

提升模板适用于大块整体钢模板的安装。

1）提升模架结构应满足使用要求。

2）应有 2～3 组相同规格的钢模板结构、配件组合成一套提升模板，每套提升模板应设脚手平台、接料平台、挂吊脚手及安全网。

3）宜采用塔吊、缆索吊或其他提升设备。

3. 爬升模板

爬模装置通过承载体附着或支撑在混凝土结构上，当新浇筑的混凝土脱模后，以液压油缸或液压升降千斤顶为动力，以导轨或支承杆为爬升轨道，将爬模装置向上爬升一层，反复循环作业的施工工艺，简称爬模。

爬模装置：为爬模配置的模板系统、架体与操作平台系统、液压爬升系统及电气控制系统的总称。爬升模板适用于大型柱、桥墩、桥塔等，在城市轨道交通高架区间应用很少。如使用，其安装应执行《液压爬升模板工程技术标准》JGJ/T 195—2018 的相关规定。

4.翻转模板

翻模施工法是将一段混凝土墩柱的模板按高度分节，分节高度及分块大小，根据所采用的塔吊起重能力、模板结构、墩柱构造等确定，一般每节高度为 1 ~ 3m。在浇筑完混凝土后，保留上节模板，将下节模板拆除并利用起重设备提升至保留模板的上方，并与之连接成一体，用于浇筑下一施工段的混凝土。如此由下至上交替上升，直至达到设计的施工高度。具有如下特点。

1）每套翻转模板系统由模板、对拉螺杆、护栏及工作平台等组成，不必另设脚手架。

2）采用翻模时，模板构造简单，构件种类少，混凝土接缝较易处理。

（六）分项工程验收管理

模板的工程验收包括模板和模架的验收，应从施工过程和施工完毕两步进行控制。

1.模板及模架质量验收标准，见表 7-1-1。

模板及模架质量验收标准　　　　　　　　　　　表 7-1-1

分项工程		质量验收内容	检验数量及方法
模板与模架制作及安装	主控项目	现浇混凝土结构的模板标高、平面位置及几何尺寸应符合施工方案要求	全数检查。观察、尺量检查
		模板安装应稳固牢靠、接缝严密，不得漏浆。模板与混凝土的接触面应清理干净并涂刷隔离剂，模内的积水或杂物应清理干净	全部。观察
	一般项目	脱模剂的品种和涂刷方法应符合专项施工方案的要求。脱模剂不得影响结构性能及装饰施工，不得沾污钢筋和混凝土接槎处	全数检查。观察检查；检查质量证明文件和施工记录
		模板的起拱应符合设计及施工方案的要求	每根梁、每个构件、每个安装段不少于 3 点。水准仪或尺量检查
		现浇混凝土模板加工、制作、安装允许偏差应符合规范规定	按表的规定检验
		承重模架安装允许偏差应满足规范要求	按表的规定检验
模板及模架拆除	主控项目	拆除承重模板时混凝土强度应符合设计要求，当设计无要求时，混凝土强度应符合规范规定	全部。查阅混凝土强度试验报告
		拆除承重模架时的混凝土强度和拆架次序应符合设计要求，当设计无要求时，混凝土强度应符合规范规定。预应力混凝土应在预应力张拉后方能拆除	全部。混凝土强度试验，预应力混凝土结构应查阅预应力张拉记录
	一般项目	拆除承重模板及模架时，混凝土应不受损伤	全部。观察
移动模架	主控项目	移动模架预拱度应符合设计要求	全部。查阅计算书及测量报告

续表

分项工程		质量验收内容	检验数量及方法
移动模架	一般项目	移动模架安装允许偏差应符合规范要求	按表的规定检验
		移动与落架要求混凝土强度达到设计要求、预应力按设计要求进行了张拉、预提压管道灌浆强度达到设计强度要求后，方可移动或落架	全部 查看混凝土及灌浆体强度报告、预应力张拉记录
混凝土构件预制模板	主控项目	预制模板刚度及平整度应符合设计要求	全部 查阅计算书及试验报告
	一般项目	短线预制模板允许偏差应符合规范规定	按表的规定检验

（摘自《城市桥梁工程施工质量验收规范》GJJ 2—2008）

2. 允许偏差

1）各类模板、模架工程安装允许偏差及强度应满足规范规定。

2）拆除承重模板、支架时混凝土强度应满足规范要求。

3. 中间检查

模板支架安装过程中，应进行中间检查，检查实际搭设情况应符合模架设计方案，对其平面位置、顶部标高、节点联系及纵横向稳定性进行检查，包括：基础、立杆垂直度、间距、纵向水平杆偏差等，均应满足规范要求。发现模架有超过允许偏差变形值的可能时，应及时纠正。

4. 分层次验收

1）首件验收，对完成的首段模板应按照程序组织首件验收，合格后组织后续施工。

2）按程序组织检验批、分项工程验收。

（七）模板、模架的拆除管理

1. 拆除时间规定

模板、模架的拆除时间应根据结构特点、模板部位混凝土所达到的强度来决定。

1）承重模板、模架，应在混凝土强度能承受其自重及其他可能的荷载时，方可拆除，如设计另有规定，应按规定执行。

2）非承重侧模板应在混凝土强度能保证其表面及棱角不致因拆模而受损坏时方可拆除（一般应在抗压强度达到 2.5MPa）。

3）芯模和预留孔道内模，应在混凝土强度能保证其表面不发生塌陷和裂缝现象时，方可拔除。

4）木芯模使用时应防止漏浆和采取措施便于脱模。应控制好木芯模拆模时间，过早易造成混凝土坍落，过晚拆模困难。

2. 拆除技术要求

1）模板拆除应按设计要求的顺序进行，设计无规定时，应遵循"先支后拆，后支先拆"的顺序。严禁将模板从高处向下抛扔。

2）卸落模架应按拟定的程序进行，分几个循环卸完，卸落量宜从小到大，纵向对称均衡卸落，横向同时卸落。在拟定卸落程序时应注意以下事项：

（1）应根据结构型式、承受的荷载大小及需要的卸落量，在模架和适当部位设置相应的木楔、木马、砂筒或千斤顶等落模设备，以方便模架的拆卸。

（2）在卸落前应在卸架设备上画好每次卸落量的标记。

3）墩、台模板宜在其上部结构施工前拆除。拆除模板，卸落模架时，不得使用猛烈地敲打和强扭等方法。

4）模板、模架拆除后，应维修整理，分类妥善存放。

二、预制钢筋混凝土桥墩安装质量管理

高架区间下部结构中的预制钢筋混凝土墩、柱较少使用。安装方式一般有承插式和现浇式2种，现简要介绍其质量管理。施工准备工作的管理基本同常规，此处不再叙述。

（一）预制墩柱承插式安装质量管理

承插式是将预制的墩柱插入相应的承台预留孔或杯口内，底部铺设砂浆，周边以半干硬性细石混凝土填充连结成整体。从结构受力分析，连接区段抗剪、抗震能力先天较差，常常由于墩柱四周预留孔或杯口混凝土振捣不密实，又造成桥墩与承台的后天质量缺陷，给下部结构安全埋下隐患，因此必须做好质量管理工作。管理要点如下。

1. 定位吊装

1）用起重机将墩、柱对准轴线位置垂直下放到杯口内，并在易损部位垫以木板或橡胶垫。

2）用经纬仪从纵横轴线方向进行监测，使墩、柱垂直，准确就位后，柱的四周用钢楔卡紧固定，并加斜撑保持柱体稳定，在确保稳定后方可摘去吊钩。

3）墩、柱起吊吊点应符合设计要求，与钢丝绳接触处要衬垫橡胶板，防止损坏墩、柱棱角。

2. 预制墩、柱与基础连接

按照设计要求将预制墩、柱与基础焊接牢固，外露铁件必须做防锈处理。

3. 杯口混凝土浇筑

1）墩、柱埋入杯口内的深度必须满足设计要求。

2）再次复测确认墩、柱就位无误后浇筑杯口细石混凝土、对称振捣，必须保证墩、柱与杯口紧密联结，强度达标。

3）为防止墩、柱平面位置及垂直度偏差超标，混凝土浇筑过程中应进行校核，出现问题应及时纠正。

4. 钢楔及斜撑拆除

当杯口混凝土硬化后拆除钢楔，并按有关要求对施工缝进行处理，然后补浇二次

细石混凝土，顶面压光。待混凝土强度达到设计强度的 75% 后方可拆除斜撑。

5. 承台基坑回填

基坑回填时，应采取措施避免夯实机械运行过程中损坏墩、柱易损部位。宜对称夯实，距离结构 0.5～0.8m 范围内宜采用人工夯实。

（二）预制墩柱现浇式安装质量管理

现浇式是分别在承台顶部、预制墩身底部预留连接钢筋，墩身吊装就位后，将两处预埋钢筋连接，然后支设承台和连接段模板，使墩柱底部与承台通过连结段现浇混凝土成型。这种连接方式结构受力性能较好，但预制桥墩与承台之间的吊装定位难度较大，连接部位施工复杂。管理要点如下：

1. 承台施工

1）绑扎承台钢筋以便与预制墩身预留的钢筋连接，钢筋绑扎必须满足设计要求。

2）支设模板，验收合格浇筑混凝土并养护。

2. 定位墩施工

定位墩是为安装预制墩柱定位用，在现场浇筑。

1）承台施工完成后，复测顶面标高，浇筑一定厚度的细石混凝土作为调平层，以保证预制墩底与承台接触面平整，吊装就位后不被局部压损。

2）复核定位准确后，安装模板、浇筑混凝土并振捣养护。

3. 预制墩柱安装

1）预制墩柱在承台上定位，承台和定位墩达到强度以后，进行墩柱中心线测量放线，定出边缘线控制点，允许误差控制在 10mm，测量定位经复验合格。

2）采用汽车吊吊运安装预制墩，注意保护侧壁混凝土不受损伤，墩柱底套在定位墩上，再精确调整平面位置。

3）双向控制垂直度，采用 2 台经纬仪成 90° 角架设，距离墩柱 20m 以上。将经纬仪沿垂直方向向上扫动，调整墩身，使墩身边线垂直，最后采用 2m 垂直度测定仪进行垂直度校核，满足设计要求。

4）墩柱安装就位后，安装模板（一般采用带坡脚的钢模板）。

5）浇筑安装岛混凝土，浇筑前，要设置缆风绳，一端固定在墩柱顶部预留钢筋上，另一端打地锚中。当垂直度局部存在偏差情况下，采用缆风绳调整。

6）浇筑杯口混凝土后，土工布包裹养护。待混凝土强度达到设计值后方可解除缆风绳。

4. 实例

以预制圆形空心桥墩为例，其在工厂通过离心法加工成型后，运至现场采用现浇杯口方式与承台连接，墩底和承台间预留杯口式环形安装岛，墩柱埋入杯口一定高度，如图 7-1-3 所示，以防止吊装时柱体倾覆。为便于安装，设置一定高度的定位墩，直径略小于预制空心墩内径。浇筑混凝土承台前，绑扎安装岛杯口钢筋，杯口钢筋伸入承台锚固，如图 7-1-4 所示。在预制墩柱底侧设置锯齿形剪力纹，并对表面进行拉毛处理，以利于与杯口混凝土的充分咬合，实现墩柱与承台的整体连接，增强墩柱抗震能力。

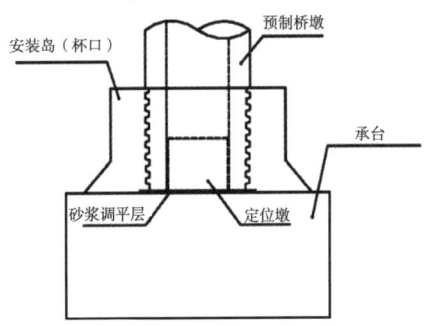

图 7-1-3 预制墩柱现浇式安装示意　　图 7-1-4 安装岛（杯口）预埋钢筋

（三）工程验收的管理

1. 质量控制标准。

1）预制墩台柱及安装质量验收，见表 7-1-2

预制墩台柱及安装质量验收　　　　　　　　　表 7-1-2

项目		质量验收内容	检验数量及方法
预制墩台柱及安装	主控项目	预制墩台柱与基础连接处混凝土面应接触严密，钢筋或钢构件焊接应牢固，现浇混凝土灌注应密实，混凝土强度应符合设计文件要求	全部检查。观察检查，检查施工记录和混凝土强度报告
		预制构件安装时，结构混凝土强度和预应力孔道砂浆强度应达到设计文件要求强度的 75% 以上	全部检查。检查强度试验报告
	一般项目	预制墩台柱的允许偏差和检验方法应符合表 7-1-3 的规定	
		预制墩台柱安装的允许偏差和检验方法应符合表 7-1-4 的规定	
		预制构件表面应无空洞、露筋、蜂窝麻面和缺棱断角等	全面检查、观察检查

2）预制墩、柱的允许偏差和检验方法，见表 7-1-3

预制墩、柱的允许偏差和检验方法　　　　　　　表 7-1-3

检验项目	允许偏差（mm）	检验数量
断面尺寸（长、宽、直径）	±5	每个构件检查 4 点
高度	±10	每个构件检查 2 点
预应力孔道位置	±10	每个孔道检查 1 点
侧向弯曲	H/750	每个构件检查 1 点
平整度	3	每个构件检查 1 点

3）预制墩台柱安装的允许偏差和检验方法，见表 7-1-4

预制墩台柱安装的允许偏差和检验方法　　　　　表 7-1-4

检验项目	允许偏差（mm）	检验数量
平面位置	10	每个构件检查 2 点
埋入基础深度	不小于设计文件要求	每个构件检查 1 点
相邻间距	±10	每个构件检查 1 点
垂直度	≤0.5%H，且不大于 20	每个构件检查 2 点
墩、台柱顶高程	±10	每个构件检查 1 点
节段间错台	3	每个构件检查 4 点

2. 首件验收

第一组预制钢筋混凝土墩、柱安装后组织进行首件验收，合格后进行大面积施工。

3. 分项工程验收

对检验批、分项工程进行验收，验收程序及合格条件详见第二章。

三、钢筋混凝土盖梁质量管理

在桥梁的墩、柱顶部设置横梁，即盖梁，又称帽梁。主要作用是连系各墩柱共同支撑桥梁上部结构，分布上部结构的荷载，并全部传到下部结构。

钢筋混凝土盖梁有现浇钢筋混凝土盖梁、预制钢筋混凝土盖梁安装两种。后者在实际工程中较少使用，此处简述，重点论述现浇盖梁内容。施工准备的管理要点同常规，不再赘述。

（一）现浇墩台帽和盖梁

墩台帽、盖梁的模板模架施工的基本要求同前述的墩台模架，钢筋施工基本同常规要求，混凝土浇筑、振捣、养护应符合相应规范规定。

1. 墩柱混凝土强度达到设计要求后，方可进行盖梁施工。

2. 模板工程

1）墩台身高不大于 10m 时，墩台帽和盖梁可采用模架施工。

2）墩柱高度超过 10m，在墩柱浇筑时可事先设预埋通孔，设穿销棒或设抱箍以支撑墩帽及盖梁底模，预埋位置应准确，预埋孔口四周宜设加强钢筋。

3）应特别注意模板与墩台之间应密贴，不得出现漏浆现象，污染墩台外观。

4）模板支架四周还应预留人行通道及安全的操作空间。

3. 钢筋工程

1）需尽量避免在接头处弯起钢筋，以确保墩台帽、盖梁保护层的厚度。

2）按设计要求做好支座及上部结构所需要的预埋件及预埋筋的设置和孔洞预留。

4. 混凝土工程

1）水平运输宜采用混凝土罐车，垂直运输采用汽车泵或混凝土输送泵输送，混凝土数量少时可采用汽车吊与吊斗结合。

2）施工中注意对墩台身成品的防护，不得将混凝土洒落、残留在墩台身及承台上。

3）墩台帽、盖梁混凝土达到规范相关要求后，可先拆侧模，底模应在混凝土达到设计要求的强度，如设计没有要求应达到设计强度的75%后方可拆除。拆模时不得损坏混凝土表面及棱角。

4）盖梁预应力张拉，应注意按设计要求分批次张拉，待混凝土强度达到设计要求后实施第一批次预应力张拉，待预制梁吊装到位或现浇梁施工完成后实施第二批次张拉。

5．垫石施工详见后述

（二）分项工程验收管理

1．墩台帽、盖梁安装的允许偏差 见表7-1-5。

墩台帽、盖梁安装允许偏差　　　　　　　表7-1-5

项目	允许偏差（mm）	项目	允许偏差（mm）
混凝土强度（MPa）	符合设计要求	断面尺寸	±20
竖直度或斜度	0.3%H且<20	顶面高程	±10
接缝错台	5	轴线偏位	10
预埋件位置	10	大面积平整度	5

2．隐蔽工程验收

钢筋安装工程按照规定进行隐蔽工程验收，内容同常规。

3．按程序组织检验批、分项工程验收。

第二节　支座安装质量管理

支座是桥梁结构的一个重要组成部分，设置在桥梁的上部结构与墩台之间，其作用之一是将上部结构的竖向和水平荷载传递到墩台上，竖向荷载即结构自重、活载及其影响力等；水平荷载由机车制动力、风力、摩阻力或由于温度变化、支座变形等引起以及桥梁纵坡产生；作用之二是适应荷载、温度变化、混凝土收缩与徐变等因素所产生的位移。

按划分表，支座安装为分部工程，也是一个分项工程，桥梁的使用效果与支座能否准确地发挥其功能有着密切的关系，也即支座的安装质量直接关系到桥梁的使用及运营安全，因此必须严格控制支座安装的质量。工程中常用的支座有板式、盆式、球形支座，还有减隔震支座，由这些基本支座发展而来。管理人员应首先了解各种支座的特性。

因这几种支座的施工准备基本一致，故一并叙述，安装过程的质量控制分别叙述。

一、支座类型及安装准备管理

（一）支座的种类及特性

支座按允许位移情况一般分为两类，一类是固定支座，允许梁体自由转动而不能移动；另一类是活动支座，允许梁在挠曲和伸缩时转动与移动。针对桥梁跨径、支座反力，支座允许转动与位移的不同，支座选用的材料不同，其类型及特性见表 7-2-1。

支座类型及特性　　　　　　　　　　　　　　　　　　　　表 7-2-1

类别	分类	构成	特性	应用范围
板式橡胶支座	矩形、圆形，见图 7-2-1	由数层薄橡胶片与薄钢板镶嵌、粘合、压制而成	具有足够的竖向刚度，能将上部结构反力可靠地传递给墩台；有良好的弹性，以适应梁端的转动；有较大的剪切变形以满足上部结构的水平位移。可防止产生过大的剪切变形	适用于中小跨径公路、城市和铁路桥梁
	四氟橡胶支座	由梁底钢板、不锈钢板、四氟板式橡胶支座与支座垫石等组成，即在普通板式橡胶支座的表面粘贴一层聚四氟乙烯板	除具有普通橡胶支座的竖向刚度与压缩变形，且能承受垂直荷载及适应梁端转动外，还能利用聚四氟乙烯板与梁底不锈钢板间的低摩擦系数，使桥梁上部结构水平位移不受限制。此外，这种支座还可在顶推、横移等施工中作滑板使用	可以适应较大跨径及多孔连续梁桥的伸缩位移
盆式橡胶支座	按使用性能分为：双向（多向）活动、单向活动及固定支座；按适用温度范围分为：常温型、耐寒型支座。见图 7-2-2	一般由钢构件与橡胶组合而成。以活动盆式橡胶支座为例，其结构由上支座板、聚四氟乙烯板、承压橡胶块、橡胶密封圈、中间支座板、钢紧箍圈、下支座板以及上下支座连接板组成	承载能力大、水平位移量大、转动灵活。双向（多向）活动支座：具有转动和纵向与横向滑移性能；单向活动支座：具有转动和单一方向（纵向或横向）滑移性能；固定支座：仅具有转动性能	适用于支座承载力为 1000kN 以上的大跨径桥梁，也适用于城市、林区、矿区的桥梁。常温型支座适用温度：-25～+60℃；耐寒型支座适用温度：-40～+60℃

续表

类别	分类	构成	特性	应用范围
球形钢支座	有固定支座、单向活动支座和多向活动支座之分。见图7-2-3	活动支座主要组成是上支座板、不锈钢位移板、聚四氟乙烯滑板、中间球形钢芯板、聚四氟乙烯球形板、橡胶密封圈、下支座板和上下固定连接螺栓等	传力可靠，转动灵活，不但具备盆式橡胶支座承载能力大，允许支座位移大等特点，而且能更好地适应支座大转角的需要，与其相比优点如下： 1. 通过球面传力，不出现力的缩颈现象，作用在混凝土上的反力比较均匀。 2. 通过球面聚四氟乙烯板的滑动实现支座的转动过程，转动力矩小，而且转动力矩只与支座球面半径及聚四氟乙烯板的摩擦系数有关，与支座转角大小无关。 3. 支座各向转动性能一致。 4. 支座不用橡胶承压，不存在橡胶老化对支座转动性能的影响	特别适用于低温地区、有大转角要求、设计转角0.05rad以上的大跨度桥梁；宽桥、曲线桥
减隔震支座	新型减震橡胶支座、抗震型球形钢支座、高阻尼橡胶支座和铅芯橡胶支座。见图7-2-4	同橡胶支座及钢支座	具有抵抗地震力的能力，作用是尽可能地将结构或部件与可能引起破坏的地震地面运动分离，大大减少传递到上部结构的地震力和能量	适用于地震频发地区的桥梁

图7-2-1 板式橡胶支座

图7-2-2 盆式橡胶支座

图7-2-3 球形钢支座

图7-2-4 减隔震支座

（二）施工准备管理

施工准备的管理内容同常规，应特别注意以下几点。

1. 支座进场验收

1）支座进入现场后，按程序组织验收，产品合格证与有关技术指标齐全有效，应根据《铁路桥梁盆式支座》TB/T 2331—2013、《城镇桥梁球形钢支座》CJ/T 374—2011、《桥梁球型支座》GB/T 17955—2009，对各类支座的外观尺寸、组装质量进行检查，规格、外形、数量、性能合格后方可安装使用。

2）抽查检验：对支座按一定比例进行抽查检验，测试支座主要力学性能。试件由监理单位会同施工单位随机抽样后，送至有相关检验资质的单位进行对比检验。各类支座检验项目，见表7-2-2。

支座成品力学性能检验表 表 7-2-2

支座种类		抽查检验项目
板式橡胶支座		极限抗压强度、抗压弹性模量、抗剪弹性模量、粘结性能
盆式橡胶支座	固定支座	竖向承载力和压转性能检验
	活动支座	竖向承载力、压转性能和支座滑动摩擦系数检验
球形钢支座	固定支座	竖向承载力和压转性能检验
	活动支座	竖向承载力和支座滑动摩擦系数检验
支座钢构件		表面漆膜厚度

3）支座的验收内容

（1）核对产品相关信息：包装上承载力、型号与产品标牌必须相符。

（2）支座到达现场后应检查临时连接、标尺指针应完好，虽然支座出厂时，已由生产厂家将支座调平，并拧紧连接螺栓，但运输安装过程中难免会发生转动和倾覆，此工序不得省略。

（3）支座安装前滑移面应擦洗干净，注满润滑剂，同时应检查支座顶板和底板的固定措施应到位，安装前不得拆卸连接螺栓。

2. 测量定位

测量人员认真细致的审阅施工图，准确施测出垫石、挡块及支座的坐标位置及高程，将控制轴线和标高控制点标注清楚，支座中心位置应正确，并向施工人员进行书面数据交底。

3. 支座垫石的施工

支座垫石设置于桥台、墩顶部与支座连接处，多为现浇混凝土，垫石顶面必须保持平整清洁，以保证与支座紧密贴合。施工过程应注意控制以下几点：

1）预埋钢筋

在盖梁及台帽盖梁模板安装后，准确测量出垫石的位置，进行垫石钢筋预埋，确保预埋钢筋位置及高程的准确性，精准计算锚栓预留孔模安装长度及位置，如果锚栓完全在垫石内，暂时不需埋设锚栓孔。将预埋钢筋与盖梁钢筋骨架片进行点焊连接。

2）垫石浇筑前准备

（1）查模板、钢筋及锚栓孔胎模是否松动移位，否则应及时修整；

（2）检查模板上的脱模剂是否适量，否则，及时用小毛刷涂抹，严禁涂到钢筋上；

（3）洒水湿润混凝土结合面；

（4）准备振动棒及钢制抹子。

3）混凝土浇筑

（1）试验室按照施工配合比进行搅拌混凝土；

（2）施工现场检查塌落度，不符合要求的不得浇筑；

（3）浇筑时，振捣棒振捣均匀，水平尺测量，保持垫石顶面水平状态；

（4）用钢制抹子抹平，压实；

（5）手感混凝土达到初凝时，转动锚栓孔胎模，进行二次收面；

（6）及时覆盖，避免暴晒，防止雨淋或者结冻。

4）混凝土养护

混凝土浇筑完成及拆除模板后，应尽快予以洒水覆盖养护，保证在养护期间时常保持混凝土表面湿润，当气温低于5C°时应加热覆盖，不得向混凝土洒水养护。混凝土的洒水养护时间一般为7d，可根据空气的湿度、温度和水泥品种及掺用的外加剂等情况酌情延长或缩短；每天洒水次数以保持混凝土表面时常保持湿润而定。

4. 垫石验收

支座垫石安装后必须经过验收合格

1）支座安装前滑移面应擦洗干净，同时应检查支座顶板和底板的固定措施应到位。

2）确保垫石强度、高程满足设计要求，确认垫石地脚螺栓预留孔相对尺寸、直径及深度符合施工要求，预留孔清理干净。

3）检查临时固定措施满足要求。

4）支座垫石允许偏差及检验数量，见表7-2-3。

支座垫石允许偏差及检验数量　　　　　　表7-2-3

检验项目	允许偏差（mm）	检验数量
轴线偏位	±5	纵横检查2点
断面尺寸	±5	纵横检查1个断面
顶面高程	±2	检查中心及四角
顶面四角高差	2	检查中心及四角
预埋件位置	±5	每件检查

注：测量检查，钢尺量测

二、各类型支座安装质量管理

（一）板式橡胶支座安装质量控制

1. 多跨连续梁板式橡胶支座安装

高架桥连续梁是通过先简支后连续的方式而形成，借助临时支座进行安装，若高架桥少跨（1~2跨）且跨度小、低，其板式橡胶支座可直接安装。

1）首先在桥墩上按设计图纸设置临时支座（一般采用钢砂筒、混凝土块、硬木块等，方便、安全普遍多用钢砂筒），位置应与正式支座在一条直线上，先将预制梁段吊放在临时支座上。

2）将正式支座安放在设计位置，安装前应计算并检查支座的中心位置应正确。当墩、台两端标高不同，顺桥向有纵坡时，支座标高应按设计规定执行。

3）支座安装时，要求梁体底面和墩台上的支承垫石顶面具有较高的平整度，使其与支座上下面全部密贴，避免偏心受压、脱空、不均匀受力。

（1）严格控制预制梁底部端头支座位置预埋连接件规范施作。

（2）支座不得发生歪斜。支承垫石顶面相对水平误差不大于1mm，相邻两墩台上支承垫石顶面相对水平误差不大于3mm，位置正确准确。

（3）安装温度为5~25℃。为防止支座产生过大的剪切变形，支座安装最好选择在气温相当于全年平均气温的季节里进行，以保证橡胶支座在低温或高温时偏离支座中心位置不会过大。

4）梁板安放必须仔细，使梁板就位准确与支座密贴，就位不准或不密贴时，必须吊起重放，使之达到标准。不得用撬棍移动梁板。

5）浇筑湿接头混凝土，待达到强度后即拆除临时支座，完成受力体系转换。

2. 连续端板式支座安装

1）在橡胶支座上面需加盖一块比支座平面稍大的预埋钢板。

2）预埋钢板上用锚固钢筋与连续端防裂主筋焊接牢固，将支承钢板视作现浇段梁底模板一部分。

3）为避免橡胶支座在安装梁板时发生位移，在支座下表面涂一层环氧树脂粘结于垫石表面上。

4）矩形支座放置方向应符合设计要求。

5）圆形支座可以不考虑方向，只需支座圆心与设计位置中心重合。

关于四氟乙烯橡胶支座及安装技术要求，限于篇幅，不予论述，若读者有需要，请参考相关技术文件。

（二）盆式支座重力灌浆法安装质量控制

安装方法分为座浆法和重力灌浆法两种，使用何种方法一般应符合设计要求，在设计无特别要求时应优先采用重力灌浆法。故此处重点介绍重力灌浆法的质量控制重点，座浆法仅作概念介绍。

座浆法用于现浇梁体的支座安装，实质是先将支座安装于垫石顶面用楔形钢块调整好标高，然后按重力灌浆法安装支座，待砂浆固化达到设计强度后即可安装模板、绑扎梁体钢筋，然后浇筑梁体。

预制梁和现浇梁的支座安装均可使用重力灌浆法。安装控制要点如下：

活动支座需要设置位移预偏量时，原则上应在生产厂家预置。必要时，可在专业人员指导下在工地设置。纵向和多向活动支座应设置纵桥向预偏量；应根据支座实际安装温度与设计安装温度值差、预应力施加引起的弹性压缩量和梁体混凝土收缩、徐变量计算确定。

1. 支座安装前的检查

支座连接状况应正常，不得任意松动上、下支座板连接螺栓。支座上下各个部件纵横向必须对中。支座安装方向必须符合设计要求。

2. 确定安装温度

安装温度要满足设计要求，当安装温度与设计温度不同时，纵向支座各部件错开的距离必须由计算确定。

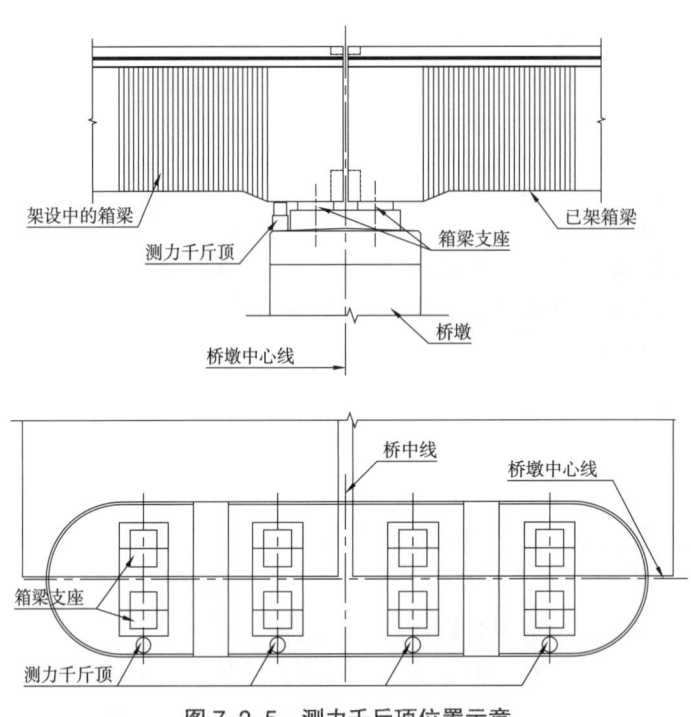

图 7-2-5 测力千斤顶位置示意

3. 梁底安装支座

1）梁体吊装前，先将支座安装在预制箱梁的底部，上支座板与梁底预埋钢板之间不能留有间隙。

2）支座就位处的支承垫石表面应凿毛，清除预留锚栓孔中的杂物，支承垫石表面浸湿。安装灌浆用钢模，底面设一层 4mm 厚橡胶防漏条，通过膨胀螺栓固定在支承垫石顶面。

4. 支座安装

1）吊装预制箱梁（带支座），将箱梁落在临时支承千斤顶上，通过千斤顶调整梁体位置达到设计标高，见图 7-2-5。

2）支座与梁体及桥墩、台的连接螺栓应全部拧紧到位，必须保证支座与上、下部结构紧密接触不脱空。

3）支座就位后，在支座底板与桥墩支承垫石顶面之间留有 20~30mm 的间隙，以便灌注无收缩高强度灌注材料。

5. 灌注浆液

1）灌浆前，计算所需的浆体体积，实际灌浆量与计算值不得相差过大，防止中间缺浆。

2）注浆材料一般使用环氧砂浆，强度不低于垫石混凝土的设计强度，并符合有关高性能混凝土技术条件的相关规定。

3）落梁完成后，支座四周支模板，向支座与垫石之间的缝隙及锚栓孔内重力注浆，砂浆应高出支座底面约 1cm 左右。

4）灌浆工具应插至支座中心部位，以使灌注的浆液渗入四周，直至从钢模与支座底板周边间隙观察到灌浆材料全部灌满为止，见图 7-2-6。

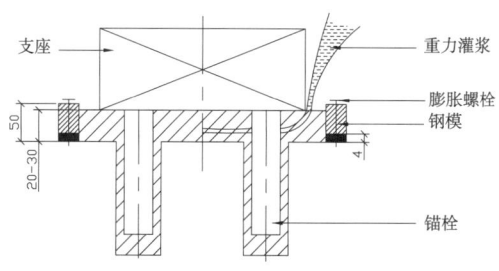

图 7-2-6 重力压浆示意

6. 拆除临时支座

1）灌注砂浆强度达到 20MPa 后，拆除钢模板，检查是否有漏浆处，对漏浆处进行补浆。

2）检查支座的受力状况，确认无误后，拆除临时支座，安装支座钢围板。

7. 支座安装质量检查

1）注浆材料和强度符合要求，支座锚栓孔重力注浆填实。

2）支座上下板螺栓的螺帽安装齐全，并涂上黄油，无松动现象。

3）支座与梁底、支座与支承垫石密贴，无缝隙。

（三）球形支座安装质量控制

球形支座安装工艺流程，见图 7-2-7。

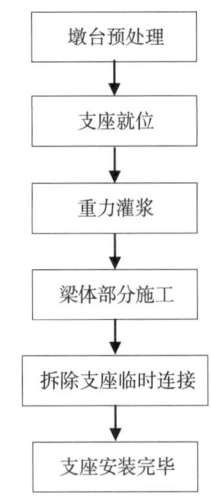

图 7-2-7　球形支座安装工艺流程

1. 混凝土桥梁支座安装

1）墩台预处理

（1）按图纸要求施作预留孔，深度和直径必须大于支座套筒或底柱的预埋长度和直径，一般均大于 60mm。

（2）墩台表面凿毛，露出粗骨料并呈坚固不规则表面，铲凿面凹凸之差控制在 20mm 之内。

（3）灌注部位表面应清除干净，以保证与灌浆料可靠黏结。根据气候及现场情况对浇灌部位适当加以湿润，不应有明水存留。

（4）在墩台支座设计位置处划出中心线，支座顺桥中心线必须与主梁中心线重合或平行。

（5）放置楔形垫块。

2）支座就位

（1）将地脚螺栓穿入底板地脚螺栓孔并旋入底柱内，底板上划出中心线。

（2）支座对中：墩台支座设计中心线与支座底板中心线对齐。

（3）支座调整：标高应符合设计要求，应注意两个方向的水平，其四角高差不得大于 2mm。

3）重力灌浆

（1）灌浆料抗压强度等级不应低于下部结构强度标准，即不得低于 C50。多用环氧砂浆灌注地脚螺栓孔及支座底面垫层。

（2）支设重力灌浆模板，模板与垫石顶面应采取可靠措施，防止在重力灌浆时发生漏浆。模板尺寸应大于支座底钢板 10cm。灌浆层与支承垫石之间预留 20～50mm 空隙。见图 7-2-8。

（3）灌注时灌浆料应从支座底部中心向四周流动，以防止支座下部灌注不实或脱空。

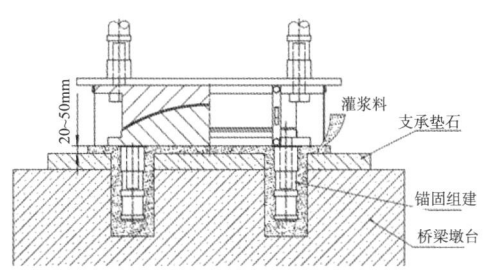

图 7-2-8　灌浆层与支承垫石之间预留空隙

（4）二次灌浆层应大于支座底钢板 10cm，灌浆层与支座底板间应密实，不得留有间隙。

（5）灌浆料填满楔形垫块位置。

（6）拆除模板：灌浆材料终凝后方可拆除四角楔形垫块，灌浆料强度达到设计强度（≥20MPa）后拆除重力灌浆模板。

4）梁体部分施工

（1）梁底预埋钢板中心线与支座顶板中心线对齐，二者（板）之间不能有间隙。

（2）将地脚螺栓穿入顶板地脚螺栓孔并旋入墩柱内，在保证梁底预埋钢板与支座顶板之间没间隙的情况下，把墩柱与梁底预埋钢板焊接在一起。

（3）梁体模板安装完成后浇筑混凝土及养护。

5）拆除支座临时连接：待梁体结构受力体系符合设计要求的工况后拆除支座临时连接，安装防尘罩，支座安装完毕。

2. 钢结构桥梁支座安装

钢箱梁的支座安装可按照上述方式进行，需要注意以下几点。

1）将预埋钢板与支座顶板焊接，焊角高度至少为 8～10mm；

2）支座吊装至墩顶，四角调平，灌浆，此步骤与混凝土箱梁调整方式一致。

3）预埋钢板与梁底进行焊接。

4）焊接预埋钢板时，避免钢板过热，灼烧四氟滑板；对焊接后防护漆灼烧部位，需进行补漆。

3. 支座维护与检查

在桥梁橡胶支座的使用过程中，会出现各种质量问题和隐患，将严重影响支座的安全性和耐久性，减少设定使用年限。施工单位应从支座产品进场检查到安装全过程认真监督把关，保证支座安装质量达标。应做好支座维护保养与定期检查。保养时松动地角螺母,清洗上油以免螺母锈死,然后紧固,对支座钢件进行油漆防锈处理(不锈钢滑动面除外)。

定期检查主要内容有:支座地脚螺栓有无剪断,支座位移、支座转角是否超限,支座是否脱空,相对位移是否均匀,逐个记录支座位移量,校核并定点检查支座高度变化。

三、分项、分部工程验收管理

(一)支座安装质量验收标准,见表7-2-4。

支座安装质量验收标准   表7-2-4

项目		质量验收内容	检验数量及方法
支座安装	主控项目	支座品种、规格、性能、结构及涂装质量必须符合设计要求和先关产品标准的规定	施工单位、监理单位全部检查。贯彻和检查产品出厂合格证
		固定支座及活动支座安装位置必须符合设计要求	施工单位、监理单位全部检查。对照设计文件观察
		支座上下座板必须水平安装,固定支座上下座板应互相对正,活动支座上下座板横向应对正,纵向预留错动量应根据支座安装施工温度与设计安装温度之差和梁体混凝土之完成收缩、徐变量及弹性压缩量计算确定,并在个施工阶段进行调整,当体系转换全部完成时,梁体支座中心应符合设计要求	施工单位、监理单位全部检查。观察和尺量
		支座与梁底及垫石之间必须密贴无空隙,垫层材料质量及强度应符合设计要求。支座配件必须齐全,水平各层部件间应密贴无空隙	施工单位、监理单位全部检查。观察
		支座锚栓质量及埋置深度和螺栓外露长度必须符合设计要求,支座锚栓固结应在支座及锚栓位置调整准确后进行施工,预留锚栓孔必须填满捣实,填料种类和质量必须符合设计要求	施工单位、监理单位全部检查。观察和尺量
	一般项目	支座安装允许偏差应满足《轨道工程桥涵工程施工质量验收标准》修订版QGD-009—2018的有关规定	

(摘自《轨道工程桥涵工程施工质量验收标准》修订版QGD-009—2018)

(二)首件验收

1. 支座安装应进行首件验收

形成验收记录,签署验收意见,后续支座安装质量不得低于首件验收质量。

2. 实行支座安装质量影像留存制度

验收时,形成影像资料,并作为验收附件留存。

(三)按程序组织分项工程验收。

第三节 上部结构工程质量管理

按划分表,高架区间上部结构分部工程中包括12个子分部工程,为避免与前述章节的重复,本节选择最常用的3种桥梁主体结构,即现浇钢筋混凝土(梁、板)结构、预应力钢筋混凝土(梁、板)结构、钢(箱)梁结构3个子分部论述其工程质量安全管理要点。

一、现浇钢筋混凝土(梁、板)结构工程质量管理

钢筋混凝土现浇梁多用于跨度较大(如上跨道路、障碍物等)或跨度为非标准段的部位。

现浇(梁、板)结构包含模板与支架、钢筋、混凝土、预应力4个分项工程,此处仅论述前3个分项工程的质量控制,预应力工程将合并在"预应力钢筋混凝土(梁、板)结构"中叙述。

(一)模架体系专项设计的管理

模架施工准备的管理基本同下部结构模架,此处从略,仅论述有关专项设计中特别注意之处。高架区间上部结构现浇简支箱梁和连续梁的施工均需要架设模架。

1. 选择现浇梁的模架体系

1)大钢管+贝雷梁(或型钢)模架体系,在现浇箱梁在跨越道路及居民进出路段的桥梁孔跨多被采用,并安装防护棚架,以保证模架体系下通道能够正常通行。

2)满堂钢管、碗口、盘扣式脚手架搭设模架体系,在现浇箱梁桥梁孔跨较为常用。图7-3-1为某桥梁箱梁模架施工图。

图7-3-1 箱梁模架安装施工图

3）挂篮施工模架

挂篮模板是悬臂浇筑箱梁时的工具，其模架体系的配置应注意以下几点。

（1）底模架应有足够的平面及截面尺寸，满足模板安装和拆除以及浇筑混凝土时所需操作的工作宽度和刚度。

（2）底模架应考虑箱梁断面渐变和施工预拱度，在底模架的纵梁和横梁连接处设置活动钢铰，以便适时调节底模架，使梁底接缝平顺。

（3）底模架下的平行纵梁以及平行横梁之间，为防止底模架几何尺寸变形，应用钢筋或型钢采取剪刀形布置，牢固连接纵横梁。

2.确定现浇箱梁模板配置方案

高架区间的上部构造一般为多孔多跨的简支箱梁与连续梁，各简支梁孔跨尺寸不同，现浇箱梁截面尺寸和梁长有相同，也有不同，必须掌握图纸的尺寸，确定模板配置方案。

1）采用大块定型钢模板时，特殊部位要制作特型模板，以使模板排列规则有序，线条美观，模板缝隙严密平整，支撑牢靠，模板的全长及跨度要考虑反拱度及预留压缩量。

2）有足够的强度及稳定性，能够承受施工中可能产生的各项荷载及震动作用。确保梁体各部位结构尺寸及预埋件的位置准确，且具有能经多次反复使用不产生变形的刚度。

3）验算模板、模架的刚度时，其变形值不得超过表 7-3-1 的数值。

4）构造力求简单，拼装方便，提高装、拆速度和增加周转次数。

模板模架的起拱和变形应符合规范规定。

模板模架变形允许值 表 7-3-1

验算部位	变形允许值	备注
结构表面外露的模板	挠度为模板构件跨度的 1/400	
结构表面隐蔽的模板	挠度为模板构件跨度的 1/250	
模架、受载后挠曲的杆件（横梁、纵梁）	弹性挠度为相应结构计算跨度的 1/400	
钢模板的面板	变形为 1.5mm	
钢模板的钢棱和柱箍	变形为 L/500 和 B/500	L 为计算跨径，B 为柱宽

（二）模架体系施工质量控制

1.模板加工技术要求

1）钢模板及其配件应按批准的加工图加工，符合现行国家相关标准；成品经检验合格后方可使用；

2）大块钢模板组装前应对零部件的几何尺寸进行全面检查，合格后方可进行组装，对零部件的各种连接形式的焊缝应符合质量标准；

3）梁体张拉端宜采用整体钢模，并按设计位置、尺寸和角度设置张拉槽口，确保按施工方案要求将锚垫板固定在端模上。模板加工单位应在张拉槽口做好锚垫板定位孔，定位孔应准确；

4）侧模横向固定采取底模和相应的侧模设置拉杆，确保箱梁结构尺寸。

5）侧模下倒角宜单独制作，用螺栓在外侧将其与侧模固定。同时要做好与侧模、底模衔接；

6）侧模加工完后，应在模架上试拼并按每套模板依次编号、安装。

2.模架搭设

1）严格按专项施工方案搭设，斜撑、剪刀撑、连墙件等设置必须完善并同步搭设。

2）扣件必须锁紧、无松动。

3）顶托、底座伸出长度，扫地杆高度必须符合规范要求。

4）架体应随施工进度定期检查，达到设计高度后进行全面检查与验收。

5）安装过程中组织分段验收，施工过程中进行测量监控确保架体使用安全。

3.模架拆除

模架拆除基本同下部结构，但应注意梁式桥上部结构模架宜从跨中向支座依次循环卸落；悬臂梁应先卸挂梁及悬臂的模架，再卸无铰跨内的模架。

（三）现浇钢筋混凝土箱梁施工质量控制

现浇钢筋混凝土箱梁施工质量应按《铁路桥涵工程施工质量验收标准》TB 10415—2018控制。

1.预埋件安装

主要包括挂板预埋件、道床预埋筋、疏散平台预埋件、支座预埋板、抗震挡块预埋件等。安装位置必须准确。

2.浇筑顺序

应按照设计要求和施工方案执行，并应遵循以下原则：

1）纵桥向应按"斜向分段，水平分层"的方法从低端往高端浇筑；

2）斜向分段长度宜为4~5m；

3）横桥向应按"先底板与腹板倒角，后底板，再腹板，最后顶板"的顺序进行浇筑；两侧腹板混凝土的高度应保持基本一致。

3.分层厚度

根据混凝土生产供应能力、浇筑速度、捣固能力和梁体结构特点等条件确定，一般不宜超过40cm。

4.振捣

1）为确保箱梁底板振捣到位，箱梁顶板应预留人孔，箱室内设专人振捣，避免底板混凝土堆积、超厚、不平以及八字处混凝土蜂窝孔洞。

2）对于钢筋密集的支座顶部、预应力锚垫板周围和横隔梁等区域，应加强振捣质量。

3）预留腹板的通风孔、顶板的泄水孔时采取有效措施以避免浇筑时变形。

5. 现浇桥梁合龙

现浇桥梁合龙段施工，应注意混凝土浇筑温度，合龙时间段等符合设计要求。

（四）分项工程验收的管理

1. 质量验收标准

钢筋混凝土（梁、板）结构包含的钢筋、模板与支架、混凝土分项工程的验收标准，应满足《地下铁道工程施工质量验收标准》GB/T 50299—2018 中的相关规定。

1）钢筋安装允许偏差及检验数量，见表 7-3-2。

钢筋安装允许偏差及检验数量   表 7-3-2

检验项目			允许偏差（mm）	检验数量
受力钢筋间距	两排以上排距		±5	每构件检查 2 个断面
	同排	梁、板、拱肋	±10	
		基础、锚碇、墩台、柱	±20	
		灌注桩	±20	
箍筋、横向水平钢筋、螺旋筋间距			±10	每构件检查 5～10 个间距
钢筋骨架尺寸	长		±10	按骨架总数 30% 抽查
	宽、高或直径		±5	
弯起钢筋位置			±20	每骨架抽查 30%
保护层厚度	柱、梁、拱肋		±5	每构件沿模板周边检查 8 处
	基础、锚碇、墩台		±10	
	板		±3	

注：钢尺量测。

2）现浇结构模板支立的允许偏差和检验方法，见表 7-3-3

模板支立允许偏差值   表 7-3-3

检验项目 \ 结构部位	基础	桥台	墩柱	板或梁
轴线位移（mm）	20	10	10	10
结构断面尺寸（mm）	±10	±5	±5	0~+3
垂直度	1‰	1‰	1‰	—
高程（mm）	±10	±3	±3	±3
预埋件位置（mm）	—	±3	±3	±3
预留孔洞（mm）	—	±3	±3	±3
相邻模板接缝平整度（mm）	2	2	2	2

注：全数检查，钢尺量测。

3）现浇梁（板）的允许偏差及检查数量，见表 7-3-4

现浇梁（板）的允许偏差及检查数量　　　　　　表 7-3-4

检验项目		允许偏差（mm）	检验频率
轴线偏位		±10	检查 3 处
梁（板）顶面标高		±10	检查 3 处
断面尺寸	高度	−10~+5	检查 3 个断面
	顶宽	±30	
	箱梁底宽	±20	
	顶、底、腹板或梁肋厚度	0~+5	
长度		−10~+5	每梁
平整度		8	每面

注：测量检查，钢尺量测。

2. 分层次验收

1）钢筋安装及预埋件设置完成后应组织进行隐蔽工程验收。

2）对于首片（段）梁施工前应按照规定组织进行首件验收。

3）按程序组织检验批、分项、子分部工程验收。

二、预制钢筋混凝土梁（板）结构质量管理

在高架区间跨度为标准段的部位多用预制钢筋混凝土梁（板）。一般跨度为 20 ~ 35m。

按划分表，预制钢筋混凝土梁（板）结构子分部工程中，含有模板与支架、钢筋、混凝土、预应力及安装 5 个分项工程，此处将预应力结构单列于后面介绍，其余 4 个分项工程合并为预制箱梁制作与安装的质量管理，分别叙述。

（一）预制梁（板）制作的质量管理

在城市轨道交通的高架区间中，预制钢筋混凝土梁（板）结构有专业化工厂预制和现场预制两类，施工单位可根据现场作业环境、工期要求、资源条件、经济技术比选综合考虑确定。制作过程的管理同常规，此处从略。

1. 进场验收

预制梁板进场验收，监理单位应组织施工单位、建设单位和制梁厂家（或施工单位车间）进行联合验收，各种质量证明文件齐全有效，外观检查合格。

2. 验收标准

1）梁（板）预制的允许偏差及检验数量，见表 7-3-5

梁（板）预制的允许偏差及检验数量 表 7-3-5

检验项目			允许偏差（mm）	检验数量
梁（板）长度			−10~0	每梁
宽度	干接缝（梁翼缘、板）		±10	检查 3 处
	湿接缝（梁翼缘、板）		±20	
	箱梁	顶宽	±30	
		底宽	±20	
高度	梁、板		±5	检查 2 处
	箱梁		±5	
断面尺寸	顶板厚		0~+5	检查 3 个断面
	底板厚		0~+5	
	腹板或梁肋		±5	
侧向弯曲			10	每个构件 2 点
平整度			5	每面
预埋件位置			±5	每件

2）梁（板）安装的允许偏差及检验数量，见表 7-3-6

梁（板）安装允许偏差及检验数量 表 7-3-6

检验项目	允许偏差	检验数量
倾斜度（％）	1.2	每跨检查 3 片梁（板）
梁（板）顶面高程（mm）	−5~+8	每跨检查 2 片梁（板）
相邻梁（板）顶面高差（mm）	8	每相邻 2 片梁（板）

（二）预制箱梁制作质量管理

1. 预埋件安装

主要包括支座预埋板、抗震挡块预埋件、接地端子、道床预埋筋等，应严格执行设计和相关规范规定。

2. 预制混凝土浇筑

1）混凝土应连续浇筑、一次成型，单根梁浇筑总时间不宜超过 6h，从第一盘混凝土开始搅拌到最后一盘混凝土浇筑完毕的总时间不得超过混凝土的终凝时间。

2）按一定厚度、顺序和方向水平分层浇筑，上层应在下层初凝前浇注、捣实，上下层同时浇筑时，前后浇筑距离应保持在 1.5m 以上。

3）预制梁混凝土的弹性模量应满足设计要求。每片梁弹性模量试件不得少于两组，其中一组为随梁养护的终张拉 / 放张试件，一组为 28d 标养试块。

4）预应力筋张拉详见下文，预应力孔道压浆执行《铁路后张预应力混凝土梁管道压浆技术条件》TB/T 3129—2008。

5）静载试验为有见证试验，按照《预应力混凝土铁路桥简支梁静载弯曲试验方法及评定标准》TB/T 2092—2003 的相关规定执行。

（三）预制箱梁安装质量管理

1. 对成品箱梁复核检查，检查内容包括：

1）混凝土梁体、桥面、封端混凝土外观质量；

2）梁体全长、跨度、梁高等外形尺寸；

3）预埋件位置、螺栓孔、孔心线、板面平整度、清洁度；

4）吊装孔位置、孔径、垂直度、连接齿槽面；

5）梁体混凝土及管道压浆龄期等。

2. 安装准备管理

预制梁板安装的各种准备内容与前述工程基本相同，不再重复，仅对具有特点之处简要叙述如下。

1）安装单位应具有相应的专业施工资质，管理人员和特殊工种应具有上岗证。

2）检验批划分可将每片梁作为 1 个检验批。

3）安装前应对桥墩台、盖梁、垫石、支座等进行全面验收，验收合格后方可进行安装。

4）应对运输路线的路基、桥梁、涵洞等结构进行实际调查，核查架桥机、运梁车能否顺利通过运输线路的限高、限宽设施及转弯处，并采取相应的安全措施，确保架桥机、运梁车安全作业。

5）统筹规划布置供水供电线路、机械设备施工线路、机械设备停放位置、运输通道等。

6）认真检查运梁车和架桥机等设备的各系统、部件，及时消除安全隐患，确保其工作状态良好，坚决杜绝设备带病作业。

3. 安装管理

预制钢筋混凝土梁多采用汽车吊、履带吊等设备安装，其安装过程的管理同常规，此处从略。

（四）预制梁的架桥机安装质量管理

目前，城市轨道交通桥梁大型梁板安装也有采用架桥机施工，通过架桥机将预制好的梁片提起，然后运送到位置后放置到预制好的桥墩上。架桥机安装，按照《建办质〔2017〕68 号文》，其安装、走行属于风险关键节点，首次走行前应进行条件核查，通过后方可施工。核查内容及要求详见《城市轨道交通土建工程质量安全管理概论》第四章相关内容。下面简要介绍架桥工程质量管理。

1. 架桥机架设流程

架桥机架设流程，见图 7-3-2。

· 城市轨道交通土建工程质量安全管理实务 ·

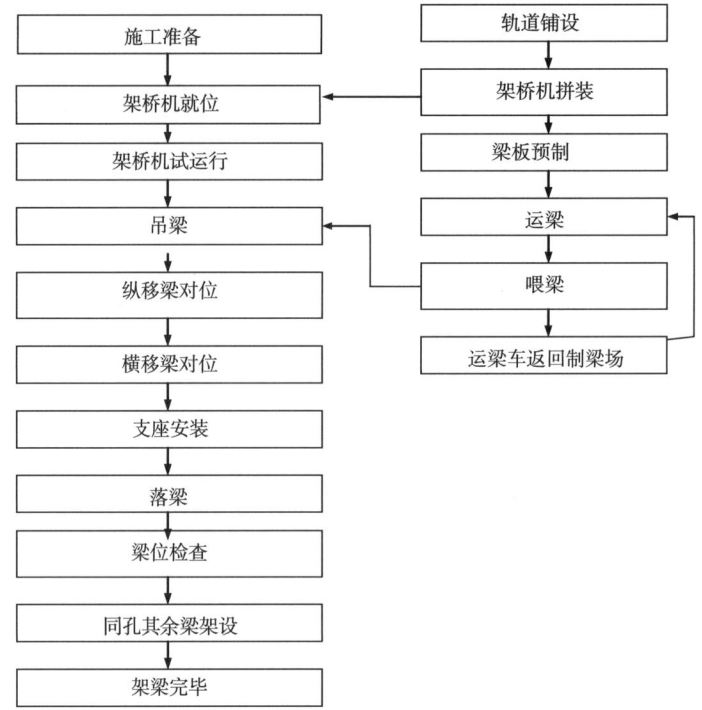

图 7-3-2 架桥机架设作业工艺流程示意图

2. 架桥过程质量管理

架设过程管理基本内容同吊车安装，应特别注意以下几点：

1）运梁车喂梁

所谓喂梁，是指架桥时，常须用特制小平车将梁片运到架桥机前臂的吊钩之下，以备起吊。

（1）为使调车作业方便，需要在桥头铺设岔线。架桥机将梁吊起后，轴重增大，而桥头的新建路堤比较松软，因此，对架桥机吊梁行车地段必须采取加固措施，如用重车压道，加插轨枕等。

（2）喂梁作业，要求运梁车缓慢走行过程中完成，防止运梁车与架桥机发生碰撞，造成严重后果。架桥机腹内混凝土梁面区域要保证没有损伤运梁车轮胎的尖锐物及其他物品，没有无关人员。

（3）运梁车在接近架桥机尾部前要调整好位置，保证顺利喂梁，可以在主梁中间划好参考中线，以便司机有更好的参照。

（4）运梁车喂梁完毕，返回箱梁预制场运梁。喂梁作业见图 7-3-3。

2）架桥机作业前检查及试吊

架桥机每次自行过孔或转场后，应进行安全检查，确认设备状态良好后方可进行架梁作业。坡道段架梁施工时，需调整各支腿高度（指桥面或垫石顶至架桥机主梁下盖板的距离），使机臂前端上抬约 0～5cm，其余同平坡段的施工方法。

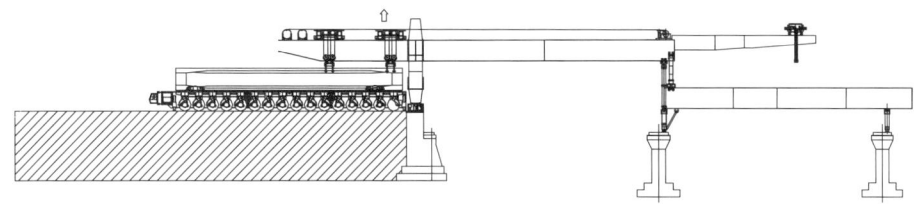

图 7-3-3 喂梁作业示意图

架桥机安装后，先进行试吊，确认安全后再开始正式架设。

3）移梁与落梁

用前后吊梁小车吊着箱梁同步向前移梁。当走行到落梁位置时，同步平稳落梁。提前调整好落梁千斤顶的标高，一般比设计标高高 5～8mm，在梁快落到千斤顶面上时，调整箱梁前后和左右位置，将箱梁落在千斤顶上，调整千斤顶，使梁底的标高满足设计要求。见图 7-3-4 和图 7-3-5。

同跨梁板按此方法安装完成。

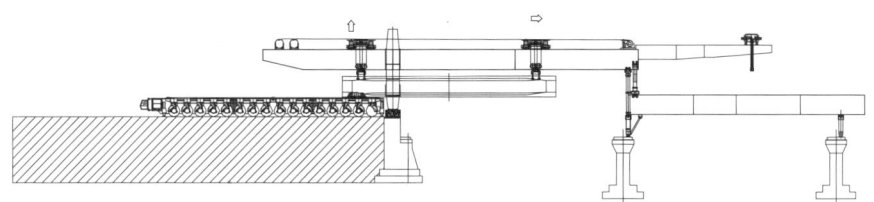

图 7-3-4 移梁作业示意图

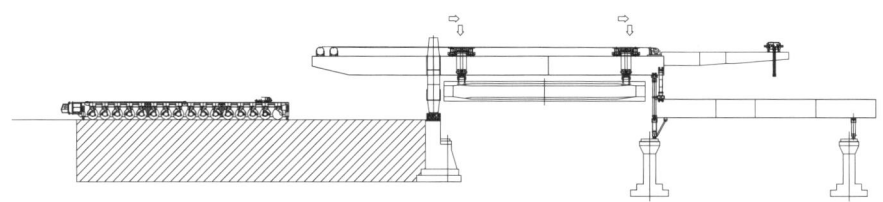

图 7-3-5 落梁作业示意图

4）架桥机过孔进行下一跨安装作业，施工顺序同前。

5）支座灌浆

灌浆前将墩台支座垫石锚栓孔内的水、杂物等再次清除。采用重力式灌浆方式，使用无收缩高强度灌浆料，按照厂家说明书要求比例掺水拌制。灌注支座下部及锚栓孔处空隙，从支座中心部位向四周注浆，直至观察到灌浆材料全部灌满为止。

当浆体凝固强度达到 20MPa 后，拆除钢模板，检查是否有漏浆处，必要时对漏浆处进行补浆，拧紧下支座板锚栓，并拆除各支座的上、下支座连接角钢及螺栓，拆除千斤顶，安装支座钢围板。

(五)分项工程验收管理

1. 质量验收标准,见表 7-3-7。

架桥质量验收标准　　　　　　　　　　　　　　　　　　　　　　表 7-3-7

项目		质量验收内容	检验数量及方法
架梁	主控项目	梁体规格、质量必须符合设计要求和有关标准的规定	施工单位、监理单位全部检查。检查出厂合格证、静载试验报告、张拉/放张记录和对外观进行检查
		墩台支座中心线、支承垫石高程必须符合设计要求和有关标准的规定	施工单位、监理单位全部检查。施工单位复核测量监理单位检查测量记录或见证
		梁存放和运输支点位置必须符合设计要求,而且支点应位于同一平面上,箱梁同一端支点相对高差不得大于 2mm。架设时吊点位置必须符合设计要求	施工单位、监理单位全部检查。观察和尺量
	一般项目	梁体就位后,两片梁端部应平齐,端部错位不大于 10mm,相对高差不大于 20mm	施工单位全部检查。观察和尺量
		架梁的质量应符合梁体稳固,梁缝均匀,梁体无损伤。横向联结牢固。接头混凝土浇筑密实	施工单位全部检查。观察
模板及支架		模板及支架安装和拆除的检验必须符合现行《铁路混凝土与砌体工程施工质量验收标准》TB 104247—2003 第 .2.1 条、第 4.2.2 条和第 4.3.1 条的规定	

(摘自《铁路桥涵工程施工质量验收标准》)

2. 分项工程验收

1)钢筋工程应进行隐蔽工程验收

2)首件验收:首片预制梁的钢筋安装、模板安装及首片梁体安装按照规定应进行首件验收。

3)按程序进行检验批、分项工程验收。

三、悬臂浇筑法(挂篮)施工质量管理

(一)模板及支架

由于挂篮法悬臂浇筑施工难度大,箱梁的底模与侧模配置不当后期施工调整困难,如箱梁逐节变化的底板接缝不平顺,梁体纵向线形不顺,底模架变形,侧模接缝不平整等。应注意做好以下工作:

1. 构件模板配制

1)加工厂家根据悬灌施工浇筑最长节段,利用墩身侧模板和 0 号块侧模综合优化设计,以方便挂篮侧模、底模安装。同时要考虑减轻悬灌施工时挂篮、模板重量。

2)箱梁的侧模和翼缘板模板采用整体化钢模板。

2. 挂篮安装方案需满足相关参数要求(参考公路桥涵施工规范)

1）挂篮总重量控制在设计限重之内；

2）允许最大变形（包括吊带变形的总和）；

3）施工、行走时的抗覆安全系数；

4）自锚固定系统的安全系数；

5）上水平限位系统安全系数；

6）斜位水平限位系统安全系数。

（二）钢筋、混凝土

钢筋混凝土的施工过程管理同常规，注意以下两点：

1. 平衡施工

为了减少悬臂结构的扭力和弯矩，保持受力平衡，悬臂结构浇筑时，应做到平衡施工。

2. 合龙施工

两端悬臂结构合龙时会受温差或预应力张拉影响产生两端高差，当采用压重方式调平时，实际操作中有时会达不到要求，因此施工中要严格控制合龙时的两端高差。

（三）分项工程验收管理

1. 桥梁悬臂浇筑与拼装的验收标准，见表 7-3-8。

桥梁悬臂浇筑与拼装的验收标准　　　　　　　　　　　　　　　表 7-3-8

项目		质量验收内容	检验数量及方法
桥梁悬臂梁浇筑与拼装	主控项目	悬臂浇筑与拼装应对称进行	全部检查 观察检查
		合龙时，两侧梁体的高差应符合设计文件要求	全部检查 测量检查
		混凝土表面不应有蜂窝麻面，节段线形应平顺，梁顶面应平整，各段应无明显折变。相邻节段宜色泽一致，接缝应平整密实	全部检查 观察检查
	一般项目	悬臂浇筑梁允许偏差及检验数量应符合表 7-3-10 的规定	测量检查 钢尺量测

2. 悬臂浇筑梁检验允许偏差及检验数量，见表 7-3-9。

悬臂浇筑梁检验允许偏差及检验数量　　　　　　　　　　　　表 7-3-9

检验项目		允许偏差（mm）	检验数量
轴线偏位	L ≤ 100m	± 10	每个节段检查 2 处
	L > 100m	L/10000	
顶面高程	L ≤ 100m	± 20	每个节段检查 2 处
	L > 100m	± L/5000	
	相邻节段高差	10	检查 3~5 处

续表

检验项目		允许偏差（mm）	检验数量
断面尺寸	高度	−10 ~ +5	每个节段检查1个断面
	顶宽	± 30	
	底宽	± 20	
	顶板腹板厚	0 ~ +10	
合龙后同跨对称点高程差	L ≤ 100m	20	每跨检查5 ~ 7处
	L > 100m	L/5000	
平整度		8	检查竖直、水平两个方向，每侧面每10m梁长测1处

3. 悬臂拼装梁允许偏差及检验数量，见表7-3-10。

悬臂浇筑梁检验允许偏差及检验数量　　　　表7-3-10

检验项目		允许偏差（mm）	检验数量
轴线偏位	L ≤ 100m	± 10	每个节段检查2处
	L > 100m	L/10000	
顶面高程	L ≤ 100m	± 20	每个节段检查2处
	L > 100m	± L/5000	
	相邻节段高差	10	检查3处~5处
合拢后同跨对称点高程差	L ≤ 100m	20	每跨检查5处~7处
	L > 100m	L/5000	

注：测量检查，钢尺量测。

4. 按程序组织检验批分项工程验收。

四、预应力钢筋混凝土（梁、板）结构质量管理

预应力混凝土的问世使桥梁建筑飞速增长，在当前世界的桥梁建设中，70%以上都采用了预应力结构。我国自改革开放以来，工程与技术都有了巨大的发展，在预应力技术上的应用与创新尤其显著，大跨径桥梁的设计与建造都已达到了世界先进水平。近年来，在城市轨道交通工程的高架区间也普遍应用预应力混凝土桥梁结构，充分利用了混凝土和预应力钢筋材料各自优点，与非预应力混凝土桥梁相比，具有跨越能力大、受力性能好、结构轻巧美观、经济、节材等优点。

高架区间最常用预应力梁型有T形梁、大箱梁、小箱梁、双线槽型梁（即大U梁）、单线槽型梁（即小U梁）和空心板梁等。

T梁跨越能力大，最大跨径可达50m。对施工设备没有特殊要求，在现场吊装就位，再现浇横向接缝形成整体桥面。对变宽度桥面的适应性较强。

大箱梁整体性能好，抗扭刚度大，具有良好的力学性能，能适应各种平面线形和桥宽的变化，行车平稳舒适。结构外形简洁、轻盈、线条流畅，桥下视觉较为通透开阔，外观上可以采用直腹板、斜腹板或弧形断面，总体上较为美观。施工可采用模架现浇法、节段预制拼装法或整孔架设，但由于每孔梁重几十至几百吨，整梁预制的施工工法对大箱梁的施工运输和架设设备有一定的要求。

小箱梁常用跨径为 25～40m，通常为单个预制，现场吊装，现浇横向湿接缝连成整体，施工略复杂，但由于机械化程度较高，架设进度较快，目前在轨道交通高架区间应用较广泛。由于小箱梁下部结构须设盖梁，因此结构体量和空间形态略显复杂，景观效果不如整体大箱梁简洁。

U 梁结构高度低，可压低线路标高，节约总投资。梁上缘可兼做疏散通道，截面空间利用率高，常用跨径一般为 25～30m。

预应力钢筋混凝土（梁、板）结构为一个子分部工程，其下包括钢筋、模板、混凝土、施加预应力四个分项工程，前三个分项工程前述章节已有所叙述，本节不再赘述，仅介绍施加预应力分项工程的质量控制要点。

（一）预应力工法简介

1. 分类

预应力工法按依据不同有多种分类，通常是按照施加预应力的工艺和按预应力筋与周围混凝土是否粘结划分，实际工程中还可按预应力筋位置划分，现将常见分类及基本概念相互关系综合于表 7-3-11。各种类别的预应力混凝土控制重点不同，本节仅论述高架桥中常用的先张法和后张法预应力的控制。

预应力混凝土综合分类 表 7-3-11

	按预应力筋位置划分	按施加预应力工艺划分	按预应力筋与周围混凝土是否粘结划分
预应力混凝土	体内预应力混凝土 是指预应力筋布置在混凝土构件截面内的预应力混凝土	先张法 是指在台座上张拉预应力筋后浇筑混凝土，混凝土结构达到强度后通过放张预应力筋由粘结传递而建立预应力的混凝土结构	有粘结预应力 张拉后直接与混凝土粘结或通过灌浆使之与混凝土粘结的构件
		后张法 在混凝土达到规定强度后，通过张拉预应力筋并在结构上锚固而建立预应力的混凝土结构	有粘结预应力 无粘结预应力 配置无粘结预应力筋，与混凝土之间可保持相对滑动（预应力筋表面涂防腐油脂并包护套后，与周围混凝土不粘结，靠锚具传递压力给构件或结构）
	体外预应力混凝土 是指混凝土构件截面之外配置后张预应力筋的结构，多用于斜拉桥和悬索桥		

2. 材料及设施

1) 预应力筋，是用于混凝土结构构件中施加预应力的筋的总称，按材质划分为三种金属类和一种非金属预应力筋。

（1）钢丝，由单根或成束的冷拔低碳钢丝组成。钢丝束适用于 BBRV 式锚具。见图 7-3-6。

（2）钢绞线，由碳素钢丝组成。适用于夹片式锚具。见图 7-3-7。工程采用的预应力筋规格为直径、强度级别高强低松弛钢绞线。

（3）预应力螺纹钢筋，可有由热处理钢筋和冷轧带肋钢筋组成。见图 7-3-8。

此外，工程中还有预应力型钢混凝土结构，即预应力混凝土结构内配置轧制或焊接成型型钢的结构。此处从略。

（4）非金属类是指纤维增强复合材料筋。根据《预应力筋用锚具、夹具和连接器》GB/T 14370—2015 术语，纤维增强复合材料筋是指用连接纤维束按拉挤成型工艺生产的棒状纤维增强复合材料制品。见图 7-3-9。

纤维增强复合塑料筋被应用到预应力结构中，它自身较高的耐腐蚀性有效降低了钢筋的锈蚀，增强了工程建筑的使用寿命。

图 7-3-6 钢丝

图 7-3-7 钢绞线

图 7-3-8 冷轧带肋钢筋

图 7-3-9 纤维增强复合塑料筋

2) 波纹管

波纹管是后张法预应力混凝土结构成孔所必须的构件，用来放置预应力筋（钢绞线），避免预应力筋在张拉前被混凝土裹紧、粘结，其材质有金属和塑料两类。金属类为薄钢带螺旋绕制而成,见图 7-3-10～图 7-3-12,长期以来多用。塑料类多采用聚乙烯或聚丙烯制作的圆管或扁管,为了克服金属波纹管密封性差、易损坏、易锈蚀、摩阻大的缺点,近来塑料管已普遍应用。它具有承载和抗渗性能,径向:集中载荷、均布载荷、抗渗性能,弯曲抗渗性能,轴向抗拉性能。

图 7-3-10　圆形塑料波纹管

图 7-3-11　扁形塑料波纹管

图 7-3-12　金属波纹管

3)锚具、夹具及配件,锚具是预应力混凝土中所用的永久性锚固装置,是在后张法结构或构件中,为保持预应力筋的拉力并将其传递到混凝土内部的锚固工具,也称之为预应力锚具。根据使用型式可分为下列两类。

(1)张拉端锚具:先张法锚具,固定在张拉台座的两端支墩上或钢模上的工具锚,只起临时锚固作用,可拆卸重复使用。在预应力筋的张拉过程中始终对预应力筋保持锚固状态,见图 7-3-13。

根据锚固型式的不同又可分为:张拉钢绞线的夹片式锚具(YJM),张拉高强钢丝的钢制锥形锚(GZM),用于镦头后张拉高强钢丝的墩头锚(DM),张拉精轧螺纹钢筋的螺母(YGM),张拉多股平行钢丝束的冷铸镦头锚(LZM)等多种类型。采用 I 类单孔夹片锚具(YM15-1)和多孔夹片锚具(YM15-8、YM15-12),见图 7-3-14 和图 7-3-15。

(2)固定端锚具:后张法中,为保持预应力筋的拉力并将压力传递到构件或结构上所采用的永久性工作锚。安装在预应力筋端部,通常埋入混凝土中且不用以张拉的锚具,也被称作挤压锚或者 P 锚。采用 I 类挤压锚具(YM15-1P),见图 7-3-16。

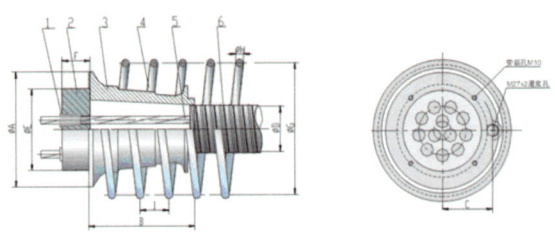

1. 夹片 2. 锚板 3. 锚垫板 4. 螺旋筋 5. 钢绞线 6. 波纹管

图 7-3-13　先张法张拉端锚具

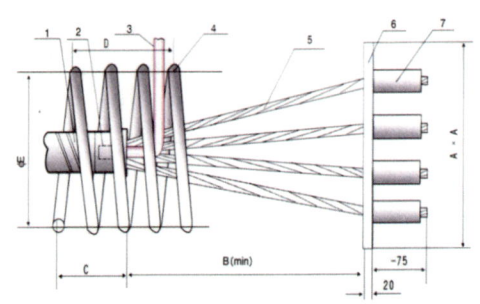

1. 波纹管 2. 约束圈 3. 出浆管 4. 螺旋筋 5. 钢绞线 6. 固定锚板 7. 挤压锚

图 7-3-14　后张法固定端锚具

 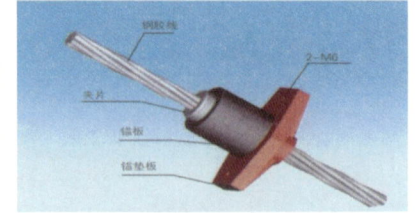

图 7-3-15　单孔锚具组装件

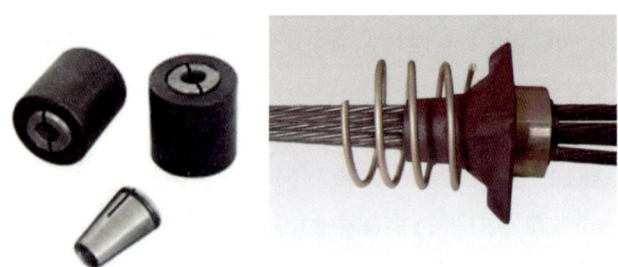

图 7-3-16　多孔锚具组装件

（3）夹具

《预应力筋用锚具、夹具和连接器》GB/T 14370—2015 中的术语，夹具是建立或保持预应力筋预应力的临时性锚固装置，也称为工具锚。夹具应能重复使用，应有可靠的自锚性能、良好的松锚性能，使用过程中，应能保证操作人员的安全。

（4）连接器

连接预应力筋的装置。

（5）转向块

在腹板、翼缘或腹板翼缘交接处设置的混凝土或钢支撑块。

（二）预应力结构施工准备管理

先张法和后张法的施工准备管理要点基本相同，故一并叙述，其施加过程中的控制要点分别叙述。

1. 企业资质符合要求

预应力工程的施工应由具有相应资质等级的专业施工单位承担。施工、监理单位应审核专业施工队伍资质，人员资格均符合相关规定。

2. 材料进场验收

1）进场各种材料应检查规格、数量、外观、尺寸符合设计要求，其质量证明文件齐全有效。并按现行国家有关标准的规定进行下列性能的抽样检验和见证复试，合格后方可使用。

（1）钢丝、钢绞线、热处理钢筋各种性能试验参见《城市轨道交通土建工程质量安全管理概论》第八章第二节相关内容。

（2）波纹管还应按照《预应力混凝土桥梁用塑料波纹管》JT/T 529—2016 的相关规定，进行检验并符合其要求。

2）材料验收批次

经产品认证符合要求的产品、其检验批量可扩大一倍；在同一工程中，同一厂家、同一品种、同一规格的产品连续三次进场检验均一次检验合格时，其后的检验批量可扩大一倍。

3. 机具准备

1）张拉设备、压浆设备通过主管部门授权的计量技术机构定期校验，检查标定证书齐全有效，张拉设备配套，符合设计图纸采用的预应力体系。

2）所用的机具设备及仪表已确定专人使用和管理。

3）相关设施进场验收，包括锚具、夹具、连接器等。

（1）检验批的划分：锚具不宜超过 2000 套、连接器不宜超过 500 套、夹具不宜超过 500 套。获得第三方独立认证的产品，其检验批的批量可扩大 1 倍。

（2）外观检查：应从每批产品中抽取 2% 且不应少于 10 套样品，其外形尺寸应符合产品质量保证书所示的尺寸范围，且表面不得有裂纹及锈蚀。

（3）硬度检验：对有硬度要求的锚具零件，应从每批产品中抽取 3% 且不应少于 5 套样品（多孔夹片式锚具的夹片每套应抽取 6 片）进行检验，硬度值应符合产品质量保证书的规定：当有 1 个零件不符合时，应另取双倍数量的零件重做检验；在重做检验中如仍有 1 个零件不符合，应对该批产品逐个检验，符合者方可进入后续检验。

（4）静载锚具性能试验：应在外观检查和硬度检验均合格的锚具中抽取样品，与相应规格和强度等级的预应力筋组装成3个预应力筋—锚具组装件，进行静载锚固性能检验。

4.预应力工程材料和设施的质量验收标准见表7-3-12。

根据《地下铁道工程施工质量验收标准》GB/T 50299-2018，预应力筋、锚具、夹具、管道、连接器的各项技术性能及预应力混凝土结构的质量验收应符合国家现行标准即《混凝土结构工程施工质量验收规范》GB 50204的规定。

预应力工程材料质量验收标准 表7-3-12

项目		质量验收内容	检验数量及方法
预应力筋	主控项目	预应力筋进场时，应按现行相关标准的规定抽取试件作抗拉强度、伸长率检验，其检验结果应符合相应标准的规定	按进场的批次和产品的抽样检验方案确定。 检查质量证明文件和进场复验报告
		无粘结预应力钢绞线进场时，应进行防腐润滑脂量和护套厚度的检验，检验结果应符合行业标准的规定	按现行《无粘结预应力钢绞线》JG 161—2016的规定确定。 观察，检查质量证明文件和进场复验报告。 经观察认为涂包质量有保证时，可不作此项复验
	一般项目	进场时，应进行外观检查，质量应符合下列规定： 1）有粘结预应力筋的表面不应有裂纹、小刺、机械损伤、氧化铁皮和油污等，展开后应平顺、不应有弯折； 2）无粘结预应力筋护套应光滑、无裂缝，无明显褶皱；轻微破损处应外包防水塑料胶带修补，严重破损者不得使用	全数检查。 观察
锚具、夹具和连接器	主控项目	预应力筋用锚具应和锚垫板、局部加强钢筋配套使用，锚具、夹具和连接器进场时，应按相关规定对其性能进行检验，检验结果应符合该标准的规定	按现行《预应力筋用锚具、夹具和连接器应用技术规程》JGJ 85—2010的规定确定。 检查质量证明文件、锚固区传力性能试验报告和进场复验报告。
		处于三a、三b类环境条件下的无粘结预应力筋用锚具系统，应按现行《无粘结预应力混凝土结构技术规程》JGJ 92—2016的相关规定检验其防水性能，检验结果应符合该标准的规定	同一品种、同一规格的锚具系统为一批，每批抽取3套。 检查质量证明文件和抽样检验报告
	一般项目	进场时，应进行外观检查，其表面应无污物、锈蚀、机械损伤和裂纹	全数检查。 观察
		预应力成孔管道进场时，应进行管道外观质量检查、径向刚度和抗渗漏性能检验，其检验结果应符合下列规定： 1）金属管道外观应清洁，内外表面应无锈蚀、油污、附着物、孔洞；金属波纹管不应有不规则的褶皱，咬口不应有开裂或脱扣；钢管焊缝应连续； 2）塑料波纹管的外观应光滑、色泽均匀，内外壁不允许有隔体破裂、气泡、裂口、硬块、油污、附着物及影响使用的划伤； 3）径向刚度和抗渗漏性能应符合现行行业标准《预应力混凝土用金属波纹管》JG 225—2007或《预应力混凝土桥梁用塑料波纹管》JT/T 529—2016的规定	外观应全部检查；径向刚度和抗渗漏性能的检查数量应按进场的批次和产品的抽样检验方案确定。 观察，检查质量证明文件和抽样检验报告

续表

项目		质量验收内容	检验数量及方法
孔道灌浆用水泥	主控项目	应采用硅酸盐水泥或普通硅酸盐水泥,水泥、外加剂的质量应分别符合规定;成品灌浆材料的质量应符合现行《水泥基灌浆材料应用技术规范》GB/T 50448—2015 的规定	按进场批次和产品的抽样检验方案确定。检查质量证明文件和抽样检验报告

（摘自《混凝土结构工程施工质量验收规范》GB 50204—2015）

5. 技术准备

1）预制梁场通过施工及监理单位验收，内容包括：梁场建设施工方案；梁场质量、安全管理体系；各级施工组织设计文件；起重设备验收报告；首片梁验收报告等。

2）施工单位应编制现场预制梁施工方案，包括：预应力施工方案、混凝土浇筑方案、冬雨季施工措施、应急预案等内容。内部审核手续完整齐全，报监理单位审批。审批后的方案应对现场施工人员进行安全技术交底。

3）监理单位编制相应的监理实施细则，并向施工单位交底。

4）划分检验批，每一生产批或每一片梁作为一个检验批。

6. 现场条件准备

1）施工现场应具备施工所需条件，经批准的张拉程序和现场施工作业指导书。

2）现场已划出预应力施工区域，作业平台已设置，锚具安装正确。

3）现场已具备确保全体操作人员和设备安全的必要预防措施。

（三）先张法预应力构件质量控制

一般在预制厂完成，有条件也可在现场制作，监理工程师应视合同约定进行驻场监造。控制要点如下。

1. 预应力筋下料、编束

1）加工下料长度按照台座、横梁尺寸、夹具、连接器长度并结合预应力筋伸长、回缩率及预留工作长度等因素综合计算。

2）钢绞线下料长度计算应考虑孔道长度，锚夹具长度，千斤顶长度及外露工作长度等因素。

3）编束时钢绞线必须相互平行，不得交叉，从中间向两端每隔1m用铁丝绑紧，并统一编号、挂牌，束成后按类堆放整齐，以备使用。

2. 预应力张拉

1）选择恰当方式。张拉方式有单根张拉和多根同时张拉两种，当预应力筋数量不多、张拉设备拉力有限时，采用单根张拉；反之，可采用多根同时张拉。

2）确定张拉顺序。应考虑尽可能减少台座倾覆力矩和偏心力，先张拉靠近台座截面重心处的预应力筋。

3）选定适宜的张拉工艺。张拉有超张拉法和一次张拉法两种工艺，超张拉是为了减少预应力筋的松弛应力损失；一次张拉，因松弛损失大，故张拉力应比原设计控制应力提高 3%，张拉控制应力值应由设计确定。先张法钢丝、钢绞线、粗细筋的允许偏差及检验方法见表 7-3-13 和表 7-3-14。

先张法钢丝、钢绞线允许偏差及检验数量 表 7-3-13

检验项目		允许偏差	检验数量
镦头钢丝同束长度相对差（mm）	L>20m	L/5000 及 ±5	每批抽查 2 束
	20≥L≥6m	L/3000	
	L<6m	2	
张拉应力值		符合设计文件要求	每束
张拉伸长率		符合设计文件要求值，设计文件无要求时 ±6%	每束
同一构件内断丝根数不超过钢丝总数的百分数		1%，断束不大于 1 丝	每束

注：L 为钢束长度
检验方法：钢尺量测，观察检查。

先张法粗钢筋允许偏差及检验数量 表 7-3-14

检验项目	允许偏差	检验数量
冷拉钢筋接头在同一平面内的轴线偏差（mm）	2，且不大于 1/10 直径	抽查 30%
中心偏差（mm）	4% 短边，且不大于 5	全部
张拉应力值	符合设计文件要求	全部
张拉伸长率	符合设计文件要求值，设计文件无要求时 ±6%	全部

检验方法：钢尺量测，观察检查。

3. 钢筋、模板、混凝土工程

各分项工程质量控制同常规和前述下部结构相关内容，不再赘述。

4. 放张

1）控制放张时间不得过早，混凝土结构强度应符合要求，否则会造成混凝土结构损坏及预应力筋会产生较大的弹性回缩而引起预应力损失或钢丝滑动。放张过程中，应使构件自由压缩，避免过大的冲击与偏心。

2）控制放张方式，当用钢丝配筋时，若数量不多，可采用剪切、锯割，并应从靠近生产线中间处剪断（比在靠近台座一端处剪断时回弹减小，利于脱模）。若钢丝数量较多，应同时放张，不得逐根放张，否则最后几根钢丝将承受过大的应力而突然断裂。

3）控制放张速度，预应力筋应缓慢放张，当数量较少时，可采用逐根加热熔断或借预先设置在预应力筋锚固端的楔块或穿心式砂箱等单根放张。当预应力筋数量较多时，所有预应力筋应同时放张。

5. 预应力梁安装

1）预制梁在移运、堆放、吊装时，混凝土强度不应低于设计要求的吊装强度，且不宜低于其设计标号的 75%。后张法预应力混凝土梁待压浆体试件的强度不应低于设计要求，如设计无规定，应达到 30MPa 时，才能移动构件。

2）梁（板）移运、堆放时的支承位置应与设计规定的吊点一致，并应支承牢固。移运时的吊点一般为吊环或吊孔的位置。如设计无规定，又无吊环或吊孔的，应根据计算决定吊点。

3）起吊机具的起吊能力须经验算，吊运时吊绳交角大于 60° 时，必须设吊架使吊环垂直受力。见图 7-3-17 和图 7-3-18。

4）构件安装完毕并经检查校正符合要求后，才允许焊接连接件或浇筑接缝混凝土，以固定构件。

图 7-3-17　吊装准备

图 7-3-18　梁段拼装

6. 先张法分项工程验收管理

1）先张法预应力混凝土梁验收标准，见表 7-3-15。

先张法预应力工程质量控制标准　　　　　表 7-3-15

分项工程	质量验收内容		检验数量及方法
先张法预应力工程	主控项目	预应力施工原材料、预应力筋制作与安装、张拉或放张和封端的检验必须符合相关规范规定	施工单位、监理单位全部检查。观察和尺量
		先张梁预应力筋隔离套管的品种、规格和位置必须符合设计要求。安装时内端必须堵塞严密。外端必须穿出端分丝板以外 50～150cm 并加以固定	
	一般项目	预应力筋制作与安装、张拉或放张和封端的检验应符合相关规范规定	
		预应力筋隔离管道下料长度允许偏差不大于 20mm	施工单位检查 10%且不少于 5 处。尺量

2）预应力隐蔽工程验收，包括：

（1）预应力筋的品种、规格、级别、数量、位置等；

（2）预应力筋锚具和连接器及锚垫板的品种、规格、数量、位置。

(3)预留孔道的规格、数量、位置、形状、连接以及灌浆孔、排气兼泌水孔。

(4)锚固区局部加强构造。

3)预应力张拉施工按照规定程序应组织进行首件验收,合格后方可组织批量施工。

4)施工过程中按程序及时组织检验批、分项工程验收。

(四)后张法预应力混凝土梁质量控制

后张法一般用于制作大型梁,现以箱梁为例进行论述。

后张法预应力箱梁施工流程:安装底模→绑扎钢筋→预应力筋加工、制作→安装波纹管(穿预应力筋)→安装侧模→浇筑混凝土(制作混凝土试块,同条件养护)→养护,拆侧模→张拉预应力筋→孔道灌浆→封锚→拆底模。

1.预应力孔道安装

1)孔道应用定位钢筋牢固的固定在设计位置。若孔道位置与骨架钢筋相碰,需保证孔道位置不变,将钢筋稍加移动。

2)金属孔道接头应采用同类型套管连接,套管直径较金属孔道大一个型号,且应与其封裹严密。

3)孔道安装后应立即通孔检查,发现堵塞立即疏通。检查合格后及时将其端面封堵,防止杂物进入。需在其附近进行钢筋等焊接作业时,必须采取保护措施。

2.预应力筋加工和穿束

下料、编束同先张法预应力,穿束可采用先穿法或后穿法,控制要点如下:

1)穿束前应检查孔道是否畅通,如堵塞,必须疏通。应检查锚垫板位置应准确,与孔道垂直。

2)钢绞线端头必须做成锥型并包裹,可利用人工或卷扬机进行牵引,先穿法应在浇筑混凝土之前穿束,后穿法必须在混凝土终凝后穿束。

3.灌浆和张拉

预应力筋穿入孔道后至灌浆的时间间隔应符合下列规定:当环境相对湿度大于60%或近海环境时,不宜超过14d;当环境相对湿度不大于60%时,不宜超过28d。灌浆达到龄期,且满足设计强度后即可张拉。张拉允许偏差见表7-3-16。

后张法允许偏差及检验数量　　表7-3-16

检验项目		允许偏差	检验数量
管道位置(mm)	梁长方向	±30	抽查30% 每根查10个点
	梁高方向	±10	
管道间距(mm)	同排	±10	抽查30% 每根查5个点
	上下层	±10	
张拉应力值		符合设计文件要求	全部
张拉伸长率		符合设计文件要求值,设计文件无要求时±6%	全部
断丝滑丝束	钢束	每束1丝,且每断面不超过钢丝总数的1%	每根(束)
	钢筋	不允许	

4. 分项工程验收

1）预应力筋和孔道安装质量控制标准，见表7-3-17。

预应力筋制作和孔道安装质量控制标准　　　　　　　表 7-3-17

分项工程		质量验收内容	检验数量及方法
预应力筋制作和孔道的安装	主控项目	预应力筋安装时，其品种、级别、规格、数量必须符合设计要求	全数检查。 观察，尺量
		预应力筋的安装位置应符合设计要求	全数检查。 观察，尺量
	一般项目	预应力筋端部锚具的制作质量应符合下列要求： 钢绞线挤压锚具挤压完成后，预应力筋外端露出挤压套筒的长度不应小于1mm； 钢绞线压花锚具的梨形头尺寸和直线锚固段长度不应小于设计值； 钢丝镦头不应出现横向裂纹，墩头的强度不得低于钢丝强度标准值的98%	对挤压锚，每工作班抽查5%，且不应少于5件；对压花锚，每工作班抽查3件；对钢丝镦头强度，每批钢丝检查6个镦头试件。 观察，尺量，检查镦头强度试验报告
		预应力筋或成孔孔道的安装质量应符合下列规定： 1) 成孔孔道的连接应密封； 2) 预应力筋或成孔孔道应平顺，并应与定位支撑钢筋绑扎牢固； 3) 当后张有粘结预应力筋曲线孔道波峰和波谷的高差大于300mm，且采用普通灌浆工艺时，应在波峰设置排气孔； 4) 锚垫板的承压面应与预应力筋或孔道曲线末端垂直，预应力筋或孔道曲线末端直线段长度应符合规范规定	第1～3款应全数检查；第4款应抽查预应力束总数的10%，且不少于5]束。 观察、尺量
		预应力筋或成孔孔道定位控制点的竖向位置检验标准应符合规范规定	在同一检验批内，应抽各类型构件总数的10%，且不少于3各构件，每个构件不应少于5处

（摘自《混凝土结构工程施工质量验收规范》GB50204）

2）预应力筋曲线起始点与张拉锚固点之间直线段最小长度检验标准应满足《混凝土结构工程施工质量验收规范》有关规定。

5. 钢筋混凝土工程

基本要点详见第一章明挖工程相关内容，必须注意之处如下：

1）桥梁预应力构件中，除配置预应力纵筋外往往还需配置大量非预应力筋。特别是在无粘结预应力构件中，更有必要。故应注意控制非预应力筋的数量、长度及位置满足设计图纸要求。

2）模板制作安装与拆除

（1）底模和翼板的制作安装

梁身底模和翼板底模制作使用钢模、优质胶合板和方木，各种材质质量必须合格，安装时，标高控制准确，板缝必须拼接严密。

（2）侧模及芯模制作安装

侧模用定型钢模，应按照设计图纸编号加工，加工精度要满足规范要求，安装时，定型侧模与底模及翼板底模必须连接平顺、严密、牢固；芯模制作牢固，安装位置正确、牢固，严禁施工过程中移动。

箱梁芯模采用木模时，面板为胶合板，次楞、内膜骨架采用方木制作，见图7-3-19。

图7-3-19 芯模

（3）模板拆除

侧模及芯模在混凝土强度达到70%以上时即可拆除，底模必须在箱梁预应力张拉完毕后才能拆除；应由上到下、由跨中到跨端的顺序依次拆除，并有专职安全员周围巡视，确保施工安全。

3）混凝土浇筑

（1）由于钢筋及预应力孔道纵横交错，要准备各种类型的振动器，以便根据钢筋或孔道间距的大小选用。

（2）应随时注意校正和检查支座钢板、端部锚固板及预埋件的位置、数量等，保证准确。

（3）浇筑混凝土时，避免振动器碰撞预应力孔道、预埋件、模板，以保证其位置和尺寸符合要求。

（4）预应力锚垫板后钢筋分布较密，对振捣棒不能达到效果之处需用钢筋人工捣实。

（5）由于每一联梁都是一次性浇筑成型，浇筑前要严格控制塌落度，防止底板处出现空洞。

6. 预应力张拉

预应力张拉宜采用智能张拉设备，张拉中和张拉后，由于材料特性、结构状态和张拉工艺等因素，将引起预应力筋应力降低，为了减少预应力损失，保持较高的有效应力值，应做好以下控制工作。

1）确定张拉顺序和原则，应根据结构受力特点、施工方便、操作安全及设计图纸要求等因素确定张拉顺序，可按：预张拉、初张拉、终张拉三个阶段均匀、对称的原则张拉。

2）张拉操作工艺：清理垫板及钢绞线表面的灰浆→安装锚板→装夹片→安装限位板→千斤顶就位→工具锚夹片打紧（注意安装千斤顶时应与孔道中心线重合），张拉时按两侧同步对称分级张拉。

3）张拉应力是指预应力筋张拉时在张拉端所施加的应力值。预应力张拉采用伸长值和应力值双控，超出规定应停止张拉施工，分析原因并进行调整。

4）预应力筋张拉或放张时，应详细记录张拉力、压力表读数、张拉伸长值及异常情况。

5）施加预应力前，同条件养护的混凝土立方体抗压强度应符合设计及规范要求。

7. 孔道灌浆

1）箱梁终张拉完成后，宜在 48h 内进行孔道灌浆，灌浆前清理孔道并湿润孔壁，梁体与环境温度不低于 5℃。灌浆应缓慢均匀泵入，不得中断，应先下后上，以免下层孔道堵塞。

2）孔道用水泥浆应满足强度、粘结力、流动性、干缩性、泌水性等要求。

3）灌入孔道的水泥浆应饱满密实，体积收缩率小于 2%。

4）采用真空辅助灌浆工艺，灌浆泵采用连续式；同一孔道灌浆连续进行，一次完成，浆体注满后，在 0.40~0.60MPa 下稳压 2min。

5）对混凝土浇筑及养护前已安装、但在规定时限内没有灌浆的预应力筋，灌浆前应采取防锈或防腐措施。

6）水泥浆强度试块留置

现场留置的灌浆用水泥浆试件的抗压强度不应低于 30MPa。试件抗压强度检验应符合下列规定：

（1）每组应留取 6 个边长为 70.7mm 的立方体试件，并应标准养护 28d。

（2）试件抗压强度应取 6 个试件的平均值；当一组试件中抗压强度最大值或最小值与平均值相差超过 20% 时，应取中间 4 个试件强度的平均值。每工作班留置一组。检查试件强度试验报告。

8. 封锚

封锚的作用一是保护预应力筋及锚具（含配件）防止锈蚀，二是使预应力筋与构件混凝土粘成一体。

在有粘结预应力筋张拉完成后，待达到一定强度后，向预应力孔道内压力灌注水泥浆，待达到一定强度后，即可以剪断部分外露的钢绞线，并在锚具位置绑扎钢筋、安装模板，将锚具包裹在混凝土内，见图 7-3-20，应做好以下工作。

1）封端混凝土采用无收缩混凝土，抗压强度不低于设计值。

2）封端前对锚板与锚垫板之间的交接缝用聚氨酯防水涂料进行防水处理，清理结合面上的油污和混凝土浮碴。

图 7-3-20　后张法预应力梁封锚

9. 做好冬施措施

1）预应力张拉在遮挡中进行，张拉油表工作环境不低于10℃，张拉油泵及千斤顶用油采用低凝油。操作时油泵要断续开停几次，再令其正常运转。其他操作与常温时相同。

2）张拉设备及仪表、工作油液在使用时，提前在工作环境温度条件下进行配套校验。

3）采用抗冻型孔道灌浆料，用热水搅拌，浆液的温度在 15 ~ 20℃ 之间。原有的保温、加热设备和措施要保留，加强测温工作，防止浆液受冻。

4）压浆前对孔道进行加热，保证孔道温度不低于5℃。灌浆完成箱室内温度控制在 10℃ 以上。

5）预应力孔道压浆结束后，应尽早进行封锚施工。

10. 灌浆及封锚质量控制，见表 7-3-18。

灌浆及封锚质量控制标准　　表 7-3-18

分项工程		质量验收内容	检验数量及方法
灌浆及封锚	主控项目	应尽早进行孔道灌浆，孔道内水泥浆应饱满、密实	施工、监理单位全数检查。观察，检查灌浆记录
		锚具的封闭保护应符合设计要求；当设计无具体要求时，应符合下列规定：应采取防止锚具腐蚀和遭受机械损伤的有效措施；凸出式锚固端锚具的保护层厚度不应小于50mm；外露预应力筋的保护层厚度：处于正常环境时，不应小于20mm；处于易受腐蚀的环境时，不应小于50mm	施工单位全数检查；监理单位在同一检验批内，检查预应力筋总数的5%，且不少于5处。观察，钢尺检查

续表

分项工程		质量验收内容	检验数量及方法
灌浆及封锚	一般项目	后张法预应力筋锚固后的外露部分宜采用机械方法切割，其外露长度不宜小于预应力筋直径的1.5倍，且不宜小于30mm	施工单位全数检查；监理单位在同一检验批内，抽查预应力筋总数的3%，且不少于5束。观察，钢尺检查
		灌浆用水泥浆的水灰比不应大于0.45，搅拌后3h泌水率不宜大于2%，且不应大于3%。泌水应能在24h内全部重新被水泥浆吸收	施工单位、监理单位同一配合比检查一次。检查水泥浆性能试验报告
		灌浆用水泥浆的抗压强度不应小于30N/mm	每工作班留置一组边长为70.7mm的立方体试件。检查水泥浆试件强度试验报告

注：1. 一组试件由6个试件组成，试件应标准养护28d。
2. 抗压强度为一组试件的平均值，当一组试件中抗压强度最大值或最小值与平均值相差超过20%时，应取中间4个试件强度的平均值。

11. 预制梁在下列情况下，应进行静载弯曲试验：

1）首片梁生产时；

2）正式生产后，原材料、工艺有较大变化，可能影响产品性能时；

3）批量生产中，每100片梁中抽取不少于1片试验；

4）有质量缺陷的梁，可能对梁的抗裂性和刚度有较大影响时；

5）同一工程中有单线梁和双线梁时，每种梁至少选1片进行试验。

12. 后张法施工分项工程验收管理

1）后张法预应力混凝土梁质量控制标准，见表7-3-19。

后张法预应力工程施工质量控制标准 表7-3-19

分项工程		质量验收内容	检验数量及方法
后张法预应力工程	主控项目	预应力施工原材料、预应力筋制作与安装、张拉、压浆和封端的检验必须符合该规范第7章的相关规定	
		对后张法预应力结构构件，钢绞线出现断裂或滑脱的数量不应超过同一截面钢绞线总根数的3%，且每根断裂的钢绞线断丝不得超过一丝；对多跨双向连续板，其同一截面应按每跨计算	全数检查。观察，检查张拉记录
	一般项目	后张梁预留孔道位置与设计位置的允许偏差规定：纵向孔道任何方向距跨中4m范围不大于4mm，其余部位不大于6mm。横向孔道任何方向不大于5mm	施工单位检查10%且不少于5处。尺量
		预应力筋锚固后，外露长度不应小于其直径的1.5倍，且不应小于30mm	施工单位全数检查，监理单位每工作班抽查预应力筋总数的3%，且不少于5束。钢尺检查

2）按程序进行检验批、分项工程验收。

五、钢梁结构质量管理

为解决城市空间、施工要求以及施工阶段交通不中断，钢箱梁、钢混叠合梁应用较为普遍。高架区间的钢梁与混凝土箱梁比较，材料强度高，承受相同荷载时，结构高度尺寸可设计得更小，结构自重小，更适应较大宽度和跨度的路段，可设计为变宽、变高度、变横坡，具有平、纵曲线的复杂空间结构。钢梁构件加工制作对周边环境湿度、温度要求高，一联钢梁的自重一般达到数千吨，受场地和运输条件限制宜在工厂分段制作再运到现场安装、架设成为连续梁。

按划分表，钢梁结构为子分部工程，包括钢梁制作、安装、涂装三个分项工程。此处仅论述钢梁的制作和安装两个分项工程的质量控制，涂装见第五章相关内容。

（一）钢梁制作质量控制

1. 准备工作管理

1）施工单位可通过招标选定具有资质的钢梁生产厂家。若监理合同约定需安排驻厂监造，监理单位应履行相应职责。

2）施焊人员具有相应的焊接资格证，持证上岗且均已通过实操考核。

3）厂家编制详实的钢梁制作方案，确保厂内制作质量，并满足现场安装时间要求，履行内部审批程序，经总监理工程师批准。

4）钢梁制作前必须进行焊接工艺评定试验，评定结果应符合设计及规范的要求，并制订实施性焊接施工工艺。

5）施工（驻厂监造）单位详细审查设计加工图纸、设计制作方案和胎具施工图。

6）现场应具备胎具搭设及构件加工、存放的场地。

7）检验批划分：可将每个制作段、安装段、施工段作为一个检验批。

2. 严格控制钢梁构件加工工序质量。

钢梁含翼板、腹板、底板、横隔板、接口板等构件。钢梁构件制作工艺流程如下：

放样→号料→切割→矫正→构件成型→装配→结构板材焊接→剪力钉焊接→制孔→预拼装→喷砂、涂装。各工序加工质量控制要点及验收标准同钢结构构件加工，详见第八章第三节。

3. 确保焊缝的高度和宽度

1）应注意施焊遍数和设计要求，同一部位的焊缝返修不能超过两次，返修后的焊缝应按原质量标准进行复验，并且合格。

2）预防质量通病

为防止焊接出现气孔、夹渣、咬肉和焊件变形等问题，应注意焊条的选用；焊口清根、打磨、电流强度和预热等问题，应严格按焊接工艺进行操作。

3）钢梁的拼装、焊接大多在露天的室外作业，应做好季节性施工措施。

（1）在雨季电焊机设置地点应防潮、防雨水、防漏电。

（2）施焊点不得在有水或直接雨淋的条件下施工。

（3）冬季的焊接施工应满足施焊的温度要求。

4. 预拼装

1）每节段钢梁成品应在工厂进行预拼装。

2）预拼装时，螺栓要紧固到板层密贴。在一般情况下冲钉不得少于孔眼总数的5%，螺栓不得少于孔眼总数的25%。

3）预拼装平直情况和尺寸须检验合格后，再进行试孔器通过检查，应满足设计及规范要求。

4）钢梁预拼装应按检验批验收，检验批划分应符合《钢结构工程施工质量验收规范》GB50205 及设计要求，拼装质量应符合设计和有关技术规范的要求。

5. 钢梁在工厂内存放及保护

1）涂装后的构件 4h 内不得淋雨。

2）钢梁构件存放，应防止变形、碰撞损伤和损坏漆面，变形构件不得使用。

6. 厂内运输

1）运输时采用的吊索、倒链等的固定位置应采用木块支垫，防止涂层被破坏。

2）运输过程中应随时注意钢梁的位置，防止在途中被碰撞发生扭曲等变形。

3）钢梁在运梁车上应摆放稳定，防止倾覆。

7. 钢梁制作分项工程验收管理

1）用射线和超声波两种方法检验的焊缝，必须达到质量标准和设计要求，该焊缝方可认为合格。

2）高强度螺栓连接的规定

（1）由制造厂处理的钢桥杆件的摩擦面，安装前应复验抗滑移系数，合格后方可安装。

（2）高强度螺栓应按一定顺序施拧，从板束刚度大、缝隙大之处开始，对大面积节点板从中央向外，不得冲击拧紧和间断拧紧。

（3）用扭矩法施拧高强度螺栓连接副时，初拧、复拧和终拧应在同一工作日内完成。初拧扭矩应由试验确定，一般为终拧扭矩的 50%。

8. 分项工程验收管理

1）钢梁制作质量验收标准，见表 7-3-21。

2）外观鉴定

（1）钢梁内外表面不得有凹陷、划痕、焊疤、电弧擦伤等缺陷，边缘应无毛刺。

（2）焊缝均应平滑，无裂纹、未溶合、夹渣、未填满弧坑、焊瘤等外观缺陷，预焊件的装焊符合设计要求。

3）按程序组织分项工程验收。

（二）钢梁安装准备管理

钢梁的安装有多种方法，如自行吊机（轮胎式、履带式起重机）安装法，单、双导梁法，跨墩门架法，架桥机法等，视现场条件选择。以下按准备和安装两阶段简述常用的吊车吊装方法施工过程管理相关内容。架桥机法详见后述内容。

1. 资源、技术和现场条件准备充分

1）安装作业中的特殊工种人员必须持证上岗。

2）钢梁安装过程中的运输、吊装机械应状况良好，确保安装所需，并已履行相关主管部门的检测，进场报验合格后投入使用。

3）编制钢梁安装专项施工方案，主要内容应综合考虑地面承载力情况，掌握路面硬化、坡度、地基等情况，对专项方案应按规定程序审批后方可实施。

4）检验批已划分，每1跨的钢梁安装作为1个检验批。

5）梁体从工厂运输到现场，是安装至关重要的环节，钢梁吊装至运梁车上必须可靠固定，必要时增加固定模架，运输道路必须平坦，具有足够承载能力，沿线和场地内应无影响安装的建筑物以及管线，如有，应制定相应的保护措施，确认宽度、转弯半径等技术指标满足运输需求。

载梁低速运行并由专人监护，注意观察道路情况和钢梁状况，保证钢梁不偏斜、不扭转，保持水平状态，遇到突发情况应紧急制动停车，确保运梁安全，到达卸车地点后放置在枕木或支架上。

6）统筹规划布置施工场地、钢构件存放、拼装、机械设备停放、运输通道等；搭设施工临时模架。

2. 条件核查

钢梁为大型构件，应按建办质[2017]68号文中关键节点分类清单核对钢梁吊装重量和起吊设备，符合该规定的属于关键节点，吊装前应进行条件核查。

3. 钢梁构件进场验收

钢梁及构件运至现场，应履行进场验收，施工、监理单位人员及工地安装人员参加，检查以下资料文件齐全有效，相关人员签认后方可安装。

1）产品合格证；钢材和其他材料质量证明书或试验报告；

2）施工图、拼装简图和设计变更文件；

3）焊缝无损检验报告及涂层检测资料；

4）工厂试拼装记录；

5）构件发运和包装清单；

6）钢构件包装必须完整无破损，存放应保证构件不变形、不损坏，不散失，包装和发运应符合运输的有关规定。

4. 安装前对下部结构进行验收

下部结构应达到吊装条件，检查墩台施工质量、顶面标高、支座垫石、支座位置、临时支撑等必须符合设计及施工方案要求。

（三）钢梁安装质量管理

钢梁吊装流程：测量放线→设置临时支撑→支座及胶垫安装→钢梁提升吊运到位及安装→浇筑混凝土→张拉→验收。

1. 测量放线、设置限位板

1）钢梁安装前，复测混凝土桥墩，测量每个支座位置的坐标和标高，监理单位确保无误，并在钢梁两侧安装设置限位板，以保证其准确就位。

2）根据钢梁分段情况，测量并标注好地样线（桥梁中心线及分段线），标明支撑体系的安装位置。复查支墩标高及桥梁支座预留孔尺寸。

2. 设置临时支撑——钢管格构柱

钢梁安装前，需吊装在临时支撑上进行拼装和焊接，临时支撑可采用钢格构柱，是由型钢、钢管或组合截面杆件连接而成的杆系结构，型钢格构柱由肢件与缀材（含缀条和缀板）组成，见图7-3-21。钢管格构柱由立管和腹杆组成，立管及肢件主要承受轴向力，腹杆及缀材主要抵抗侧向力（相对于肢体轴向而言）。

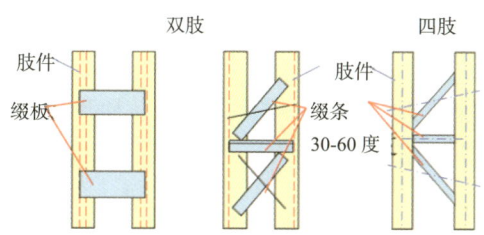

图7-3-21 型钢格构柱组成示意图

钢管格构柱较为多用，可用于水中或地面，形式可以为单柱或桁架，见图7-3-22。

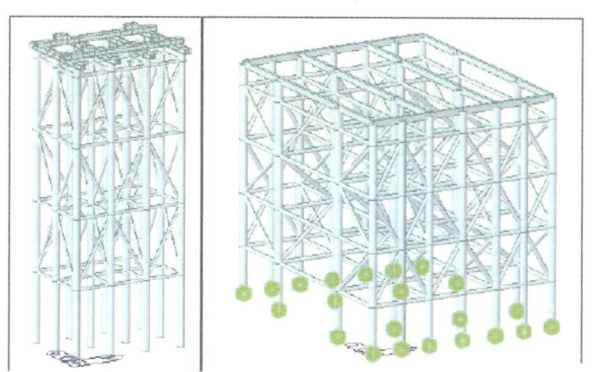

图7-3-22 钢管格构柱示意图

1）格构柱制作

格构柱一般在工厂预制，制造成标准段和调节段，根据实际高度，选用不同的节段在安装现场组装为整体柱。

（1）标准段，采用 0.5m、1m、2m、4m、6m 等长度固定的节段，除上端横梁为焊接外，其余安装部分可以采用焊接或高强螺栓连接。

（2）调节段，高度为 500mm 左右。主要用于钢箱梁吊装时调节标高，安装时达到设计的桥梁线形，安装后便于整体拆卸。

调节段采用千斤顶（根据钢梁梁段重量来配置）配合垫梁调整。

2）钢格构柱安装

（1）施工现场用围挡封闭，为使格构柱顶部受力能均匀传递到各分肢，格构柱安装应严格控制垂直度。

（2）分节段组装

根据钢梁安装高度确定钢格构柱组装节数，分段吊装就位并连接牢固。

（3）设置观测点

设置沉降观测点，用来观测安装过程中支架沉降量及稳定性。

（4）钢格构柱位置与钢梁节段间环缝相对应，其顶面高程设置与钢梁的工厂制造立面线形一致。

3. 支座及胶垫安装

将符合设计图纸要求的支座安装在墩台上，安装质量控制详见第一节相关内容。

4. 钢梁吊装，见图 7-3-23。

图 7-3-23　钢箱梁中跨吊装图

钢梁构件单件重量较重，通常由运输车运送至安装现场，用大型吊车进行卸车和拼装。下面以某钢箱梁桥为例，说明安装的主要过程。

1）运输吊装边跨主梁各节段，并现场拼装。

2）运输吊装搭接中跨主梁。见图 7-3-24（图中蓝色为临时支撑）。

3）现场焊接主梁中跨与边跨，形成全桥钢梁整体，见图 7-3-25。

4）浇筑主梁梁端、墩顶区段箱室内补偿收缩混凝土；浇筑主梁桥面板混凝土使主梁形成全截面。待桥面板混凝土强度达到设计强度 100% 后，张拉桥面板预应力钢束。

5）拆除梁下临时模架完成结构体系转换，见图 7-3-26，桥面系施工；铺轨。

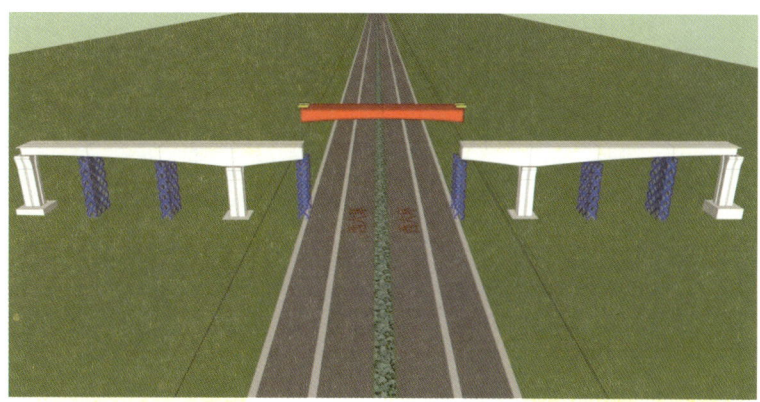

图 7-3-24　吊装中跨主梁

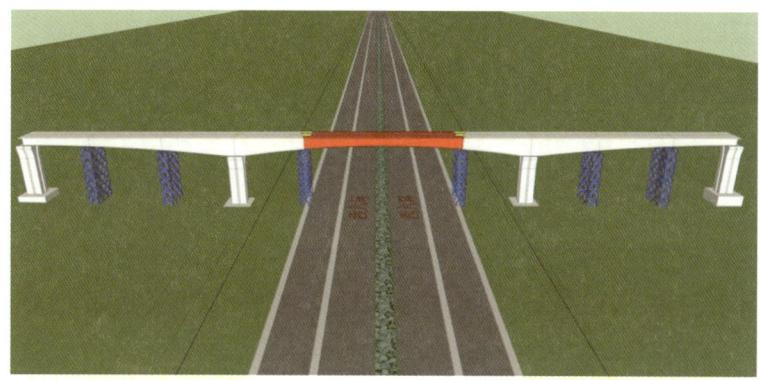

图 7-3-25　焊接主梁中跨与边跨

图 7-3-26　拆除梁下临时支撑

（四）分项工程验收管理

1. 钢梁制作、安装质量验收标准，见表 7-3-20（参照《地下铁道工程施工质量验收标准》GB/T 50299—2018）。

钢梁制作、安装质量验收　　　　表 7-3-20

分项工程		质量验收内容	检验数量及方法
钢梁制作、安装及防护	主控项目	钢梁及梁段采用的钢材和焊接材料的品种规格、化学成分及力学性能应符合现行国家标准《钢结构焊接规范》GB 50661 的规定,应具有完整的出厂质量合格证明	全部检查。检查出厂质量证明、试验报告
		高强螺栓扭矩允许偏差应为 ±10%	检查 5%,但不少于 2 个。扭力扳手检查
		钢梁梁段应进行试组装,并应符合现行国家标准《钢结构工程施工质量验收规范》GB 50205 的规定	全部检查。检查梁段产品合格证
		钢梁内外表面不应有凹陷、划痕、焊疤、电弧擦伤,外露边缘应无毛刺	全部检查。观察检查
		焊缝均应平滑,应无裂纹、未熔合、夹渣、未填满弧坑、焊瘤等外观缺陷,焊缝探伤等级的检验结果应符合设计文件要求	超声探伤检查全部,射线探伤检验数量应符合设计文件规定,并不应小于 10%。观察检查,检查探伤报告
		钢梁（梁段）应按设计文件规定的程序进行安装,安装线形应平顺,应无明显折变	全部检查。观察检查,挂线用钢尺量测
		高强螺栓连接摩擦面的抗滑移系数应对随梁发送的试板进行检验,检验结果应符合设计文件要求	全部检查。检查试验报告
		防护涂装材料的品种、规格、技术性能指标应符合设计文件要求,并应具有完整的出厂质量合格证明	全部检查。检查出厂质量证明或试验报告
		防护涂装干膜厚度应达到规定值,检测点的漆膜厚度合格率应符合设计文件要求	全部检查。检查试验报告
		防护涂装后的漆膜颜色应一致,涂层表面应完整光洁、均匀一致,不应有破损、气泡、裂纹、针孔、凹陷、麻点、流挂和皱皮等缺陷	全部检查。观察检查
	一般项目	焊接钢梁制作允许偏差及检验数量应符合表 7-3-21 的规定	
		钢桁架制作允许偏差及检验数量应符合表 7-3-22 的规定	钢尺量测
		钢箱梁制作允许偏差及检验数量应符合表 7-3-23 的规定	
		钢梁安装允许偏差及检验数量应符合表 7-3-24 的规定	测量检查,钢尺量测,扭力扳手检查
		钢梁防护涂装允许偏差及检验数量应符合表 7-3-25 的规定	检查试验报告

焊接钢梁制作允许偏差及检验数量　　　　表 7-3-21

检验项目		允许偏差（mm）	检验数量
梁高	主梁≤2m	±2	检查两端腹板处高度
	主梁>2m	±4	
	横梁	±1.5	
	纵梁	±1	
跨度		±8	测量两支座中心距离

续表

检验项目		允许偏差（mm）	检验数量
梁长	全长	±10	中心线处
	纵梁	-1.5 ~ +0.5	检查两端角钢背与背之间的距离
	横梁	±1.5	
纵、横梁旁弯		3	梁立置时在腹板一侧距主焊缝100mm处拉线测量；检查中部1处
拱度	主梁	0 ~ +3（不设拱度）	梁卧置时在下盖板外侧拉线测量；检查中部1处
		-3 ~ +10（设拱度）	
	两片主梁拱度差	4	分别测量两片主梁拱度，求差值
平面度	主梁腹板	≤8	测量中部1处
	纵、横梁腹	≤5	
主梁、纵横梁盖板对腹板的垂直度	有孔部位	0.5	测量3~5处
	其余部位	1.5	
连接	焊缝尺寸	符合设计文件要求	检查全部

钢桁架制作允许偏差及检验数量　　　　　　　　表 7-3-22

检验项目	允许偏差（mm）	检验数量
节段长度	±5	每节段检查4~6处
节段高度	±2	每节段检查4处
节段宽度	±3	
节间长度	±2	检查每个节间
对角线长度	±3	每节段检查1处
桁片平面度	3	
拱度	±3	
焊缝尺寸	符合设计文件要求	检查全部

钢箱梁制作检验允许偏差及检验数量　　　　　　　表 7-3-23

检验项目		允许偏差（mm）	检验数量
梁高 h	h≤2m	±2	检查两端腹板处高度
	h>2m	±4	
跨度 L		±（5+0.15L）	测两支座中心距离
全长		±15	
腹板中心距		±3	检查两腹板中心距
盖板宽度		±4	检查两端断面
横断面对角线差		4	
旁弯		3+0.1L	检查跨中位置
拱度		-5 ~ +10	

续表

检验项目	允许偏差（mm）	检验数量
腹板平面度	且≤8	检查跨中位置
扭曲	每m≤1，且每段≤10	置于平台，四角中有三角接触平台，用尺量另一角与平台间隙
焊缝尺寸	符合设计文件要求	全部检查

注：L为梁长，以m计

钢梁安装允许偏差及检验数量　　　　　　表 7-3-24

检验项目		允许偏差（mm）	检验数量
钢梁中线	轴线偏位	±10	测量2处
	两孔相邻横梁中线相对偏位	±5	每支座1处，每横梁2处
梁底高程	墩台处梁底	±10	检查全部
	两孔相邻横梁相对高差	5	
连接	焊缝尺寸	符合设计文件要求	检查全部
	焊缝探伤		超声：检查全部 射线：按设计文件规定，并不少于10%
	高强螺栓扭矩	±10	检查5%，且不少于2个

钢梁防护涂装允许偏差及检验数量　　　　　　表 7-3-25

检验项目		允许偏差	检验数量
除锈清洁度		Sa2.5（St3）	100%
粗糙度（μm）	外表面	70~100	按设计文件规定检查。并用粗糙度仪检查，每段检查6点，取平均值
	内表面	40~80	
总干膜厚度（μm）		符合设计文件要求	按设计文件要求检查
附着力（MPa）			

注：1. 每 $10m^2$ 测 3~5 个点，每个点附近测 3 次，取平均值，每个点的量测值如小于设计文件规定值应加涂一层涂料。
2. 每涂完一层后，应检测干膜总厚度。

2. 分层次验收

1）施工过程中应做好焊缝检测、除锈、涂装、箱梁线型等工序的质量检查和控制。
2）钢梁制作、试拼装、现场安装工序应进行首件验收。
3）按程序进行检验批、分项工程验收。

六、钢混叠合梁施工质量管理

（一）叠合梁构造

钢混叠合梁是主梁采用钢箱梁、板梁或者工字钢，梁上铺设钢筋混凝土或预应力混凝土板的桥梁形式,为抵消连续梁在墩顶负弯矩,易导致施工中发生混凝土板的开裂,很多桥面板都使用了预应力钢筋。组合钢梁可以通过工厂预制,现场拼接;混凝土板可以现浇,也可以预制。与钢梁桥相比,从使用上来说,其结构自重轻,跨越能力大,施工周期短,钢混叠合梁桥刚度更大、噪声较小且桥面耐久性、耐疲劳性能更好,此种桥梁采用工厂预制和现场现浇相结合,更能发挥预制与现浇各自的优点,且比钢箱梁桥更加经济合理。从而目前在城市道路桥梁建设比较流行,应用前景较为广阔。

钢混叠合梁含两部分,即钢梁和钢筋混凝土梁,其施工过程的质量管理分别在以上章节内叙述,此处从略。应特别注意钢混叠合梁上的栓钉,又称剪力连接器,规格和焊接质量是混凝土与钢结构有效连接为一体的重要保证,因此要按设计文件要求全数检查。

(二)钢混叠合梁验收管理

1. 质量验收标准

钢混叠合梁的施工质量除满足《地下铁道工程施工质量验收标准》GB/T50299—2018 的验收标准外,还应分别满足钢筋混凝土、预应力混凝土工程的验收标准,见表 7-3-26。

钢混叠合梁质量控制标准　　　　表 7-3-26

项目		质量验收内容	检验数量及方法
钢混叠合梁	主控项目	剪力连接器应无变形、锈蚀等缺陷	全部检查。观察检查
	一般项目	钢混叠合梁允许偏差值及检验数量应符合表 7-3-12 的规定	测量检查,钢尺量测

(摘自《地下铁道工程施工质量验收标准》GB/T 50299—2018)

2. 允许偏差,见表 7-3-27。

钢混叠合梁允许偏差值及检验数量　　　　表 7-3-27

检验项目	允许偏差(mm)	检验数量
桥梁全长	±15	检查桥面及钢梁
梁高	−5 ~ +15	检查梁端桥面板顶至钢梁底
桥面板厚度	−5 ~ +10	检查跨中及两端
桥面板中心线与钢梁中心线	±10	检查梁端及跨中
桥面防护墙内测宽度	−5 ~ +10	
桥面平整度	5	不少于 5 处
上拱度	−3 ~ +10	检查跨中

3. 按程序进行检验批、分项工程验收。

第四节　桥面及附属结构质量管理

桥面是指桥梁直接承受荷载并将其传递至主要承重构件的桥面构造系统，附属结构包括路缘石、地袱、道板等非受力的小型构件（单个或外型体积小于 $0.05m^2$），二者是高架区间单位工程中的分部工程，包括6个分项工程，包括桥面变形缝、防水、排水、护栏、声屏障、锥坡等，本节叙述除声屏障以外的各分项工程质量安全管理，验收标准及误差允许值依据《铁路桥涵施工质量验收标准》TB 10415—2018 和《地下铁道工程施工质量验收标准》GB/T 50299—2018。声屏障质量安全管理单列为一节叙述，详见第五节。

一、变形缝质量管理

为满足桥面变形的要求，通常在两梁端之间、梁端与桥台之间或桥梁的铰接位置上设置变形（伸缩）缝，安装伸缩装置，一般有对接式、钢制支承式、组合剪切式（板式）、模数支承式以及弹性装置，均为工厂制作的定型产品，其材料主要有型钢、铝合金、橡胶等。

（一）施工准备管理工作

基本内容同常规，应注意几下几点：

1. 进场验收伸缩缝及其装置

1）伸缩装置进场时，对其规格、型号、材料及外观质量进行检查验收，确认与设计文件要求一致。

2）伸缩装置安装前，应检查、修整梁端预留缝间隙，缝宽应符合设计要求，上下应贯通，不得堵塞。

2. 编制、审查伸缩缝安装施工方案

施工单位应编制伸缩装置安装施工方案，并制定成品保护措施、交通导行方案。监理单位按程序审批，确认技术措施合理可行，内部审核程序符合要求。

（二）伸缩装置安装质量控制

桥梁伸缩缝的作用是在一定范围内，允许上部结构存在荷载和桥梁建筑材料热胀冷缩所引起的纵向、横向变形，上部结构受力体系不被破坏。伸缩装置安装的总体要求是在平行、垂直于桥梁轴线的两个方向，均能自由伸缩，牢固可靠。伸缩装置变形或缝间有硬物会影响其变形量，故安装前、后都要检查或清理，以保证伸缩效果。

1. 开槽

1）在桥面铺装层施工完成后，根据各种类型伸缩缝施工图准确放样、确定开槽宽度、弹线、开槽，并清理梁端间隙内的杂物，然后用泡沫塑料填塞密实。

2）开槽后禁止车辆通行，严禁施工人员踩踏槽两侧边缘，以免槽两侧面层混凝土受损。

3）理顺、调整槽内预埋筋，对漏埋或折断的预埋筋应进行修复。

2. 伸缩装置安装

1）安装时，上部构造端部间的空隙宽度及伸缩装置的安装预定宽度，均应与安装温度（生产厂家预设）相适应，当安装温度与预设温度有较大差别时，应根据联长、支座布置、零点位置、安装时温度等综合计算，并充分考虑施工工艺予以修正伸缩缝间隙。

2）安装时伸缩装置的中心线要与梁端中心线相重合。

3）控制伸缩装置的标高

伸缩装置放入槽口后，对伸缩缝标高进行修正，符合设计要求后，进行临时固定。

4）复测标高并焊接固定

伸缩装置焊接固定后对伸缩缝的标高再复测一遍，确认在临时固定过程中未出现任何变形偏差后，把锚固钢筋与预埋钢筋焊牢，同时，随时检测平整度。

3. 缝内混凝土浇筑和养生

1）混凝土浇筑前，预先在缝两侧铺上塑料布，保证混凝土不污染桥面铺装层。

2）应两侧同时振捣，振捣密实后，用抹板搓出水泥浆，分4～5次按常规抹压平整为止。

3）浇筑完成，待初凝后覆盖并洒水养生，不少于7天，养生期间严禁车辆通行。

4）混凝土强度达到设计强度的50%以上后，可安装橡胶密封条，安装前必须检查缝内不得有漏浆或其他杂物，再嵌入橡胶条。

5）去除卡具

伸缩装置焊接牢固后，尽快去除预先设定的临时固定卡具、定位槽钢，使其自由伸缩。

（三）分项工程验收的管理

1. 伸缩装置质量验收标准，见表7-4-1。

伸缩装置质量验收标准　　　　　　　　　　　表7-4-1

项目		质量验收内容	检验数量及方法
伸缩缝	主控项目	所用的原材料、形式、规格尺寸应符合设计文件要求	全部检查。观察检查，检查质量证明文件
		安装应无阻塞、渗漏、变形现象	全部检查。观察检查
	一般项目	安装允许偏差及检验数量应符合表7-4-2的规定	测量检查，钢尺量测

伸缩装置安装允许偏差及检验数量　　　　　表 7-4-2

检验项目	允许偏差（mm）	检验数量
长度	符合设计文件要求	每道
缝宽	符合设计文件要求	每道 2 处
两端高差	2	每侧 3～7 处
横向平整度	3	每道

2. 分项工程验收

1）隐蔽工程验收

伸缩装置安装前应对预埋钢筋、预埋件等进行隐蔽工程验收，合格后方可进行下步施工。

2）首道伸缩装置安装完成后按照规定程序应组织进行首件验收，合格后方可组织批量安装施工。

3）施工过程中按程序及时组织检验批、分项工程验收。

二、桥面防水质量管理

桥面防水是保证桥梁耐久性质量的重要措施，做好桥面防水及排水，以防止渗水到车站内。此处仅简要论述防水层和防水保护层的质量控制，其施工准备的管理同明挖、矿山法工程中的防水工程，此处从略。

（一）防水层施工过程的质量控制

桥面系的防水层通常采用高聚物改性沥青防水卷材或聚氨酯防水涂料，防水施工检验批可按工程量、施工段、伸缩缝等进行划分。以下分述其控制要点。

1. 桥面基层施工

1）桥面基层必须做到平整，无尖锐异物，不起砂，不起皮及无凹凸不平现象。不符合以上要求的，必须进行凿除处理，或用水泥浆进行找平。找平时，基底必须清洁，湿润。

2）桥面基层必须无浮渣，浮灰，油污等，保持干燥，同时防撞墩或地袱根部必须无蜂窝，麻面。

2. 高聚物改性沥青防水卷材施工

高聚物改性沥青防水卷材一般施工方法有冷粘法和热熔法。目前采用较为广泛的是热熔法施工。热熔法施工质量控制要点：

1）在已涂刷基层处理剂并干燥的基层表面，留出搭接缝尺寸，将铺贴卷材基准线弹好，以便按此基线进行卷材铺贴施工。

2）火焰加热器的喷嘴距卷材面的距离应适中，幅宽内加热应均匀，以卷材表面熔融至光亮黑色为度。卷材表面热熔后，应立即滚铺卷材，排除卷材下空气，使之平展并粘贴牢。横、纵向搭接宽度均不得小于 100mm。

3）卷材搭接处的上层和下层卷材应完全热熔粘合，搭接缝处应有自然溢出的熔融沥青，宽度宜为 2mm 左右并均匀顺直，采用刮板抹平密封收口。

4）厚度小于 3mm 的高聚物改性沥青防水卷材，严禁采用热熔法施工。

5）铺贴应平整顺直，搭接尺寸准确，不得扭曲。

6）对铺贴的防水卷材应及时进行质量跟踪检查，可观察其是否有空鼓、起泡、翘边等现象，若有应及时做补救处理。

7）铺贴时气温不得高于 35℃或低于 5℃，超出其温度范围应采取相应措施。基层表面不得有积水，严禁雨中施工。

3. 聚氨酯涂膜防水层施工

聚氨酯防水涂料是一种液态单组分环保型防水涂料，具有强度高、延伸率大、耐水性能好等特点，对基层变形的适应能力强。涂膜有良好的柔韧性，对基层伸缩或开裂的适应性强，抗拉性强度高，绿色环保，无毒无味，对人身无伤害。目前应用较为广泛。质量控制中应注意以下几点：

1）涂装可采用喷涂或刮涂的方式，应分两次均匀涂刷，涂刷后应随机洒砂一层。

2）使用时必须按产品使用说明进行配比，并充分搅拌使其混合均匀，配制好的防水涂料一般应在 30 分钟内用完，随配随用。

3）基层表面不得有明水，严禁雨中施工。气温高于 35℃或低于 5℃时不得施工。防水层完全干固后，方可浇筑保护层。

（二）防水保护层施工质量控制

桥面防水保护层通常采用细石纤维混凝土，质量控制中应注意以下几点：

1. 防水保护层材料

纤维混凝土宜先将骨料和纤维混合搅拌，再加入水泥、掺合料、水和外加剂，搅拌时间应较普通混凝土适当延长。

2. 纤维混凝土浇筑

1）混凝土应均匀摊铺在防水层上，采用振捣器振实，振捣速度必须缓慢推进，不得损伤防水层。

2）混凝土接近初凝时方可抹面，抹刀应光滑以免带出纤维，抹面次数不宜过多。

3）及时保湿养护，避免失水过快。自然养护时，桥面应采用草袋或麻袋覆盖，并在其上覆盖塑料薄膜，混凝土洒水次数应能保持表面充分潮湿，当环境相对湿度小于 60% 时自然养护应不少于 28d，相对湿度在 60% 以上时，自然养护应不少于 14d。

4）混凝土表面应平整密实，不得有疏松、起砂、脱皮、损伤等现象。

3. 保护层与防水层连结

1）保护层与防水层应粘结牢固、结合紧密，并与周边混凝土密贴。

2）保护层施工部位、厚度、坡度和断缝处理应符合设计要求。

4. 现场抗渗试验一般在防水层铺设完毕且粘结牢固后进行蓄水试验，时间 24h 或以上，通过计算水的渗漏量是否满足设计文件要求来判断其防水效果，并出具试验报告。

（三）分项工程验收阶段管理

1. 桥面防水质量验收标准，见表 7-4-3。

桥面防水质量验收标准 表 7-4-3

项目		质量验收内容	检验数量及方法
桥面防水	主控项目	防水层的抗渗性应符合设计文件要求	全部检查。检查试验报告
		防水层应表面平整，无空鼓、脱落、翘边等缺陷	全部检查。观察检查
	一般项目	防水层允许偏差及检验数量应符合表 7-4-4 的规定	检查试验报告，钢尺量测

防水层允许偏差及检验数量 表 7-4-4

检验项目	允许偏差	检验数量
防水涂膜厚度	不小于设计文件要求	每 200m^2 测 4 点或按材料用量推算
防水层与混凝土粘结力（MPa）	不小于沥青混凝土与水泥混凝土粘结力，且 ≥ 1.5	每 200m^2 测 4 点

2. 分项工程验收

1）隐蔽工程验收

防水卷材或涂料施工完成，保护层施工前应进行隐蔽工程验收，合格后方可进行下步施工。

2）防水施工按照规定程序应组织进行首件（段）验收，合格后方可组织批量施工。

3）施工过程中按程序及时组织检验批、分项工程验收。

三、排水设施质量管理

排水为 1 个分项工程，泄水孔一般容易忽视，桥面积水会影响结构质量甚至浸泡线缆或设备引发故障，要细致检查，以免阻塞。对水泥混凝土（加强筋网片）桥面、钢纤维混凝土桥面应分别采取针对性排水措施，下面针对水泥混凝土（加强筋网片）桥面排水及其相关联的桥面铺装做重点介绍。

（一）施工准备管理

基本内容同常规，应注意几下几点：

1. 进行复测

梁板顶面高程应进行复测，及时反算铺装层厚，若因梁板预拱度过高而使桥面铺装层厚度不能达到设计要求时，及时通知设计人员进行调整，以保证铺装层厚度。

2. 检查预埋件

检查泄水管等预埋件的位置、数量、标高符合设计要求。

3. 隐蔽工程验收

铺装层预埋钢筋经隐检验收合格，满足设计要求。

（二）施工过程的质量控制

1. 桥面凿毛及清理

将梁顶面的浮浆、松散、被油渍污染的混凝土凿除干净。凿毛工作经验收合格后用鼓风机将凿落的混凝土和碎尘吹走，使用高压水枪进行冲洗，随冲随扫，直到干净为止。

2. 钢筋、模板安装检查

桥面铺装钢筋网片与桥面预埋钢筋绑扎牢固，防止浇筑时发生移位。在伸缩缝处及梁边支立模板，要保证模板稳固，线形直顺。

3. 预埋件及泄水管安装质量

1）桥面预留孔及预埋件按设计图纸要求预留好；泄水管在桥面混凝土施工前安装，管口比桥面混凝土略低。下端应伸出结构物底面100~150mm，或按图纸所示将其引入地下排水设施，桥面铺装施工时应避免泄水管口堵塞。

2）混凝土浇筑前，对预埋件进行检查，并做好记录，符合设计要求方可进行下一步施工。

4. 混凝土浇筑

1）混凝土摊铺时由高到低，做到分段均匀，连续进行，以保证振动梁振动后不出现坑凹的现象。

2）混凝土的振捣采用振动梁往返振动，做到振捣密实、提浆均匀，直至表面泛出薄层水泥浆为止。

3）摊铺作业应从一端伸缩缝起始，单幅全宽向前推移连续施工，中间不应停顿，特殊情况必须停止施工时，施工缝应采用横向平接缝。

4）收面要及时、细致、平整。特别要注意拉毛的时间控制，防止拉毛太浅或太深。

5）铺装混凝土终凝前遇雨必须用塑料布覆盖或加设塑料棚罩覆盖。

5. 混凝土养护

1）成型的铺装层应在收浆后进行洒水养生，并用彩条布或土工布进行覆盖。根据天气情况确定每天洒水的次数。

2）混凝土抗压强度低于2.5MPa前不得承受行人或其他荷载，低于设计强度70%前，不得通行各种车辆。

（三）分项工程验收的管理

1. 排水设施质量验收标准，见表7-4-5。

排水设施质量验收标准　　　　　　　　　　　表 7-4-5

项目		质量验收内容	检验数量及方法
排水设施	主控项目	泄水孔的细部处理、泄水管接头的连接方式应符合设计文件要求，接头应严密、连接牢固	全部检查。观察检查
		排水设施安装位置应符合设计文件要求，部件应齐全，应无破损、无漏水	全部检查。观察检查
	一般项目	排水设施安装允许偏差及检验数量应符合表7-4-6的规定	观察检查，钢尺和坡度尺量测

排水设施安装允许偏差及检验数量　　　　　　表 7-4-6

检验项目	允许偏差	检验数量
品种及规格	符合设计文件要求	按20%抽查
安装位置（mm）	±20	按20%抽查
坡度（%）	±0.15	每30m检查3处

2. 分项工程验收

1）隐蔽工程验收

桥面铺装混凝土施工前应对钢筋、预埋件、预留孔等进行隐蔽工程验收，合格后方可进行下步施工。

2）按照规定程序组织进行首件（段）验收，合格后方可组织批量施工。

3）施工过程中按程序及时组织检验批、分项工程验收。

四、护栏施工质量管理

按照划分表，护栏为1个分项工程，护栏是高架区间外观质量的重要部分。

实际工程中，相关的地袱、挂板等设施及台阶、灯、柱等小构件也需安装。桥梁地袱，是指桥梁护栏的底座，栏杆、地袱、步道见图7-4-1。施工准备管理同常规，从略。

图 7-4-1　桥梁栏杆、地袱、步道

（一）不同类型栏杆的管理重点

1. 现浇混凝土栏杆

采用现浇混凝土栏杆时，预留钢筋的埋设按设计文件给定的埋设长度和规格执行。

2. 预制混凝土栏杆

采用预制混凝土栏杆时，预留钢筋或预埋件的焊接（包括焊缝的高度、长度、焊条型号、施焊环境条件及施焊顺序等）要与设计文件要求一致，灌缝混凝土振捣密实。

3. 钢制栏杆

采用钢制栏杆时，其预埋深度或焊接质量要与设计文件要求一致。

4. 隔离墩、防撞墙、缘石

按照划分表，隔离墩、防撞墙、缘石等均未被划分为分项工程，但是为不可缺少的工程内容，其安装过程控制均为常规要求，注意不可忽视。应注意声屏障可安装在地袱、隔离墩以及防撞墙上，详见第九章。

（二）分项工程验收管理

1. 护栏安装及缘石质量验收标准，见表7-4-7。

护栏安装及缘石质量验收标准　　表7-4-7

项目		质量验收内容	检验数量及方法
护栏安装	主控项目	护栏线形直顺美观，混凝土表面应平整密实，不应出现蜂窝麻面，不应有露筋和空洞，护栏节段间应平滑顺接，混凝土强度应符合设计文件要求	全部检查。观察检查，检查混凝土强度检验报告
		栏杆杆件不应有弯曲或断裂现象。栏杆安装应牢固，其杆件焊接应符合设计文件要求	全部检查。观察检查，检查焊接试验报告
	一般项目	栏杆安装允许偏差及检验数量应符合表7-4-8的规定	测量检查，钢尺量测
缘石	主控项目	应固定牢固、位置正确	全部检查。观察检查
	一般项目	平整度允许偏差应小于3mm	全部检查。3m靠尺检查

2. 护栏安装允许偏差，见表7-4-8。

护栏安装允许偏差及检验数量　　表7-4-8

检验项目	允许偏差（mm）	检验数量
平面偏位	±4	每30m检查1处
高度	±10	
竖直度	4	
焊缝两侧高差	3	
预埋件位置	±5	每件
混凝土护栏断面尺寸	±5	每100m检查3处

3. 灯、柱工程质量验收标准，见表 7-4-9。

排泄水、灯、柱质量验收标准 表 7-4-9

项目	质量验收内容		检验数量及方法
灯、柱	主控项目	材质、规格、尺寸必须符合设计要求；安装应牢固，安全可靠，直线顺直，曲线圆顺，顶面平坡水平，纵坡整齐一致，无起伏，不得侵入限界；防蚀、防锈涂层必须涂刷均匀	施工单位全数检验，监理单位每孔抽查 20%。观察、尺量检查
	一般项目	安装的允许偏差及检验方法应符合表 12-4-3 的规定	施工单位全数检验，监理单位抽查 20%

4. 按程序组织检验批、分项、分部工程质量验收。

（三）锥坡质量管理

1. 基本构造

当桥梁跨越河流、湖泊时，为防止下雨时河流冲刷桥和路基搭接处的土质路基，保护桥头路堤的稳定，而在桥台两侧设置的构筑物即为锥坡，见图 7-4-2。

锥坡基础一般用填土、块石等填料分层夯实压密或用素混凝土浇筑而成；坡面一般用浆砌片石（卵石）、浆砌混凝土实心预制块或六棱砖填土铺砌。

2. 施工质量管理要点

1）为避免锥坡塌陷，必须保证锥坡基础施工质量密实。

2）锥面材料必须符合设计要求，砌筑外观美观。

图 7-4-2 锥坡构造示意图

五、高架区间子单位工程验收管理

高架区间作为单位工程，竣工后应按《城市轨道交通建设工程验收管理暂行办法》（住建部建质 [2014]42 号）的规定组织验收。同时应遵守以下规定：

按规定程序，将所含有的各分部工程全部验收合格后，进行子单位工程验收。其组织和程序详见第二章。对涉及结构安全、节能、环境保护和主要使用功能的试块、试件及材料，应在进场时或施工中按规定进行见证检验。

第五节 地铁声屏障工程质量安全管理

关于声屏障的工程划分,《地下铁道工程施工质量验收标准》GB/T 50299—2018 较为简单,仅作为桥面及附属结构分部工程中的一个分项工程。目前,城市轨道交通声屏障工程并无专门的质量验收国家标准,而《铁路声屏障工程施工质量验收标准》TB 10428—2012 的划分则较为详细,考虑到铁路工程中采用声屏障的实践较多,对城市轨道交通的声屏障工程有较大的参考价值,故本书采用该标准作为工程划分及质量验收依据。声屏障工程的划分,一个施工单位承担的施工范围内,累计长度不大于 30km 的声屏障为一个单位工程,分部、分项工程见表 7-5-1。

分部、分项工程表　　　　表 7-5-1

分部工程		分项工程	
类别	名称		
路基声屏障基础	混凝土灌注桩基础及底梁	桩基础	成孔、钢筋、混凝土、预埋件
		底梁	模板及支架、钢筋、混凝土、预埋件
		排水设施	
	条形基础	基坑、模板及支架、锚杆、钢筋、混凝土、基坑回填、预埋件、排水设施	
桥梁声屏障基础	遮板与竖墙	遮板预制	模板、钢筋、混凝土、预埋件
		遮板安装、竖墙	模板及支架、钢筋、混凝土、预埋件
声屏障上部结构	插板式声屏障	立柱、金属复合吸声板、非金属复合吸(隔)声板、通透板、接地、安全门及疏散标志	

各地区可根据具体情况,选择除上述标准外,更适宜的行业或地方标准,如《道路声屏障结构技术规范》DG/TJ 08-2086—2011。北京地区工程可参照企业标准《城市轨道交通声屏障工程施工质量验收标准》QGD-013—2014 执行。

结合城市轨道交通工程的实际,此处选择了路基及桥梁声屏障分部工程中主要分项工程分别叙述其质量安全控制要点,因其准备管理要点基本一致,故一并叙述。

一、声屏障基础施工准备管理

在城市轨道交通工程中,无论在高架桥上、车站或车辆基地附近地段上安装声屏障,从基础施工开始,施工单位必须作好各项施工前准备,管理内容同常规,应注意做好下列工作。

（一）资源准备

1. 声屏障专业施工队伍资质、技术管理人员资质及特殊工种人员上岗证书经审核合格。

2. 项目经理部组织健全，岗位责任制已建立。

（二）技术准备

1. 参加图纸会审，设计交底

施工单位、监理单位认真做好图纸会审，掌握声屏障基础的设计参数和技术要点，参与设计交底。

2. 技术文件编制

因声屏障工程内容较少，且相互关系密切，故将基础与上部结构技术文件的编制一并叙述。

1）施工单位应编制声屏障单位工程施工组织设计，并按其计划编制基础和上部结构分部工程以及其中主要分项工程的专项施工方案，如钢结构吊装方案，履行内部的审批手续。方案中应制定声屏障与桥梁、路基等相关工程施工接口、工序的有关技术要求。

2）监理单位审核施工组织设计、专项施工方案，符合要求后批准实施。

3）监理单位编制相应监理实施细则。

3. 检验批划分

施工单位根据施工质量控制和验收需要，按施工段或部位等划分检验批，基本划分规定如下：

1）路基声屏障基础中的每个分项工程均为每 200m 为一检验批，唯有预埋件为每 40m 一批。

2）桥梁声屏障基础中的遮板预制，每 100 块遮板为一批，在遮板安装、竖墙为每孔（跨）梁为一批。

4. 测量放线结果符合规范要求，并经测量人员和监理工程师认可。

在新建线路未通车时安装声屏障，其测量有一定难度，场地大，上下传递的控制点多，若在已通车的条件下安装或改装声屏障，由于地铁行车间隔时间短，地表震动大，视线通视差，会给测量工作增加更大的难度，因此，专业施工队伍必须作好充分的准备，认真对待。

（三）现场条件准备充分

1. 须对现场条件和周围环境进行调查。

在车辆基地、高架车站及区间设置声屏障的地段，较为繁华的地段、附近建筑物多，地下市政及电力管线密布，对声屏障基础工程的施工有较大的影响。尽管基础设计方案已考虑了这些因素，但难免出现一些未知的、勘察不明的管线或其他障碍物，施工单位应采取必要细致调查地下情况，有意外时及时启动应急预案。

2. 注意需改移的各类管线

由于各种市政管线属于不同的管线业主,保护施工时需各单位配合,协调工作量大,协调难度高。

3. 做好地下文物保护

桩基或地梁施工开挖深度较大,若遇有地下文物应设法保护并及时报告相关部门。

4. 现场交通运输的准备

位于噪声敏感建筑集中地区设置声屏障,一般施做的线路较长,建造桩基础或基坑开挖,土方渣土运输量较大,加上各种材料进场频繁,势必增加正常交通运行管理难度,因此,施工单位应事先做好计划,与交通管理部门做好相关工作的沟通协调。

二、路基声屏障基础的施工质量管理

按划分表 9-0-1,路基声屏障分部工程含桩基础、底梁及条形基础两大部分,其下又分多个分项工程,因多为钢筋、模板、混凝土、预埋件工程,已在前述各章节中均有所叙述,故此处仅简要叙述其质量管理要点。

（一）基本要求

声屏障基础无论采用何种类型,施工都应首先满足如下基本要求。

1. 新建声屏障基础应在路基建成后,轨道铺设及电缆槽施工前施工。

2. 已运营线路改建声屏障基础施工,应采取措施保护和避开路基上各类沟槽和管线。

3. 路基声屏障基础施工不得影响路基的稳固与安全,应有路基防水和排水措施。

（二）桩基础

1. 预制桩质量控制

一般在软土地区采用。

1）预制桩外观无蜂窝、露筋、裂缝、色感均匀、桩顶处无孔隙,混凝土强度应满足设计要求。

2）成品桩进场时应具有出厂检验合格证,抽检比例应符合设计及国家和现行标准的规定,合格后方可使用。

3）沉桩后应对桩基质量进行检测,检测比例及要求应符合设计及国家和现行标准的规定,其允许偏差应符合表 7-5-2 的规定。

预制桩沉桩允许偏差　　　　表 7-5-2

项目	允许偏差（mm）	检验频率		检验方法
		范围	点数	
顺基础中心线方向	≤ 40	每根桩	1	用经纬仪测量

续表

项目	允许偏差（mm）	检验频率 范围	检验频率 点数	检验方法
垂直基础中心线方向	≤ 50	每根桩	1	水准仪测量
桩顶标高	≤ 100	每根桩	1	

2. 混凝土灌柱桩质量控制

按照划分表，灌注桩基础分部工程中含成孔、钢筋、混凝土、预埋件4个分项工程，可采用干法成孔工艺进行施工，钢筋、混凝土分项工程的控制控制要点，详见第八章高架车站中桩基础，此处从略，只列出灌注桩的验收标准。

1）混凝土灌注桩质量验收标准，见表7-5-3（参照《铁路声屏障工程施工质量验收标准》）。

混凝土灌注桩质量验收标准表　　　　　表7-5-3

分项工程		质量验收内容	检验数量及方法
成孔	主控项目	符合施工技术方案的要求	施工单位、监理单位全部检查。观察检查
		桩孔达到设计深度后，应核实地质情况	施工单位、监理单位全部检查。勘察设计单位选择有代表性的桩孔现场确认。检查土样
		孔径孔深不得小于设计值，孔型应符合设计要求	施工单位全部检查，监理单位见证检验。测量检查
		孔底应平整，无松散渣土、扰动过的土层	施工单位、监理单位全部检查。观察检查
	一般项目	桩孔允许偏差和检验方法应符合规范要求	施工单位全部检查

2）按照程序进行检验批、分项工程验收。

（三）条形基础质量控制

按划分表有8个分项工程，详见表9-0-1。预埋件分项工程因在桥梁基础中也含有，故列入该处叙述质量控制要点，其余分项工程仅综合叙述应注意之处。

1. 基坑开挖与土方回填

1）条形基础基坑宜分段跳槽开挖，开挖的边坡尺寸应根据土质确定，并做好排水措施。

2）基坑开挖后，根据设计要求或基坑施工专项方案进行边坡支护施工，以保持边坡稳定。

3）开挖完成后应及时进行验槽，通过后及时回填基槽、分层压实，回填土土质及压实系数应符合设计及国家和现行标准的规定。

4）对支护结构、影响范围内路基进行监测，发现异常情况应及时处理，恢复正常后方可继续施工。

2. 基础混凝土浇筑

基坑开挖后及时灌注基础混凝土。控制要点同常规。声屏障基础底梁、条形基础两条伸缩缝之间的混凝土，应连续浇筑。

3. 分项工程验收管理

1）质量验收标准，见表 7-5-4。

条形基础质量验收标准　　　　　　　　表 7-5-4

分项工程		质量验收内容	检验数量及方法
条形基础	主控项目	基坑平面位置应符合设计要求	施工单位、监理单位全部检查。测量检查
		基坑开挖方法、支护方法应符合设计和施工技术方案要求	施工单位、监理单位全部检查。观察检查
		基底地基处理方式应符合设计要求	施工单位、监理单位全部检查。观察检查
		基底承载力应符合设计要求	施工单位全部检查，监理单位见证检验，每 200m 抽查 3 处。触探仪检查
	一般项目	基坑深度允许偏差应为 -50～0mm	每 200m 检查一处。尺量检查

2）分项工程验收

（1）预埋螺栓、螺母及钢板等隐蔽工程验收，应有详细的文字记录和影像资料。

（2）按程序组织检验批、分项工程验收，同前。

三、桥梁声屏障基础质量管理

按划分表 7-5-1，桥梁声屏障基础为一分部工程，地袱结构或防撞墩，即为声屏障的基础，含有遮板预制、遮板安装及竖墙 2 个分项工程，遮板安装及竖墙中钢筋、混凝土工程质量控制可参阅高架区间相关内容，此处不再重复，钢立柱一般通过预埋件固定在基础上，故此处仅介绍预埋件的质量控制要点如下。

（一）预埋件施工流程，见图 7-5-1。

一般由土建施工先做好预留孔，声屏障施工单位应根据实际位置放样实测后进行预埋件的制作、安装，做好与土建专业施工配合，避免相互影响及施工工序冲突。

预埋件设计→预埋件加工→预埋件进场检验合格→测量、定位→预埋件预埋→复测→固定→分项工程验收

图 7-5-1　预埋件的施工工艺件示意图

（二）按预埋件种类控制其安装资料

预埋件主要分为两类，一为锚栓式埋件，主要由锚栓和支承板组成；二为锚筋式埋件，主要由锚筋和支承板组成。应按预埋件种类分别控制。

预埋件安装见图 7-5-2。

图 7-5-2　预埋件的安装

1. 锚栓式预埋件

1）预埋件的测量放线和定位应准确无误，并经监理单位复测确认。精度满足相关规范要求。

2）锚栓就位应在钢筋绑扎完成后进行。

3）锚栓位置精确调整和固定，控制锚栓的垂直度，防止锚栓倾斜。锚栓组的位置经过精确调整达到上表要求后，采用与混凝土上层主筋焊接或绑扎固定的方式，将锚栓组与混凝土内部的钢筋形成整体，确保混凝土浇筑后的锚栓组位置。

4）基础内预埋螺栓应固定牢固，螺纹部分应采取有效的保护措施。

5）锚栓质量验收标准，见表 7-5-5。

6）锚栓位置及锚筋预埋件允许偏差符合相关规范要求。

2. 锚筋式埋件

1）埋件的测量放线与定位

锚筋式埋件应根据所处的位置，在不同时间进行测量放线与定位。

（1）水平位置埋件，可在底模支设好后放线及初步定位。

（2）竖直方向上的埋件，在钢筋绑扎过程中进行初步的测量放线。

2）应考虑加工声屏障立柱底盘时的误差量，留有预埋件尺寸和位置调整量，减小与设计图纸的误差。

3）埋件的就位和调整在钢筋绑扎完成后进行，并对所有预埋件中心点的坐标进行复测，逐一检查水平度和垂直度。对于水平埋件，可采用电子水准仪对埋件四脚标高进行测量，对大于允许偏差的埋件必须进行调整，直至达到设计要求。

4）调整后，采用焊接或绑扎固定的方式，将预埋件同混凝土内部的主筋连成整体，浇筑混凝土。

5）混凝土达到上人强度后清理预埋件表面和复测，确保浇筑后的预埋件位置准确无误。

6）支承板的就位和调整

混凝土浇筑完毕后安装支承板，安装后，逐一检查水平度，对不符合要求的，可采用调节螺母进行调节，直到支承板的顶面标高和水平度符合设计要求。

3. 防止质量通病

预留孔洞与预埋件是关键工序，在声屏障安装质量中起着非常重要的作用，易出现的问题主要是漏留孔洞、漏埋套管、预留、预埋位置不准确或者预埋件尺寸不正确，将对施工质量、进度带来严重的影响，必须严格控制，使之达到验收标准，为顺利安装声屏障创造条件。

4. 立柱预埋件与基础预埋钢板连接

立柱预埋件与基础梁或防撞墙安全防护栏底板上的预埋钢板连接，可采用地脚螺栓（或焊接）的方式，预埋件固定的实际尺寸和位置与图纸要求会存在误差，为顺利安装声屏障必须保证预埋件安装无误。

5. 做好成品保护

在运输、存放、安装有预埋声屏障螺栓及钢板的桥梁遮板时，应有防止因挤压、碰撞导致预埋螺栓及钢板变形、损坏的保护措施。

（三）分部分项验收管理

1. 预埋件及锚栓质量验收标准见表 7-5-5（参照《铁路声屏障工程施工质量验收标准》）。

预埋件及锚栓主控项目及标准 表 7-5-5

分项工程		质量验收内容	检验数量及方法
预埋件	主控项目	预埋件的品种、型号、质量、防腐层厚度，高强度螺栓连接副的表面硬度应符合设计要求和国家现行标准的规定。高强度螺栓连接副出厂时，应随箱带扭矩系数和紧固轴力（预拉力）的检验报告。高强度螺栓连接副还应做扭矩系数和表面硬度试验	施工单位全部检查，监理单位见证检验。预埋件每种规格抽查10%；高强度螺栓连接副按生产厂家提供批号，每批抽查不少于8套。施工单位全部检查质量证明文件，按批抽样测量预埋件外形尺寸、测厚仪检查防腐层厚度，并检验高强度螺栓连接副的扭矩系数和表面硬度；监理单位全部检查质量证书文件、试验报告
		预埋件的结构形式应符合设计要求	施工单位、监理单位全部检查。观察检查
		预埋螺栓应做现场抗拉拔试验，抗拉拔力应符合设计要求	同一规格螺栓按检验批总数的1%，且不少于3件。采用拉拔仪对螺栓的抗拔力进行试验，监理单位见证检验，检查抗拔力试验报告

续表

分项工程		质量验收内容	检验数量及方法
预埋件	主控项目	预埋螺栓垂直度、外露螺杆长度及螺栓位置允许偏差和检验方法应符合规范规定	施工单位全部检查，监理单位抽查10%
		预埋螺栓无弯曲变形、螺纹损坏、防腐层破坏	施工单位全部检查，监理单位抽查10%。观察检查
		预埋H型钢柱与基础的连接方式、插入混凝土深度、垂直度应符合设计要求，翼缘方向应一致，预埋H型钢柱安装允许偏差和检验方法应符合规范规定	
		声屏障基础预埋钢板的顶面高程应符合设计要求，允许偏差为±5mm	施工单位、监理单位全部检查。水准仪检查
	一般项目	预埋H型钢柱与基础的连接方式、插入混凝土深度、垂直度应符合设计要求，翼缘方向应一致，预埋H型钢柱安装允许偏差和检验方法应符合规范规定	施工单位全部检查，监理单位抽查10%
锚栓	主控项目	锚栓顶的水平位置、标高应符合设计要求	全数检查。采用经纬仪、水准仪、全站仪、水平尺和钢尺实测

2. 分项工程验收

1）隐蔽工程验收

预埋螺栓、螺母及钢板等应进行隐蔽工程验收，应有详细的文字记录和影像资料。

2）按照程序组织预埋件检验批、分项工程验收。

四、声屏障上部结构的质量管理

声屏障上部结构分部工程，包括立柱、金属复合吸声板、非金属复合吸（隔）声板、通透板、接地、安全门及疏散标识6个分项工程，本节将金属复合吸声板、非金属复合吸（隔）声板、通透板综合为声屏障单元板安装一项，安全门及疏散标志合为一项，接地不在本书范围，从略。故综合论述两个分项工程的质量安全控制要点，适用于直立式、半封闭式、全封闭式声屏障。准备工作管理要点基本一致，一并叙述。

（一）声屏障结构安装工艺

插板式声屏障多数采用全轻钢组合结构，两侧部位由固定在基础上的钢立柱支承，顶部由固定在钢立柱上的钢梁支承。封闭式声屏障钢结构在安装前应进行预拼。吊装时应有防止框架扭曲变形的措施。声屏障上部结构安装流程见图7-5-3和图7-5-4。

（二）声屏障安装准备管理

基本内容同声屏障基础，只将特殊之处列出。

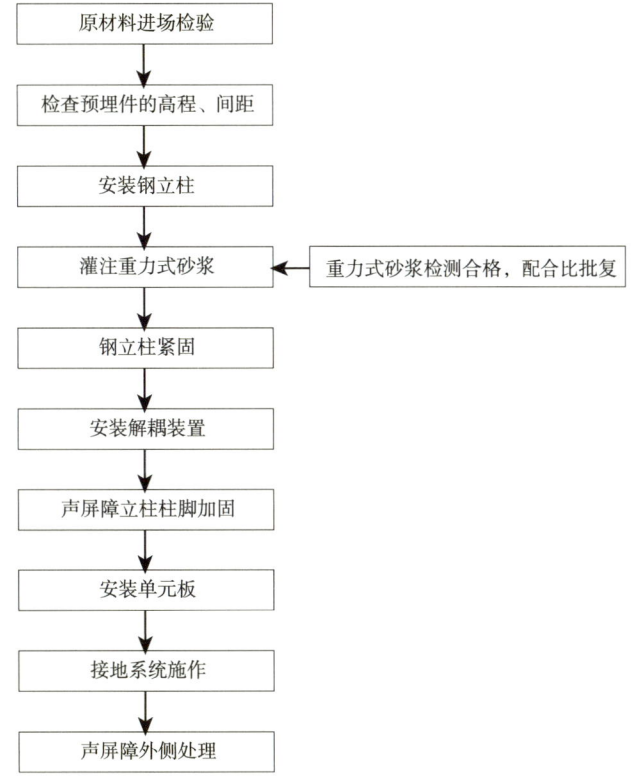

图 7-5-3 声屏障上部结构安装流程图

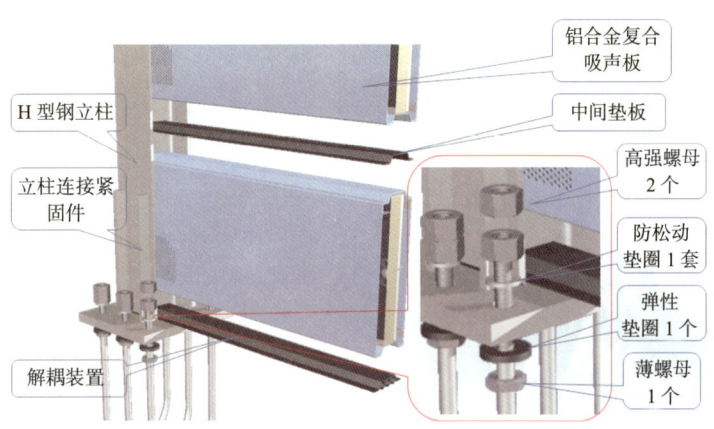

图 7-5-4 声屏障主体结构安装示意

1. 原材料进场检验

1）插板式声屏障的全部材料（包括型钢立柱）均为工厂预制，施工单位对声屏障结构所需的各种原材料和构配件进行进场检验，确保全部合格后在现场一次拼装到位。

2）检查声屏障的隔（吸）声性能测试报告，各项技术指标必须满足设计文件和规范要求。

3）控制涂装材料的质量，对防火涂料按规范要求进行见证取样送检。复试合格后方可批准使用。

2. 检查预埋件

在声屏障基础施工中，已完成预埋件安装，钢立柱安装前，应检查其高程、平面尺寸符合设计要求并将表面清理干净。

3. 检验批划分

1）声屏障上部结构，插板式的每200m为一批，安全门及疏散标志每500m为一批。

2）混凝土预制单元板每100块为一批，混凝土单元板安装中路基200m为一批，桥孔每孔（跨）为一批。

3）砌体声屏障中安全门及疏散标志每个门为一批。

（三）钢立柱安装的质量管理

1. 钢立柱的吊装

钢立柱是声屏障的主要受力构件，安装前做好准备，将其组合件（H型钢、法兰底盘等焊接而成）备齐，见图7-5-5，锚固在基础的预埋钢板上，调整钢立柱的位置、高度、垂直度、立柱间距，用螺母固定，螺母施拧过程要随时调整纠偏，以保持立柱垂直。安装完成见图7-5-6。

图7-5-5 钢立柱安装准备　　　图7-5-6 钢立柱安装完成

2. 灌注重力式砂浆

钢立柱安装后灌注重力式砂浆，见图7-5-7。灌注前关注天气预报，尽量选择气温较高的天气灌注以利强度上升。灌注时，应防止砂浆污染周围结构物，灌注完成后及时采用塑料薄膜覆盖养生，并在外侧覆盖草帘保温。

3. 安装解耦装置

解耦装置是底部缓冲密封橡胶垫，应仔细安装以减少震动，应按设计要求安装稳定、牢固。

图 7-5-7　重力式砂浆灌注

4. 钢立柱紧固

1）砂浆灌注后必须及时用高强度地脚螺栓将钢立柱紧固在基础上，见图 7-5-8。

2）紧固前清理紧固件位置的混凝土面，全面检查和整修高强锚栓，并在锚栓螺纹处采取防腐蚀措施。

3）安装过程需要扩孔时，应经设计单位确认，且不得采用电焊、气割方式扩孔，扩孔后的孔径不得大于 1.2 倍螺栓直径。

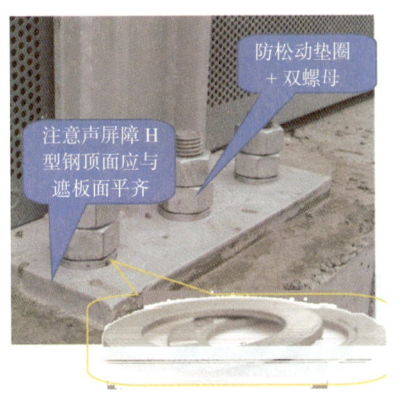

图 7-5-8　螺栓紧固钢立柱

5. 做好与各专业接口

声屏障施工中应根据各相关专业要求为其预留安装条件，以全封闭声屏障最为多见，如：屏身顶部应预留排风、通风消声百叶窗，与动力照明专业接口；立柱应根据要求预留内部照明灯具或灯杆的安装条件；屏体应设排水设施，处理好与排水沟接口的关系，做好密封等。施工单位在施工前提交该部分的安装节点大样图，经设计单位确认后方可施工。

6. 安装过程质量检查

立柱安装过程中应加强事中控制，以达到最后成品的质量要求。要做到每道工序均进行报验，每个过程中都有施工记录，检查内容及方法见表 7-5-6。

过程质量检查 表 7-5-6

工序名称	质量标准	检查方法	过程记录
螺栓检查		尺量	螺栓检测记录表
槽深检查		尺量	与螺栓检查同一记录表
立柱安装		尺量	立柱安装检查记录表
重力砂浆			砂浆灌注记录表
重力砂浆抗压强度		试验	重力砂浆 1 天抗压强度报告

7. 分项工程验收管理

1）钢立柱紧固件质量验收标准，见表 7-5-7（参照《铁路声屏障工程施工质量验收标准》）。

钢立柱紧固件质量验收标准 表 7-5-7

分项工程		质量验收内容	检验数量及方法
钢立柱紧固件	主控项目	高强度螺栓连接摩擦面的表面应平整，不应有飞边、毛刺、焊疤焊接飞溅物和氧化皮及污物，除设计要求外摩擦面不应涂漆	施工监理单位全部检查 观察检查
		立柱防腐层厚度应符合设计要求	施工单位抽查1%，且不少于3件，监理单位全部见证检验。 防腐层厚度采用测厚仪检查，每个立柱检查5处，每处的数值是3个相距50mm测点防腐层厚度的平均值，5个部位防腐层厚度的允许偏差应符合现行 GB/T 13912 的规定
		高强度螺栓连接副的检验应符合规范规定	
		高强度螺栓连接摩擦面的表面应平整，不得有飞边毛刺、焊疤和焊接飞溅物、氧化皮及污物	施工单位、监理单位全部检查。 观察检查
		立柱应无扭曲变形，表面应无擦伤痕迹，防腐层完好，焊接部位无锈蚀现象	施工单位、监理单位全部检查。 观察检查
		直立式声屏障 H 型钢柱的安装位置应符合设计要求，其安装允许偏差和检验应符合规范规定	
		封闭式声屏障钢结构节点的连接方式应符合设计要求，其安装允许偏差和检验方法应符合规范规定	施工单位全部检查，监理单位抽查10%
		高强度螺栓、防松动垫圈、弹性垫圈、螺母的安装位置、数量应符合设计要求。紧固应采用专用扭矩扳手，施拧扭矩应符合设计要求和国家现行相关标准的规定	施工单位全部检查，监理单位全部见证检验。 观察、扭矩扳手检查。 监理单位旁站监理
		普通螺栓、防松动垫圈、弹性垫圈、螺母的安装位置、数量应符合设计要求，螺栓紧固应牢固可靠	施工单位全部检查，监理单位抽查10%。 观察、扳手检查
		充填砂浆灌注前，应将与其接触的混凝土表面清理干净，不得有碎石、浮浆、浮灰、油污等杂物	施工单位、监理单位全部检查。 观察检查

续表

分项工程		质量验收内容	检验数量及方法
钢立柱紧固件	主控项目	充填砂浆的类别和质量应符合设计要求,其施工质量的检验应符合规范规定	
	一般项目	钢结构表面防腐层应完整、清洁,不应有划痕、泥沙、油污等污垢	施工单位全部检查。观察检查
		高强螺栓连接副终拧和普通螺栓拧紧后,外露丝扣数应为 2～3 扣	施工单位全部检查。观察检查

2）按程序组织检验批、分项工程验收。

（四）单元板安装质量管理

单元板安装见图 7-5-9。

图 7-5-9　单元板安装

各种插板的质量控制要点基本一致,故综合一并论述。

1. 运输、存储、安装过程中应有防止碰撞和损伤的措施,施工人员要做好安全防护工作。

2. 各种吸声板单元板安装过程质量控制均应执行相应的验收标准表中的各项规定。

3. 分项工程质量验收管理

1）金属复合吸声板质量验收标准见表 7-5-8。

金属复合吸声板质量验收标准　　　　　　　表 7-5-8

分项工程		质量验收内容	检验数量及方法
金属复合吸声板	主控项目	吸声板的品种、规格、质量应符合设计要求。橡胶制品的品种、规格、质量应符合设计要求和国家现行标准的规定	性能及面板和背板的材质,每 10000m² 现场抽样一次,不足 10000m² 也按一次计;重量、板材壁厚、板内吸声材料的材质,每 10000m² 现场抽样 2 件,不足 10000m² 也按 2 件计。橡胶制品全部检查。施工单位、监理单位全部检查质量证明文件。施工单位按现行 TB/T 3122 规定的检验内容检验全部技术性能及的材质,监理单位见证检验;施工单位称重、测量板材板厚、观察检查板内吸声材料的材质,监理单位见证检验

续表

分项工程		质量验收内容	检验数量及方法
金属复合吸声板	主控项目	吸声板安装前应对板面外观质量进行检查，不得有破损、裂纹等现象	施工单位、监理单位全部检查。观察检查
		吸声板及橡胶制品的安装位置、固定方式应符合设计要求	施工单位、监理单位全部检查。观察检查
		吸声板两端插入 H 型钢翼缘的深度应符合设计要求，当设计无要求时，每端不应小于 40mm	施工单位全部检查，监理单位抽查 10%。尺量检查
		吸声板与底梁、板与板间、板与 H 型钢翼缘连接处橡胶垫应压贴紧密、固定牢固可靠	施工单位全部检查，监理单位抽查 20%。观察、晃动检查
	一般项目	吸声板安装后，相邻上下板错缝不应大于 1mm，H 型钢立柱两侧同位置两板高差不应大于 2mm	施工单位全部检查。尺量检查
		安装后，声屏障外观应平整、清洁	施工单位全部检查 观察检查

2）非金属复合吸（隔）声板质量验收标准见表 7-5-9。

非金属复合吸（隔）声板质量验收标准　　　　表 7-5-9

分项工程		质量验收内容	检验数量及方法
非金属复合吸（隔）声板	主控项目	吸（隔）声板的品种、规格、质量应符合设计要求。橡胶制品的品种、规格、质量应符合设计要求和规范规定	性能，每 10000m² 现场抽样一次，不足 10000m² 也按一次计；重量、吸声材料的材质，每 10000m² 现场抽样 2 件，不足 10000m² 也按 2 件计。橡胶制品全部检查。施工单位、监理单位全部检查质量证明文件。施工单位按现行 TB/T 3122 规定的检验内容检验全部技术性能，监理单位见证检验；施工单位称重、观察检查吸声材料的材质，监理单位见证检验
		吸（隔）声板及橡胶制品的安装质量检验应符合规范规定	
		湿式连接吸声板的单元板安装时，应检查单元板的完整性，单元板的背部和吸声板及粘结部位不得有空鼓、裂纹、掉块现象	施工单位、监理单位全部检查。观察、小锤轻击检查
		湿式连接吸声板的粘结强度应符合设计要求	施工单位、监理单位按进场批次全部检查；现场每 10000m² 现场抽样一次，不足 10000m² 也按一次计，每次不少于 3 个点，取样间距不应小于 0.5m。检查全部质量证明文件和抗拉强度实验报告。现场检验方法应符合规范规定。监理单位见证检验
	一般项目	安装检验应符合规范规定	

3）通透板质量验收标准见表 7-5-10。

通透板质量验收标准　　　　　表 7-5-10

分项工程		质量验收内容	检验数量及方法
通透板	主控项目	通透板、边框、橡胶制品的品种、规格、质量应符合设计要求和国家现行标准的规定	性能，每 10000m² 现场抽样一次，不足 10000m² 也按一次计；边框、橡胶制品全部检查。 施工单位、监理单位全部检查质量证明文件。施工单位按规范规定的检验内容检验全部技术性能，监理单位见证检验
		通透板安装位置和固定方式应符合设计要求，固定应牢固可靠	施工单位、监理单位全部检查。 观察、晃动检查
		通透板安装质量检验应符合规范规定	
	一般项目	通透板安装后的质量检验应符合规范规定	

4）按程序组织检验批、分项工程验收。

（五）安全门及疏散标志质量管理

1. 安全门进场验收

安全门一般由专业厂家制作，进场时应进行验收，其重点如下。

1）安全门的颜色保持与声屏障的颜色基本一致，但必须设置醒目的标志给予提示。

2）检查安全门的吸隔声质量，内部应填充吸隔声材料，外部框架材料具有足够强度，其质量证明材料应有专门机构的检测证书。

2. 标志标牌安装

对不同类型的标牌一般采用绕越、移位标牌，安装于屏体立柱上等处理方式。绕越处理时应注意避免影响视距，不影响标志标牌的安全稳定。

3. 分项工程质量验收管理

1）质量验收标准，见表 7-5-11（参照《铁路声屏障工程施工质量验收标准》TB 10428—2012）。

安全门及疏散标志质量控制项目和标准　　　　　表 7-5-11

分项工程		质量验收内容	检验数量及方法
安全门及疏散标志	主控项目	规格、性能、质量应符合设计要求和国家现行标准的规定	施工单位、监理单位全部检查。 观察、尺量，检查质量证明文件
		安装位置、开启方向应符合设计要求	施工单位、监理单位全部检查。 观察检查
		安装应牢固，开启灵活、关闭平顺、严密	施工单位、监理单位全部检查。 测量、开启和关闭检查

续表

分项工程		质量验收内容	检验数量及方法
安全门及疏散标志	主控项目	安全门与声屏障连接处封堵应严密、防漏声处理符合设计要求	施工单位、监理单位全部检查。观察检查
		安全门的门锁开启应灵活，锁闭应牢固、严密	施工单位、监理单位全部检查。开启和锁闭检查，钥匙应能顺利插入、拔出，转动锁芯无卡阻
		疏散标志的安装位置、间距、指示方向应符合设计要求	施工单位、监理单位全部检查。观察、测量检查
		疏散标志表面应洁净、色泽一致、无碰伤和划痕	施工单位、监理单位全部检查。观察检查

2）按程序组织检验批、分项工程验收。

五、声屏障单位工程验收管理

按《铁路声屏障工程施工质量验收标准》TB 10428—2012，声屏障为一个子分部工程，其验收程序与内容与土建工程基本相同。需要注意的是，应在全部分项、分部工程验收合格后，还应通过专业的声学验收，确认噪声敏感地区的降噪效果达到设计要求，因不属本书范围，不予论述，同时还应进行安全检测。施工单位在地铁线路工程项目竣工移交前，还应做好维护保养和检测，交付使用后由使用单位维护保养。

按《地下铁道工程施工质量验收标准》GB/T 50299—2018，声屏障只是高架结构中的一个分项工程，其安装的允许偏差及检查数量应符合该规范的规定，特将此规定摘录如下：

（一）实体工程验收

1.声屏障安装允许偏差及检验数量见7-5-12（摘自《地下铁道工程施工质量验收标准》GB/T 50299—2018）

声屏障安装允许偏差及检验数量　　　　　表7-5-12

检验项目	允许偏差	检验数量
与路肩边线位置偏移（mm）	±20	检查30%
顶面高程（mm）	±20	检查30%
金属立柱中距（mm）	±10	检查30%
金属立柱竖直度（mm/m）	5	检查30%
镀（涂）层厚度	不小于设计文件规定值	检查20%
屏体厚度（mm）	±2	检查15%
屏体宽度、高度（mm）	±10	检查15%

声屏障工程实体验收检查包括外观质量、实测项目检查,质量标准如上。

2. 外观验收标准,见表 7-5-13。

声屏障验收标准　　　　　　　　表 7-5-13

项目	项点	标准
连接方式	螺栓连接	声屏障 H 型钢立柱中心距外侧线路中心线 3.423m
	插入式连接	2.15m 高声屏障 H 型钢立柱中心距外侧线路中心线 3.433m;3.15m 高声屏障 H 型钢立柱中心距外侧线路中心线 3.423m
外观、规格	设置位置	路堤声屏障应设置于路肩上;路堑声屏障宜设置于堑顶外侧;桥梁声屏障应设置于作业通道栏杆处
	外观质量	声屏障中的外露金属配件表面应进行防腐处理,声屏障隔音板应牢固,声屏障墙面不允许存在裂痕、空洞等
	外观尺寸	相邻两 H 型钢立柱高程误差和纵向误差均为 ±5mm,H 型钢立柱及螺栓的安装垂直度误差不得大于 0.2%;外露螺杆长度误差为 ±3mm;遮板预留槽底高程误差为 ±5mm;螺栓横、纵向偏差为 ±3mm
	铝合金复合吸声板	铝合金复合吸声板安装,左右偏差不得大于 2mm,上下板缝前后侧差不得大于 1mm,相邻单元吸声板高程偏差不得大于 2mm
	焊接	H 型钢立柱与底板焊接时的垂直度误差不得大于 0.2%,屏障立柱和隔音板固定螺栓应齐全有效,焊缝应状态良好,立柱与基础应联接牢固
	伸缩缝	声屏障应设计设置伸缩缝,接头处应采用柔性联接,并应作密封处理,桥梁伸缩缝应设置在梁的接缝处,不得影响梁的自由伸缩
	透明隔声材料	透明隔声材料的透光率不应小于 90%
	附加长度	声屏障长度为敏感点长度加两端附加长度,附加长度不宜小于 50m
声屏障接口	接口连接	声屏障上下金属板单元间通过 50mm² 的铜导线连接,底部单元板间再通过 50mm² 的铜导线与 H 型钢立柱连接,声屏障综合接地系统的引接线不得缺少,联接螺栓不得松动
附属设施	排水设施	路基声屏障应设排水设施,外侧排水出口应避免对路基边坡产生冲刷

3. 按规定的程序和要求验收资料,合格后归档。

(二)安全检测

做好安全检测,声屏障在投入使用前,应对其进行安全检测并作出评定,主要包括下列内容:

1. 结构现场检测

1)立柱:垂直度,整体直线度,立柱底板锚固螺栓状况及焊缝质量;

2)屏体:屏体完好状况,支撑件状况,屏体与立柱搭接状况;

3)罩板:上下罩板完好状况;

4)防坠落:防坠落装置状况。

2. 结构防腐检测

1)立柱及底板:构件及锚固螺栓锈蚀情况,涂层厚度及风化程度,涂层干漆膜厚度;

2）屏体：屏框及罩板锈蚀情况，涂层厚度及风化程度，支撑件锈蚀情况，涂层干漆膜厚度。

3. 基础现场检测

1）基础：混凝土强度；

2）锚固螺栓：抽检螺母拧紧扭矩值和锚固螺栓抗拉拔强度值。

应根据设计施工图及现场测试的实际结构尺寸，对声屏障设施强度、刚度和稳定性进行验算复核。

六、声屏障工程安全、职业健康与环境管理

（一）现场安全管理措施

声屏障安装属于高空和临边作业，需要使用大型机械吊装、运输，是安全控制的重要环节，施工单位应根据声屏障的基础和主体结构的类型、施工环境特点，采取有效措施，做好各项相应的工作。

施工现场的安全管理内容，包括现场消防保卫、临时用电、动火安全、起重吊装、机械使用、个人防护等宏观管理措施，同常规相关内容。针对声屏障安装工程特点，还应做好下列各项具体工作。

1. 编制安全专项施工方案并交底

施工单位应编制基础、屏体吊装、单元板安装等分部分项工程的安全专项施工方案，监理单位应按规定进行审批。施工单位应制定安全教育和安全交底制度，做好施工前的安全交底，操作人员应掌握其主要内容。

2. 基础施工

挖掘中注意边坡稳定，空坡段不得高于2m。

3. 钢结构安装

1）操作平台应经过监理工程师验收，外面要设栏杆。

2）操作人员遵守高空作业技术规程，工具应放入专用工具袋中，防止工具滑落，做好个人防护。

4. 运输

1）声屏障材料用简易轨道车运输时，施工区段两侧设专人防护，注意避让。并设显著限速、减速标志。

2）若在运营线路上改建或增建声屏障，当列车通过时，所有施工物品及人员均须在防撞墙外侧，禁止发生侵限、超限行为。

5. 屏体吊装

1）施工必须符合高空作业安全要求，必须设现场防护员，做好安全瞭望。

2）检查吊点位置按设计布设，当钢立柱构件较长时，应增加保证钢结构构件的整体性和刚度的措施。

3）对吊装区进行警戒，防止无关人员进入。若在高架桥上施工，桥下防坠落安全措施应到位；若在桥下占道施工，大型吊装设备会对城市交通有影响，应做好相应防范工作。

6. 插板安装

1）作业人员在安装插板时，应在外侧利用相邻的立柱拉软包装袋进行拦挡。

2）使用扭矩扳手施拧外侧螺母时，利用在扭矩扳手尾端拴上一根绳子，两个人在内侧拉绳子施拧螺栓。

（二）职业健康安全和环境管理

声屏障安装工程中，有部分分项工程如混凝土浇筑、钢结构焊接和涂装等，对环境会产生一定的污染，对作业人员职业健康有一定危害，如噪声污染、固体和液体废弃物以及光污染等，应加强对其管理，采取相应的防护措施，详见第三章相关内容。

第六节　高架区间工程安全、职业健康和环境管理

在城市轨道交通区间工程中，高架桥与车站、车辆段、路基等工程相比，施工具有更大的复杂性及危险性，风险因素更多、更集中，易导致基坑坍塌、高空坠落、模架或设备倒塌等事故。事故一旦发生，会造成人员伤亡、重大经济损失及负面社会影响。同时高架桥施工对现场人员的职业健康产生一定危害，对环境产生污染，也是社会各界关注的热点问题。关于安全、职业健康和环境管理的宏观措施详见《城市轨道交通土建工程质量安全管理概论》第四章相关内容。

各方建设主体应履行各自的管理职责，建立并落实自身的安全管理体系，共同筑起高架区间工程的质量、安全、职业健康和环境保护的屏障。施工单位作为工程安全施工的直接责任主体，更要以高度的责任心做好安全、职业健康和环境管理。

一、高架区间工程安全管理

（一）施工危险因素分析及应对

对高架桥工程施工危险源和危害因素的识别、估计、评价和制定对策，是安全管理的重要环节。

1. 周围建筑物危险因素及应对

在高架桥施工过程中，毗邻的建筑物、构筑物或道路交通等都容易受高架桥施工的干扰。比如在高架桥地基及基础施工时，由于深基坑支护或支撑的措施不当，造成地基失稳，容易对施工场地周围建筑物造成破坏。如果高架桥穿越城区，施工造成地

面坍塌，会导致城市运营设施瘫痪，市政燃气管线破坏甚至发生爆炸等事故。

针对各种危险因素，施工单位应制定监控和监测方案，施工期间对施工影响范围内的构（建）筑物进行专门跟踪监测，根据工程进度变化及时调整监测频率，并采取应急措施（参见第六章）。

2. 施工场所危险因素及应对

施工场所危险因素可根据分部、分项工程进行分类识别，如基础、墩台、预应力混凝土梁预制及架设、桥梁支座安装，跨越市政道路、公路和运营铁路桥涵及附属工程施工等。存在的危险因素可归纳为地基条件、作业环境因素、设备条件、成品材料和其他等，主要分部分项工程的危险因素及应对措施详见下述。

3. 交通危险因素及应对

高架桥施工区域范围狭长，常常与原有道路平行或相交，在施工期内可能封闭所涉及的道路（尤其是主干道），在其上或其下进行施工，改变了原有的交通平衡状态，易导致交通堵塞甚至造成事故。

应对交通危险因素，应合理确定交通导行（组织）方案和道路恢复方案。必须将施工对周边交通（尤其是对主干道）的影响减至最小，方案还应得到当地交通管理部门的认可和批准，并获得支持。

（二）关键节点的风险控制

根据《建办质（2017）68号文》的规定，高架区间工程中有多个风险控制的关键节点，包括：高架、起重吊装、模架支撑体系三类，所含具体项目、核查内容和要求详见《城市轨道交通土建工程质量安全管理概论》第四章第一节。

（三）安全管理措施

高架区间施工中关于临时用电、大型机械使用、起重吊装、防火消防、夜间照明等管理措施基本同第三章。此处简要论述需特别关注和细化的问题。

1. 分层次编制安全技术文件

施工单位在高架区间施工前应详细核对设计图纸和相关技术文件，对现场进行调查和研究，按以下四个层级编制相应的安全技术文件。各层级安全技术文件均需经监理单位审核批准。施工单位应对工人进行交底，并在工程中落实各项措施。

1）高桥、大跨、深水、结构复杂的大型桥梁施工，作为一个单位工程应做专题调查研究，制定安全技术措施，采用切实可靠的先进技术、设备和防护手段。

2）单项工程（包括辅助结构、临时工程、大型设施安装等）开工前，应制定安全技术措施或操作细则。

3）主要分项工程均应编制专项安全技术措施，如承担高架桥重大荷载的贝雷梁模架体系、模板体系等重点临时结构，应制定专项技术方案，并进行详细的结构设计、复核和审定。

4）特殊结构的桥涵，采用新技术、新工艺、新材料、新设备时，必须制定相应的有针对性的安全技术措施，通过试验和检验，证明可行后方可实施。

2. 监理单位编制相应安全监理实施细则并向施工单位交底。

3. 编制应急预案

为了应对突发事件发生，施工单位应编制应急预案，做好充足的技术准备（如模架加固措施和减载措施）和抢险物资的储备，从而保证在发生事故时，能立即启动应急响应机制。

4. 做好安全防护措施

1）高架区间的各分项工程多属于高空临边作业，应特别重视临边及高空安全防护措施的落实。详见第三章第一节。

应特别注意的是，如果施工区域能够全封闭，在高架区间施工期间，严禁行人、社会车辆、社会船只和其他交通设施通行；如果高架区间上跨必须开放交通的道路、航道，不能禁止通行，必须在施工过程中做好防护工作，严禁高空坠物。

2）应尽量避免双层或多层同时作业，当无法避免而必须双层同时作业，或者不进行交通管制（不阻断桥下通航、通车及行人）条件下立体施工时，应设防护棚、防护网、防撞装置和醒目的警示标志、信号等，切实做好安全防护措施。

5. 通航河道施工的安全管理

1）在通航河道上施工，应事先与当地航运部门协商，清除河道内障碍物，办理航标设置和发布公告等事宜，施工完毕清理河道，当水上作业时，应配备救生船只和其他救生设备。

2）夜间作业必须有足够的照明设施，应使用符合规定的照明设施，严禁用碘钨灯。

（四）主要分项分部工程安全管理

本节按照下部结构、上部结构、桥面系及附属分部工程的顺序，仅叙述其中具有代表性的一些分项工程的安全管理内容。

1. 模架工程

高架区间现浇墩柱、盖梁，现浇梁、板等结构施工均涉及模架体系施工，模架施工过程中存在较多的风险，直接影响结构施工安全和作业人员的人身安全，应引起施工方的高度重视。监理单位也应加强管理，做好预控，防止发生安全事故。

1）施工单位项目经理必须在危大工程施工期间现场带班，超过一定规模的危大工程施工时，施工单位负责人应当带班检查。项目总监理工程师或其委托的专业监理工程师应对危大工程施工实施专项巡视检查。

2）专项方案实施前，项目技术负责人应当向现场管理人员进行专项方案交底，现场管理人员应当向施工作业班组、作业人员进行安全技术交底，并签字确认。

3）模架基础必须通过验收，承载力满足施工要求。场地内已布设排水设施。

4）进场的模架支撑体系材料已验收合格。

5）施工单位必须严格按照专项方案组织施工，不得擅自修改方案，应指定专人对现场监督，发现不按专项方案实施的，要求立即整改；发现有危及人身安全情况的，立即组织人员撤离。

6）对于按规定需要验收的危大工程，施工单位、监理单位应当组织相关人员进行验收。验收合格的，经施工单位项目技术负责人及项目总监理工程师签字后，方可进入下一道工序。

2. 墩、柱混凝土浇筑安全管理

1）混凝土运送和振捣、表面收浆抹面过程中，严禁操作人员直接站在模板上，应搭设安全操作平台。

2）混凝土浇筑结束后及时对其进行围挡并有专人看守，斜撑拆除前任何人不得扰动斜撑及墩、柱，防止墩、柱倾斜。

3. 支座安装安全管理

支座可采用电动葫芦配合人工安装，较重的支座应采用起重机吊装，施工安全管理要点同常规吊装作业。

4. 梁吊装安全管理

架设和安装梁应严格按照经审批的安装方案组织施工，架梁前对施工人员进行安全教育和安全技术交底。所使用的机械设备，如起重、吊装机械、运输机械等，均应保持良好状态，具有安全可靠的机械性能，并按规定进行试吊、试运和检查以及刹车试验，合格后方可使用。移梁、起梁、装梁、运梁、落梁各由专人负责，安全管理要点如下：

1）移梁（或运梁）

（1）铺设的专用轨道应平顺，轨距正确。轨道接头不得错台、错牙、道床应无沉陷。梁片的起顶、支垫应对称平衡，支垫牢固。

（2）梁体移位交换支点时，千斤顶起落高度不得超过有效顶升行程，两端行程应同步。

（3）任何一个断面内的钢丝绳断丝量不得超过规范允许值，钢丝绳应在滑槽内并排摆紧密整齐，不得有互压乱绕现象。

2）吊梁

（1）吊装时，严禁下方站人。起吊、放落应有专人指挥，平稳操作，避免因大的冲击和振动，造成其他质量、安全事故。

（2）起吊梁片时，当梁体吊离支承面 10~20cm 时，应暂停起吊，对吊机主要受力部位及关键处所进行检查，确认一切正常后方能继续起吊。梁在起程中应保持平稳，两端高差不得大于 30cm。

（3）吊装前应先打好吊车基础支撑，做好吊车稳固工作，土壤不密实时，必须经过辗压或在吊车支腿下面铺设枕木，以增加其稳固性。

（4）指挥两台吊车共同起吊梁体时，应由有经验的装吊工负责指挥，两车需同步进行，重量分布不得超过吊车额定荷载，并保证两台吊车之间距离固定，不得碰撞。

（5）定期检查起吊设备和钢丝索具，使之始终处于安全、良好的状态，避免安全事故发生。

3）运梁

（1）梁片移动、装运时必须按要求设置支撑点，在梁端两侧支撑牢固，梁的重心与平车（运梁小车）纵向中心线相重合，偏差不得超过 20mm。

（2）运梁道路应密实、稳固、平整，梁体在运梁车上撑牢固，运梁车前后应有专人指挥，并明确停车信号，如出现支动或其他危险情况，应立即停车。

（3）梁在运输时和就位后应采取可靠的支撑稳固措施，以免梁体倾覆。

（4）牵引车运送梁时，行走速度不得超过 5km/h，梁车到位后应制动锁接近主机时，应降速到 0.5km/h。

（5）在下坡方向上运梁，应备有止溜木楔和止轮器，并设专人负责，防梁车溜动。

4）架（落）梁

（1）检查落实架（落）梁前的准备工作满足要求，架桥机的走行、液压、提升、制动系统和电气设备符合要求，可以使用。横向轨道应有足够的强度和稳定性，轨距、水平良好，且安装限位器，前支腿必须垂直安放。

（2）架桥机安装作业不得超负荷运行，不得斜吊提升，作业时，经常检查，每安装一孔必须进行一次全面安全检查，发现问题要停止工作并及时处理后才能继续作业。不允许机械电器带故障工作。

（3）在大坡道上停车、对位、架梁时，应设专人安放止轮器和操作紧急阀。吊装小车或行车制动装置必须可靠，设置制动失灵的保险设施；在下坡道架梁时，应在架梁列车后方设防脱轨器，以防车辆脱钩。

（4）应仔细观察梁板随架桥机纵移和横移时的行走情况，如果发现不正常，应立即停机，待处理恢复正常后，才能继续施工。

（5）架桥机跨墩纵移时，可在其后端吊挂一片梁作为配重，以增加架桥机抗倾覆的安全系数。

（6）梁体在起落、纵移、横移过程中时刻注意梁体不得与架桥机各部位发生碰撞等意外情况，在接近预定位置时提前采用低速缓慢运行。

（7）安装桥梁有上下纵坡时，架桥机纵向移位要有防止滑行措施。

5. 混凝土梁施加预应力安全管理

1）张拉作业时设置专人负责指挥，作业区设立钢筋栅栏及安全防护网，并设立安全防护标志，严禁非作业人员进入，构件两端不得站人。

2）预应力钢绞线下料，在清理干净的硬化场地进行。场地内严禁动用电焊设备，防止电焊弧击伤钢绞线，造成钢绞线在张拉时断裂伤人。

3）夹片、锚具进场后仔细检查其硬度和圆锥度符合要求，夹片无裂纹、无锈蚀，以保证夹具具有足够的自锚能力，防止夹片、锚具弹出伤人。

4）采用油顶、油表相互匹配的预应力张拉施工设备，在使用一定时间或次数后及时校验，防止因油顶、油表不匹配造成张拉力控制不准确，产生安全事故。

5）采取锚筋与梁体钢筋焊接的方法安装锚垫板，角度位置应符合设计要求，以防应力过大,造成锚垫板松动。

6)在张拉施工时,精确调整油顶位置确保油顶、工具锚、锚具、锚垫板位于同一条线上。

7)张拉油顶采用安全可靠的钢模架配合导联吊挂,以防油顶吊落,伤及张拉操作人员,测量伸长量时,停止油顶张拉。

8)张拉或退锚时,张拉油顶后面严禁站人,并在张拉作业区后方设置木防护板,以防预应力筋拉断或锚具、夹片弹出伤人。

9)张拉液压系统的高压油管的接头应加防护套,高压油管在正式使用前作油管承压检查,保证油管的正常使用。

6. 防水施工安全管理

防水施工安全管理基本同明挖施工(第七章第四节),应注意以下几点。

1)在桥下有社会交通时,桥面防水施工中,应在桥下设防护区,并设专人疏导交通。

2)桥面防水施工宜在桥栏杆安装完成并验收合格后进行,如因故需要在栏杆安装前施工时,必须在桥梁临边侧设防护设施。

7. 伸缩缝安全管理

1)应根据伸缩装置的类型、长度选择适宜的运输车辆和吊装机械。运输超长伸缩装置前,应与道路交通管理部门研定运输方案,并经批准。

2)在桥梁上安装伸缩缝装置时,必须在作业区边缘设围挡、护栏和安全标志,在阴暗天气和夜间尚须设警示灯。

二、职业健康与环境管理

(一)职业健康管理

高架区间施工中,有些工序、工种的作业,如泥浆排放、焊接、防水等涉及有毒有害物质,会对作业人员身体健康产生危害,防治措施详见《城市轨道交通土建工程质量安全管理概论》第四章第三节。应特别注意控制以下几种工序中的危害,采取针对性措施。

1. 支座安设

支座安设使用环氧树脂砂浆或浆液时,应按设计和原材料使用说明的要求配置,配置现场应通风良好,作业人员应按规定佩戴防护用品。

2. 钢箱梁职业健康和环境管理

1)钢箱梁加工制作过程中,钢材的切割、焊接、喷涂、喷砂等工序时,对作业人员的职业健康有一定危害,应做好劳动保护,操作人员均应佩戴相应的防护用品,防止噪声、粉尘和强光对人体的伤害。

2)这些工序在厂房内施工,不仅对室内空气质量有较大污染,也会对室外环境产生污染,应采取措施降低噪声、光污染,特别应控制有害气体和浮尘的污染,如喷砂作业时,应围挡或封闭。

3. 防水作业

严禁非作业人员进入防水作业区,患有皮肤病、眼病和对刺激过敏者不得参加防水作业,施工中发生恶心、头晕、过敏等应停止作业。作业人员应穿戴防护服饰,站位于上风向位置。

4. 伸缩缝作业人员及焊接人员应按规定佩戴防护用品。

(二)环境管理

高架桥在施工中需要进行开挖、填筑、钻孔、设置预制场,动用大型动力机械,并使用大量水泥、砂、碎石等建筑材料,必会对所在区域的环境质量产生不利影响,包括生态破坏、水污染、大气污染、噪声污染和固体废弃物污染等。施工中应坚持贯彻环保理念,"尊重自然,恢复自然"的原则,尽量减少生态破坏,保持良好的环保状态,防治各类气体、液体和固体废弃物污染的污染,具体措施详见第三章。应特别注意以下两点:

1. 防止水污染

高架桥跨越饮用水源地或养殖水体时,应设置截水沟或排水沟,必要时可设置小型净化池。

2. 防止油污染

每天都要对机械进行检查,及早发现,如机械漏油污染环境的问题,及时处理。机械作业完毕后,要及时关闭,减少污染量,清洗车辆应到固定场所。

第八章
路基工程质量安全管理

按《地下铁道工程施工质量验收标准》GB/T 50299—2018 划分，路基为一个分部工程。实际工程中路基工程是区间单位工程中的一种类型，可列为 1 个子单位工程，如一个区间或一个车站的正线路基，或一个施工单位承建的路基施工长度。

城市轨道交通中的路基是指按照线路、一定位置和技术要求修筑的承载轨道的带状构筑物。《地下铁道工程施工质量验收标准》GB/T 50299—2018 中，路基工程为一分部工程，其下分为 5 个子分部工程，分别为路堑、路堤、路基支挡与防护、排水及涵洞工程，其下又各分为若干分项工程。见表 8-0-1。

路基分部及子分部工程、分项工程、检验批划分　　　　　表 8-0-1

分部工程	子分部工程	分项工程	检验批（m）
路基工程	路堑	基床	≤300
		路堑开挖	≤200
		边坡	≤50
		过渡段	每处
	路堤	基床	≤300
		路堤填筑	≤200
		边坡	≤50
		软土路基处理	每处
	路基支挡与防护	基坑	两沉降缝间长度
		基础	两沉降缝间长度
		挡墙墙身	两沉降缝间长度
		护坡	≤50
		回填	≤50
	排水	地表排水沟	≤100
		急流槽、管道及井	≤100
	涵洞	地基及基础	每座涵洞
		装配式涵洞涵身	每个安装段
		现浇模板及支架	每个安装段
		现浇式涵洞钢筋	每个安装段
		现浇或顶进混凝土	每个浇筑段
		涵洞防水	每座涵洞
		附属工程	每座涵洞

本章共分五节，第一节为路堑工程施工质量管理要点；第二节为路堤工程施工质量管理要点；第三节为路基支挡与防护和排水施工质量管理要点（因排水子分部工程内容较少，故和路基支挡与防护合并一节叙述）；第四节为涵洞工程施工质量管理要点；第五节为箱涵顶进工程施工质量控制；路基工程安全、职业健康和环境管理基本内容

已在前述各章节中有叙述，将其具有特点之处，分别于各节，不再单列。

各分项工程质量控制的依据主要是《地下铁道工程施工质量验收标准》GB/T 50299—2018。

第一节 路堤工程施工质量管理

路堤是在天然地面上用土或石填筑的具有一定密实度的线性建筑物，是高于原地面的填方路基。

按照划分表7.0.1，路堤为一个子分部工程，包含基床、路堤填筑、边坡、软土路基处理4个分项工程。本文按施工顺序的先后进行叙述，同时将路堤填筑与边坡两个分项工程合并叙述。

一、软土路基处理的质量管理

路基所处位置（地质环境条件）有多种类型，软弱土质地基若不加固难以满足承载要求，尤其软土、冻土、湿陷性黄土全部或局部；也有些地基仅在设计线路范围内的局部土质性能无法满足路基工程的要求，均需进行地基加固与处理，采取改善支承路基天然地基的工程技术措施，其目的是提高地基土的承载力，改善特殊土不良地基特性，即降低压缩性，改善透水性及地基土受外部动力作用下的液化特性。针对每个路基工程不同的地质条件，采用不同的地基处理方法，使处理后的地基达到设计要求的承载力，是保证路基工程质量的根本，因此对各分项工程的质量控制必须严格要求。

（一）施工准备的管理

1. 资源准备

1）施工单位及人员资质

施工单位项目经理部已按照合同要求组建，管理技术人员及特殊工种均具有相应上岗证书，监理单位已审核，相关人员已按合同要求到位。

2）材料准备及检验

（1）地基处理所需的主要原材料已进场，并已验收合格。监理单位或施工单位组织考察拟用于回填的土场或砂石料厂，并现场取样试验，确认回填材料合格。砂（碎石）垫层拟用的碎石、砂子应级配良好，质地坚硬，不含有机植物残体、垃圾等杂物的天然碎石，石子粒径不得大于50mm，含泥量不得大于3%。

（2）现场试验室已建立并已通过验收。

3）机械设备的准备

施工所需的机械设备如压路机、推土机、挖掘机、装载机、发电机（如有需要）、打夯机、运输车辆等已进场，并按程序各种手续齐全，并已报监理复核合格。

4）测量仪器、检测工具已准备充分并符合相关规定。

2. 技术准备

1）完成控制点交接、建立施工控制网并放样

完成控制点的交接和复核。施工单位建立用于整个标段施工的平面和高程控制网，完成设计断面的测量复核工作，完成中线桩、边线桩施工测量放样。监理单位对以上各项测量成果完成复核，并确认合格。

2）完成图纸会审，参与设计交底

施工单位和监理单位的专业技术人员认真审核图纸，对发现图纸的错、漏、碰、缺问题，提出图纸会审记录；参加建设单位组织的设计交底会，掌握设计要点。

3）编制技术文件及交底

（1）施工单位编制地基处理的各分项工程施工方案及专项施工方案和应急预案，组织专家论证、方案修改，监理工程师已审核，符合要求并批准；施工单位对向有关管理、现场操作人员进行安全技术交底。

（2）监理单位已编制相应的监理实施细则及安全监理实施细则，并向施工单位进行了监理交底。

4）检验批划分

除按照表 7.0.1 中的划分外，根据相关规范补充以下规定

（1）换填：单线连续长度 ≤ 300m，双线连续长度 ≤ 200m。

（2）砂（碎石）垫层：单线连续长度 ≤ 300m，双线连续长度 ≤ 200m。

（3）强夯：单线连续长度 ≤ 200m，双线连续长度 ≤ 150m。

（4）重锤夯实：单线连续长度 ≤ 200m，双线连续长度 ≤ 150m。

3. 现场条件准备

1）施工现场临时便道已修通，临水、临电已接入，临时排水设施已准备到位。

2）原地面的杂草、树根等有机物杂质和砖头、石块等建筑垃圾已清理完成。

3）对平整、换填范围内的地下管线及周边构筑物探测、改移、保护、加固全部完成，对竖井、通道穿越地段的管线、人防、上部房屋等采取了应急保护措施。

4）砂垫层或砂石垫层下的基土（层）应已按设计要求施工完成并经监理工程师验收合格。

5）已备好应急抢险材料、设备，并在现场堆码整齐，标识明确。根据防坍塌、涌砂、涌水等事故应急抢险预案，进行了演练。

（二）软土路基处理的质量控制

软土地基处理有多种形式，《地下铁道工程施工质量验收标准》GB/T 50299—2018 中提出了 6 种，其中袋装砂井、塑料排水板使用范围有限，碎石桩、搅拌桩、旋喷桩

和 CFG 桩已在明挖工法中有所叙述，故在此处省略。下面着重介绍换填和砂石垫层的处理，又根据实践经验增加了强夯和重锤夯实的处理工法。

1. 换填

为保障路基工程质量需要在挖方路基中将局部原软弱土层挖除，在填方路基中也要清理表层，代之以合格的填料填充的方法称为换填，包含挖除不良土层并将场地整平晒干，基底碾压合格两道工序。质量控制内容按表 7-1-3 中的主控项目一般项目执行，此处仅叙述特别应注意之处。

1）设置试验段

施工前，无论是土方、石方或是土石混合路基都应做试验段，试验段应选在地质条件具有代表性的路段内，长度不小于 100m，目的是确定所用的压路机型号、松铺层厚度、碾压遍数、速度、最佳含水率、每个循环（施工段）长度等参数。

施作过程动态控制、压实度试验均同上述碾压工程的试验段，此处从略。

2）挖除原土和清理基底

按设计要求将换填区域软土或杂填土全部移除，采用机械开挖时应留有 30～50cm 厚的人工清理层，碾压清理后的基底，现场检测压实度，应达到设计要求，监理单位抽检合格。

3）换填填料

（1）土方路基的最大填铺厚度每层不应超过 25cm，压实厚度不应超过 20cm。

（2）路基每层顶面都要做成 2%～4% 横向路拱，若在低洼处路基外应设排水沟和集水坑进行抽排。

（3）换填材料为黏土时，注意避免回填碾压过程中出现"橡皮土"，控制方法同地面平整碾压。

4）质量通病及防治，见表 8-1-1。

质量通病及其防治措施　　　　　　　　　　　　　　　　表 8-1-1

质量通病	防治措施
摊铺厚度或压实厚度不均匀	防治方法主要是机械摊铺加人工辅助，及时清除杂物和粒径较大的石块，人工找平
路基横向开台阶时不按设计或规范施工，使台阶宽度不足，造成路基面开裂	防治方法是按台阶最外侧位置回填，碾压完成后进行反开挖，对台阶部位施工员进行专项交底，质检员进行巡视检查和验收

5）注意成品保护　同地面平整碾压。

2. 砂（碎石）垫层

砂（碎石）垫层一般用于路基基底的处理，垫层可起到排水作用。由于砂（碎石）颗粒大、孔隙大，能防止地下水因毛细作用上升，路基土中孔隙水可以通过垫层快速地排出，使地基不易受冻，能在施工期间完成沉陷和固结。砂石垫层施工主要采用压路机碾压密实，适当配以小型机具。质量控制内容按表 7-1-3 中的主控项目一般项目执行，此处仅叙述特别应注意之处。

1）试验段的控制

砂（碎石）垫层是否做试验段应根据设计要求确定，试验段的要求与前述换填要求基本相同。目的就是确定各项参数。

2）摊铺厚度

垫层砂（碎石）运到现场均匀堆放，装载机粗平，平地机精平。分层的摊铺砂石厚必须和试验段（若有）一致，一般为 150～200cm，不宜超过 300cm。

3）含水量

砂石施工时含水量应适当，在夯实碾压前根据其干湿程度和气候条件，保持砂石的最佳含水率。

4）严格按照试验段确定的碾压夯压参数作业。

（1）压路机采用静压方式压实。

（2）采用振动压路机，碾压时控制行走速度，各区段交接处碾压轮要重叠轮宽的 1/3～1/2。

（3）碾压不到的位置，用小型夯机夯实，以达到无漏压、无死角，确保碾压均匀密实。碾压完成后，报监理工程师验收。

5）接槎作法

分段施工的接槎处应做成斜坡，每层接槎处的水平距离应错开不小于 3m，并应充分压实。

3. 分项工程验收管理

1）质量验收标准，见表 8-1-2（《地下铁道工程施工质量验收标准》GB/T 50299—2018）。

软土路基分项工程验收标准　　　　　　　　　　　表 8-1-2

分项工程		质量验收内容	检验数量及方法
软土路基	主控项目	软土路基处理所采用的材料应符合设计文件要求	全部检查。检查试验报告
		软土地基上路堤设置的位移和沉降观测点，应符合设计文件要求	全部检查。测量检查
	一般项目	软土路基处理的允许偏差及检验数量应符合表 7-2-6 的规定	测量检查，钢尺量测

2）允许偏差，见表 8-1-3（《地下铁道工程施工质量验收标准》GB/T 50299—2018）。

软土路基处理的允许偏差及检验数量 表 8-1-3

检验项目	允许偏差（mm）		检验数量
换填	坡脚线位置	-50	沿路线纵向每100m抽样检验5处
	顶面高程	±50	
砂、石垫层	铺设范围及厚度	不小于设计文件要求值	
	顶面高程	-20~50	
袋装沙井	打入深度	符合设计文件要求	按袋装砂井总数的3%且不少于30根抽样检验
	井位（纵横向）	±50	
	砂袋直径	±5	
塑料排水板	打入深度	符合设计文件要求	按排水板总数的3%且不少于30根抽样检验
	板位	±50	
砂（碎石）桩	打入深度	符合设计文件要求	按成桩总数的3%且不少于30根抽样检验
	桩位	±50	
搅拌桩、旋喷桩或CFG桩	打入深度	符合设计文件要求	按成桩总数的1%且不少于10根抽样检验
	强度	符合设计文件要求	
	桩位	±50	

3）按程序进行隐蔽工程、检验批和分项工程验收。

4.强夯过程质量控制

强夯法即强力夯实法，又称动力固结法，是动力固结、动力密实机理，利用大型履带式强夯机重锤从一定高度自由落下，对土进行强力夯实，在地基一定深度内改变了地基土的孔隙分布，形成比较均匀的、密实的地基，迅速提高地基的承载力及压缩模量，适用于处理较深厚的碎石土、砂土、低饱和度的粉土与黏性土、湿陷性黄土、素填土和杂填土等。质量控制内容仅叙述特别应注意之处。

1）试夯

为选定夯锤重量、底面直径和落距，确定每夯点的夯击次数、最后下沉量、最少夯实遍数和总下沉量等施工参数，必须在地质条件具有代表队区段内试夯，试夯中各单位的工作如下：

（1）施工单位，施工前和设计单位共同选择具有代表性的地段进行试夯。

（2）监理单位，检查夯锤的重量、尺寸、脱钩装置的可靠性，路基排水设施等符合设计或施工方案。

（3）第三方检测单位，检测试夯地段承载力。

2）强夯范围

强夯处理范围应大于路基范围，每边超出基础外缘的宽度宜为设计处理深度的1/2~2/3，并不宜小于3m。

3）按照试夯确定的各项参数及施工方案逐次完成每点、每遍的夯实。

（1）清理并平整施工场地，测量放样标出第一遍夯点位置，并测量场地和夯前锤顶高程。

（2）起重机就位，夯锤对准夯点，起吊到预定高度后脱钩自由下落，测量锤顶高程，按试夯得出的夯击次数及控制标准，完成第一个夯点的夯击，若发现因坑底倾斜造成夯锤歪斜时，应及时将坑底整平。

（3）自路基中线向两侧依次完成各夯点的夯击为一遍强夯施工，再逐遍完成全部夯实。

4）放线复核，在每遍夯击前，应复核夯点放线，夯完后检查夯坑位置，发现偏差和漏夯应及时纠正。

5）强夯间隔，两遍夯击之间应有一定的时间间隔，间隔时间取决于土中超静孔隙水压力的消散时间；对于碎石土和砂土地基，其间隔可取 1~2 周；低饱和度的粉土和黏性土地基可取 2~4 周。

6）强夯路基承载力试验

第三方检测单位采用原位测试试验检验强夯路基承载力，当路基为一般黏性土或黏性素填土，贯入深度 < 4m 时，采用 N10 贯入试验；当路基为砂土或碎石时采用 N63.5 标准贯入试验；同时还要做静力触探试验。

（1）测试资料

检查强夯施工过程中的各项测试数据和施工记录，不符合设计要求时应补夯和采取其他有效措施。

（2）做好成品保护

在场地周边设排水设施，防止已重锤夯实场地被水淹泡。

5. 重锤夯实

重锤夯实就是利用重锤自由下落所产生的较大夯击能夯实浅层地基，使其表面形成一层较为均匀的硬壳层，获得一定厚度的持力层。其夯击能低于强夯夯击能，是对浅层土加固，属于压实机理。夯实的加固深度为 1.2~2.0m。适用于地下水位 0.8m 以上，稍湿的黏性土、砂土、饱和度不大于 60% 的湿陷性黄土、杂填土以及分层填土地基，湿陷性黄土地基经重锤表面夯实后，透水性有显著下降，可消除湿陷性，地基土密度增大，强度可提高 30%。对杂填土可减少其不均匀性，提高承载力。质量控制内容按表 7-1-3 中的主控项目一般项目执行，此处仅叙述特别应注意之处。

1）试验段

基本同强夯。

2）重锤夯实过程质量控制

重锤夯实质量的主要控制内容同强夯。

（1）基土含水量

夯实时地基土的含水量应控制在最优含水量范围以内，如表层含水量过大，可采取撒干土、碎砖、生石灰粉或换土等措施；如土含水量过低，应适当洒水；加水后待全部渗入土中，一昼夜后方可夯打。

（2）重锤夯实工艺

连续夯实：每一循环应夯夯紧挨，不得有间隔，并与前一循环错开1/2锤底直径的搭接，如此反复进行。

（3）做好成品保护，首先做好场地周边排水设施，防止已完成夯实场地被水淹泡；其次，重锤夯实完毕立即进行下道工序施工，如有间歇，应预留200～300mm厚土层，下步施工时再挖除，防止振动。

6.强夯和重锤夯实工程验收管理

1）各分项工程验收标准，见表8-1-4。由于《地下铁道工程施工质量验收标准》GB/T 50299—2018中，并无强夯和重锤夯实的验收标准，考虑团体标准源于相应的国标和地标，故将北京市轨道交通建设管理有限公司编制的轨道交通工程施工质量验收系列标准中的《轨道交通路基工程施工质量验收标准》的相关内容摘录如下，供读者参考。

强夯和重锤夯实各分项工程验收标准　　　　　表 8-1-4

分项工程		质量验收内容	检验数量及方法
强夯	主控项目	夯击点布置应符合设计要求	施工单位每100m等间距检查3个段面，每个断面左、中、右各1点，监理单位按规定见证检验；尺量
		单击夯击遍数、最后两击平均击沉量应符合试夯确认的工艺要求，低能量满夯的搭接面积不得小于1/4夯锤直径	施工单位对最后两击平均夯沉量、低能量满夯的搭接面积，检查每遍总夯击点数的10%，监理单位按规定见证取样检测。观察、尺量
		强夯加固地基的承载力应符合设计要求。检验深度不应小于设计处理深度，检验时间应符合设计和规范规定。必要时，设计单位、监理单位、施工单位共同确认检验结果	施工单位每100m等间距检查3个断面，每个断面左、中、右各1点；监理单位见证检验符合规定；每个断面做动力触探试验2点，贯入深度<4m的一般黏性土或黏性素填土采用N10，砂土或碎石采用N63.5；做静力触探试验1点
	一般项目	强夯处理范围应符合设计要求，其允许偏差为±150mm	施工单位每100m等间距检查3点。尺量
		强夯夯坑中心允许偏差强夯夯坑中心允许偏差为0.1D（D为夯锤直径）	施工单位检查总夯击点的10%。尺量
		强夯地基顶面的高程、中线至边缘距离、宽度、横坡、平整度允许偏差及检验标准应符合规范规定	应符合规范规定
重锤夯实	主控项目	重锤夯实夯击点布置应符合设计要求	施工单位每100m等间距检查3个段面，每个断面左、中、右各1点，监理单位见证检验符合规定。尺量
		单击夯击遍数、最后两击平均击沉量应符合试夯确认的工艺要求，前后两遍的夯迹应错开一半	施工单位对最后两击平均夯沉量和前后两遍的夯迹搭接，检查每遍总夯击点数的100%。监理单位按规定见证取样检测。观察、尺量
		重锤夯实加固地基的承载力应符合设计要求，其质量检验应符合规范规定	

续表

分项工程		质量验收内容	检验数量及方法
重锤夯实	一般项目	重锤夯实处理范围应符合设计要求，其允许偏差为 ±150mm	施工单位每100m等间距检查3点，监理单位按规定平行检验。 尺量
		重锤夯实夯坑中心允许偏差及检验标准应符合规范规定	
		重锤夯实地基顶面的高程、中线至边缘距离、宽度、横坡、平整度允许偏差及检验标准应符合规范规定	

2）按程序进行检验批、分项工程验收。

二、路堤填筑和边坡施工质量管理

路堤填筑常用的方法主要有分层填筑、竖向填筑、混合填筑等多种，比较常用的方法就是分层填筑法即填筑时按照横断面全宽分成水平层次，逐层向上填筑。路堤的断面形式主要有全填方路堤、半填半挖路堤和带防护路堤等多种形式。

（一）路堤工程施工准备管理

施工单位从资源、技术、现场等三方面做好相应的准备工作。

1. 资源准备

1）填筑所需机具已备齐

包括夯机、发电机等设备及小型工具已准备就绪。

2）填筑用的料场监理或建设单位已考察通过，相关试验已完成，满足要求。

2. 技术准备

1）图纸会审、设计交底

施工单位和监理单位均已进行图纸会审，并参与了设计交底，掌握了各分项工程的设计要点、主要参数和施工要求。

2）编制、审批施工方案

路堤各分项工程的填筑方案已由施工单位编制并审核后上报监理单位审批，分包单位完成作业班组的交底（包括前后工序搭接）。

3）监理单位已编制相应的监理实施细则，并向施工单位交底，明确监理要求及旁站部位。

4）检验批划分

（1）基床：长度≤300m，每检测层。

（2）路堤填筑：长度≤200m，每检测层。

（3）边坡：长度≤50m。

（4）软土路基处理：每处。

5）路基中线、边线、标高已测量放线完成，监理复核合格

3. 现场准备

现场三通一平（临时水、电、路）已满足要求，路基基底的处理已完成，并经监理验收。

（二）路堤填筑过程质量控制

在良好的地质、水文、气候条件下，可以结合地形、地质情况，直接选用典型横断面图或设计规定进行路堤施工。

1. 设置试验段

施工单位选择标段中具有代表性的路段作为试验段进行填筑，确定摊铺厚度、宽度、碾压顺序、碾压遍数、最佳含水率等参数，长度不小于100m，通过压实度试验进行验证。

2. 工艺过程

严格按照施工方案或试验段成果执行。

1）摊铺厚度、宽度

摊铺厚度要均匀，边缘部分要多铺出不少于30cm，摊铺时要形成2%～4%的横坡，利于排水。

2）碾压参数

碾压要先静压2～3遍再开震动，同一遍的每轮间搭接要不少于30cm，要由两边向中间碾压。

3）连接段交接处压实

各向连接段交接处应重叠压实，纵向搭接长度不小于2m，横向同层接头处重叠压实不小于1m。上下两层接头应错开不小于3m。

4）涵洞两侧回填

遇涵洞时，两侧必须同时回填，涵洞顶部填土厚度大于1m后，方可允许大型机械填筑或通过。

5）填筑层压实质量

质量控制内容按表7-2-1中的主控项目一般项目执行。

（三）路堤边坡填筑过程质量控制

路堤边坡是指路基横断面两侧与地面连接的斜面，是在路基填筑过程中形成的结构形式，常修筑成单坡形、折线形和阶梯形。过坡的填筑质量是路堤质量的重要保证。质量控制内容按表7-2-2中的主控项目一般项目执行，应特别注意以下几点。

1. 填筑质量控制

1）压实度和压实宽度

为减少路基边坡后期的沉降，保证边坡的压实度，施工碾压宽度要在设计宽度外增加不少于30cm。

2）填筑分层厚度

（1）路基一次性铺设厚度必须根据设计文件确定的分层厚度填筑，以确保每层的上、中、下部位密实度一致。

（2）每层的摊铺宽度每侧应超出路基设计宽度不少于30cm，以保证修整路堤边坡后的路基边缘有足够的压实度。

3）边坡整修

在成坡过程中，应该从上到下按照设计坡比放样，用人工整修成型，保证肩棱整齐，曲线圆顺，坡面平整，无浮碴。

（四）路堤填筑与边坡分项工程验收管理

1. 质量验收标准，见表8-1-5。

路堤质量验收标准　　　　　　　表8-1-5

分项工程		质量验收内容	检验数量及方法
路堤	主控项目	路堤施工前的地表清理应符合设计文件要求	全部检查。观察检查和检查施工记录
		每层路堤填筑的压实度应符合设计文件要求及表8-1-6的规定	灌砂法、核子仪法
		路基填料的强度（CBR）值应符合设计文件要求，其最小强度值应符合现行行业标准《城镇道路工程施工与质量验收规范》CJJ 1—2008的规定	每种土质检查1次。CBR值测定仪现场检查
	一般项目	路堤允许偏差及检验数量应符合表8-1-7的规定	测量检查，钢尺量测

2. 相关允许偏差

路堤压实度标准　　　　　　　表8-1-6

填挖类型		路床以下深度（m）	压实度（%）	检验数量
路堤	上路床	0~0.3	≥96	每1000m² 每压实层测3处
	下路床	0.3~0.8	≥96	
	上路堤	0.8~1.5	≥94	
	下路堤	>1.5	≥91	
	零填路基		≥96	

注：表中压实度以重型击实试验为准。

路堤允许偏差及检验数量　　　　　　　表8-1-7

检验项目	允许偏差（mm）	检验数量
纵断高程	-20~+10	每200m测4点
中线偏位	不大于30	每200m测4点，弯道加2点

续表

检验项目		允许偏差（mm）	检验数量
宽度		不小于设计文件规定值	每200m测4点
平整度	土方路基	15	
	石方路基	20	
横坡		±0.3%	
边坡		不陡于设计规定值	

3. 按程序组织检验批、隐蔽工程、分项工程验收，应全部合格。

三、基床施工质量管理

基床要有足够强度，以抵抗车辆荷载产生的动应力而不致破坏，抵抗道砟压入土中引起的道砟陷槽等病害，保证路基结构能承受重型荷载车辆通行而不形成印坑。还要有足够的刚度，在车辆荷载的重复作用下，塑性累积变形要小，以避免形成过大的不均匀下沉造成轨道的不平顺，从而增加养护维修的困难。在列车高速行驶时，基床的弹性变形应满足高速走行的安全性和舒适性的要求，能保障道床的稳固。

同时基床还要有优良的排水性，能够防止雨水浸入路基下层，引起软化和冻融等危害，保证基床干燥稳定。

基床为分项工程，在修筑过程中影响基床质量主要有基床底层、基床表层和路基面三个主要工序。

（一）基床底层施工质量管理

1. 施工准备的管理

施工准备工作的管理内容基本同路堤，应注意以下三点：

1）基床底层填料厂家考察已完成，相关试验合格并经监理部确认。

2）基床以下路堤工程监理部已验收合格。

3）检验批划分

连续长度≤300m，每检测层。

2. 施工过程质量控制

1）试验段

基床底层填筑前，先根据基床底层厚度确定分层厚度及压实参数，试验出分层虚铺厚度、压路机碾压速度、碾压遍数和最佳含水率等参数，以便控制施工质量。

2）施工工艺

（1）基床施工方法和施工工艺与基床以下路堤施工方法和施工工艺基本相同，不同之处是基床压实度标准更高。

（2）基床表面质量检测及修整养护：局部表面不平整要洒水加细料补平并补压，

使其外型质量达到设计要求。

（3）已完工的基床表面禁止任何车辆通行。

（二）基床表层工程质量控制

1. 施工准备的管理

基本内容同前，应注意以下几点：

1）基床表层填筑前应验收基床底层，检验几何尺寸，核对压实标准。不符合标准的基床底层应进行修整，使其达到基床底层验收标准后方可进行基床表层填筑。

2）级配碎石必须场拌生产，拌和设备应计量准确。

3）布设方格网

采用方格网控制填料量，方格网纵向间距不宜大于10m，横向应分别在路基两侧及路基中心设方格网桩。

4）检验批划分

连续长度≤300m，每检测层。

2. 施工过程质量控制

1）试验段

在进行大面积填筑前，应根据初选的摊铺和碾压机械及试生产的填料，在现场选取长度不小于100m的地段进行摊铺压实工艺试验，确定工艺参数，并报监理单位确认。

2）施工工艺

直线段应由两侧路肩开始向路中心碾压；曲线地段，应由内侧路肩向外侧路肩进行碾压。沿线路纵向行与行之间重叠压实不应小于40cm，各区段交接处，纵向搭接压实长度不应小于2m，上下两层填筑接头应错开不小于3m。

3）洒水加湿

当表面尚处湿润状态时应立即进行碾压。如表面水分蒸发较多，明显干燥失水，应在其表面喷洒适量水分，再进行碾压。

4）成品保护

已完成的基床表层应采取措施控制车辆通行，并做好基床表面的保护工作，防止表层扰动破坏。严禁在已完成的或正在碾压的路段上调头或急刹车。

（三）路基面工程质量控制

路基面是指路基表面，也是路床底面，路基面与坡面的交线称为路基面边缘（或叫路肩边缘），路基面的作用是迅速排走路基面的雨水，以免浸泡路基面使强度降低。路基面的形状分为有路拱和无路拱两种。用非渗水土修筑的路基面，都应做成路拱，一般为三角形，而用岩石或渗水土修建的路基面，可以做成无路拱的水平面。

1. 准备工作

准备工作与前两项内容相同。

2.施工过程的质量控制

1）路基面起拱高度

（1）为利于排水，在地质条件为非渗水土、年均降水量大于400mm的易风化泥质岩石的路基面，一般设置起拱，高度为单线0.15m，双线0.20m，形状多为三角形。

（2）无路拱路基面形状多为水平，用于地质条件是渗水性土或不易风化岩石的地段。见图8-1-1。

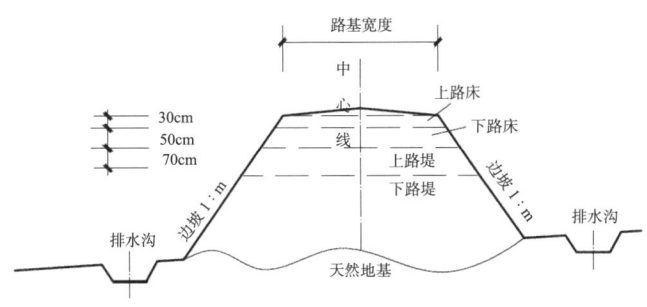

图8-1-1 路基工程断面示意图

（3）接缝处理

横向接缝处填料应翻挖并与新铺的填料混合均匀后再进行碾压，并注意调整其含水率，纵向应避免工作缝。

2）路基面施工

（1）有路拱与无路拱路基面的连接，应在无路拱地段按设计要求长度削铲顺坡。路拱坡面应平顺。

（2）路基面应平顺无缺损，肩棱整齐，不易风化的硬质岩石路堑路基面超挖凹坑应用不低于C25的混凝土填平，凸起部分人工凿平。

（3）接触网支柱基础、渗水暗沟、电缆沟槽等施工不应破坏路基面。如有破坏，应用混凝土补齐。

3）局部处理

局部表面不平整应进行补平，碾压后的基床表层质量应符合设计要求。对构造物等基础周围采用人工及小型机具摊铺整形、夯实。

4）后续施工

待基床表层碾压至标准要求后，方可进行电缆槽、井、侧沟、护肩等的施工。

5）成品保护

已完成的基床表层应采取措施控制车辆通行，并做好基床表面的保护工作，防止表层扰动破坏。严禁在已完成的或正在碾压的路段上调头或急刹车。

6）路基面宽度应有足够的安全空间，以保证行车安全和便于线路维修养护。

第二节 路堑工程施工质量管理

路堑是路基工程的子分部工程,路堑工程包括基床、路堑开挖、边坡、过渡段4个分项工程。

路堑开挖就是挖方。就是挖除高于设计路基的天然地层,形成路基。按地质条件不同,一般可分为土质路堑和石质路堑。堑坡边坡高度视地形、地质和水文条件而定,坡度应满足路基稳定的要求。路堑的断面形式一般有全挖式、半挖式等。

一、路堑开挖与边坡施工质量管理

路堑是从原地面向下开挖而成的路基形式,能起到缓和路基纵坡或越岭线路穿越岭口控制标高的作用。其结构示意见图8-2-1。

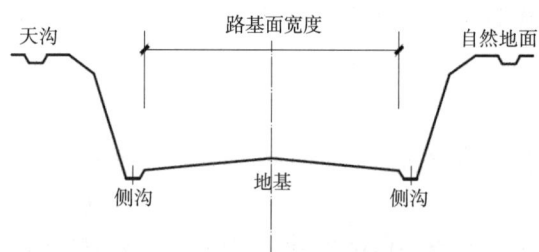

图8-2-1 路堑全开挖结构断面示意

(一)施工准备工作

1. 复核测量成果

施工单位依据控制测量的成果,加密测量控制桩;线路坡口线、中线已放线完成,监理单位复核合格。

2. 若需爆破需提前向地方有关部门办理相关手续。

3. 核实、调整土石方调运计划。

4. 路堑开挖的检验批划分

开挖长度≤200m,边坡≤50m。

5. 现场条件准备充分

1)对施工现场先清除坡面的杂草、树根等,检查坡顶、坡面;对危险面、危石、裂缝和其他不稳定情况提前妥善处理。

2）施作堑顶截、排水系统。

（二）开挖过程质量控制

1. 土质路堑

1）开挖、刷坡采用机械配合人工方式，当机械开挖至靠近边坡 0.1～0.2m 时，改为人工修坡；需设圬工防护工程的边坡，在开工前留置保护层，待开工时刷坡，不设圬工防护的边坡，每 10m 边坡范围插杆挂线人工刷坡。

2）当开挖接近路基设计标高时，及时对基底土质情况进行检测，不合要求的应按设计进行处理。

3）路堑施工要做到路基表面平整、密实，曲线圆顺、边线顺直，边坡坡面平顺稳定、无亏坡，边沟整齐、沟底无积水或阻水。

2. 石质路堑

1）爆破方案得到有关部门批准，爆破现场防护与方案一致。

2）边坡开挖后，如有松动岩石，应先清除，局部开挖缺陷处不平整处应采用强度等级不低于 C25 的混凝土嵌补。

3）路堑开挖至基床表层换填底面标高时，开挖表面应平顺整齐，并按设计要求做成由路基中心向两侧的横向排水坡，基床表层以下不得扰动。对于不易风化的硬质岩基床表层，铺设无砟轨道时，路堑开挖至路基面，直接在开挖面上施做支承层或底座；铺设有砟轨道时，路堑开挖至路基面以下 0.2m 处，开挖面由路基中心向两侧设 4% 的横向排水坡，其上填筑级配碎石。开挖面上的松动岩石应予清除。

二、基床施工质量控制

路堑基床与路堤基床的质量要求一致。

（一）施工准备的管理

施工单位从资源、技术、现场等三方面做好相应的准备工作。

1. 资源准备

同路堤基床分项工程

2. 技术准备

同路堤基床分项工程

3. 检验批划分

1）路床：≤300m

2）路堑开挖：≤200m

3）边坡：≤50m

4）过渡段：每处

4. 现场准备

现场三通一平已满足要求，路基基底的处理已完成，并经监理验收。

（二）施工过程质量控制

1. 路堑基床施工质量控制内容与路堤基床控制内容相同。

2. 成品保护

已完成的基床表层应采取措施控制车辆通行，并做好基床表面的保护工作，防止表层扰动破坏。严禁在已完成的或正在碾压的路段上调头或急刹车。

三、过渡段施工质量控制

路堤与桥台过渡段主要是解决线路两种结构不同刚度、不同沉降差的平顺过渡问题。由于两种结构物刚度差异大，容易引起轨道竖向刚度的突变和弯折，影响行车稳定。因此，必须在路基和桥梁之间设置一定长度的过渡段，最大限度地减少路桥间的沉降差，使轨道（路堤）的刚度逐渐变化。

过渡段施工质量的验收标准均摘自《城镇道路工程施工与质量验收规范》CJJ 1—2008。

1. 工艺过程

1）处理台后基底

台后填土过渡段基坑采用人工清理整平路基部分，原地面用重型压路机碾压密实。最后实施检测。接近桥台结构部位采用小型电动打夯机夯实。

2）台后过渡段填筑

台后过渡段和相连的路堤按一体同时施工，其中锥坡填筑坡率范围内自下而上按设计逐步过渡，填筑高度按设计断面进行，并与两侧边坡土体同步施工。填料选用优质渗水土，分层填筑，采用人工配合推土机整平，分层厚度按路堤工艺确定。当重型振动压路机压不到的部位采用小型机夯实。

3）试验检测

台后填土的填料及压实要符合路基检验评定标准和其他有关规范及设计图的要求。

4）其他相关过渡段施工

（1）涵洞结构物两侧过渡段的填土填筑方法与台后过渡段施工基本相同，具体要求同前所述的路堤填筑施工一致。

（2）路堤与路堑过渡段施工，在路堑一侧相接处开挖台阶，台阶宽度不小于2m，且应挖至新鲜稳定的原土（岩）上，其填筑施工方法与上述过渡段基本相同。若相邻两段路堤不是同步施工、新老路堤相接处的施工也与此相同。

2. 防治质量通病

路基施工中常出现的质量通病，施工中采取措施加以防治，见表8-2-1。

路基施工中出现的质量通病及防治措施　　　　表 8-2-1

质量通病	防治措施
搭接处路基沉降不均匀	按设计要求开挖台阶并碾压密实，填筑时采用与原地相同的材料，填土压实到与挖方处相同的密实度
台后路基沉降	整平台后基底并充分压实，台后按设计填充砂砾，与路基一体分层填筑并碾压密实，施工时严格控制填层厚度，以保证碾压密实。靠近桥台 2m 范围内的填土，采用冲击夯反复夯击密实，2m 以外部分采用压路机压实
路基翻浆冒泥	做好防排水系统设施，防止路基外地表水渗入路基，使路基范围内的地下水顺利排出，对较低填土高度的路基填料选用优质的渗水填料如卵砾石土
填土压实度不够	选择合适的填料进行填筑，填筑时严格控制填料的含水量在最佳含水量的 ±2% 以内；控制填层松铺厚度在试验段施工的 90% 左右；按试验段施工时确定的施工工艺选择合适的机具进行压实。填土路基的碾压采用重型振动压路机压实，压实达到碾压时目测无明显轮迹
雨水冲毁路基边坡	路基开挖前先行施工永临结合的排水沟、截水沟，将流向路基的地表水引排到指定地点。填方地段做好路基的整平工作，每层填土应大致平整并有一定的排水横坡；做好临时排水工作，雨水来临前，沿路基边沿码放装土的草袋或填筑土埂拦水，将流水引至急流槽排出路基范围；引排路基外地表水，防止雨水冲刷路基边坡

3. 分项分部工程验收管理

1）分项质量检验标准，见表 8-2-2。

路堤与桥台、涵洞间过渡段验收标准　　　　表 8-2-2

分项工程		质量验收内容	检验数量及方法
路堤与桥台、涵洞间过渡段	主控项目	过渡段一般填料的检验应符合规范规定	
		级配碎石、级配砂砾石的质量应符合设计要求	在填筑前应对级配碎石、级配砂砾石填料抽样检验，每 10000m³ 检查一组
		桥台、涵洞基坑回填混凝土所用砂、碎石、水泥等材料的品种、规格、质量应符合规定	应符合规范规定
		桥台、涵洞基坑回填土应分层填筑、压实，其压实质量应符合设计的规定	每个桥台、涵洞每检测层检查 2 点
		桥台、涵洞基坑回填混凝土的强度等级应符合设计要求	每 100m³ 混凝土取试件 1 组，不足 100m³ 亦制取 1 组试件。混凝土试件做抗压试验
		分层摊铺压实厚度应符合压实工艺性试验确定的厚度和压实工艺要求	每个桥台、涵洞每检测层检查 2 点。观察、用钢尺量
		过渡段基床以下路堤的压实质量应符合设计要求	施工单位每个桥台、涵洞每检测层检验 2 点；监理单位每 2 个检测层见证检验 1 点。根据填料的类别，按规范规定的方法检验
	一般项目	路堤与桥台、涵洞间过渡段的顶面高程、中线至边缘距离、宽度、横坡、平整度允许偏差及检验标准应规范规定	

2）各项允许偏差

路堑基床底层顶面高程、中线至路肩边缘距离、宽度、横坡、平整度的允许偏差值及检验标准应符合规范规定。

3）按程序进行检验批、分项工程验收，内容同前。

四、路堑子分部工程验收管理

由于 GB/T 50299—2018 中未明确分列各分项工程的验收标准，只将路堑子分部所含的部分分项工程验收标准列出，故过渡段分项工程的验收标准摘自相关规范的内容，待全部分项工程合格后，按程序进行路堑子分部工程验收，并达到合格标准。

（一）质量检验标准（表 8-2-3）

路堑验收标准（规范） 表 8-2-3

子分部工程		质量验收内容	检验数量及方法
路堑	主控项目	路堑基床换填厚度及换填填料、排水设施和防护应符合设计文件要求	全部检查。观察检查，钢尺量测
		路堑基床压实度应大于 96%	每 200m 每压实层检查 4 处。灌砂法、核子仪法
	一般项目	路堑允许偏差和检验数量应符合表 7-1-3 的规定	测量检查，钢尺量测

（二）相关允许偏差（表 8-2-4）

路堑允许偏差和检验数量 表 8-2-4

检验项目		允许偏差（mm）	检验数量
边坡坡率		不陡于设计文件规定值	每 100m 检查 2 点
变坡点位置		±100	每 100m 检查 3 点
高程		±50	
宽度		不小于设计文件规定值	
光面爆破或预裂爆破	倾斜坡面坡率	±3%	每 100m 检查 6 点
	垂直坡面坡率	0°～2°	

（新规范 GB/T 50299）

第三节 路基支挡与防护和排水工程质量安全管理

按照《地下铁道工程施工质量验收标准》GB/T 50299—2018 的划分，路基支挡与防护和排水各为一个子分部工程，前者包含 5 个分项工程，后者包含 2 个分项工程，见表 8-0-1。因排水工程内容较少，故与路基支挡及防护合并一节叙述，本节将分别论述各个分项工程的施工质量管理要点，验收标准及误差允许值均依据该规范。

一、基坑施工质量安全管理

（一）质量管理

1. 基坑开挖

1）基坑开挖前由施工单位按照图纸进行中线放样，并放出基坑开挖边线，监理单位负责复核；

2）应保持良好的排水，基坑外设置集水井，以利于基底排水；

3）按照施工方案分层、分段开挖，需要支护的应提前做好支护准备；

4）若用机械开挖，应预留 30cm 在到达底面标高前，采用人工清理，防止基底扰动；

5）若设计有要求需要在基底做钎探，防止出现局部软土或空洞。

2. 地基处理

当基础底部地基承载力小于设计要求时，要按要求进行处理，直到达到设计要求，同时检验基底尺寸及标高，报监理工程师验收合格后，才可进行基础片石或混凝土挡土墙施工。

（二）挡土墙基坑开挖安全管理

1. 做好临时支撑

根据土质情况，及时做好临时支撑。在岩石坡碎石或土质松软地段，基坑开挖面不宜过大，防止坍塌伤人。

2. 进入墙体施工时，应搭设操作平台，设护栏和安全网。

二、基础施工过程质量管理

1. 砌筑基础

1）开挖基坑及地基处理后，检验基底尺寸及标高，报监理工程师验收合格后砌筑；

2）基础第一层砌筑前，对岩石基底，应清扫、湿润基底表面，再坐浆砌筑，对土质基底整平后直接坐浆砌筑，严禁抛石灌浆砌筑；

3）按照图纸要求的长度设置沉降缝，并填充；

4）对砂浆要及时洒水养护。

2. 混凝土基础

1）施工单位测量放线、支模板，监理工程师复核验收合格后进行下一步工序；

2）浇筑混凝土要分层分段进行，对于高差较大的地方要设置流槽，要及时、连续振捣；

3）要及时养护，养护时间不能少于规范要求；

4）严格按照设计图纸要求设置沉降缝，沉降缝处要严格断开，并按要求填充。

三、挡墙身施工质量管理

按划分表 8-0-1，挡墙身为一个分项工程，实际工程中挡墙身有多种形式，由于《地下铁道工程施工质量验收标准》GB/T 50299—2018 中并无不同挡墙的质量验收标准，工程实践中，各地区可按照现行的相关国标、行标或地标执行。

挡土墙有多种形式，一般常见的形式有重力式、薄壁式、锚定式、加筋土挡土墙等多种，下面重点介绍重力式和薄壁式两种。

（一）重力式挡墙

重力式挡土墙是以自身重力维持其在土压力作用下的稳定，是路基防护工程中常用的一种挡土墙，适用6m以内的填方边坡。按照墙背的坡度不同可分为仰斜式、俯斜式、垂直式等类型，见图 8-3-1；按照墙的设置位置不同可分为路肩墙、路堤墙、路堑墙和山坡墙等类型；墙身可以用石砌或混凝土建成，以梯形断面最为常用，本节仅论述石砌重力挡墙的质量控制。重力式挡土墙结构见示意图 8-3-2。

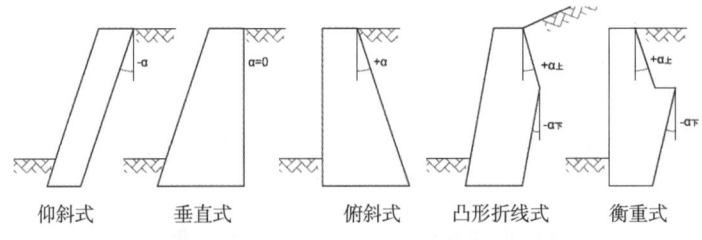

图 8-3-1 重力式挡土墙断面示意图

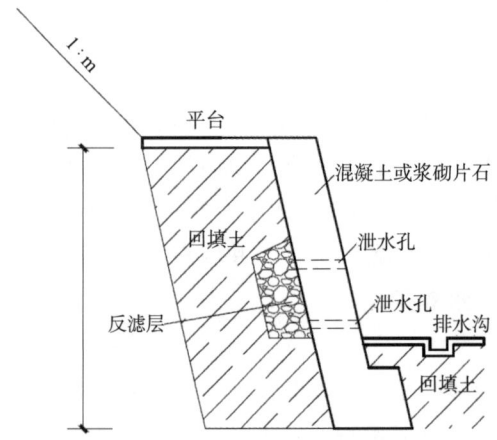

图 8-3-2 重力式挡土墙结构示意图

1.施工准备管理

1)检查迎土面边坡必须稳定,分段、分槽放线监理已复核合格。

2)排水、截水沟已完成,雨天坑内积水应随时排干。

3)天然地基,基底验槽结果应与勘察文件一致,若有不同,应与勘察、设计单位协商确定处理方案。

4)若需进行地基加固,加固方案应按设计方案执行,若仅需局部换填且无设计图纸,施工单位应编制方案并经监理单位审核批准后执行。加固完成应进行验收,并合格。

2.施工过程质量控制

1)挡墙、墙身的砌筑

(1)当砌筑高度超过2m时,需搭设脚手架,其控制详见《城市轨道交通土建工程质量安全管理概论》第四章第一节相关内容。

(2)墙身应分段、分层砌筑,分段位置宜尽量设在沉降缝处;分层砌筑时,各工作层竖缝应相互错开,不得贯通。

(3)砌筑时底浆应铺满,砌块间砂浆应饱满、粘结牢固,不得直接贴铺或脱空,严禁由基坑上方向抛石砌体块或砂浆,避免冲击砌体。砌筑中断后再恢复时,砌体表面应清扫并洒水湿润。应重点检查挂线的平顺度和砂浆的饱满情况。

2)沉降缝应按设计要求设置。

3)每隔2～3m上下错列设置一个泻水孔,墙背泻水孔处采用土工布包裹碎石反滤。

4)石砌体的勾缝及养护应满足设计要求。

(二)扶壁式挡墙

扶壁式挡墙是路肩挡土墙的一种,它是钢筋混凝土薄壁式挡土墙,由墙面板、扶壁、墙踵板组成,这些构件可以在工厂或现场预制,施工时将挡墙板焊接在预埋于混凝土基础中的钢板上,然后在其内侧填土。利用踵板上的土体重力可有效地抵抗倾覆和滑移,竖板和扶壁共同承受土压力产生的弯矩和剪力,一般在较高的填方路段用来稳定路堤,以减少土石方工程量和占地面积。主要特点是构造简单、施工方便,墙身断面较小,自身质量轻,可以较好地发挥材料的强度性能,能适应承载力较低的地基,具有节省占地空间、缩短施工工期、美化城市环境等优点。扶壁式挡土墙构造,见图8-3-3。

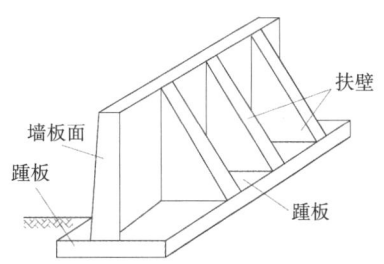

图8-3-3 扶壁式挡土墙构造示意图

1. 施工准备管理

基本内容同前述重力式挡墙，应注意以下几点。

1）墙踵板、墙面板、扶壁钢筋或钢筋网片按要求进行有见证复试并合格，混凝土配合比已经试验室试配验证。

2）若采购构件，应提前考察构配件厂家，并择优选定，签订合同。

2. 现场浇筑混凝土墙面板及扶壁施工质量控制

主要控制钢筋、模板、混凝土，基本控制要点同常规，应注意以下工作。

1）控制钢筋加工，重要部位绑扎采用点焊固定；

2）混凝土浇筑前，检查钢筋、预埋件、模内杂物等，清理并洒水使垫层湿润；

3）混凝土浇筑时，监理工程师进行坍落度抽查并进行旁站；

4）混凝土灌注完毕，安排专人在终凝前进行收面处理，终凝后及时保湿养生。使用普通水泥时，湿润养护时间不少于 7d。

（三）挡墙背后回填施工质量管理

无论重力式还是扶臂式挡墙，回填土施工质量均应满足下列要求：

1. 土质要求

1）墙背填筑应尽可能采用透水性好、抗剪强度高且稳定、易排水的砂类土或碎（砾）石类土等；

2）严禁使用腐殖质土、盐渍土、淤泥等作为填料；

3）在土场选有代表性的土做标准击实试验。

2. 填筑方法

1）墙背回填应由最低处分层填起，若分段回填，两段交接处不同时填筑，则先填地段应按 1∶1 的坡度分层留台阶；

2）若同时填筑，则应分层相互交叠衔接，其搭接长度，不得小于 2m。

3）机械碾压回填厚度每层不能超过 30cm，人工夯实回填厚度每层不能超过 20cm；

4）当土壤中碎石块大于层厚 2/3 时，要清除或破碎。

3. 排水

当墙身上留有排水孔时，在排水孔周边要填有碎石或砂砾，并保护排水管不被压坏；

4. 压实度要分层检测，压实度值不能低于设计值。

四、护坡施工质量管理

为防止边坡受冲刷，在坡面上所做的各种铺砌和栽植都称为护坡。

砌体砌筑应符合现行国家标准《砌体结构工程施工质量验收规范》GB 50203—2011 的规定。钢筋混凝土支挡和防护的钢筋、模板及支架、混凝土工程的质量验收应符合相关规范规定。施工准备管理内容基本同前述，此处从略。

（一）浆砌护坡（墙）施工质量控制

1. 清理基槽

采用人工开挖基槽、刷坡，砌筑前，将基底平整夯实，检查合格后方可进行砌筑。

2. 严格遵守施工工艺

宜用 15cm 以上的块（片）石，采用坐浆法，自下而上铺砌，砌块不得大面平铺，石块应彼此交错搭接，不得松动，严禁浮塞。砂浆在砌体内必须饱满、密实，不得有悬浆。

3. 分段施工

砌体护坡分段施工，每隔 10～15m 宜设一道伸缩缝，并做好伸缩、沉降缝及泄水孔，泄水孔后面，应设置反滤层。

4. 砂浆凝固后，墙面全部刷干净，使外貌整洁美观。

（二）干砌石护坡质量控制

1. 砌筑护坡基础

选取相对规整的块石按设计要求码放基础，以防止护坡砌石脱落。

2. 严格遵守施工工艺

1）护坡砌体以大石为主，选型配砌，必要时可以小石搭配，干砌石安置必须自身稳定，应相互卡紧，确保密实。

2）块石大面朝外，其外缘与设计坡线误差不超过 ±10cm，确保平整。

3. 同一砌层内相邻的及上下层相邻的砌石应错缝。

（三）边坡喷护质量控制

边坡喷护主要用于石质边坡或坡面较短的边坡的防护。

1. 施工准备工作的管理

基本内容同第一、二节所述，应注意检验批的划分，一般地区单侧连续长度 ≤100m，双侧边坡连续长度 ≤50m；特殊地区单侧连续长度 ≤50m，双侧连续长度 ≤25m。

2. 喷护过程质量控制

1）选定喷射试验段作为施工样板，现场留置喷射大板试件，用以检测喷射混凝土强度。

2）喷射顺序按自下而上，先凹后凸的顺序进行。

3）混凝土分层喷射时，后一层喷射应在前一层混凝土终凝后进行，但也不宜间隔过久，若终凝 1～2h 后再进行喷射，应在混凝土表面洒水湿润，以利层间结合。

4）喷射混凝土终凝后，及时进行洒水养护。

（四）挂网锚喷防护质量控制

挂网锚喷防护应用范围较广，几乎可用于各种形式的边坡。

1. 施工准备管理

同上述边坡喷护施工准备，应注意检验批的划分，单侧坡面连续长度 ≤50m，双侧坡面连续长度 ≤25m。

2.锚喷过程质量控制

质量控制的基本内容同前述边坡喷护,只是增加一个挂网工序,故还应控制以下几点。

1)锚杆的长度,孔深监理现场抽检合格,网片与锚杆焊接(绑扎)牢固。

2)锚孔注浆饱满,抽检合格。

3)检查网片保护层厚度不小于规范或设计值。

(五)植物防护施工质量控制

1.施工准备管理基本同前述,应注意以下几点。

1)控制施工分包队伍资质

植物防护工程一般由绿化专业分包单位实施,施工单位可通过招标选定具有资质的队伍,并与其签定合同和安全协议,对其进行管理。监理单位通过施工单位进行分包管理。

2)做好技术准备

(1)施工单位审核分包单位的施工方案并报监理单位审批。

(2)考察灌木苗圃生产基地,根据设计要求选择草籽、草皮。

(3)检查边坡平整度、坡面的密实度。

2.植物防护施工过程质量控制

1)喷播混合液配合比应参照设计说明或通过现场试验确定。

2)播洒要均匀,厚度符合设计要求。

3)喷播植草完毕后用无纺布对坡面进行覆盖、养护管理,每天透水浇灌1~2次,草坪出苗齐全后撤掉覆盖物,并作好后期的施肥以及病虫害防治。

4)严格控制坡顶截水沟质量,和边坡分区的混凝土、砌石质量。以防止表水冲刷产生冲沟、流泥等病害,提高种草成活率低。

5)铺设三维植被网

(1)以热塑料树脂为原料,分为上下两层,下层为一个经双面拉伸的高模量基础层,防止植被网变形;上层是具有一定弹性的、规则的、凹凸不平的网包组成。适用于砂性土、土夹石及风化岩石,且坡率缓于1:0.75的边坡防护。

(2)三维植被网中的回填土通常采用地表土。

五、路基支挡及防护子分部工程验收管理

路基支挡与防护子分部所含分项工程全部验收合格后,按规定程序进行子分部工程验收。

1.路基支挡、防护质量验收标准,见表8-3-1。

路基支挡、防护质量验收标准

表 8-3-1

子分部工程	质量验收内容		检验数量及方法
路基支挡、防护	主控项目	路基防护施工前，基底及坡面坡度应符合设计文件要求，路堤边坡的压实度应符合规范规定	全部检查。测量检查，压实度检测
		地基承载力、基础埋置深度、沉降缝、泄水孔、反滤层的设置应符合设计文件要求。沉降缝填缝应无空鼓、裂缝、漏水现象	全部检查。检查承载力报告，观察检查，钢尺量测
		混凝土不应有露筋和空洞	全部检查。观察检查
		植物防护种类和数量、基材和厚度应符合设计文件要求	全部检查。观察检查，钢尺量测
	一般项目	砌体挡墙防护的允许偏差及检验数量应符合表 8-3-2 的规定	测量检查，钢尺量测
		混凝土挡墙防护的允许偏差及检验数量应符合表 8-3-3 的规定	
		骨架和植草防护的允许偏差及检验数量应符合表 8-3-4 的规定	

2. 相关允许偏差

砌体挡墙防护的允许偏差及检验数量

表 8-3-2

检验项目	允许偏差（mm）	检验数量
平面位置	±50	每 20m 检查 3 处
顶面高程	±20	每 20m 检查 1 处
垂直度或坡度	0.5%	每 20m 检查 2 处
断面尺寸	不小于设计文件规定值	每 20m 检查 2 处
底面高程	±50	每 20m 检查 1 处
平整度	20	每 20m 检查 3 处

混凝土挡墙防护的允许偏差及检验数量

表 8-3-3

检验项目	允许偏差（mm）	检验数量
平面位置	±30	每 20m 检查 3 处
顶面高程	±20	每 20m 检查 1 处
垂直度或坡度	0.3%	每 20m 检查 2 处
断面尺寸	不小于设计文件规定值	每 20m 检查 2 处
底面高程	±30	每 20m 检查 1 处
平整度	5	每 20m 检查 2 处

骨架和植草防护的允许偏差及检验数量

表 8-3-4

检验项目	允许偏差（mm）	检验数量
平面位置	±50	每段检查 4 处
顶面高程	±20	每段检查 3 处

续表

检验项目	允许偏差（mm）	检验数量
骨架净距	±50	每段检查6处
骨架断面尺寸	不小于设计文件规定值	每段检查6处
底面高程	±50	每段检查3处
平整度	40	每段检查4处
植草基材和厚度	符合设计文件要求	每段检查3处
植物覆盖率	一般地区：85% 干旱地区：65% 寒冷地区：80%	每段检查1处

注：以每50m护坡为一段进行检查。

规范 GB/T 50299—2018 中未含有的边坡支护方式的验收标准，可根据工程当地相关的国标、行标或地方标准执行。

六、路基排水施工质量管理

按划分表 8-0-1，路基排水为一个子分部工程，含 2 个分项工程，为地表排水沟和急流槽、管道及井。各分项工程施工准备工作管理内容基本相同，一并论述，分别叙述其施工过程质量控制。

（一）地表排水沟施工过程质量控制

排水沟主要有边沟、排水沟、截水沟、急流槽、消力池等形式，有钢筋混凝土和砌体两种结构类型，其施工应分别满足相应规范规定。各种排水沟设施施工工序基本相同，故一并按工序叙述其质量控制要点。钢筋混凝土排水沟的钢筋、模板及支架、混凝土工程的质量控制同常规，此处从略。此处仅简要叙述砌体砌筑排水沟的质量控制要点。排水管道的施工应符合国家现行标准《给水排水管道工程施工及验收规范》GB50268 的规定。

1. 施工准备管理

施工准备工作的管理内容基本同前述，应注意以下几点：

1）全线已完成导线点、水准点测量数据的复测，并在线路附近增设了导线点与水准基点。

2）地下水处理

对影响路基稳定的地下水，已截断、疏干、降低水位，并引排到路基范围以外，防止漫流、聚集和下渗。

3）材料准备

施工所需用水泥、碎石、砂等材料均已由监理工程师抽样送试验室试验合格；施工用配合比已报批，可按配比施工。

2. 基槽开挖

1）基槽开挖采用机械开挖，在距离基底 30cm 时，人工配合开挖，严禁超挖，如有少量超挖应按图纸及规范要求填料回填夯实。

2）排水沟纵坡应顺应地形或路基走势，沟底平整，排水畅通。

3. 砂浆拌和

1）采用机械集中拌和，拌和时间一般为 3 ~ 5min。

2）砂浆随伴随用，保证其稠度和和易性，已凝结的砂浆，严禁加水重新拌和使用。

4. 砌筑质量

1）浆砌片石边沟、排水沟、截水沟和急流槽均应分段砌筑，每段长度不宜超过 10m。

2）砌筑边坡时，应自坡底向顶依次分层砌筑；砌筑边沟及排水沟时应先砌底板，再砌侧墙。

3）石质砌体基面砌筑前应将基面润湿；基面为土质或有砂、碎石垫层，应将基面夯实整平，方可进行砌筑。

4）掌握分层料石尺寸的选择及铺设方位，错缝合理、灌浆饱满捣实、保证料石和基面接触密实无空隙，料石不得直接贴靠或脱空。

5. 勾缝、养生

1）为保证浆砌片石砌体的整体强度，防止砌体渗水漏水，避免冲蚀，应及时用水泥砂浆勾缝，可用凸缝或凹缝，嵌入到砌缝隙内不小于 2cm，严禁勾"假缝"。总体质量水平要求坚实、稳定，外观要线型美观、勾缝平顺圆滑。

2）砌体砂浆凝固之后开始养生，养护期限视温度而定，一般不少 7d。

3）砌体在养生期内，应洒水养护，当温度低于 5℃时，禁止向砌体洒水，只能保温。砌体养护时，可以用沿线土覆盖，养生期后再将土清除。

（二）急流槽、管道及井施工质量管理

急流槽、管道及集水井的主要作用是将截水沟、排水沟以及其他来源的水流，排至路堑边沟，通过急流槽减缓水流速度，防止水流对路基的冲刷。

1. 急流槽

1）位置和类型依图纸和实际地形确定。如有现场地形和图纸不符的地方，及时向监理单位和设计单位报告，按照处理方案实施；

2）如急流槽较长，或设有基础伸缩缝，则应与墙身伸缩缝对齐、缝宽均匀；

3）消力槛应砌筑牢固，不得有裂缝、空鼓现象。

2. 管道

1）管道的基础施工时，伸缩缝的处理应符合设计要求；

2）管道安装时接口的处理应符合设计要求。

3. 井

集水井的砌筑要点同急流槽,重点注意入水口角度应满足设计要求。

(三)排水子分部工程验收

1. 质量验收标准,见表 8-3-5(规范 GB/T 50299—2018)。

路基排水质量验收标准　　　　　　　表 8-3-5

子分部工程	质量验收内容		检验数量及方法
路基排水	主控项目	排水工程地基应密实、平整,且无杂物和积水,基底压实度应符合设计文件要求	每 1000m² 检查 3 个点。测量检查,压实度检测
		垫层、反滤层的材料和设置应符合设计文件要求	全部检查。观察检查,测量检查
		混凝土不应有露筋和空洞	全部检查。观察检查
	一般项目	路基排水工程的允许偏差及检验数量应符合表 8-3-6 规定	测量检查,钢尺量测

2. 允许偏差

路基排水工程的允许偏差及检验数量　　　　　　　表 8-3-6

项目	允许偏差(mm)		检验数量
	浆砌	现浇	
中线位置	±50	±50	每 100m 检查 5 处
底面高程	±20	±10	
顶面高程	—	−20 ~ 0	
断面尺寸	±30	±20	
沟底坡度	±5% 设计文件规定值	±5% 设计文件规定值	
沟底平整度	25	12	
铺砌厚度	−10	−10	
垫层尺寸	不小于设计文件规定值	不小于设计文件规定值	

第四节　涵洞工程施工质量管理

涵洞是指在城市轨道交通工程建设中,为了使路基顺利通过沟渠或横跨大小道路作为人、畜和车辆的立交通道,其作用是迅速排除轨道沿线的地表水、跨越天然沟谷洼地排泄洪水,保证路基和行人、车辆安全。涵洞主要由洞身、基础、端墙和翼墙等组成，是根据连通器的原理，常用砖、石、混凝土和钢筋混凝土等材料筑成，一般孔径较小，形状有管形、箱形及拱形等。

按照《地下铁道工程施工质量验收标准》GB/T 50299—2018 的划分，涵洞为一个子分部工程，其下又分 7 个分项工程，见表 7-0-1，其中地基及基础分项工程质量控制要点前文已有叙述，请参阅相关章节内容，此处从略。现浇模板及支架、现浇式涵洞钢筋、现浇或顶进混凝土三个分项工程实质是现浇混凝土涵洞，在此合并为一项叙述。本节简要叙述装配式涵洞涵身、现浇涵洞混凝土、涵洞防水、附属工程 4 个分项工程质量控制要点，关于涵洞顶进因内容较多单列为一节叙述。验收标准及误差允许值均依据《地下铁道工程施工质量验收标准》GB/T 50299—2018。

一、装配式涵洞施工质量管理

装配式涵洞是指用预制的构件在工地装配而成的涵洞。预制部分主要是指侧墙和顶板，而基础部分多数还要现场浇筑，这种涵洞的优点是建造速度快，受气候条件制约小，节约劳动力并可提高质量。

（一）施工准备的管理

1. 资源准备

1）装配式涵洞若在工厂分节制作，监理单位组织建设、施工或设计单位考察涵洞厂家，确认后，施工单位和其订立供货合同。监理合同有约定时，监理单位应驻厂监造。

2）若施工单位自行预制涵洞，预制场地应选在材料运输方便的干道附近，预制、存放、养护各功能分区统一规划。采用钢模板，模板要具备足够和持续的刚度、精度、光洁度和平顺度，配置振动设备和隔振设备。断面尺寸较小满足运输要求的，可预制为整体构件，对于断面尺寸较大的涵洞通道，每个预制节段分为两个预制构件。

3）沉降缝材料已按要求进场并报监理审核。

4）施工所用机械、工具准备齐全。

2. 技术准备

1）现场制作涵洞，监理单位和施工单位分别做好图纸会审，参加由设计组织的交底会。

2）涵洞施工方案已由施工单位上报监理单位审批，并完成作业班组的技术交底。

3）监理单位已编制相应的监理实施细则，并向施工单位交底。

4）地基要满足设计要求的容许值，对软弱地基，要依据设计要求进行换填、夯实，并检测合格。

3. 现场条件准备

1）确认现场地理、地质条件符合设计文件要求。

2）施工放线后，将施工现场附近的水系改道汇拢引流至工作面以外。

3）清除施工部位表土，贯通施工临时便道。

（二）涵节装配质量控制

1. 构件运输

涵洞节段在工厂或现场预制作，应运至工作面，构件移运时混凝土强度应满足设计强度要求，在运输车上采取必要的固定、缓冲措施以防运输过程中损伤构件。

2. 放线定位

安装前测量工程师放线给出涵洞整体线位，根据线位标示出涵洞每个节段的位置，并检测标高、横坡必须满足要求，对于不满足的，用砂浆调整。

3. 构件起吊安装就位

采用汽车吊安装构件，严格按照构件的吊点位置起吊。

安装方向由高处向低处，必要时可利用临时支撑杆辅助稳定。若一个预制节段由两个构件组成，安装就位后及时连接预留钢筋、浇筑连接带混凝土，确保构件整体受力。

（三）沉降缝施工质量控制

1. 按照设计要求确定沉降缝位置，沉降缝处涵洞需完全断开。

2. 沉降缝填塞前，缝内已清扫干净，无杂物和积水。

3. 沉降缝的表面质量应达到缝宽均匀，缝身竖直，环向贯通，填塞密实，外表光洁。

二、现浇混凝土涵洞施工质量管理

现场制作的混凝土涵洞多为箱涵或盖板涵，若设计规定使用现浇涵洞，施工及监理单位应对钢筋混凝土施工全过程，包括钢筋、模板支架、混凝土工程严格管理，质量控制同常规，此处仅叙述混凝土施工特别应注意之处。

（一）施工准备的管理

1. 涵洞轴线桩、基础开挖边线放线已完成并复测合格。

2. 所需型号的钢筋、焊条、连接器已进场并复试合格。沉降缝材料已按要求进场并经监理单位审核。

3. 商品混凝土站监理单位已组织考察并确认。

（二）现浇混凝土施工质量控制

涵身混凝土一般分为两次浇筑完成，第一次浇筑底板及边墙倒角30cm位置以上处，第二次浇筑剩余边墙和顶板混凝土。

1. 混凝土浇筑

入模高度超过2m时，应设置串筒防止混凝土离析。一般分2次或3次，首先浇筑底板完成后，浇筑侧墙、顶板，侧墙混凝土浇筑时，分层对称地进行。

分段逐层连续浇筑，顶板混凝土浇筑后终凝前进行"提浆、压实、抹光"工艺，清除混凝土凝固初期产生的收缩裂纹。

2. 中断浇筑处理

当浇筑混凝土中断浇筑时间超过终凝时间，要按浇筑中断处理，同时留置施工缝，并作好记录。施工缝的平面与结构垂直,施工缝须预埋连接钢筋。

(三)砌体施工质量控制

在一些地区涵洞体量较小,附近又有丰富的石材原料,其基础、侧墙、附属工程等构造采用浆砌片石工艺。

1. 涵基、侧墙

采用浆砌片石施工时,砂浆要集中搅拌,涵台每隔 4~6m 设一道沉降缝,沉降缝贯穿整个断面(包括基础),缝宽 2cm,缝内用沥青麻絮填充。

2. 勾缝

砌石缝间砂浆饱满,砌体勾缝应嵌入缝内约 2cm 深,缝槽深度不足时,应凿够深度后再勾缝,砌体要丁顺咬合,避免所有搭缝在同一竖直面上。

3. 养护

浆砌片石完成后要洒水养护,砂浆强度达到 90% 以上后才能进行背后填土施工。

(四)沉降缝施工质量控制

1. 沉降缝位置涵身钢筋应分段加工,按每段涵身长度设置沉降缝,宽度为 2cm。

2. 沉降缝施工与涵洞底板、墙身及顶板施工同步进行,在混凝土浇筑前布设完成,沉降缝端面要做到整齐、方正。

3. 沉降缝基础、边墙、顶板上下贯通,不得交错,填塞物要密实,并严格按照设计要求进行施工。

三、涵洞防水施工质量管理

(一)防水层

1. 防水处理

涵节装配合格后要对构件和节段间接缝进行防水处理,处理范围包括节段接缝、沉降缝、吊装孔等。

箱涵洞一般在底板、侧墙面施作防水卷材,顶板可用防水材料涂刷,质量控制要点同明挖。

2. 防水材料

必须严格按设计文件选用。进场后经监理工程师见证取样复试合格后方可使用。

3. 施作保护层

防水层经检查合格后,及时按设计要求施做保护层,平面保护层可采用细石混凝土,立面保护层采用厚度不小于 5cm 的聚乙烯泡沫塑料或聚苯板。

(二)沉降缝处防水

1. 沉降缝设置

沉降缝应设置中埋式橡胶止水带及塞填聚苯乙烯塑料泡沫板。在混凝土浇筑过程中应重点保护其完整性,不得破损,在固定止水带时,只能在止水带的允许部位上穿孔打洞，不得损坏本体部分。

2.沉降缝处理

缝清理、填充、修整、抹平后，按设计要求涂刷有机防水涂料，粘贴高聚物改性沥青防水卷材或合成高分子防水卷材。卷材的横纵向搭接方式、搭接宽度、基面平整度需符合设计要求。

3.做好成品保护

禁用铁锹、铁耙等锐利器物直接与防水层接触或撞击。工人须穿平底鞋，施工所用手推车铁脚用布包裹严实。

四、附属工程质量管理

（一）基本概念

涵洞附属工程主要包括端墙、翼墙、进出水口急流槽、锥体护砌等。其构造有混凝土结构，也有浆砌片石结构，其基本做法前面已叙述，此处不再赘述。

（二）施工中需要注意以下问题。

1.翼墙、出入水口急流槽与涵洞结构间的沉降缝一定要完全断开，并填充饱满；

2.锥体护砌、翼墙及出入水口急流槽的地基压实度一定要满足设计要求，否则很容易出现裂缝和沉降现象；

3.出入水口急流槽的抹面一定收好，确保不要出现质量通病；

4.端墙与涵洞主体结构的连接一定要符合设计要求。

五、涵洞子分部工程验收管理

（一）质量验收标准，见表8-4-1。

涵洞工程质量验收标准　　　　　表8-4-1

子分部工程		质量验收内容	检验数量及方法
涵洞	主控项目	地基承载力、基础埋置深度及沉降缝的设置应符合设计文件要求。沉降缝填缝应无空鼓、裂缝、漏水现象	全部检查。观察检查
		洞身应顺直，进出口、洞身、沟槽衔接应平顺，应无阻水现象	
		涵洞防水使用的材料、工艺、施作防水层的部位、保护层的做法应符合设计文件要求	全部检查。检查材料质量证明，观察检查和检查施工记录
	一般项目	混凝土涵洞的允许偏差及检验数量应符合规范规定	测量检查，钢尺量测
		砌石涵洞的允许偏差及检验数量应符合规范规定	
		涵洞采用卷材或涂料防水层，与基层的粘接、防水层的厚度、搭接尺寸和保护层质量检验应符合现行国家标准《地下防水工程质量验收规范》GB 50208—2011 的规定	

（二）分层次验收

1. 隐蔽工程验收

施工单位和监理机构应组织防水隐蔽工程验收。

2. 按程序进行检验批、分项工程和子分部工程验收

第五节 箱涵顶进工程施工质量管理

箱涵顶进即顶入法施工，是将预制的箱涵（框架）从路基及其他建筑结构物地基下顶推穿越，形成通道桥涵。其最大优点在于不中断行车，保持运输畅通，对运营干扰较小，对路基及其它构筑物无威胁、危害，大大缩短施工工期，降低物耗，节省劳力，降低成本，还可减轻劳动强度，改善劳动条件。箱涵顶进施工图例见图 8-5-1。

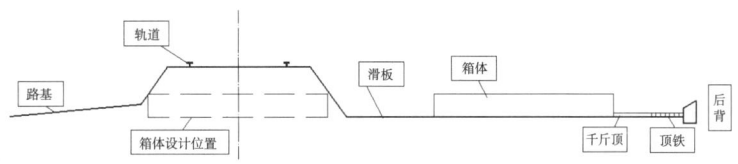

图 8-5-1　箱涵顶进施工图例

箱涵顶进为区间工程中的一个子单位工程，含 5 个分部工程，其下各含若干分项工程，见表 8-5-1。现将前 4 个分部工程中所含主要分项工程的施工质量控制要点综合叙述，关于涵内砌筑分部工程质量控制，可参考第一章相关内容，此处从略。有关测量工作，详见《城市轨道交通土建工程质量安全管理概论》第七章相关内容。施工准备管理要点同常规，不再论述。施工单位和监理单位必须严格管理与控制箱涵顶进的施工安全和质量。箱涵顶进工程的质量验收标准为《城市轨道交通工程质量验收标准 第 1 部分：土建工程》DB11/T 311.1—2005。

箱涵顶进工程划分表　　　　表 8-5-1

子单位工程	分部工程	分项工程
箱涵顶进工程 05	工作坑及滑板 01	01 排降水；02 基坑围护；03 土方开挖；04 现浇（预制）滑板；05 施工测量
	后背 02	01 后背制作；02 后背安装；03 施工测量
	箱涵制作 03	01 模板及支架；02 钢筋；03 防水混凝土/混凝土；04 预埋件；05 施工测量
	箱涵顶进 04	01 顶进；02 土方
	涵内砌筑 05	

一、工作坑及滑板质量管理

工作坑是预制和顶进桥涵（框架结构）的工作场地，其位置应根据线路两侧地形、场地大小、土质、结构物尺寸及施工需要决定，在保证排水和安全的前提下，工作坑边缘距公路有足够的安全距离，要有利于施工、运输及后背设置。工作坑基底的承载力应能满足顶入桥涵的要求，边坡应稳定，否则应加固。

（一）排降水、基坑围护、土方开挖质量控制

该3个分项工程的施工质量管理与前述明挖车站中的相关分项工程内容一致的部分，不再赘述，仅提出具有特点之处。工作坑采用人工开挖，在四周挖集水坑，并在两侧挖排水沟。开挖到设计标高后检查基底能否满足抗滑要求，若不能满足必须在基底面增设锚梁，保证底板有足够的刚度和强度。应注意充分利用既有排水管涵，尽量做到路基排水与车站、桥梁及市政设施相结合。

（二）现浇、预制滑板

滑板是用来找平和安装轨道，是在底面浇筑的钢筋混凝土构件工作坑应满足下列要求。

1.滑板中心线应与桥涵中心线一致。滑板具有足够强度、刚度和稳定性，必要时可在滑板上层配置钢筋网，以防顶进时滑板开裂。

2.底面设粗糙面或锚梁，增加抗滑能力

基坑开挖完成后，按照设计图纸进行底滑板钢筋、混凝土施工，其质量控制同常规。为了防止顶进时滑板一并被顶走，在滑板底面上按一定距离设一道钢筋混凝土固梁，或采用滑板钢筋连接后背梁形式，形成整体连接，防止框构顶进时滑板与其一同移动。

3.严格控制滑板顶面平整度

滑板表面应平整，以减小顶进时的阻力。采用方格网控制高程，将滑板平面分成适当大小的方格网，在灌注底板混凝土时并埋入标示高度的钢筋头，保证钢筋头顶面在同一高程。浇筑后逐点抹平混凝土表面，使表面平整度误差满足要求。

4.滑板仰坡

由于箱涵顶进时轨道重量及列车的作用，扎头的概率远远高于抬头的概率。宜将滑板做成前高后低的仰坡，坡度为2‰～5‰，地基承载力较好时取小值，反之取大值。

5.设置滑板隔离层

预制箱涵（框架）时为防止底板混凝土与工作坑滑板粘连，预制前在滑板顶面施做润滑隔离层。预制箱涵身时，底板前端的底部宜设船头坡，尺寸一般为高5cm、长80cm，以便在顶进中易于通过挖土，调整高低偏差。

6、沿顶进方向，在滑板的两侧，距桥涵外缘50～100mm处设置导向墩，以控制桥涵顶入方向。

二、后背施工质量管理

在箱涵顶进施工中,后背作为承受顶进桥涵时反力的临时结构物,其造价占整个工程投资的比重较大。后背过大,则造成不必要的浪费;后背过小,则易在顶进过程中出现较大开裂或偏移,给施工带来困难,甚至拖延施工进度。施工单位在图纸会审和设计交底时应特别关注后背的类型、尺寸和实际情况的符合性,对不符合的情况应及时向设计人员提出,以得到改进意见。

后背为一个子分部工程,含后背制作于安装两个分项工程。

(一)后背形式及工作原理

目前常用的后背主要有以下三种形式。后背形式及工作原理见表 8-5-2。

后背形式　　　　　表 8-5-2

类型	工作原理	组成形式
靠土体与结构之间的摩阻力	重力式	引道挡土墙后背
		堆砌片石后背
		齿坎式砌体后背
靠土的水平抗力	打桩式	用槽钢、钢轨、工字钢、钢板桩等组成的钢桩后背
		钢筋混凝土桩后背
		木枕式后背
	拼装式	钢筋混凝土预制块后背

1. 重力式后背(即浆砌片石后背)

其主要优点是使用方便,不需要大型起吊、打桩设备及运输工具。但就其可提供的最大顶力和牢固性而言,又具有一定的局限性。通常只适用于小型工程。

2. 板桩式后背

由各种类型的型钢、后背梁和后背填土组成。在开挖工作坑前先打入板桩,有钢轨桩、钢筋混凝土桩、木枕式三种,在大型工程中,多采用钢轨桩后背,可以节省大量后背填土,也能保证桩后土壤的密实度;可以反复使用,还可以使用铁路正线的旧轨料,在要求顶力很大时,更为经济。

3. 拼装式后背

钢筋混凝土拼装式后背,主要由各种钢筋混凝土预制件组成。优点是比重力式后背可以提供更大的顶力、比板桩式后背用钢量少,且组装简单易行,可以反复使用。常用于工点相对集中、需要较大顶力而且又有起吊、运输条件的施工现场。

(二)后背制作安装质量控制

现以钢轨桩式后背为例,叙述其质量控制要点。

1. 后背构件应有足够的刚度和强度

采用打钢轨桩制作后背，利用其刚度及强度，并在桩后砌筑浆砌片石及夯填土方，保证桩后土坡的密实度，满足顶进全过程中所出现的最大顶力要求，并且有适当的安全储备。

2. 后背梁的设置

1）后背梁的作用是将千斤顶的顶力均匀地传至后背上，避免受力集中。后背梁宜与滑板联结，当后背抗力不足时，可在工作坑滑板上填土压重，使作用于后背梁上的顶力除由后背抵抗外，一部分由滑板上填土后所增加的摩阻力承担。为了防止顶柱接长后产生向上拱起，或左右拱出的现象，可在顶柱上填土碾压，一般填土厚度为 1.0～1.5m。

2）在逐次顶进中，应使后背所产生的变形较小，减小顶程损失，提高顶进效率。

3. 传力设备

主要包括顶铁、活动横梁、固定横梁及顶柱等。

三、箱涵制作的质量管理

箱涵为框架结构，有条件可在现场预制，条件不具备时，也可在工厂制作好后运至现场。箱涵即顶进前的桥涵此分部工程包括模板及支架、钢筋、防水混凝土/混凝土和预埋件4个分项工程，以下分别简要叙述各分项工程施工质量管理。

（一）模板与支架

1. 顶板

作业一般采用满堂支架施工，支架要承受顶板的钢筋混凝土自重、施工荷载及其他外力作用荷载，按照荷载作用力合理分布脚手架间距，并设剪刀支撑杆件，防止横向作用力下产生位移，确保支架整体稳定。

2. 装配式钢模板拼装

使用汽车整体吊装，特别要注意吊装顺序及子母口位置正确无误。由人工配合起重机进行钢模安装，上紧钢模螺栓，脚手架对柱顶帽钢筋进行加固。

3. 保证模板的垂直度

支模前将支承部位顶面的模板底座用砂浆找平，也可以防止桥涵根部发生腐烂。

4. 防止漏浆

用海绵条放置在模板螺栓的接口处，可以有效地防止漏浆，提高结构强度。

（二）钢筋工程

1. 底板钢筋绑扎

按设计图纸底板钢筋布置绑扎，注意预留箱涵框架墙身钢筋，钢筋搭接长度要符合施工规范。

2. 确保预埋钢筋位置和垂直度，需搭设脚手架和钢筋定位架。

3. 检测钢筋骨架尺寸,确保在钢筋和模板之间有一定的距离,要求复测合格符合设计要求。

(三)防水混凝土/混凝土工程

箱涵结构框架的顶板、底板、侧墙为防水混凝土结构,中隔墙为普通混凝土结构。

1. 结合施工现场选择合适的浇筑方式,将施工误差降到最低。

2. 浇筑前在台身模板与基础交接处用 M10 砂浆堵漏,防止振捣时漏浆,以保证充塞密实。

3. 根据台身的高度选择合适的插入式振动棒分层振捣。

4. 浇筑完成后及时养护。

四、箱涵顶进质量管理

顶进方法众多,可采用一次顶入法、对顶法、中继间法、对拉法等,以下论述较常用的整体顶进法的控制,其特点是:箱涵(框架结构)一次预制完成,整体顶进。需要较多顶进设备,还需有强大的后背承受推力。可以连续作业,施工期短,对运输干扰时间短,故目前被广泛采用。

(一)顶进流程

现场调查→工程降水→工作坑开挖→后背制作→滑板制作→铺设润滑隔离层→箱涵制作→顶进设备安装→既有线加固→箱涵试顶进→吃土顶进→监控量测→箱体就位→拆除加固设施→拆除后背及顶进设备→工作坑恢复。

位于路基的一侧设置工作坑,在工作坑的滑板上预制整体箱涵,借助事先修筑的后背,当顶进前方挖土完成一个顶程后,即开动高压油泵,使千斤顶产生顶力,通过传力设备(顶铁、横梁),借助于后背的反作用力把框架向前推进至一个顶程后,在空挡处放置顶铁,挖运出土一个顶程距离,以待下次开顶,如此循环进行,直到整个框架顶进到设计位置为止。利用高压油泵带动千斤顶,连续将预制箱梁(框架结构)顶进就位,见图 8-5-2 和图 8-5-3。

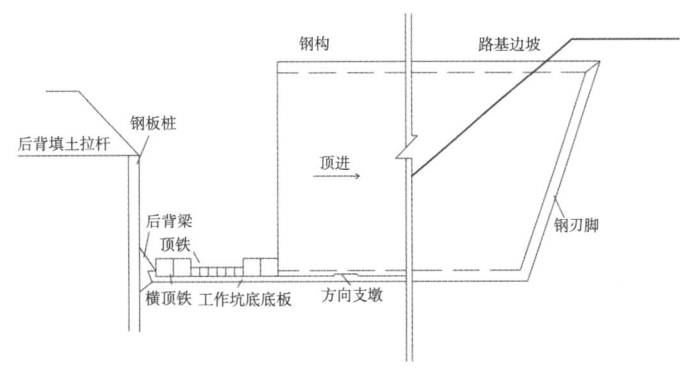

图 8-5-2 整体顶进法示意图

图 8-5-3 箱涵顶进实际施工图

（二）顶进质量控制

箱涵顶进为分部工程，含顶进与土方两个分项工程，以下分述其施工质量控制要点。

1. 编制施工方案

1）根据工程地质、水文地质资料和各种管路等障碍物，选择适宜的顶进方法，对已有道路和建筑物安全制定交通和环境保护措施。

2）顶进设备布置和选择

根据选定的顶进方法，选择适宜的顶进设备，主要有：卧式千斤顶、插入式捣固器、高压油泵及电子设备等，其选用原则是在考虑经济合理的基础上，有较大的安全储备。

3）选择千斤顶应考虑最大摩擦阻力、千斤顶及液压电子设备的布置方式等因素。

2. 控制顶进条件

1）顶进前根据实际需要，应对周围进行围护，可以采用注浆加固法、旋喷桩加固法、管棚法、管幕法等。

2）顶进前应检查验收桥涵主体结构的混凝土强度、后背，应符合设计要求。应检查顶进设备并做预顶试验。

3）顶进作业应在地下水位降至基底以下 0.5～1.0m 进行，并宜避开雨季施工，必须在雨季施工时应做好防洪及防雨排水工作。

4）千斤顶应按桥涵的中轴线对称布置。顶进法的传力设备安装时应与顶力线一致，并与横梁垂直。顶程较长时，顶柱与横梁应用螺栓固定。

3. 顶进施工计算的内容和要求

1）工作坑地基承载能力和边坡稳定性计算。

2）顶推后背承载能力计算。

3）井点降水水力计算。

4）如果实际基地的地质与设计资料不符，应根据降水后实测的土力学指标，验算箱涵顶进过程中地基承载力。

5）对于有沉降限值要求的工程，应进行地基或地面沉降计算。

6）若采用其他顶进方法，应按规范要求进行相应的计算。

4. 试顶

顶进的实施是整个工程的关键环节,因此开顶前应该进行试顶。

1)试顶顶力:施工单位根据经验确定,一般为顶桥结构自重的 0.4~0.8 倍。

2)加压过程:启动时缓慢加压,要使顶镐同步逐渐增压,每次升到一定压力后稳定几分钟,并对设备及滑板、框架进行检查,如一切正常,继续加压。

3)观察油压变化:加压过程中,如油压突然下降,一是表明框架脱离滑板开始移动,则可继续顶进;二是后背或框架出现变形,则应停止顶进,分析变形原因,采取加固措施。

4)控制顶进过程:在滑板上空顶进,当框架前刃角接触路基边坡时,开始挖土运土,当刃角前方挖土宽度达 60~70cm 即可开动油泵,使顶镐推动框架前进,待顶镐完成一个行程,即安放一个不同规格的顶铁,等待下次开顶,如此反复直至框构就为。

5. 控制顶进方向及高程

1)顶进时,每完成一个顶程,就要进行一次水准测量,以便及时掌握框架的坡度变化。

2)防止箱涵(框架)被顶裂。

3)防止线路横移。

当桥涵跨度较大且涵顶无覆盖土时,应采取下列防止线路的横移措施:

(1)在顶板面涂以柴油、石蜡,成为光滑的滑移面,减小钢横梁与顶板间的摩擦力。

(2)在顶进的前方设置板桩地锚,将横梁顶在板桩地锚上,必要时还可以用千斤顶以板桩地锚作后背将线路进行调整。

当穿越线路股道较少时,也可在工作坑两侧设置地锚,利用卷扬机和滑车组调整线路方向。

6. 顶进作业应连续进行

不得长期停顿,以防地下水渗出,造成坍塌。出现事故时应立即停止顶进。

7. 防水处理

箱涵顶进时,对节间接缝及结构物应按设计要求进行防水处理。

(三)土方施工质量控制

在箱涵顶进中需要人工配合机械开挖土方,开挖出一个千斤顶的行程,然后顶进到土层位置以防止坍塌。顶进速度主要取决于洞内的挖、运土速度,故应尽可能为提高其速度创造条件,主要控制要点如下。

1. 控制挖土方式

1)如工作面宽广,尽量采用机械挖运土,人工开挖底边刃角。

2)挖土应与测量工作紧密配合,根据框架偏差情况及时改变挖土方法。

2. 控制挖土进深

挖土时,每次掘进深度应视土质情况及有关要求而定,一般每次进深约为 20~50cm。最后控制一个行程进深。

（四）箱涵顶进工程验收管理

1. 箱涵顶进为分部工程，按程序组织检验批、分项及分部工程验收，顶进后其允许偏差应不超过表 8-5-3 的规定。

箱涵顶进允许偏差　　　　　　　　表 8-5-3

检查项目		规定值或允许偏差（mm）	
		框构桥、箱涵	管涵
轴线偏位	涵（桥）长＜15m	100	50
	涵（桥）长 15～30m	150	100
	涵（桥）长＞30m	300	200
高程	涵（桥）长＜15m	+30，-100	±20
	涵（桥）长 15～30m	+40，-150	±40
	涵（桥）长＞30m	+50，-200	+50，-100
相邻两节高差		30	20

2. 箱涵顶进为子单位工程，以上 5 个分部工程验收合格后，按程序组织子单位工程的验收。

（五）监测与控制

箱涵顶进过程中，应监控桥涵主体的倾斜和偏位，发现偏差及时纠正。对于穿越高速公路的箱涵顶进施工，还应观测路面的沉降变形、路面横移量、路面隆起，确保车辆通行和安全。

对于穿越重要建筑的箱涵顶进施工，应根据重要建筑的结构安全要求，选择检测内容、方法，采取控制措施，以确保安全。具体检测方法应执行《城镇道路工程施工与质量验收规范》CJJ 1—2008 的相关规定。

第六节　路基工程安全、职业健康和环境管理

路基工程施工过程会产生一定的污染物，如噪声污染、固体和液体废弃物以及扬尘污染，应对其着重防范，按照创建文明工地和标准化施工的要求，采取相应的管理措施，路基工程安全、职业健康和环境管理的宏观措施通同常规，详见《城市轨道交通土建工程质量安全管理概论》第四章相关内容，本节仅对路基工程所特有的具体措施按主要分项工程简述。

一、路基工程安全管理

（一）路堤、路堑、支挡与防护工程的安全、职业健康和环境管理

1. 各分项工程通用措施

1）现场材料布置合理，有防污染、防潮措施；危险品、易燃易爆品必须分开存放，专人负责管理。

2）修筑临时道路，搭设临时工棚等除满足设计安全要求外，还应注意生态保护，尽可能植被较少且容易恢复原貌的地点，不砍或少砍树木，当永久工程完工后，对临时道路进行清理，恢复原貌。

2. 路堑开挖

1）经常注意坡面的稳定，每天开工、收工前对坡面、坡顶附近进行检查，如发现有裂缝和坍方的迹象，应立即处理，凡不能处理且对施工安全有威胁时，暂停止施工，并报告上级处理。

2）在高于3m的坡面上作业，必须拴安全绳；严禁在同一固定桩上拴几根安全绳和在一根安全绳上拴几个人。弃土需保证路堑边坡和弃土堆的自身稳定及其位置与高度，考虑地形对附近建筑物以及农田、河流、交通安全的影响，若采用爆破法施工，各环节管理应符合相关要求。

3）弃土场

在政府管理部门办理相关的许可，运输车辆及行驶路线都应符合当地路堤填筑的有关规定。

为保证机械运行的安全，场地必须平整不积水，且路堤两侧合理超宽填筑。灭火器材、避雷装置齐全；机械设备由专人管理、操作，指挥和操作人员必须精力集中，加强了望，任何人员不得爬乘土方施工机械。

3. 砌筑挡护墙

脚手架搭、拆的安全要求符合现行的安全规定，严禁工作面交叉作业，片石改小工作不得在脚手架上进行，护墙砌筑时，严禁坡脚下站人。

4. 文物保护

在开挖中若发现文物或有考古、地质研究价值的物品，立即停止施工，并采取有效防护措施，尽快通知建设单位及文物保护有关单位。

（二）涵洞工程的安全管理

箱涵顶进工程包含工作坑及滑板施工、后背施工、箱涵制作和顶进等分项工程，施工中使用的机械设备如顶进设备（千斤顶）、吊车、挖掘机、运输车辆等，施工过程中有一定的安全风险，还会对环境产生污染，对作业人员的职业健康产生一定的影响和伤害。

1. 设立限速标志、慢行信号标志，派专人值守。

2.顶进作业需提前备案

在顶进作业开始前向上级主管部门备案,说明顶进施工的位置、里程、区间、限速慢行要求,紧急情况联络人姓名、联系方式等内容。在确认信息收到后方可进行顶进作业。

3.顶进沿线线路巡检

在顶进过程中,每顶进一次,应对线路地表进行检修、加固。如发现异常,应立即整修,整修合格后方可继续进行顶进作业。

4.列车通过时不得挖土,施工人员应离开土坡1m以外,发现有危险的坍方影响行车安全时,应迅速组织抢修加固。

二、职业健康与环境管理

(一)各分项工程通用措施

1.施工前确定现场工作界线

挖方地段的工作界线应为实际开挖坡顶线,坡顶线外的植被要进行保留。

2.清理和移植工作

1)路基范围内清理的草皮、表土,尤其是种植土集中堆放,以备将来用作中央分离带、边坡、弃土场绿化的回填土。

2)路基范围内可移植的树木、灌木等尽可能移植。

(二)挖方和填方路基

1.挖方路基

在自然边坡较陡的山坡修筑路基,应防止滚落的土石对路基以下山坡植被的破坏,可在坡面设置防落网。

2.填方路基

1)雨季路基施工时,路基遇水极易冲刷形成冲沟,必须制定切实可行的措施,防止雨水冲刷路基,避免出现泥沙冲淤农田、阻塞沟渠,污染水源。

2)及时做好临时排水措施

如:采用砂浆及彩条布在路基边坡上做临时急流槽;路基顶面两侧做临时挡水土埝;采用土工布、塑料薄膜覆盖边坡,在坡脚修筑拦浆坝,设置沉淀池防止雨水冲刷。

3)防大气烟尘与粉尘污染,

路基修筑过程中,尽量做到永久构筑物与临时设施相结合,以减少作业面增加产生的扬尘污染。对便道的上下边坡植树、灌木、护坡、排水,做好水土保持,对施工便道及时洒水,防止扬尘。

第九章
车辆基地工程质量安全管理

按《地下铁道工程施工质量验收标准》GB/T 50299—2018 的规定，车辆基地为一个单位工程，其下又分为特殊构筑物和工艺设备两个分部工程，前者属于土建类；后者为建筑设备类，不在本书范围，不予论述。除此之外还有道路、房屋建筑工程和庭院广场等附属设施，其质量控制要点按该规范分别应符合相应规定，本书结合车辆基地的工程实践，在上述各部分的工程中选择较为重要的工程做重点介绍。

本章共分五节。第一节为特殊构筑物质量安全管理；第二节为道路工程质量安全管理，以常见的分项工程为对象进行论述；第三节为劲钢（管）结构，由于车辆基地库区内各类库房的上盖开发建筑，多采用该种结构，故单列一节叙述。房屋建筑工程主体结构的混凝土结构、砌体结构、网架和索膜结构的施工质量可参阅第二章明挖法和第六章地面及高架车站相关内容，此处不再重复；第四节为场坪绿化工程，按划分表，它不是一个分项工程，由于绿化对车辆基地所具有的美化景观、净化环境、提高城市品位的突出作用，又为便于施工控制、验收与园林专业技术标准的衔接，将其质量安全控制要点单列一节论述。车辆基地中还有一些小型工程，如门卫室、围墙、大门、挡墙及护坡等，因其质量安全管理均为常规，限于篇幅不予论述；第五节为案例，简述北京地铁 16 号线二期工程北安河车辆基地的构成、建设项目管理的实施及成果。

第一节　特殊构筑物质量安全管理

按照《地下铁道工程施工质量验收标准》GB/T 50299—2018，车辆基地内设有一些特殊构筑物，为一个分部工程，其下又含 5 个分项工程，见表 9-1-1。本节简要论述各分项工程的质量安全管理内容。因其施工准备管理同常规，此处省略。

特殊构筑物划分　　　　　　　　　表 9-1-1

单位工程	分部工程	分项工程	检验批
车辆基地	特殊构筑物	电缆沟	每100m
		检查坑	每个检查坑
		检修平台	每座平台
		卸车平台	每座平台
		车顶防护网	每股停车道

一、电缆沟质量安全管理

电缆沟是场区管线综合与道路施工交叉影响极其关键部位，场区埋设电缆防护结构，应确保场区电源电缆安全和符合功能使用。

（一）质量管理重点

1. 施工安排

1）应与其他管线交叉作业应提前测量放线，确保顺直度及标高，应在道路与其他污水、排水管线前进行。

2）应尽早筹划与实施，应在各单体建筑同时进行，通常设计电缆沟形式为小型矩形结构（类似场区内小型的综合管廊结构），道路施工前场区埋设电缆防护结构。

2. 管沟地基处理

按设计要求进行地基处理，保证地基承载力，符合设计要求。

3. 回填及结构施工

肥槽回填质量，边墙及顶、底板结构质量满足设计及相应规范要求。

4. 确保防水工程质量，其中全包防水是管理的重点难点。

（二）安全管理

电缆沟安全管理涉及道路交叉作业施工，边坡支护安全，支护体系安全，临电、消防安全等，具体管理措施见《城市轨道交通土建工程质量安全管理实务》第四章相关内容。

（三）分项工程验收管理

1. 电缆沟工程质量验收标准，见表9-1-2。

电缆沟工程质量验收　　　　　　　　　　　　　　　　　表9-1-2

分项工程	质量验收内容		检验数量及方法
电缆沟	主控项目	沟槽中心线及端部允许偏差应小于10mm；底面坡度允许偏差应为设计文件坡度值的±0.1%	全部检查。观察检查，钢尺量测
		预埋件及变形缝等电缆沟防水质量应符合设计文件要求	全数检查。观察检查，核对设计文件
	一般项目	土方开挖允许偏差和检验方法见表9-1-3	全数检查
		混凝土允许偏差见表9-1-3	全数检查
		回填土的压实度标准应符合设计文件要求，并应符合表9-1-4的规定	每50m每层填土检查1处。压实度试验

2. 电缆沟允许偏差、检验数量和检验方法，见表9-1-3。

各分项工程允许偏差、检验数量和检验方法　　　　　　　表9-1-3

分项工程	内容	项目	允许偏差（mm）	检验数量/检验方法
电缆沟	土方开挖	表面标高	−50~0	用水准仪查
		长度、宽度	±30	经纬仪测量钢尺量测查
		边坡坡度	大于设计文件规定值	坡度尺检查

续表

分项工程	内容	项目		允许偏差（mm）	检验数量/检验方法
电缆沟	混凝土	基础中心线（纵横）与厂房轴线位移		20	测量检查，钢尺量测
		基础标高		-20～0	
		基础外形尺寸		±20	
		沟道中心线的位移		20	
		沟道顶面的标高		-10～0	
		沟道底面坡度（按设计文件坡度计）		10%	
		沟道壁厚		±5	
		预留孔洞、预埋件	中心线位移	10	
			倾斜度	2%	
		电缆排管混凝土	中心位置	50	
			标高	20	
		直埋螺栓的偏差	标高（顶部）	0～20	
			中心位置	2	
		盖板的偏差	长度（企口）/（直铺）	-5～10	
			宽度	±5	
			厚度	0～5	

回填土压实度标准　　　　　　　　　　　　　　　　　　　表 9-1-4

回填部位	压实度（%）
沟底填土	≥95
侧壁填土	≥92
沟顶板上 50cm 以内	≥90
沟顶板上 50cm 以上	≥95

3. 隐蔽工程验收。

4. 按程序组织分项、分部工程验收。

二、检查坑质量安全管理

检查坑是车辆段接电客车前及铺轨前应完成的工序，为后续铺轨专业创造条件，是库区内基础施工关键工序。结构形式为钢筋混凝土结构，见图 9-1-1。施工前应先完成机修坑底管线预留预埋，回填土方在施工结构基础及边墙。

（一）质量管理重点

1. 确保预埋件精准度

应在轨道专业施工前完成并确保顶面预埋件精准度，注意与轨道专业测量相互复

第九章 车辆基地工程质量安全管理

图 9-1-1 车辆基地检修库检查坑

核,以符合铺轨功能的要求。

2. 专业预留、预埋

还应注意检修坑结构侧面照明等专业的预留预埋。

3. 确保混凝土浇筑质量

因检查坑是轨道整体道床基础一部分,所以严格控制混凝土浇筑质量,验收应重点检查采用回弹仪检测结构强度,满足设计及规范要求。

(二)安全管理

1. 深度超出 5m 的基坑施工方案,应按照危大工程组织专家论证。

2. 安全管理重点是管线与结构交叉作业影响,控制临电安全、吊装作业安全等。

(三)分项工程验收管理

1. 检查坑质量验收标准,见表 9-1-5。

检查坑质量验收   表 9-1-5

分项工程		质量验收内容	检验数量及方法
检查坑	主控项目	开挖方式和支护形式应符合设计文件要求	全数检查。观察检查
		基底土质应符合设计文件要求	全数检验。观察检查
		模板及支架、钢筋、混凝土验收应符合规范规定	
	一般项目	基坑位置和尺寸的允许偏差、检验数量和检验方法见表 9-1-6	
		排水暗沟(管)位置和规格应符合设计文件要求,暗沟(管)的接头应严密,排水应顺畅	全数检验。观察检查
		外形尺寸的允许偏差和检验数量应符合表 9-1-6 的规定	测量检查,钢尺量测

2. 检查坑允许偏差、检验数量和检验方法,见表 9-1-6。

检查坑允许偏差、检验数量和检验方法　　　　表 9-1-6

分项工程	内容	项目	允许偏差（mm）	检验数量/检验方法
检查坑	基坑位置和尺寸	基坑边至设计文件规定的中线距离	-10～20	每边至少2点，钢尺量测
		坑底高程	±20	至少3点，水准仪测量
		基坑长	-20～50	坑底、坑顶各1点，钢尺量测
	外形尺寸	中线位置	10	不少于4处
		坑壁、坑底平整度	8	不少于3处
		坑顶高程	±5	不少于5点
		坑深	±20	不少于4点
		预留孔洞（井）位置	±15	每孔
		预留孔洞（井）尺寸	0～10	每孔
		预埋件中心位置	5	每件

3. 隐蔽工程验收。

4. 按程序组织分项、分部工程验收。

三、检修平台质量安全管理

检修平台是库区内停放地铁运营电客车车辆检修使用的安全平台。布置有两种形式，一种是在车辆上方，另一种是在库区内地面。

（一）质量管理重点

钢结构牛腿与结构墙柱锚固强度和焊接质量

检修平台通常设计为钢结构，与主体结构锚固连接或预留钢板焊接牛腿，确保承载强度，不锈钢栏杆材质质量，铺装走行钢板牢固度及平整度，测量精度应保证准确。

（二）安全管理

1. 铺装防滑钢板，在施工不锈钢护栏进行安全防护。

2. 施工安全应注意高空作业坠落与物体打击，钢结构焊接防范动火安全管理等。

（三）分项工程验收管理

1. 检修平台质量验收标准，见表 9-1-7。

检修平台质量验收　　　　表 9-1-7

分项工程		质量验收内容	检验数量及方法
检修平台	主控项目	土方挖后的基底标高应符合设计文件要求	全数检查。钢尺量测
		基底的长度、宽度尺寸应符合设计文件要求	全数检验。用经纬仪、拉线尺量检查并检查施工测量记录

续表

分项工程		质量验收内容	检验数量及方法
检修平台	主控项目	基底土的均匀性、承载力及变形性能应符合设计文件要求	全数检验。观察检查，基底承载力试验
		边坡坡度应符合设计文件或施工方案要求	全数检验。坡度尺检查
		模板及支架、钢筋、混凝土验收应符合规范规定	
		边缘距线路中心线的距离应符合设计文件要求，允许偏差应为0~15mm，并不应侵入限界	每20m抽查1处。水准仪测量
	一般项目	基底表面平整度应符合设计文件要求	全数检验。用2m靠尺和坡度尺检查
		检修平台施工完成后，标高及压实度应符合设计文件要求，并应形成施工记录及检验报告	全数检验。检查施工记录及验槽报告
		外形尺寸的允许偏差、检验数量和检验方法应符合表9-1-8的规定	全部检验

2.检修平台允许偏差、检验数量和检验方法，见表9-1-8。

检修平台允许偏差、检验数量和检验方法　　　表9-1-8

分项工程	内容	项目		允许偏差（mm）	检验数量/检验方法
检修平台	外形尺寸	轴线位置	独立基础	10	钢尺量测
			梁、柱	8	
		标高	层高	±5	水准仪或拉线、钢尺量测
			全高	±10	
		表面平整度		8	2m靠尺和塞尺检查
		截面尺寸		-5~8	钢尺量测
		预埋件中心位置	预埋件	10	钢尺量测
			预埋管	5	
		平台板外沿至线路中线距离		0~15	钢尺量测和水准仪测量

3.隐蔽工程验收。

4.按程序组织分项、分部工程验收。

四、卸车平台质量安全管理

卸车平台是最早运营筹划接地铁运营电客车进场卸车的关键部位，通常是在卸车线紧邻道路一侧使用，新建场区道路施工一个卸车平台借以卸车使用，有路基基础，有垫层、混凝土面层等类型。

应重点控制卸车点位置与轨道之间距离，确保吊车不侵入轨道限界。如该区域有地下管线，应先完成预埋，再施工平台。

（一）质量管理重点

1. 预埋预留

基础路基施工应考虑各类管线预留预埋，应重点注意测量标高和管线施工交叉影响。

2. 地基基础

宜采用地基钎探检测基底承载力，基层及垫层分层夯实应进行环刀法检测土质压实度应不小于95%（符合《城镇道路规范》的规定，符合马歇尔击实试件密度）。保证基底垫层与结构强度，确保重型车辆的载荷。

3. 卸车平台设计

考虑预留有排水坡度及道路坡度的，应及早符合运输电客车拖车长度及转弯半径，避免卸车时托底及转弯半径不满足车辆装卸。

4. 限界要求

考虑卸车平台与轨道限界要求边缘距线路中心线的距离和顶面高程应符合设计文件要求，允许偏差应分别为 0～15mm 和 ±10mm，且不应侵入限界。

（二）安全管理

1. 室外管线应在土方开挖前设置警示标识，及封闭围挡；

2. 管线施工使用机械开槽时，应注意设专人指挥与机械回转半径范围内不得站人；

3. 基础分层夯实应戴好绝缘手套，穿绝缘鞋；使用电夯前需经检查，严禁带病作业。

（三）分项工程验收管理

1. 卸车平台质量验收标准，见表9-1-9。

卸车平台质量验收　　　　　表9-1-9

分项工程		质量验收内容	检验数量及方法
卸车平台	主控项目	基底地质条件应符合设计文件要求	全部检查。观察检查
		边缘距线路中心线的距离和顶面高程应符合设计文件要求，允许偏差应分别为 0～15mm 和 ±10mm，且不应侵入限界	每20m抽查1处。钢尺量测，水准仪测量
		混凝土站台面伸缩缝的设置位置、塞缝质量、缝宽应符合设计文件要求	全部检查。观察检查，钢尺量测
		伸缩缝的填缝材料应符合设计文件要求，填缝应密实饱满	全部检查。观察检查，检查质量证明文件
	一般项目	卸车平台面应平整、色泽均匀，且应排水通畅、无积水	全部检查。观察检查
		结构尺寸允许偏差、检验数量和检验方法应符合表9-1-10的规定	

2.卸车平台允许偏差、检验数量和检验方法，见表9-1-10。

卸车平台允许偏差、检验数量和检验方法　　　　表9-1-10

分项工程	内容	项目	允许偏差（mm）	检验数量/检验方法
卸车平台	结构尺寸	厚度	±20	每100m查1处，挖验或钻芯取样检测
		坡度	0.15%	每100m查5处，坡度尺
		平整度	7	每100m查5处，2m靠尺

3.隐蔽工程验收。

4.按程序组织分项、分部工程验收。

五、车顶防护网质量安全管理

车顶防护网是联合检修库在停课检修电客车顶部加装的安全护网，通常为不锈钢材质的网架式结构，在专业厂家制作，施工单位应优选供货厂家。

（一）质量管理重点

1.防护网进场应进行验收，符合设计要求再进行安装。

2.严格控制护网与顶部结构锚固质量，应现场进行拉拔检测强度。

3.定位放线测量控制安装顺直度及水平度，满足设计要求。

4.安装时应考虑防护网与车顶的净距，及防护支架位置与车辆侧面的净空要求，应满足施工操作和限界要求。

（二）安全管理

车顶防护网安全重点控制高空作业安装安全等。

（三）分项工程验收管理

1.车顶防护网质量验收标准，见表9-1-11。

车顶防护网质量验收　　　　表9-1-11

分项工程		质量验收内容	检验数量及方法
车顶防护网	主控项目	所用原材料、杆件的规格、质量应符合设计文件要求	全部检查。观察检查，钢尺量测，检查质量证明文件
		安装应牢固、稳定，花式图案应符合设计文件要求	全部检查。观察检查
		限界应符合设计文件要求	全部检查。测量仪器检查
	一般项目	安装位置和结构尺寸的允许偏差、检验数量和检验方法应符合表9-1-12	

2. 车顶防护网允许偏差、检验数量和检验方法，见表 9-1-12。

车顶防护网允许偏差、检验数量和检验方法　　　　表 9-1-12

分项工程	内容	项目	允许偏差（mm）	检验数量/检验方法
车顶防护网	安装位置和结构尺寸	轴线位置	10	每 20m 测 1 处，钢尺量测
		顶面高程	±10	每 20m 测 1 处，水准仪测量
		立柱间距	±5	每 20m 测 1 处，钢尺量测

3. 隐蔽工程验收。
4. 按程序组织分项、分部工程验收。

第二节　道路工程质量安全管理

车辆基地一般设置在地铁线路两端场地空旷的地区（如郊区、农田、林地等），占地面积较大，兴建的单体建筑多，基地内道路等级，平面分布、连接形式多样，且存在与轨道交叉接口，处理较为复杂。施工组织明显区别于市政道路和一般工业厂区道路。各参建单位必须充分认识车辆基地道路工程特点，采取针对性的管理措施。

车辆基地道路工程的功能确保了办公、维修、机车装卸及运输等需求，平面纵横交错或环形分布。其质量管理重点在于场区道路的施工半径和坡度、施工便道的设置和道路施工的组织三点。第一点，在车辆基地投入运营后，应满足大型运输车辆在进出车辆基地时对道路转弯半径和坡度的需求，以及对承载力的相关要求。第二点，道路施工中需设置一定的临时便道，其位置的选定需综合考虑影响因素确定，如车辆基地场区道路下方没有其他构筑物，可将施工便道路基作为正式道路路基，即结合后期正式道路的位置布设，做到统筹安排，以节约资金。最后一点，在车辆基地道路工程总体施工安排上应考虑其特殊性，合理安排施工时间，尽量避免冬期施工，与室外管线施工在时间和空间上合理调控。一般情况下道路工程应安排在其他工程施工完成后，这样可避免重型车辆及机械对道路的破坏。道路的其他配套设施施工应提前做好，防止出现道路二次开挖。施工单位在编制道路工程施工方案时，需要满足上述三点要求，在施工过程中也应注意随时按现场情况调整。

由于《地下铁道工程施工质量验收标准》TB/T 50299—2018 中未将车辆基地中的道路工程单独划分，而是规定参阅路基工程的相关内容，为更准确叙述基地的道路工程，本节按照《城镇道路工程施工与质量验收规范》（CJJ 1—2008，以下简称《城镇道路规范》）的划分，见表 9-2-1。道路工程为一个子单位工程，包括路基、基层、面层及广场与停车场、人行道、人行地道结构、挡土墙、附属构筑物等 8 个分部工程。车辆基地的道路工程中以路基、面层工程及人行道为主，故本节主要论述前 3 个分部及人行道分部工程中主要分项工程的质量安全控制要点。挡土墙工程与第八章路基工程基本一致，可参阅。其余分部工程在车辆基地中涉及较少，限于篇幅，不予论述。

各分项工程质量控制标准也依据《城镇道路规范》。

城镇道路工程划分（分部、子分部工程与相应的分项工程、检验批） 表 9-2-1

分部工程	子分部工程	分项工程	检验批
路基	—	土方路基	每条路或路段
		石方路基	每条路或路段
		路基处理	每条处理段
		路肩	每条路肩
基层	—	石灰土基层	每条路或路段
		石灰粉煤灰稳定砂砾（碎石）基层	每条路或路段
		石灰粉煤灰钢渣基层	每条路或路段
		水泥稳定土类基层	每条路或路段
		级配砂砾（砾石）基层	每条路或路段
		级配碎石（碎砾石）基层	每条路或路段
		沥青碎石基层	每条路或路段
		沥青贯入式基层	每条路或路段
面层	沥青混合料面层	透层	每条路或路段
		粘层	每条路或路段
		封层	每条路或路段
		热拌沥青混合料面层	每条路或路段
		冷拌沥青混合料面层	每条路或路段
	沥青贯入式与沥青表面处治面层	沥青贯入式面层	每条路或路段
		沥青表面处治面层	每条路或路段
	水泥混凝土面层	水泥混凝土面层（模板、钢筋、混凝土）	每条路或路段
	铺砌式面层	料石面层	每条路或路段
		预制混凝土砌块面层	每条路或路段
人行道	—	料石人行道铺砌面层（含盲道砖）	每条路或路段
		混凝土预制块铺砌人行道面层（含盲道砖）	每条路或路段
		沥青混合料铺筑面层	每条路或路段

一、施工准备管理

道路工程中各分项工程的施工准备管理基本一致,在此一并叙述。施工单位应做好各准备工作,在满足开工条件,经监理单位及建设单位批准后,方可正式施工。

(一)资源准备

1.人力资源准备

道路工程施工队伍由具有相应资质的专业施工队伍承担。各岗位管理人员配备齐全,具备相应资格证书,特殊工种人员上岗证书齐全、有效。

2.机具准备

应据地质条件、工程作业环境,选定大型施工机械,如挖掘机、压路机、摊铺机、重型运输车辆,以及小型机具等,均应准备充分、状态良好。

3)施工所需各种材料、物资准备充分

数量、规格、质量满足设计要求,履行了进场验收,并按规定进行试验检测。

(二)技术准备

1.分部、分项及检验批的划分完成。

2.图纸会审及设计交底完善。

3.施工方案编制与审核通过,并完成技术交底。

4.监理单位编制了相应的监理实施细则,经总监理工程师批准。

5.定位轴线交接桩及基准点复核完成,满足精度要求。

(三)施工现场准备

1.场地的三通一平完成。

2.交通组织规划完成。

二、路基工程质量管理

路基为车辆在道路上行驶提供基础条件,也是道路的支撑结构物,对路面的使用性能有重要影响。路基应稳定、密实、均质,对路面结构提供均匀的支承,即路基在环境和荷载作用下不产生不均匀变形。

车辆基地中道路路基工程包括四个分项工程,见表9-2-1。此处仅介绍其中土方路基、石方路基、路基处理三个分项工程的质量控制。在车辆基地道路中不需设置路肩,故此处不再赘述。

车辆基地中含有部分轨道路基,其施工质量安全管理参照第八章路基工程。

(一)道路路基施工质量管理通用要点

1.严格按照施工方案施工

各类路基均应按照施工方案中已确定的施工方法和施工工艺逐步开展施工,加强现场巡视,不得违章操作。

2. 正确选择试验段确定技术参数

正式进行路基压实前,应根据施工地质条件确定试验段,以便取得路基或基层施工相关的技术参数。

1) 在地质条件比较复杂地段施工必须做试验段;在地质条件一般,且选用常见材料时,可以根据施工现场条件选择做试验段。

2) 确定相关技术参数,包括:

(1) 确定路基预沉量值;

(2) 合理选用压实机具;

(3) 按压实度要求,确定压实遍数;

(4) 确定路基宽度内每层虚铺厚度;

(5) 根据土的类型、湿度、设备及场地条件,选择压实方式。

3. 路基填、挖接近完成时,应恢复道路中线、路基边线,进行整形,并振动碾压完成,压实度符合要求。

(二) 土方路基施工质量管理

由于车辆基地原地面标高与设计地面标高必然会存在一定高差,所以在车辆段内道路施工中必然会涉及土方开挖和土方回填等工序。就此简述其施工过程管理要求。

1. 挖方工程

1) 路基范围内遇有软土地层或土质不良、边坡易被雨水冲刷的地段,应制定专项处理方案。

2) 遇有翻浆,必须采取处理措施。当采用石灰土处理翻浆时,土壤宜就地取材。

3) 路堑、边坡开挖方法应根据地势、环境状况、路堑尺寸及土壤种类确定。

4) 挖土时应自上向下分层开挖,严禁掏洞开挖。每层深度,人工开挖宜为 1.5~2m;机械开挖宜为 3~4m。作业中断或作业后,开挖面应做成稳定边坡。

5) 路堑边坡坡度应符合设计规定,如地质情况与原设计不符或地层中夹有易塌方土壤时,应及时办理设计变更。

6) 机械开挖作业时,必须避开建(构)筑物、管线,在距管道边 1m 范围内应采用人工开挖;在距直埋缆线 2m 范围内必须采用人工开挖,且宜在管线管理单位监护下进行。

2. 填方工程

1) 填方材料的强度(CBR)值应符合设计要求,其最小强度应符合规定。不得使用淤泥、沼泽土、泥炭土、冻土、有机土以及含生活垃圾的土做路基填料。对液限大于 50、塑性指数大于 26、可溶盐含量大于 5%、700℃有机质烧失量大于 8% 的土,未经技术处理不得作路基填料。

2) 填方中使用房渣土、工业废渣等需经过试验,确认可靠并经建设单位、设计单位同意后方可使用。

3) 路基填方高度应按设计标高增加预沉量值。预沉量应根据工程性质、填方高度、填料种类、压实系数和地基情况与建设单位、设计单位共同商定确认。

4）不同性质的土应分类、分层填筑，不得混填，下层填土验收合格后，方可进行上层填筑。填土中大于10cm的土块应打碎或剔除。

5）路基填土宽度每侧应比设计规定宽50cm。在路基宽度内，每层虚铺厚度应视压实机具的功能确定。人工夯实应小于20cm。

6）路基填筑中宜做成双向横坡，一般土质填筑横坡宜为2%～3%，透水性小的土类填筑横坡宜为4%。

7）透水性较大的土壤边坡不宜被透水性较小的土壤所覆盖，受潮湿及冻融影响较小的土壤应填在路基的上部。

8）路基填土中断时，应对已填路基表面土层压实并进行维护。

9）原地面横向坡度在1∶10～1∶5时，应先翻松表土再进行填土；坡度陡于1∶5时应做成台阶形，每级台阶宽度不得小于1m，台阶顶面应向内倾斜；在沙土地段可不作台阶，但应翻松表层土。

10）压实要求

（1）压实应先轻后重、先慢后快、均匀一致。压路机最大速度不宜超过4km/h。

（2）填土的压实遍数，应按压实度要求，经现场试验确定。

（3）压实过程中应采取措施保护地下管线、构筑物安全。

（4）碾压应自路基边缘向中央进行，压路机轮外缘距路基边应保持安全距离，压实度应达到要求，且表面应无显著轮迹、翻浆、起皮、波浪等现象。

（5）压实应在土壤含水量接近最佳含水量值的±2%时进行。

（三）石方路基施工质量管理

当车辆基地原地面处于岩石层或地下大漂石密集地区时，或原地面标高高于设计地面标高时需开挖，此时需要对石方进行处理或开挖，其施工质量管理要点如下。

1. 开挖路堑发现岩性有突变时，应及时报请设计单位与变更设计。

2. 采用爆破法施工石方，应符合现行国家标准《爆破安全规程》GB 6722的有关要求。

3. 石方填筑路基规定

1）修筑填石路堤应进行地表清理，先码砌边部，然后逐层水平填筑石料，确保边坡稳定。

2）施工前应先通过修筑试验段，确定能达到最大压实干密度的松铺厚度与压实机械组合，及相应的压实遍数、沉降差等施工参数。

3）填石路堤宜选用12t以上的振动压路机、25t以上的轮胎压路机或2.5t以上的夯锤压（夯）实。

4）路基范围内管线、构筑物四周的沟槽宜回填土料。

（四）路基处理施工质量管理

由于车辆基地选址可能会遇到一些不良地质条件，如城市周边存在腐殖土、垃圾土、湖、塘、沼泽等；临海地区软土、盐渍土，寒冷地区的冻土，西北地区的湿陷性黄土、膨胀土等特殊土，需要对路基进行处理。主要处理方法和施工质量管理要点参考本书第八章路基工程相关内容及相关规范。施工前需编制专项施工方案，经监理单位批准，必要时经专家论证，严格按批准的方案组织实施，此处不再赘述。

三、基层工程质量管理

基层是路面结构中的承重层，主要承受车辆荷载的竖向力，并把面层下传的应力扩散到路基，为面层施工提供稳定而坚实的工作面，控制或减少路基不均匀冻胀或沉降变形对面层产生的不利影响。基层受自然因素的影响虽不如面层强烈，但面层下的基层应有足够的水稳定性，以防基层湿软后变形大，导致面层损坏。

基层分部工程按不同材料分为 8 个分项工程，见表 9-2-1。常用的为石灰土基层、石灰粉煤灰稳定砂砾（碎石）基层、水泥稳定土类基层、级配砂砾及级配碎石底基层五种，以下就这五个分项工程论述其质量控制要点。

沥青碎石基层和沥青贯入式基层两个分项工程的质量控制要点与下述的道路面层基本相同，此处省略。石灰、粉煤灰钢渣基层因受钢渣产量的限制，实际工程中使用较少，其质量控制基本同石灰、粉煤灰碎石基层，故此处不再赘述。

（一）石灰土基层施工质量控制

1. 摊铺要求

1）路床应湿润。

2）压实系数应经试验确定。人工摊铺的压实系数宜为 1.65～1.70。

3）石灰土宜采用机械摊铺。每次摊铺长度宜为一个碾压段。

4）摊铺掺有粗集料的石灰土时，粗集料应均匀。

2. 碾压要求

1）铺好的石灰土应当天完成碾压。

2）碾压时的含水量宜在最佳含水量的 ±2% 范围内。

3）直线和不设超高的平曲线段，应由两侧向中心碾压；设超高的平曲线段，应由内侧向外侧碾压。

4）初压时，碾速以 1.5～1.7km/h 为宜，灰土初步稳定后，以 2.0～2.5km/h 为宜。

5）人工摊铺时，宜先用 6～8t 压路机碾压，灰土初步稳定，找补整形后，方可用重型压路机碾压。

6）当采用碎石嵌丁封层时，嵌丁石料应在石灰土底层压实度达到 85% 时撒铺，然后继续碾压，使其嵌入底层，并保持表面有棱角外露。

3. 养生

1）石灰土成活后应立即洒水（或覆盖）养护，保持湿润，直至上部结构施工为止。

2）也可采取喷洒沥青透层油养护，宜在其含水量为 10% 左右时进行。

3）养护期应封闭交通。

（二）石灰、粉煤灰稳定砂砾（碎石）基层施工质量控制

1. 摊铺除应满足上述石灰土基层摊铺要点外，还应满足下列要求。

1）混合料在摊铺前其含水量宜为最佳含水量的 ±2%。

2）混合料每层最大压实厚度为 20cm，且不宜小于 10cm。

3）摊铺中发生粗、细集料离析时，应及时翻拌。

2. 碾压要求同上述石灰土基层碾压。

3. 养生要求

1）混合料基层，应在潮湿状态下养护。养护期视季节而定，常温下不宜少于 7d。

2）采用洒水养护，保持混合料湿润；采用喷洒沥青乳液养护时，应及时在乳液面撒嵌丁料。

3）养护期间宜封闭交通。需通行的机动车辆应限速，严禁履带车辆通行。

（三）水泥稳定土类基层及底基层施工质量控制

1. 摊铺要求

1）施工前应通过试验确定压实系数。水泥土的压实系数宜为 1.53～1.58；水泥稳定砂砾的压实系数宜为 1.30～1.35。

2）宜采用专用摊铺机械摊铺。

3）材料自搅拌至摊铺完成，不得超过 3h。应按当班施工长度计算用料量。

2. 碾压要求

1）应在含水量等于或略大于最佳含水量时进行。碾压找平应符合本规范有关规定。

2）宜用 12～18t 压路机作初步稳定碾压，混合料初步稳定后用大于 18t 的压路机碾压，至表面平整、无明显轮迹，且达到要求的压实度。

3）宜在水泥初凝时间到达前碾压成活。

3. 养护要求同上。

（四）级配砂砾基层及底基层施工质量控制

1. 摊铺要求

1）压实系数应通过试验段确定。每层摊铺虚厚不宜超过 30cm。

2）砂砾应摊铺均匀一致，发生粗、细骨料集中或离析现象时，应及时翻拌均匀。

3）摊铺长度至少一个碾压段 30～50m。

2. 碾压要求

1）碾压前应洒水，使全部砂砾湿润，且不导致其层下翻浆。

2）碾压过程中应保持砂砾湿润。

3）碾压应采用 12t 以上压路机，初始碾速宜为 25～30m/min，砂砾初步稳定后，碾速宜控制在 40m/min，碾压至轮迹不大于 5mm，砂石表面平整、坚实、无松散和粗、细集料集中等现象。

4）上层铺筑前，不得开放交通。

（五）级配碎石基层和底基层施工质量控制

1. 摊铺要求

1）符合级配要求的厂拌级配碎石或级配碎石，宜采用机械摊铺。

2）压实系数应通过试验段确定，人工摊铺宜为 1.40～1.50；机械摊铺宜为 1.25～1.35。

3）摊铺碎石每层应按虚厚一次铺齐，颗粒分布应均匀，厚度一致，不得多次找补。

4）已摊平的碎石，碾压前应断绝交通，保持摊铺层清洁。

2. 碾压要求同石灰土，应额外注意以下两点：

1）碾压前和碾压中应先适量洒水。

2）碾压中对过碾部位应进行换填处理。

3. 对已完成工序的要求

1）碎石压实后应适量洒水。

2）视压实碎石的缝隙撒布嵌缝料。

3）宜采用 12t 以上的压路机碾压成活，碾压至缝隙嵌挤密实，稳定坚实，表面平整，轮迹小于 5mm。

4）未铺装上层前，对碎石基层应保持养护，不得开放交通。

四、面层工程质量管理

面层直接承受行车的作用，用以改善行车的行驶条件，提高道路服务水平（包括舒适性和经济性），以满足行车运输的要求。面层直接同行车和大气相接触，承受行车荷载引起的竖向力、水平力和冲击力的作用，同时又受降水的侵蚀作用和温度变化的影响。

按照划分表 9-2-1，面层分部工程包括四个子分部工程：沥青混合料面层、沥青贯入式与沥青表面处治面层、水泥混凝土面层及铺砌式面层。其中铺砌式面层在车辆基地中较少使用，不予论述，此处仅论述前三个子分部工程质量控制要点。其下又各含若干分项工程，因其施工工序基本相同，不再分述。

道路面层材料选用应符合设计要求，如需要采用其他材料替换，需要经过原设计单位认可，并履行变更手续后方可实施。

（一）沥青混合料面层

沥青面层是指用沥青作结合料铺筑道路面层的统称。沥青混合料面层施工快速，使用方便，后续维修容易，在车辆基地道路中被大范围使用。

沥青混合料面层是指用沥青结合料与不同矿料拌制的特粗粒式、粗粒式、中粒式、细粒式、砂粒式沥青混合料铺筑面层的总称。含有热拌和冷拌两种工艺，目前主要采用热拌沥青工艺，未来随着施工技术的不断发展和环境保护要求的提高，冷拌工艺的使用将会得到大幅的推广。此处介绍热拌沥青混合料面层质量管理要点。

1. 做好面层摊铺的各种辅助工作

沥青混合料面层施作前和施作中，各有相应的辅助工作，包括下列几种：

1）透层。为使沥青混合料面层与非沥青材料基层结合良好，面层摊铺前应在基层表面上浇洒透层油。根据基层类型选择渗透性好的液体沥青、乳化沥青作透层油。沥青混合料在透层油完全渗入基层后方可铺筑。

2）粘层。为加强路面沥青层之间、沥青层与水泥混凝土路面之间的粘结而洒布的沥青材料薄层。粘层油宜采用快裂或中裂乳化沥青、改性乳化沥青，也可采用快凝或中凝液体石油沥青作粘层油，宜在摊铺面层当天洒布。

3）封层。铺筑在面层表面的称为上封层，铺筑在面层下面的称为下封层。封层油宜采用改性沥青或改性乳化沥青，封层集料应质地坚硬、耐磨、洁净且粒径与级配应符合要求。

4）透层、粘层宜采用沥青洒布车或手动沥青洒布机喷洒，喷洒应呈雾状，洒布均匀，用量与渗透深度宜按设计及规范要求并通过试洒确定。封层宜采用层铺法表面处治或稀浆封层法施工。

2. 确定铺筑层次及厚度

施工中应根据面层厚度和沥青混合料的种类、组成、施工季节，确定铺筑层次及各分层厚度。

3. 施工环境

沥青混合料面层不得在雨、雪天气及环境最高温度低于5℃时施工。

4. 混合料运输规定

1）宜采用与摊铺机匹配的自卸汽车运输。

2）运料车装料时，应防止粗细集料离析。

3）运料车应具有保温、防雨、防混合料遗撒与沥青滴漏等功能。

4）运输车辆的总运力应高于搅拌能力或摊铺能力。

5）运至摊铺地点，应对搅拌质量与温度进行检查。合格后方可使用。

5. 摊铺规定

1）应采用机械摊铺。表面层宜采用多机全幅摊铺，减少施工接缝。路面狭窄部分、平曲线半径过小的匝道小规模工程可采用人工摊铺。

2）摊铺机应具有自动或半自动方式调节摊铺厚度及找平的装置、可加热的振动熨平板或初步振动压实装置、调整摊铺宽度等功能，且受料斗斗容应能保证更换运料车时连续摊铺。

3）采用自动调平摊铺机摊铺最下层沥青混合料时，应使用钢丝或路缘石、平石控制高程与摊铺厚度，以上各层可用导梁引导高程控制，或采用声纳平衡梁控制方式。经摊铺机初步压实的摊铺层应符合平整度、横坡的要求。

4）最低摊铺温度应根据气温、下卧层表面温度、摊铺层厚度与沥青混合料种类经试验确定。不宜在气温低于 10℃条件下施工。

5）松铺系数应根据混合料类型、施工机械和施工工艺等应通过试验段确定，试验段长不宜小于 100m。

6）摊铺应均匀、连续不间断，不得随意变换摊铺速度或中途停顿。摊铺速度宜为 2 ~ 6m/min。摊铺时螺旋送料器应不停顿地转动，两侧应保持有不少于送料器高度 2/3 的混合料，并保证在摊铺机全宽度断面上不发生离析。熨平板按所需厚度固定后不得随意调整。

7）摊铺层发生缺陷应找补，并停机检查，排除故障。

6. 压实规定

1）应选择合理的压路机组合方式，宜采用钢筒式静态压路机与轮胎压路机或振动压路机组合以达到最佳碾压结果。

2）碾压过程中碾压轮应保持清洁，可对钢轮涂刷隔离剂或防粘剂，严禁刷柴油。当采用向碾压轮喷水（可添加少量表面活性剂）的方式时，必须严格控制喷水量应成雾状，不得漫流。

3）压路机不得在未碾压成形路段上转向、调头、加水或停留。在当天成形的路面上，不得停放各种机械设备或车辆，不得散落矿料、油料等杂物。

4）压实应按初压、复压、终压（包括成形）三个阶段进行。压路机应以慢而均匀的速度碾压，压路机的碾压速度宜符合施工规范相关规定。

7. 接缝规定

1）沥青混合料面层的施工接缝应紧密、平顺。

2）上、下层的纵向热接缝应错开 15cm；冷接缝应错开 30 ~ 40cm。相邻两幅及上、下层的横向接缝均应错开 1m 以上。

3）表面层接缝应采用直茬，以下各层可采用斜接茬，层较厚时也可做阶梯形接茬。

4）对冷接茬施作前，应对茬面涂少量沥青并预热。

8. 控制交通

1）热拌沥青混合料路面应待摊铺层自然降温至表面温度低于 50℃后，方可开放交通。

2）沥青混合料面层完成后应加强保护，不得在面层上堆土或拌制砂浆，防止污染或破坏。

（二）沥青贯入式、沥青表面处治面层

沥青贯入式、沥青表面处治面层在车辆基地道路新建或大修过程中偶有应用，施工质量管理要点如下。

1. 沥青贯入式面层

1）材料要求

材料用量应按贯入深度、实践经验与试验确定，主层集料、沥青、破碎砾石等材料均应符合施工规范相关要求。

2）摊铺要求

（1）宜采用机械摊铺符合级配要求的厂拌级配碎石或级配碎砾石。

（2）压实系数应通过试验段确定，人工摊铺宜为1.40～1.50；机械摊铺宜为1.25～1.35。

（3）摊铺碎石每层应按虚厚一次铺齐，颗粒分布应均匀，厚度一致，不得多次找补。

（4）已摊平的碎石，碾压前应断绝交通，保持摊铺层清洁。

3）碾压要求同石灰土，额外注意以下两点：

（1）碾压前和碾压中应先适量洒水。

（2）对过碾部位进行换填处理。

2. 沥青表面处治面层

当道路面层有局部破损时，可考虑使用沥青作表面处治，以修复道路的使用功能和美观效果。

1）透油层

在旧沥青路面、水泥混凝土路面、块石路面上铺筑沥青表面处治面层时，可在第一层沥青用量中增加10%～20%，不再另洒透层油或粘层油。

2）联合作业

宜采用沥青洒布车及集料撒布机联合作业。喷洒沥青，应保持稳定速度和喷洒量，洒布宽度应均匀。

3）各工序应紧密衔接

撒布各层沥青后均应立即用集料撒布机撒布相应的集料。每个作业段长度应根据施工能力确定，并在当天完成。人工撒布集料时，应等距离划分段落备料。

4）撒布温度

（1）石油沥青宜为130～170℃，

（2）乳化沥青乳液温度不宜超过60℃。

5）搭接要求

洒布车喷洒沥青纵向搭接宽度宜为10～15cm，撒布各层沥青的搭接缝应错开。

6）碾压要求

嵌缝料应采用轻、中型压路机边碾压、边扫墁，及时追补集料，集料表面不得撒落沥青。

7）碾压结束后开放交通。

（三）水泥混凝土面层

混凝土路面具有很高的抗压强度和较高的抗弯拉强度以及抗磨耗能力，稳定性、耐久性好。不存在沥青路面易"老化"现象。施工质量管理应抓住如下要点。

1. 钢筋工程

钢筋工程除满足常规要求外，还应注意以下几点。

1）钢筋网、角隅钢筋等安装应牢固、位置准确。钢筋安装后应进行检查，合格后方可使用。

2）传力杆安装应牢固、位置准确。胀缝传力杆应与胀缝板、提缝板一起安装。

2. 模板

1）模板应与混凝土的摊铺机械相匹配，模板高度应为混凝土板设计厚度。

2）使用轨道摊铺机应采用专用钢制轨模，钢模板应直顺、平整，每 1m 设置一处支撑装置。

3）木模板直线部分板厚不宜小于 5cm，每 0.8～1m 设一处支撑装置；弯道部分板厚宜为 1.5～3cm，每 0.5～0.8m 设一处支撑装置，模板与混凝土接触面及模板顶面应刨光。

4）模板制作允许偏差应符合规范相关规定。

5）支模前应核对路面标高、面板分块、胀缝和构造物位置。

6）模板应安装稳固、顺直、平整，无扭曲，相邻模板连接应紧密平顺，不得错位。

7）严禁在基层上挖槽嵌入模板。

8）模板安装完毕，应进行检验，其安装质量应符合规范相关规定，合格方可使用。

9）混凝土抗压强度达 8.0MPa 及以上方可拆模。

3. 水泥混凝土施工

在车辆基地中的卸车平台道路一般为水泥混凝土路面，施工过程及管理要点同常规，注意卸车平台道路标高和轨道垂直距离应满足设计要求，铺筑时应注意以下几点：

1）混凝土铺筑前应检查下列项目：

（1）基层或砂垫层表面、模板位置、高程等符合设计要求。模板支撑接缝严密、模内洁净、隔离剂涂刷均匀。

（2）钢筋、预埋胀缝板的位置正确，传力杆等安装符合要求。

（3）混凝土搅拌、运输与摊铺设备，状况良好。

2）水泥混凝土路面层浇筑

（1）混凝土面层分两次摊铺时，上层混凝土的摊铺应在下层混凝土初凝前完成，且下层厚度宜为总厚的 3/5。

（2）混凝土摊铺应与钢筋网、传力杆及边缘角隅钢筋的安放相配合。

（3）一块混凝土板应一次连续浇筑完毕。

（4）使用平板振捣器振捣时应重叠 10～20cm，振捣器行进速度应均匀一致。

3）横缝施工

（1）胀缝间距应符合设计规定，缝宽宜为 20mm。在与结构物衔接处、道路交叉和填挖土方变化处，应设胀缝。

（2）胀缝上部的预留填缝空隙，宜用提缝板留置。提缝板应直顺，与胀缝板密合、垂直于面层。

（3）缩缝应垂直板面，宽度宜为 4～6mm。切缝深度：设传力杆时，不得小于面层厚三分之一，且不得小于70mm；不设传力杆时不得小于面层厚四分之一，且不得小于60mm。

（4）机切缝时，宜在水泥混凝土强度达到设计强度25%～30%时进行。

4）抹面、拉毛

（1）采用机械抹面时，真空吸水完成后即可进行，先用带有浮动圆盘的重型抹面机粗抹，再用带有振动圆盘的轻型抹面机或人工细抹一遍。

（2）混凝土抹面不宜少于4次，先找平抹平，待混凝土表面无泌水时再抹面，并依据水泥品种与气温控制抹面间隔时间。

（3）混凝土面层应拉毛、压痕或刻痕，其平均纹理深度应为1～2mm。

（4）抹面拉毛等应在跳板上进行，抹面时严禁在板面上洒水、撒水泥粉。

4. 养护

1）水泥混凝土面层施工完成后应及时养护。气温较高时，养护不宜少于14d；低温时，养护期不宜少于21d。

2）养护期间应封闭交通、路面上不得堆放重物；养护终结，应及时清除面层养护材料。

3）混凝土板在达到设计强度的40%以后，方可允许行人通行。

5. 填缝

1）混凝土板养护期满后应及时填缝，缝内遗留的砂石、灰浆等杂物，应剔除干净。

2）应按设计要求选择填缝料，并根据填料品种制定工艺技术措施。

3）填缝必须在缝槽干燥状态下进行，填缝料应与混凝土缝壁粘附紧密，不渗水。

4）填缝料的充满度应根据施工季节而定，常温施工应与路面平，冬期施工，宜略低于板面。

6. 施工环境要求

1）施工现场的气温高于30℃、搅拌物温度在30～35℃、空气相对湿度小于80%时，搅拌物中宜掺缓凝剂、保塑剂或缓凝减水剂等。切缝应视混凝土强度的增长情况，比常温施工适度提前。铺筑现场宜设遮阳棚。

2）当混凝土面层施工采取人工抹面时，遇有5级及以上风应停止施工。

7. 面层混凝土弯拉强度达到设计强度，且填缝完成后，方可开放交通。

五、人行道工程质量管理

车辆基地场区内道路属于厂区内部道路，分为机动车道路和人行道。人行道应与相邻建（构）筑物的出入口顺直连接。按划分表9-2-1，人行道分部工程分为三个分项工程：料石人行道铺砌面层、混凝土预制块铺砌人行道面层、沥青混合料铺筑面层。以下分别简述各分项工程的质量管理要点。除应符合《城镇道路规范》有关规定外，应特别做好以下工作。

（一）料石铺砌

1. 原材料

人行道料石进场后，应经验收，合格后方可使用。料石应表面平整、粗糙，色泽、规格、尺寸应符合设计要求，其抗压强度不宜小于80MPa，且应符合规范要求。

2. 料石加工

尺寸允许偏差应符合《城镇道路规范》CJJ 1—2008相关规定。

3. 料石铺装应符合《城镇道路规范》CJJ 1—2008相关规定。

（二）混凝土预制块铺砌

1. 原材料验收

预制砌块宜由预制厂生产，进场后，应经检验合格后方可使用，厂家提供的强度、耐磨性能试验报告及产品合格证等质量证明文件齐全有效。

1）混凝土预制砌块的抗压强度应符合设计规定，设计未规定时，不宜低于30MPa；

2）砌块应表面平整、粗糙、纹路清晰、棱角整齐，不得有蜂窝、露石、脱皮等现象；

3）彩色道砖应色彩均匀。预制人行道砌块加工尺寸与外观质量允许偏差应符合《城镇道路规范》CJJ 1—2008规定。

2. 预制砌块铺装应符合《城镇道路规范》CJJ 1—2008规定。

（三）沥青混合料铺筑

1. 沥青混合料进场后，应经验收，合格后方可使用。

2. 沥青混合料铺筑要求

施工中除符合《城镇道路规范》CJJ 1—2008外，还应注意以下几点：

1）施工中应根据场地环境条件选择适宜的沥青混合料摊铺方式与压实机具。

2）沥青混凝土铺装层厚不得小于3cm，沥青石屑、沥青砂铺装层厚不得小于2cm。

3）压实度不得小于95%。表面应平整，无明显轮迹。

六、分项分部工程验收管理

道路工程中的各分项、分部工程的验收管理程序相同，故在此一并叙述。

（一）主要分项工程验收标准

各分项工程质量验收标准，详见《城镇道路规范》CJJ 1—2008，不再重复摘录。

（二）分项、分部工程验收

1. 隐蔽工程验收：道路及人行道路基、基层等完成后，在面层铺筑前，进行隐蔽工程验收。

2. 按程序组织检验批、各分项、分部工程验收。

3. 分项工程全部合格后，按程序组织各分部工程验收。

七、道路工程施工安全、职业健康环境管理

车辆基地内道路分布广泛，各作业区内的道路标准不同，施工方法以及工序也不同，施工延续时间较长，施工现场的安全、职业健康环境管理不容忽视，施工单位应根据车辆基地道路工程的类型、施工环境特点，采取有效措施，做好各项相应的工作。监理单位应履行好相应的安全监理职责。

（一）安全管理

关于现场消防保卫、临时用电、动火安全、各种机械使用等宏观措施详见《城市轨道交通土建工程质量安全管理概论》第四章相关内容。此处仅提出道路工程需特别注意之处。

1. 做到统筹兼顾

由于车辆基地的道路工程施工现场作业面大，除土方开挖工程外，大部分是地面施工作业，现场可能出现与其他市政项目的交叉作业，为减少和避免安全事故的发生，要统筹通盘考虑，细致周到。在做好安全施工的同时，兼顾其他专业施工，保证整体工程施工进度和安全。

2. 加强对外部人员的管理

整个施工现场内不仅作业项目和施工队伍众多，而且也有一定数量的非施工人员到各单体建筑物内联系工作或办公，这些交叉人流，也是施工安全的一个隐患，任何工作的疏忽，都可能引发事故，因此，在加强各种防护警示的同时，更应加强对外部人员的管理。同时场地内进行有效隔离和防护到位。

3. 管线迁移安全措施

车辆基地道路工程的施工，有可能遇到原有地下管线的迁移，此时，应做好以下的安全措施。

1）施工单位在作业段开工之前向建设单位报送该段的封闭拦护方案，获得批准后方能进行施工。

2）沟槽开挖前，根据建设单位提供的详细地下管线资料，进行有关管线埋深和走向的刨查，应先开挖探坑，查明其情况并标注警示。

3）沟槽内上下要备有安全爬梯，需搭便桥的地方应搭设便桥。向槽内下料时槽上、槽下人员要统一信号，统一指挥，相互配合，防止砸伤。

4）机械开槽时，要有专人负责指挥，机械回转半径范围内不得站人；机械挖槽要满足或大于标准坡度。

5）沟槽内如有滞水，挖清槽时，沟边应设专人来回巡查，及时进行边坡支护，以免塌方伤人。

6）人工下管应选用质地坚固、不断股、不腐朽、无夹心的大绳，以免断裂。

7）管子下槽后应及时进行加固，防止其滚动伤人。稳管时应注意相互配合，以免

挤手压脚。

4. 道路各分项工程的安全管理

1）人、机配合土方作业，必须设专人指挥。机械作业时，配合作业人员严禁处在机械作业和走行范围内。配合人员在机械走行范围内作业时，机械必须停止作业。

2）严禁挖掘机等机械在电力架空线路下作业，需在其一侧作业时，垂直及水平安全距离应符合规定。

3）弃土、暂存土均不得妨碍各类地下管线等构筑物的正常使用与维护，且避开建筑物、围墙、架空线等。严禁占压、损坏、掩埋各种检查井、消火栓等设施。

4）采用强夯处理地基，应划定作业区，并应设专人指挥施工。

5）当使用振动压路机碾压水泥稳定土时，应符合环境保护和周围建筑物及地下管线、构筑物的安全要求。

6）车辆基地场区内道路不宜使用煤沥青，需使用时，应制定保护施工人员防止吸入煤沥青蒸气或皮肤直接接触煤沥青的措施。

5. 打夯机使用的管理

主操作手和助手必须戴好绝缘手套，穿绝缘鞋；使用电夯前需经检查，严禁带病作业。按规定操作，蛙式打夯机必须使用单向开关，作业时保持安全距离，严禁在夯机运转时清除积土，夯机用后应切断电源收回。

6. 加强交通安全管理

施工现场自有和外租机械种类众多，现场作业面大，多台机械同时作业，大型的渣土运输车辆频繁往返情况时常存在，加强对运输车辆的安全管理，避免车辆的伤害和交通事故

1）合理安排起车辆和机械进出场的路线，保证人员和来往车辆的安全。

2）各种作业机械须遵守交规，进入施工现场低速行驶；使用前细心检查，保证最佳状态。

（二）职业健康与环境管理

车辆基地道路工程中，会产生一定的污染，对作业人员的身体健康有危害，对环境会产生负面影响，如露天作业扬尘、噪声污染、固体和液体废弃物以及光污染，沥青作业的微毒和高温，酷热中暑等，环境保护和职业健康管理应按照创建文明工地和标准化施工的要求，采取相应的管理措施，具体详见《城市轨道交通土建工程质量安全管理概论》第四章相关内容，此处强调以下工作。

1. 控制扬尘和废弃物

道路施工中，扬尘污染较为严重，必须采取有效措施进行控制，打好"蓝天保卫战"。

2. 注意产生振动和噪声的机具的使用

1）如对手持振动工具的手柄，包扎泡沫塑料等隔振垫，并为劳动者配发减振手套，以减少振动的危害。

2）对接触道路工程使用的大型机械的劳动者配发防噪耳塞。

3. 做好高温施工劳动保护

夏季高温季节进行道路施工，露天作业阳光暴晒，有损作业人员健康，应合理调整作息时间，避免中午高温施工，难以避免时严格控制作业时间，并为作业人员备齐防暑降温用品。

4. 沥青作业应采取防护措施

1）沥青路面施工表面温度可达 60℃左右，操作人员可能接触到的施工设备、机具和管道均应设防烫隔热层，以免灼伤人员。

2）沥青属于低毒物质，主要有麻醉和刺激作用，对呼吸道黏膜和皮肤有一定刺激作用。为职工配备劳动保护用品，如空气呼吸器、防毒口罩、去油垢防护用品。

第三节　劲钢混凝土工程质量安全管理

劲钢混凝土结构是钢-混凝土组合结构中常用的另一种形式，即在原有的钢筋混凝土构件里添加型钢，以有效提高构件承载能力，减小构件轴压比，加大结构刚度，增强抗震荷载等级，本质上是一种钢结构的受力体系。

劲钢混凝土结构广泛用于大跨结构和地震区的高层建筑，截面形式有多种，几乎可用各种梁、柱、墙等构件。城市轨道交通土建工程车辆基地库区中许多库房规划为上盖开发的建筑，多采用此种结构，其基础多为桩加承台基础（可有二桩、四桩、六桩，多至15桩承台等）。其柱、梁及侧墙等均为劲钢混凝土结构。

劲钢混凝土工程中的钢结构施工技术含量大，各钢构件制作和高空拼装精度要求高，拼装数量较大，型钢构件与钢筋混凝土的结合是质量控制的难点。必须确保型钢构件的安装精准度，重点控制型钢构件轴线位置、垂直度、焊接质量、钢筋绑扎质量及模板安装和混凝土浇筑的质量。

根据第二章明挖工程中工程划分表2-0-1，劲钢混凝土结构为明挖结构两个分部工程中的一个子分部工程，分为5个分项工程。由于型钢构件均浇筑在混凝土内，故不作防火防腐处理，全部构件连接均采用焊接，不用紧固件连接，故型钢的螺栓连接分项工程不予论述。根据实际工程经验，增加了劲钢混凝土结构与基础衔接，即钢结构基座安装的质量管理相关问题。

各分项工程的检验标准均采用《钢结构工程施工质量验收规范》GB 50205—2001规定。

一、施工准备管理

（一）资源准备

1. 招标选定分包单位

1）劲钢结构应由具有钢结构施工与专项设计资质的单位施工，如施工单位不具备该项资质，可通过招标选择专业分包单位，且还应与其签订分包合同和安全管理协议。

2）钢结构的原材料、构配件和预拌混凝土是施工主材料，其供应厂家的生产能力、产品质量、供货信誉直接关系着主体和基础的质量，建设单位、监理单位、施工单位选派相关专业的负责人进行实地考察，经招标比选确认合格供方，并签订供货合同。

3）监理单位通过施工单位审核分包单位质量管理体系、安全管理体系已经建立，查验各类管理和技术人员资格证书并确认有效，特别是特殊工种人员上岗证书齐全有效。

2. 原材进场检验和存放管理

1）履行进场验收手续，劲钢结构所使用的钢材、焊接材料、构配件品种齐全，数量足够，质量合格证明资料齐全有效，外观质量检验合格，符合设计及国家现行有关标准的要求，已按规定抽样复试检验，结果合格。

2）所采用的钢构件已提供合格证及焊缝超声波无损检测报告，目测尺量钢构件外型尺寸、焊钉布置及数量符合设计及规范要求。原材料及成品进场验收标准见表9-3-1。

原材料及成品进场验收标准　　　　　　　　　　　　　　　表 9-3-1

原材料		质量验收内容	检验数量及方法
钢材	主控项目	钢材、钢铸件的品种、规格、性能等应符合现行国家产品标准和设计要求。进口钢材产品的质量应符合设计和合同规定标准的要求	全数检查。检查质量合格证明文件、中文标志及检验报告等
		对属于下列情况之一的钢材，应进行抽样复验，其复验结果应符合现行国家产品标准和设计要求。国外进口钢材；钢材混批；板厚等于或大于40mm，且设计有Z向性能要求的厚板；建筑结构安全等级为一级，大跨度钢结构中主要受力构件所采用的钢材；设计有复验要求的钢材；对质量有疑义的钢材	全数检查。检查复验报告
	一般项目	钢板厚度及允许偏差应符合其产品标准的要求	每一品种、规格的钢板抽查5处。用游标卡尺量测
		型钢的规格尺寸及允许偏差应符合其产品标准的要求	每一品种、规格的型钢抽查5处。用钢尺和游标卡尺量测
		钢材的表面外观质量除应符合国家现行关标准的规定外，尚应符合下列规定： 1. 当钢材的表面有锈蚀、麻点或划痕等缺陷时，其深度不得大于该钢材厚度负允许偏差值的1/2； 2. 钢材表面的锈蚀等级应符合现行国家标准《涂覆涂料前钢材表面处理 表面清洁度的目视评定 第1部分：未涂覆过的钢材表面和全面清除原有涂层后的钢材表面的锈蚀等级和处理等级》GB/T 8923.1—2011规定的C级及C级以上； 3. 钢材端边或断口处不应有分层、夹渣等缺陷	全数检查。观察检查

续表

原材料		质量验收内容	检验数量及方法
焊接材料	主控项目	焊接材料的品种、规格、性能等应符合现行国家产品标准和设计要求	全数检查。检查焊接材料的质量合格证明文件、中文标志及检验报告等
		重要钢结构采用的焊接材料应进行抽样复验，复验结果应符合现行国家产品标准和设计要求	全数检查。检查复验报告
	一般项目	焊钉及焊接瓷环的规格、尺寸及偏差应符合现行国家标准《电弧螺柱焊用圆柱头焊钉》GB/T 10433—2002 中的规定	按量抽查1%，且不应少于10套。用钢尺和游标卡尺量测
		焊条外观不应有药皮脱落、焊芯生锈等缺陷；焊剂不应受潮结块	按量抽查1%，且不应少于10包。观察检查

所用的主要钢构件钢板柱、钢墙见图 9-3-1 和图 9-3-2。

图 9-3-1 车辆段劲钢结构型钢钢柱

图 9-3-2 车辆段劲钢结构型钢钢板墙

3）所有进场的钢构件应按安装顺序堆放，并注意做好成品防护工作。

4）设备进场验收

劲钢构件安装一般使用汽车吊，混凝土浇筑使用泵车等机械设备，应按施工计划的规格、数量准备齐全，进场时经验收合格。

（二）技术准备

1. 检验批划分

劲钢混凝土结构可按施工段、轴线、钢构件进场批次划分，并上报监理单位审核批准。

2. 劲钢结构图纸深化设计

在劲钢混凝土结构中，型钢与钢筋连接深化设计是最重要的环节，因此专业分包单位应根据土建结构图进行深化设计，绘制逐个梁柱节点的深化设计图，确定钢筋连接位置、穿筋孔洞数量、直径与位置。施工单位也可另行委托其他具有资质的设计单位进行。确保节点深化精度，对复杂部位穿筋节点，需由土建钢筋安装方审核，设计单位审核签字并加盖设计人员资格印章。

3.设计图纸的会审及交底

施工、监理单位分别组织劲钢结构深化图纸会审，发现问题及时与设计沟通。参加劲钢结构深化设计交底，充分理解设计意图，明确工艺流程，掌握图纸细节以利开展制作厂备料、生产和检验。

4.编制技术文件，进行交底

1）施工单位依据劲钢结构深化设计图纸，由项目技术负责人组织专业技术人员编制具体的施工方案，经监理工程师审核、总监审批后实施。

2）编制专项施工方案，如焊缝接头形式，根据国家相关规范的具体规定，编制焊接工艺评定方案，组织焊接工艺评定，确定最佳焊接工艺参数。以便制定完整合理详细的工艺措施和工艺流程，指导现场焊接施工作业。

3）向管理人员及作业人员进行技术交底。

4）监理单位编制相应监理实施细则，并向施工单位交底。

5.轴线测量定位及复测

已完成劲钢混凝土结构的基础、墙、柱轴线定位测量等工作，并经监理单位复测合格；

（三）施工现场准备

1.施工现场水通、电通、路通和场地平整必须完成。

2.场地地面强度足够行走式吊车对地基承载能力要求较高，对松软土质应采取加固技术措施，场地地面强度满足重车行使、道路通畅要求。

3.施工场地作业区划分

依据以下原则划分区段施工。

1）依据场地实际情况划分区段；

2）基础与主体结构施工能更好地衔接流水施工划分流水段；

3）施工作业队、机械、材料物资、加工运输、场地匹配和及工序衔接划分；

4）施工工期与后序工程开工匹配。

二、型钢制作质量管理

劲钢混凝土结构各种构件中，主要为十字型钢、H型钢及钢板，在工厂制作成半成品，包括型钢和钢板的切割、矫正和成型、边缘加工。

（一）驻厂监造

根据合同要求，监理单位派人员驻厂监造，对构件制作工艺进行控制。

1.切割

钢材切割面或剪切面的质量缺陷在气割后即可暴露，可用放大镜检查，有特殊要求时，还应进行探伤检查。

2. 矫正和成型

1）控制冷矫正和冷弯曲的最低环境温度，因在低温下钢材受外力而脆断要比冲孔和剪切加工时而断裂更敏感。

2）控制矫正过程中，矫正设备和吊运对其表面产生摩擦划痕。

3）控制矫正成型后偏差值。

4）控制零件外形满足组装、拼装和受力的要求。

（二）检查内容

驻场监理工程师和施工单位质检员应检查零部件的外观、规格及喷砂除锈情况，拼装焊缝的连接接触面及沿边缘的铁锈、毛刺、污垢等必须在涂装前清除干净。监督制造过程和检查成品，见图 9-3-3 ~ 图 9-3-6。

图 9-3-3 钢结构加工厂家检查焊接

图 9-3-4 钢结构加工厂尺寸抽查

图 9-3-5 钢结构出厂前构件探伤

图 9-3-6 钢结构进场检查验收

（三）分项工程验收管理

1. 验收标准

型钢零件及部件验收标准见表 9-3-2。

型钢零件及部件加工分项工程质量验收标准 表 9-3-2

分项工程		质量验收内容	检验数量及方法
切割	主控项目	钢材切割面或剪切面应无裂纹、夹渣、分层和大于 1mm 的缺棱	全数检查。观察或用放大镜及百分尺检查,有疑义时作渗透、磁粉或超声波探伤检查
		钢材切割面或剪切面应无裂纹、夹渣、分层和大于 1mm 的缺棱	全数检查。观察或用放大镜及百分尺检查,有疑义时作渗透、磁粉或超声波探伤检查
	一般项目	气割的允许偏差应符合规范规定	按切割面数抽查 10%,且不应少于 3 个。观察检查或用钢尺、塞尺检查
		机械剪切的允许差应符合规范规定	按切割面数抽查 10%,且不应少于 3 个。观察检查或用钢尺、塞尺检查
矫正和成型	主控项目	碳素结构钢在环境温度低于 -16℃、低合金结构钢在环境温度低于 -12℃时,不应进行冷矫正和冷弯曲。碳素结构钢和低合金结构在加热矫正时,加热温度不应超过 900℃。低合金结构钢在加热矫正后应自然冷却	全数检查。检查制作工艺报告和施工记录
		当零件采用热加工成型时,加热温度应控制在 900~1000℃;碳素结构钢和低合金结构钢在温度分别下降到 700℃和 800℃之前,应结束加工;低合金结构钢应在自然冷却	全数检查。检查制作工艺报告和施工记录
	一般项目	矫正后的钢材表面,不应有明显的凹面或损伤,划痕深度不得大于 0.5 mm,且不应大于该钢材厚度负允许偏差的 1/2	全数检查。观察检查和实测检查
		冷矫正和冷弯曲的最小曲率半径和最大弯曲矢高应符合规范规定	按冷矫正和冷弯曲的件数抽查 10%,且不少于 3 个。观察检查和实测检查
		钢材矫正后的允许偏差,应符合规范规定	按矫正件数抽查 10%,且不少于 3 件。观察检查和实测检查
边缘加工	主控项目	气割或机械剪切的零件,需要进行边缘加工时,其刨削量不应小于 2.0mm	全数检查。检查制作工艺报告和施工记录
	一般项目	边缘加工允许偏差应符合规范规定	按加工面数抽查 10%,且不少于 3 件。观察检查和实测检查

2. 相关允许偏差值

型钢零件及部件加工中以下各项允许偏差均应满足《钢结构工程施工质量验收规范》GB 50205—2001 的相应规定值。

1）气割的允许偏差;
2）机械剪切的允许偏差;
3）冷矫正和冷弯曲的最小曲率半径和最大弯曲矢高;
4）钢材矫正后的允许偏差;
5）边缘加工的允许偏差。

（四）进行预拼装检验

构件出厂前必须进行预拼装检验，目的是检验型钢构件的制作工艺应符合设计要求，详见后述。

三、型钢焊接质量管理

运至现场后组装、拼装成构件，基本工序是自身之间或相互之间的焊接，现以型钢柱为例，叙述其质量控制要点。

（一）焊接准备管理

由于各种焊接技术要求和工艺不尽相同，要特别重视焊接过程中的材料选用、使用要求以及焊接工艺和焊工操作资格的匹配。

1. 检验批划分

劲钢结构焊接工程可按相应的钢结构制作或安装工程检验批的划分为一个或若干个检验批。

2. 工艺评定

为保证工程焊接质量，施工单位对其首次采用的钢材、焊接材料、焊接方法、焊后热处理等，应进行焊接工艺评定，并应根据评定报告确定焊接工艺。

3. 现场考核焊工

持证焊工作业前还需通过现场实地操作考核，焊缝施焊后应在工艺规定的焊缝及部位打上焊工钢印。考核合格后方可上岗。现场考核见图 9-3-7。

图 9-3-7　车辆段钢结构焊工进场培训及技能比拼测试

（二）焊接过程控制

1. 控制装配接头焊接质量

主体结构中钢柱与相关节点连接，应重点控制接头处，包括：坡口，根部间隙，对口错边等的焊接质量，其焊缝质量应满足设计要求等级的焊缝质量。所有焊缝必须按级别要求经第三方检测单位进行内部缺陷的探伤检测。

2. 注意焊接环境温度

环境温度是指钢结构零部件制作或安装时现场的温度。当焊接环境温度过大或焊接部位受风、雨、雪直接侵袭时,都无法保证焊缝质量,特别是焊低氢焊条时更容易出现问题,应采取必要措施。

3. 关于型钢预热和后保温

1)焊接过程中,为减少焊接应力、防止产生焊接裂纹,规范规定型钢混凝土组合结构,浇筑混凝土前应对型钢焊接部位进行预热,预热温度宜大于混凝土入模温度,预热方法按相关规范规定进行。

2)在焊接全过程中应随时加热以保证焊缝道间温度,一条焊缝一次焊完,并按标准要求进行后保温。

3)冬季焊接预热处理、焊接层温控制、焊接焊后加热处理、焊接焊后保温等必须严格按专项施工方案执行。

各种具体措施详见本章第六节案例。

4. 进行无损检验

1)焊缝完成后及时按设计和相关规范要求进行外观检查和无损检验,不合格部分及时返修,返修焊缝也必须合格;对设计及规范要求探伤的焊缝,应对每条焊缝按比例要求进行无损探伤,并出具报告,标明探伤的具体部位,见图9-3-8。

图9-3-8 车辆段劲钢结构探伤及无损检测

2)碳素结构应在焊缝冷却到环境温度、低合金结构钢应在完成焊接24h以后,进行焊缝探伤检验。

5. 控制变形和应力

对于厚钢板除了控制焊缝本身质量,还应控制焊接变形和残余应力;连接焊缝以及锥头的任何截面必须与连接的钢构件等强,厚度应保证强度和变形的要求,并有试验报告。

6. 按规定处理不合格焊缝

对检验不合格的焊缝必须返修至合格,但同一部位焊缝的返修不得超过两次,还应对形成该不合格焊缝的焊工所焊的其他焊缝按规定的检验比例、检验方法和检验标准加倍抽检,仍有不合格时,对该焊工所焊的全部焊缝进行无损探伤检验。

(三）焊接分项工程验收管理

1. 验收项目及标准

型钢焊接按照钢构件焊接工程和焊钉（栓钉）焊接工程两个内容进行验收，验收标准详见表 9-3-3。

钢结构焊接工程质量验收标准 表 9-3-3

分项工程		质量验收内容	检验数量及方法
钢构件焊接	主控项目	焊条、焊丝、焊剂、电渣焊熔嘴等焊接材料与母材的匹配应符合设计要求及《建筑钢结构焊接技术规程》JGJ 81 的规定。焊条、焊剂、药芯焊丝、熔嘴等在使用前，应按其产品说明书及焊接工艺文件的规定进行烘焙和存放	全数检验。 检查质量证明书和烘焙记录
		焊工必须经考试合格并取得合格证书。持证焊工必须在其考试合格项目及其认可范围内施焊	全数检验。 检查焊工合格证及其认可范围、有效期
		施工单位对其首次采用的钢材、焊接材料、焊接方法、焊后热处理等，应进行焊接工艺评定，并应根据评定报告确定焊接工艺	全数检验。 检查焊接工艺评定报告
		设计要求全焊透的一、二级焊缝应采用超声波探伤进行内部缺陷的检验，超声波探伤不能对缺陷作出判断时，应采用射线探伤。焊接球节点网架焊缝、螺栓球节点网架焊缝及圆管 T、K、Y 形节点相贯线焊缝	全数检验。 内部缺陷分级及探伤方法应符合《焊缝无损检测超声检测技术、检测等级和评定》GB/T 11345—2013 或《金属熔化焊焊接接头射线照相》GB/T 3323—2005 的规定。 其内部缺陷分级及探伤方法应分别符合《钢结构超声波探伤及质量分级法》JG/T 203—2007、《钢结构超声波探伤及质量分级法》JG/T 203—2007 的规定。一级、二级焊缝的质量等级及缺陷分级应符合表 14-4-3 的规定
		T 形接头、十字接头、角接接头等要求熔透的对接和角对接组合焊缝，其焊脚尺寸不应小于 $t/4$；设计有疲劳验算要求的吊车梁或类似构件的腹板与上翼缘连接焊缝的焊脚尺寸为 $t/2$，且不应大于 10mm。焊脚尺寸的允许偏差为 0~4mm	对资料全数检验；同类焊缝抽查 10%，且不应少于 3 条。 观察检查，用焊缝量规抽查测量
		焊缝表面不得有裂纹、焊瘤等缺陷。一级、二级焊缝不得有表面气孔、夹渣、弧坑裂纹、电弧擦伤等缺陷，且一级焊缝不许有咬边、未焊满、根部收缩等缺陷	每批同类构件抽查 10%，且不应少于 3 件；被抽查构件中，每一类型焊缝按条数抽查 5%，且不应少于 1 条；每条检查一处，总抽查数不应少于 10 处。 观察检查或使用放大镜、焊缝量规和钢尺检查，当存在疑义时，采用渗透或磁粉探伤检查

续表

分项工程		质量验收内容	检验数量及方法
钢构件焊接	一般项目	对于需要进行焊前预热或焊后热处理的焊缝，其预热温度或后热温度应符合有关标准的规定或通过工艺试验确定。预热区在焊道两侧，每侧宽度均应大于焊件厚度的1.5倍以上，且不应小于100mm；后热处理应在焊后立即进行，保温时间应根据板厚按每25mm板厚1h确定	全数检查。检查预、后热施工记录和工艺试验报告
		二级、三级焊缝外质量标准应符合本规范附录A中表A.0.1的规定。三级对接缝应按二级焊缝标准进行外观质量检验	每批同类构件抽查10%，且不应少于3件；被抽查构件中，每一类型焊缝按条数抽查5%，不应少于1条；每条检查1条，总抽查数不应少于10条
		焊缝尺寸允许偏差应符合本规范附录A中表A.0.2的规定	每批同类构件抽查10%，且不应少于3件；被抽查构件中，每种焊缝按条数各抽查5%，但不应少于1条；每条检查1条，总抽查数不应少于10处。用焊缝量规检查
		焊出凹形的角焊缝，焊缝金属与母材间应平缓过渡；加工成凹形的角焊缝，不得在其表面留下切痕	每批同类构件抽查10%，且不应少于3件。观察检查
		焊缝感观应达到：外形均匀、成型较好，焊道与焊道、焊道与基本金属间过渡较平滑，焊渣和飞溅物基本清除干净	每批同类构件抽查10%，且不应少于3件；被抽查构件中，每种焊缝按数量各抽查5%，总抽查处不应少于5处。观察检查
焊钉（栓钉）焊接	主控项目	施工单位对其采用的焊钉和钢材焊接应进行焊接工艺评定，其结果应符合设计要求和国家现行有关标准的规定。瓷环应按其产品说明书进行烘焙	全数检查。检查焊接工艺评定报告和烘焙记录
		焊钉焊接后应进行弯曲试验检查，其焊缝和热影响区不应有肉眼可见的裂纹	每批同类构件抽查10%，且不应少于10件；被抽查构件中，每件检查焊钉数量的1%，但不应少于1个。焊钉弯曲30º后用角尺检查和观察检查
	一般项目	焊钉根部焊脚应均匀，焊脚立面的局部未熔合或不足360º的焊脚应进行修补	按总焊钉数量抽查1%，且不应少于10个。观察检查

2. 一级、二级焊缝的质量等级及缺陷分级满足相关规范要求。

3. 分项工程验收

1）混凝土浇筑前应该对钢构件、钢筋及连接进行隐蔽工程验收，验收程序及内容同常规。

2）按程序进行检验批和分项工程验收。

四、型钢与钢筋连接质量管理

（一）连接过程质量控制

型钢与钢筋连接控制是保证劲钢混凝土工程质量的关键，型钢柱与钢筋的相交点多，型钢柱与柱周主筋、箍筋的关系，型钢柱与通过钢柱的水平梁钢筋，墙体水平筋的关系是施工处理的重点，型钢柱截面及钢柱与混凝土梁的节点关系，见图 9-3-9 和图 9-3-10。

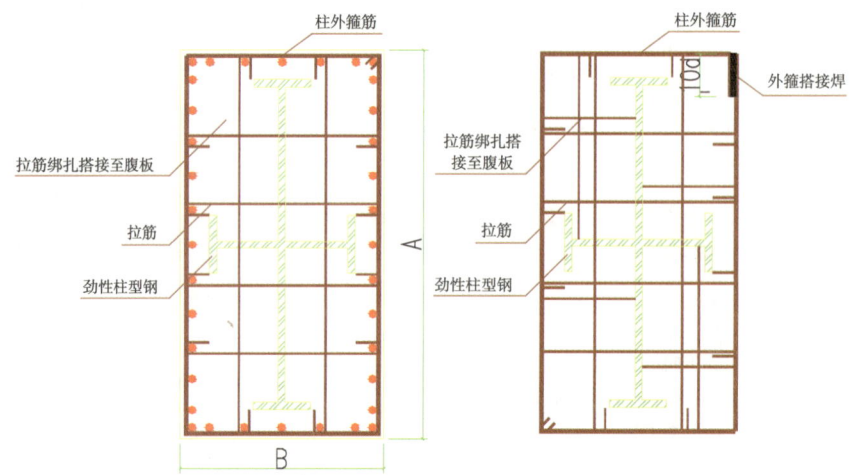

图 9-3-9　车辆段库区型钢柱箍筋做法

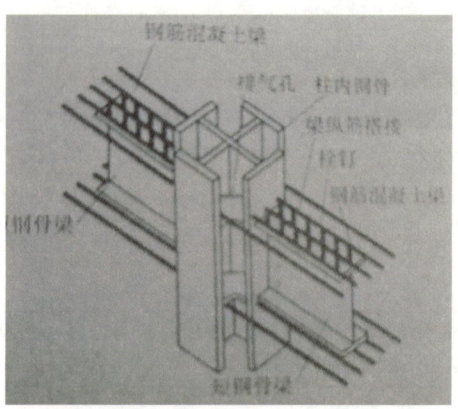

图 9-3-10　车辆段库区钢结构节点做法

劲钢混凝土中各种构造节点，包括梁与柱、柱与柱、梁与梁、梁与墙等节点，应严格执行相应的技术规程和构造图集的规定，分别为《组合结构设计规范》JGJ 138—2016、《型钢混凝土结构钢筋排布规则与构造》详图 12SG904—1 及《型钢混凝土组合结构构造》图集号 04SG523。

(二) 钢筋工程

1. 混凝土中加入型钢后，钢筋绑扎难度增大，是质量控制重点。

2. 型钢安装验收合格后方能进行钢筋安装。

3. 梁柱节点

由于梁柱节点施工区钢筋非常密集，钢筋必需穿过型钢的孔眼才能进行锚固，型钢节点处柱钢筋、梁纵向受力钢筋排布严格按钢结构深化设计图进行钢筋排布，每道工序施工单位自检合格后上报监理单位验收。

(三) 特殊位置的梁柱节点

尽量将梁筋和墙筋避开型钢，无法避开时，采用腹板穿孔，若造成型钢截面损失，承载力不能满足要求时，应进行局部加厚补强，同时还用考虑便于施工的因素。

五、钢构件组装及预拼装质量管理

钢构件是指由零件或由零件和部件组成的钢结构基本单元，如梁、柱、支撑等，钢构件组装一般是指将各板块零件或构件通过焊铆工序组装为一个新的构件，宜在工厂进行，也可以在施工现场进行。工厂组装是把零部件组合在一起，用点焊或夹具临时固定在一起，以方便下道工序（焊接）作业；现场组装是把单个钢构件焊接（或栓接）在一起，组成一个吊装单元，方便现场安装作业。

预拼装是指为检验钢构件是否满足安装质量要求而进行的拼装。由于受运输、起吊等条件限制，为了检验构件制作的整体性，由设计规定或合同要求在出厂前进行工厂拼装称为预拼装，均在工厂所用支凳（平台）进行，预拼装后的构件还要拆除，移到工地后再进行安装；按合同约定，监理单位派驻场监理监督组装及预拼装的全过程。

(一) 组装、预拼装过程质量控制

1. 检验批划分

钢构件的组装和预拼装可按钢结构制作工程检验批的划分原则划分为一个或若干个检验批。

2. 控制生产厂家预拼装工艺

1) 预拼装所用的支承凳或平台应测量找平，且不应使用大锤锤击，检查时应拆除全部临时固定和拉紧装置。

2) 除壳体结构为立体预拼装，并可设卡、夹具外，其他结构一般均为平面预拼装，预拼装的构件应处于自由状态，不得强行固定；预拼装过程中观察细长构件的变形，如过大应与设计单位沟通。

3) 检查钢结构详图设计尺寸是否有误，若有应与设计单位沟通，以避免预拼装无法顺利进行。钢构件组装及预拼装的过程管理按照下述验收标准中的主控项目一般项目进行。

（二）分项工程验收

1. 质量验收标准

钢构件组装及预拼装按照焊接 H 型钢、组装、端部铣平及安装焊缝坡口、钢构件外形尺寸和预拼装等内容和工序进行验收，见表 9-3-4。

钢构件组装、预拼装质量验收标准　　　　　表 9-3-4

分项工程		质量验收内容	检验数量及方法
焊接 H 型钢	一般项目	焊接 H 型钢的翼缘板拼接缝和腹板拼接缝的间距不应小于 200mm。翼缘板拼接长度不应小于 2 倍板宽；腹板拼接宽度不应小于 300mm，长度不应小于 600mm	全数检查。观察和用钢尺检查
		焊接 H 型钢的允许偏差应符合规范规定	按钢构件数抽查 10%，宜不应少于 3 件。用钢尺、角尺、塞尺等检查
组装	主控项目	吊车梁和吊车桁架不应下挠	全数检查。构件直立，在两端支承后，用水准仪和钢尺检查
	一般项目	焊接连接组装的允许偏差应符合规范规定	按构件数抽查 10%，且不应少于 3 个。用钢尺检验
		顶紧触面应有 75% 以上的面积紧贴	按接触面的数量抽查 10%，且不少于 10 个。用 0.3mm 塞尺检查，其塞入面积应小于 25%，边缘间隙应不应大于 0.8mm
		桁架结构杆件轴件交点错位的允许偏差不得大于 3.0mm	按构件数抽查 10%，且不应少于 3 个，每个抽查构件按节点数抽查 10%，且不少于 3 个节点。尺量检查
端部铣平及安装焊缝坡口	主控项目	端部铣平的允许偏差应符合规范规定	按铣平面数量抽查 10%，且不应少于 3 件。用钢尺、角尺、塞尺等检查
	一般项目	安装缝坡口的允许偏差应符合规范规定	按坡口数量抽查 10%，且不少于 3 条。用焊缝量检查
		外露铣平面应防锈保护	全数检查。观察检查
钢构件外形尺寸	主控项目	钢构件外形尺寸主控项目的允许偏差应符合规范规定	全数检查。用钢尺检查
	一般项目	钢构件外形尺寸一般项目的允许偏差允许应符合规范规定	按构件数量抽查 10%，且不应少于 3 件
预拼装	主控项目	高强度螺栓和普通螺栓连接的多层板叠，应采用试孔器进行检查，并应符合下列规定： 1. 当采用比孔公称直径小 1.0mm 的试孔器检查时，每组孔的通过率不应小于 85%； 2. 当采用比螺栓公称直径大 0.3mm 的试孔器检查时，通过率应为 100%	按预拼装单元全数检查。采用试孔器检查
	一般项目	预拼装的允许偏差应符合规范规定	按预拼装单元全数检查

2. 各相关允许偏差值

钢构件组装及预拼装中以下各项允许偏差均应满足《钢结构工程施工质量验收规范》GB 50205—2001 的相应规定值。

1）端部铣平的允许偏差；

2）安装焊缝坡口的允许偏差；

3）钢构件外形尺寸主控项目的允许偏差；

4）地脚螺栓允许偏差；

5）座浆垫板允许偏差；

6）主体结构整体垂直度和整体平面弯曲允许偏差。

3. 分项工程验收

1）隐蔽工程验收。

2）按规定程序进行检验批和分项工程验收。

六、型钢安装质量管理

型钢构件运至现场后经验收合格（前述）后，进行型钢的安装，包括型钢构件的组装、预拼装及吊装等工序。此处简要介绍钢板墙、型钢柱及梁的安装及其与基础的衔接。

（一）吊装前准备

1. 资源准备

1）人员、构件堆场设置及加固、焊接操作平台、上人爬梯、操作架、各种安全措施等提前加工制作完成，保证各项准备工作充分到位。

2）机械准备

结合构件重量选择吊装机械（塔吊或汽车吊），配合平板车进行钢构件的转运和吊装，吊装机械在吊装前检查调试完毕。

2. 技术准备

1）应编制吊装专项施工方案，并履行审批手续，若符合危大工程规定，方案还需经专家论证。监理人员批准后向作业人员交底。

2）监理单位编制监理实施细则。

3. 现场条件准备

型钢构件吊装应尽量安排在日间进行，如有良好的照明条件也可适当组织夜间施工。

（二）安装流程

劲钢结构从承台垫层顶面开始，从地下向地上逐层安装，每层以加工厂生产的柱节为单位，首节柱、钢板墙埋入地下，与承台连接牢固，随后陆续安装地上的柱节、钢板墙、梁。

具体顺序为：第一节（地下）劲钢柱安装→柱钢筋绑扎→劲钢柱合模→劲钢柱混

凝土浇筑→第二节钢柱安装→钢梁安装→柱钢筋绑扎→劲钢柱合模→劲钢柱混凝土浇筑→首层第一节劲性梁底模支设→劲性梁钢筋绑扎→劲性梁侧模合模→劲性梁混凝土浇筑逐节逐层安装至完成。具体参见组图9-3-11。

1. 定位测量

安装前应完成埋入式钢柱底座轴线与标高测量定位及复核，确认位置符合设计规定。型钢柱的轴线位置、标高及垂直度必须符合设计和规范要求，安装方位及孔口位置应正确。

2. 钢柱、钢板墙逐节安装

施工顺序参见组图9-3-11中的1～4。

3. 钢梁安装，施工顺序参见组图9-3-11中的5～8。

4. 钢梁间的斜撑安装，见组图9-3-11中的9。安装完成如图10。

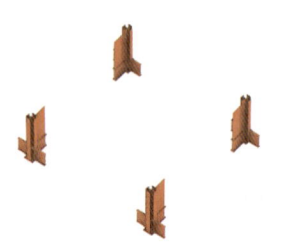

1. 承台垫层施工完成后，吊装首节钢柱埋入地下。

2. 安装地下钢柱间首节钢板墙

3. 安装钢柱第二节钢板墙

4. 安装第二节钢柱

5. 安装第二节钢柱间钢梁

6. 对称安装第二节钢柱

组图9-3-11 劲钢构件安装流程图（一）

7. 依次向上安装钢柱间钢板墙

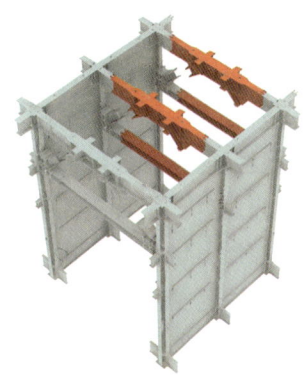
8. 安装钢柱间钢梁

9. 安装钢梁间斜撑

10. 钢结构安装完成

组图 9-3-11 劲钢构件安装流程图（二）

（三）钢柱、钢板墙与桩基础连接控制

型钢构件生根于桩承台，与承台桩基础共同承托上部结构荷载，并将荷载传至地基，型钢构件与承台基础连接是质量控制重点。关于桩基础施工质量控制详见第六章地面及高架车站中的相关内容。

型钢构件与基础连接示意见图 9-3-12 和图 9-3-13。

图 9-3-12 运用库型钢柱与承台基础连接图

图 9-3-13 运用库钢板墙与承台基础连接图

与承台基础连接施工流程为：绑扎承台下层钢筋→预埋地脚埋件→焊接第一节型钢柱→绑扎承台上层钢筋→浇筑基础混凝土。

1. 预埋地脚埋件

劲钢混凝土型钢柱应在承台基础中提前预埋一段，长度约为1.5m左右，以备与上部型钢柱焊接成为一体，从而达到更稳定状态。预埋时需测量人员在纵横两个方向用经纬仪和水准仪控制其轴线及标高，并与承台基础钢筋焊接牢固。监理工程师验收合格后方可进行型钢柱的安装。

2. 型钢柱的安装，见图9-3-14。

1）在地面按设计图纸组装型钢柱，利用汽车吊吊装，安装精度应在规范允许偏差之内。

2）在基础混凝土浇筑前再次复核，确认型钢柱位置、标高、垂直度准确，并且钢柱四周用钢丝缆风绳固定牢固后方可进行混凝土浇筑。

3. 钢板墙安装，见图9-3-14。

1）安装前应进行底部抄平，检查承台基础平整度，同时检查承台基础垫层强度，均应满足设计要求；

2）采用吊装设备（汽车吊、履带吊）吊装，安装垂直度、水平度自检合格后，报监理工程师复核查验，确认安装精度应在规范允许偏差之内，进行焊接作业；

3）钢板墙表面焊接高温易产生变形，应随焊接工序对变形部位及时纠正；

4）钢板墙钢筋安装前校核其安装精度，墙体位置、标高、垂直度等测量数据准确。

5）墙体钢筋穿放钢板墙时应注意成品保护，严禁随意电焊开孔。

图9-3-14 运用库劲性钢柱、钢板墙安装

图9-3-15 运用库劲性钢结构型钢梁安装

4. 钢梁安装 见图9-3-15

1）钢梁是厂家加工半成品，安装前应复核钢梁尺寸及安装位置符合设计要求；

2）钢梁在现场与型钢柱进行组装，预留孔洞应确保其精度；

3）采用汽车吊吊装人工配合安装；

4）钢梁安装精度应在规范允许偏差之内。

5.钢结构组装,见示意图9-3-16和图9-3-17。

6.注意浇筑细节

由于承台基础钢筋非常密集,在柱接头和型钢柱翼缘下部等处混凝土不易充分填满,要仔细进行浇筑和捣实。

图9-3-16 联检库钢结构

图9-3-17 运用库钢结构

(四)分项工程验收管理

1.验收标准

劲钢构件制作与安装质量应符合《混凝土结构工程施工质量验收规范》GB 50204—2015中相关规定。

2.按程序组织劲钢与基础连接的分项工程验收。

3.安装分项工程验收

单层钢结构是单层工业厂房最多用的类型,在车辆基地的各种库房建筑中采用较多。劲钢混凝土中的型钢是钢结构的一种类型,其安装是逐层进行的,故安装和校正的验收可按单层钢结构安装验收标准进行。

1)单层钢结构安装和校正的验收标准,见表9-3-5。

单层钢结构安装质量验收标准　　　　　　　表9-3-5

分项工程		质量验收内容	检验数量及方法
安装和校正	主控项目	钢构件应符合设计要求和规范的规定。运输、堆放和吊装等造成钢构件变形及涂层脱落,应进行矫正和修补	按构件数抽查10%,且不应少于3个。用拉线、钢尺现场实测或观察
		设计要求顶紧的节点,接触面不应少于70%紧贴,且边缘最大间隙不应大于0.8mm。检查数量:按节点数抽查10%,且不应少于3个	用钢尺及0.3mm和0.8mm厚的塞尺现场实测
		钢屋(托)架、桁架、梁及受压杆件的垂直度和侧向弯曲矢高的允许偏差应符合规范规定	按同类构件数抽查10%,且不少于3个。用吊线、拉线、经纬仪和钢尺现场实测
		单层钢结构主体结构的整体垂直度和整体平面弯曲的允许偏差符合规范规定	对主要立面全部检查。对每个所检查的立面,除两列角柱外,尚应至少选取一列是间柱采用经纬仪、全站仪等测量

续表

分项工程		质量验收内容	检验数量及方法
安装和校正	一般项目	钢柱等主要构件的中心线及标高基准点等标记应齐全	按同类构件数抽查10%，且不应少于3件。观察检查
		当钢桁架（或梁）安装在混凝土柱上时，其支座中心对定位轴线的偏差不应大于10mm；当采用大型混凝土屋面板时，钢桁架（或梁）间距的偏差不应该大于10mm	按同类构件数抽查10%，且不应少于3榀。用拉线和钢尺现场实测
		钢柱安装的允许偏差应符合规范规定	按钢柱数抽查10%，且不应少于3件。
		钢吊车梁或直接承受动力荷载的类似构件，其安装的允许偏差应符合规范规定	按钢吊车梁抽查10%，且不应少于3榀
		檩条、墙架等构件数安装的允许偏差应符合规范规定	按同类构件数抽查10%，且不应少于3件
		钢平台、钢梯、栏杆安装应符合现行《固定式直梯》GB4053.1、《固定式钢斜梯》GB4053.2、《固定式防护栏杆》GB4053.3 和《固定式钢平台》GB4053.4 的规定。钢平台、钢梯和防护栏杆安装的允许偏差应符合规范规定	按钢平台总数抽查10%，栏杆、钢梯按总长度各抽查10%，但钢平台不应少于1个，栏杆不应少于5m，钢梯不应少于1跑
		现场焊缝组对间隙的允许偏差应符合规范规定	按同类节点数抽查10%，且不应少于3个。尺量检查
		钢结构表面应干净，结构主要表面不应有疤痕、泥沙等污垢	按同类构件数抽查10%，且不应少于3件。观察检查

2）隐蔽工程验收。

3）按程序进行检验批、分项工程验收。

七、模板及支架质量管理

车辆基地劲钢混凝土工程中，模板支架体系应用较多，属于高大模板支撑体系，其施工准备、搭设和拆除的质量管理详见《城市轨道交通土建工程质量安全管理概论》第四章相关内容，此处仅论述在劲钢结构中应注意之处。

（一）模板及支架设计

模板及支架的设计应附在专项施工方案中，设计要点如下：

1. 应有足够的承载力

梁和顶板采用满堂红脚手架，设计应具有足够的承载能力、刚度和稳定性，能可靠地承受浇筑混凝土的重量、侧压力以及施工荷载。

2. 模架顶部自由端高度

应符合相应架体的安全技术规范规定。

3. 高大模板支撑体系

若其的高度与宽度相比大于两倍的独立支撑系统，应加设保证整体稳定的构造措施。

4. 模架超高时应组织专家对施工专项方案模板支架设计进行论证。

（二）模板选用和安装

1. 模板选用

1）车辆基地库区空间大，墙与柱设计超过 9m 高，侧墙、柱均为定制钢模满足刚度、强度要求，自稳性好、不易变形、周转次数多等特点；梁与顶板同时浇筑，采用木模板。

2）钢模板出厂前应组织验收，检查组拼尺寸、材质厚度、焊接等情况；材料外形不得有严重缺陷、修饰、开裂等情况。板面防锈油涂刷均匀，其他面防锈漆涂刷均匀。

2. 模板安装要求

安装质量控制除满足常规要求外，应注意以下几点：

1）模板安装前应检查拼装平整度，肋板焊接焊缝饱满度、宽度、高度等，检查脱模剂质量及涂刷是否到位。

2）模板编号，安装顺序遵循先内侧，后外侧，先横墙、后纵墙的原则安装就位。

3）紧固对拉螺栓时应用力得当，不得使模板表面产生局部变形。

4）浇筑混凝土时必须设专人监控大模板的使用情况，发现问题及时上报、处理。

5）吊装大模板时应设专人指挥，在塔吊允许吊重范围进行大模板吊装作业。模板应平稳起吊，不得偏斜和大幅摆动。

6）模板间的拼缝一定要紧密牢固，并经监理工程验收合格后方可进行混凝土浇筑。

（三）支撑体系搭设

1. 按构件特点选择支撑体系

劲钢混凝土构件顶板、梁模板支架体系应按其构件特点，采用先进的安德固和盘扣支架体系，并组织专家对施工专项方案体系论证，并按专家意见修改，最后通过总监理工程师批准。

2. 支撑体系的局部加固

由于自密实混凝土的流动性较高，随着浇筑量的加大，对侧模的压力也增大，易造成模板跑浆、漏灰现象，因此在支设模板时，特别是对梁柱节点和型钢梁翼缘下钢筋密集、难以浇筑的部位，需对支撑体系进行加固处理。

3. 支架搭设

作业人员应严格按规范、专项施工方案和安全技术交底书的要求搭设模板支撑体系。

（四）模板及支撑体系验收管理

1. 模板检查与验收

浇筑混凝土前必须对大模板安装进行专项检查，并做检验记录。

2. 支撑体系验收

1）首先根据方案搭设支撑体系然后进行现场预压实验，满足刚度、强度要求后方可进行下道工序。

2）按照支撑体系专项施工方案组织自检，然后报监理组织验收。

3）架体尺寸应满足设计与施工专项方案的要求。

4）混凝土浇筑过程中，应有专人对架体节点部位检查。

3.分项工程验收管理

1）隐蔽工程验收。

2）按程序进行检验批、分项工程验收。

八、混凝土工程质量管理

混凝土工程质量控制要点除与常规混凝土相同外，还有一定的特殊要求，如柱与剪力墙中，型钢、钢筋较密集，普通混凝土浇筑难以下料及振捣，故劲钢混凝土工程中均采用自密实混凝土，可以保证混凝土的密实性，从而保证结构质量。

（一）结构梁体采用常规混凝土浇筑

自密实混凝土的特点是：能够自流平填密模板内空间，不需振捣，可以降低由于振捣而导致的混凝土离析现象，采用自密实混凝土，浇筑时应注意以下几点：

1.混凝土进场验收

对进入施工场的自密实混凝土进行验收，各项技术指标（坍落扩展度、和易性、流动性）抽检试验合格后方可进行混凝土浇筑。详见《城市轨道交通土建工程质量安全概论》第八章。

2.混凝土的浇筑、振捣、养护

1）在浇筑时，要在模板外侧适当敲击，使自密实混凝土充分流动，不会因为大粒径骨料卡在钢筋之间而形成孔洞。

2）控制好浇筑速度，要缓缓连续进行，防止过量卷入空气产生气泡，为了排除气泡，也可在梁、柱节点处及其他部位的水平加劲肋或隔板上预留透气孔。以保证混凝土的外观质量。

3）由于自密实砼用水量大，表面水分蒸发速度快，因此在浇筑后必需进行早期养护，经常浇水，对于柱子要用塑料布包裹。见图9-3-18。

图9-3-18　车辆段库区结构圆柱塑料布包裹养护

3.冬季混凝土施工措施

1）劲钢结构和框架剪力墙的冬季混凝土质量是控制的重点。除采取防冻措施外，应特别制定型钢、钢筋焊接的预热、保温措施。详见第六节案例相关内容。

2）为了避免发生混凝土冻害，监理单位应加强现场监督检查，联合第三方检测单位各自独立同步检查混凝土强度，以相互求证强度值的正确性。

（二）分项工程质量验收管理

劲钢混凝土分项工程验收同常规。

九、劲钢混凝土工程安全、职业健康和环境管理

关于安全、职业健康和环境管理，施工单位、项目经理部尤其是安全管理人员，都必须按照相关规定认真做好各项工作；监理单位、项目监理部、总监理工程师和安全监理工程师认真履行安全监理责任，安全职业健康和环境管理基本内容及宏观措施详见《城市轨道交通土建工程质量安全概论》第四章相关内容。本节主要对几个重点环节进行简要阐述。

（一）安全管理

在劲钢混凝土结构施工中，存在多道工序交叉作业，如：型钢焊接、吊装与安装，作业人员面临风险因素较多，如：触电、灼烫、高空作业、临边坠落等。

1.操作人员的安全防护

劲钢混凝土工程施工中有专业分包单位的作业，施工单位要按照安全协议加强对其管理，分包单位应做好操作人员的劳动保护和安全防护工作。

2.钢构件安装过程防护安全

型钢安装中最重要的安全防护是吊装安全，应做好如下的安全技术措施。

1）搭设爬梯

型钢柱吊装前，制作钢爬梯预先捆绑固定在钢柱上，作为吊装解钩的垂直通道以及其他作业人员上下钢柱的垂直通道。

2）拉设缆风绳

型钢柱、梁安装完成后，立即拉设缆风绳，每组不应少于4根，缆风绳一端系在钢柱上，另一端固定在地锚上。

3）搭设操作平台

操作平台搭设是型钢构件梁、柱安装和焊接的安全保证措施之一。操作平台一般使用钢管搭设，长2m，宽1.2m，护栏杆高度不小于1.2m，与钢板墙之间用三角支架固定。

4）设安全扶手绳

安全扶手绳是保证操作人员安全作业、行走安全的用于抓靠和挂安全带的安全防护绳，在钢柱与主、次梁连接处上分别固定。

主梁连接处采用 ϕ10mm 钢丝绳,次梁可采用 ϕ10mm 白棕绳,固定好后应在绳子上每隔2m间距拴一道红色布带,作为显示标志,提示操作人员及时利用以防护安全。

5）配备防坠器

每根钢柱安装时必须配备防坠器,应高挂低用,禁止平挂或低挂高用。安装人员上下时,必须将安全带挂在防坠器的挂钩上,避免发生坠落事故。

3. 起重设备使用防护安全

起重设备防护是指对起重机在作业时可能产生的各种危险进行预防的安全技术措施,详见第三章相关内容。

4. 季节性施工安全管理

1）冬施注意事项,劲钢混凝土浇筑时及时清除脚手架,作业平台上的冻块,以防作业人员滑倒坠落。

2）确保基底安全度汛,基础工程质量直接关系上部结构工程安全,举足轻重。若逢雨季施工,基底"安全度汛"是一大难关,基底若被雨淋,上部还需要加固处理,难度增加,必须提前做好各项防范措施。

（二）职业健康和环境管理

1. 分析职业病危害因素并采取措施

施工单位必须重视危害因素的分析,以便采取针对防护措施。

劲钢混凝土结构中型钢构件的焊接、安装工程量非常大,电焊操作人员的工作,处于弧光、电焊烟尘、有毒气体、高频电磁辐射、射线、噪声和热辐射等有害因素环境中,面临发生急性中毒和眼病、耳聋、电焊工尘肺等职业病危害,极易积累成职业病。

2. 做好环境保护

劲钢混凝土结构施工造成的固体、液体的污染物,尤其是光、噪声和空气污染对环境产生不良影响,必须采取措施减轻或消除。

第四节　室外环境工程之场坪绿化工程质量安全管理

室外环境和绿化的水平是衡量一座城市的重要标准,作为现代化城市重要组成部分的轨道交通工程,其沿线区间、车站及车辆基地和综合基地周围环境及绿化同样具有重要的地位。城市轨道交通土建工程中的场坪绿化不是独立的绿化工程项目,且实施面积较小,按北京市行业标准《轨道交通单位工程、分部工程和分项工程划分标准》的规定,室外环境是"地铁车辆基地及综合基地"单位工程中一个分部工程,而场坪绿化只是众多的分项工程之一,因场坪绿化对美化周边环境有积极重要的作用,符合建设"环境友好型"社会的基本国策,考虑到其重要性和特殊性,我们把它作为本节的内容，其他分项工程限于篇幅，不予论述。

实际工程中，场坪绿化工程规模虽小，所含内容涉及面多，可谓"麻雀虽小，五脏俱全"，若只按分项工程对待，则验收和资料都难以进行，为便于场坪绿化工程实施过程中的控制、资料管理和竣工验收，本书根据轨道交通工程中场坪绿化工程的特点，参考《园林绿化工程施工及验收规范》CJJ 82—2012 及北京地方标准《园林绿化工程施工及验收规范》DB11/T 212—2017 的规定，将场坪绿化按 3 个分部工程对待，综合选择其中主要分部工程将其涉及的主要分项工程划分如下，见表 9-4-1。

场坪绿化分部工程质量验收分部（子分部）工程、分项工程名录划分表　　表 9-4-1

分部/子分部		分项工程
种植基础	一般性基础	整理绿化用地，地形整理（土山、微地形），通气透水
	重盐碱、重黏土土壤改良工程	管沟、隔淋（渗水）层开槽，排盐管敷设，隔淋（渗水）层
	边坡绿化	锚杆及防护网安装，铺笼砖
种植工程	常规种植	种植穴（槽），栽植，草坪铺植
	大规格苗木移植	掘苗及包装，种植穴（槽），栽植
	坡面绿化	喷播，栽植，分栽
养护	苗木养护	围堰，支撑，浇灌水，树木修剪

根据场坪绿化主要施工内容，将重点讲述包括种植基础工程，重盐碱、重黏土土壤改良及排盐隔淋措施，测量放线，植物材料验收，种植穴（槽）挖掘，一般树木种植，大树移植，草坪铺植，养护管理等主要内容。车辆基地及综合基地以外的单位工程室外环境涉及绿化的，参照本节相关内容。

一、管理目标及依据

（一）质量目标

为确保场坪绿化工程施工质量，保证绿化景观效果，改善城市区域环境质量，美化城市景观，提升整体环境品质，为过往乘客、游人创造一个舒适的出行环境的目标。绿化施工单位应建立健全质量保证体系，制定保证绿化苗木成活率及其生长势措施，保证绿化景观效果，确保绿化工程质量，实现绿化工程施工合同约定的质量目标。

（二）安全目标

场坪绿化施工单位应建立相应的安全保证体系，制定严密的安全管理制度，履行相应职责，以保证场坪绿化分项工程施工安全，杜绝死亡及重伤事故，实现安全零事故的目标。

（三）管理依据

场坪绿化工程施工质量和安全管理的依据除相关法律法规外，主要技术标准，包括：

1. 国家标准

《城市园林绿化评价标准》GB/T 50563—2010

2. 行业标准

《园林绿化工程施工及验收规范》DB11/T 212—2017

3. 地方标准

1)《园林绿化工程施工及验收规范》DB11/T 212—2017

2)《园林绿化种植土壤》DB11/T 864—2012

3)《城镇绿地养护管理规范》DB11/T 213—2014

4)《园林绿化工程资料管理规程》DB11/T 712—2019

5)《园林绿化工程监理规程》DB11/T 245—2012

二、绿化工程管理体系及管理职责

（一）国家政府部门管理体系

1. 国务院设立全国绿化委员会，统一组织领导全国城乡绿化工作，其办公室设在国务院林业行政主管部门。

2. 国务院城市建设行政主管部门和国务院林业行政主管部门等，按照国务院规定的职权划分，负责全国城市绿化工作。

3. 城市人民政府城市绿化行政主管部门主管本行政区域内城市规划区的城市绿化工作。

4. 在城市规划区类内，有关法律、法规规定由林业行政主管部门等管理的绿化工作，依照有关法律、法规执行。

5. 城市的公共绿地、风景林地、防护绿化、行道树及干道绿化带的绿化，由城市人民政府绿化行政主管部门管理；各单位管理界内的防护绿地由该单位按照国家有关规定管理；单位自建的公园和单位附属绿地的绿化，由该单位管理。

6. 单位附属绿地的规划和建设，由该单位自行负责，城市人民政府城市绿化行政主管部门应当监督检查，并给予技术指导。

（二）场坪绿化工程组织系统内的项目管理体系及责任

对于城市轨道交通土建工程中的场坪绿化，在项目组织系统内，各建设主体均应建立相应的管理体系，并履行相应职责。

1. 建设单位

应当建立绿化工程管理体系，落实法律法规规定的建设单位责任，依法对场坪绿化工程质量负责。

1）负责绿化工程项目的立项、报批等各项手续的办理。

2）负责组织绿化工程项目的规划、方案设计、施工图设计等工作。

3）应当按规定，组织绿化工程招标活动，优选并委托持有绿化工程施工相应资质证书的单位承担。

4）建立工程质量责任制，对绿化工程各阶段的质量进行管理。

5）负责绿化工程档案和资料的管理工作。竣工验收前，应先对绿化工程档案进行预验收，工程档案预验收不合给的不得组织竣工验收。竣工验收合格后，档案按规定上交、存档。

6）负责组织绿化工程竣工验收，该工程通过当地城市绿化行政主管部门或者建设主管部门验收，最后，参与轨道交通项目的验收。

2.施工单位

绿化施工单位建立与绿化工程相适应的管理体系，对绿化工程施工质量负责。

1）绿化工程多为专业分包单位承揽，总包单位按规定与其签订合同，总包单位对绿化工程的质量承担连带责任。

2）认真贯彻执行国家及地方有关绿化工程建设的法律法规和方针政策，认真熟悉图纸、施工规范、质量检验评定标准、工艺标准及操作规程并严格按照要求组织施工。

3）应当按照设计图纸对绿化工程的材料、构配件和设备进行进场检验，合格后方可使用。

4）负责绿化施工资料的管理工作，明确主管负责人，按规定将资料归档、上交。

3.监理单位

1）项目监理机构应根据绿化工程的规模、技术复杂程度、工期、工程所在地环境条件等因素，配备满足场坪绿化专业需要的监理人员。

2）及时审查施工单位上报的绿化施工方案，按《建设工程监理规范》GB/T 50319—2013 及工程所在地方监理规程，北京地区按照《园林绿化工程监理规程》DB11/T 245—2012 开展各项监理工作。

3）负责场坪绿化工程监理资料的管理工作，按规定进行整理、归档和上交。

三、施工准备管理

为保证场坪绿化工程质量，场坪绿化的施工准备工作应包括组织和技术两方面，施工单位应按照相关规定和场地的具体情况做好以下各项工程，对场坪绿化工程进行施工和管理的监理单位应履行监理职责，督促、检查施工单位做好施工准备。

（一）组织管理方面

1.应符合招投标相关文件中的条件：

1）施工企业具有相应绿化专业施工资质，各项证明文件齐全有效。

2）应为场坪绿化工程配备足够的绿化专业技术人员，且应具备相应的资格证书。

2.应建立技术、质量、安全生产、环境管理等各项规章管理制度。

3.应根据场坪绿化工程的规模、技术复杂程度，配备满足施工需要的各种技术标准、常规检测设备和工具。

（二）技术管理方面

1. 做好图纸会审和设计交底

应熟悉图纸，掌握设计意图与要求，参加设计交底，对施工图中出现的差错、疑问，应提出书面建议，如需变更设计，应按照相应程序报审，经相关单位签证后实施。

2. 了解现场情况

施工单位进场后，应组织施工人员熟悉工程合同及与工程项目有关的技术标准。了解现场的地上地下障碍物、管网、地形地貌、土质、控制桩点设置、红线位置、周边情况及现场水源、水质、电源、交通情况。

3. 编制相关技术方案

工程开工前，施工单位应根据设计文件、现场情况制定绿化施工方案。非正常种植季节绿化种植、大树移植等还应编制专项施工方案。呈报项目监理机构并经批准后实施。

4. 分项、分部工程的划分

明确所承担工程的分项、子分部、分部工程及检验批的划分，可按照《园林绿化工程施工及验收规范》DB11/T 212—2017 或工程所在地方现行标准进行划分确定。

四、施工过程质量管理

本部分按照场坪绿化主要分项工程施工工序，从种植基础工程，测量放线，植物及物资进场验收，种植穴（槽）挖掘、种植及养护，草坪铺植及养护等方面的质量控制要点进行论述。

（一）种植基础的质量控制

土壤是植物生长的基础，不同的土壤厚度、机械组成和酸碱度等，在一定程度上会影响植物的生长发育；场坪绿化工程中对现状土和外进土的质量控制也很重要。

1. 种植基础质量要求

1）绿化种植或播种前应对该地区的土壤理化性质进行化验分析，应见证取样，经有资质检测单位检验，并根据检测化验结果采取相应的土壤改良、施肥和客土等措施。种植土（原状土、客土、种植基质）的酸碱性、排水性、疏松度等应满足植物生态习性的要求。

2）园林植物生长所需的种植土层厚度，其最小值应大于植物主要根系分部深度，见表9-4-2（摘自《园林绿化工程施工及验收规范》DB11/T 212—2009）。

种植土层厚度要求（单位：cm） 表9-4-2

植被类型	草本花卉	地被植物	小灌木	大灌木	浅根乔木	深根乔木
分部深度	30	35	45	60	90	200
允许偏差	<5%			<10%		

3）种植基础严禁使用含有害成分的土壤，除有限设施空间绿化等特殊隔离地带，绿化栽植土壤有效土层下不得有不透水层。

4）绿化栽植前场地清理应符合下列规定：

（1）有各种管线的区域、建（构）筑物周边的整理绿化用地应在其完工并经验收合格后进行。

（2）应将现场内的渣土、工程废料、宿根性杂草、树根及其有害物清除干净。

（3）场地标高及清理程度应符合设计和栽植要求。

（4）对软泥和不透水层应进行处理。

5）种植土表层整理要求：

（1）种植土表层不得有明显低洼和积水处，花坛、花镜栽植地30cm深的表土层必须疏松。

（2）种植土的表层应整洁。所含石砾中粒径大于3cm的不得超过10%，粒径小于2.5cm不得超过20%，杂草等杂物不应超过10%。

（3）种植土表层与道路（挡土墙或侧石）接壤处，栽植土应低于侧石3～5cm。

（4）种植土表层整地后应平整略有坡度，当无设计要求时，其坡度宜为0.3%～0.5%。

2. 种植土造型质量管理

地形是园林造景的基础，是构成一个园林绿地景观的骨架，不同的地形、地貌反映出不同的景观特征。为了实现景观效果，往往需要人工构造相应的地形，这必须通过土方工程来完成，因此做好种植土回填及地形构造与整理十分重要。

1）地形构造的测量放线工作应作好记录、签认。

2）新构筑的土山、微地形应考虑自然沉降系数。

3）土山、微地形土料不得有影响植物栽植和生长的成分存在。

4）回填土及地形造型的范围、厚度、标高、造型及坡度均应符合设计要求。

5）地形造型应自然顺畅。

3. 边坡绿化基础

轨道交通工程的车辆基地轨道区两侧有较大面积边坡绿化，车站出入口也可能存在局部的边坡绿化，边坡在绿化施工前基础需进行处理。

1）锚杆及防护网安装

（1）施工前应根据车辆基地轨道区两侧边坡坡度、岩石类型、风化程度等情况制定具体施工方案。

（2）经勘察单位认定坡体的坡面，应采取毛杆加固及防护网护坡措施。

关于锚杆及防护网安装的主控项目和一般项目与土建施工中的锚杆控制基本相同，请参考前述第七章相关内容，此处从略。

2）铺笼砖

轨道两侧边坡坡地较大，不宜直接种植的坡面可采取铺笼砖方式进行固土种植；

笼砖铺设前应夯实、修整堤坡，堤坡坡度应一致。关于铺笼砖的主控项目和一般项目及检查方法与数量详见表9-4-5中相关内容。

（二）重盐碱、重黏土土壤改良及排盐隔淋措施控制

在沿海城市建设轨道交通工程，有些车辆基地及综合基地、车站可能坐落在盐碱地区；盐碱地的土壤环境较为特殊，对植物的危害较大，主要表现为：盐碱土壤容易引起植物生理干旱，伤害植物组织，影响植物正常营养。在该地区进行场坪绿化，根据多年经验，在这类土壤上种植园林植物很难成活，且可选择的植物品种也受限，景观效果难以实现；为此须对此类土壤进行改良并采取相应的排盐隔淋措施；以保证场坪绿化工程质量及景观效果。监理单位应监督检查施工单位必须按设计及规范要求做好土壤改良及排盐隔淋工作。

1. 对原土壤进行见证取样送检

土壤全盐含量大于或等于0.5%的重盐碱地和土壤重黏地区的绿化栽植工程应实施土壤改良。

2. 编制土壤改良专项方案

施工单位应根据土壤检测报告结果，编制土壤改良专项方案，报监理单位项目监理机构审核，督促按照批准的方案组织实施。

3. 管沟，排盐、隔淋层工程应符合下列规定：

1）排盐（渗水）管沟、隔淋（渗水）层开槽范围、槽底高程应符合设计要求，槽底应高于地下水标高；

2）层槽底不得有淤泥、软土层；层槽底应找平和适度压实；

3）槽底标高和平整度允许偏差、排水（渗水）隔淋（渗水）层铺设厚度允许偏差应符合相关规范的规定。

4. 排盐管（渗水管）敷设按下列方法进行：

1）排盐管（渗水管）敷设走向、长度、间距及过路管的处理应符合设计要求，见图9-4-1（a）；

2）管材规格、性能符合设计和使用功能要求，并有出场合格证；

3）排盐（渗水）管应通顺有效，主排盐（渗水）管与外界市政管网接通，终端管底标高应高于排水管管中15cm以上；

4）排盐（渗水）管的观察井的管底标高、观察井至排盐（渗水）管底距离、井盖标高允许偏差应符合相关规范的规定；

5）排盐隔淋（渗水）层完工后，应对观察井主排盐（渗水）管进行通水检查，主排盐（渗水）应与市政排水管网接通。

5. 隔淋层按下列方式进行

1）隔淋层的材料及铺设厚度应符合设计要求，见图9-4-1（b）、（c）和（d）；

2）铺设淋层时，不得损害排盐管；

3）石屑淋层材料中石粉和泥土含量不得超过10%；

4）排盐隔淋铺设厚度允许偏差应符合相关规范的要求。

图 9-4-1（a） 管沟及排盐管铺设标高测量

图 9-4-1（b） 排盐沟淋层铺设厚度量测

图 9-4-1（c） 排盐淋层铺设厚度量测

图 9-4-1（d） 排盐淋层局部场景

（三）测量放线

为了保证场坪绿化工程平面位置和几何尺寸符合设计图纸要求，施工单位必须做好场坪绿化的测量放线工作，配备必要的测量仪器并保证在检测有效期内，测量操作人员必须持证上岗，要重点做好如下工作。

1. 施工测量

1）应按照场坪绿化工程总平面图或根据建设单位提供的现场控制点及坐标控制点，建立工程测量控制网。

2）对原高程控制点及控制坐标应设保护措施。

2. 施工测量技术要求

1）施工前应编制场坪绿化测量方案，单独或作为室外环境工程施工方案的一个独立章节上报监理单位，批准后方可实施；

2）施工测量成果的检查和检测

为了确保测量成果符合精度要求，必须建立严格的检查和检测制度。经施工单位自检合格后提出成果报告，并向监理工程师提出复测申请，经监理工程师复测合格后，方可作为施工放样的基准。

3）施工单位测量人员应认真理解图纸，发现问题及时上报，得到书面答复才能按图进行测量放样。

（四）植物及物资进场验收

场坪绿化工程，涉及的主要工程材料物资为绿化植物及种植基质等，包括绿化苗木、种子、土壤、浇灌用水、绿化通气透水设施材料，种植基质如：草炭土、稻壳灰、蛭石、珍珠岩等。

1. 材料和物资进场控制

1）植物材料种类、品种名称及规格应符合设计要求。

2）采用的主要植物材料、其他材料应进行现场验收，并形成相应的检查记录。

3）自检合格的主要植物材料、其他材料，按进场批次填写《苗木、种子进场报验表》、《物资进场报验表》报项目监理机构进行验收。验收不合格的不得投入使用。

4）施工物资进场报验时应提供质量证明文件。苗木进场时出具《苗木检验合格证》（出圃单）、外埠苗木应出具当地植物检疫证明文件；其他物资应包括：质量合格证明文件或检验/试验报告、产品生产许可证、产品合格证、产品监督检验报告等。

2. 物资及产品的复试项目和要求

涉及植物成活的下列物资应按要求进行复验（复试检验），并取得试（检）验报告，详见表9-4-3（摘自《园林绿化工程施工及验收规范》DB11/T 212—2009。

物资的复验方式及必试项目参照表 表9-4-3

物资名称	验收批划分及取样方法和数量	必试项目
非饮用水	同一水源为一个检验批，随机取样三次，每次取样100g，经混合后组成一组式样	PH值，含盐量
原状土	同一区域、同一原状条件的原状土每2000m^2随机取样5处，取样时，先去除表面浮土，每处采样100g，混合后组成一组式样	PH值，含盐量，有机质含量，非毛管孔隙度，容重
客土	每500m^3或2000m^2为一检验批，随机取样5处，每处100g，经混合组成一组式样	PH值，含盐量，有机质含量，机械组成
种植基质	每200m^3为一检验批，随机拆开5袋取样，每袋取100g，经混合组成一组式样	湿容重，PH值，全氮量，速效磷、速效钾含量，有机质含量
草籽	每100kg为一检验批，每袋等量取样，共取50g组成一组式样	发芽率

（五）种植穴（槽）挖掘质量控制

1. 保护地下管线

1）为防止挖掘栽植穴（槽）时损坏地下管线等设施，挖掘前必须向有关单位了解地下管线和隐蔽物埋设情况。

2）栽植穴（槽）与地下管线应保存一定的水平与垂直距离，既不影响树木正常生长，又不造成地下管线的破坏。树木与地下管线外缘及树木与其他设施的最小水平距离，应符合相应的绿化规划与设计规范的规定。

2. 栽植穴（槽）定点放线应符合下列规定

1）栽植穴（槽）定点放线应符合设计图纸要求，位置应准确，标记明显。

2）栽植穴定点时应标明中心位置；栽植槽应标明边线。

3）定点标志应标明树种名称（或代号）、规格。

4）树木定点遇有障碍物时，应与设计单位取得联系，进行适当调整。

3. 栽植穴（槽）挖掘质量要求

栽植穴（槽）挖掘应根据根系、土球大小、土质情况而定，刨坑刨槽要直上直下桶形，不得上大下小或上小下大，否则会造成窝根或填土不实，坑径一般可按规定的根系或土球直径大 40~60cm，坑深一般为坑径的 3/4~4/5，如遇土质过粘、过硬或含有有害物质如石灰、沥青等，则应适当加大坑径坑深，见图 9-4-2。

图 9-4-2　种植穴

图 9-4-3　围堰修葺

（六）树木种植质量控制

1. 树木栽植的相关要求

1）树木品种的选择应遵循适地适树的原则，种植时节应尽可能选择最适宜的栽植期进行栽植。

2）栽植前有关人员应对照图纸核对栽植的品种、规格、位置应符合设计规定。

3）为了有利于树木扎根，带土球树木栽植前应去除土球不易降解的包装物。

4）树木冠型不对称时，栽植时应注意观赏面的合理朝向，树木栽植深度应与原来的种植线持平。

5）栽植树木的回填土应分层踏实。

6）除特殊的景观树外，树木栽植应保持直立，不得倾斜。

7）行道树或行列栽植的树木应在一条线上，相邻植株规格应合理搭配。

8）绿篱及色块栽植时，株行距、苗木高度、冠幅大小应均匀搭配，树形丰满的一面应朝外。

9）树木栽植后应及时绑扎、支撑、浇透水。

2. 树木栽植后浇水技术要求

树木栽植后应及时浇水，以提高树木的成活率，树木浇水的相关规定：

1）树木栽植后应根据树木的大小，在栽植穴直径周围筑高 10~20cm 的围堰，围堰应筑实（见图9-4-3）。

2）浇灌树木的水质应符合现行国家规范《农田灌溉水质标准》GB 5084的规定。

3）每次浇灌水量应满足植物成活及生长需要。

4）新栽树木应在浇透水后及时封堰，以后根据土壤墒情及时补水。

5）对浇水后出现的树木倾斜，应及时扶正，并加以固定。

3. 树木支撑搭设技术要求

大规格树木栽植后如果不及时支撑，在风力、人畜碰撞等外力作用下容易产生晃动，影响成活率或产生倾斜，必须及时搭设支撑进行稳固，树木支撑应符合下列规定：

1）应根据种植立地条件和树木规格进行三角支撑、四柱支撑、联排支撑及软牵拉。见图9-4-4（a）和（b）。

图9-4-4（a）车辆段运用库、维修楼区域绿化 三角支撑　　图9-4-4（b）四角支撑

2）支撑物的支柱应埋入土中不少于30cm，支撑物、牵拉物与地面连接点的连接应牢固。

3）连接树木的支撑点应在树木的主干上，其连接处应衬软垫，并绑缚牢固。

4）支撑物、牵拉物的强度能够保证支撑有效；用软牵拉固定时，应设置警示标志。

5）针叶常绿树的支撑高度应不低于树木主干的2/3，落叶树支撑高度为树木主干高度的1/2。

6）同规格同树种的支撑物、牵拉物的长度、支撑角度、绑缚形式以及支撑材料宜统一，支撑应稳固兼顾美观。

4. 大树移植控制

随着生活节奏的加快和对环境质量的追求，人们已经不满足"十年树木"的需求，希望立即绿树成荫，在最短的时间内改变城市景观，因此大树的移植越来越普遍；一些场坪绿化工程为了景观效果尽快显现，通常会选择移植大规格树木。由于移植大树技术要求高，施工成本高；若在移植过程中技术和管理存在不规范、不到位，将造成移植后成活困难，或成活后不能正常生长，不能实现预期的景观效果，造成损失。大树移植应慎重对待，应重点控制如下几方面内容：

1）选择符合条件的大树进行移植

（1）落叶和阔叶常绿乔木胸径在 20cm 以上。

（2）针叶常绿乔木株高在 6m 以上或地径在 18cm 以上。

2）做好大树移植准备工作

（1）移植前应对移植的大树生长、立地条件、周围环境等进行调查研究，制定技术方案和安全措施，报监理单位审核。

（2）拟移植的大树不得有明显的病虫害和机械损伤，应具有较好的观赏面。

（3）选定的移植大树，应在树干南侧做出明显标识，标明树木的阴、阳面及出土线。

（4）移植大树可在移植前分期断根、修剪，做好移植准备。

（5）准备移植所需机械、运输设备和大型工具必须完好，确保操作安全。

3）大树的挖掘及包装应符合下列规定

（1）针叶常绿树、珍贵树种、生长季移植的阔叶乔木必须带土球（土台）移植。

（2）树木胸径 20~25cm 时，可采用土球移栽，进行软包装。

（3）树木胸径大于 25cm 时，可采用土台移栽，用箱板包装。

（4）休眠期移植落叶乔木可以进行裸根带护心土移植，根幅应大于胸径的 6~10 倍，根部可喷保湿剂或蘸泥浆处理。

（5）带土球的树木可适当疏枝；裸根移植的树木应进行重剪，剪去枝条的 1/2~2/3。针叶常绿树修剪时应留 1~2cm 树橛，不得贴根剪去。

4）大树移植的吊装运输，应符合下列规定

（1）运输吊装苗木的机具和车辆的工作吨位，必须满足苗木吊装、运输的需要，并应制定相应的安全操作措施。

（2）吊装、运输时，应对大树的树干、枝条、根部的土球、土台采取保护措施。

（3）吊装就位时，应注意选好主要观赏面的方向重点保护。

（4）应及时用软垫层支撑、固定树体。

5）大树移植时应符合下列规定

（1）大树的规格、种类、树形、树势应符合设计要求。

（2）定点放线应符合施工图要求。

（3）栽植穴应根据根系或土球的直径加大 60~80cm，深度增加 20~30cm。

（4）栽植带土球树木，应将土球放到栽植位置，再拆除包装物。

（5）栽植深度应保持下沉后原土痕与现地面等高或略高，树干或树木的重心应与地面保持垂直。

（6）栽植回填土壤应用种植土，肥料应充分腐熟，加土混合均匀，回填土应分层捣实，培土高度适当。

（7）大树栽植后设立支撑应牢固，并进行裹干保湿，栽植后应及时浇水。

（8）大树栽植后，应对新植树木进行细致的养护和管理，应配备专职技术人员做好修剪、拨芽、喷雾、叶面施肥、浇水、排水、搭荫棚、包裹树干、设置风障、防台风、防寒和病虫害防治等管理工作。

（七）草坪铺植

草坪铺植是场坪绿化工程中的一项主要内容，方法有多种，如种子播种、草卷铺植、植生带等方式，具体选用何种方法建坪则要根据成本、时间要求、立地条件及草坪草的生长特性由设计确定。因草卷铺设建坪能高效、快速地见绿，能快速成坪，在城市轨道交通工程的室外环境场坪绿化中的运用较为普遍，如车辆基地的办公区、生活区、轨道两侧、边坡、车站周边环境等地铺植草坪，防止地面裸露，防止水土流失，保护生态环境，美化场区和市容，见图9-4-5（a）和（b）。项目各参建方的管理人员都应熟悉与掌握草草坪铺植的质量管控要点。

图9-4-5（a）车辆段办公区绿化——平面铺植草坪

图9-4-5（b）车辆段轨道区两侧绿化——边坡铺植草坪

1. 场地处理

铺设草坪和栽植其他植物不同,在草坪建植完成后,地形和土壤条件很难再行改变;为确保建植完成后得到高质量的草坪,应在铺设前对场地进行处理,主要工作下。

1)土层厚度:铺设草卷地域的种植土厚度应不低于30cm。

2)场地的平整与翻耕

(1)清除杂草与杂物:清除的目的是为了便于土地耕翻与平整,以免草坪建成后杂草与草坪草争夺水分、养料,杂物危害草坪草的正常生长。

(2)翻土整地:翻土深度不应低于30cm,对于含有砖块、石头等杂物的土壤,应将翻耕的表层土过筛,以确保栽植土壤疏松;对于受过污染的土壤应将40cm厚的表土全部清理,更换好土。表层土整理应耧细耙平,坡度、土壤质量应符合设计要求,见图9-4-6(a)。

3)施基肥:为提高土壤肥力,可施一些有机肥或过磷酸钙作为基肥,要求粉碎后撒施,并翻入土中;施有机肥应堆沤腐熟,勿直接施用家畜粪肥。

4)土壤消毒:土壤是病虫害传播的主要媒介,也是病虫害繁衍的主场所。许多病菌、虫卵和害虫都在土壤中生存或越冬,同时土壤中还常存有杂草种子。因此,土壤在使用前都应彻底消毒。防止病虫害传播,促进草坪草正常生长。

2. 草卷质量要求

1)草卷必须生长均匀,根系紧密,无斑秃,无病虫杂草,草色纯正,杂草不得超过1%。

2)草卷应规格一致,品种同一,边缘平直、整齐,不撒块。

3)草卷土层厚度不得低于2cm。

3. 草卷铺设

1)草卷铺设应相互衔接不留缝,高度一致。

2)不能有卷边或重叠,对不整齐的边或长短不一致时,要用壁纸刀裁直裁齐。

3)草卷铺设后应进行滚压或拍打,使之与土壤密切接触。见图9-4-6(b)。

图9-4-6 (a)草坪建植区域翻土过筛

图 9-4-6 (b) 草坪铺植后滚压

4. 浇水与修剪

1) 草卷铺设并碾压后应及时浇透水,浸湿土壤厚度应大于10cm。

2) 铺设完成后,7~15d应轻修剪一次。

(八) 场坪绿化养护管理

场坪绿化作为城市唯一具有生命的基础设施,其最大的特点体现为主体材料是有生命的植物材料而有别于其他工程设施,而有生命的植物移植后的二次生长期内还需在一定的年限内连续进行不间断地浇水、施肥、修剪、病虫害防治等养护和管理,方能保证其成活及正常生长,所以场坪绿化后期的养护管理尤为重要。

1. 养护期

养护期分施工期养护和竣工验收后养护期。绿化植物栽植后到工程竣工验收前,为施工期间的养护时期。竣工验收后至完成合同约定养护年限并移交业主,为绿化工程养护期;具体养护年限通常在合同中约定。养护期内施工单位应对各种植物精心养护管理,提高成活率。

2. 养护计划

绿化栽植工程应编制养护管理计划,报项目监理机构审核,并按批准的计划认真组织实施,养护计划应包括下列内容:

1) 根据植物习性和墒情及时浇水。

2) 结合中耕除草,平整树台。

3) 加强病虫害观测,控制突发性病虫害发生,主要病虫害防治应及时。

4) 根据植物生长情况应及时追肥、施肥。

5) 树木应及时剥芽、去蘖、疏枝整形。草坪应适时进行修剪。

6) 花坛、花镜应及时清除残花败叶,植株生长健壮。

7) 绿地应保持整洁,做好维护管理工作,及时清理枯枝、落叶、杂草、垃圾。

8) 对树木应加强支撑、绑扎及裹干措施,做好防强风、干热、洪涝、越冬防寒等工作。

9) 养护期应安排专人进行看护、巡视,发现问题应及时处理并向相关部门报告。

3. 病虫害防治要求

场坪绿化植物病虫害防治，应采用生物方法和生物农药及高效低毒农药，严禁使用剧毒农药。

4. 更换与补栽

对生长不良、枯死、损坏、缺株的园林植物应及时更换或补栽，用于更换及补栽的植物材料应和原植株的种类、规格一致。

5. 养护管理质量标准

场坪绿化的养护应按照行业标准和地方标准执行，北京地区执行《城市园林绿化养护管理标准》DB 11/213—2003 要求执行，养护管理质量等级要达到合同约定的等级要求。

绿化养护管理工作是一项长期性、重复性的且具有较高技术要求的工作，此项工作是绿化成果得以保护完好的关键，是绿化成果及景观效果得以长期保持的一项持续性的工作。绿化工程，只有精心养护，才能保持其应有的绿化成果，才能充分体现绿化的生态价值、景观价值，才能正真成为城市的亮点，方能实现为人民群众提供舒适、优美环境的目标，见图 9-4-7（a）和（b）。

图 9-4-7 （a）养护效果景观

图 9-4-7 （b）养护景观效果

五、分项工程验收管理

（一）验收依据

北京地区的工程执行北京市地方标准《园林绿化工程施工及验收规范》DB 11/T 212—2017，其他地区可执行当地标准或行业标准《园林绿化工程施工及验收规范》CJJ 82—2012 和相关专业验收规范的规定。

（二）验收要求

场坪绿化只是室外环境子分部的分项工程，在此只进行检验批和分项工程的验收，验收程序和要求与土建工程相同，只需特别注意绿化工程特殊的要求。

1．关系到植物成活的水、土、基质及有关材料，应按规定进行见证取样检（见表9-4-3）。

2．关于隐蔽工程验收

应该注意，在检验批验收时，应先进行隐蔽工程的验收，每一个检验批中隐蔽工程必须验收合格，其记录表格作为检验批验收资料归档。根据场坪绿化分项工程的特点，可能涉及的主要隐蔽工程有如下项目。

1）大规格树木的种植基础及通气透水设施：检查种植穴底部及四周土质，排水方式、管材规格、材质、数量、排水方向。

2）草坪铺设前整地：检查翻地深度、土质、添加基肥等。

隐蔽工程在隐蔽前应由施工单位通知有关的单位进行验收，填写《隐蔽工程检查记录》(《园林绿化工程施工及验收规范》DB11/T 212—2017 表 K.1)，形成验收文件。

3．检验批的划分

检验批的划分，实质是分项工程验收批数量的确定，一个分项工程可按工程的特点分为一个或若干个检验批进行验收；场坪绿化工程规模虽小，但所含内容涉及面多，在检验批划分和数量时可参照表 9-4-4 进行划分和确定。

场坪绿化工程检验批划分参照表   表 9-4-4

分部（子分部）工程名称		分项工程	检验批
种植基础工程	一般性基础	整理绿化用地，地形整理（土山、微地形），通气透水	按施工段、各自然区段或按道路，划分检验批
	重盐碱、重黏土土壤改良工程	管沟、隔淋（渗水）层开槽，排盐管敷设、隔淋（渗水）层	按施工段、管道系统段或自然区段，划分检验批
种植工程	苗木种植工程	种植穴（槽）、乔、灌木栽植，绿篱、组团色块、花坛花境、木本类地被植物种植、竹类植物种植	种植穴（槽）按施工段，同期施工的各分项划分检验批；植物材料可按品种和进场时间划分检验批；乔、灌木种植按植物种类、种植时间划分检验批，绿篱、花坛、地被植物种植，按种植时间和区域划分检验批

续表

分部（子分部）工程名称		分项工程	检验批
种植工程	草坪、地被植物建植工程	草坪播种，分栽、草卷、草块铺设；草坪评床修整，铺植草坪材料设备	可按施工道路、区域划分检验批
养护	苗木养护	围堰，支撑，浇灌水，树木修剪	按进入养护时间，每次养护作业区域及内容划分检验批，或随前期的检验批

4.分项工程的划分及验收

应按照行业标准和地方标准执行，北京地区执行《园林绿化工程施工及验收规范》DB11/212—2017 要求执行。按施工前指定的分项工程的划分进行分项工程的验收。

1）检验批质量验收：检验批施工完成，施工单位自检合格后，由项目专业质量检查员填报《检验批质量验收记录表》报项目监理机构组织验收。

2）分项工程所含的检验批均合格，质量验收记录完整，由项目专业技术负责人填报《分项工程质量验收记录表》报项目监理机构组织验收。所有分项工程全部验收合格后，报监理工程师组织验收。

5.分部工程验收

按分部分项工程划分，每个子分部工程中所有分项工程全部验收合格后，报总监理工程师组织子分部工程验收，场坪绿化所含有的子分部工程全部完工验收合格后，由总监理工程师组织场坪绿化分部工程的验收，填报相应表格。

各分项、子分部、分部工程验收，按规定程序进行，包括工程实体与资料两大部分内容。

（三）质量验收项目及标准

场坪绿化工程质量的控制应符合行业标准和地方标准的相应规定，北京地区工程执行北京市地方标准《园林绿化工程施工及验收规范》DB11/T 212—2017，按照主控项目和一般项目分别控制达到相应标准，详见表9-4-5（摘自《园林绿化工程施工及验收规范》DB11/T 212—2017）。

分项工程质量验收项目及标准　　　　表9-4-5

分项工程		质量验收内容	检验数量及方法
整理绿化用地	主控项目	现场清理干净无遗漏，无直径大于5cm的砖（石）块、宿根性杂草、树根及其他有害污染物	翻土观察。每1000m²检查3处。不足1000m²的，检查数量不少于1处
	主控项目	场地标高及平整度符合设计要求，无积水、坑洼	每10000m²检查5处。不足10000m²的，检查数量不少于3处
	一般项目	黏土层、淤泥宜清除、换土	脚踩、刨挖。每1000m²检查3处。不足1000m²的，检查数量不少于1处
地形整理（土山、微地形）	主控项目	土山、微地形的标高控制应符合竖向设计要求。其允许偏差应符合规范的要求	

续表

分项工程		质量验收内容	检验数量及方法
地形整理（土山、微地形）	主控项目	土山的覆土碾压应分层进行，每30cm为一层，密实度控制在0.90以上	环刀取测 每1000m² 取样1次。不足1000m²，检查数量不少于1次
	一般项目	土山、微地形测量放线方格网尺寸按设计要求，设计未提出要求的，则最大尺寸应≤10m×10m	
通气透水	主控项目	透气管材质、规格、同期效果应符合设计要求。管口高于地表2～3cm，并加透气盖封口	
		渗水井比复壮沟深30～50cm，井底部应以卵石、陶粒等材料做渗水层，保持渗漏无积水	
	一般项目	复状沟内埋入的树木枝条应截成50～60cm的枝段并打捆	
		复壮沟填埋后应适量灌水促进沉降，然后恢复地表原状	
铺笼砖	主控项目	铺设笼砖时，应自下而上、对缝码放，坡度一致。缝间隙应小于5mm，相邻砖相对高差应小于5mm	尺量 每500m² 检查3处，面积小于500m² 时，检查数量不少于3处
		坡堤底部应设坡牙，铺至堤顶后应作压顶	
	一般项目	笼砖材质、规格应满足设计要求	
种植穴（槽）	主控项目	一般种植穴（槽）大小应根据苗木根系、土球直径和土壤情况而定，应符合规范的规定以天为单位，按挖掘时间分	观察、尺量 批抽查，每批检查100个穴，100个以下全数检查
		非正常种植季节施工时种植穴直径应相应扩大20%，深度相应加深10%；当土壤密实度≥0.80时，应采取通气透水措施	
		种植穴（槽）应垂直下挖，垂直度允许偏差为±5°	
		大规格树木栽植时，其种植穴应较土球直径大60～80cm，深度增加20～30cm	
	一般项目	种植穴（槽）挖出的好土和弃土分别置放处理，底部应回填适量好土。对排水不良的土层，应在穴底铺设厚度不低于10cm的砾石，或铺设渗水管、设盲管	
掘苗及包装	主控项目	土球规格应大于干径的8倍，土球高度为土球直径的2/3，土球底部直径为土球直径的1/3。土台上大下小，下部边长比上部边长少1/10	观察、尺量 全数检查
		粗根应用手锯锯段，锯口平滑无劈裂并不得露出土球表面	
		土球软质包装应紧实无松动	
		土球直径1m以上的应做封底处理，紧实无松动	
	一般项目	挖掘高大乔木前应先立好支柱，支稳树木	
		蒲包、蒲包片、草绳等软质包装材料使用前应用水浸泡	

续表

分项工程		质量验收内容	检验数量及方法
栽植	主控项目	种植的树木应保持直立，不得倾斜。树木入坑时，应注意调整观赏面	
		行道树或行列种植树木应在一条线上，相邻植株规格应合理搭配，相邻高度不超过50cm	
		一般乔灌木的种植深度应与原种植线持平，个别生长快、易生不定根的树种可较原土痕栽深5~10cm，常绿树栽植时，土球上表面应高于地表5cm，竹类可比地表深3~6cm	
		种植裸根树木时，应将种植穴底填土呈半圆土堆，树木种植根系应舒展，置入树木填土至1/2时，应轻提树干，使根部充分接触土壤	
		带土球树木入穴前应踏实穴底松土，土球放稳，拆除并取出不易降解包装	
	一般项目	绿篱的株行距应均匀。树形丰满的一面应向外，按苗木高度、冠幅大小均匀搭配	
		假山或岩缝间种植，应在种植土中掺入苔藓、泥炭等保湿透气材料	
围堰	主控项目	单株树木的围堰内径不小于种植穴直径，围堰高度不小于15cm。见图9-4-3	
		围堰应踏实，无水毁	
	一般项目	围堰用土应无砖、石块等杂物，围堰外形宜相对统一	
		浇水时应防止水流过急，宜采用缓流浇灌或在穴中放置缓冲垫	
浇水	主控项目	每次浇灌水量应满足植物成活及生长需要	
		对非正常渗漏应及时封堵，保证正常浇灌水；对浇水后出现的土壤沉降，应及时培土	
		浇水后出现的树木倾斜，应及时扶正，并加以固定	
	一般项目	植树当日浇灌第一次，三日内浇灌第二次，十日内浇灌第三次水，浇足、浇透，三水后应及时封堰	
树木修剪	主控项目	修剪时剪口、锯口均应平滑无劈裂	观察 每50株为1个检验批，不足50株全数检查
		带冠移植的大规格树木、落叶乔木应在保持原有树形的基础上进行合理修剪。凡主干明显的树种，修剪时应保护中央领导枝	
		行道树主干高度应大于2.8m	
	一般项目	在不同环境下，通过对不同树木的修剪确定主干高度和冠径	
		藤木类、直篱类、桩景树类修剪应满足观赏效果的要求	
		修剪直径2cm以上的枝条时，剪口须涂防腐剂	
		树木修剪应充分考虑架空线、变电设配、交通信号灯灯所处的位置	

续表

分项工程		质量验收内容	检验数量及方法
支撑	主控项目	支撑物、牵拉物与地面连接点应牢固。 支撑物、牵拉物的强度能够保证支撑有效	
		常绿树支撑高度为树干高的2/3，落叶树支撑高度为树干高度的1/2	晃动支撑 每50株为1个检验批，不足50株的全数检查
	一般项目	同规格同树种的支撑物、牵拉物的长度、支撑角度、绑缚形式以及支撑下列宜统一	
草卷、草块铺植	主控项目	草卷、草块铺设前应先浇水浸地和整地。表层土应耧细耙平，坡度、土壤质量应符合设计要求	翻挖，查看隐检记录 每500m²检查1处，不足500m²检查数量不少于1处
		草卷、草块应规格一致，品种统一，边缘平直，杂草不得超过1%。草卷土层厚度不得低于2cm、草块不低于3cm	
		铺设后应进行滚压或拍打，使之与土壤密切接触然后浇水。见图9-4-6（b）	
		铺设的草卷、草块应相互衔接不留缝，高度一致	观察和查看施工记录。 每1000m²检查3处，不足1000m²检查数量不少于2处
	一般项目	草卷、草块应草色纯正，挺拔鲜绿。草地排水坡度适当，无坑洼积水现象	

（四）允许误差

场坪绿化工程中以下各项允许偏差及规格均应满足《园林绿化工程施工及验收规范》DB11/T 212—2017的相应规定值。

六、场坪绿化工程安全、职业健康和环境管理

场坪绿化施工主要为平面作业，虽然施工安全、职业健康和环境管理事项相对较少，但也不能掉以轻心，基本内容同第三章。建设单位应充分发挥建设主体的主导作用，施工单位和专业分包在安全管理和环境、职业健康管理制度中制定相关条款和详细的作业指导书，向班组交底，监理单位如有条件应配备绿化监理人员，在施工过程中监督实施。

（一）绿化施工的安全管理

1. 栽植穴（槽）的挖掘和树木栽植

随着建筑机械化的普及，当前栽植穴（槽）的挖掘工作大部分采用机械开挖，树木栽植尤其是大树移植，需要大型机械进行吊装及设备运输，这些工作都具有一定的

危险性。作业过程中应符合大型施工机械的安全管理规定。

2. 苗木运输及装卸

苗木运输途中及装卸车存在一定安全隐患。苗木运输前要考察运输线路，运输吊装机具、车辆的工作吨位，必须满足苗木吊装、运输的要求，按要求装卸与运输，相关人员应持证上岗，遵守交通规则。

3. 病虫害防治药剂选择

在园林植物病虫害防治过程中将使用相应的药剂，在防治及药剂选择上应采用生物防治和生物农药及高效低毒农药，严禁使用剧毒农药。

（二）职业健康和环境管理

1. 做好打药人自身的安全防护

如打药时戴口罩、手套；注意施药时退着喷洒等。

2. 注意天气

要注意风力、风向及晴雨等天气变化，应在无雨、3级风力以下天气施药。

3. 做好宣传、告知、提示，确保用药安全无事故。

第五节 车辆基地案例

现以北京地铁16号线二期工程北安河车辆基地项目为例，介绍其土建工程质量与安全管理要点，供读者参考。

一、基本信息

（一）项目组织系统（表9-5-1）

基本信息表　　　　表9-5-1

参建单位	建设单位	北京城市快轨建设管理有限公司
	设计单位	北京市市政设计研究总院有限公司 北京建筑设计研究院有限公司
	勘察单位	北京城建勘测设计研究院有限责任公司
	监理单位	北京建工京精大房工程建设监理公司
	施工单位	中铁电气化局集团有限公司
工期目标	开工日期	计划2014年1月1日，实际2015年5月
	竣工日期	计划2016年12月28日，实际2016年12月投入使用

续表

投资目标	合同额	18.25 亿元人民币
	实际投资	土建工程实际造价 32 亿元人民币
质量目标	计划目标	北京结构长城杯金奖、国家级钢结构金奖
	实现目标	

（二）总体概况

1. 线路情况

北京地铁 16 号线工程位于北京市西北部，自海淀区北安河至丰台区宛平城，线路途径海淀、西城和丰台三个行政区。线路全长约 50 公里，全部为地下线，共设车站 29 座，其中换乘车站 13 座。在海淀区北安河设车辆基地一座，在丰台区榆树庄设停车场一处。见图 9-5-1 和图 9-5-2。

16 号线于 2015 年 5 月开工，至 2016 年 12 月底首开段通车试运营，北起北安河站，南至西苑站。

图 9-5-1 北京地铁 16 号线线路走向图

图 9-5-2 北京地铁 16 号线北安河车辆段平面效果图

2. 北安河车辆基地地理位置

北安河车辆基地位于海淀区苏家坨镇北安河村东部，西六环与北清路相交处的西南部，京密引水渠以西。场地原况主要为农田和部分民用房屋，在地势上西面近邻鹫峰，东面是东六环，西南、西北是燕山山脉延伸，距离阳台山较远，地势较平坦，用地内高程为 53.1～56.2m，呈西高东低设计布局完美，仰视其婉如一条依傍山势而卧的长龙口中含着的一颗明珠。

3. 北安河车辆基地规划设计规模

总用地面积：31.5hm²；其中：车辆基地用地面积 26.7hm²，落地区开发用地面积 4.8hm²，该用地规划为北安河组团建设用地边缘及规划，见图 9-5-3 和图 9-5-4。

4. 车辆基地建筑的总体效果图见图 9-5-5。

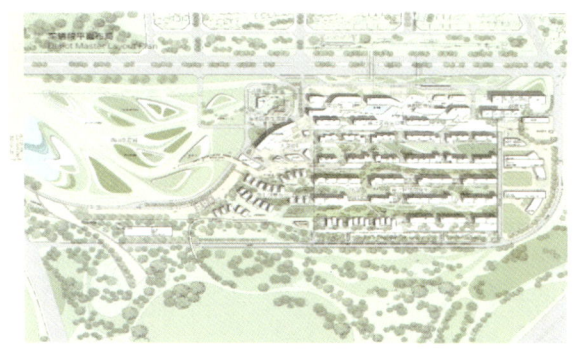 

图 9-5-3　北安河车辆基地建设用地边缘　　图 9-5-4　北安河车辆基地用地规划图

图 9-5-5　北安河车辆段建筑物布置效果图

（三）车辆基地各建（构）筑物简介

本车辆基地的建筑设计理念总体布局是天圆地方，本车辆基地的设计理念之一是"看不见轨道的车辆基地"，大部分空间被规划开发的建筑遮盖，即咽喉区试车线上加建单层钢筋混凝土结构骨架，由柱、梁和开发盖板组成，上盖作为景观开发地带，可起遮挡作用，同时增大绿化面积，美化车辆基地的景观，增强环境效益。

1. 建筑物基本情况

车辆基地（含二级开发小汽车库 87617m²）总建筑面积约 322000m²，其中库区约为 226000m²，咽喉区约为 58000m²，其他用房约为 37000m²，劲钢结构用钢量达 79000t（是鸟巢的 2 倍），钢结构连续施工 9 个月（比鸟巢缩短了一半时间）。由大小10 个单体建筑构成，其中具有代表性的库房建筑有运用库、联合检修库（落地开发部分最下一层），房屋建筑为综合办公楼、综合维修中心独栋单体多层建筑，是全线运营指挥及办公枢纽，也是全线运营调度指挥、培训中心基地。各建筑物基本情况见表 9-5-2，各主要建筑物见图 9-5-6～图 9-5-13。

车辆基地各建（构）筑物结构型式和主要参数　　　　表 9-5-2

工程名称 建筑面积（万 m²）	主体结构型式及主要特点	基础型式及主要特点	建筑高度 结构高度 层数
运用库 7.7810	现浇劲钢钢筋混凝土框架剪力墙结构，主要钢柱类型为组合柱、十字形、H 形、圆管以及钢板墙组合结构，墙柱采用 C60 自密实混凝土	后压浆混凝土灌注桩 + 群桩承台基础	17.70m 14.30m 2 层（局部 3 层）
联合检修库 6.2642	同上	同上	17.70 14.30 2 层
咽喉区 5.6323	一体化开发，在轨道咽喉区上方增加劲钢混凝土柱及预应力梁、板等结构	1~3 区为钢筋混凝土条形基础（地基为 CFJ 桩复合地基），4~8 区为后压浆混凝土灌注桩 + 群桩承台基础	11.05m 8.15m 1 层
综合行政楼 1.5704	现浇钢筋混凝土框架结构	钢筋混凝土筏板基础（地基为 CFJ 桩复合地基）	22.70 24.30 6 层
综合维修楼 0.9371	现浇钢筋混凝土框架剪力墙结构	柱下独立基础及墙下筏形基础（地基为 CFJ 桩复合地基）	20.30 22.25 5 层
公安派出所 0.3097	现浇钢筋混凝土框架结构	钢筋混凝土交叉梁基础	16.10 19.90 4 层
锅炉房 （含综合水处理、消防泵房） 0.2762	现浇钢筋混凝土框架剪力墙结构	钢筋混凝土筏板基础	6.00 7.20 1 层 /2B
牵引降压变电所 0.0517	现浇钢筋混凝土框架结构	钢筋混凝土筏板基础	5.20 5.80 1 层 /1B
材料库 0.2795	现浇钢筋混凝土柱＋钢梁的组合排架结构	柱下独立柱基加拉梁，墙下设基础梁	12.90 13.50 1 层
危险品库库房 0.0221	现浇钢筋混凝土框架结构	柱下独立基础	3.60 4.50 1 层

·第九章 车辆基地工程质量安全管理·

图 9-5-6 北安河车辆基地运用库

图 9-5-7 北安河车辆基地联合检修库

图 9-5-8 地铁 9 号线郭公庄车辆基地咽喉区

图 9-5-9 北安河车辆基地综合办公楼

图 9-5-10 北安河车辆基地综合维修中心楼

图 9-5-11 北安河车辆基地公安派出所

图 9-5-12 牵引降压变电所

图 9-5-13 危险品库库房

2. 车辆基地的上盖开发

1) 运用库上层开发为小汽车库，本层可视为转换层。其车库上盖为住宅开发的平台，已预留开发楼座。联检库上开发为住宅，开发部分与车辆基地本体建筑统一同步设计、分期实施，必须保证上部开发建筑的刚性与稳定性。在车辆基地施工期内，已完成开发部位的上盖，上部的住宅待二期开发建设。

运用库及联检库均为2层，用钢量约78000t。由于梁、板截面尺寸和长度均较大，采用预应力技术。运用库和联检库顶板厚300mm、350mm、400mm不等。运用库尺寸为419.9m×169.2m，用钢量约40000t，其中最长钢柱13.15m，最大截面尺寸为组合柱2900mm×800mm×30mm×50mm，单体最大重量约28t。

2) 咽喉区开发为汽车坡道及绿化景观，上盖厚350mm，柱为劲性结构柱，柱头采用自密实混凝土，基础采用直径800mm的混凝土灌注桩与承台。梁、板构件采用预应力技术，无收缩纤维抗渗混凝土P8。基础、梁、板、柱混凝土强度均为C40。

3. 道路与管线工程

车辆基地内道路包括厂区市政道路和咽喉区的轨道路基两大部分，市政道路见本章第二节，轨道路基质量控制参见第十三章相关内容。

车辆基地管线工程较多，涉及水、暖、电、通风等各专业，在各个单体建筑以及整个基地的生活、生产、运营功能中发挥着重要作用。实施的重点在于配合主体结构和道路施工，各专业的施工不属于本书范围，不予详述。

二、参建单位对本项目管理的重点工作

北安河车辆基地工程项目的建设单位与各参建单位在项目实施中，充分发挥了责任主体的作用，虽然其项目管理内容各有侧重，管理方法和措施也有所区别，但建立起新型的伙伴关系，面对精品目标与现实中的诸多困难和并不完善的条件，历时三年通力合作，项目管理十分成功，打造了一个精品项目，获得多个奖项，现将经验与不足之处，简要介绍给读者，以供借鉴。

（一）建设单位

北京城市快轨建设管理公司作为本项目的开发与决策者，用先进的管理理念，贯穿了项目建设的全过程管理，承担建设单位"集各参建单位项目管理之大成"的角色重担，发挥项目管理的主导作用。

1. 成立项目管理机构

1) 建设单位成立了16号线的项目管理机构，设立了前期部、设计部、策划部、设备部、安全生产二部、安监室等科室，配齐各专业的技术管理人员，制定了各部门及岗位的职责。该机构负责本车辆段的项目管理工作。

2) 针对施工准备、施工过程、竣工验收、通车试运营等各阶段的管理，制定了系列的管理制度和办法，要求各参建单位贯彻落实，并对其项目管理工作给予指导。

3）现场配备了各专业业主代表，及时有效解决各参建单位实际问题，充分发挥监理单位的作用，强化对施工单位的管理。

2. 合同管理

施工阶段的合同包括由建设单位直接发包的施工总承包、大型设备采购、第三方监测、风险咨询等各类合同，施工过程中，建设单位的合同管理任务主要是督促各合同方认真履约。

1）首先明确车辆基地合同体系，建立健全合同管理制度，设专职人员负责各合同管理。

2）拟定各类合同的计划目标，确保各类合同目标逐层实现，以满足车辆基地总目标的要求。

3）明确各类合同之间的界面关系，在拟定条款时确定相关单位的责、权、利，按照条款要求进行履约检查。

3. 发挥外部协调主导作用

车辆基地项目系统外部的沟通协调工作量较大，详见本章第一节。建设单位是车辆基地协调管理的主导方，及时做好与政府各主管部门的汇报沟通，得到了上级主管部门的支持；向各参建单位及时传达各项要求，配合作好与外部各界面的协调工作。

（二）设计单位

设计单位在项目实施中担任重要角色，将车辆基地建筑产品的设计理念和使用功能以及产品价值用图纸和文字充分展现出来。设计服务时间长达数年，在项目前期立项便参与安全风险的分析、评价与控制方案的编制，从建设方案策划、初步设计到技术设计，特别是在施工图设计直至竣工验收、通车试运营止，设计人员全程跟踪，解决实际问题，指导施工。设计单位对本项目的完美展现奠定了牢固基础，设计经验及理念保证了车辆基地质量、安全和整体目标的实现，限于本书范围，不作详细论述。

（三）施工单位

施工单位是建设项目施工阶段的生产者，负责一切施工活动的组织、调度、实施。从施工准备、施工过程、验收及试运行各阶段直至交付使用，对项目的质量、安全等管理投入了极大力量，实现了本项目的各项管理目标。

1. 组建项目管理机构

施工单位组建了强有力的项目经理部，由项目经理、技术总工、安全副经理等主要人员搭建，下设6部1室，管理力量直达基层。生产、技术、安全管理岗位设置齐全，很多关键岗位人员均是高职低用，基层管理人员配备齐全，多达百人，满足项目需要。

施工单位上级集团为本项目成立指挥部，每周组织一次生产调度会，并参与现场协调指挥，与项目经理部组成了畅通的指挥体系。

2. 做好施工筹划

施工单位对车辆基地的施工所需的人员、设备、材料、施工组织、周边环境等进行筹划，根据企业自身的施工经验及本工程施工特点，制定完成质量、进度、成本及安全生产管理目标的对策和具体措施，做到胸有成竹。

3. 严格合同管理

车辆基地作为1个单位工程，含有11个子单位工程，涉及土建工程的多个专业，在施工总承包合同下，还有若干专业（劳务）分包、物资采购、试验检测等各类合同组成体系，重点做好下列管理工作：

1）施工单位在合同管理中强化履约意识，现场设专门机构（人员）负责合同管理，检查履约情况。

2）明确每个分包合同在施工合同体系中的定位，拟定目标条款时，满足施工总承包目标的要求。

3）划清各类分包合同的界面，按规定组织招标，择优选定分包单位，并对其进行管理。

4）合同条款清晰，明确各相关单位责、权、利。

4. 做好项目部内部和分包单位的协调

1）施工单位发挥统筹作用，对本项目各专业在同一施工场地作业协调组织到位。

2）不同分包单位在工序交叉施工，各类机械设备进出场时间安排及施工场地划分等方面，都可能存在冲突和认知分歧，施工单位运用协调沟通手段，使他们在实现总目标，遵守合同条款的前提下，做到了服从大局、立足长远、相互尊重，达到"双赢"、"多赢"的效果，集分力为合力，建立了"协作"关系，同时做好事前计划周密，过程中及时协调、调度，确保施工状态有序，为本项目的目标实现共同作出了贡献。

例如：劲钢混凝土结构中的钢结构安装施工与土建施工在平面、空间的安排上产生干扰。又如，运用库钢结构吊装阶段需要较开阔的场地及通畅的道路，但其单体面积大、工期长，对周边综合管线施工及后续道路施工产生着一系列的影响。经过施工单位的精心规划，科学合理组织空间作业面，安排穿插流水作业，都得以顺利完成。

3）施工单位对供货商、预制厂家、第三方监测、试验室等单位之间也做了大量的协调工作，使各单位合同目标顺利实现。

（四）监理单位

1. 组建项目管理机构

监理单位对项目投入的主要资源就是人员，公司为该项目组建了非常得力的项目监理机构，采用总监办、驻地办两级直线式的组织形式。配备总监、驻地组长、专业监理工程师、监理员，管理机构人员老中青三结合，年富力强，专业齐全。部分监理工作经验丰富，资深的同志发挥了关键作用。监理部的整体技术水平和实力完全能满足工程需要。公司专家团队中配备有地质、钢结构等多位专家为该项目提供技术支持，从基础和主体的劲钢结构，板、梁预应力结构和大体积混凝土，以及防水工程施工中的技术难点，都提出了解决建议。

2. 明确自身角色和职责

监理机构全体人员明确自身角色位置，受建设单位委托，负责车辆基地项目施工的目标控制、管理和协调工作。工作性质是技术服务，必须发挥技术、服务两方面优势，不仅为建设单位起到咨询和参谋作用，并在施工活动全过程监督管理中对施工单位给予一定的咨询和帮助作用。

3. 强化合同管理

1）协助建设单位梳理合同体系及其内容，查阅各层次合同的计划目标衔接，保证与总施工合同目标的实现。

2）建设单位需要协助拟定涉及专业合同条款时，均予以满足。

3）监督施工合同的落实，协调执行中的分歧、变更管理，通过施工单位管理分包合同。

4. 做好项目系统内协调

充分发挥项目系统内协调核心的作用，组织好建设单位与设计、监理、施工、供应商单位之间以及参建单位之间的沟通协调，使其相互密切配合，做到各类界面均能无缝对接，确保整个施工过程的连续、有序、均衡。

三、采用区域网格化、信息网络化管理

本项目采用化大为小的区域网格化和信息网络技术管理，使车辆基地的质量、安全取得了良好的成效，是项目管理成功的重要环节之一，值得大型项目借鉴。

（一）区域网格化管理

1. 建设单位

车辆基地工程量甚大，平均每月完成建安产值约 2 亿元人民币左右，建设单位考虑，如此庞大的施工规模，只靠施工、监理单位各项目部的一套班子管到底难以实现项目的计划目标，倡议实行区域网格化管理，施工、监理单位积极响应，设计好各自的网格并上报建设单位，以便于监督和考核。

2. 施工单位

1）以单体工程为单元，把现场划分为四大片区，加上水电共分成五大片区，八个小片区，实行直线式管理，权责一并下放至各片区，每片区均配备了技术、质量、安全、施工员等各类管理人员，由一名"小项目经理"负责，实现了现场 $340000m^2$ 内一切施工活动都有人管理，无死角。

2）加强综合管理体系管理，使企业贯标落到实处，贯彻质量、安全、职业健康等系列贯标文件，指导本项目实施，对项目管理人员进行综合管理手册及程序文件贯标培训，按手册与程序文件的要求管理项目，认真组织贯标内审、外审，使现场各项工作符合程序文件要求，将企业管理体系落实到本项目管理中。

3. 监理单位

监理驻地办按片区把监理工程师分成若干组和施工单位的区片管理组织对接，每组指定一名监理工程师牵头负责管理，再细分到每个监理工程师负责一定的网格，使施工现场全方位有监理人员，无监控盲区。

（二）信息网络化管理

1. 采用信息化管理手段

参建方的各层级管理人员利用网络快速的传递信息，并将巡视发现的质量、安全问题拍成照片，分类整理配以文字说明后发到 QQ 群或微信群，直接指明问题的位置，随即明确了相关负责人，可以及时得到解决，发现有自己主管区域的质量问题就会下载、汇总、及时整改。不仅快捷，对有关人员也是一种促进，一种提醒。

2. 推广 BIM 应用

施工单位项目部开展 BIM 团队建设与模拟施工，做到了施工技术交底可视化，为设计与施工方案发生冲突的问题提供解决方案。

四、质量管理技术难点

车辆基地施工中，遇有很多技术难点，如施工测量精度要求高、库区（上盖开发建筑）含有大体积预应力混凝土、劲钢混凝土结构中超大高模架等工程，都是施工技术重点、难点。此处简要介绍主要技术难点的质量管理措施。

（一）施工测量精度要求高

车辆基地场地地面积大，土建工程的测量内容多，包括施工场地、建筑及附属设施测量，还涉及车场线、联络线的定位测量（此部分测量为轨道专业内容，此处从略）。测量精度达标是确保工程质量的先决条件。管理要点如下。

1. 建筑平面轴线和高程定位

车辆基地中各种办公、生产用房有高层建筑、多层、低层等多种类型，其各建筑的基础与上部结构的平面轴线定位，柱、梁、板的高程定位，屋架、屋面板安装定位测量必须保证准确，误差控制在允许范围内。

2. 柱网测量

基地内联合检修库和运用库为劲钢混凝土框架结构，面积大，其上部开发为高层住宅，框架柱网有纵横轴线多条，柱截面长、宽尺度大，其测量定位的准确性直接关系到基础的定位、柱网。

3. 检查坑、平台和设备基础定位

车辆基地库区及各单体用房内专业设备种类众多，型号复杂，设计给出设备选型及基础预留位置、尺寸等要求，为此，检查坑、平台和设备基础的测量定位由专人进行，参照结构与专业设备图纸进行放线测量，并经监理单位复核准确，预埋允许偏差控制在允许范围之内，避免了后期交叉作业出现返工或者设备基础与设备不匹配，位置错误等不良后果。

施工单位、监理单位和第三方监测单位均严格履行自身职责,保证了工程测量精度。

（二）库区屋面防水

车辆基地的运用库、联检库屋面及咽喉区的屋面共计约200000m²,防水设计为发泡混凝土找坡（厚度20-60cm）+速凝胶喷涂+二层聚乙烯丙纶卷材,施工单位编制了防水专项施工方案和应急预案,监理单位按程序进行审批,施工中严格执行专项方案,但大面积防水施工正逢6~9月,高温雨季天气,仍然发生了表面空鼓、起泡等质量问题,见图9-5-14和图9-5-15。针对这类质量通病采取了防治措施,见表9-5-3,效果较为明显,见图9-5-16。

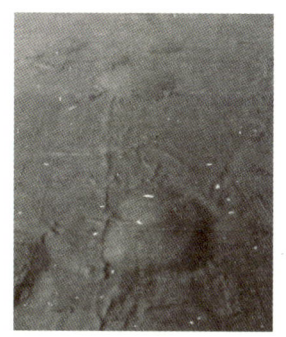
图9-5-14 速凝胶表面起鼓、起泡

图9-5-15 咽喉区丙纶防水卷材褶皱、空鼓

图9-5-16 采取措施后卷材褶皱、空鼓现象减少

质量通病及防治措施 表9-5-3

质量通病	原因分析	防治措施
发泡混凝土发生风化、开裂、强度不足	高温雨季施工 发泡混凝土含水率较大	发泡混凝土找坡层严禁遇雨施工,要一次浇筑完成,面层要平整、光滑。做好成品保护,严禁小推车碾压。
速凝橡胶沥青防水出现小疙瘩、不均匀现象。	速凝胶配比不当	速凝橡胶沥青防水应采用适于夏季高温天气施工的配合比,以提高强度。速凝胶施工完成后,经2~3天晾晒,水分充分析出后才能进行防水卷材施工

续表

质量通病	原因分析	防治措施
防水卷材铺到速凝胶上大面积起鼓、起泡	高温雨季施工 基层未干透的情况下施工	防水卷材宜在上午10点前或下午3点以后按流水段分层施工。两层卷材施工，必须待下层稳定后方可施工上层，完成后，及时施作保护层，避免卷材表面长时间暴晒

（三）劲钢结构中型钢施工

车辆基地大量的劲钢结构中主要钢构件为型钢混凝土组合柱、十字形柱、H形柱、圆管柱，截面尺寸为复杂，钢斜撑及钢板墙，最大板厚100mm，单个构件最大重量近30t。型钢构件焊接需要在冬季施工，构件本身内外温差过大，产生焊接钢板变形、钢结构梁、柱焊接偏斜、母材撕裂变形等质量问题，监理单位充分发挥了技术咨询的作用，组织专题分析会，施工单位积极响应，邀请国内钢结构知名专家参加，集各方的智慧和专家建议，总结出变形原因及偏差调整措施，逐一解决了质量难点，确保了劲钢结构整体的焊接质量。

1. 冬季焊接保温措施

型钢在冬季焊接由于气温较低，常温焊接的预热、层温、后热已很难达到焊缝质量要求，因此需要适当提高各相应温度，延长焊后缓冷时间。本工程中采取了下列措施。

1）设置防风围护棚

本地区大风较多，当二氧化碳气体保护焊的环境风力大于2m/s及手工焊环境风力大于3m/s时，应设置防风围护棚，作业人员必须在棚内施焊，以对焊接材料（如焊丝、氧气瓶、乙炔瓶等）、焊接部位、焊接环境保温，见图9-5-17，否则严禁施焊。

图9-5-17 焊接防风围护棚

2）焊接预热处理

预热的加热区域应在焊接坡口两侧，宽度应为焊件施焊处厚度的1.5倍以上，且不小于100mm，预热温度宜在焊件反面测量，测温点应在离电弧经过前的焊接点各方向不小于75mm处。当用火焰加热器预热时正面测温应在加热停止后进行。

3）正确选择焊丝、焊条

为保证焊缝不产生冷脆，负温度下采用 ER50-6 实芯焊丝。所用焊条，在满足设计强度的要求下，优先用屈服程度较低、冲击韧性好的低氢型焊条。

4）控制焊接层温

低温焊接时，因焊接区域温度冷却散失较常温快，易产生脆硬组织影响焊缝质量。焊接时，层间温度应始终控制在 90~130℃ 之间，见图 9-5-18。每个焊接接头应一次性焊完。施焊前，注意收集气象预报资料，预计恶劣气候即将到来，应放弃施焊。若焊缝已开焊，要抢在恶劣气候来临前，至少焊完板厚的 1/3 方能停焊；且严格做好后热处理和防护措施，当重新焊接时应先预热后再进行焊接，重新焊接预热温度、时间相对提高和延长。

图 9-5-18　车辆段钢结构层温控制　　图 9-5-19　车辆段钢结构焊后热温度控制

5）焊后热处理

低温焊接后热温度应不低于 220℃，见图 9-5-19。保温时间必须达到焊接规程规定的要求，即焊接板厚按每 25mm 厚度不小于 0.5h，保温时间不少于 1h，应使其缓冷至常温，缓冷达到常温的时间不小于 1.5h。达到保温时间后应缓冷至常温。焊接完成后，还应根据实际情况进行消氢处理和消应力处理，以消除焊接残余应力。

6）焊后缓冷处理

当焊接焊缝后热处理达到要求后，还需进行缓冷处理。采用石棉布加保温棉双重多层保温，需包裹密实，见图 9-5-20。确定保温时间达到缓冷效果。焊接防护棚及保温材料应在焊缝接点完全冷却后，方可拆除。

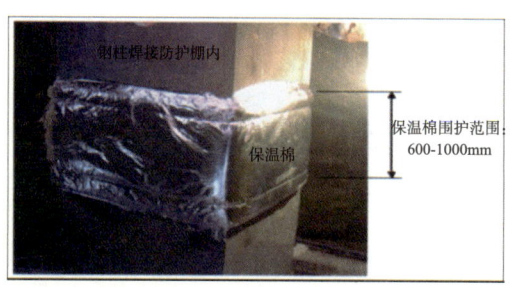

图 9-5-20　车辆段钢结构焊后保温措施

2. 控制焊接钢板变形的措施

劲钢结构中钢板墙的焊接变形是一项较难控制的技术难题，由于气温过低，钢板厚度较大，一些钢板墙焊接完成后，变形严重，超时持续焊接，短时间产生高温，冷热温差较大，焊接钢板变形原因及解决措施 见表 9-5-4，焊接钢板变形原因及解决措施。

焊接钢板变形原因及解决措施 表 9-5-4

主要原因	采取的措施
焊缝过长，焊接顺序不当	横焊缝、立焊缝分段跳焊
分层分道施焊速度过快	分层施焊。钢板墙厚 30mm，其焊缝厚度为 32mm 左右，应分 6 层施焊；钢板墙厚 50mm，其焊缝厚度为 52mm 左右，应分 8 层施焊；保证每层焊接填充厚度在 7mm 左右，严禁一次性填充超出 10mm
约束措施不到位	焊接前焊缝背面加设加肋板，见图 9-5-21

图 9-5-21　钢板墙焊接采用肋板处理防止变形

3. 型钢构件梁、柱焊接纠偏措施

对型钢柱与钢梁翼板的现场焊接，在完成全部柱接头焊接之后，根据钢柱偏斜程度，采取不同纠偏措施，见表 9-5-5。

型钢构件梁、柱焊接偏斜原因及纠偏措施 表 9-5-5

原因	纠偏措施
使用吊车起吊安放时有风产生偏斜。吊车司机操作原因影响	注意天气预报，避免在有风时吊装。 安排有经验的司机吊装
钢柱十字接头处加工不水平，承台表面不平整等	应严格遵循同一端头节点钢梁两侧的两名焊工对面同速施焊。对自身有一定扭转和侧偏的钢柱，应按照钢柱向左偏，钢梁右侧先焊，钢柱向右偏，钢梁左侧先焊的顺序施焊，利用焊接收缩产生的应力对钢柱进行部分侧偏校正

续表

原因	纠偏措施
钢梁在焊接中产生收缩,导致钢柱面结构内侧偏倒	焊接中,应着重监测钢柱的垂直度和钢梁水平度,如发现异常,应立即停止焊接。通过改变焊接顺序和加热校正处理后再施焊,校正时必须预留焊接收缩余量

4. 焊接应力层状撕裂控制

应力层状撕裂原因及解决措施,见表9-5-6。

焊接应力层状撕裂原因及解决措施　　　　　　表9-5-6

原因	解决措施
焊接顺序不对,一侧施焊产生应力过于集中,产生焊接层状撕裂	1. 合理安排施焊顺序,应为从内向外、从上到下,按收缩量先大后小、先单独后整体,使焊接应力得以有效的散失,见图9-5-22～图9-5-24。 2. 尽量控制焊缝表面的余高在0.5～3mm以内,以减少应力集中
碳弧气刨后,焊缝表面将会附着一层高碳晶粒,产生裂纹	减少碳弧气刨的使用,减少焊缝表面附着的高碳晶粒,使用后需用角面磨光机磨去刨削部位表面附着的高碳晶粒。对箱形、工字形等柱、梁焊接时,应由两名作业习惯相近的焊工同时、对称、匀速焊接,并尽量保持连续施焊,见图9-5-25
扩散氢含量过高而发生层状撕裂。冬季施工焊缝未做后热保温	后热及保温是防止应力集中,层状撕裂的关键所在,在焊接完成确认外观检查合格后,立即进行后热保温,有效的消除焊接应力及溢出扩散氢

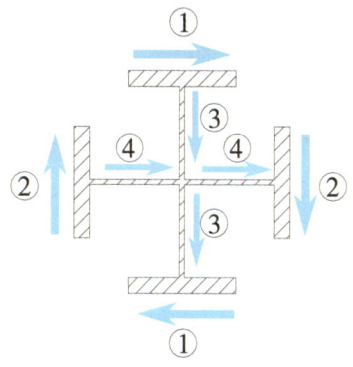

图9-5-22　十字型钢柱对接焊接顺序

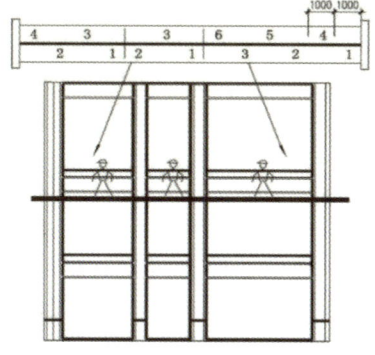

图9-5-23　钢板墙横焊缝对接焊接顺序

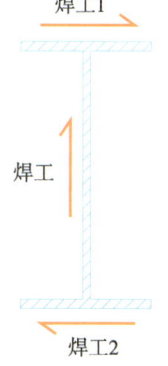

图9-5-24　工型钢柱对接焊接顺序

图9-5-25　十字劲钢柱对称焊接

（四）劲钢结构中混凝土施工

1. 混凝土冬季施工

冬季是混凝土工程施工质量事故多发时期，本库区占地面积大，所处位置西面临山为风口，冬季风大，根据施工总计划安排，车辆基地的运用库、综合楼、行政楼维修等主体结构，及联检库基础承台、咽喉区上盖开发的混凝土工程，历经2个冬季施工，施工面积达300000m²，可谓北京地区混凝土冬施之最，此前确属鲜见，质量风险极大。运用库和联检库是地铁车辆基地的重要核心建筑，其主体工程中的劲钢结构和框架剪力墙的冬季混凝土质量是控制的重点，针对不同部位采取了有效的措施。

1）运用库及咽喉区混凝土柱、综合楼框架混凝土柱采用包裹塑料布后再缠绕阻燃岩棉被，见图9-5-26。

2）运用库、咽喉区及综合楼顶板混凝土采用覆盖塑料布及岩棉被，严寒气候加盖两层保温层，见图9-5-27。

图9-5-26　咽喉区混凝土柱保温

图9-5-27　运用库顶板混凝土保温

3）贯彻负温环境侧模板拆除原则：梁、墙体、柱拆模要保证混凝土在达到临界强度前不得受冻；板底模在混凝土达到规定强度方可拆模；模板拆除后在混凝土外侧满挂一层阻燃岩棉保温，见图9-5-28。

图9-5-28　库区柱子混凝土柱外岩棉被保温

4）采用定型大钢模板在模板外侧贴聚苯板，拆除前利用模板进行保温。

2. 梁、板预应力施工

关于预应力混凝土已在第七章高架区间中论述，此处仅介绍施工过程中出现的具体问题及解决办法。

车辆基地的运用库、联检库、咽喉区上盖为开发的钢筋混凝土梁、板结构，体积较大，现浇混凝土易产生裂缝，且裂缝控制要求高，等级为三级。为了减小混凝土裂缝的产生和扩展，设计采用了后张法预应力技术，用有粘结预应力梁，用无粘结预应力板，以抵抗温度变化产生的温度应力及竖向荷载作用下产生的裂缝。

图 9-5-29　板中无粘结预应力筋布设

图 9-5-30　梁中有粘结预应力筋布设

1）有粘结梁体预应力要确保波纹管安装位置精准，连接可靠，钢绞线穿束前后认真检查，波纹管不得有损坏，将张拉端承压板、螺旋筋、排气孔等组件全部安装好，并保证其位置准确、固定牢靠、密封严实，其布设见图 9-5-29。

2）无粘结楼板预应力要确保预应力筋不能有破损，放线准确，其数量、间距满足设计要求，预应力筋布设后应及时固定。其布设见图 9-5-30。

3）对后张法预应力混凝土施工存在的问题，积极采取解决措施，具体见表 9-5-7。

后张法施工存在的问题及解决措施　　　　表 9-5-7

存在问题	原因	解决措施
预应力钢绞线断裂	施工中电火花损伤造成	发现断裂应立即将其换掉
预应力钢绞线滑丝	钢绞线清理不干净或张拉应力不均匀造成	应将滑丝的锚具或夹片替换后重新张拉
锚板下沉	由于局部混凝土强度不合格或振捣不密实造成	应退掉锚具和夹片，剔除原有混凝土，补浇高标号混凝土后重新张拉

4）梁、板中结构受力钢筋已十分密集，加配预应力筋后，钢筋的密集使二者位置易发生重叠，此时，首先须保证预应力筋位置的准确性。浇筑混凝土后的振捣较为困难，必须利用小型工具插入孔隙振捣，不得漏振，确保其密实性，此外，同时应注意不能碰撞波纹管及预应力筋，以防位置偏斜。

3. 超大方量混凝土施工

车辆基地各类库房混凝土方量较大，柱、墙、板混凝土施工特点均有不同，柱截面有多种：圆形、矩形、方形等，柱体高度近10m，顶板面积较大，混凝土多达几千立方，均一次性浇筑完成，浇筑时间长，多时连续几天，在大方量、长时间的浇筑中注意控制混凝土配合比、外加剂符合设计要求，浇筑振捣养护各环节严格执行施工方案。

4. 超长基础桩二次补注浆

车辆基地上盖开发库房的桩基础，桩长20～40m不等，根据地质条件设计为二次补注浆已增大桩底强度，在钢筋笼制安过程中埋设注浆管，桩体混凝土完成、其强度满足要求后，采取二次补注浆，浆液一般为单液浆（水泥浆），注浆压力、注浆量应符合设计要求。

5. 墙体表面细微裂缝

本项目咽喉区南北外墙面积5000m²，由于设计对基体表面至饰面层未设置分格缝，照图施工后，抹灰、面层涂料出现不规则裂缝，见图9-5-31。施工单位采取切0.5～1cm缝，用空压机具吹除缝内粉末，嵌填高弹性耐候胶的措施，经反复修补，效果不理想，影响观感质量。分析原因，根源是设计有所疏忽，但施工和监理单位在图纸会审中未能及时发现并提出改正意见，使这小小的疏漏导致了观感质量欠佳，多次返工，费时费钱。这是管理上的失误，值得大家借鉴。

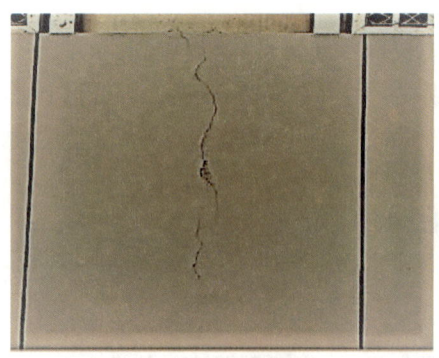

图9-5-31 咽喉区结构墙体装饰面抹灰出现不规则裂缝

五、安全、职业健康及环境管理

车辆基地项目中土建工程以房屋、道路工程为主，同一个施工作业区内大量平面、立体作业交叉，钢结构安装中汽吊与塔吊不同步运行，存在着较大安全风险，给安全管理组织带来极大挑战。

本工程现场高峰期施工人员1万余人，特殊工种有千余人，仅焊工就有500余人。在施塔吊28台（经常有拆卸、安装与运行等），起重吊车、运输车辆等日平均不少于200台套。连续施工9个月，劲钢结构工程量超过7.9万t，用钢量是鸟巢的2倍，而工期比鸟巢缩短了一半。在建设、施工、监理等单位共同管理下，施工紧张有序，安全处于稳定和可控之中，未发生一例伤亡事故，其安全、职业健康和环境管理十分成功。

安全施工的风险与防护措施,现场消防、保卫、用电（火）安全、机械管理、高空作业、临边作业施工安全，对危大工程的管理、重要节点施工前的条件核查以及职业健康和环境管理等内容均参照第三章。此处仅叙述本工程的独特管理环节。

（一）安全管理的组织措施

1.年初制定全年安全计划，定期进行多层次安全检查。

每年初，施工单位制定本年度的安全管理计划，根据施工进度、重要时段、部位确定安全管理的重点，组织安排充分的安全管理力量，安排多层次的检查，包括每周安全检查巡视，每半月一次专项联合检查；每月一次综合联合检查。利用微信及QQ群，对检查安全隐患及时监督整改排除，有效控制了现场安全。

2.安全专项施工方案的编制和审批

车辆基地的施工专业项目繁多、工程量巨大，含有多个危大、超危大工程，涉及到深基坑防护、高层建筑施工、钢结构安装、脚手架及模架等工程。施工单位均按规定制定专项安全施工方案，并进行了专家论证。监理部严格履行审核程序，将其纳入危大工程安全管理体系内，施工前进行条件核查。

3.逐级监控利用网格化管理

施工单位集企业集团全体员工之力，从公司领导到作业人员共同监控安全。公司领导班子坚持每周调度，项目经理每日调度，现场作业人员随时将有关安全信息传递到项目调度中心，供其数据整理、分析，对不稳定因素量测评价出控制重点，制定出相应措施，并分解到各网格班组一一落实，构成了完善的逐级监控体系。

4.加强安全培训

监理单位与施工单位联合对现场职工、特种作业人员进行安全培训，进一步提高了施工人员安全意识、安全知识和自我防护能力。总计安全培训超过万人次。监理公司开工前专门制定了安全培训计划，根据现场动态变化及时针对车辆基地监理部及项目经理部的管理和技术人员进行安全培训。

5.加强标准化建设，提高安全管理水平

按照上级及北京城市快轨建设管理有限公司要求，把标准化达标建设纳入安全工作重点，使现场安全管理逐步达到标准化、规范化。做到了各作业区、生活区均按标准化设置安全设施。

（二）安全管理重点环节之一——群塔作业

群塔作业是指施工作业区内有2台（含）以上塔吊，且塔臂转动区可相互交叉的作业。见图9-5-32和图9-5-33。

本车辆基地工程单体建筑物多，根据使用需求、计划工期节点和现场条件，同时工作的吊塔多达28台，其中运用库、联检库及咽喉区占24台，可谓大规模的群塔作业，根据塔吊设置高低、臂杆长度等控制其旋转吊装半径，以控制立体交叉作业避免碰撞。另外，塔吊与汽车吊、履带吊施工中会形成平面和立体相互交叉吊装作业，为了避免出现吊装作业安全风险，通过施工区域网格调度和施工队调度及每个吊车信号工进行协调布控，安装、吊装运行、撤场拆卸等环节交错进行，其安全风险因素突出。施工单位从组织管理和技术安全两方面做了极充分细致的工作。监理单位也加强预控，提前审核方案，加强过程中检查，组织专题研讨群塔作业的安全会，为保证塔吊运行安全，履职尽责。

图 9-5-32 车辆段运用库、联检库区群塔作业

图 9-5-33 车辆段运用库咽喉区群塔作业

1. 组织管理措施

1）施工单位成立了"塔机作业指挥中心"，由经理部工程部部长任指挥长，工程部副部长和塔机专业管理负责人为组员，共同负责指挥、协调施工现场的塔机使用、维修、顶升和运行工作。

2）严把人员关，加强对信号指挥人员的管理，选派有实际工作经验、责任心强、能够照顾全面的信号指挥人员，同时经劳动部门统一培训、考试合格、取得操作证书。

3）对塔吊司机信号工及吊装人员进行了专项安全培训和交底，要求专职人员操作和管理，严禁违章作业和超载使用，机械出现故障或运转不正常时应立即停止使用，并及时予以解决。

4）要求各专业分包单位塔机管理负责人负责本单位塔机的日常管理、故障排除、紧急抢修、日常维护、检查评比等项工作，负责向塔机指挥中心汇报情况。

5）各单位必须服从塔机指挥中心的统一指挥、统一协调，塔吊出入口处悬挂塔吊使用管理规章制度，按照 24 小时作业考虑，每台塔吊配备至少 2 名塔司。

2. 施工单位编制群塔安全作业方案并检查实施情况。

施工单位在塔吊进场安装前，编制群塔作业安全专项方案，并经有经验的吊装专家论证评审，施工中加强检查。

1）重点审查内容为：一是塔吊基础应经过设计验算，载荷须满足设计要求；

2）实施中检查塔吊高度和壁杆长度分布应与专项方案一致；

3）滑轮限位器、钢丝绳、塔司操作证、指挥信号工证件有效、齐全；

4）群塔在与其他起吊设备交叉施工时的安全保障措施齐全并落实；

5）群塔施工专业检修记录正常。

3. 遵守群塔运行原则

各塔吊的安装应按照《城市轨道交通土建工程质量安全管理概论》第四章第一节所述程序通过特种设备检测中心的检验，其运行原则如下。

1）低塔让高塔：低塔在运转时，应观察高塔运行情况后再运行；

2）后塔让先塔：塔机在重叠覆盖区运行时，后进入该区域的塔机要避让先进入该区域的塔机；

3）动塔让静塔：塔机在进入重叠覆盖区运行时，运行塔机应避让该区停止塔机；

4）轻车让重车：在两塔同时运行时，无载荷塔机应避让有载荷的塔机；

5）客塔让主塔：另一区域塔机在进入他人塔机区域时应主动避让主方塔机；

6）同步升降：所有塔机应根据具体施工情况在规定时间内统一升降，以确保群塔相互间的垂直距离符合立体施工协调方案的要求。

4. 安全技术措施

具体安全及技术措施应结合各塔吊的工作范围、起重量、周边建筑物以及气候环境等条件，按照《塔式起重机安全规程》GB 5144—2006 相关规定对应执行。

群塔作业中应控制每个塔吊的作业半径、吊装顺序，按区域网格化同步进行集中调度。

1）避开施工范围内的所有设施，确保塔机回转时与相邻建筑物、构造物及其他设施间的水平和垂直安全距离大于 2m。塔吊在顶升过程中严禁回转起重臂，在使用过程中严禁塔吊间及塔吊与建筑物之间发生碰撞。

2）塔机平面布置时应尽可能覆盖整个施工区，回转时不产生或少产生盲点；覆盖面尽可能少重叠或不重叠，相邻塔吊要有足够的安全距离，确保吊钩在最大高度回转时不相互碰撞。

3）塔机高度布置应做到中间高、四周低，在考虑到吊钩、吊索和吊物的高度以及安全限位高度后，应有足够的垂直距离保证各种不同几何尺寸物件进行水平运输。

4）塔吊同时作业必须照顾相邻塔吊作业情况，其吊运方向、塔臂转动位置、起吊高度、塔臂作业半径内的交叉作业，并由专业信号工设立限位哨，以控制塔臂的转动位置及角度，同时控制器具的水平吊运。

5）施工流水段两塔作业时间尽量错开，避免在同一时间、同一地点两塔同时使用时发生碰撞。

6）塔臂前端设置明显标志，在使用过程中回转方向必须错开。

（三）安全控制重点环节之二——曲臂式自行升降机的使用

自行走式升降机，具有自动行走功能，能够在不同工作状态下，不需外接电源、人工牵引,而移动灵活、升降自如,操作只需一人便可完成前进、后退、转向、快、慢速行走和上下等动作,省工、省力。特别适用于大范围工程的高空作业,本车辆基地在管线安装阶段大量使用该类设备。

利用自行式曲臂式升降机的升降平台,可跨越障碍进行高空作业,平台升降到任何位置时,均可边行走边作业。见图9-5-34和图9-5-35。

1. 对专业分包的管理

1)自行走式升降机应由专业分包单位操作,施工单位通过招标选择符合资质的单位,并对其进行管理,分包单位制定了升降平台安全操作规程,对操作人员进行了专业培训,并经考试合格。

图9-5-34 车辆段运用库区曲臂升降台车

图9-5-35 车辆段运用库区内曲臂升降车

2)施工单位监督分包单位做好使用过程的定期检查与保养,发现隐患给予及时处理,保障了升降机的安全使用,提高了工作效率。

2. 采取防护措施

升降机运行期间,周边设立了隔离区,禁止无关人员入内,不在隔离区内装卸货物,避免冲击升降机。

(四)安全控制重点环节之三——支撑式脚手架

由于本车辆基地工期紧张,单体建筑多,所用支撑式脚手架数量过于庞大,如何选择最适宜的种类,直接关系车辆基地工程施工进度。施工单位与监理单位一起对安德固式、盘扣式模架与碗扣式、扣件式架体,通过性能、构造、造价等多方面经济、技术比较。由于前两种架体重量轻,组装、整架搭设简便,速度快捷,故本工程选用。

搭设和使用的控制重点与其他模架基本一致,详见《城市轨道交通土建工程质量安全管理概论》第四章,注意做到以下几点:

1. 圆盘模架做到了随施工进度搭设,模架搭设完毕后,及时履行了验收手续。

2. 操作人员严格遵守使用要求,不将圆盘模架作为卸料平台使用,在离开作业岗位时，未留有待固定的杆件和安全隐患，确保了圆盘模架的稳定性。

3. 做好了模架成品的保护工作，各种设施在施工期间运行良好。

（五）职业健康与环境管理

职业健康和环境管理效果直接影响工程的社会环境效益及建设单位、各参建单位企业的形象。车辆基地工程施工中存在噪声、扬尘、泥浆、废水、建筑及生活垃圾等多种环境污染因素，污染控制综合治理难度大。在各分项工程施工过程中，产生固体、液体、气体、光污染因素的作业，危及作业人员身体健康，对职业健康管理提出了更高要求。建设单位发挥了主导作用，引导施工单位、监理单位做好相关管理工作，施工单位按照企业相关贯标管理程序和要求，从现场和人员两方面落实到位，管理措施详见第三章。

由于车辆段场区地面开阔，易于进行标准化管理，施工单位将标准化管理作为重要手段，执行各相关规定，使现场达到整洁有序、忙而不乱，提高施工效率的目的，通过了建设单位组织的现场标准化检查，上报市住建委通过了专家评定。

六、取得的成果

地铁16号线北安河车辆基地目前在我国城市轨道交通车辆基地项目中，是投资巨大，占地面积大，单层用钢量最高，具有落地开发城市土地综合利用为代表性工程之一，在建设单位主导下，各参建单位强化项目管理，施工单位管理人员和作业人员敬业奉献、监理单位发挥技术优势，通过各方共同努力，解决了一些技术难点，做到质量、安全无事故，如期实现项目目标，取得了经验，锻炼和培养了人才。本项目获得了诸多奖项，这是建设、设计（勘察）、监理、施工（分包）单位共同努力奋战的成果，体现出五方为一体的管理集体团队的智慧。

（一）完成计划目标

1. 质量目标：合格率完成达到100%；优良率达到98%；北京市建筑、结构长城杯，争取鲁班奖。

2. 安全目标：安全伤亡事故控制为"0"；安全轻伤降低在5‰以内，对于环保、文明施工及消防控制指标控制在1%以内。

3. 进度目标：按照合同要求完成既定工期，确保2016年底通车试运营。

（二）获得奖项

1. 长城杯

运用库、联检库同时获2016年度"北京市基础设施结构长城杯"金奖，综合行政楼获2016年度"北京市基础设施结构长城杯"银奖，我公司监理该工程也获得了荣誉证书，见图9-5-36～图9-5-38。

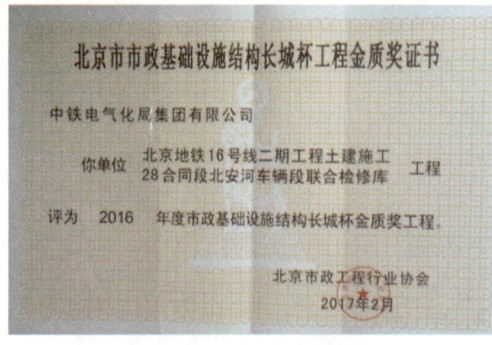

图 9-5-36 联合检修库

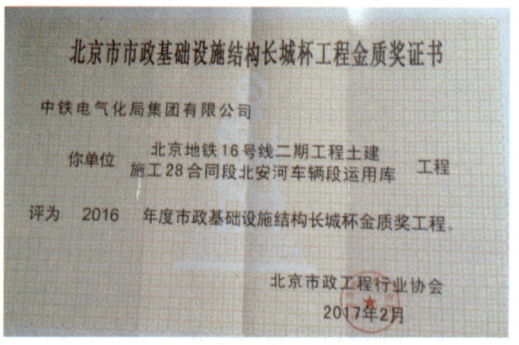

图 9-5-37 运用库

图 9-5-38 综合行政楼

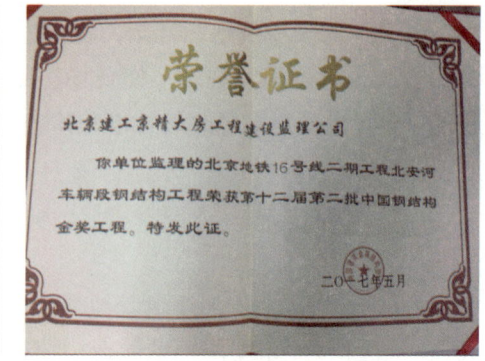

图 9-5-39 钢结构荣誉证书

2. 钢结构金奖

车辆基地钢结构工程质量优良，于 2017 年 5 月取得了国家钢结构协会颁发的优质金奖。作为监理单位我公司也获此奖项的荣誉，证书见图 9-5-39。

参考文献

[1] 广州英赛科技有限公司.工程档案竣工资料管理系统(公路工程版).

[2] 夏勤.工程档案竣工资料的管理及现代化管理系统[M].

[3]《住建部标定所领导调研暗挖机械化施工工艺》,发布时间:2015-10-22.

[4]《市监督总站大力推进轨道交通暗挖施工机械化作业》,发布时间:2015-08-25.

[5] 杜光跃.安全文明施工标准化管理[M].2010.

[6] 中交三航连盐铁路 LYZQ-Ⅳ标项目经理部三分部.新建连云港至盐城铁路 LYZQ-Ⅳ标段 路基声屏障工程施工方案[M].2016.

[7] 王奕然,孙京健.北京地铁 5 号线声屏障工程的设计与研究[M].

[8] 齐杰,梁广深.地铁车辆段出入线接轨方案探讨[J].都市快轨交通,2018,21(6).

[9]《公路声屏障设计总说明》(提供平台:百度文库).

[10] 王庭佛,徐剑.道路全封闭声屏障的实践[M].

[11] 吕坚品.高速铁路插板式及整体式声屏障结构研究[M].

[12] 李世华,李智华.城市轨道工程施工技术交底手册[M].北京:中国建筑工业出版社,2011.

[13] 练松良.轨道工程[M].北京:人民交通出版社 2009.

[14] 崔波,王华强.铁路轨道工程施工安全交底[M].北京:中国铁道出版社,2014.

[15] 师国强.既有铁路路基涵洞顶进施工[J].工程科技,2007,2.摘自《框架预制及刃角安装》.

[16] 王希.城市轨道交通高架桥工程施工安全管理探析[M].

[17] 中交一公局第一工程有限公司承秦高速公路第五合同项目经理部.高架桥施工安全措施[M].

[18] 张立青.城市轨道交通高架桥工程施工的安全管理[M].

[19]《[北京]地铁车站盖挖法施工方案》(提供平台:百度文库).

[20]《盾构的分类和适用范围》(提供平台:混凝土机械网).

[21]《地铁车站军用梁铺盖法施工设计》(提供平台:建设工程教育网).

[22] 潘路平上海市隧道工程轨道交通设计研究院.浅谈城市轨道交通区间高架桥梁的选型[J].基层建设,2017,11.

[23] 翁家杰,王朝晖.冻结法在盾构隧道中的应用[M].

[24] 赵毓成.城市轨道交通高架车站结构形式分类及适用研究[M].

[25] 李忠富.现代土木工程施工新技术[M].

[26] 荣雅楠.盾构施工安全事故案例分析研究[M].